本书由
"陕西师范大学优秀学术著作出版基金"
"陕西师范大学历史文化学院优秀学术著作出版基金"
资助

陕西师范大学史学丛书

宋史考论二集

李裕民 著

科学出版社

北京

内 容 简 介

本书收录李裕民先生论文四十余篇,反映了作者在求精、求实方面取得的新成就。

本书对宋代多个重大问题提出了新看法。如宋代的定位,唐宋变革的终点在哪里?范仲淹的庆历新政与王安石变法有何不同,岳家军的疑难问题,宋代家族的兴衰,还研究了无人问津的唐宋国民素质问题,认定宋代国民素质高于唐,南宋又高于北宋。

本书对千百年来盛传的莫须有故事,做了周详的考辨,揭示故事是人为编造的。弄清了编造者、编造的时间以及编造的目的。

本书对文献有独到的考证。如对《南窗纪谈》《优古堂诗话》《李师师外传》的真伪做了详细辨析。纠正了名著《续资治通鉴长编》以及《宋史艺文志》的错误。同时以宋代文献为例,对《四库全书》的缺陷做了研究。

本书可供历史研究者、大专院校相关专业师生及文史爱好者参考、阅读。

图书在版编目(CIP)数据

宋史考论二集/李裕民著. —北京:科学出版社,2022.2
(陕西师范大学史学丛书)
ISBN 978-7-03-071483-1

Ⅰ.①宋⋯ Ⅱ.①李⋯ Ⅲ.①中国历史-宋代-文集 Ⅳ.①K244.07-53

中国版本图书馆CIP数据核字(2022)第024724号

责任编辑:郝莎莎/责任校对:邹慧卿
责任印制:肖 兴/封面设计:张 放

科学出版社 出版
北京东黄城根北街16号
邮政编码:100717
http://www.sciencep.com

中国科学院印刷厂 印刷
科学出版社发行 各地新华书店经销

*

2022年2月第 一 版 开本:787×1092 1/16
2022年2月第一次印刷 印张:25 1/4
字数:570 000
定价:168.00元
(如有印装质量问题,我社负责调换)

序

本书是我继《宋史新探》(1999)、《宋史考论》(2009)后出版的第三本研究宋史的论文集。除一篇外，均作于2008年以后。近十几年来，我主要关注宋代的重大问题及疑难问题，同时下工夫考辨宋代的史料。力求体现一个新字，不轻信前人研究的结论，于不妥之处发表己见，前人未曾触及过的问题试作新的探讨。力求在研究方法有所改进。言必有据，不作空泛之论。论文涉及的面较广，有政治、军事、文化、制度、家族、墓志、文物、典故等。这样做的原因，一是兴趣广，二是想测试一下宋史这趟水到底有多深，试后，感觉很深，深不可测。前几年有位基本功很扎实的年轻学者来见我，想用五年时间贯通宋史，我说太短。他又说那就十年。我很佩服这位年轻人的勇气，没有再说。我自当宋史研究生至今近六十年了，我不敢说贯通，只能说略懂。我认为，近百年来研究宋史成果虽然不少，但对宋代历史的认识，总的说来，比较粗浅，仔细推敲起来，问题很多，离开复原宋代历史的本来面目，差距甚远，研究空间还非常大。下面对本集所收论文略作介绍。

一、对宋史的宏观考察

宋王朝应该如何定位？长期以来被定格在积贫积弱上，以致许多人轻视宋史，不愿意研究宋史，我在《破除偏见，还宋代历史以本来面目》中，纠正了此类错误认识，本文是概括《宋代积贫积弱说商榷》与《南宋是中兴还是卖国——南宋史新解》二文而成，因被《新华文摘》全文转载，社会影响颇大，故收录于此。

唐宋变革论，是日本学者提出的、至今仍在讨论中的大议题，这个变革的过程到底有多长，什么时间结束，以什么为标志？并没有解决。我在《寻找唐宋科举制度变革的转折点——大视野下看科举》一文中，认为科举制度变革完成的时间是宋太宗太平兴国二年，标志是扩大科举录取名额。从此，社会制度完成根本性的改变，由门阀统治转化为科举制下知识精英治国。这也是唐宋社会制度变革的转折点。

宋朝在经历变革之后，与唐相比较，到底起了多大的变化？最大的变化在于国民素质得到了极大的提高，《论南宋国民素质高于唐朝与北宋》《唐宋蒙学书系年考证与研究》二文指出，从启蒙读物的质量与数量做比较，接受初等教育的人群，宋高于唐，南宋高于北宋。就科举录取的数量、读书人的数量以及他们的知识面做比较，证明知识精英的数量与质量，也是宋高于唐，南宋高于北宋。因此就整体国民素质而言，宋高于唐，南宋又高于北宋。这种国民素质的提高，意义特别重大，即使国家被外来势力覆灭，民族文化仍然会顽强地生存下来，国家仍然会复兴。世界文明古国中唯有华夏文化绵延数千年而不绝，原因就在于此。

二、对宋代一些重大或疑难问题的看法

范仲淹的庆历新政与王安石的新法是宋代两次著名的变法，是宋代政治史上最为重要的议题，以往学者都予以肯定，但两者到底有何差异却缺少关注。《"祖宗之法"是实施庆历新政的武器——富弼〈三朝政要〉研究》《范仲淹与王安石变法比较研究》二文提出了新的看法，认为两者治国理念不同，前者是以祖宗之法作为武器，去治弊。后者以儒家经典为依托，去实行大幅度的改革。前者是以维护皇帝与士大夫共治天下的体制为前提，后者以加强皇帝独断改变共治体制为前提。前者虽然失败，没有产生太大的负面影响，后者虽获施行，副作用极大，北宋之亡与此有关。

岳飞与岳家军历来是南宋的热门话题，一些人受岳飞孙子岳珂夸大其词的影响，认为岳家军是诸路家军中人数最多的一支，它的战斗力已经超过金兵，如果岳飞不听金字牌撤军，就能收复北宋故土，甚至直捣黄龙府，进而谴责岳飞犯了愚忠的错误。《岳家军三大问题考辨》指出岳家军并非诸路家军中人数最多的，人数最多的乃是张俊的张家军。据岳飞的奏章，打败金兵，收复北宋故土，需用精兵二十万。固守六州，则需正兵六万。而现实是，岳部兵力只有六万左右，以此守土没有问题，恢复故疆，则远远不够。有人认为郾城、颍昌之战，表明岳家军实力已超过金兵。经我的考证，此二战不是双方主力的大决战，宋主帅岳飞与金主帅都没有上场。在友军已经回撤的情况下，孤军深入有被围歼的危险，因此岳飞决定奉命撤军是明智的，并非愚忠的表现。

世上盛传"莫须有"的故事，讲述韩世忠站在维护岳飞的立场质问秦桧之事。这个故事是真的吗？我经过几年的潜心研究，答案是伪造的。先用史源学的方法，查出《宋史》此故事源出淳熙三年（1176）赵雄所撰韩世忠碑，此时离岳飞被害已50多年。又用年代学的方法追寻更早的记载，绍兴二十八年（1158）孙觌写的韩世忠墓志，则恰恰相反，明确说，韩世忠站在宋高宗一边，赞同高宗对岳飞所定的罪名。这是其子韩彦直请他写的。显然，这才是当时韩世忠的立场。高宗释兵权，是要把岳、韩和张三家军收归国有，杀岳飞是杀鸡儆猴，张俊一开始就紧跟高宗整岳飞，剩下的是不是当猴只能是韩了。高宗严惩一切为岳飞说话的人，连对他有恩的长辈、宗室的一把手也不放过，也是为了杀鸡儆猴。摆在韩面前，只有两种选择：拥护或反对杀岳，前者活，后者死。他为了自己，为了家，被迫选择了前者。他在岳飞被逮后的作为即是明证：他辞职回家，不敢与自己的部下接触，没有为岳说一句话，也没有为岳的家属说一句话。他这样做的结果，保全了自己，他的孩子得到了升迁。墓志就反映了这一事实。到孝宗时形势变了，为了抗金，给岳飞平反，韩家需要保全韩的形象，孝宗需要为高宗开脱，于是赵雄与韩世忠之子韩彦古编造了莫须有的故事。

有的人仍要坚持莫须有故事是真的，理由是：孙觌人品不好，他的话不可信。按：

孙觌此文不是抒发个人感情的杂文，而是应韩世忠子彦直之请而写的墓志，其内容都是家属提供的。如果说墓志写得完全违背韩世忠本意，必须举证其子为什么要请人涂黑其父，还应举出世上有哪些儿子请人写抹黑其父的墓志的例子作旁证。

我写《北宋榜眼考论》，目的是探讨一下，宋代科举考试所录取的进士是否真是知识精英？状元人们所熟知，暂且不选，一般进士材料太少，难于做全面考察，于是选取进士中的第二名榜眼作为考察对象。先考证哪些人是第二名，接着考其籍贯、中举年龄，寿命，初任职及最高官职，著作，正史列传情况，家庭。再做综合研究，得出结论：南方人比北方人多一倍多，这与经济中心南移有关，但也不绝对，如福建经济不很发达，榜眼数却位居第一。中举时平均年龄为27岁，平均寿命55岁。仕途比较顺利，近五分之一的人最终成为宰执。半数以上有著作。出身于进士或官宦家庭者占绝大多数，有比较好的文化背景。看来，当时的考试制度还是很有成效的。

《"只许州官放火"的州官田登是何许人也》，所提问题不大也不算难，只是一般不会想到这个成语里面还会存在什么问题，这是一篇于无问题处找问题的文章。从成语本身可以推论，这个州官必然是胡作非为的恶吏。我考察一番，完全出乎意外，他竟然是个贤人。这就出现一个新问题：这个成语是怎么形成的，与事实本身有何关系？故事本身其实只是官场避讳引起的笑话，州官名登，下属便不能说登字，也不能说登的同音字，这样，上元节放灯三日，下属只好说放火三日。到了明朝晚期，官场十分腐败，于是有人就将这个故事做了加工，成为成语，借此讽刺恶吏。在专制制度下，经常出现官僚无法无天、草菅人命之事，人们沿用这个成语也就成了常态，真实的故事便慢慢淹没了。

三、关于宋代墓志和碑刻的研究

宋代墓志和碑刻，元、明至今不断出土，成为新史料的一大来源，通常的考释模式是三部曲：释文、解释、价值（补正史书）。这自然是必要的，本集所收几篇论文《中国最古的窑神碑——宋耀州德应侯碑考》《晋祠铭碑宋人题刻考》就是这样做的。

能不能写成研究问题式的论文呢？我以为有些墓志是可以的，关键在于平时是否有问题意识，在按老模式考释墓志时，看它是否有助于解决某个重要的历史问题。

我在读《宋史杨业传》时，看到传中详细介绍了战前会议争辩过程，心想这是军事机密，怎么会传出来呢？潘美等三人为了推卸责任，都推到杨业身上，杨业已死，死无对证，真相怎么会泄露出去呢？我在考释李若拙墓志时发现参加会的人不止他们四人，至少还有二人，真相的揭示与李若拙有密切关系，于是结合其他材料，改为以问题为中心的论文模式，写成《绝密军事会议如何会惊现于世——〈宋史杨业传〉揭秘》。

我在考释潘承裕墓志时，发现它有助于解决周世宗后裔的去向，于是改写成《周世宗皇子失踪之谜——赵匡胤政治权谋揭秘》。

一般的墓志，用相应的文献资料去解决，但新出土的一通宋人用古文字撰写的墓志就很特殊了，它既用先秦的古文字，还有一小部分则是杜撰的古文字，而且墓志的作者和书写者的姓名不放在墓志最前面，而是在内文中，必须用古文字和宋史相结合的方式才能正确地解读。这样的墓志，懂古文字的可以解读大部分文字，一部分就未必能解决，至于对具体内容的解读，如果不研究宋史的也很费劲。而宋史研究者如不懂古文字也难解读。正好我研究过十多年古文字，就写成了《新出土的宋代古文字墓志研究——贾公直妻蔡氏墓志铭考》。

四、关于宋诗的研究

诗歌中往往包含许多珍贵史料，杜甫诗即有史诗之称，流传至今的宋诗远比唐诗为多，宋史学者研究宋诗者远比唐少。我试写了三篇文章：《堪与杜甫新婚别媲美的新嫁别》《文彦博红楼诗与麟州红楼研究》《刘敞杨无敌庙诗考释》。

其中考释难度最大的是刘敞的《杨无敌庙诗》，杨无敌就是名将杨业，死后只有古北口为他建了庙，一直保存到现在。究竟建于何时？何人所建？都值得考证。而刘敞是第一个写此庙的诗，此诗的写作时间的考定，对研究此庙及杨业的影响很有意义。难度之大在于我想解决此诗写作的具体时间，详细到年月日，而已知的条件只是一句话：至和二年（1055）八月甲寅（29日），命刘敞为契丹国母生辰使。具体何时出发？何时路过古北口？是去时还是回时写的？均不知道。我的考释分几步走，一，首先确定契丹国母生辰在何时，刘必须提前一天到。二，确定从开封到上京的路程，得经过多少驿站，由国母生辰前一天逆推其出发的时间和经过古北口的时间。三，其任务与其他使者有何区别，各需要停留多少时间，以确定何时开始返程。并以此为起点推算到达古北口的时间。四，考察诗的内容，最后确定是去时写的，时间是在至和二年十一月初七，公元1055年11月28日。五，通过他与随后出使的欧阳修唱和赠答之诗的时间，验证上述的结论是可靠的。

我爱读好书，听说名家钱钟书《宋诗选注》非常好，便买来一读，果然名不虚传，胜过以前见过的各种诗词选本。当我读到1988年钱氏为香港版《宋诗选注》写的前言，"在当时学术界的大气压力下，我企图识事务，守规矩，而又忍不住自作聪明，稍微别出心裁。""个人学识上的缺陷和偏狭也产生了许多过错"。说到这里，他卖了个关子，没有说表现在哪里？弄不清是谦虚话还是真话。我很好奇，便仔细翻了几遍，发现确实是真话，便写了《宋诗选注发微》，发表后，收入人大报刊复印资料中，不料引起某人不满，化名陶符仁，痛斥我一通，这还不够，又硬拉上我的导师邓广铭先生，挖苦一番。我自然也不客气地回敬了一篇《是"误订"还是"误辩"——答陶符仁对钱钟书〈宋诗选注〉发微的责难》，要他报上真名实姓来。其后不见下文。这也算是学术争鸣中的一段小插曲吧！

五、关于家族的研究

汉族是重视血缘关系的民族，家族是社会组成的基石。魏晋南北朝至唐的强宗大族，进入宋代以后，他们的命运如何？这是值得研究的课题。《宋代裴氏家族研究》就是以一个家族为例做深入的剖析，他们虽然已无特权，又因人口较少，不可能成为历史舞台的主角。但并没有泄气，仍然在努力，在平等竞争中取得应有的一席之位。

同财共居的大家族，也称义居家族，规模自数百至数千人不等，唐、宋以来一直存在。有些学者做过初步探讨，但是缺乏深度，缺乏动态的研究，有些问题没有解决，如这些家族存在掌握大权的族长吗？他们是如何管理的，如何变化的，怎样导致兴旺或灭亡的？《两个同财共居大家族的演变历程——宋代司马光家族与姚氏家族研究》一文显示，这是两个不同命运的家族，一个兴旺了，一个灭亡了。司马家族有管理者，但没有所谓掌握大权的族长，管理者并不是按辈分高低排队，而是选择能干人担任，他们没有享受什么特权。对于族中能参与科举考试的则创造读书条件，经过几代人的努力，终于出现了司马光这样的历史名人。姚氏家族则是单一的农耕经济模式，不读书、不经商，绝对平均主义的分配，最后抗不住天灾人祸而灭亡。

六、历史人物及其著作研究

范仲淹是以"先天下之忧而忧后天下之乐"而闻名于世，《伯夷颂》是他卒前半年所书的墨宝，表现其崇高的气节。此件文物后的宋人题记，也都有其独特的价值，特别是奸臣秦桧的题诗，是研究其大起大落时心理变化的重要史料。《范仲淹书伯夷颂与宋人题记研究》对此均作了探讨。

在《范仲淹、范纯仁诗文辑考》一文，我辑得范仲淹的几首佚诗，又对今人从《林田吴氏宗谱》中辑得的《番君传》做了辨伪。同时对范纯仁诗文做了辑佚与辨误，并对新出的墓志做考证。

王十朋是南宋绍兴年间的状元，他的著作《梅溪集》尚存于世，惜仅有明、清刊本，我在《王十朋著作研究》一文中，对现已不存的宋本做了探讨，并对《王氏宗谱》载录的《家政集》做了研究，辨明确实是王十朋所作，是新发现的重要史料。此外对新出版的《王十朋全集》的所辑的一些诗文做了辨伪。

崔与之是南宋名相，《宋史·宰辅表》记载他出任宰相四年，但实际上并未上任，为什么？《崔与之生平诗文丛考》一文，首先解决了这个疑难问题。我查到宋人佚作《家藏经验方》，确认他不是政治原因，而是身患中风重病。又考证其生平、诗文写作年代，最后对新出版的全集中误收的作品做了辨伪。

七、古籍考证

史学是研究史料的学问，而史料的情况非常复杂，有真有伪，有可信的，有不可信的，或不可全信的，有本不误而传抄、刻印时发生错误，有同一事，各家记载互相矛盾的。可以说，所有史料都存在这样、那样的问题。这一切都需要考证，去伪存真，才能使用。一些学者对史料不做考证，拿来就用，最容易出错，只求多快，不讲质量，这种做法不可取。

宋代的史料比唐以前史料的总和还要多，考证的任务相当艰巨，需要花费很多时间。我对宋代典籍做考辨，已积累近百万字，这里收录的是其中的一小部分。

（一）考辨著作真伪者四篇

《〈曲洧旧闻〉、〈南窗纪谈〉真伪辨》，对余嘉锡的考证提出了相反的意见，认定《南窗纪谈》是真而非伪，《曲洧旧闻》则杂有伪作。

《伪书极品：吴开〈优古堂诗话〉》一文认定备受清人赞扬的《优古堂诗话》乃是伪作，只是其作伪手段高明，骗过了一些考据家的眼光。

《〈李师师外传〉创作年代考辨》一文认定并非宋人所作，而是明、清之际的作品。

《四库全书辑本辨伪——以李正民〈大隐集〉为例》，对四库全书馆臣辑自《永乐大典》的《大隐集》的作品做了考辨，发现有六篇非李正民所作，而是李光、郑起潜的作品。这是由于《永乐大典》本身出处有误导致的。以此为例提醒大家，在使用四库辑本时，一定要注意作者可能有误。

（二）考辨四部名作

《〈直斋书录解题〉随斋批注考》，考证作批注的随斋为何时何人，批注的价值。

《〈宋史艺文志〉丛考》，考证其失误28条。

《〈圈点龙川水心二先生文粹〉研究》，分三部分：一，《圈点》本之前已有《龙川文粹》一书。二，新发现的陈亮佚文。三，《圈点龙川水心二先生文粹》之评语。

《〈续资治通鉴长编〉订误》，纠正其失误116条。

（三）考证版本者一篇

《论〈四库全书〉本的缺陷——以宋代文献为中心》，《四库全书》是人们经常使用的本子，但直接使用者多，使用时注意其缺陷者少，它会影响论文的质量。以我数十年来研究此书的经验，特撰此文。分四部分：一，《四库全书》本的通病。二，《四库全书》馆臣辑佚本之缺陷。三，《四库全书》所采传世本之缺陷。四，电子版《四库全书》的新缺陷。

八、关于研究方法问题

收文一篇：《如何运用史料解决疑难问题》。

我这篇文章，主要谈自己几十年来研究历史的体会，用举例的方式，谈如何研读史料？如何从史料中发现问题？发现问题以后，又是如何去解决问题？限于篇幅，只能举个别例子。在阅读过程中碰到的问题是多种多样的，解决的方法也各有不同。就以考证而言，其方法是多样的，考证相当于破案，你能破了盗窃案，不一定就能破间谍案、经济案。我们要研究各种不同的问题，使用不同的解决方法，多学、多思、多练，我相信只要掌握研究方法，持之以恒去专研，必定能够写出有质量的论文来。

现在有了电脑、有了各种检索工具，大大提高了研究速度，但也出现了一些副作用，有些人不再认真读书，而满足于拷贝，产品虽多，只是一堆垃圾而已。我希望，本文能为纠正此类偏向起一些作用。

九、最后，特意收入两篇并非专题研究、但有学术含量的文章

《宋代武将研究的杰作——〈攀龙附凤：北宋潞州上党李氏外戚将门研究〉》，这是一篇书评。评论的是香港宋史专家何冠环做的《攀龙附凤：北宋潞州上党李氏外戚将门研究》，现在的书评经常用名作、佳作、扛鼎之作之类的形容词，用得太滥了。我以为，一本书有优点给予肯定是应该的，但不应随便使用最高档的形容词。我在文章中使用"杰作"一词，考虑两点：其一，它在同类作品中是特别优秀的；其二，对研究者读后会有新启示的。此书写作难度大，武将不像文臣有自己的著作，相关的材料比较少而且分散，写一二篇文章易，写成一本书难。我研究过陈桥兵变，以为参谋之功主要是赵普。读了何著，才猛然醒悟，策划和运作兵变者主要是李处耘，夺取政权后如何巩固政权的谋士则是赵普。其次，它提醒我注意到在宋建国后，赵匡胤参谋集团内部有着复杂的争权夺利的斗争，其主角就是赵普，他不仅蓄意排挤李处耘，还不放过其他重要谋士。任何一部佳作都不可能十全十美，我在关注其优点之时，也尽量寻找其缺点。收入此文，意在表述我对写书评的想法。

《忧乐为天下：范仲淹与庆历新政序》，这是应一位少年史学天才林嘉文之求而写的。我本不相信会有少年史学天才，我信理工科有少年天才，科技大学为之办少年班，文学有天才，不到十岁就能写出动人的诗篇。史学是积累性的，没有长期的知识积累，不可能写出史学著作来。林嘉文的出现，颠覆了我的想法。他初中三年级时出版过《当道家统治中国：道家思想的政治实践与汉帝国的迅速崛起》，刚上高三又写成书稿《救斯文之薄：北宋庆历年间的新政、党议和新儒学运动》[①]，我粗粗翻读了一下，完全符合学术规范。真不可思议，中学课程那么忙，许多人连作业都要开夜车才能做完，他怎么有余力写出两本书，还是两个朝代的，期间又自学西夏文，还翻译了一本西夏文书稿。山西人民出版社的领导有慧眼，愿意免费为他出书，只是要求他请一位研究宋史的专家写序，他很不好意思地打电话请我写，此时我们仅见过一面而已。我自然愿意玉成其事。我在序里谈了如何做学问的看法，希望对他今后提高学术水平有所帮助。

此书出版后，其所在学校为之开了一个新书出版的座谈会，我也应邀参加了。但没

---

① 此稿正式出版时应出版社要求改题为《忧乐为天下：范仲淹与庆历新政序》，还删去了部分注释，我觉得有点可惜，这多少会影响学术性。

有想到的是，网上很快吵翻了天，许多责难声如钱江怒潮般地涌来：假的，绝对不可能是他写的，背后有不可告人的骗局，一定是他父亲写的，或是高价买来的，也可能是偷别人的，让教授给他站台，也是花了大钱的……本来，他钻得越深，与同学越缺乏共同语言，也就越孤独。他得了抑郁症，看过病，可是越吃药越头疼，睡不着觉难受，面对网上舆论压力，他做过解释，不起作用，终于他绝望了，跳楼而去，此时离十八岁还有几个月。

我活了大半辈子，没有见过这样有天分的少年，我很想培养他，希望他站我肩膀上，成为史学大家。他来过我家三四次，每次时间不长，问的都是做学问的事，我很后悔，没有顾上问一问生活上的事，如果知道他有心病，疏导一下，也许能阻止悲剧的发生。在他走之前几天，曾来我家一趟，送我一本台湾出版的《宋史新编》，这是他看到我书架上没有此书，特意送的。他还为我在网上受他连累挨攻击而表示歉意。我说：我经历得多了，这点小事，根本不放在心上。事后才想起，此时他当已作了最后的决定，送书就是为了给我留一个纪念。他在遗书里还特别感谢我和老伴。我很感伤，他的形象时时出现在眼前，难以抹去。他不仅有天分，人品也好，很谦虚，行事低调，出第一本书时，出版社想在封面上加上少年天才之类的字眼，他坚决不同意。

网络能及时传播新的信息，但是用不好，也会制造悲剧。人对自然和人本身的了解还十分有限，对任何从未见过的新事物，不可囿于成见，妄加攻击，应当先作调查再发言，尤其对于正在成长的年轻人，决不可一棍子打死。当悲剧发生后，舆论才大变，可惜，为时太晚了。

李裕民

2021年10月26日于西安

目　录

序

破除偏见，还宋代历史以本来面目 …………………………………………（1）
寻找唐宋科举制度变革的转折点——大视野下看科举 ………………………（7）
周世宗皇子失踪之谜——赵匡胤政治权谋揭秘 ………………………………（18）
论南宋国民素质高于唐朝与北宋 ………………………………………………（26）
绝密军事会议如何会惊现于世——《宋史杨业传》揭秘 ……………………（33）
"祖宗之法"是实施庆历新政的武器——富弼《三朝政要》研究 ……………（43）
范仲淹与王安石变法比较研究 …………………………………………………（52）
岳家军三大问题考辨 ……………………………………………………………（57）
"莫须有"故事辨伪 ………………………………………………………………（72）
南宋是中兴还是卖国——南宋史新解 …………………………………………（85）
钱钟书《宋诗选注》发微 ………………………………………………………（96）
是"误订"还是"误辩"——答陶符仁对《钱钟书〈宋诗选注〉发微》的责难 …（102）
唐宋蒙学书系年考证与研究 ……………………………………………………（113）
宋代裴氏家族研究 ………………………………………………………………（135）
两个同财共居大家族的演变历程——宋代司马光家族与姚氏家族研究 ……（146）
文彦博红楼诗与麟州红楼研究 …………………………………………………（153）
刘敞《杨无敌庙》诗考释 ………………………………………………………（161）
新出土的宋代古文字墓志研究——贾公直妻蔡氏墓志铭考 …………………（168）
中国最古的窑神碑——宋耀州德应侯碑考 ……………………………………（180）
《晋祠铭碑》宋人题刻考 ………………………………………………………（185）
范仲淹书《伯夷颂》与宋人题记研究 …………………………………………（193）
范仲淹、范纯仁诗文辑考 ………………………………………………………（203）
王十朋著作研究 …………………………………………………………………（213）
崔与之生平诗文丛考 ……………………………………………………………（224）
北宋榜眼考论 ……………………………………………………………………（235）
"只许州官放火"的州官田登是何许人也 ………………………………………（263）
"上有天堂下有苏杭"的由来 ……………………………………………………（267）
"张韩刘岳"考 ……………………………………………………………………（269）

堪与杜甫《新婚别》媲美的《新嫁别》……………………………………（274）
《曲洧旧闻》《南窗纪谈》真伪辨 ……………………………………（277）
《直斋书录解题》随斋批注考 …………………………………………（287）
《宋史艺文志》丛考 ……………………………………………………（295）
《圈点龙川水心二先生文粹》研究 ……………………………………（303）
《续资治通鉴长编》订误 ………………………………………………（311）
《李师师外传》创作年代考辨 …………………………………………（339）
伪书极品：吴开《优古堂诗话》 ………………………………………（344）
四库全书辑本辨伪——以李正民《大隐集》为例 ……………………（355）
论《四库全书》本的缺陷——以宋代文献为中心 ……………………（361）
如何运用史料解决疑难问题 ……………………………………………（372）
宋代武将研究的杰作——《攀龙附凤：北宋潞州上党李氏外戚将门研究》………（377）
《忧乐为天下：范仲淹与庆历新政》序 ………………………………（384）

后记 …………………………………………………………………………（387）

破除偏见，还宋代历史以本来面目

自秦始皇建立大一统的王朝以来，绵延时间最长的朝代就数宋朝了，但它的疆域，和汉、唐、明、清相比，却是最小的。如何看待宋朝的历史地位，出现了两种截然不同的声音：陈寅恪给予最高评价："华夏民族之文化，历数千载之演进，造极于赵宋之世。"钱穆则斥之为"积贫积弱"。两位都是著名的历史学家，到底哪一种看法正确呢？我来谈谈个人的一点认识，供读者参考。

一、"积贫积弱"说质疑

扣在宋朝头上最大的帽子是"积贫积弱"，由于钱穆《国史大纲》以及《中国史纲要》等著名教科书的传播，这几乎成了人们的定识，不仅史学界如此，其他各界均受其影响，如文学界、哲学界等，他们在研究宋代的文学家、哲学家时，需要了解这些人物所处的时代背景，往往要借用史学界的研究成果。因此有必要从源头上分析一下，这一说法是否符合宋代的实际情况。

钱穆是怎么得出"积贫积弱"这个结论来的呢？他在《国史大纲》第六编"两宋之部"，一开始就说："与秦、汉、隋、唐的统一相随并来的，是中国之富强"，而宋的统一"却始终摆脱不掉贫弱的命运"。这就是说：秦、汉、隋、唐是富强的典型，宋则是贫弱的典型。

下面首先分析一下其"积贫"之说。

宋的"积贫"表现在哪里？钱穆在"宋室内部之积贫难疗"中说："终年闹穷，而且愈闹愈凶，几于穷得不可支持。"具体表现是兵和官越养越多，财政支出越来越大，政府只好用增加税收来解决，宋代的税收比唐代增加了七倍。"宋之疆土民庶远不如汉、唐，而国家税入远过之，此其所以愈贫而愈弱矣。"

看起来似乎能自圆其说，如果稍微仔细考察一下，则完全没有道理。宋代的税收确实比唐代增加了许多，但这怎么能证明宋代一定比唐贫呢？要想说宋比唐贫，必须首先证明宋代的经济状况（农业、手工业、商业）不如唐，或只跟唐相当，税收不适当地超过了经济的增长，才会出现贫的局面，如果宋代经济远高于唐，税收相应地高于唐，那不是很正常的吗？我们现在国家财政收入比宋代不知多出多少倍，按钱氏的逻辑，岂不是贫到极点了？！

关于宋代的经济发展状况，简言之，远比唐代发达。它的疆域虽比唐小，但它的开垦土地面积高于唐，唐代485多万顷，宋代511多万顷（一说唐337万顷，宋472万项）。单位面积产量也高于唐。唐代富饶的关中地区亩产稻谷二石，而宋代许多地区亩产米已达到二至三石。北宋中期明州（今宁波），由于有广德湖灌溉之利，"鄞县七乡民田""每亩收谷六七硕"。开创了古代亩产的新纪录。唐代最盛时，每年运往首都粮食300万石，而宋代两淮、江南、两浙六路每年运往汴京粮食多达600万石①。

宋代的手工业也非常发达，最典型的例子是，一位外国学者统计，宋代的铁的产量之多超过了英、法两国工业革命时期产量的总和。

商业的繁荣更是唐代难以望其项背，城市坊区被打破，商店的开设再不受城坊的限制，大量市镇兴起。货币的流通量飞速增加，宋朝为适应这一需要大量铸造铜币，宋神宗时每年铸造500多万贯，而唐代每年才生产几万贯，最多时玄宗一年才32万7千贯②，神宗时两年的铸币量超过唐代三百年的总量，两者差距之大，何止几十倍。税收量只比唐代多几倍，怎么就能贫了？事实上，政府财力相当富裕，还能拨出大量经费救助弱势群体，在全国各县设立安济坊，收养贫病之人，仅开封的安济坊三年中治愈了上千人。又设居养院收养鳏寡孤独，对妇女儿童，还雇上女使及乳母服侍，甚至达到"贫者乐而富者扰"的地步③。设漏泽园，安葬无主尸骨。这一切，在号称富强的汉、唐做不到的，宋代都做了，而且坚持到宋亡。这样的王朝能称之为"积贫"吗？

近几十年来，宋史学者经过深入的研究，认为宋代经济处于高度发展时期，达到空前繁荣的地步，这大体上已成为共识，本来足以推倒"积贫"的陈说，大概多碍以"积贫积弱"已经成为固定的词组，谁也不愿正视两者的矛盾，于是出现对立两说共存的奇怪局面。我在《积贫积弱说商榷》中始揭示这一问题，颇得学者的赞同。

至于"积弱"问题，从军事角度说，以宋和辽相比，双方实力基本相当，宋稍弱一些，所以和议签订后，双方维持了100多年的和平局面。宋和金相比，也略弱一些。和西夏相比，则稍强一些。与蒙古相比，就弱得多，但应该看到，蒙古帝国是当时打破天下无敌手的超级强国，它灭亡一国，往往只需要几年甚至几个月时间。唯独南宋却与之抗争了几十年。从国际范围看，宋虽然不是超级大国，也算是一流强国了，用"弱"特别是"积弱"来概括它合适吗？凡不是超级大国，它就是弱国，这样来观察问题，合理吗？中晚唐时期，论时间和北宋差不多长，论军事实力，比北宋还差，首都几度被攻陷，也要奉送岁币，甚至加上不等价交换的和市，怎么就不称它"积贫积弱"呢？晋和宋最为相似，都城被占，皇帝被俘，为什么不称晋为"积贫积弱"的王朝？为什么不用同一尺寸衡量？

从现在的角度说，衡量国家强弱的标准，更主要的是看它的综合国力。倘若按综合实力分析，宋应当说是超过了辽、金的。它的经济实力比辽、金强。它的科学技术更远远超过辽、金，世界史上起革命性作用的火药、造纸、印刷术、指南针，都是在

---

① （清）徐松辑《宋会要辑稿》食货一一之八，中华书局影印本，1957年，第4996页。
② （宋）欧阳修、宋祁《新唐书》卷五四《食货志》，中华书局点校本，1975年，第1387页。
③ （元）脱脱《宋史》卷一七八《食货志上》，中华书局点校本，1977年，第4339页。

宋代出现或得到推广的，教育事业的大发展，官学、书院遍布全国，学术文化得到高度发展，可以说是继战国之后，又一个百家争鸣的时代，涌现出许多哲学学派，开拓了许多新的学术领域，从综合国力角度考虑，宋王朝不仅不能说弱，还应该说是相当强的。

二、南宋"小朝廷"说质疑

对宋朝的历史不仅存在误解，更有许多偏见，对南宋尤其严重。南宋的疆域比北宋小了许多，但存在时间也有150多年，经济、科技、文化、教育继续发展，呈现一派繁荣、辉煌的景象，单就已经出版的《全宋文》《全宋诗》《全宋词》，南宋的数量远远高于北宋，大致要高出一倍以上，可见南宋在文化上的贡献是非常高的。但许多论著一提起南宋初年的政权，就蔑称它为"小朝廷"，为什么这样做？是因为它管辖的疆土小了？可是，谁也没有因为东汉的疆土比西汉小，就称它为"小朝廷"！也没有因为东晋的疆土比西晋小，而称它为"小朝廷"！是因为它推行的政策太屈辱了？清朝签订的丧权辱国的条约之多，在中国历史上是罕有其比的，但是谁称它为小朝廷呢？

绍兴十一年宋金双方签订和议，从主流方面说，应该是肯定的。金方放弃了消灭南宋政权的目标，承认其政权的合法存在，对宋而言，经过十几年的努力，中兴的局面正式确立。双方进入和平发展时期。然而偏偏有一种"左"的观点，给高宗为代表的南宋政权扣一顶投降卖国的大帽子，和议等于投降，这是很奇特的思维。高宗如果想投降，就不必宣布即位，也不必因躲避金兵的抓捕而南逃，更不必费尽力气，花费十几年时间去支持和组织抗金活动。如果认定和议就是投降，就必须论定南宋政权没有主权，是与伪齐一样的傀儡，金方想立就立想废就废的。如果我们不带偏见，稍微客观一点看问题，就不一样了。譬如，把它和同类型的南明政权做比较，他们的前身统治的疆域大体相当，面对的敌人是同一个来自东北的民族（女真和源自女真的满族），但是，南明政权很快灰飞烟灭，而南宋政权却持续了一百几十年。这就意味着南明中兴没有成功，而南宋中兴成功了，这不是很明白的事吗？为什么只说卖国，讳言中兴呢！

把南宋视为"小朝廷"，看似小问题，却成大障碍，看不起南宋，自然研究南宋的人少了，至今，我们能看到的南宋论著数量只相当于北宋的五分之一。许多优秀的遗产不能批判地继承，怎能弘扬中华传统文化呢？好在杭州市社会科学院已成立南宋史研究中心，组织全国专家编写南宋研究丛书，最近推出的25本大作，足可以帮助我们正确认识南宋的历史地位。

三、重评宋代的历史地位

为什么有这么多误解和偏见？首先，主要是晚清以来，中国饱受帝国主义列强的欺负，经常被迫签订不平等条约，这都是中国军力不如外国造成的，因此很自然地习惯于单从军事角度品评好坏、高低。在心理状况备受压抑时，自然就向往汉、唐，想起当时称雄天下，四方群来朝贡的场面，何等气魄，令人振奋！蔑视打不过辽、金、元的宋朝，蔑视其不能横扫外敌而签订和议。因此，一旦有历史家出来指责宋"积贫积弱"、蔑称其"小朝廷"，指责其投降卖国，借此发泄对政府举措的不满，很容易被民众接受而广泛流传。其次，过去研究汉唐地学者多，而研究宋的学者少，成果也少，对宋代难以做出正确的评价。再次，简单地类比。日本原来弱小，实行明治维新以后强大起来，侵略周边国家，在它的刺激下，中国也曾实行戊戌变法，可惜完全失败。以此反观历史，凡变法必定是国家存在种种危机的产物，不管宋还处于古代社会发展的高峰期，而晚清已走向王朝最后覆灭的前夜，两者截然不同，却用同一模式套。于是，范仲淹、王安石变法被无限拔高，变法背景，被无限夸张，甚至说存在政治危机、经济危机、财政危机、社会危机，这样的结果是，往往出现无法解释的新问题，既然如此危机四伏，那么变法一旦失败，社会就会崩溃了，然而实际情况则相反，范仲淹的庆历新政中止后，却接连出现庆历之治、嘉祐之治的黄金局面。

当我们摒弃了误解和偏见，宋代真实的历史地位就可以显露出来了。

它的政治体制是中国古代最为民主的，实行的是皇帝和士大夫共治天下的体制，依法治国。在这种制度下，皇帝的权力受到限制，他不能随便独行其是，必须依法办事，必须与士大夫共商大计。宰相也不能大权独揽，为所欲为。台谏官的监察权很大，他们有相当的独立性，可以监察皇帝和宰相。在这样的体制下，不易产生重大的决策错误，贪污腐败容易得到及时的处理，不致失控。

它的经济发展状况是历史上最好的，胜过汉、唐，无论农业、手工业、商业都相当发达。特别需要指出的是，宋代的疆域比汉、唐小，通向西域的丝绸之路被堵了，是常被世人诟病的，其实丝绸之路的作用不应过分夸大，世界上没有一个大国的发达是通过陆路贸易实现的。相反，先后兴起的资本主义国家，从西班牙、葡萄牙、荷兰到英、法、日、美等国，莫不是通过海洋贸易实现的，而宋代正好在海洋贸易方面超越了汉、唐，达到了空前的最高水平，最近发现的南海一号宋代沉船便是最佳例证，指南针就是在实际需要中被发明的。海洋贸易的发达几乎使宋代铜钱成了周边国家的通用货币，亚、非各国不断出土大量宋钱，即是明证。

它的科学技术成就是最为辉煌的，中国古代四大发明中，有三大发明在宋代发明，或主要在宋代大量实行，任何发明只有实际中广泛应用，才会对社会产生重大影响。

它的思想是最活跃的，自秦始皇焚书坑儒、汉武帝独尊儒术之后，哲学上已是万马齐喑，只是到了宋代才重新活跃起来，富有独立精神、自由思想的宋学兴起，知识精英们敢于对儒家经典大胆怀疑，敢于独树一帜、自成学派，传授弟子。新学、洛学、关学、蜀学、心学、涑水学派、永嘉学派等等纷纷出现，这样的盛况在秦、汉以后，是独一无二的。范仲淹"先天下之忧而忧，后天下之乐而乐"，张载"为生民立极，为天地立心，为往圣继绝学，为万世开太平"①，文天祥的《正气歌》，他们宽阔的胸怀、伟大的志向、崇高的气节，传诵千年而不朽，永为后人之楷模。

它的教育是很成功的，除官学外，更有大量的书院出现，这是知识分子传播自己学说、培养知识精英的场所，为元、明、清所继承。宋代知识普及的程度是前所未有的。启蒙读物的大量编纂、印刷、出版，唐代的蒙求书至宋代只有一种在流传，宋代则推出了许多满足不同人群需要的启蒙书，出名的有《三字经》《百家姓》等；有普及儒家经典的，如《经传蒙求》《易学启蒙》《论语训蒙口义》；有普及历史知识的，如《两汉蒙求》《南北史蒙求》《十七史蒙求》《通鉴韵语》等；有专供女性阅读的，如《训女蒙求》等。编写者颇有一些是大学问家，如朱熹、胡宏等，其水平比唐代高出许多。

它的科举制度是最先进的，唐代科举录取人数太少，每科不过二十人上下，不能改变整个官僚结构，又有行卷之风，不糊名，很难做到公平竞争。宋代录取人数大增，三年一科，每科取好几百人，糊名，不论出身贫富，公平竞争。范仲淹、欧阳修、包拯等出身都相当贫寒，通过个人努力，考中进士，并进入领导层。西方的公务员制度就是从中国学去的。

宋人的知识结构合理，唐人在诗歌创作上成绩辉煌，但知识面并不宽，唐代的笔记多记载历史或故事，很少涉及其他学科的。宋人的知识面非常开阔，上至天文、下至地理，经学、史学、医学、算卦、佛经、道书，无所不读。像沈括的《梦溪笔谈》，在其他朝代是见不到的，在宋代涉及多学科的笔记多得是。像欧阳修不仅文学、史学成就甚高，经学、金石学等成绩卓越，还创造了"诗话"这种新型的体裁。这样一位很有学问的精英，当他向年轻十几岁的刘敞请教问题时，刘敞当下就回答了，并笑话他："好个欧九（欧阳修排行老九），极有文章，但可惜不甚读书耳。"②这就逼着人们勤奋读书，钱惟演"坐则读经史，卧则读小说，上厕则阅小辞"。欧阳修说："余平生所作文章多在三上：乃马上、枕上、厕上也。"③以上只是最简略的勾稽一下，已足以看出，宋代的文化把中国古代文化推向了最高峰，在当时世界史上，它无可置疑地居于领先地位，这是极了不起的成就，是对民族、对世界做出的巨大贡献。这一点要特别强调，因为文化的高度发展，使汉族具有更加强大的生命力，能度过任何艰难困苦的岁月。在世界军事史上，任何一个民族都不可能永远处于最强地位，当一个强大的民族，走向衰弱，被别的兵力更强的民族征服时，征服者和被征服者还会在文化上发生新的较量，其结果往往是文化低的民族被文化高的民族同化。匈奴强盛过几百年，但它在兵力衰落之后，在文化上也无力与水平更高者相抗衡，其民族随之消失了，成了历史的名词，其后的突厥、契丹都是如此。汉族的王朝在宋后中断过很长时间，但汉文化没有中断，几千年文献记载

---

① （宋）张载《张子全书》卷一四，文渊阁四库全书本。
② （宋）祝穆《古今事文类聚别集》卷一，文渊阁四库全书本，第11页。
③ （宋）欧阳修《归田录》卷二，李伟国点校，中华书局，1981年，第24页。

也没有中断,这在世界史上是唯一的,汉文化在世界文明中的重要地位没有动摇。这一切,宋文化具有不可磨灭的功劳,我们应该永远记住宋王朝的巨大贡献,还它予崇高的历史地位。

2009年1月24日

(原刊于《求是学刊》2009年5期,第123—125页;
《新华文摘》2009年24期,第65—67页)

寻找唐宋科举制度变革的转折点

——大视野下看科举

隋唐时期诞生的科举制度[①]，到宋代起了极大的变化。考试的内容从重诗赋到重经义，取消行卷制，实行弥封制；考试环节除了乡试、省试之外，又增加了殿试；考试时间从每年一次，变为三年一次，录取名额大幅度增加；录取后由不能直接做官到直接为官；进士由不分等到分若干等；又另外实行三舍法，并大量录取特奏名进士；实行别头试，不许做官人作状元，等等。种种变化可谓纷繁复杂，在这诸多的变化中，哪一项更关键、哪一年可以算是转折点呢？

在历史研究中，最常见的方法是就事论事。这样做有它的好处，就是钻得深一些、研究得细一些。但这样做，有时候并不能准确认识它在历史上的地位，并给予恰当的评价，因为社会是一个非常复杂的整体，各事物是互相联系的，它需要从更大的视野下去观察，才能正确地把握它。这里试以科举制度中的转折点问题，加以剖析。

太平兴国二年（977），宋太宗扩大进士录取名额，粗看起来，仅仅是数量的变化，不足为奇。但大视野下就不然了，它是由量变达到质变的关键，是唐宋科举制度变化的转折点。它有着三方面的巨大作用：一，确立了全新的官僚政治体制。二，提高了国民的整体素质。三，推动了经济、文化大发展。它是划时代的大事，不可低估。

下面先将宋代各帝所取进士情况列表[②]，再就上述三个方面作具体的分析（表一）[③]。

表一　宋代各帝录取进士表

皇帝	在位年数	科举次数	录取总人数	年平均数
太祖	16	15	188	11.8

[①] 据何忠礼《科举制起源辨析》（《历史研究》1983年2期），目前尚无隋代中进士的例子。隋代是否真有科举制度，有待进一步求证。

[②] 关于录取数，各书记载略有差异，这里采用何忠礼《宋史选举志补正》（浙江古籍出版社，1992年）附表的统计数字。北宋晚期还应加上释褐进士数。不过数量不算大，不影响下面的分析，故暂不计入内。从表一可以看出，太祖时年平均不到12人，比唐代二十来人略低，这与当时疆域较小有关。如以此为基数，太宗时就增加了6倍。到仁宗时，增加了30多倍。比唐代增加约20倍。

[③] 关于扩大科举取士（特别是进士）的意义，何忠礼《宋代扩大科举取士的原因及其与冗官的关系》（《宋史研究集刊》第一辑，浙江人民出版社，1986年）、张其凡《宋太宗》（吉林文史出版社，1997年）均予肯定，但论述尚欠全面，故今申论之。

续表

皇帝	在位年数	科举次数	录取总人数	年平均数
太宗	22	8	1487	67.6
真宗	25	12	1760	70.4
仁宗	41	13	4561	111.2
英宗	4	2	518	129.5
神宗	18	6	2395	133
哲宗	15	5	2667	177.8
徽宗	25	8	5495	219.8
钦宗	1	0	0	0
高宗	36	11	4527	125.7
孝宗	27	9	3860	143
光宗	5	2	953	190.6
宁宗	30	10	4740	158
理宗	40	13	6932	173.3
度宗	10	4	2307	230.7
总计		118	42 390	133

一、大量录取进士使先进的官僚政治体制彻底替代了过时的门阀世袭制

魏晋南北朝时期实行门阀世袭制，到唐代，实行科举制度，这是一个重大的举措，它为寒素之士进入仕途，开辟了一条通道，对门阀统治是个巨大的冲击。但由于录取数量相当少，其冲击的力度就很有限。唐代官员总数大约一万八千多[①]，而进士录取数，平均每年不过29人，十年还不到300人[②]，这么一点点人数只能起到一个掺沙子的作用。就这一点数字还要打个折扣，其一，唐代考上进士，并不能直接当官，需要过吏部考核关，这一关很难过，如著名的政治家、文学家韩愈考上进士后，就多次被拦在门外，多年后才跨进门槛，迈入仕途[③]。其二，部分世家大族也参与进士考试，他们凭借门第的优势，容易考中，这就占去了一部分名额，他们虽是进士，但家庭出身决定了他们的政治态度，会继续保留门阀世袭制。因此，唐代，数量过少的进士无法完全取代门阀世袭制。

应该指出，进士录取人数少，也有它的好处，一旦考上，名声大振，雁塔题名，风

[①] （宋）章如愚《群书考索后集》卷一："唐开元二十五年……内外文武官员凡万八千八百五人。"
[②] 此据（元）马端临《文献通考》卷二九所引《唐登科记》统计。
[③] 《文献通考》卷二九："韩文公三试于吏部无成，则十年犹布衣，且有出身二十年不获禄者，而宋则一登第之后，即为入仕之期。"

光无比，成为千古佳话，也就成了人们追求的目标。

到唐末，经过大规模农民战争的扫荡，许多世家大族垮了，死的死，逃的逃①，五代成了军阀割据的局面，这些大多出身贫寒的军阀专政，是对门阀统治的反动，它宣告门阀统治的终结，但是，武人们毫无章法的统治、草菅人命的行为、连年不断的战争，使得经济文化急剧下滑，社会陷入一片混乱之中。

赵匡胤建立宋王朝，面临一个采用何种政治体制的问题。其一，回到唐代的体制，已不可能，因为门阀世族已退出历史舞台。其二，沿袭五代军阀统治，则宋王朝可能成为第六个短命王朝，这是宋太祖所不愿看到的。他决意要用文官取代武人统治，要革五代的弊政。为此，采取了一系列措施，如解除宿将兵权，加强宰相权力，削弱枢密使大权，尽量用文臣做知州，加强监督机制等。在科举制度上，有三点变化，一是乾德二年，进士、九经判中者，并入初等职事，判下者依常选。初入防御团练军事推官、军事判官者，并授将仕郎、试校书郎②。二是录取特奏名进士106人，但又下诏"自今勿得为例"③。三是开宝六年因有考生告状，诉取士不公，而增加殿试，这一点为后世所继承④。这些措施有利于科举制度的完善，但还不能解决根本问题。他似乎并没有想到，以进士作为文臣的主要来源，去建立全新的官僚体制，因而在进士录取数量上，仍然继承五代的政策。五代时平均每年录取12人⑤，宋太祖在位16年，平均每年录取数不足12人。文才不足，在一些重要的州中，太祖仍用武人做知州，这些武将往往目中无法，有的将领甚至一遇到来告状的，不问情由，先把涉案人的耳朵割下来下酒吃，五年中吃了数百人的耳朵，这样的疯狂举动，竟然没有受到惩罚，也没有被制止⑥。这与五代时军阀作风没有两样，显然，没有一批高素质的士人充实到各个领导岗位，这样的文官政治是不稳固的。

宋太宗继位时，政权已经稳定，全国大体统一，此时要在全国范围内用文官取代武将，缺口非常大，而这个缺口，不是随便用什么人就行的，它需要大批知识精英充实到统治机构中来，只有这样，才能达到宋帝王们希望的社会安定、王朝长存的目的。同

---

① （唐）韦庄《秦妇吟》诗："内库烧为锦绣灰，天街踏尽公卿骨。"（孙光宪《北梦琐言》卷六）即是其真实写照。
② （宋）李焘《续资治通鉴长编》卷五乾德二年七月庚寅，中华书局，2004年，第129页（下引本书简称《长编》）。
③ （宋）李焘《长编》卷一一开宝三年三月庚戌，第243页。
④ （宋）李焘《长编》卷一四开宝六年三月辛酉，第297页。武则天时曾有过殿试，仅为临时措施，未作为制度沿用下去。
⑤ 此据《文献通考》卷三〇引《五代登科记》总目统计。
⑥ （宋）李焘《长编》卷一〇：太祖开宝二年十二月乙酉，"以房州防御使王彦升为原州防御使。彦升有膂力，善击剑，军中目曰王剑儿。性残忍，在原州凡五年，戎人有犯汉法者，彦升不加刑，召僚属饮宴，引所犯戎人于前，手摔其耳嚼之，下以卮酒。戎人流血被体，股栗不敢动。前后啖其耳者数百，戎人畏惧，不敢犯塞。至天圣中，西戎犹有无耳者，盖彦升所啖也"（第236页）。事亦见《宋史》卷二五〇《王彦升传》。

时，随着疆土的扩大，人才来源也增多了。在五代时期，南方诸国相对安定，南唐、后蜀、吴越等国还实行科举制度，读书风气颇盛，这为将更多的知识精英吸收到统治集团中来，创造了条件。宋太宗武功不如太祖，政治上颇有远见。显然，他已经认识到，扩大精英队伍的必要性和可能性均已具备，于是，在即位两个半月后，就做了一个大胆的决定，一个科举史上关键的决定，即大幅度增加录取进士名额。

此事，在李焘《续资治通鉴长编》中有比较详细的记载：

> 太宗太平兴国二年春正月，上初即位，以疆宇至远，吏员益众，思广振淹滞，以资其阙，顾谓侍臣曰："朕欲博求俊乂于科场中，非敢望拔十得五，止得一二，亦可为致治之具矣。"先是，诸道所发贡士凡五千三百余人，命太子中允直舍人院张洎、右补阙石熙载试进士，左赞善大夫侯陶等试诸科，户部郎中侯陟监之。于是礼部上所试合格人名。戊辰，上御讲武殿，内出诗赋题覆试进士，赋韵平侧相间，依次用，命翰林学士李昉、扈蒙定其优劣为三等，得河南吕蒙正以下一百九人。庚午，覆试诸科，得二百七人，并赐及第，又诏礼部阅贡籍得十五举以上进士及诸科一百八十四人，并赐出身。九经七人不中格，上怜其老，特赐同三传出身，凡五百人，皆先赐绿袍、靴笏，锡宴开宝寺，上自为诗二章赐之。唐时礼部放榜之后，醵饮于曲江，号曰闻喜宴，五代多于佛舍名园。周显德中官为主之。上命中使典领，供帐甚盛。第一、第二等进士并九经授将作监丞、大理评事，通判诸州，同出身进士及诸科并送吏部免选，优等注拟。初资职事判司簿尉，宠章殊异，历代所未有也。薛居正等言取人太多，用人太骤。上意方欲兴文教、抑武事，弗听。及蒙正等辞，特召令升殿，谕之曰：到治所，事有不便于民者，疾置以闻。仍赐装钱，人二十万①。

在这里，太宗实行了三条措施，一是录取进士109人，这在科举史上是空前的。太宗在位22年，平均每年录取进士近70人，比太祖时增加了五六倍。二是打破太祖"勿得为例"的限制，又一次录取特奏名184人，不再强调"勿得为例"，30多年后录取特奏名成为惯例。三是进士立即授官，而且"优等注拟"。尽管有大臣批评"取人太多，用人太骤"，太宗不予理会。

太宗不仅立即用进士作级别不低的地方官，而且加快提拔的步伐，让其中的优秀分子充实到中央领导中去。

如吕蒙正，太平兴国二年状元，仅隔六年，即到八年（983），就升为参知政事（副宰相）②。端拱元年（988）拜相③。

苏易简，太平兴国五年（980）考上进士第一名，仅过了13年，即于淳化四年

---

① （宋）李焘《长编》卷一八太平兴国二年正月戊辰、庚午，第393页。
② （宋）李焘《长编》卷二四太平兴国八年十一月壬申，第558页。
③ （宋）李焘《长编》卷二九端拱元年二月庚子，第647页。

（993）晋升为参知政事，时年36岁，如果不是英年早逝，享年39①，当上宰相是近在眼前的事。

太宗的取人多，用人骤，成为祖宗之法，为后世所继承、发扬。真宗时录取人数略有增加，到仁宗猛增至平均每年111人，徽宗时达到顶点，为每年220人。提拔速度也相当快，如陈尧叟，端拱二年（989）状元，仅过12年，于真宗咸平四年（1001）升为同知枢密院事②。咸平五年（1002）状元王曾，14年后升为参知政事③，又过6年，于乾兴元年（1022）当上了宰相④。

量变到一定程度就会引起质变，进士数量大增，提拔速度加快，使中央政权很快都被新进士所占领。从此，由社会精英组成的官僚政治体制完全确立，彻底取代了门阀世袭制，并为后来的各个朝代所继承。这些精英是经过公平竞争选出来的，远比门阀世袭优越，这种取代是社会进步的表现。学界常提的唐宋变革，从科举制度的层面上说，宋太宗太平兴国二年应是变革的转折点。

二、大量录取进士激发了民众读书的热情，从而大大提高了整体国民素质

观察一个民族文化发达程度，主要看国民素质的高低，比较列代王朝的优劣，也离不了这一标准。作为一个泱泱大国，每个王朝都可以找出一些知名人士来，光从名人角度看，很难定高下，但如果从整体国民素质去考虑，优劣很快显示出来。疆域辽阔、军事强大的汉、唐无法与宋相比，可以说差距甚远。唐代素质较高的地区主要是黄河中下游及长江三角洲，其他地方就差多了，边远地区更低到难以想象的地步。以广东潮州为例，唐朝韩愈到那里当刺史，要想找一个可以聊天的人都很难，他只找见了一个读书人赵德，那是唐朝289年中，潮州唯一考上进士的人，可见读书人实在少得可怜。到了北宋，去考进士的人上升到八九百，南宋多达数千人，到南宋晚期更达上万人，而全部人口才13万，这读书人的数量比起唐朝来，不知道要高出多少倍。广西情况还不如广东，唐代中进士者不过4人⑤，多集中于桂林，其他几十个州几乎都是空白，直到宋代才改观。至于海南岛更惨，唐代无一进士。上述地方属边远地区是如此，那么离唐都长安不太远的地方如何呢？情况稍好一些，但也很有限。以荆州为例，读书人比边远地区要多，水平并不高，以致直到盛唐时期，仍然处于进士"天荒"状态，拖到了唐朝晚期，大中四年（850）才有一位名叫刘蜕的人考上了进士，由此诞生了一个新名词"破

---

① （元）脱脱《宋史》卷二六六《苏易简传》，第9172页。
② （宋）李焘《长编》卷四八真宗咸平四年三月辛卯，第1054页。
③ （宋）李焘《长编》卷八八真宗大中祥符九年九月丙午，第2012页。
④ （宋）李焘《长编》卷九九真宗乾兴元年七月辛未，第2291页。
⑤ 曹邺（《新唐书》卷六〇），刘瞻（《旧唐书》卷一七七），赵观文（莫休符《桂林风土记》），李尧臣（明初《古藤志》，《永乐大典》卷二三四二，第9页）。后者未见唐人记载，可能并非事实。

天荒"①。

唐、宋国民素质的差距，与进士录取名额的多少有直接关系。本来，科举制度的出现，为寒族开辟了一个入仕的途径，无疑会激发了民众的读书热情，但当录取名额每年限于二三十名时，热情就大打折扣了。这些名额中的大部分，很自然会被京畿及交通便捷的地区拿走。道理很简单，即使是完全公平的竞争，地区的差异使得上述地区沾了光。那里人才集中，无论教育、读书，与名人交流等方面，条件最为优越，水平提高得快。加之唐代有行卷制度，即可以事先给主考官看，一旦看中，就会被录取，那时考试卷子并不弥封。首都一带，找熟人办事比较容易；但边远地区就很难了，平时见不上高官，好不容易到了都城，也不知道如何走门路。如果考官为人公平、正直，是一名伯乐，那还好一些，如果不是，那么行卷制度只能给熟人走后门提供方便。

这里还需要特别提到，考进士的成本非常高，外地尤其高。就离都城较近的地方而言，以夏县司马光家族为例，这是一个上百口人聚居的大家族，土地不多，大部分人从事经济活动，只供几个人读书、考进士，就这样，直到宋初，司马光的祖父才脱颖而出，成为家族中第一个进士②。而边远地区，旅途的奔波，要付出更高的成本，唐刘蜕在《上礼部裴侍郎书》诉说了他赶考的艰辛：

> 怀笔启于缙绅家十二三年矣，谓卯而习之，亂而成基，壮而历级，乘时无难梗寒苦之疲，今者欲三十岁矣……家在九江之南，去长安近四千里，膝下无怡怡之助，四海无强大之亲，日行六十里，用半岁为往来程，岁须三月侍亲左右，又留二月为乞假衣食于道路，是一岁之中，独余一月在长安，王侯听尊，媒妁声深，况有疾病寒暑，风雨之不可期者，杂处一岁之中哉！是风雨生白发，田园变荒芜，求抱关养亲，亦不可期也。及今年冬，见乙酉诏书，用阁下以古道正时文，以平律校郡士，怀才负艺者踊跃至公，蜕也不度入春明门，请与八百之列，负阶待试。呜呼！蜕也材不良，命甚奇，时来而功不成，事修而名不副，将三十年矣，今而后，阁下进之，蜕亦得以至公进，阁下退之，蜕亦得以至公退，进退者，由阁下也，未可知也③。

这里说，他的家在九江以南，离长安有四千里，路上得走三个月，来回需要半年，他是独子，服侍父母至少三个月，又要用两个月时间解决路上的衣食问题，在京只能逗留一个月。他刻苦学了十几年，现在三十岁了，还没有考上进士，而后遗症已十分明

---

① （五代）王定保《唐摭言》卷二"海述解送"："荆南解比号天荒，大中四年（850）刘蜕舍人以是府解及第，时崔魏公作镇，以破天荒钱七十万资蜕，蜕谢书略曰：五十年来自是人废，一千里外岂曰天荒。"

② 参李裕民《两个同财共居大家族的演变历程——宋代司马光家族与姚氏家族研究》，《宋学研究集刊》二，浙江大学出版社，2010年。

③ （唐）刘蜕《文泉子集》卷五，文渊阁四库全书本。

显，头上生白发，田园变荒芜。他总算考上了，后来当了官，成本还能收回。然而高淘汰率，以及地区条件的差异，使得边远地区绝大多数考生落榜，他们必须年复一年地付出同样的成本，有多少人能坚持下去呢？他们的经济条件足以应付吗？读书的积极性能不受到挫伤吗？这自然使南方大部分地区的读书人成了稀世珍品，那里的国民素质怎么能上得去呢？

到宋太宗大规模扩招以后，上述情况转变了。边远地区有了考中的机会，读书的热情增高，随着考试制度日趋完善，取消行卷制度，试卷弥封等，竞争日趋合理公正，全国各地读书风气越来越盛，整体国民素质大大提高。这里，不妨以离政治中心稍远但不算太偏的福州为例，看一下，该地在不同时期中进士的人数、比例以及中状元、当宰相或执政官的情况，先列表于下①（表二）。

表二　福州进士状元宰相执政表

年代	录取进士数	总年数	平均每年数	状元	宰相	执政
唐	37	289	0.13	0	0	0
五代	1	52	0.02	0	0	0
太宗	8	21	0.38	0	0	0
真宗	31	25	1.24	0	0	0
仁宗	103	41	2.51	1	0	2
英宗	19	4	4.75	0	0	0
神宗	51	18	2.83	0	1	0
哲宗	84	15	5.6	0	0	0
徽宗	236	25	9.44	0	1	1
高宗	267	36	7.41	1	0	2
孝宗	103	27	3.81	3	0	2
光宗	104	5	20.8	1	0	0
宁宗	512	30	17.06	1	0	6
理宗	498	40	12.45	1	0	3
度宗	48	10	4.8	0	0	0

从表二可以看出，福州在唐代平均每年考中进士仅0.13人，到宋太宗扩大名额，上升到0.38人，为唐代3倍。从此，读书风气转浓，而从开始学习到成才有一个过程，至少需要十几年时间，至真宗时明显加速，提高至唐代的10倍，至徽宗时，更为唐代的70

---

① 表二中进士、状元主要根据淳熙《三山志》及《八闽通志》，宰相、执政据《宋史宰辅表》及《宋宰辅编年录》，状元、宰执具体名单如下：状元8人：许将、陈诚之、萧国梁、郑侨、黄定、余复、郑自诚、黄朴。宰相2人：余深、朱倬。执政16人：林希、许将、黄祖舜、林安宅、陈诚之、黄洽、郑昭先、陈贵谊、陈韡、郑自诚、许应龙、张磻、王伯大、林存、陈合、常挺。

倍。南宋时，平均每年考中进士数为10.2人，即为唐代80倍。可见增长速度之快。就福建而言，宋代是个大转折点，从此从文化相对落后的地区一跃而成为文化发达的地区。

进士数增加，其质量也明显提高。从唐、五代到宋初，福州都没有状元，到宋仁宗时开始出现状元。在此前，没有一个进士升入中央领导集团，从仁宗开始出现执政官，神宗时又进而出现了宰相。

扩大名额，最受益的阶层自然是寒族。就地区而言，离京城较远的地区大大增加了进入仕途的机会，这使得中原和周边的文化差距不断缩小，从全国范围看，整体的国民素质大有提高。

水涨船高，国民整体素质高了，精英的水平也随着大幅度提高。平等竞争的科举考试激发了思想的火花，疑经疑传，创立学派，蔚然成风，一扫唐代缺乏哲学学派的沉闷状态。精英的知识结构也远比过去复杂。唐代的知识精英的知识结构较为单纯，侧重文学，水平甚高，其他学科就差一些，科学技术更差。宋代既讲求知识面宽，又求其精。许多人不仅经、史、文，而且广涉天文、地理、医卜、佛、道。这方面的事例多得不胜枚举，在这里只能举几个具有典型意义的例子。像《梦溪笔谈》那样几乎涵盖百科的笔记，在唐代是找不见的。像欧阳修这样的文坛领袖，在文学、史学、经学等领域都有突出的成就，在唐代已很罕见，仍然有人敢于讥笑他，说"好个欧九不读书"[①]，这类现象在唐代是绝对不会出现的。不仅如此，女子状况同样令人刮目相待，如李清照不仅才华横溢，千载难得一见，其知识也十分渊博，世所熟知，无庸赘言。再举一个并不知名的例子，文学家李之仪的妻子胡淑修（1053—1110），她不仅通经、史、文以及佛藏，善作诗词，还特别精通算数，像沈括那样的大科学家，在碰到算数方面的疑难问题，常向她请教，以致禁不住感叹道：如果她是男子就好了，那一定是我的益友[②]。

---

① （宋）祝穆《古今事文类聚别集》卷一"惜欧不读书"引《百家诗》："刘原父攽（按当作敞，1019—1068，与欧为友）在词掖，有立马挥九制之才，欧阳文忠公尝折简问：入阁起于何年？阁是何殿？开延英起于何年？五日一起居，遂废正衙不坐起于何年？三者孤陋所不详，乞示本末。公方与客对食，曰：'明当为答。'已而复追回，令立俟报，就坐中疏入阁事，详尽无遗。欧公大惊曰：'原父博学，不可及也。'《五代史》载入阁一段事，即答简所云。公尝私谓所亲曰：'好个欧九，极有文章，但可惜不甚读书耳。'东坡后闻此言：'轼辈将如之何？'"《百家诗》即《皇宋百家诗》（尤袤《遂初堂书目》），亦作《本朝百家诗选》（陈振孙《直斋书录解题》卷一五）、《宋百家诗选》，绍兴时曾慥编，"采名人诗，起寇准终叶梦得，并记其行事"（王应麟《玉海》卷五九）。其曾祖公亮（999—1078）为宰相，祖孝宽（1025—1090）为执政，与欧阳修（1007—1072）、刘敞（1019—1068）共事，其说有一定可信度。而叶适（1150—1223）对此说有所怀疑，在《习学记言》卷四九中云："而刘敞亦有'可惜欧九不读书'之消，然犹流言未足凭也。"不管此说是否完全确实，故事能在宋代广泛流传，足以证明宋人对知识精博的要求之高，已达到苛刻的程度，这在唐代是见不到的。

② （宋）李之仪《姑溪居士妻胡氏文柔墓志铭》："上自六经、司马氏史及诸纂集，多所综识，于佛书则终一大藏，作小诗歌词禅颂，皆有师法，而尤精于算数，沈括存中余少相师友，间有疑忘，必邀余质于文柔，屡叹曰：'得为男子，吾益友也'。"（《姑溪居士前集》卷五〇，文渊阁四库全书本）

三、促进了经济、科学技术的大发展

社会是一个复杂的整体，一个重要的环节变了，其他环节就会引起连锁反应。进士录取数增加，读书风气越来越盛，对书的需求大增，尤其是启蒙读物，与科举考试有关的书，如儒家经典，类书等。随着知识面的不断扩展，知识人群越来越多，社会需求的不断增长，各类图书纷纷上市，促进了造纸业、印刷业的发展。唐代虽有印刷业，主要刻的是佛经和日历。宋代的印刷业已涉及各个学科，适应各类人群的需求，已成为社会影响极大的行业。

私塾、书院、州县学等官私学校大量出现，官私藏书楼的修建，又促进了建筑业的发展。成千上万的考生赴州、进京赶考，路上需要吃住，促进交通运输以及旅店、饭铺的发展。士人们读书之余，需要精神享受，各类娱乐活动以及相应的勾栏、瓦舍。宋代草市、镇迅速发展。手工业、商业的发展又促进了科学技术的进步，活字印刷、指南针的发明。这一切又创造了许多就业的机会，教师、手工业工人的队伍有了长足的发展。宋代的人口最多时当已突破一亿，并没有因为人口压力出现什么危机，呈现的是一片繁荣景象。这方面的资料甚多，为世人所熟知，故点到为止，不再赘述。

四、余　论

上述从大视野的角度考察表明，太平兴国二年（977）宋太宗扩大进士录取名额，乃是唐宋科举制度变革的转折点，这一决策起到了三方面的作用。

（1）改变政权性质，彻底清除门阀世袭制，确立了全新的官僚政治体制。

（2）鼓舞民众参与科举考试的热情，读书风气大盛，国民整体素质迅速提高，这是事关民族兴亡的大事。

（3）读书人的增加，产生了一系列的正面效应，对书的需求增加→造纸业、印刷业发展→科技进步（活字印刷等），就业机会增加（教师队伍、工商业主、工人队伍），城镇化程度提高（草市、镇大量出现）。

本文到此似乎可以结束了，但为了把问题解决得更透一些，有必要从大视野的角度重新考察一下与此相关的两个问题。

第一，特奏名进士问题。这是经常被批评的，觉得太冗滥了。我认为，录取特奏名进士的举措，应予充分肯定。它虽然从水平说，比正奏名稍差，但总体说来还应该算是知识精英。因为正奏名是按千分之二的比例录取的[①]，淘汰率太高，会影响士人应举的积极性。宋代乡试过关，只是取得参加省试的资格，是不能直接当官的，录取他们的好

---

① 各地乡试，西北地区10人中取1人，东南地区100人中取1人（欧阳修《欧阳文忠公集》卷113《论逐路取人劄子》）。所有录取的乡贡进士到礼部参加考试时，又是10人中取1个正奏名进士。这样对所有参加乡试的人而言，其录取率为千分之二。

处是,一则保护了士人应考的积极性;二则他们一般只能担任低级官员,不影响高级官员的水平。何况扩大到特奏名,也不过将录取的比例提高到千分之四,在这样高淘汰率下录取的人难道还算不上精英吗?

这里,不妨扩大一下视野,和明、清的举人做一比较,明、清考中乡试称为举人,即可做官。宋代考中乡试称为乡贡进士,不能做官,只有多次到礼部考试的乡贡进士,才可能成为特奏名进士,做低级官员。同样是乡试,明、清时通过了就当官,从来没听说被指责为冗滥,而宋代只选取了其中比较优秀的一小部分,倒成了冗滥,公平吗?

应该说,宋代帝王对录取质量是相当重视的,处事是比较稳妥的,这从录取特奏名有一个逐步推进的过程,即可看出。宋太祖、太宗时,读书人还不太多,两朝各录取了一次特奏名,到真宗晚年以后,读书人比以往有了大幅度的增加,才与正奏名同步进行,成为定制。

第二,恩荫问题,自古至今备受谴责,它是冗官的主要来源。但是,令人难以索解的是,这样一个简单到只要下一道命令就能解决的问题,却偏偏下不了手?有的人解释不了,只好扣一顶帽子:统治阶级腐朽本质决定的。这只是用滥了的标签,什么问题也没有解决,如果动不动就使用这样的标签,历史大可不必再做研究了。历史工作者的任务,就是要正确解释历史。这里,只要指出一点,就可以知道这标签实在不管用,在宋代,接受恩荫的并非都是腐败分子,主张先天下之忧而忧、后天下之乐而乐并大力推行新政的范仲淹就安然受之,把恩荫给了族兄,还非常心安理得地记载到墓志中①。

到底应该如何看待这一问题?我认为,把它放到大视野中,从与其他事物的联系中去观察,就会得出新的认识:宋代恩荫制有其存在的合理性。

宋代大力推行科举制,其基本理念是精英治国,如何通过科举制选出精英?除了有一个公平竞争的机制之外,还需要维持高淘汰率。维持高淘汰率谈何容易,前面说过,考进士的成本是非常高的,没有足够的经济支持、没有极大的动力,是很难坚持下来的。有的人乡试中了,没钱赴京,只好放弃②。有的人好不容易凑了点钱,进京赶考,最后名落孙山,无钱回家,沦落而死③。要想引导大家一次又一次地去考试,必须有巨大的吸引力。政府所能做到的,就是考上就封官、赐宴,有荣誉、有俸禄,但宋代中下级官员的俸禄不算高,比唐朝还低一些,以致有的地方官员突然死亡后,家属无力办丧

---

① (宋)范仲淹《太子中舍致仕范府君墓志铭》:"府君讳仲温,字伯玉……景祐二年以某遇乾元节恩,例补试将作监主簿。"(《范文正集》卷一三,四部丛刊本)

② (宋)王栐《燕翼诒谋录》卷一:"远方寒士预乡荐,欲试礼部,假丐不可得,则宁寄举不试,良为可念。"

③ (宋)潘自牧《记纂渊海》卷三七引《国史》:"祖宗以来进士过省赴殿试尚有被黜者,远方寒士,贫不能归,有赴河而死者,仁宗闻之恻然,自此殿试不黜落,虽杂犯亦收之末名。"

事,或无钱回老家,甚至不得已而卖女[①]。显然,这点好处是不够的,而恩荫正是重要的补充。中进士后当到一定级别官员,就可以荫补子弟或亲戚做官。这样,一人当官不仅全家沾光,整个大家族都能沾光。只有这样,大家庭、大家族才能全力支持其家庭成员考进士。如司马光祖父炫是三弟兄中最小的,在整个大家族的支持下,他考上了进士。到其子司马池又考上了进士,并升到中级官员,有了恩荫的机会,司马池没有把这一好处给自己的孩子,而给了为之付出代价的大伯父的曾孙司马京[②]、二伯父的孙子司马宣[③]。如范仲淹中进士做高官之后,不仅将恩荫给范氏家族,而且以节省下来的钱置义田,资助族人。由此,可以反观此事,宋代许多寒士能够长期坚持考进士,就因为有家族的支持,而支持的动力就来自将来能给家族、家庭带来种种好处,其中就有恩荫的好处。

反之,如果取消恩荫,没有足够动力,许多人可能只考一两回就不再考了。考试有一定的偶然性,一个知识精英并不见得一考就中,像陈亮、王十朋这样的精英,一直考到四五十岁才考中状元[④]。如果许多人因缺乏吸引力而不再多次应考,如果一考再考没有形成风气,落榜的精英们都不再继续应试,有些天才就可能永远被埋没[⑤],进而会影响年轻一代读书的积极性。一旦读书人日益减少,就会影响到取士的质量,精英治国就会大打折扣,还会影响到整体国民素质,进而影响到经济、科技、就业等诸多方面。取消还是保留,各有利弊,如果取消,可能其弊会大于利,这就是有识之士虽然看到有问题,但在没有找到更好的替代办法之前,只能维持现状的原因所在。

(原刊于《北京大学学报》2013年2期,第95—103页)

---

① (元)脱脱《宋史》卷四一五《袁韶传》:"赵知府女也,家四川,父殁家贫,故鬻妾以为归葬计耳。"(中华书局,1977年点校本,第12452页)(宋)杨万里《刘氏旌表门闾记》:"安福县令王棣、丞刘谷死官下,卧在地,承弼为棺敛。丞尤穷空,至鬻幼女。"(《诚斋集》卷七四,文渊阁四库全书本)
② (宋)范祖禹《虞部郎中司马君(京)墓志铭》,《范太史集》卷三八,文渊阁四库全书本。
③ (宋)司马光《尚书驾部员外郎司马府君(宣)墓志铭》,《温国文正司马公集》卷七九,四部丛刊本。
④ (宋)陈亮"家仅中产"(《宋史》卷四三六本传),中状元时已54岁。王十朋中状元时46岁,做高官后荫补其弟寿朋、伯朋及子闻礼(徐炯文《梅溪王忠文公年谱》)。
⑤ (宋)叶适为陈亮撰《龙川文集序》就曾感叹道:"使同甫晚不登进士第,则世终以为狼疾人矣。"(《水心集》卷一二,文渊阁四库全书本)

周世宗皇子失踪之谜

——赵匡胤政治权谋揭秘

一、欧阳修《新五代史》留下的一个谜团
——周世宗两皇子去向不明

公元960年赵匡胤发动陈桥兵变前，周世宗有四个孩子在世，入宋以后，他们的景况如何呢？

据欧阳修（1007—1072）《新五代史》记载，世宗共生七子，前三子被后汉诛死。宗训是第四子，其下有三弟，名熙让、熙谨、熙诲。

这四人中，柴宗训（953—973），史有明确记载。显德六年（959）六月即位，是为恭帝，年仅七岁。显德七年初，被迫禅位，改封郑王，出居房州。开宝六年（973）卒，享年二十一。

熙谨卒于乾德二年（964）十月，以其小于宗训二岁计，约生于955年，享年不过十岁。

至于另二位，欧阳修曰："熙让、熙诲不知其所终。"①

既然老四宗训、老六都知其下落，何以老五、老七却不知下落呢？是躲避兵变而逃走了吗？不可能，他们年龄尚小，不过三至六岁。他们是被乱兵所杀的吗？也不可能。陈桥兵变基本上是一次不流血的政变，只杀了大将韩通。兵变前，赵严令士兵，不许乱杀。是赵有意杀害的吗？赵匡胤的即位是以后周禅让的形式进行的，对周恭帝没有加害，对柴氏家族一直给予种种优待，封其后人世袭崇义公、宣义郎，史不绝书。是后来开封发生动乱而死的吗？也不会，开封一直是和平的局面，并没有发生动乱。

为何会不知下落呢？欧阳修出生时，周世宗符皇后才去世十四年②，许多知情人尚健在，欧阳修能知道符皇后、柴宗训及其六弟的卒年，为什么会不知老五、老七的去向？欧阳修是非常讲究史笔的，这里一定有难言之隐在内。

胡三省在注《资治通鉴》中说："《欧史》曰：本朝乾德二年十月熙谨卒，熙让、熙

---

① （宋）欧阳修《新五代史》卷二〇《周家人传》，中华书局点校本，1974年，第204页。
② （元）脱脱《宋史》卷二四二："周世宗后（约940—993）也，淳化四年（993）殂。"（中华书局点校本，1977年，第8609页）（元）马端临《文献通考》卷二五二："周恭帝即位，尊世宗皇后符氏为皇太后。宋太祖既受禅，迁居西宫，号周太后。太平兴国初入道为尼，淳化四年殂。"（文渊阁四库全书本）

诲不知所终。盖讳之也。"①

在《旧五代史》里只谈世宗子的名和爵，而欧阳修作《新五代史》偏要加一句"不知其所终"，恐怕他是知道一些情况的，但有所忌讳，不便说，却又不太甘心，故意留一条尾巴，提醒读者注意，让有心人自己去查考吧！

这个秘密究竟是什么呢？能查清楚吗？

二、王巩说出了一个惊人的内幕——是赵匡胤把其中一子送给潘美作养侄

王巩（1048—1117）《随手杂录》："太祖皇帝初入宫，见宫嫔抱一小儿，问之，曰：世宗子也。时范质与赵普、潘美等侍侧，太祖顾问普等曰：'去之。'潘美与一帅在后不语。太祖召问之，美不敢答。太祖曰：'即人之位，杀人之子，朕不忍为也。'美曰：'臣与陛下北面事世宗，劝陛下杀之，即负世宗，劝陛下不杀，则陛下必致疑。'太祖曰：'与尔为侄。世宗子不可为尔子也。'美遂持归。其后太祖亦不问，美亦不复言，后终刺史，名惟吉，潘夙之祖也。美本无兄弟，其后惟吉历任供三代，止云以美为父，而不言祖，余得之于其家人。"

这里非常形象地把当时的情景展示出来了，然而王巩此书作于大观四年（1110）②，上距宋建国已有一百五十年，他怎么能知道得那么周详？他说得之于"其家人"，作为皇室后人被强迫改姓，自然是不甘心的，但又无力公开反抗，只能口耳相传，应该说，还是比较符合情理的。

李焘在《长编》的注中说："惟吉，美弟之子也。"又接着说："王巩《杂记》云：潘惟吉乃周世宗子，太祖不杀，令美养之，此事甚美。当考详附载。"③他看到了这一记载，曾想做进一步考证。可惜，没有下文。

除上述记载以外，王铚《默记》卷上："艺祖初自陈桥推戴入城，周恭帝即衣白襕乘轿子出居天清寺，世宗节名而寺其功德院也。艺祖与诸将同入院内，六宫迎拜，有二小儿卯角者，宫人抱之亦拜，询之，乃世宗二子纪王、（阙）王也。顾诸将曰：'此复何待？'左右即提去。惟潘美在后，以手搯殿柱，低头不语。艺祖云：'汝以为不可耶？'美对曰：'臣岂敢以为不可，但于理未安。'艺祖即命追还，以其一人赐美，美即收之以为子，而艺祖后亦不复问，其后名惟正者是也。每供三代，惟以美为父，而不及其他，故独此房不与美子孙连名。名夙者乃其后也。夙为文官，子孙亦然，夙有才，为名帅，

---

① （宋）司马光《资治通鉴》卷二九四显德六年八月庚寅，中华书局点校本，1956年，第9604页。

② （宋）王巩《随手杂录》，文渊阁四库全书本，第9条称"哲宗"庙号，第30条称"张相……商英……被召拜相"。按：张商英为相在大观四年六月（《宋史·宰辅表》)，则此书应作于大观四年或稍晚。

③ （宋）李焘《续资治通鉴长编》卷四九真宗咸平四年八月丁卯，中华书局，第1071页。

其英明有自云。"①

这一记载与王巩之说有所不同，主要是，王巩以为潘美收为侄，此则以为是子。王巩云改名惟吉，此则名惟正。两者有所出入，说明来源并不一致。而不同的来源却有一个共同点：赵把周世宗之子送给了潘美。说明此事并非空穴来风。但要落实下来，究竟哪一说正确，还必须有更坚实的证据。

三、新出土的《潘承裕及其夫人王氏墓志》证明王巩的记载是可信的

老同学胡戟收集到一通陈舜俞《潘承裕及其夫人王氏墓志》，藏于大唐西市博物馆仓库，2010年5月11日，他特意陪同我去参观了该志，凡二十四行，满行二十七字，行书。此文，陈舜俞《都官集》未收。我看后，大感兴趣，这通北宋小官员的墓志，无可辩驳地证明了王巩记载的可靠性，这位墓主人潘承裕之父惟吉就是不知下落的周世宗之子。兹录释文于下，再作具体考证。

宋故赠太子左卫率副率潘君及其夫人仁寿县太君王氏墓志铭

朝奉郎、守国子博士、新差知越州山阴县事、骑都尉陈舜俞撰。朝奉郎、尚书虞部员外郎、骑都尉、赐绯鱼袋宋保孙书并篆盖

府君讳承裕，字师锡，开封府开封县人也。天圣丁卯（五年1027）七月六日以东头供奉官捐馆，享年四十有三。夫人后夫君三十年以嘉祐己亥四月一日亡，享年七十有三，以熙宁己酉四月二十三日合葬于河南府洛阳县北邙山杜泽之原。

呜呼！府君之叔祖父、忠武军节度使、同中书下门平章事郑武惠王美也。夫人之祖、忠武军节度使、同中书下门平章事秦正懿王审琦也。二王事祖宗，定天下，裔绪勋烈，见于国史。

府君之考惟吉东染院使、浮州刺史，实相武惠，有勤劳。

府君以父荫起家为三班奉职，历霸州兵马监押、明台温越海内都巡检，克绍风绩。夫人居内而助，无忝其祖。有子六人。

府君既亡，躬行教饬，长曰凤，始仕，以才显，大臣中荐其有家略，堪委武事，朝廷任之，然天子终用其艺文，复为司封郎中、直昭文馆、知桂州。次曰震，仕左侍禁，及其季四人，皆早世。女三人：长婿内殿承旨李宗回，次驾部员外郎傅道，次库部员外郎王乙。孙男九人：器先、几先、令先、野先、民先、慎先、行先、信先，一尚幼。慎先而上在仕者五人。民先贤秀孝谨，夫人抚爱尤异，举进士未第而终，亲识为之叹恨。女孙十人，嫁为士人妻者六，余皆在室。曾孙四人，女四人。子凤之显也，府君赠累今官。夫人封君是邑，哀

---

① （宋）王銍《默记》三卷，撰于绍兴七年至十四年（1137—1144）。

荣渗漉，于是乎葬，嗟乎不为无后矣。

铭曰：我祖有遗，懋功懋勋。我子其承，仕武仕文。秦、郑之配，伊、洛之坟。其无忧乎，夫君夫人。

阎永真刊

这一墓志涉及四个重要人物：墓主人潘承裕，其父潘惟吉，子潘凤，叔祖潘美。

四人中，除了潘承裕之外，其余三人《宋史》均有传，而正是这位无名的潘承裕把他们有机地串连了起来。

潘承裕（985—1027）字师锡，开封人。天圣五年（1027）七月六日去世，年才四十三岁，其官仅为从八品的东头供奉官。"以父荫起家为三班奉职，历霸州兵马监押、明台温越海内都巡检，克绍风绩。"他当的是低级武官，没有什么可记的突出的事迹。他的妻子来头不小，其祖父王审琦（925—974）是赵匡胤的义社十兄弟之一、鼎鼎大名的开国元勋。生有承衍等十子，其中承衍（947—998）娶太祖女昭庆公主。曾孙师约（1044—1102）又娶英宗女徐国公主为妻[1]。

其父潘惟吉（？—1010），在《宋史·潘美传》末附有简短的传。曰："惟吉，美从子。累资为天雄军驻泊都监，虽连戚里，能以礼法自饬，敭历中外，人咸称其勤敏云。"[2] 此墓志中载其为"东染院使、浔州刺史，实相武惠，有勤劳"。东染院使，武阶名，属诸司正使阶列。浔州刺史，浔州，今广西桂平县。为五品州。这里只是挂名的武官官阶头衔，并不到浔州去任职。在《长编》中有四处记及其人。列举于下：

《长编》卷四九第1071页：真宗咸平四年八月，"上以巴蜀遐远时有寇盗。丁卯，命户部员外郎直史馆曾致尧、太常博士王晸、供备库使潘惟吉、通事舍人焦守节分往川峡诸州提举军器，察官吏之能否。致尧误留诏书于家，惟吉教致尧上言'渡吉柏江舟破，亡之'以自解。致尧曰：'为臣而欺其君，吾不忍为也。'乃上书自劾，释不问。其后惟吉入见禁中，道蜀事，具言致尧所以自劾者，上嗟叹久之"。

按：此条记其"入见禁中，道蜀事"，说明真宗对他是相当信任的。

《长编》卷五〇第1102页：咸平四年（1001）闰十二月庚寅，"上以河北饥……分遣知制诰梁颢薛映、供备库副使潘惟吉、西京左藏库副使李汉赟等往西路，发仓廪，赈流民，以便宜从事"。

《长编》卷七二第1633页：大中祥符二年（1009）九月甲子，"命……太常博士、直史馆乐黄目为契丹国主生辰使，东染院使、浔州刺史潘惟吉副之"。

《长编》卷七三第1655页：大中祥符三年（1010）二月辛卯，"雄州言：入契丹副使潘惟吉卒。惟吉尝得对便殿，上谓之曰：'凡人臣立朝，苟专务宴安，不以劳能而升，不足贵也。'惟吉即表求外任，命为天雄军驻泊都监。未行，选副乐黄目使契丹，受命入谢，时已病。上察其羸瘠，遣使询之，且言不病。入北境，疾作，即肩舆而还。诏遣

---

[1] （元）脱脱《宋史》卷二五〇《王审琦传》，中华书局点校本，1977年，第8820页。

[2] （元）脱脱《宋史》卷二五八《潘美传》，第8993页。

其子乘驿往迎，至雄州而卒。上悯之，令其弟阁门祗候惟清驰往护丧，官给葬事。惟吉虽连戚里，能以礼法自修饰，前后将命中外，咸以勤干称"。

按：潘美之女嫁真宗，早卒，后追封为皇后，故此称其"连戚里"。他在潘美的教养下，特别懂礼法，做事勤勤恳恳，派他出使辽国，尽管有病，硬说没病，坚持上道，不料才入辽境，就病发而死。

其叔祖潘美（925—991），墓志不提其祖父是谁，而提其叔祖，这是极其反常的。一般的墓志只谈直系亲属，当其旁系特别有名、可借以抬高名声时，也会提到，但前提一定是同时或者首先介绍到自己的直系亲属。兹举一例如下：

欧阳修《供备库副使杨君墓志铭》："君讳琪（980—1050），字宝臣，姓杨氏……曾祖讳弘信，为州刺史。祖讳重勋，又为防御使。太祖时为置建宁军于麟州，以重勋为留后，后召以为宿州刺史、保静军节度使，卒赠侍中。父讳光扆，以西头供奉官、监麟州兵马，卒于官。君其长子也。君之伯祖继业，太宗时为云州观察使，与契丹战殁，赠太师、中书令。继业有子延昭，真宗时为莫州防御使，父子皆为名将，其智勇号称无敌，至今天下之士至于里儿野竖，皆能道之。"①

潘美（925—991）是潘承裕的亲叔祖、惟吉的亲叔吗？《太宗实录》中有《潘武惠公美传》，传中说："潘美，大名人。"②而此墓志说潘承裕是开封人。籍贯完全不同，怎么可能是亲叔祖、亲叔呢？

这一切只能证明王巩的记载是真实可靠的。潘惟吉是周世宗之子，潘承裕则是世宗之孙。惟吉是被潘美领养为侄的。

周世宗之子不知下落的有二人，老五熙让、老七熙诲，惟吉是其中的哪一位，目前尚难断定。如果是老五，收养时在五岁左右，其生年约为956年。如果是老七，收养时在三岁左右，其生年约在958年。

四、为什么宋太祖要让潘美收养周世宗之子？

这一问题可分几层来分析，一是为什么要将周世宗子交给异姓人收养？二是为什么偏找潘美收养？三是以什么名义收养？

作为周世宗的皇子，当然和周恭帝不同，赵匡胤导演的禅让剧，恭帝是主角之一，自然要加以优待。至于其他皇子怎么办，就颇费脑筋了。可以有几种选择。第一是留下，如果留下，留给谁？最名正言顺的是留给周世宗的符皇后，虽然不是她亲生的，她毕竟是嫡母。而且留下就得封官，小皇帝柴宗训已经封为郑王了，如其他三个兄弟再封官，将来再生一堆子孙，其家势力就太大了，而朝廷内外有一股拥护后周王朝的势力，双方一旦联合起来，对赵宋政权是个巨大的威胁。第二是杀，这一条不可取。因为赵匡胤是周世宗一手提拔起来的，杀其子有损太祖的名声，会促使反对势力聚集到周恭帝周

---

① （宋）欧阳修《文忠集》卷二九，四部丛刊本。
② （宋）杜大珪《名臣碑传琬琰之集》下卷一，影印文渊阁四库全书本。

围，不利于政权的稳定。第三是任其自找出路，年龄太小，只会流落街头、甚至夭折，如果被对立面看到或收养，很不利于新建的赵宋政权。这一条也不可取。第四是交给异姓人收养，虽然也会有一些影响，但比较而言，其副作用最小。既可适当照顾了赵匡胤的面子，也免得成为新政权的祸患。

为什么偏找潘美收养？此事只能秘密进行，越秘密，副作用就越小。而要保密，只能找最可靠的人。义社十兄弟，都是开国元勋，风声太大。潘美比十兄弟地位名声稍次一些，而关系却非同一般，《实录·潘美传》中称"太祖素与美厚善"，并举了两个例子：一是陈桥兵变刚成功时，请他出面，让执政的文官顺从新政权。二是派他去监督与赵关系紧张、性格强悍的大将袁彦，让他伺机处理掉，潘美巧妙地让袁彦俯首称臣，化敌为友，超标准地完成任务，使赵匡胤十分满意。王巩《随手杂录》举一例子更为典型："太祖无事时，常召潘美辈禁中议政，或与之纵饮，至令宫女解衣，无复君臣之礼。"

三是以什么名义收养？按惯例，应收养为子，但周世宗是赵匡胤和潘美的君主，臣子怎能收养国君之子作义子呢？这一点，王巩的记载比较合理。"太祖曰：与尔为侄。世宗子不可为尔子也。"这个做法应是太祖的发明。前无古人，后无来者。

五、余　论

从王巩的记载看，收养为侄的故事很富有戏剧性，是否每个细节都符合事实，已无从查考。但联系赵匡胤在建立新政权的全过程中的表现看，恐怕不是偶然的，而是精心策划的。

赵匡胤是一位武将，没有多高的文化水平，但他决非一勇之夫。他的谋士们赵普、吕余庆等人略有文化，谈不上有多丰富的知识、多大的学问，但他们都是讲究策略的智囊。他们的策略自成特点，即既不从遥远的古代历史中找借鉴，也不从复杂的儒家经典中求答案，而是针对近代各王朝的弊病，寻找防弊的方案，从众多的方案中选出利最大弊最小的最佳方案。目标非常明确：既要成功夺权，又要避免成为第六个短命王朝。因此他们的方案在历史上最具独创性，往往前无古人，后无来者。

第一步，针对后周存在两支独立并行的部队、而自己只掌握其中一支的情况，用半年时间，分化瓦解侍卫亲军司，尽可能把军权全部抓到自己手中。等时机一成熟，即发动陈桥兵变。这次兵变，与以往不同，他不许士兵抢劫，基本上是一次不流血的政变，没有出现动乱的局面。他不是踏在前朝皇帝的血迹上登基，而是以周恭帝禅让的方式进行，显得和平而高雅，把非法的政变装点成合法的权力交接。

第二步，如何避免后周王朝的复辟。周恭帝降格为郑王，年龄又小，暂时不会成为威胁，但是随着时间推移，他和三个兄弟可能衍生为庞大的家族，出现十分能干的人才，一旦和拥周势力相结合，就会出现复辟的危险。如何防止？最简单的办法自然是杀，但这样做，就撕破了禅让的面具。更重要的是，赵匡胤是想统一全国，消除军阀割据，而这只能用文官统治去取代，以仁政德政去取代军阀的滥杀、掠夺。要做到这一点，必须带头做一个道德高尚的模范。赵匡胤的崛起，与周世宗的提拔有直接的关系，仅仅用了不到六年的时间，就把他从一个小军官变成殿前司的最高长官——都点检。这是普天之下人所共知的事实，对柴家后人处理不好，就会落下恩将仇报的社会影响，无论从社会效果上，从个人良心上，都是迈不过去的。因此对柴家后人作了极为巧妙的处理，或无后，或夭卒，而最特殊的就是送潘美作侄，虽然没有短命，而且有后，但姓已改，于大局无碍。

第三步，如何对待威信极高掌握军权的弟兄们。历史上有两种处理方式，汉高祖杀功臣，和唐太宗重用功臣。两者都不可取，如杀功臣，都是赵的结拜弟兄，对于颇有良心的赵匡胤来说，于心不忍，而且杀了以后，人人都胆战心惊，谁还愿意为他出死力去削平割据政权统一全国呢！如重用功臣，在眼下士兵叛乱成风之时，就有可能再次出现黄袍加身的闹剧。于是独创了杯酒释兵权方式。

以上三步，都是赵匡胤的独创，第一、三两步，史有明载，甚至传为佳话，唯第二步，最见不得人，故讳莫如深。唯有揭示其庐山真面目，才能对赵匡胤的权谋有一个更为全面清晰的认识。

收养周世宗子为侄，完全收到了预期的效果。宋朝历位皇帝都在重用柴家后人，封他们为崇义公以祭祀周世宗，封宣义郎以祭祀周恭帝①，表明赵匡胤和他的继承者的道德风格多么高尚啊，不忘世宗提拔之恩，不忘恭帝禅让之德。而背地里早已釜底抽薪，把周世宗的根全部铲除了。周世宗前三子从小就被杀，就不必提了。周恭帝死时才二十一岁，没有留下后代，这从宋找柴家后人中年辈最长者为公，以奉恭帝之祀即可看出。老六熙谨十来岁就死了，自然也没有后。而唯一有后的，却已被潘美收养，以潘为姓了。其中还真有能干的，潘承裕之子潘夙即是一个典型例子。

潘夙（1005—1076）字伯恭，《宋史》卷三三三有传。此人能文能武，常立战功，大将郭逵出师不利，是他派兵援救，使之脱险②。但皇帝不想让他在军事上发挥作用，墓志载："长曰夙，始仕，以才显，大臣中荐其有家略，堪委武事，朝廷任之，然天子终用其艺文，复为司封郎中、直昭文馆、知桂州。"《宋史》评论："夙以将家子而能留心边务，用当其材，举能其官。"王铚甚至用"有才""名帅""英明"之词称赞他。此

---

① （清）徐松辑《宋会要》崇儒七之七三："政和八年闰九月二十七日，诏：'昔我艺祖，受禅于周。嘉祐中，择柴氏旁枝一名，封崇义公。义者谓不当封周。然禅国者周，而二恪之封不及，礼盖未尽。除崇义公依旧外，择柴氏最长见在者，以其祖父为周恭帝后，以其孙世世为宣义郎，监周陵庙，与知县请给，以示继绝之仁，为国二恪，永为定制。'"（中华书局，1957年，第2325页）

② （宋）李焘《长编》卷二四二：熙宁六年二月辛巳，"司封郎中、直昭文馆、知潭州潘夙为太常少卿。初，夙为荆湖南路转运使，尝遣邵州通判贾师熊以兵丁破蛮寨。及郭逵知邵州，以三千人攻杨昌逯，为贼兵追袭至牛脊岭，日暮，几陷没，赖夙遣裨将刘呆引兵救之，乃免。又遣周士隆、丁佐尧以众深入，据要害，贼窘，遂出降。使者言其功如此，人至今赖之，而夙未尝自陈，故有是命"（第5902页）。

人能干的程度颇像其曾祖周世宗，潘美的后人不少，但没有一个像潘夙那么能干的。可以设想，假如他仍姓柴，宋王朝又不得不封他为侯，他那么强势，那会对宋王朝产生什么影响呢？这样能干，却不能替柴家争光，可以想象，他们的内心是多么难受！但在当时，对于惟吉及其子孙而言，他们身不由己，钦定的安排，只能接受，无法回改，不可能像后来的范仲淹那样，中进士以后还可以改回原来的姓。他们只能在私下谈一点真相，王巩的年龄与潘夙之子差不多，他的记载，很可能是潘夙之子提供的。潘承裕墓志的记载，也许是有意在暗示着背后另有隐情。

宋代柴家的子孙很多，但没有一位是周世宗、周恭帝的后代[①]，也没有出类拔萃的人才，因此他们在政坛上全都默默无闻，于政权没有任何影响。

说到这里，不能不承认，赵匡胤的举措确实高明，他不是一勇之夫，而是多面性的人物，有时粗鲁蛮横，有时带点天真，他既是军事家，也是会耍弄权谋的政治家。收养周世宗之子为潘美侄，不是简单的一个收继事例，乃是他消除一切可能成为隐患的高明举措，与杯酒释兵权有异曲同工之妙。

本文的考证，也说明了，柴姓人已没有周世宗的血脉，但周世宗并没有断根，潘家的一支实际上是其血脉的延续。

2012年9月30日于西安、2012年10月11日修改

（原刊于《浙江学刊》2013年4期，人大报刊复印资料
《宋辽金元史》2013年4期）

[①] 《宋会要》崇儒七之七四："绍兴五年四月九日，吏部言：太常寺看详到承节郎柴叔夏，系周世宗亲元孙。本家自嘉祐四年曾祖咏始封崇义公。"按：《宋会要》崇儒七之七〇："天圣七年六月二十六日，录周世宗从子、故太子少傅柴守礼孙咏为三班奉职。"此称咏为周世宗从子，叔夏为咏之后，则不可能是周世宗之亲元孙。李心传《建炎以来系年要录》卷八八：绍兴五年夏四月壬子，"承节郎柴叔夏为右迪功郎，袭封崇义公。叔夏，周世宗五世侄孙也"。

论南宋国民素质高于唐朝与北宋

史学大师陈寅恪有句名言:"华夏民族之文化,历数千载之演进,造极于赵宋之世。"它清晰地表明了宋文化是中国古代文化的最高峰,它超越了汉、唐盛世。犹如一座巍峨的金字塔,高高的塔尖最引人注目,研究者也最为关注,研究的成果甚多,而塔基则很少有人研究。但是,不可忘记,这是一个整体,没有庞大坚实的塔基,焉能有塔尖的辉煌。华夏文化的塔基就是整体的国民素质,国民的整体素质高低影响着经济的发展、科技的进步、文化的繁荣以及政治体制的改善。就国民的整体素质而言,唐、宋到底有多大差距,南宋与北宋究竟谁更高一点,这个问题尚未见到专门的研究文章,本文试作初步的探讨。

古代没有留下各级知识分子人数的统计数字,要想非常精确地比较已不可能。好在中国古代的文献资料比其他国家丰富得多,还是可以从中找到一些突破口的。

就文化层次而言,大致可分四类:知识精英,有较高文化的,有初等文化的,文盲。前三者的人数越多,整体国民素质就越高。知识精英人数极少,所占比例极小,不易区分高下。这里主要考察二、三类的人群。

一、有较高文化的人群

有较高文化的人群主要有两类:一是参加科举考试的人数,二是接受较高的文化教育而不参加科举考试的人群。中国古代的传统"学而优则仕",前者应比后者为多。

汉代主要实行荐举制,仕途由豪门贵族控制,他们基本上垄断了知识,平民阶层很难掌握知识,即使掌握了知识,也很难进入仕途。这注定了知识人群数量是有限的。

唐代实行科举制,为平民进入仕途敞开了一扇门,平民读书的积极性提高了,此时的知识人群数量无疑比汉朝大有增加。但当时科举制尚不完善,一是录取数量太少,每科仅二十来名。二是存在行卷制,缺乏公平竞争机制。这样大部分名额落入京畿地区,必然影响其他地区读书的积极性。荆州离长安不算太远,直到晚唐时期才考中一名进士,由此诞生的"破天荒"一词沿用至今,其他边远地方更不必说了。

宋代继续推行并逐步改进科举制,太宗太平兴国二年(977)时扩大录取名额,一次录取100多名,随后的数十年又不断完善公平竞争机制,科举取士成为做官的主要途径。读书之风席卷全国,知识人群大幅度增长,由豪门贵族扩展至平民,由京畿扩展至边远地区。

南宋的知识人群在北宋的基础上继续发展。

最能反映读书人群规模的是应考乡试的人数。宋代给各州下达录取乡贡进士的指标。北宋时，因为北方读书人较少，平均10人录取一名，南方则100人录取一名①。到南宋时，读书人越来越多，考中的几率越来越低，尽管朝廷稍微增加一些名额，仍然无法改变这一趋势。开禧三年（1207）各州平均每三百人取一人②。换言之，南宋应考的读书人是北宋的三倍多。一些读书风气鼎盛的地区，录取比例接近800∶1③。

下面再举几个个案看唐、北宋、南宋的变化。

以福建福州为例，唐代289年中进士者37人，平均每年仅0.13人；到宋太宗时上升到0.38人，为唐代3倍；至徽宗时，更为唐代的70倍。南宋时，平均每年考中进士数为10.2人，即为唐代80倍④，南宋开禧三年考解试人数多达18 000人⑤。

苏州，唐代289年中进士65人。北宋168年中进士者232人，平均每年比唐代增加七八倍。就考生数量而言，庆历时二科中进士者8人，每科应解试者二百人，到南宋淳熙九年（1182）发展至近两千人⑥，增加了十倍。

边远地区变化更为明显，如广东的潮州，唐代289年中仅有一人中进士，其考生数最多不过数十人而已。北宋考进士的人数上升到八九百，增加了十来倍。至南宋绍兴二十年（1150）增至近二千人，到绍定元年（1228），发展到六千六百多人，又过了四十来年，猛增到万人以上，是唐代的数百倍，北宋的十几倍⑦。

读书人数的增加，人才分布的地区差别缩小，有利于地区间相对平衡的发展。

宋代与汉、唐相比，还有两点变化：一是创新意识增强；二是知识结构向深度、广度拓展。

先谈创新意识。就国学而论，古代分汉学与宋学两大派，汉学强调师承，宋学讲求义理。汉、唐缺乏创新意识，缺乏新的学派。宋代自北宋中叶开始，另辟蹊径，出现多个学派并存的局面，南宋学派尤多，详见《宋元学案》。理学在诸多学派的竞争中脱颖而出，最终取得领导地位。经学之外，其他各个学科都有长足的发展。如考古学的前身金石学在北宋中叶诞生，同时出现考据学。又有年谱、诗话的新体裁。佛藏、道藏的汇编。

---

① 治平元年（1064），欧阳修《论逐路取人劄子》："今东南州军进士取解者，二三千人处，只解二三十人，是百人取一人，盖已痛裁抑之矣。西北州军取解至多处不过百人，而所解至十余人，是十人取一人，比之东南十倍假借之矣。"（《文忠集》卷一一三，四部丛刊本）

② （宋）刘宰《上钱丞相论罢漕试太学补试劄子》："取开禧三年诸州所申终场人为准，每三百人取一人。"（《漫塘集》卷一三，文渊阁四库全书本）

③ （宋）陈耆卿《赤城志》卷四："自是应书者……近岁至八千人……解额旧制三岁五人……宣和中复科举，三岁解八人。绍兴三十一年合流寓三人为十一人，以今终场数绳之，几于千取其一。"

④ （宋）梁克家（淳熙）《三山志》，福州市地方志编纂委员会，海风出版社，2000年。

⑤ （宋）刘宰《上钱丞相论罢漕试太学补试劄子》："福州终场万八千人。"（《漫塘集》卷一三，文渊阁四库全书本）

⑥ （宋）龚明之《中吴纪闻》卷一"解额"："苏自祥符间定制，秋举以四人为额。庆历中就举者止二百人。……今终场者几二千人。"（文渊阁四库全书本）

⑦ （明）解缙《永乐大典》卷五三四三引《三阳志》，中华书局影印本，1986年，第42页。

其次，知识结构向深度和广度拓展。唐代的士大夫知识结构较单纯，侧重文学，水平甚高，其他学科就差一些，科学技术更差。北宋中晚期开始有明显的变化，既讲求知识面宽，又求其精。许多人不仅通经、史、文，而且广涉天文、地理、医卜、佛、道。读书风气远比唐代浓厚，以至几百年后盛传黄庭坚（1045—1105）的名言："士大夫三日不读书，则理义不交于胸中，便觉面貌可憎，语言无味。"① 到南宋，有人进一步说："登高望远不可无，不可一日不读书。"②

北宋晚期，沈括百科全书式的名著《梦溪笔谈》，这样博大精深的笔记，在唐代是见不到的。这本书，国内外专家赞赏备至，是当时世界上无与伦比的杰作，但南宋人并不简单地叹为观止，而是精益求精，一百多中不断有人出来纠正其讹误、补充其不足。现就手头上掌握的材料，依其撰写年代早晚为序，罗列于下。

绍兴七年（1137），马永卿《嬾真子》；

绍兴十年至十二年（1140—1142），朱弁《曲洧旧闻》；

绍兴十二年（1142），王观国《学林》；

绍兴十八年（1148），朱翌《猗觉寮杂记》；

绍兴十九年（1149），王灼《碧鸡漫志》；

绍兴二十三年（1153），姚宽《西溪丛语》；

绍兴二十七年（1157），吴曾《能改斋漫录》；

隆兴元年（1163），葛立方《韵语阳秋》；

隆兴元年至乾道三年（1163—1167），严有翼《艺苑雌黄》；

乾道元年（1165），胡仔《苕溪渔隐丛话后集》；

淳熙七年（1180），程大昌《演繁露》，洪迈《容斋随笔》；

淳熙八年（1181），程大昌《考古编》；

绍熙元年（1190），袁文《瓮牖闲评》；

庆元元年（1195），王楙《野客丛书》；

庆元六年（1200），朱鉴《朱文公易说》③；

开禧二年（1206），程公说《春秋分记》；

嘉定五年（1212），张淏《云谷杂纪》；

嘉定十七年（1224），赵与旹《宾退录》；

宝庆二年（1226），高似孙《纬略》。

就此一例，足以看出在知识的求精求深上，北宋超越了唐，南宋又继续前进。

---

① 见《宋稗类钞》卷二三。按：这是后人加工的说法，黄的原话是："每相聚辄读数叶《前汉书》甚佳，人胸中久不用古今浇灌之，则俗尘生其间，照镜则觉面目可憎，对人亦语言无味也。"（《山谷集外集》卷十《与宋子茂书》）

② （宋）苏泂《次陆放翁韵》，《泠然斋诗集》卷二，文渊阁四库全书本。

③ 朱鉴为朱熹之孙，是书所记均为朱熹之说，故置于朱熹之卒年。

以上，主要考察了参加科举考试的人群，现在再探讨一下接受较高的文化教育而不参加科举考试的人群。

唐宋时期，在官学之外，又出现了书院，这主要是私办的教育场所。他们中不少人是不事科举而钻研学问的，从书院数量的变化大体可以看出唐与两宋的差别。

书院是唐代后期才出现的办学场所，目前可以确定的唐代书院只有三所：

（1）桂岩书院，高安，幸南容（746—819）创办。

（2）石鼓书院，衡州，唐元和（806—820），李宽创办。

（3）陈氏书堂，江州，唐大顺元年（890），陈崇创办。

到宋代，书院有相当大的发展，据《中国书院史》所附《历代书院名录》[①]统计，宋代有书院614所。其中北宋144所，南宋399所，难以分清南北宋的171所。需要指出的是其中颇有一些是不可靠的，但即使去掉1/4，仍然可以看出宋比唐高出上百倍，而南宋又是北宋的二三倍。

二、从启蒙教育看国民素质

在考虑国民整体素质时，不仅要关注参加科举考试的人群，还应关注无力常年上学而又渴望获取知识的较为贫困的人群，以及与仕途无缘的妇女们。接受起码的启蒙教育，对他们而言，是比较现实的。他们的人数历史上并无任何记载可查。但是通过对蒙学书的编写的考察，还是可以获得一些信息的。

启蒙教育早在先秦就有了，在汉代，《急就篇》就是那时的启蒙读物，三字一句，押韵，便于背诵。到唐代，蒙学新增了9种。

（1）李翰《蒙求》三卷（《宋史》卷二〇七类事类）。

（2）王殷范[②]《续蒙求》三卷（《宋史》卷二〇七类事类）。

（3）白廷翰《唐蒙求》三卷，广明人（《新唐书》卷五九）。

白廷翰《唐蒙求》三卷（《通志》卷六八杂家）。

《西溪丛语》卷上："罗隐《牡丹诗》云：可怜韩令功成后，虚负秾华过此身，据白廷翰《唐蒙求》'韩令牡丹'，注云：元和中京师贵游尚牡丹，一本直数万，韩滉私第有之，遽命劚去曰：'岂效儿女邪！'"

（4）李伉《系蒙》二卷（《新唐书》卷五九杂家类）。

（5）冯伉《谕蒙》一卷（《旧唐书》卷一八九下本传）。

（6）刘潜（《宋史》"潜"作"渐"）《群书系蒙》三卷（《通志》卷六八杂家）。

（7）王邹彦《春秋蒙求》五卷（《宋史》卷二〇二）。

（8）邹顺《广蒙书》十卷。

（9）《汉臣蒙求》二十卷。

---

① 李国钧等《中国书院史》，湖南教育出版社，1994年，第1010—1028页。

② 王殷范，《新唐书》作"王范"，当是宋人避赵弘殷讳删去殷字。

以上各书中，仅李翰《蒙求》尚存于世，有宋人徐子光注本。此书两唐书不载，四库全书馆臣以为五代石晋之李翰所撰。按《新唐书艺文志》有《续蒙求》，既称"续"，必原有《蒙求》，宋人多称唐李翰，则必为唐人。此书所记为先秦至晋宋（刘宋）历史人物故事，四字一句，押韵，便于儿童背诵。共596句，2384字，每句下有注，详述具体内容。是儿童认字的同时，能了解历史。此书影响深远，以后编写的许多启蒙书多以蒙求命名。

现在从启蒙读物数量做比较。

宋代新编启蒙读物达64种，是唐的七倍。可以看出宋人在普及基础知识方面努力的程度远比唐代为高。

就两宋相比较而言，宋代64种书中，北宋11种，南宋53种，南宋是北宋的五倍。

再从作者素质做比较。唐代9本书的作者，唯冯伉《旧唐书》卷一八九有传，李瀚事迹在史书中略有记载，其他均名不见经传。

宋代则有许多名人撰写启蒙书，北宋有欧阳修、范镇，《宋史》中有传。王令（1032—1059）也负盛名。

南宋作者队伍尤其为突出，在《宋史》有传者有13位：朱熹、吕祖谦、吕本中、程俱、胡寅、胡宏、史浩、刘清之、洪迈、彭龟年、陈淳、刘珏、王应麟。其中理学大师朱熹、金华学派领袖吕祖谦更是名声显赫。史浩位至宰相，刘珏为执政，彭龟年为天子师，洪迈、王应麟为著名史学家。吕本中、程俱、胡寅、胡宏、刘清之、陈淳都是学有成就的名家。作者素质高，自然所撰蒙求书的质量也高。

南宋人十分重视蒙学书的质量，虽然这是最浅显的书，却容不得有半点错误，先入为主的东西，很难清除。南宋学者对广为流传的唐李翰《蒙求》的缺点作如下的批评：其一，同一个人的事分散在多处，人名就会重复出现，如既曰孔融逊（集注作让）果，又曰孔融座（集注作坐）满。为了避免过多重复，或用姓名，或用表字，或用官爵，如"既曰孔明龙卧（集注作龙卧），又曰葛亮顾庐，又曰亮遗巾帼。既曰子房取履，又曰张良烧栈。"其二，本大多取材自史实比较可靠的史书，但又采用一些不可信的神怪书，"如毛宝白龟，糜竺收资皆出于《搜神记》。壶公摘天，初平起石，皆出于《神仙传》。孙晨藁席、灵辄扶轮，皆出于《类林》。孙钟设瓜、黄寻飞钱、宋宗鸡窗皆出于《幽冥录》。庞俭凿井，出于《风俗通》。卢充幽婚出于《志怪集》。张氏铜钩出于《三辅决录》。王果石崖出于《神怪志》。"并指出："盖小说杂书多妄诞不可取信，而瀚取此与经史同列，非训蒙之所先也。"[①]

李翰《蒙求》所记内容有一定局限性，写的是历史故事，但又不按时代先后编排，完全是随意的，读者只能记住故事，对一朝历史缺乏清晰认识。且只记至刘宋，梁以后事均不记。为了弥补这一缺陷，北宋时出现了贯通古史的《十七史蒙求》（王令），又有专记春秋事的《左氏蒙求》（杨彦龄）。专记晋事的《东西晋蒙求》（曹崇之），专记唐事

---

① （宋）王观国《学林》卷七，文渊阁四库全书本。

的《唐史属辞》(程鹏)，专记当代故事的《本朝蒙求》(范镇)。

到南宋，进一步向深度、广度拓展。历史方面仍有新的建树，有断代的，如刘珏《两汉蒙求》、侯宿《西汉蒙求》①、《三国蒙求》、《南北史蒙求》、徐子复《圣宋蒙求》②。有贯通古今的，如胡寅《叙古千文》，胡宏《叙古蒙求》，黄日新《通鉴韵语》。最重要的变化是向更广泛的领域扩展，主要表现如下。

在经学方面，有朱熹《易学启蒙》《论语训蒙口义》，反映理学家观念者，有程端蒙《性理字训》，吕祖谦（1137—1181）《少仪外传》，刘清之《程氏训蒙新书》，邵笥《孝弟蒙求》③。医学方面，如周守忠《历代名医蒙求》，庄绰《本草蒙求》④。事物方面，如方逢辰《名物蒙求》⑤、黎献《事类蒙求》⑥。记姓氏的，有王应麟《姓氏急就篇》。有针对特定对象的，如徐伯益《训女蒙求》，赵彦绖《宗室蒙求》，僧灵操《释氏蒙求》，陈葆光《群仙蒙求》，有专对一地学子的，如胡谦《庐陵蒙求》⑦。还有记杂事的，如《小说蒙求》。

这都是应不同人群的需要而编写的，这些书在南宋的大量出现，必然使得接受基本知识的人群得到大幅度的增加。

需要特别指出的是，专门传授妇女启蒙书《训女蒙求》的出现及其流传，应该是具有划时代意义的。说明南宋时已经有不少人认识到妇女掌握一定文化的重要性。她们占了人口的一半，她们有了一定文化，可以起到教育孩子、提高下一代素质的作用。这里举几个典型例子。

女子从来被排除在科举之外的，南宋时却出现一个特例，淳熙元年（1174）女童林幼玉求试，中书后省挑试所诵经书四十三件，并通。四月辛酉，诏特封孺人⑧。嘉定五年（1212）四月，女童子吴志端也去应童子试，经国子监挑试后，令中书覆试。有官员上奏：女子不应奔走于官府，最后未能参加覆试⑨。这几例说明南宋时女童接受启蒙教育已不是罕见的现象了。有文化妇女教育孩子成功例子，淳熙八年礼部考试第一名俞烈（？—1213），年幼时，其母张夫人亲自"教诵《蒙求》《孝经》"⑩。这位夫人既能教诵《蒙求》等书，必然出嫁前曾接受过启蒙教育。

---

① （宋）张栻《西汉蒙求跋》，《南轩集》卷三四，文渊阁四库全书本。
② （宋）徐元杰《题圣宋蒙求后》，《楳埜集》卷一〇，文渊阁四库全书本。
③ （宋）魏了翁《邵万州孝弟蒙求序》，《鹤山先生大全文集》卷五四。
④ （宋）程俱《送庄大夫绰赴鄂州守》注："季裕著《本草蒙求》三卷，颇工。"（《北山集》卷一〇，文渊阁四库全书本）
⑤ （宋）方逢辰《名物蒙求序》，《蛟峰文集》卷四，文渊阁四库全书本。
⑥ （明）凌迪知《万姓统谱》卷一四，文渊阁四库全书本。
⑦ （宋）曾丰《胡谦庐陵蒙求序》，《缘督集》卷一八，文渊阁四库全书本。
⑧ （宋）李心传《建炎以来朝野杂记乙集》卷一六，《文献通考》卷三五，《宋会要》选举九之三〇。
⑨ （清）徐松辑《宋会要》选举一二之三八。
⑩ （宋）叶适《安人张氏墓志铭》，《水心集》卷一四，文渊阁四库全书本。

最后，要特别指出，南宋在提高国民素质方面，有一个伟大的创举：孙高荣在镇江为盲人创办了一所义学，这应是中国最早的盲人学校，将知识的传授拓展到盲人，这是值得在青史上大书一笔的。这一记载，从未被人注意，兹将全文转录于下。

袁甫（1174—1240）《赠京口富春子孙君（名高荣）序》："人言数学与理学异，吾谓不通于理，非深于数者。孙君占天数学也，而乃通于理，以己之瞽，念人之瞽，求膏腴，创义学，萃群儿之瞽者教焉，非通于理而能如是乎？推孙君之用心，不特可以救世之盲于目者，抑可以警世之盲于心者矣。"①

根据以上的考察，不难得出结论：就整体国民素质而论，宋朝远远超越了唐朝，就两宋比较而言，南宋又胜于北宋。

2016年3月20日于西安

（原刊于《国际社会科学杂志》2016年3期，2019年《亚洲考古学》转载）

---

① （宋）袁甫《蒙斋集》卷一一，文渊阁四库全书本。

绝密军事会议如何会惊现于世

——《宋史杨业传》揭秘

一、杨业之死尚存在一些未揭开的谜团

二十四史中篇幅最庞大的《宋史》，洋洋洒洒八百余万字，记录战事千百次，一般都只记战争的外在表现，不记决策过程，唯有《杨业传》特殊，它详细记载了杨业战死前一次军事会议辩论的细节。根据这一记载，人们得以知悉，杨业之死，是王侁、刘文裕逼着杨业采取错误路线，又是潘美等人违背诺言，撤走援兵造成的。但是，悲剧发生之初，朝廷对杨业的抚恤比其副手还少，表明潘美等人隐瞒了事实真相，把责任全推到杨业头上。那么，为什么朝廷很快给予纠正，并对潘美三人做了严肃处理？以前，人们只能从戏剧小说中找到一个答案，是佘太君告状的结果。历史的真相如何？现在的研究证明是刘吉冒死上奏起的作用。但是新的问题出来了，当时参加会议的四人中，杨业已死，潘美等三人一起瞒报，只要他们抱成一团，朝廷何由得知真相？前几年我在论文中指出，《宋史·杨业传》所记四人，只是发言人，不是与会的全部名单，现已查明参加会议的至少还有一位都监郭超[①]。但是，这只是为解决问题提供了一个新的思路，如果只有郭某在场，潘美等三人一起给他做工作，真相也很难揭开。这一定还有其他人在场，使得潘美等3人无法——做工作去隐瞒。那么，究竟还有哪些人在场呢？这是问题之一。其次，刘吉是南唐降宋的官员，而且级别并不高，为什么他一上奏，太宗就会查处呢？最后，《宋史·杨业传》所记会议真相的史料来自何方？一般说《宋史》的材料来自宋人编的《国史》和《实录》，然而《国史》《实录》的记载又从何而来？

二、解决问题的新材料终于出现了

2012年11月，我应邀赴香港参加岭南宋史讨论会，会上遇见原上海人民出版社社长李伟国，他谈起新近到洛阳，在一家文物商店购得宋人墓志拓本十七八张，其中李若拙墓志内有杨家将的新史料，他知我对此很感兴趣，以一份缩小的拓本复印件相赠。随后，我去广州参加纪念陈乐素先生110周年学术讨论会，见到李伟国发表的介绍李若拙墓志一文，公布了大部分志文，提及杨家将，但未作仔细剖析，故有必要再做进一步研究。

---

① 李裕民《杨业死因之再探索》，《首届全国杨家将历史文化研讨会论文集》，科学出版社，2009年。

《李若拙墓志》为宋代状元孙仅（969—1017）所撰，全文如下①。

大宋故谏议大夫赠礼部侍郎李公（若拙）墓志铭并序

门生朝请大夫、守给事中、集贤院学士、判审刑院事、柱国、赐紫金鱼袋〔孙仅〕

门人成州军事推官、将仕郎、试秘书省校书郎袁烨书并篆盖

公讳若拙（944—1001），字藏用。有唐邠王㧑八代孙。大王父讳定，夏州观察使。王父讳玧，宗正少卿。皇考讳〔光赞，贝冀〕等州观察推官，赠左谏议大夫。皇妣彭城刘氏，赠本县太君。洪源巨派，姓族居高。国史家牒，勋德尤盛。子孙振振，□□□冕，或主祀在镐，或因官入洛，久为唐两京人也。公即大谏长嗣也。

年十五（958），以父任补太庙斋郎。年十九（962），应拔萃，判入高等，除大名府户曹。时烈考在魏王幕府，就甘旨也。年二十二（965），举进士，故兵部侍郎、赠太师王公祜②，乾德中典诰披垣，兼掌贡籍，词宗公望，卿大夫无出其右。四年（966）春，中第者六，公居其四。失巍峨者，抑少年也。王公独以雄文博学许之，曰："垂名不后于我矣。"寻授密州防御推官。年二十七（970），应贤良方正能言极谏科，太祖皇帝临轩亲试，条对圣目，日及申而奏成。太祖执卷曰："儒者有如是之才者，三千字，写亦难了，况文理乎！"迁著作佐郎。公以遇英明之主，登制策科，方伸壮志，偶辅弼之司，除著作局，靡遵故事，因致书干执政，出监商州坑冶务，行府失人，颇动物议。

太宗即位（976），改赞善大夫、知乾州。公受命次，怛然感至，乃拜章云："官虽君恩，字乃父讳，乞守前秩。"朝旨不允。未期岁（978），坐与诈称走马使臣李飞雄③顷刻相见，不能辨伪，偶与其父若愚连名，太宗赫斯，事将不测。有司执议，本非党系，由是削去官籍。非公洁身有素，祖祢积庆，几难免矣。

朝廷悯陷深辜，不经岁，特授尉卫寺丞，自春及秋，牵复旧秩□知陇州。课最，超拜监察御史、通判秦州，重边任也。三辅雄盛，左冯尤剧，太师宋偓节制于藩，老于富贵，国家恤□刑政，旋移通判同州。下车未季④，御史中丞

---

① 原文有缺或字迹无法辨认者，用□表示，可据文意补者及据残笔辨认者用〔 〕号表示。涉及年代之处，为了方便阅读，用括弧加注公元。

② 王祜（924—987），字景叔，大名莘人。官至知开封府。《宋史》卷二六九有传。子旦，为宋代名相。

③ 李飞雄（？—978），秦州节度判官若愚之子。太平兴国三年，以假传圣旨、企图谋反，被处死。事见《宋史》卷四六三。

④ "季"当为"几"之误。

滕中正①知公廉直，举奉台职，屡劾大狱，皆出片言。横迁右补阙、监在京香药［榷］易院，岁课五十万缗。卫王、广平王出阁，进颂称美，太宗召对，赐五品服章。

王师取代北诸县（986），将足兵食，诏公同河东漕运，飞刍挽粟，智计如神。随大军入云中，登城，望而叹曰："古郡也，既得之，患失之，守之者将何人乎？"乘传赴阙，奏便宜事，太宗益加赞叹。飞狐北副将杨继业不还，公惜其勇而有谋，为众不救，虑史氏失其功实，乃撰《杨继业传》传于世。

太平兴国纪号之后，六合为家，厥民富庶，先帝念吴越、荆楚、巴蜀、并汾之地，新奉职贡，梯航实劳，朝至夕到，填委京邸，乃置水陆发运司，专决留滞，事权禄位，吏局白直，亚三部一等，与计相抗行文牒，命公贰职，待器能也。

日南国自征讨不取之后，屯戍贪泉，积岁未解。雍熙中（986年十月），黎桓服我德，惧我威，请罪纳款，乞授真爵。太宗仁抚远俗，遂以分闲可之，诏公借秘书监持节往焉。车服仪注，悉从官给。遵路日，具行人之式，缙绅咏皇华诗，饯于都门之南，荣观者如堵焉。爰止海滨，黎桓备兰舟桂楫，迎出天池，接于境上，冠盖色目，尚存窃号，寮属称呼，仍多僭拟。公遣左右通好，责以臣礼，明谕受恩之则，俾改从事之官。黎桓听服，靡不禀正，公然后揽辔徐行，始相见焉。翊日，黎桓具军容抃舞拜命，士民欢呼曰："复见汉之衣冠矣。"馆谷浃旬，燕会朝夕，屡以大贝明珠，间列樽俎，公略不流视，主师官联，愈增恭畏，因取先陷蛮蜑使臣邓君辩以归，交赟礼币，赆行方物，非书送者让去，由是橐中装绝于他使。周岁复命，对扬日，面奏异域风俗，黎桓喜受正朔两使之恩。太宗曰："使于四方，不辱君命，卿得之矣。"所获例物，连书上进。系榷法者入公帑，余皆回赐。迁起居舍人、三司盐铁判官。

幽、蓟阻兵，镇、定、瀛、郑重挽运之务，出为河北转运使（994），改职方员外郎，面赐金紫。秩满归阙，直昭文馆，迁主客郎中、充江南转运使。（至道二年正月，996）南郊覃恩，加骑都尉。

交州自公奉使后，朝廷累颁恩信，行人或非其人，黎桓多聚巨蟒侮之。至道中，来扰海隅，国家谓公前使得宜，亟召赴阙，借礼部侍郎，持节再往②。黎桓郊迎曰："万里小国，叠降玉趾，潇湘之会，何以加也。"公申明存大体，俾箕踞慢态变为肃容，南鄙顿安。

时公之力，未出番禺，太宗晚驾（997），转金部郎中。入觐日，今上面慰

---

① 滕中正（908—991），字普光，青州北海人。雍熙元年（984）为御史中丞。《宋史》卷二七六有传。

② （宋）彭百川《太平治迹统类》卷三："至道二年（996）七月，朝廷遣李若拙以诏书国信玉带赐亘（即桓）。"（文渊阁四库全书本）

出疆之劳，仍赐座，对数刻。召试三题，迁兵部郎中、充史馆修撰。越旬，与吏部郎中王禹偁①并命知制诰。

咸平初（998），天下诸侯十二荐士，圣上谅暗不言，诏公同知贡举，一依唐室故事，放榜后，序门生，谢衣钵，酿宴题名，绰有元和、会昌之风焉。南郊礼毕，加上骑都尉。公再使鸢城，染郁蒸之气，渐成疾疹，数乞假告，除右谏议大夫（1000），封陇西县开国男，食邑三百户。经半载，病稍间，奉诏出河朔，密计边事，引进使何承矩②副焉。复命差知昇州，未发轫，改知贝州军州事。甘陵在渭北，水陆冲要，甲兵屯聚。是时，单于飞骑，颇有侵轶，朝廷以公文武之才，故赖兹任。

咸平四年（1001）五月二十五日，旧疾膏肓，终于治所，享年五十八。皇上闻之，嗟悼颇久，赠给加等。七月五日权殡于东京西郊法宝院。岁在丁巳（天禧元年，1017），嗣子绎以襄事拜章，乞假奔走上都，扶护先君洎三母及弟妹灵柩，卜孟夏月二十有二日，归祔永兴军万年县洪固乡大赵村祖茔，礼也。

首娶郑氏，早亡，先封马鬣，以长子立朝，追赠福昌县太君。次娶郑氏，封会稽县君，皆故奉先县令郑嗣光之女、尚书左丞韬光③之侄也。胄贵门清，二姓所慕。女工母则，四德无亏。次娶汾阳郭氏、范阳符氏，并封本县县君，簪组余庆，公侯令孙，宜配君子，享汤沐之荣焉。

有男六人，长曰绎，举进士第，守秘书丞、知耀州。次曰缅，随侍南使，卒于湘潭。次曰缜，大理评事、监阆州商税。次曰绶，次曰总，未冠而卒。次曰绅，京兆府士曹参军，俱以终词，必谋克荷，陈力就列，常惧辱先，龙驹凤毛，斯不悉矣。有女四人，长适前进士曹实，次二人早亡，次一人在室。

呜呼！公禀英粹之气，赋奇俊之姿，卯岁力学，手不释卷，爱周公、孔子之书，嗜子长、孟坚之史，凡经于口，即暗于心，虽古号经笥、汉圣无以加也。天性纯孝，丁考妣忧，殆至毁灭。未壮室，三取文章之科。我朝儒风大盛，已六十年，由宰相而下，比公策名，莫有及者，爰佐初筵，动有婉画，典山泽之利，固出纳之宏。通守大藩二，出知列郡三，仁义化民，或强明畏吏，考绩皆最，真良二千石也！佐邦计，绾利权，叹厚敛为不法，用轻赋为至公，常欲富国振斯箴，如坯之咏焉。奉使南域，小陆贾之功；演诰西掖，下元稹之誉。主文柄，贤者进，滥者退。居谏司，直者喜，佞者惧。历事三圣，垂四十年，凡受一官，述一职，未尝有缺。三圣乃眷，不谓不至，越知命之年，始直史职，代王言。捐馆之日，官止谏议大夫、阶朝散大夫、勋上骑都尉、爵开国

---

① 王禹偁（954—1001），字元之，济州钜野人。著名政治家、文学家。著有《小畜集》。《宋史》卷二九三有传。
② 何承矩（946—1006），字正则，河南人。知雄州，守边有方。《宋史》卷二七三有传。
③ 郑韬光（861—940），字龙府，洛京清河人。官至尚书左丞。《旧五代史》卷九二有传。

男、邑三百户而已。议者谓公符彩沉整，俨若有大臣之风；襟量宏显，慨然负丈夫之气。才美超迈，所望渲沸，宜副将相之拜，为当轴者忌，而止于此乎！

呜呼哀哉！嗣子等以远日有期，惠书求志，仅器业浅陋，辱公殊常之遇，泽宫选士，擢冠四科。先飞鹦谷之春，获继雁行之美。践扬台省，从容馆殿。切还报德，遽恨颓山。虽乏好词，难于牢让。谨为铭曰：

岳渎炳灵，景纬腾精。挺生王佐，郁为国桢。公实人杰，奕世扬声。紫气钟异，仙李流英。耆年老成，弱冠秀出。才周变通，名兼望实。一命起家，三捷入室。乃瞻斯厚，惟良有秩。践更外计，均输所资。两使绝域，专对是宜。既吟红药，爰伏青规。获麟纪事，华衮无私。壮志凌云，徽猷迈俗。妙誉铿金，英词润玉。仰贺推心，常思效足。方协帝畴，奄终天禄。命不臧兮泣琼瑰，哲人逝兮泰山颓。隙驹谢兮不返，朝露晞兮增哀。远日臻兮即长夜，佳城郁兮永无开。

李若拙葬于万年县洪固乡大赵村。洪固乡在县东南十五里①，这里，唐宋时期被达官贵人视为风水宝地，许多名人安葬于此，如名将浑瑊及其孙侃、柳嘉泰、论惟贤，马实，名臣王绍等②。宋有尚书比部员外郎陈汉卿、观察支使刘贻庆、左羽林军大将军杨怀忠等葬于此。大赵村当即今长安区之大兆村③。墓志应在此地出土，今不知为何人所藏。从拓片字体、葬地、撰者署名以及墓主生平与《宋史》相对照，其真实性应无可疑。

墓志的作者孙仅（969—1017），字邻几，蔡州汝阳人。自幼聪明过人，22岁即已出版诗集《甘棠集》一卷④，著名诗人王禹偁读后赋诗称赞，并预言："明年再就尧堦试，应被人呼小状元。"⑤果然到下一榜时，高中状元，时在咸平元年（998），而主考官四人中正有李若拙，时任"权同知贡举"⑥，所以孙仅在墓志中署名时自称门生。几年后，孙

---

① （宋）宋敏求《长安志》卷一一"万年县"："洪固乡在县南十五里，管村四十八，胄贵里。"

② （唐）权德舆《浑公（瑊）神道碑铭》："葬我太师于万年县洪固原。"（《文苑英华》卷八八六）路岩《义昌军节度使浑公（侃）神道碑》："葬于京兆府万年县洪固乡胄贵里。"（《文苑英华》卷九一六）李绛《兵部尚书王绍神道碑》："奉窆于万年县之洪固乡。"（《文苑英华》卷八九七）郭谊《右武卫将军柳公（嘉泰）神道碑》："归窆于万（年）洪固之原。"（《文苑英华》卷九〇八）吕元膺《骠骑大将军论公（惟贤）神道碑》：葬于万年县洪固乡之古原。"（《文苑英华》卷九〇九）韩休《赠邠州刺史韦公（钧）神道碑》："迁窆于万年县洪固乡。"（《文苑英华》卷九二二）欧阳詹《辅国大将军兼左骁卫将军御史中丞马公（实）墓志铭》："葬于京兆府万年县洪固乡延信里司马村之少陵原。"（《文苑英华》卷九四九）

③ （宋）欧阳修《尚书比部员外郎陈君（汉卿）墓志铭》："葬于京兆府万年县洪固乡神禾原。"（《文忠集》卷三〇）（宋）范纯仁《观察支使刘君（贻庆）墓志铭》："葬君于万年县洪固乡太王里。"（《范忠宣集》卷一二）呼延遘《左羽林军大将军杨府君(怀忠)墓志铭》："归葬于万年县洪固乡胄贵里。"（王连龙《新见北宋〈杨怀忠墓志〉考》，《史学集刊》2010年6期）

④ （宋）陈振孙《直斋书录解题》卷二〇，四库全书本。

⑤ （宋）王禹偁《小畜集》卷九，四部丛刊本。

⑥ （清）徐松辑《宋会要辑稿》选举一之六，中华书局影印本，1957年，第4233页。

仅升任知开封府、给事中。为人正直敢言，宋真宗大兴土木，修建豪华的玉清昭应宫，孙仅作《骊山诗》二首加以讽刺，最后二句云："秦帝墓成陈胜起，明皇宫就禄山来。"有人故意将诗抄送给真宗，真宗读第一句"朱衣吏引上骊山"，觉得很普通，便放下了，这才没有惹出麻烦来①。孙仅作有《文集》五十卷，可惜没有传下来。

其兄孙何（961—1004）是比他早一榜的状元，两人天分很高，但寿命不长。孙仅才四十九岁，其兄更短，才四十四岁。弟兄俩在《宋史》卷三〇六有传。

李若拙卒于咸平四年（1001）五月，到天禧元年（1017），其子绎移葬到永兴军万年县祖坟，并请孙仅作墓志铭。孙仅写成志文，即于是年正月二十九日去世②。到四月李若拙才下葬，显然，墓志中"孟夏月"下葬等字，应是李若拙家人所补。

李若拙，《宋史》卷三〇七有传，是一位敢说敢干的正派官员，才兼文武，作谏官，直者喜，佞者惧；作考官，贤者进，滥者退。出使外国，不辱使命，使边疆安宁。官至右谏议大夫，离执政官只差一个台阶，论其才能、资历、业绩，都够格了，然而因为他太正直，得罪了权贵，而未能进入决策圈、发挥更大的作用，世人为之感到遗憾。其子李绎同样能干正直，同样升至右谏议大夫为止，同在《宋史》中有传。其门生孙仅官至知开封府，距执政同样只一步之遥。3人均留下一些遗憾，好在都名垂青史、聊作安慰了。

三、新史料考释

《李若拙墓志》最重要的价值就在于提供了有关杨家将的新史料，虽然仅105字，却包含丰富的信息。为便于分析，再次引录于下：

> 王师取代北诸县，将足兵食，诏公同河东漕运，飞刍挽粟，智计如神。随大军入云中，登城，望而叹曰："古郡也，既得之，患失之，守之者将何人乎？"乘传赴阙，奏便宜事，太宗益加赞叹。飞狐北副将杨继业不还，公惜其勇而有谋，为众不救，虑史氏失其功实，乃撰《杨继业传》传于世。

"王师取代北诸县"点明了时代背景，是雍熙三年（986）北伐时，宋初"取代北诸县"只有这一次。代指代州，今山西代县。代北指代州以北应、云、寰、朔四州及其所属的县。相当于今大同市、朔州市全境。

"将足兵食，诏公同河东漕运"是说：为了满足军队的粮草供应，任命李若拙"同河东漕运"。"河东漕运"，是河东路随军转运使的简称。这里关键是一个"同"字，宋代任命官职时在一位正职之外，另外设一名或多名副职，此时在职名前加一"同"字，如枢密院的一把手称知枢密院事，其副手则称同知枢密院事。如天禧元年，马知节为知枢密院事，曹利用、任中正、周起为同知枢密院事③。又如在科举考试时，国家设立主

---

① （宋）欧阳修《归田录》卷一，中华书局，1981年，李伟国点校，第16页。
② （宋）李焘《续资治通鉴长编》（下引本书简称《长编》）卷八九：天禧元年春正月己巳（二十九日），"给事中孙仅卒"（中华书局点校本，2004年，第2039页）。
③ （宋）李焘《长编》卷九〇真宗天禧元年九月癸卯，第2079页。

考官一员称为知贡举,副手称同知贡举,如咸平元年,杨砺知贡举,李若拙、梁颢、朱台符同知贡举①。

"同河东漕运"是简称,《宋史·李若拙传》称其为"同勾当河东转运兼云应等八州事"。则是其较全的称呼,其全称应具体罗列八州之名。勾当是负责、管理的意思。官职前加一"同"字,说明在他之上尚有一名正职,或者另有一名与他同职的官员。

宋代转运使有两类。一类是常设的,宋在各路设转运司,其司的负责人即称转运使,副手则称转运副使。另一类是随军转运使,是专为作战而设立的临时性职务,打完仗即另任新职。李若拙所任属后者,随军转运使是很重要的职务,需要懂军事、会调度民工、粮食、兵器等,故需选"通才"担任。雍熙北伐分兵东、西、中三路,东路是主力。西路负责占领云、应、朔、寰四州,中路攻蔚州飞狐。中路的随军转运使是雷有终(947—1005),他就是一名"通才"②。

"飞刍挽粟,智计如神"是称赞李若拙后勤工作干得很出色。

"随大军入云中,登城,望而叹曰:'古郡也,既得之,患失之,守之者将何人乎?'"说明他并非在后方待着,而是随大军一起出征,到了云中(今山西大同),登上了城楼,并为如何任用合适的将领守城而操心。

"乘传赴阙,奏便宜事,太宗益加赞叹。"在西路军杨业等完成攻占四州任务之后,李若拙负责奔赴开封,向太宗汇报作战的具体情况,太宗非常满意。这说明随军转运使是深受皇帝信赖的,是皇帝在军中的耳目。

"飞狐北副将杨继业不还",飞狐,今河北省涞源县,在蔚州南。副将指杨业是西路军的副手,即第二把手。宋太宗雍熙北伐时,飞狐属中路军进攻的目标,与潘美、杨业的西路军无关,为什么要在"副将杨继业"前加"飞狐北"三字?这里应注意"不还"二字,那是"死"的代称,这就意味着杨业之死就在"飞狐北"。辽国萧太后深知杨业是宋名将,她要求活捉,想收编杨业,故辽军在陈家谷口俘获重伤的杨业后,立即解往燕京(今北京),而杨业不食三日而死。从陈家谷口到飞狐北,有三四百里,骑兵三日可到。辽军只好割下首级复命,尸身就地草草埋葬。过去不知道杨业死于何地,李若拙墓志首次提供了确切的信息。

"公惜其勇而有谋,为众不救,虑史氏失其功实,乃撰《杨继业传》传于世。"

"勇而有谋",说明杨业当时顺利攻占数州,并非单靠勇敢,正如《孙子兵法》谋攻篇所说:"百战百胜,非善之善者也,不战而屈人之兵,善之善者也。"杨业很可能采用奇袭或劝降等多种手法,巧妙地用最小的代价,迅速完成攻占云应四州的任务。

---

① (清)徐松辑《宋会要辑稿》选举一之六:真宗咸平元年二月十九日,"以翰林学士杨砺权知贡举,知制诰李若拙、直昭文馆梁颢、直史馆朱台符权同知贡举"(第4233页)。

② (宋)王曙《雷有终墓志铭》:"雍熙中,海县无事,财力丰富,太宗欲扬威荒外,观兵塞垣,十乘启行,五将分道,瞻彼飞狐之口,实惟束马之途。既衔枚而进师,须挽粟以济众。董兹军食,必藉通才。敕公带本职,充蔚州飞狐路随军转运使。"(中国文物研究所、陕西省古籍整理办公室编《新中国出土墓志·陕西[壹]》,文物出版社,2000年,下册)

"虑史氏失其功实",是怕史官不能如实写明杨业的功劳。为什么怕?因为对杨业之死负有主要责任的潘美来头太大了,他是掌实权的大将,其在军中的地位仅次于曹彬,而在战前的雍熙二年(984),又与太宗结成儿女亲家,将女儿嫁给太宗第三子元休,即后来即位的宋真宗[①]。如果没有一份可靠的原始资料放在史馆中,修史的官员不可能仅凭传闻就修入史书,即使史官再想做调查,事过境迁,也很难拿到第一手资料。

"乃撰《杨继业传》传于世",为了让杨业的高大形象长存于世,他下决心写一本《杨继业传》。既称"传于世",说明李为了扩大在社会上的影响,又将此书正式刻印,公开流传。作为单行本传世,其篇幅想必不小,杨业的家世和生平一定会写得一清二楚,而其中最引人注目的必然是,将最后一次绝密的军事会议内容公诸于世。《杨继业传》今天已无法看到,为什么敢下这样的结论?原因很简单,杨业蒙冤,就是因为会议内容被隐瞒、被歪曲,而杨业能够平反,也因为会议的真相已大白。只有如实写出,才能真正不会"失其功实"。才能正确解释为什么享有"无敌"称号的杨业,会在陈家谷口战败被俘?由杨业在会上的发言,才可以看到,他的智谋超常,所提的作战方案,可以说是"围魏救赵"的创新版,正因为正确的方案被否决,并强迫他执行错误的方案,才导致悲剧的发生。

显然,他写完后首先要送交史馆,作为原始资料保存。这里需要进一步探讨的问题是,《杨继业传》有没有送入史馆?何时送给史馆?回答是肯定的。以李若拙的身份,写成后送史馆应该不成问题。但可能性更大的是,至道三年(997),他出任史馆修撰之时,此时,将史料存入馆中是最顺理成章的。

过去,学者熟知各路转运使的职责,不仅掌管财赋的运输,还有监察路内各级官员的权力。至于随军转运使,除了保障后勤供给之外,是否还有其他功能,不太清楚,李若拙墓志的记载说明,它不是只站在后方提供物资,还随军上前线,并具有监察功能,可直接向皇帝汇报。随军转运使既然负有这样的重任,战前的军事会议必参加无疑。

考察至此,可以回答本文开始所提的问题了。参加战前会议的人,除了杨、潘、王、刘之外,有都监郭超,此外,至少还有一位河东随军转运使,其姓名目前尚难确知,有待今后史料的发现,相信同在一个岗位工作的官员,其立场应该是一致的。这样,朝廷不调查则已,一旦调查,真相就无法包住。

可以想见,当刘吉根据他所熟知杨业的为人,上奏为其呼冤时,李若拙也会站出来表示赞同,宋太宗就不能不派人前往调查真相,一般得派二至三名官员[②],具体派哪些

---

① (元)脱脱《宋史》卷二四二:"真宗章怀潘皇后,大名人,忠武军节度美第八女。真宗在韩邸,太宗为聘之,封莒国夫人。"(第8611页)《宋会要辑稿》后妃一之三:"真宗章怀皇后潘氏,忠武军节度使、同中书门下平章事美之女。雍熙二年(985)闰九月归于襄(当作韩)邸。"

② 康定元年(1040),宋、夏三川口之战,都监黄德和带兵退走,使主将刘平、石元孙兵败被执,事后黄诬奏二人降敌。有官员夏守赟力辨其枉,朝廷遂派殿中侍御史文彦博、内臣梁知诚、知同州待制庞籍三人审问,查明真相后,将黄处死。见司马光《涑水记闻》卷一一,第332条,中华书局,1989年。

人，没有记载，估计很可能有李若拙，因为他了解实际情况，汇报军情时，得到过太宗的夸奖。即使没有他在场，他也会关心此事，向他的同事或其他参与调查的官员打听，得知真相后，为了伸张正义，为了让世人了解真相，让史官据实书写，就在雍熙三年（986）特意写了一本《杨继业传》。一份送史馆，一份刻印成书。此书南宋初郑樵《通志·艺文略》、晁公武《郡斋读书志》均不载，大概在两宋之际战乱时已亡佚，但其主要内容已被吸收到《宋会要》《杨文公谈苑》《宋史》中。

其书传播的情况，按年代顺序，大致如下：

宋真宗咸平元年（998），钱若水（960—1003）、柴成务（934—1004）、吴淑（947—1002）、杨亿（974—1020）纂修《太宗实录》八十卷。写入雍熙三年（986）条下的《杨业传》中。此传的作者，很可能是杨亿，因为他是本书主要的撰写人，共写了五十六卷。又是他在《杨文公谈苑》中，首次介绍杨业的具体情况。在宋代，国史、实录是不许外传的。他写到笔记中，使得杨业的英雄形象在世人中广泛流传。他所谈、所写的杨业事迹，依据的原始资料只能是李若拙的《杨继业传》。时仅距《杨继业传》成书12年。

大中祥符九年（1016）二月，王旦等《两朝（太祖太宗）国史》一百二十卷，有《杨业传》。《长编》卷二〇引到《国史·杨业传》即《两朝国史》之《杨业传》。

天禧四年（1020）前，杨亿（974—1020）口述所见所闻，让黄鉴记录下来，编成《杨文公谈苑》一书，其中谈及杨业的事迹，特别是战死前军事会议的辩论细节，应来自李若拙的《杨继业传》。

应该看到，以上二书都是真宗在位时所写，颇有特殊意义。因为在真宗初即位的咸平二年（999），将已故的老丈人潘美正式列为太宗三位配飨功臣之一[①]，这是臣子所能享受的最高荣誉。而此时史官们仍将潘美害杨业的事公之于众，可见宋代史官还是敢于秉笔直书的，而真宗尊重史官的直书，亦属难能可贵。这些都是值得肯定的。

庆历四年（1044），《国朝会要》一百五十卷修成。杨业事迹写入职官类中。

元丰六年（1083）前，曾巩（1019—1083）写入《隆平集》卷一七中。其中说到"杨邺，一作继邺"，说明他在史馆工作时见到过李若拙的《杨继业传》。"业"写成"邺"，可能是后人传抄中产生的错误。

淳熙十年（1183），李焘（1115—1184）《续资治通鉴长编》，所记杨业事迹来自《国史》，可证此时李若拙的《杨继业传》在世上已经绝迹。

淳熙十二年（1185），王称《东都事略》，情况与《长编》略同。

元至正五年（1345），脱脱《宋史》，其中《杨业传》当采自宋《两朝国史》。

最后还需要探讨一下，杨业姓名的变化。他最初叫杨重贵[②]。入北汉后，被北汉皇帝刘崇收养，赐名为刘继业，路振（957—1014）《九国志》里有《刘继业传》。北汉被

---

① （宋）李焘《长编》卷四五咸平二年（999）八月乙亥，第961页。

② （宋）李焘《长编》卷九开宝元年九月，第208页。

宋灭后，李焘《长编》说他"复姓杨氏，止名业"①，现在看来，这一说法不完全正确。李若拙《杨继业传》，说明他曾经叫作杨继业。换言之，刚入宋时，只是改为原姓，名没有变，又过了若干年，才去掉继字，单名业。大概称杨继业的时间比较长，所以李若拙仍写成《杨继业传》，而曾巩《隆平集》卷一一《潘美传》中仍称之为杨继业。

  2013年11月12日于西安，2014年7月30日修改。9月9日改定

  （原刊于《商丘师院学报》2015年1期，第91—96页）

---

① （宋）李焘《长编》卷二〇太平兴国四年八月丁巳，第459页。

"祖宗之法"是实施庆历新政的武器

——富弼《三朝政要》研究

在王安石变法的研究中,学者们得出一个结论:"祖宗之法"是保守派反变法的武器,因此遭到变法派强烈反对。时间一长,在人们的脑海里形成一个固定的认识,"祖宗之法",是判断变法派与保守派的主要特征。凡坚持"祖宗之法"者就是保守派,反之,就是变法派。事实果真是这样吗?如果稍稍往前追溯一下,就会发现,事实恰巧相反,"祖宗之法"最早乃是变法派实施庆历新政使用的武器,富弼主编的《三朝政要》便是明证。

富弼(1004—1083)是北宋著名的政治家,官至宰相、执政,是范仲淹庆历新政的主要支持者,在北宋的政治生活中发挥了重要的作用。他在史学方面也颇有成就,在古代史领域,著有《前汉书纲目》一卷[1],近现代史领域有《三朝政要》二十卷。后者是古为今用的力作,曾起到配合庆历新政的重要作用,这一点似是过去研究范仲淹新政的论著中从未注意过的,故有必要在此做深入的探讨。

一、编纂的缘起

庆历三年(1043)七月十二日,宋仁宗任命范仲淹为参知政事、富弼为枢密副使。九月三日,仁宗要求范、富"条奏当世务",他们退朝后即向仁宗上奏十事,即明黜陟、抑侥幸、精贡举、择官长、均公田、厚农桑、修武备、减徭役、覃恩信、重命令,成为庆历新政的实施纲领,它见于范仲淹奏议,历来都认为全出自范仲淹的主张。然《长编》卷一四三第3431页在罗列这十条之前,明确说:"仲淹、弼皇恐避席,退而列奏曰……"注引《实录》云:"仲淹、弼答手诏条上七事。"富弼墓志则云:"仁宗开龙图天章阁,命辅臣各条天下大政。公列上十余事及河北安边十三策。"看来这十事归于范或富中任何一人都不确切,它应是范、富二人共同的主张。十九天后,即二十二日,富弼向仁宗提议编纂《三朝政要》,得到批准后,组成强有力的写作班子,第二年九月完成[2],历时一年,此时,正是大力推行庆历新政之际。从编纂时间、作者、内容三方面看,这一举措是为了配合实现庆历新政,从祖宗的言行中寻找有力的根据,它无疑是庆

---

[1] (元)脱脱《宋史》卷二〇三、《艺文志》正史类,第5087页。
[2] (宋)王应麟《玉海》卷四九。

历新政的有机组成部分。

富弼在奏章中说：

> 臣历观自古帝王理天下，未有不以法制为首务，法制既立，然后万事有经，而治道可必也。宋有天下八十余年，太祖始革五代之弊，创立法度。太宗克绍前烈，纪纲益明。真宗承两朝太平之基，谨守成宪。近年纪纲甚紊，随事变更，两府执守，便为成例，施于天下，咸以为非，而朝廷安然奉行，不思划革，至使民力殚竭，国用乏匮，吏员冗而率未得人，政道缺而将及于乱，赏罚无准，邪正未分，夷狄交侵，寇盗充斥，师出无律，而战必败，令下无信，而民不从，如此百端，不可悉数。其所以然者，盖法制不立，而沦胥至此也。臣今欲选官置局，将三朝典故及讨寻久来诸司所行可用文字，分门类聚，编成一书，置在两府，俾为模范，庶几颓纲稍振，弊法渐除，此守基图救祸乱之本也①。

在这里，富弼指出当今存在的问题是：政治上，纪纲紊乱；经济上，国用乏匮；军事上，每战必败；人事上，吏冗质差。整个局势相当危急，"将及于乱"。当前的迫切任务是："思划革"，除弊法。具体做法则是，从太祖、太宗、真宗三朝中，找出做得好的范例，分门别类编成书，放在宰执衙门（两府）里，以此为范本，仿照执行。这一提法，很符合皇帝的愿望，故很快得到批准。富弼是个聪明人，他知道光摆事实是说不清的，所以在编书中，花大力气作新的诠释，不过，没有在奏文中明说而已。

宋代的改革家从两个不同的方向寻找支撑点，一是高举祖宗之法的大旗，从祖宗言行中找出可用的事例，加以新的诠释，皇帝和百官是不敢挑战祖宗的权威、轻易否定祖宗规矩的。二是从儒家经典中寻找理论根据，作新的诠释。

稳健的改革派范仲淹新政主要走的是第一条路。他的副手富弼配合变法的需要，主编了《三朝政要》，把太祖、太宗、真宗三朝政治生活中处理得比较好的事例汇编成书，针对当今社会中存在的问题，从中找出解决的办法。

激进的改革派王安石走的是第二条路，从《周礼》等书中寻找根据，作了崭新的诠释，写成三经新义，颁行天下。而反对者则从《春秋》中寻找根据，司马光模仿《左传》，写成《资治通鉴》，以史为鉴，反对王的新法。同时从祖宗那里寻找根据，强调祖宗之法不能随便改变。王安石不便公开否定祖宗之法，只好采用釜底抽薪的办法，加以反对。

二、编纂人与编纂体例

富弼的建议得到仁宗的支持，朝廷当即任命史官校勘王洙、集贤校理余靖、秘阁校理孙甫、集贤校理欧阳修四人同修，由富弼总负责。第二年九月成书，共二十卷。成书后编者得到了仁宗的奖励②。

---

① （宋）赵汝愚《宋朝名臣奏议》卷一二《上仁宗乞编类三朝故典》。
② （宋）胡柯《庐陵欧阳文忠公年谱》：庆历三年九月丙戌，同修《三朝典故》。庆历四年九月，《三朝典故》成书，以公尝预编纂，赐诏奖谕。欧阳修《文忠集》附。

这四名编写人都是当时的名流，其中最为后世称道的是欧阳修，出力最大的则是王洙。

王洙（997—1057），字原叔。宋城人。学问渊博，"自六经、《史记》、百氏之书至于图纬、阴阳、五行、律吕、星官、筭法、训故、字音无所不学，学必通达"。参与编修《集韵》，校定《史记》，前、后《汉书》，编写《国朝会要》《乡兵制度》《大享明堂记》等①。还著有《言象外传》十卷、《皇祐方域图记》三十卷、《要览》一卷、《地理新书》三十卷、《三朝经武圣略》十卷、《青囊括》一卷、《昌元集》十卷、《注杜诗》三十六卷②，《宋史》卷二九四有传。正因为他出力最大，故此书往往挂在他的名下，欧阳修为他作的墓志铭中所列举的著作中就有《祖宗故事》，而《宋史艺文志》中也列有"王洙《祖宗故事》二十卷"③。这是《三朝政要》的另一名称。他的作品传世有《新刊图解玉灵聚义占卜龟经》四卷，《王氏谈录》一卷（其子王钦臣整理成书）。

余靖（1000—1064），字安道，韶州曲江人。著有《汉书刊误》三十卷，《国信语录》一卷，《余靖集》二十卷，《谏草》三卷④。传世有《武溪集》二十一卷。

孙甫（998—1057），字之翰，许州阳翟人。著名史学家，尤长于唐史。著有《唐史记》七十五卷，《文集》七卷⑤，今存《唐史论断》三卷。

欧阳修（1007—1072），是人们熟悉的宋代著名的文学家、史学家，也是庆历新政的健将，详细情况就不在这里介绍了。

这四位编写人和总纂富弼，从年龄上看，最大的王洙47岁，最年轻的欧阳修37岁。都是年富力强的中年人，而在政治上都是庆历新政的拥护者。

此书的编纂主要分两大步骤：一，从原始资料中选出可以作为典范的事例，再分门别类编纂；二，在各门类下写出新的诠释。前者是史料，后者是史论。前者王洙出力为多，这一部分也可能曾经单独出版，命名为《祖宗故事》，而署王洙之名。后者是富弼和其他人共同参与的，在诠释之前署"臣弼等释曰"。

此书按门类编纂，分为九十六门。需要探讨的是，究竟有哪些门类？

"庆历四年书成上之，分别书类，起'赏罚'止'延谏臣'，凡九十六门。"⑥

这说明第一门是"赏罚"，最后一门是"延谏臣"。总数为九十六门。

"凡三朝赏罚之权，威德之本，责任将帅之术，升黜官吏之法，息费强兵之制，御戎平寇之略，宽民恤灾之惠，睦亲立教之本，御臣防患之机，察纳谏诤之道，率编

---

① （宋）欧阳修《文忠集》卷三一《翰林侍读侍讲学士王公墓志铭》。
② （元）脱脱《宋史》卷二〇二、卷二〇四、卷二〇六、卷二〇七、卷二〇八。
③ （元）脱脱《宋史》卷二〇三。
④ （元）脱脱《宋史》卷二〇三、卷二〇八。
⑤ （宋）欧阳修《尚书刑部郎中充天章阁待制兼侍读赠右谏议大夫孙公墓志铭》，《文忠集》卷三三。
⑥ （宋）章如愚《群书考索前集》卷一七，书目文献出版社影印明刻本，1982年。

录焉①。"

显然，这第一项"赏罚之权"相当于"赏罚"，最后"察纳谏诤之道"即"延谏臣"。以此推知，中间的各门，按其内容，就是"威德之本，责任将帅之术，升黜官吏之法，息费强兵之制，御戎平寇之略，宽民恤灾之惠，睦亲立教之本，御臣防患之机"。用前二者的概括部分，大概可以归纳为：德本，责将帅，明黜陟，息费强兵，御寇戎，宽恤，睦亲，御臣。

在所举事例之后，附有新的诠释，标为"臣弼等释曰"，如事实相类者止释一事，道理分明者不做解释。

以下举例说明之。

例一

太平兴国八年（983）正月，以王显为枢密使。太宗谓之曰："卿学问寡，今掌枢机，无暇读书。"令左右取《军戒》三篇，曰："读此可免面墙矣。"（出《宝训》）

臣弼等释曰：大臣不知学问，则暗大体，王显以才力至枢密使，太宗虑其不学，不能晓通变之事，故以军戒授之，使知贤者行事也②。

例二

开宝三年（970）七月壬子诏曰：西蜀诸州凡二万户者设曹官三员，不满二万户止置录事、司法，不满万户止置司法、司户，县千户以上置令尉主簿，不满千户止置令尉（出《宝训》）。

臣弼等释曰：太祖开国，政令简易，官有定员，尚俾减省之。今官人数倍于先朝，而职事不理，宜有以革之③。

以上可见每一条分两部分，一是列举皇帝治理天下的具体事实，并注明出处。二是富弼的诠释，这是重点，其内容有对所举事实做分析，揭示其精神者，如例一。或联系现实，作今昔对比，阐明必须改革的道理，如例二。

三、此书的流传和今存情况

此书编成后在北宋时曾经付刻。宋陈振孙《直斋书录解题》卷五："《三朝政要》二十卷，宰相河南富弼彦国撰。庆历……四年书成，名《太平故事》，凡九十六门，每事之后各释其意，至绍兴八年右朝议大夫吕源得旧印本刊正增广，名《政要释明策备》，上之于朝。《馆阁书目》指政要为宝训，非也。"

南宋初年得到的旧印本，可以肯定为北宋所刻。吕源又在此基础上加以增广，改名

---

① （宋）王应麟《玉海》卷四九。
② （宋）《太平宝训政事纪年》卷一，第42页。
③ （宋）《太平宝训政事纪年》卷一，第23页。

为《政要释明策备》，也称吕源《增释故事》①，《三朝政要增释》②。此本主要是供科举考试策论作参考，然也已散佚，仅有少量佚文存世。从残文看，他不仅补了史料，也增加诠释文字，诠释前标明吕源增释的字样。

此书，目前可见佚文者有下述诸书：宋孝宗时编《太平宝训政事纪年》56条，南宋末《宋史全文》23条。南宋中叶李焘《续资治通鉴长编》5条，南宋末王应麟《玉海》2条。南宋林駉《古今源流至论别集》1条，南宋《翰苑新书前集》1条，南宋谢维新《古今合璧事类备要后集》1条，南宋楼钥《攻媿集》1条。元富大用《古今事文类聚外集》1条，明丘浚《大学衍义补》4条，清初徐乾学《资治通鉴后编》33条。去其重复，凡得佚文74条。此外，南宋林駉《古今源流至论别集》与《古今源流至论续集》各引序1条。值得注意的是清初徐乾学所引的33条中，有2条是其他书中不曾见到的，或许此时尚有孤本流传，他曾见到过。此后就不再有人引用了。

从佚文所记事实看，属太祖者30条，太宗者24条，真宗者20条。

此书的序是富弼作的③，今仅存下面这两条残文了。

富弼作《政要序》云："近来纪纲甚紊，盖法制不立而沦胥至此也。"④

"纂集盛美有《圣政》焉，编摩典章有《宝训》焉，曰《政要》。"⑤

在这里，富弼明确地说出编写此书目的，要用盛美的祖宗之法，去扭转近来法制不立的现状。采用的史料以《圣政》和《宝训》为主。它可能参考了下述诸书：钱惟演、王曾的《天禧圣政记》一百五十卷⑥，宝元元年（1038）石介编的《三朝圣政录》⑦，明道元年（1032）吕夷简奏上的《三朝宝训》三十卷⑧，此外还参考了《编年》《事实》等书⑨。

《三朝政要》有多种别称：《三朝典故》⑩，《太平政要》⑪，《太平故事》⑫，《三朝太平宝训》⑬。

---

① （宋）尤袤《遂初堂书目》。文渊阁四库全书本。
② （元）脱脱《宋史》卷二〇三，第5107页，作者名误书为李源。
③ （宋）王应麟《玉海》卷四九，文渊阁四库全书本。
④ （宋）黄履翁《古今源流至论别集》卷七，文渊阁四库全书本。
⑤ （宋）林駉《古今源流至论续集》卷七，文渊阁四库全书本。
⑥ （宋）王应麟《玉海》卷四八。
⑦ （宋）韩琦《安阳集》卷二二有序，文渊阁四库全书本。
⑧ （宋）李焘《续资治通鉴长编》卷一一一明道元年二月癸卯，第2576页。
⑨ （宋）《太平宝训政事纪年》卷一第14页，卷一第28页。
⑩ （宋）欧阳修《文忠集》附《庐陵欧阳文忠公年谱》。
⑪ （宋）章如愚《群书考索续集》卷一六，文渊阁四库全书本。
⑫ （宋）陈振孙《直斋书录解题》卷五，文渊阁四库全书本。
⑬ （宋）王应麟《玉海》卷四九。

四、本书与庆历新政的关系

庆历新政，内容有十条：一，明黜陟；二，抑侥幸；三，精贡举；四，择官长；五，均公田；六，厚农桑；七，修武备；八，减徭役；九，覃恩信；十，重命令①。中心是解决吏治问题。本书所论主要也在这些方面，特别是第一、二、四、六、十条。兹略举数例于后。

一，明黜陟

例1，《政要》：乾德中责授节度使王全斌、崔彦进为留后，左卫上将王仁赡为右卫大将军，制授内客省使曹彬宣徽南院使，侍卫都指挥使刘义允节度使，皆收蜀将帅也。初，孟昶降，全斌等不能正身率下，争取珠玉及取人妇女，太祖闻蜀复乱。及全斌归阙，太祖召王仁赡诘之，仁赡徧指诸将过失，求欲自解。太祖曰：纳李廷珪妓女，开德丰库取珠贝，亦全斌等耶！

富弼释曰：赏罚，人主之权衡，用其权无他，赏当功，罚当罪而已。全斌虽有平蜀之功，贪恣不法，复致蜀乱，故不可不贬降。曹彬有功无过，故当显用也。赏罚如是之明，宜乎将相尽力②。

例2，太平兴国六年〔七月〕诏免两浙东北路转运使王德裔，仍削两任，追先所赐白金，坐简慢不亲事，部内不治（出《宝训》）。

臣弼等释曰：祖宗时用人之术，赏罚明白，故能使人人自效而百事修举，知其材即使用，见其过亦便黜，赐物尚追夺。今有过者不过却带旧职人，何以劝惧矣③。

例3，威勇军粮馈不继，契丹欲窥取之。诏李继隆发镇、定大军，护送辎重。虏将于越率精锐数万骑来迎，缘边都巡检尹继伦属领步骑千余人按行塞上，敌不击而过，径袭大军，继伦夜遣兵蹑敌后，列阵于城北以待之。敌方会食，继伦出其不意，急击之，杀敌将皮室，于越食未竟，弃匕箸，为伏兵中其臂，敌遂奔溃，俘获甚众。定州副都署孔守正又与敌战曹河之斜村，枭其帅大盈相公等三十余级，敌自是不敢大入寇，以继伦面黑，相戒曰：当避黑面大王。

富弼曰：尹继伦以千余之兵破敌众数万，可谓奇功也。大将尽上其状，太宗赏之，自诸司止加刺史。及数年之后，尽闻其功，立迁使职，及加团练，仍召而厚赐之。人臣荷天子之知而恩赏如是，不惟继伦尽心以报，而诸将无不感劝④。

以上三例为太祖与太宗时事，均先举具体事例，再做评论，强调人主赏罚得当，故文臣武将都尽心以报。

---

① （宋）李焘《长编》卷一四三庆历三年九月丁卯，第3431页。
② （宋）黄履翁《古今源流至论别集》卷八。按：《长编》卷八记此事在太祖乾德五年春正月。
③ （宋）《太平宝训政事纪年》卷一，第39页。
④ （宋）《宋史全文》卷三。

二，抑侥幸

例1，乾德元年（963）六月，诏兵部礼部所补千牛进马十二员，斋郎十五员，取年貌合格、诵书精熟者充覆试，不如所奏，主司坐之。台省六品、诸司五品、登朝第二任方得补荫（出《宝训》）。

臣弼等释曰：千牛进马、斋郎皆有定员，又须覆试，所以奏荫之法，不至猥滥①。

例2，诏五品以上官任子不得复挝提祝，悉令同学究出身，依例赴选集（出《宝训》）。

臣弼等释曰：古者赏延于世，止传其禄，堪其事者，乃授以官。今之门荫，坐置国籍，此最滥也。若取太宗之诏，一切授以出身，则近古矣②。

以上二例为太祖与太宗时事。先举《宝训》所载事实，再做评论，有功者可以赏及子孙，但不能随便给以官职，联系到当前门荫太滥，应当回到祖宗之法的轨道上。

四，择官长

例1，太平兴国五年（980）十一月，代州防御使程德元坐市竹木入京师，所过称制免筭，责授东上阁门使。陕府京西转运使坐继德元等于部下私贩鬻，并降官。出《宝训》。

臣弼等释曰：祖宗时程德元坐矫制贩竹木，经过地分，转运使副并行降黜，当时责任如此。盖祖宗朝最重转运使，或出自圣选，或是举充，选之既艰，责之亦重③。

例2，咸平元年六月诏三司使、学士、两省尚书郎、知杂御史各于常参官内举材堪转运使者，不限资序人数（出《宝训》）。

臣弼等释曰：祖宗朝，转运使并是朝廷先择举主，举主择转运使，惟材堪者为之，不限资序。今来转运使只是依资循例，又不由举主，所以大半不才，致州县之不治也④。

例3，咸平三年七月，真宗谕宰臣：令写录内外官历任功过，编册进内，其该恩复用者，别编以备观览。

臣弼等释曰：人君劳于求治，天下百官至众，非可一日尽见，故须籍记善恶，纳之禁中。闲燕之处，得以周知其材行，预备差使，应猝可求也⑤。

以上三例是太宗、真宗时事，评论指出祖宗选择官员很慎重，责之亦重。批评现在"只是依资循例""大半不才"，以致州县不治，人君应当劳于求治。

六，厚农桑

例1，大中祥符六年秋七月，初，知滨州吕夷简上言：请免河北农器之税。上曰：务穑劝耕，古之道也，岂独河北哉！癸卯，诏诸路勿税农器。

---

① （宋）《太平宝训政事纪年》卷一，第16页。
② （宋）《太平宝训政事纪年》卷一，第54页。
③ （宋）《太平宝训政事纪年》卷一，第38页。
④ （宋）《太平宝训政事纪年》卷二，第60页。
⑤ （宋）《太平宝训政事纪年》卷二，第63页。

富弼等释曰：关市之赋，所以征商也。税及农器，去古法远矣。吕夷简虽上言乞免其等，止言河北，所见未广，真宗推农务之道，使天下免税稼器，固圣人知博利也①。

按：此例说明君主在听到正确意见时，不是简单地批准或同意，而是推及到全国。

十，重命令

例1，太平兴国元年十月，新拟窦州录事参军孟峦不之任，诣匦自陈，引事惑众。太宗杖之二十，流海岛。出《宝训》。

臣弼等释曰：祖宗以一录事避远官（疑"宦"之误），尚决配海岛，当时威令如此之行。今堂除大郡知州，有不便不肯行者，盖由威刑不行，人不擢也②。

按：富弼选择此例，是针对当前官员不听从诏命挑肥拣瘦的现象而发。

以上所选各门类中的事例，都是为了纠正时弊、实行庆历新政提供史实依据的。

五、本书的价值

本书虽佚，但仍有不少佚文存世，具有不可忽略的价值。

其一，更新了对庆历新政的认识。

以往大家多根据历史记载，九月三日仁宗问范仲淹等，第二天，即遵命上奏，似乎变法出于偶然，举措也是临时动议。实际上，范仲淹、富弼、欧阳修等人早有此意，并已着手做准备，富弼主编的《三朝政要》即是明证，从上文的分析可以看出，本书的目的非常明确，就是为当前的政治服务，为庆历新政提供依据。

其二，更新了对祖宗之法的认识。

由本书可以证明，长期以来，以为"祖宗之法"是保守派的创造，专门用来对付变法的，这一认识是不正确的，至少是不全面的。

"祖宗之法"根本目的是赵家政权万世长存，为此制定的皇帝与士大夫共治天下的体制，用以限制皇权和相权的台谏制度。应该说，这是中国几千年历史中最好的体制和制度。

尽善尽美的法是不存在的，祖宗之法亦然。不可简单地下结论：凡是反对"祖宗之法"就是进步、革新，坚持"祖宗之法"就是保守、反动。不可一见变法，就简单地肯定，应该看它变了什么，如果推倒了这一体制，换成更糟的，那么说的再好听的变法也应该否定，如王安石变法。而在维护这一体制的前提下实施的变法，尽管失败了，也值得肯定，如庆历新政。

其三，更新了对富弼的认识。

以往学者多侧重强调富弼反对王安石变法的行为，把他简单地看作保守派，加以否定，这是不正确的。事实上，他是关心国家命运，敢于变法图强者。不同意王安石过激

---

① （宋）《宋史全文》卷六。
② （宋）《太平宝训政事纪年》卷一，第33页。

做法，不等于就是保守。

其四，本书提供了新的史料。

其所引用的《宝训》《圣政》《编年》《事实》等书早已散佚，本书所引可供辑佚之用，对全面了解北宋前期历史颇有帮助。如"淳化二年七月，遣使举察官吏，棣州防御判官史尧等以贪污闻，黜为诸州司马。自是从政于外而弛慢不责者，尝参官以诸州副使处之，京官以幕职、州县以上佐文学处之。出《宝训》"[①]，此条其他宋代书未见记载。

其五，本书史论也有其独到的见解。

富弼等人在罗列具体史料后作的"臣弼等释曰"，与《资治通鉴》中的"臣光曰"一样，都是史论，谈的都是对史实的看法，从中可以看出本书与庆历新政的密切关系，还可看出他们对于史为政治服务功能的深切体会。

> 2009年7月初稿，题为《富弼〈三朝政要〉研究》，
> 2011年9月18日修改，改题今名

（原刊于戴仁柱等主编《岭南宋史论丛》，南方日报出版社，2016年）

---

① （宋）《太平宝训政事纪年》卷一，第49页。

范仲淹与王安石变法比较研究

从庆历三年（1043）到熙宁二年（1069），短短26年中，宋朝接连出现了两次变法，其领导人是大名鼎鼎的范仲淹（989—1052）和王安石（1021—1086），但前者只实行了一年，便告终结，后者则继续了几十年，然而千百年来，前者却备受赞扬，而后者则背着骂名，甚至在小说、话本中，一个是正面人物，一个成了嘲讽对象。这究竟是为什么？是后人都看走眼了，还是他们本身的差异造成的？这只有对两者做比较才能找到答案。

一、时代背景

不少论著把两人所处的时代背景描绘成民族矛盾、阶级矛盾非常尖锐，政治、经济、军事危机四伏，几乎与康梁变法的背景类同，到了不变法，国家就要灭亡的地步。这样的估计是不准确的，事实根本不是这样。

两人所处的时代背景，大体相同，亦略有不同处。他们离宋建国已八十多年或一百多年，正处在和平发展时期，政局稳定，经济、文化、科技发展进入高峰期，相比较而言，熙宁初则开始出现下滑现象。国家的财政收入当时分三大块：三司的国库、皇帝的内库、地方财政。熙宁之前的几年，国库这部分已出现赤字，需要内库支助。

从真宗开始，皇帝与士大夫共治天下的体制已经确立，这是我国古代皇帝制度下最为民主的体制。士大夫的言论比较自由，他们多是通过科举考试的公平竞争成为进士之后，进入仕途。国家实行法治。一切依法行事，皇帝也不能例外。监察制度比较完善，中央台谏官的权力相当大，可以弹劾包括宰相在内的各级官员，可以监督皇帝的违法行为。这一切，是宋代进入空前繁荣的政治保证。

与辽的关系，在真宗澶渊之盟后，双方都能遵守协议，维持和平友好的关系。西北出现新的政权——西夏，并时时侵扰宋境，宋、夏经常处于战争状态，而且宋胜少、败多，但基本上还能守住疆土。

国内局势比较稳定，没有出现比较大的农民起义，当然零星的小股起义仍时有发生，但不至于影响大局。所谓"一火强似一火"，乃是士大夫的夸张说法，目的是想引起皇帝的重视。

政府面临的问题是，如何能够增强国力，解决西夏的祸患。在守成局面下，官员养成因循守旧的观念，平庸的官员增多，优秀的官员在复杂的考核制度下很难冒尖。大量的农民生活还相当贫寒，一有天灾人祸，就会面临死亡的威胁。在熙宁时，则有如何解决财政赤字的问题。至于收复幽云十六州之事，太宗在几次北伐失败后，就放弃了，只是在少数士大夫的心里仍有这样的念头。

在总体形势不错、问题尚不严重的情况下，范仲淹敏锐地觉察到，并且制订改革方案，预为防止，说明他有着高瞻远瞩的政治目光，确实是一位了不起的政治家。

到神宗时，问题又有发展，特别是如何解决中央财政的赤字，成为急迫的问题，王安石顺势推行其改革主张。

二、个人特点

两人都很清正廉洁，都有政治才干，在任地方官时就关心民瘼，做各种有益的事，政绩卓著。范仲淹又有相当高的军事才干，并有良好表现[1]。王安石则未见。

两人都关心国家大事，都有自己的治国方略，在当地方官时都曾上书朝廷，指斥时弊，发表自己的政见。不怕贬官、丢官。

两人都有文才，散文、诗、词均有成就，而王安石的文学成就比范仲淹更高。

范仲淹非常重视自己的名节，珍惜与朋友的关系。王安石批评他好名，然而好名并非坏事。

王安石也好名，如辞官之举，扬名天下，但更看重功利，为了施展自己的抱负，不计后果，可以与一批朋友断交，由友变敌，在所不惜。明知是小人，也要结盟变法。

范仲淹极富同情心、爱心，他的名言"先天下之忧而忧，后天下之乐而乐"，使他成为万众仰慕的圣贤。他这样说，也是这样做的。如有一次，在邠州，正登楼摆酒时，看到有一士人死了，缺钱下葬，范仲淹即停办宴席，主动掏钱，资助他家办完丧事[2]。他能设身处地为人考虑，如王伦造反，攻破了若干州县，县太爷没有死节，事后，有些领导主张处死这类官员，范仲淹则说：国家没有给他们配备武装，却要求他们抵御强敌，合理吗？于是没有处死[3]。

王安石个性很强，自己认定是正确的东西，任何力量都休想搬动。他写过一首《商鞅》的诗，说："今人未可非商鞅，商鞅能令政必行。"[4] 商鞅实行变法的手段是，先说服君主重用他，再设法使民众相信他说话是算数的，然后以严刑对付最重要的反对派，以排除阻力。王也是这样，在实行变法时，只认政见，不认朋友，因而对以前的好友司马光、吕公著，也毫不留情地排挤、打击。但当他离开政治舞台后，仍然会以文会友。

---

[1] （宋）黎靖德《朱子语类》卷一三三："范公尝立一军为龙猛军，皆是招收前后作过颙配底人，后来甚得其用，时人目范公为龙猛指挥使。又曰：方范公起用事时，军政全无统纪，从头与他整顿一番，其后却只务经理内地，养威持重，专行浅攻之策，以为得寸则吾之寸，得尺则吾之尺，卒以此牵制夏人遣使请和。"

[2] （宋）王辟之《渑水燕谈录》卷二，吕友仁点校，中华书局，1981年，第19页。

[3] （宋）曾巩《隆平集》卷八，文渊阁四库全书本。

[4] （宋）王安石《临川文集》卷三二。李壁《王荆公诗注》卷四六："范彝叟读此诗云：古人政事本教化而躬率，使人从之，政事要必行，岂是好事？"（文渊阁四库全书本）

如变法时，他曾多次在神宗跟前说苏轼坏话①；下台后，两人还是友好来往，仍有诗歌赠答②。

三、改革的推行

两次改革的推行有相同之处。

（1）两次改革都是应皇帝要求而提出，改革方案都得到皇帝的支持。"帝方锐意太平，数问当世事。"仲淹"退而上十事"。又是得答皇帝信任而实行的。"天子方信向仲淹，悉采用之。"

（2）通过正常渠道进行，即领导核心讨论、皇帝首肯，下达诏书，由政府执行。

（3）范仲淹和王安石改革时，其官衔都是参知政事，都不是一把手。都是富有从政经验的中年人。范55岁，在中央和地方从政29年。王49岁，在中央和地方从政23年。

（4）改革之初，他们的名望都很高，得到大多数官员的支持。

（5）改革一经推行，便遇到阻力，而且越来越大。

两次改革也有很大的不同处。

范仲淹改革的特点：

（1）仁宗皇帝的目的是希望建立一个太平盛世的社会。

（2）改革的内容一次性推出，共十条，即：一明黜陟，二抑侥幸，三精贡举，四择官长，五均公田，六厚农桑，七修武备（府兵法），八推恩信，九重命令，十减徭役。其中第九条"府兵法，众以为不可而止"③。

（3）改革的重点在于整顿吏治（前四条均属此类）。

（4）依靠清官、君子改革。富弼（1004—1083）、欧阳修（1007—1072）、王素（1007—1073）、蔡襄（1012—1067）、杨纮、王鼎、王绰等。

王安石的改革的特点：

（1）神宗皇帝的目标比仁宗更高，是要富国强兵，将来收复幽云。

（2）王安石吸取范仲淹变法失败的教训，考虑如何越过领导核心，将变法的指导权掌握在自己手中，不再依靠原有国家机构和渠道进行，终于想出一招，那就是另设一个自己能掌控的新机构：制置三司条例司。后来在群臣反对下，取消条例司，又将权力转到司农寺。

（3）王安石的变法方案是全面的，大幅度的，但它深藏在自己心里，不是一次性亮出来，而是看情况，逐步推出。

---

① （清）黄以周等《长编拾补》卷六熙宁二年十一月己巳，称苏轼是"邪憸之人"，阻止神宗重用。

② 苏作《同王胜之游蒋山》，王作《和子瞻同王胜之游蒋山》，苏作《至真州再和二首》。王作《池上看金沙花数枝过酴醾架盛开》，苏作《次韵荆公四绝》。

③ （元）脱脱《宋史》卷三一四《范仲淹传》，第10274页。

（4）王安石改革的重点在于理财，要把天下的钱收到中央来，实际上是把个人的钱和地方财政，尽可能收到中央。

（5）王安石起初也想依靠清官、君子改革。以后发现他们大多有异议，便采用实用主义的态度，谁拥护改革就重用谁，谁反对改革就排挤谁①。

四、对待阻力的态度

范仲淹变法，在整顿吏治方面的力度极大，他派出的几名清官，在实践中对不称职的官员下手很猛，打击面比较宽，阻力就很大，以致杨紘、王鼎、王绰被称为"三虎"，而另四人被称为"四瞪"②，如果各路都这样推行，许多官员都有可能处于被淘汰之列，于是他们群起而攻之。仁宗皇帝在反对声音越来越强之时，他权衡利弊，坚持与士大夫共治天下的政治体制，尊重大多数官员的意见，中止了变法。但他仍然信任范仲淹，把他放到陕西去，解决最难对付的西夏问题。范仲淹看到条件不成熟，既不想勉强在朝坚持变法，也不想改变这一体制，毅然到前线解决国难。

王安石则要坚持改革，实现他的理想蓝图。为此，极力主张神宗要加强独断，利用最高的皇权和皇帝对他的高度信任，去推行新法。神宗则接受他的建议，不顾反对声浪如何高涨，强制推行所有新法。一切以是否拥护新法划线，有不同意见者，即使是多年老友宁愿断交，支持新法者，虽小人也予重用，把台谏官，统统换成新法派，不许他们发出不同的声音，使他们变成排挤打击不同政见者的工具。

王安石搞思想的一元化，用《三经新义》统一全国的思想。

五、结局与影响

范仲淹变法只进行一年，便告结束，又过了一年，一切照常，回到起点。这是一次没有成功的试验。范仲淹目光远大，在吏治问题还不太严重时，就抓吏治，无疑是正确的，但过于理想化，具体措施考虑得不够精细③，打击面太大、太急，阻力就大，以致领导圈中无法获得多数，而遭否决。而范仲淹则能以大局为重，在条件不成熟的情况下，没有强力推行，因此虽然问题没有解决，但整个政治体制没有变动，更没有出现动荡不安的局面。这样，一方面，国家政局保持稳定，经济、文化、科技还在继续前进，出现了庆历之治和嘉祐之治。另一方面，问题也在逐步恶化，吏治没有改善，财政逐步出现赤字。历史的发展证明范仲淹是有战略眼光的，如果此后的领导者能采取范仲淹的

---

① （宋）黎靖德《朱子语类》卷七一："范文正公等行得尊重，其人才亦忠厚，荆公所用之人，一切相反。"（第1799页）

② （元）脱脱《宋史》卷三〇五《杨紘传》，第10085页；卷四六六《孔宗旦传》，第13154页；李焘《续资治通鉴长编》卷一六〇庆历七年四月己西，第3869页。

③ （宋）黎靖德《朱子语类》卷一二九："范文正公虽有欲为之志，然也粗，不精密，失照管处多。"（中华书局，1994年，第3085页）

基本思想，在实施的方法上适当作一些调整，变法就可能获得成功。

范仲淹变法虽然没有成功，但他大力提倡重视名节，在改变士大夫风气方面起了重要的推动作用①。

王安石变法得到了贯彻，王下台以后，神宗继续维护变法，以后直到北宋灭亡，除了元祐更化的八年之外，都是新法派掌权，都继续走变法之路。理财的效果很明显，中央财政赤字得到解决，府库非常充裕。但出现了更多的问题。主要是：

使原来的皇帝和士大夫共治天下的体制遭到严重的破坏，实际上变为皇帝与王安石治天下的新体制②，最终强化了皇帝个人专制独裁之权，这一发展趋势延续几百年后达到顶点，形成了明、清时期最高度专制独裁的政治体制。

台谏官由制约皇帝或大臣违法的机构，蜕化为大臣打击异己的工具，这就为权臣的出现敞开了大门。而失去监督的政权，必然迅速腐败。

王安石提倡"一道德"、无异论，实际上是以思想上的专制主义取代百家争鸣③。

王安石在思想上重视君子，鄙视小人，但在变法中以是否拥护新法划线，实用主义的用人之道，使得君子离开④，小人蜂拥而至，以致后来蔡京、王黼之流纷纷掌权，官场风气空前恶化，贪污腐败日益严重。

军事改革很不成功，军队战斗力没有得到加强，神宗时期，对西夏的战争屡屡失败。

这一切，与王安石所期望的致君尧舜的崇高理想，完全背道而驰。吏治加速腐败，国库财富，被统治者随意挥霍，国力衰弱。这一切使得北宋在遇到强敌金兵南侵之时，变得十分脆弱，不堪一击。北宋的迅速灭亡，推其根源，与王安石的种种措施有密切关系。

我们不能以变法时间的长短和规模的大小论英雄，而应该以变法的后果、影响去评价。从变法实行的时间看，王安石变法远比范仲淹变法长，规模也远比范仲淹变法大，以往人们对王的评价也分外的高。但从变法的后果、影响去评价，则完全相反，范仲淹应该得到正面的评价，而王安石变法则应该予以否定。

[原刊于《范仲淹研究文集》（五），北京大学出版社，2009年，第66—70页]

---

① （宋）黎靖德《朱子语类》卷一二九："至范文正时，便大厉名节，振作士气，故振作士大夫之功为多。"（中华书局，1994年，第3086页）

② 用宋代的笔记小说的话说，是"朕与王安石治天下"。元好问《遗山集》卷三六《东坡乐府集选引》，文渊阁四库全书本。

③ （宋）王安石《答王深甫书》："古者一道德以同天下之俗，士之有为于世也，人无异论。"（《临川文集》卷七二，四部丛刊本）

④ （宋）黎靖德《朱子语类》卷一三○："新法之行，诸公实共谋之，虽明道先生不以为不是，盖那时也是合变时节。但后来人情汹汹，明道始劝之以不可做逆人情底事，及王氏排众议，行之甚力，而诸公始退散。"（第3097页）

岳家军三大问题考辨

本文探讨岳家军研究中的三大问题：一，岳家军的人数是诸路家军之冠吗？二，岳家军需要多少兵力才能打败金兵收复故土？三，郾城、颍昌之战是岳飞与兀术大军的主力对决吗？最后谈一下影响后人未能客观认识岳家军的原因。

岳飞是南宋人物中最受关注的一位，研究的论著难以数计，但以上三大问题，仍未得到满意的解决。王曾瑜认为岳家军兵力已达10万，是各屯驻大军中人数最多的[①]，其结论尚可商榷。郾城、颍昌之战，岳飞孙子岳珂在所编《金佗稡编》中颇多增饰、虚美，其影响至今仍未廓清，有些颇有影响的学者仍然全盘接收，进而以为岳家军已经拥有独自打败金兵、收复北宋疆土的实力[②]。而岳飞的捷奏中也存在情报未必准确的缺陷，为学者所忽略。这里拟就以上问题提出自己的见解，与各位同仁讨论。

一、岳家军的人数是诸路家军之冠吗？

从宋高宗即位到绍兴十一年，十五年间，出现了许多家军，著名的有韩（世忠）家军、张（俊）家军、刘（光世）家军、吴（玠、璘）家军、岳（飞）家军等，各路家军随着战争的进展，队伍的数量和质量也在不断地变化。以岳家军而论，建炎二、三年间（1128—1129）岳飞兵力仅二千，绍兴二年（1132）夏天增为一万二千余人。三年（1133）三月为二万四千。四年（1134）为二万八千余。五年（1135）六月平定杨幺后，又有更大的发展。到绍兴十年、十一年时，究竟扩大到多少人，目前所见宋人记载，主要有三种说法：三十万、十万、六万。下面就这三种说法，作点具体分析。

（一）三十万说

黄震（1213—1280）《古今纪要逸编》："京、湖兵在岳鄂王时额三十万。"

按：此书所记为宋理宗、度宗（1265—1274）事。应作于1275年后。此说在三说中出现最晚，书中没有说明史料来源，缺乏旁证，无人相信，毋须深论。

（二）十万说

十万说的根据主要有以下几条，现略依著作先后为序列出，再做具体分析。

[①] 王曾瑜《岳家军的兵力和编制》，《文史》1981年11辑。
[②] 王曾瑜《岳飞新传》，上海人民出版社，1983年；龚延明《岳飞研究》，人民出版社，2009年。

（1）绍兴二十七年（1157），孙觌《宋故特进观文殿大学士河南郡开国公致仕赠少师万俟公（卨）墓志铭》："公言：飞提重兵十余万，无横草之劳。但言弃两淮，以动朝廷，此不臣之渐。"①

万俟卨是制造岳飞冤案的直接凶手，这是谴责岳飞的话，"十余万"是个不确切的数字，显然有夸张的成分在。因为只有夸大其兵力而抹杀其功劳，才能证明其有罪。

（2）乾道六年（1170），"湖北转运司立庙牒"："故少保岳飞领提十万之众，留屯沔、鄂，纪律严明，秋毫无犯，捐躯徇国，有百战百胜之勋。……乾道六年二月牒。"②

按：此时离岳飞死已近30年。

（3）淳熙二年（1175）前，曾敏行《独醒杂志》卷七："绍兴六帅皆果毅忠勇，视古名将。岳公飞独后出，而一时名声几冠诸公，身死之日，武昌之屯至十万九百人，皆一可以当百。余尝访其士卒，以为勤惰必分，功过有别，故能得人心。"

按：曾敏行（1118—1175）《独醒杂志》，淳熙十一年（1184）其子整理并增补内容。其卒上距岳飞死已34年。曾敏行是位隐士，其父仅当过县令，他们看不到官方的档案。从其书所述看，"尝访其士卒"，是从岳军士卒中访问到的，只可备参考。

（4）邵缉公序《满庭芳》云："坐拥貔貅十万，衔枚勇，云戟交横。"③

这是一首词，词是容许夸张的。

（5）绍熙五年（1194），《三朝北盟会编》卷二〇六："飞初对吏立，身不正而撒其手，旁有卒执杖子，击杖子作声叱曰：'叉手正立。'飞竦然声嗟而叉手矣。既而曰：'吾尝统十万兵，今日乃知狱吏之贵也。'"《会编》是一部史料汇编之书，一般都注明出处，但此条未言出自何书。岳飞身经百战，什么惊险场合都经历过，小小的狱卒的一声叱责，怎么就会竦然而叹？况且面对的是诬陷和刻意整治，应该早就有思想准备的。此记载是否可靠是颇有疑问的，放开这点不说，即使真有此语，也只是感叹性的话，表达一个大概数字，并非精确的数据。

一条旁证：

绍兴五年（1135）八月三日《照会添置将分省剳》

"枢密院奏诸路军事都督行府关荆湖南北襄阳府路制置使岳飞剳子：契勘本军昨准朝廷指挥，置立拾将。今来人数稍增，欲望赐指挥，添置将分，候指挥。右已札下岳飞，共以叁拾将为额。④"

---

① （宋）孙觌《鸿庆居士集》卷三六，文渊阁四库全书本，收入《全宋文》第161册、卷3490，第44页。熊克《皇朝中兴纪事本末》卷五七，北京图书馆出版社影印本，第1071页；《中兴小纪》卷二九，丛书集成本；（宋）徐自明《宋宰辅编年录》卷一六（四库全书本）均引万俟卨之论，当同出一源。岳珂《金佗稡编》卷二三《山阳辨》引《中兴小历》以上文，"十余万"，误脱"余"字。

② 岳珂原著《金佗续编校注》卷一四，王曾瑜校注，中华书局，1989年，第1331页。王氏校注，用力甚勤，可谓岳珂之功臣，本文所引，均出此本。

③ 《金陀续编校注》卷二八，第1602页。

④ 《金佗续编校注》卷六，第1227页。

王曾瑜以为此时岳飞兵力增加三倍，达十万余人，在各路家军中，岳家军"素质最好、而且兵力也最多①"。

按：这里只说到由十将增加为三十将。没有说十将是什么时候的事，"昨"可以指最近，也可以指早些时候。一将的编制是多少人，也没有说。奏文说"人数稍增"，"稍"与"大"不同，说明增加的人数并不多，可能不到一万。为什么要求"添置将分"，因为只有增加编制，才能多任命将领，军队经常打仗，打胜了就得记功、奖励，甚至晋级，没有编制，就无法解决晋升问题。一将的人数在南宋时是不固定的，据王的估计，五年后岳家军增加到八十四将，但总人数仍是十万人，即是明证②。

（三）六万说

淳熙十一年（1184），周必大《鄂州阎（世雄）都统》："某近别不胜倾企，即日想已抵治所，履况集福。荆、襄、沔、鄂，边面阔远，西自金、均，东尽光、黄，昨以王宣、赵樽各占地分，不相为用，遂合为一军。议者率谓兵马数少，缓急难于分布，殊不思岳忠烈兵不满六万而能往来襄、鄂，内抚外御，威望隐然。况今三处屯兵，视昔固已加多，若更招募，不特财力有限，亦恐未必精锐，如向来庚辰（绍兴三十年，1160）、辛巳聚八万之众于襄汉，当刘萼之师，略无成功，其利害可睹也。"③

从此文写作的时间上看，不算太早，但从其证明力而言，是上引诸说远不能与之相比的。因为这是专谈鄂州兵员该不该增添的信，其对象又是鄂州的最高军事长官。这位长官当然熟知其前几任的情况，如果没有足够的根据，他是会据理反驳的。而周必大早在淳熙九年已出任主管军事的知枢密院事，十一年六月，又升为枢密使，他是政治家，也是史学家，亲自写信给鄂州都统，以当年岳家军六万已足以完成防御任务，现在人数已超过其数，没有必要再度扩军，他必然有事实为依据，而凭他的地位，能够看到原始档案。因此，岳家军不满六万之说，应该是可靠的。

旁证1：《鸡肋编》卷下："建炎之后，除殿前、马、步三帅外，诸将兵统于御营使司，后又分为神武五军，刘光世、韩世忠、张俊、王璂、杨沂中为五帅，刘太博一军在池阳，月费钱二十六万七千六百九十贯三百文（一十万四千贯，系朝廷应副，余仰漕司也），米二万五千九百三十八石三斗，粮米七千九百六十六石八斗，草六万四百八十束，料六千四十八石，而激赏回易之费不在焉。……绍兴八年，余在鄂州，见岳侯军日（当作月）用钱五十六万缗，米七万余石，比刘军又加倍矣，而马刍秣不预焉。"

按：这一条材料说明岳家军的开支比刘家军"在池阳"时的开支多一倍，这里要特别注意"在池阳"这三个字，绍兴七年（1157）时，刘光世军经过岳飞检点，有52 312

---

① 《金佗稡编校注》卷九，第772页。
② 王曾瑜《岳家军的兵力和编制》。
③ （宋）周必大《文忠集》卷一九七，文渊阁四库全书本。

人①。但《鸡肋编》所对比的却不是这一数据。它明确点出"刘太博一军在池阳",说明是刘家军屯驻池州时的兵数。考刘光世军屯兵地点经常有调整,其中屯于池州者有两次,一次是建炎三年(1129)闰八月至九月,其时"刘光世有部曲约二三万人"②。另一次是绍兴三年(1153)十月乙亥,"江东宣抚使刘光世为江东淮西宣抚使,置司池州"③。至绍兴四年九月移军太平州④。考《要录》卷六〇:绍兴二年十一月己巳,"刘光世军四万,老弱颇众,然选之亦可得其半"。十一个月后到池州时,其军应已经过挑选,其数大约仍保持在二三万人。岳家军比其多一倍,则为五六万人,王曾瑜可能没有注意"池州"二字,简单地把刘家军绍兴七年数拿来和岳家军作比对,得出岳家军10万人的结论⑤,显然是不正确的。

旁证2:《要录》卷一二六:绍兴九年(1139)二月己巳,"诏韩世忠、张俊、岳飞所部统制、统领将官八百十三员,各进秩一等(淮东:统制十一,统领十三,正、副、准备将一百八十九。淮西:统制十,统领十四,正、副、准备将二百九十七。京湖:统制二十二,统领五,正、副、准备将二百五十二)"。

当时的兵制是,各路大军下有军,军下有将。一般说:一将中设正将、副将、准备将各一名,以此计算。则韩部为63将,岳飞部84将,张俊部99将。每将有多少人,各时期的编制不同,这里作几种推算法。

其一,依王曾瑜推算法,每将1200余人,则岳部为10万人⑥。按:以此推算则张俊军有99将、11.9万,韩世忠军有63将、7.6万。但这一算法与韩军3万余⑦、张军8万说有矛盾。

其二,以韩军3万为计算的出发点,则平均每将约500人,则张俊军为4.7万,岳军为4万⑧。

其三,以张家军8万为计算起点,即平均一将为800人,则韩部为5万,岳部为6.7万,张部8万。

其四,如依周必大岳家军近6万人之说,即平均1将700人计,则张军7万,岳军5.9万,韩军4.4万。

---

① 《金佗续编校注》卷七,第418页。
② (宋)李心传《建炎以来系年要录》卷三七,四库全书本,下引此书简称《要录》。
③ (宋)李心传《要录》卷六九绍兴三年十月乙亥。
④ (宋)李心传《要录》卷八〇绍兴四年九月辛酉。
⑤ 《金佗粹编校注》卷九,第773页。
⑥ 《金佗粹编校注》卷九,第779页。
⑦ (宋)徐梦莘《三朝北盟会编》卷二〇六:"飞点簿,方知世忠止有三万余人,乃在楚州十余年,金人不敢犯,犹有余力,以侵山东,可谓奇特之士也。"(文渊阁四库全书本)
⑧ (宋)李心传《要录》卷一一〇:绍兴七年(1137)夏四月丙申,"权主管侍卫马军司刘锜奏:以前护副军及马司见在,通为前、后、左、右、中军及游奕凡六军,每军千人,共为十二将。从之"。据此,绍兴七年时一将为500人。

以上四种计算方式中，第四种的可能性比较大。唯韩家军人数比岳飞所说3万为多，尚需作一点解释，岳飞所说数当为纯作战之兵。宋代的兵数，有时指全部兵数，有时指纯作战之兵。如绍兴五年三月，"刘光世、韩世忠、张俊、杨沂中、岳飞、王瓒下兵数得二十万人，除辎重火头外，战士不下十五万夫"①。据此，非作战兵大约占总兵数的四分之一。王德一军，岳飞点检为5731人，但其他记载多作八千②，前者当为作战兵数，后者为加上非作战兵的总数。如果周必大所说岳部6万仅指作战兵数，则其总兵数为8万人。如果6万指总数，则其实际战斗兵数仅为4.5万。

就将数而言，张家军最多，岳家军其次，韩家军最少。不管采用哪一种算法，其总人数的排列次序也是如此，岳家军兵数不可能超过张家军。兹将以上分析列表如下（表一）。

表一

统帅名	统制数	统领数	正、副、准备将数	将数	估计人数1	估计人数2	估计人数3	估计人数4
韩世忠	11	13	189	63	7.6万	3万	5万	4.4万
张俊	10	14	297	99	11.9万	4.7万	8万	7万
岳飞	22	5	252	84	10万	4万	6.7万	5.9万

张家军的人数最多，还有更直截了当的话为证，《皇朝中兴纪事本末》卷五五第1057页《中兴小纪》卷二九：绍兴十一年三月戊申，"时俊兵八万，皆强壮精锐，为诸军之冠，号铁山军"。《三朝北盟会编》卷二一九引《林泉野记》亦云："其军八万，皆少壮精练之士，器甲光明锋锐，为诸军第一，世谓之铁山军。"所谓"诸军之冠"或"诸军第一"的提法，在其他各家军的记载中尚未见到。

除以上三支家军外，尚有吴家军，其人数约7万③，大致与岳家军相当，或稍多。

二、岳家军需要多少兵力才能打败金兵收复故土？

许多谈论岳家军的文章，往往过高估计其军事实力，认为它能独自承担赶走金兵、收复故土的重任，并由此出发，去判断宋金双方之实力，评论宋该不该撤军、该不该与金议和等，却从来不去具体探讨一下，它究竟需要多少兵力才能打败金兵收复故土的问题。

绍兴四年（1134）六月，岳飞在《画守襄阳等郡劄子》中说：

---

① （宋）李心传《要录》卷八七绍兴五年三月癸卯。
② （宋）李心传《要录》卷一一七绍兴七年十一月甲午。
③ （宋）李心传《建炎以来朝野杂记甲集》卷一八"关外军马钱数"："兴州、兴元府、金州三都统司兵，本曲端、吴玠、关师古之徒，关西部曲也。端死，师古继叛，其部曲皆玠所有，王庶、刘子羽继在兴元招召流散，粗成军伍，子羽罢，玠并将之。其后卢立之为宣抚副。尚有兵三万，立之死，亦为玠所并，合是三者为兵，共七万人。玠死，胡丞公命其弟璘以二万人守兴州，杨政以二万人守兴元，郭浩以八千人守兴州，而玠之中部、选锋二万人分屯仙人关内外，其后璘又得之，故三大将之兵惟兴州偏重者此也。"（中华书局，2000年，徐规点校，第406页）

> 臣窃观金人、刘豫皆有可取之理，金人累年之间，贪婪横逆，无所不至，今所爱惟金帛子女，志已骄堕。刘豫僭臣贼子，虽以俭约结民，而人心终不忘宋德，攻讨之谋，正不宜缓，苟岁月迁延，使得修治城壁，添兵聚粮，而后取之，必倍费力。陛下渊谋远略，非臣所知，以臣自料，如及此时，以精兵二十万，直捣中原，恢复故疆，民心效顺，诚易为力，此则国家长久之策也。在陛下睿断耳。
>
> 若姑以目前论之……陛下欲驻大兵于鄂州，则襄阳、随、郢量留军马，又于安、复、汉阳亦量驻兵，兵势相援，漕运相继，荆门、荆南声援亦已相接，江、淮、荆、湖皆可奠安，六州之屯，且以正兵六万为固守之计，就拨江西、湖南粮斛，朝廷支降券钱为一年支遣，候营田就绪，军储既成，则朝廷无馈饷之忧，进攻退守皆兼利也①。

据此，岳飞估计，打败金兵，收复北宋故土，需用精兵20万。固守六州，则需正兵六万。

而现实是，岳部兵力只有六万左右，以此守土没有问题，恢复故疆，则远远不够。为此，岳飞一直努力去扩充队伍，特别重视得力的将领。如牛皋、董先就是他设法招纳过来的，而牛和董的上司，一个更能干的将领李横，曾独力打下西京，最后又因众寡不敌而不得不南撤，岳飞曾闻讯赶去招纳，可惜晚了一步，没有赶上②，他已投奔了赵鼎，以后归附到张俊名下。

到绍兴七年（1137）机会来了，刘光世被朝廷免职，岳飞立即要求将其5万多人马归到自己部下。高宗也曾表示同意，并且命令王德等："听飞号令，如朕亲行。"③但岳飞拥有十一二万军队以后，该如何去打赢这一场战争呢？岳飞见到高宗，双方有一段对话，高宗曾向臣僚转述：

> 上曰：飞顷入对，请由商、虢取关陕，欲并统淮甸之兵而行。朕问：何时可毕？对曰："期以三年"。朕谕飞："驻跸于此，以淮甸为屏蔽，若辍淮甸之兵，便能定中原，朕亦何惜，第恐中原未复，而淮甸失守，则行朝未得奠枕而卧也"。飞无以对④。

这里，岳飞提出用三年时间夺取关陕的计划，而不是直接收复北宋全部疆土，应当说，设想是合理的、稳妥的，因为就兵力而言，虽大有增加，但仍未能达到二十万之数，能做到这一程度就很不错了。可是，对高宗而言，他首先考虑的是中央政府的安危，三年时间，太长了，万一在此期间，金兵自淮而下，宋方少了5万多人防守，中央

---

① 《金佗稡编校注》卷一〇，第842页。
② （宋）李心传《要录》卷七一：绍兴三年十有二月甲午，"初，（李）横之在襄阳也，岳飞遣统领官张宪招之，不从。及横自黄州渡江，飞闻之，疾驰往洪州，后横一日至，横已参赵鼎矣"。后归张俊，见《要录》卷七六绍兴四年五月乙卯。
③ 《金佗稡编校注》卷一，第15页。
④ （宋）熊克《中兴小纪》卷二一绍兴七年四月丁未。亦见《要录》卷一〇九绍兴七年三月乙亥。

政权的安全就会受到威胁，他不可能不联想起七年前，为躲避金兵而下海逃跑的狼狈经历，想到这里，他退缩了，收回成命，不再把刘家军交给岳飞。当然，改变主意还可能有其他因素在起作用，一旦将刘家将交给岳飞，就会打破各家军之间的平衡，出现岳家军一家独大的局面，这是高宗和其他家军都不愿看到的。

失去这一次机会以后，岳家军基本上维持在6万左右，人数与吴家军相当而略少于张家军，离独自完成抗金大业所需人数尚差两三倍。

三、郾城、颍昌之战是岳飞与兀术大军的主力对决吗？

岳家军的抗金作战，主要是绍兴十年七月的郾城、颍昌之战，战况在岳飞孙子岳珂等人的笔下，被无限放大了。为了弄清真相，先来看一下，当时岳飞所上的捷报和高宗的信函，这是现在可以见到的宋方最原始的材料。为便于分析，列表于下（表二）。

表二

时间	地点	金将及兵数	宋将及兵数	结果	出处
7月8日	郾城	兀术（？）、龙虎大王、盖天大王、韩常一万五千余骑	背嵬、游奕马军	掳马二百余匹	《龙虎等军捷奏》，《金佗稡编》卷一六，第934页
7月10日	五里店	阿李朵一千余骑	岳飞亲率兵，并遣背嵬王刚50骑	杀阿李朵	郾城县北并垣曲等捷奏，《金佗稡编》卷一六，第936页
7月13—14日	小商桥		张宪背嵬、游奕	杀死贼兵不知数目	小商桥捷奏，《金佗稡编》卷一六，第937页
7月14日	颍昌	兀术（？）、镇国大王、韩常三万余骑	王贵中军，游奕，岳云背嵬，踏白、选锋守城	杀万户一、千户五、兵五百余	《王贵颍昌捷奏》，《金佗稡编》卷一六，第939页
7月18日	临颍	五千骑	前军张宪命徐庆左军，李山破敌，寇成、傅选背嵬	掳马一百余匹	张宪临颍捷奏，《金佗稡编》卷一六，第940页

以上五次战斗，时间同在七月，前后凡十一日，五地相距不过百里多，都是岳家军与金军的搏斗，其中颍昌之战规模最大，郾城之战次之，其余三战是小战，故可统视为郾城、颍昌之战。

郾城、颍昌之战在古今许多人的笔下，都是岳飞亲自率领的岳家军与兀术金军的主力对决，战争的结果表明岳家军的实力已超过金军。

事实果真如此吗？首先，具体考察一下作战双方的主帅是谁。

宋方主帅：

规模最大的颍昌之战，据岳飞之奏，是根据王贵的申报而上的，此战统帅是王贵。

规模居第二位的郾城之战，是岳飞命背嵬、游奕马军出战，未提领导人，岳珂《行实编年》:"先臣遣臣云领背嵬、游弈马军直贯敌阵,谓之曰:必胜而后返,如不用命,吾先斩汝矣。鏖战数十合,积尸布野,得马数百匹。"①据此,则领军者为岳云。换言之,此战,不仅主帅岳飞没有出场,连二把手王贵、三把手张宪都没有出场。岳飞当时应在郾城城内观战。

至于三次小战中,小商桥、临颍之战是张宪率领的,唯有规模最小的五里店之战,奏中明确说:"臣(岳飞)躬亲提领军马出城迎敌。"

金方主帅:

郾城、颍昌两战,岳飞捷奏中都说金方主帅是四太子,即兀术,岳飞并未亲临战场,其说当来自前线的战报,此说是否可靠呢?

请注意,郾城之战中一个重要的情节:

《行实编年》:"兀术怒其败,初八日,果合龙虎大王、盖天大王及敌昭武大将军韩常之兵逼郾城,先臣遣臣云领背嵬、游弈马军直贯敌阵……杨再兴以单骑入其军,擒兀术不获,手杀数百人而还。"

《三朝北盟会编》卷二〇四:绍兴十年七月八日己酉,"岳飞及金人兀术战于郾城县,败之。杨再兴单骑入敌阵,欲直擒兀术,不获,杀数千百人而还,身被数十创"。

《要录》卷一三七:绍兴十年秋七月己酉,"湖北京西宣抚使岳飞自与越国王宗弼战于郾城县,败之,杀其裨将。是役也,统制官杨再兴单骑入敌阵,欲擒宗弼,不获,身被数十创,犹杀数百人而退"。

以上记载都说,杨再兴闯阵,全身而归。谁都知道,金方最优秀的统帅就数兀术了,倘若兀术真的在现场,眼睁睁地看着杨再兴单枪匹马直闯过来,杀了大批金的将士,又安全返回,那么,杨再兴若率领三百将士去闯入敌阵,自然应该大获全胜了。然而事实恰恰相反,五天后,即七月十三日,杨再兴率三百将士在小商桥和金兵一战,却遭到全军覆没的命运。这该如何解释呢?

这只有两种可能:一,杨单骑独闯的不是兀术军;二,杨三百骑死不是事实。考《要录》卷一三七:绍兴十年秋七月乙卯,"是役也,飞将官杨再兴、王兰、高林皆战死,获再兴之尸焚之,得箭镞二升。会天大雨,溪涧皆溢,敌骑不得前,官军乃退"。并且特别注明:"此以赵甡之《遗史》《岳侯传》《淮西从军记》参修。"《宋史》本传也有类似的记载。杨是名将,其死的情况非常具体地载入史册,其战死后两次给予优厚的赠官诏书两道,也都存世,明白无误地说是"阵亡"②,这是不争的事实。那么,采用排除法,只能否定前者,即杨单骑闯的不是兀术军,而是别的较弱的金军,至于其"杀数千百人而还"更非事实。几天之后,岳家军以万人以上的主力仅仅杀了500金兵,就立

---

① 《金佗稡编校注》卷八,第530页。
② (宋)张嵲《杨再兴王兰高林罗彦等为与番兵接战阵殁各赠五官制》《杨再兴高林王兰罗彦姚侑李德为岳飞奏已蒙赠五官今乞赠七官恩泽六资姚侑李德各赠六官恩泽依旧罗彦依旧制》,《紫微集》卷一九,文渊阁四库全书本。

即上报称"委是大获胜捷",如今单人匹马"杀数千百人",更是空前绝后的战绩,岳飞怎么反而不上报呢?

杨再兴的两次截然不同的战斗结果,说明第一次(郾城之战)所遇金军战斗力远不如第二次(小商桥之战)的强,然而致杨死亡的第二次的金军统帅却是不知名的人士①,那么第一次的金方统帅怎么会是战斗力最强的兀术部呢?

我们再看一下金方的记载。

要正确了解战争情况,不能单看宋方的记载,还要看敌方的记载。《金史》卷七七《宗弼(兀术)传》:"遂命元帅府复河南疆土诏中外。宗弼由黎阳趋汴,右监军撒里喝出河中趋陕西,宋岳飞、韩世忠分据河南州郡要害,复出兵涉河东,驻岚、石、保德之境,以相牵制,宗弼遣孔彦舟下汴、郑两州,王伯龙取陈州,李成取洛阳,自率众取亳州及顺昌府,嵩、汝等州,相次皆下。时暑,宗弼还军于汴,岳飞等军皆退去,河南平,时天眷三年(1140)也。"(第1754页)

这里说得很清楚,兀术的进军路线是从黎阳渡黄河到开封,然后亲自率兵取亳州及顺昌府,在顺昌被刘锜兵阻击后,退回开封避暑。并没有说再去郾城、颍昌。传中未写在顺昌遇到刘锜军的阻击,是为尊者讳,但它没有回避去顺昌的事实。同样,如果真是出兵郾城、颍昌,最多不说胜负,但去过的重要地点不会回避。

再细读岳飞的战报,其内容说:"今月初八日探得有敌中将帅四太子、龙虎、盖天大王、韩将军亲领马军一万五千余骑,例各鲜明衣甲,取径路离郾城县北二十余里……"然而其战报的题目却是《龙虎等军捷奏》,而非《兀术等军捷奏》。可见岳飞心里清楚,实际的对手不是兀术,而是龙虎等军。

在捷报中夸大对手的身份、军队的人数,这种现象并不罕见,金方亦有。例如岳飞从来没有打到山东东平,《金史》卷八四《昂传》却有这样的记载:"宋将岳飞以兵十万,号称百万来攻东平。"(第1887页)

如果说郾城、颍昌之战的金方统帅就是兀术,还有许多疑点不好解释。兀术屯兵的地点是开封,岳飞则在郾城,从地理方位而言,开封之南依次是颍昌、五里店、小商桥、郾城,为什么兀术不去就近自北而南打,却要绕道到南边,再从南打到北?如果说兀术是为了与身在郾城的岳飞主力决战,为什么只使用一万五千兵力,而打岳部的王贵却动用了三万人马?如果是两军主力对决,为什么岳飞不亲自出战?为什么五次战斗中,唯独规模最小的一次,岳飞却亲自出马?而以往打曹成、平杨幺等大战,都是岳飞亲临第一线的,对付兀术可是比曹成、杨幺要难上多少倍呀!

岳飞很善于用兵,不可能瞎指挥、乱冒险,前面已说过,他要完成打败金兵、收复宋故土的重任,必须有20万军队,如果给他12万人马,则只可以先取关陕。现在与金方主力决战,他的全部兵力12军六万人都用上,也是远远不够的,怎么会把战线拉得

---

① (宋)岳飞《小商桥捷奏》所据乃"张宪申",只说"掩杀金兵""逢金兵",不提统兵者是谁。按照惯例,如是较为著名的将领,都会提及,更不必说最高统帅兀术了。

很长,仅仅动用两三个军,就与金主力决战?

第三,再看宋高宗收到岳飞战报后的多件复信。

闰六月十七日函:"近据诸处探报,及降敌面奏,皆云:兀术与龙虎议定,欲诱致王师,相近汴都,并力一战,卿切须占稳自固,同为进止,虏或时遣轻骑来相诱引,但挫其锋,勿贪小利,堕其诡计。"①

可见兀术的策略是引岳飞军到开封附近,然后会战。而不是以主力外出打郾城、颍昌。其后有两函提及五日和八日的胜捷,则是对郾城之捷的肯定。

高宗七月廿二日函:"览卿奏,八日之战,虏以精骑冲坚,自谓奇计。卿遣背嵬、游奕迎破贼锋,戕其将领,实为隽功。"②

随后又有一函云:"览卿奏,兀术见聚兵对垒,卿欲乘时破灭渠魁。备见忠义之气,通于神明,郤敌兴邦,唯卿是赖。已令张俊自淮西,韩世忠自京东,择利并进,若虏势穷蹙,便当乘机殄灭,如奸谋诡计,尚有包藏,谅卿亦能料敌,有以应之。杨珪自虏中逃归,有所见事宜,今录本付卿,亦欲一知也。遣此亲札,想宜体悉。"③这里说岳飞与"兀术见聚兵对垒",岳飞想与金打一仗,但并未提到互相之间发生过战斗,更未提及颍昌、临颍之战。随后高宗又发一函:"得卿十八日奏言措置班师,机会诚为可惜……"则已到班师前夕了,同样未提十八日发生的临颍之战。

还有一重要的旁证,是一个多月前顺昌之战时兀术的用兵部署。第一步,由韩常带兵万人作先锋,随后是三路都统等领兵3万多跟进,仍不能奏效时,最后兀术才亲自率兵出征,全部兵力(15万或说9万)压上。郾城之战1.5万,颍昌之战3万,与顺昌之战相比,只走了第一、二步,第三步主帅尚未登场。

以上说明,郾城之战的金方统帅不是兀术,按最高级别估计,不太可能高于韩常等人。颍昌之战,金方战斗力增强了,顶多增加了大臬、赤盏晖之类的将领。

现在进一步剖析岳家军与金军的实力。我以为关键仍在于正确解读杨再兴小商桥之战。

岳飞《小商桥捷奏》:"今月十四日,本司前军统制同提举一行事务张宪申:今月十三日统率背嵬、游奕并诸军人马起发,前来小商桥北一带,至临颍县措置掩杀金贼。于今月十四日天明,据绰路马报,临颍县南逢金贼,绰路马遂追赶过县三十余里,杀死贼兵不知数目,其贼望颍昌府尉氏县路前去,委获胜捷。"④

按:此记13日出兵小商桥,14日主力遇金兵战,因为这是捷报,所以不记杨之死。但从时间上判断,杨应是此次行动的先遣队,故在13日即与金兵在小商桥发生遭遇战,全军覆没。幸而天降大雨,金遂退兵北去,张宪大兵在后,故欲追金兵时已到14日。

---

① 《金佗稡编校注》卷二,第34页。
② 《金佗稡编校注》卷二,第35页。
③ 《金佗稡编校注》卷二,第36页。
④ 《金佗稡编校注》卷一六,第937页。

这里还应注意到《要录》卷一三七第2202页的记载:"是役也,飞将官杨再兴、王兰、高林皆战死,获再兴之尸焚之,得箭镞二升。会天大雨,溪涧皆溢,敌骑不得前,官军乃退。"

说明金军在全歼杨部后曾想乘胜追击,只是遇到大雨,只得作罢。金兵撤退以后,张宪军随即跟进,到追上已是14日天明,并没有说到双方有何接触,则《小商桥捷奏》中所说"杀死贼兵不知数目",应是杨再兴部在殊死搏战中所杀的金兵。

如何估价杨再兴三百骑之死?

岳飞大将王贵在《颖昌捷奏》说:"自辰时至午时,血战数十合,当阵杀死万户一人、千户五人。贼兵横尸满野,约五百余人……委是大获胜捷。"①

一场出兵万人以上的颖昌大会战,杀死敌方五百余人及万户一人、千户五人,即被称为"大获胜捷"。可以推想,规模略小的郾城之战,所称"委获大捷",用词稍逊,其战果最多不会超过五百,两次战斗所杀人数相加不超过千人,而作战中岳军死亡人数并没有说,以比金方少一半计,也应在五百左右,加上两战之外所损失的杨再兴部三百骑,就数量而言,其损失应与金方差不太多。而就质量而言,岳家军的损失更惨些,杨是名垂青史的虎将,而所杀敌将却属名不见经传的人,这一相比,付出的代价实在太大了!自古道千兵易得,一将难求,这只要看岳飞在平定杨幺部后,精选了至少一万人归入岳家军,但始终未见有一名能干的战将,在岳家军攻略河南大片国土时,在已知姓名的几十名将领中,也没有一名原是杨幺部的。

郾城、颖昌之战,岳家军有多少人出战?

据岳飞的捷报,参加郾城之战的是背嵬、游奕马军,颖昌之战是王贵中军、游奕、岳云背嵬。而以踏白、选锋守城。

按:岳家军12军6万人,平均每军5000人,其中主力是背嵬军、王贵中军、张宪前军,应各有7000人左右。背嵬军中马军为800人,则游奕马军人数不会超过此数。郾城之战,岳家军出战人数不到8000人。

王贵中军之杨成部在郑州、郝晸部在西京,能参战者最多4000人,游奕军中之马军在郾城,留在颖昌者主要为步兵大约4000多,加上背嵬7000人,则颖昌与金兵作战之人数约1.5万人。此外,守城的踏白、选锋军,以各4000人计,约8000人。

可见与金兵作战的岳家军只投入不足3个军的兵力,占12军中的1/4,人数约占1/3。而主力中2/3已经上场。

金方投入兵力,按岳飞奏中所言,郾城1.5万,颖昌3万,这应是估计数,一般说,宋方上报的敌人数多有偏高现象,郾城之战约1万,颖昌约2万,也就是说,两战的人数,宋、金双方比较接近,均在3万左右,或许金方略多一些。金兵总数以9万计,投入的兵力最多占1/3,其主力兀术军尚未出战。

总之,郾城、颖昌之战,不是岳飞亲自率领岳家军与兀术的主力大对决,双方主帅

---

① 《金佗稡编校注》卷一六,第939页。

都没有登场,也都没有动用全部兵力。但就岳家军而言,三大主力中,背嵬、中军已经上阵了,可以动用的生力军不多了。

如何评价这两次战斗?

这需要和刘锜顺昌之战作一下对比。刘锜部1万8千人,而兀术统帅的金兵9万,双方力量对比悬殊,但金的进攻被挡住了。其原因是多方面的,天时、地利、人和都有利于宋方。刘部是置之死地而后生,士气甚高,刘的战术应用得当,积极防守,伺机出击,使金兵昼夜不得休息。地利条件较好,顺昌府利于防守,金兵长于野战,攻城稍逊。天气也帮忙,酷暑和暴雨,使习惯于北方生活的金兵无法忍受,终于不得不撤兵回汴京避暑①。在江淮主战场上,能挡住金兵的进攻,这样的战绩是从未发生过的。它使中央政府免受战火的威胁,意义重大。对比十年前,兀术用1万左右兵力,即横冲直撞,越过江淮,把宋高宗赶下海去,更是天翻地覆的变化。但也不宜估计过高,以为宋方实力已经超过金方,开始进入反攻阶段了。这只是一次防御战,而非阵地战,是挡住了敌人进攻,并未真正打败金军。

郾城、颖昌之战,是城外平原上展开的阵地战,金骑兵的长处易于发挥,要打赢金兵难度比守城为大,但岳家军顶住了,即使战果双方基本持平,比起十几年来,宋方在野战中几乎处处失败而言,已是了不起的战绩。

以上几战表明,昔日金方的绝对优势已不复存在,双方兵力的差距大大缩小,宋、金战争开始进入相持阶段。这种变化原因在于,宋方在十几年的抗金战争中,逐步形成几大集团军,各大集团军都拥有3万—8万人马,战斗力有很大的增强。而金方在长期的战争中消耗很大,许多有丰富作战经验的将领,或老或故,或在激烈的内斗中死去,战斗力已大为削弱。

但宋方也存在弱点,各集团军都称为某家军,他们之间矛盾甚多,很难协同作战,而单独一支难以支撑整个战局。就岳家军而言,其人数远远没有扩大到岳飞希望的20万的程度,他利用金兵避暑的空隙,可以攻取许多州县,可以用2万左右的兵力对付近3万的金兵,但当秋高气爽来临之际,情况变了。金兵能够全部出动,集中9万人马对付岳军,而岳军已无生力军可以调动,他的6万兵力必须分散使用:根据地荆州、襄阳,不能不防守,以免重蹈古人大意失荆州的覆辙;补给线很长,必须有足够的兵力保证后勤供应;攻占的地区较广,不驻兵把守则失,守则兵力分散。仅靠郾城、颖昌两大据点业已疲累的2万兵力去对付近5倍于己的敌人,实在太冒险了,一旦战事失利,步兵要在敌骑跟前越过千里平原安全撤退,简直是不可能的。岳飞不得已而奉命撤退,应该说是正确的。有的人过高估计岳家军的实力,以为只要抗命前进,必能赶走金兵,收复故土,那是盲目乐观的想法。至于有的人批评岳飞撤军,是误国、是愚忠的表现,更是错误的。

---

① (宋)徐梦莘《三朝北盟会编》卷二〇一;(宋)黎靖德《朱子语类》卷一三二,中华书局1994年,第3166页;《要录》卷一三五、卷一三六。

四、岳珂的误导影响了人们对岳家军的判断

最后，略评一下岳飞的孙子岳珂的误导，是他在影响后人未能客观地认识岳飞和岳家军。

岳珂编的《金佗稡编》和《续编》，收入了岳飞的奏章、高宗的信函等珍贵的资料，但他不满足于提供原始资料，更想拔高先祖形象，为此做了许多夸大和编造的工作，为了能使人相信，他做得十分巧妙，如在"高宗宸翰"前附加说明词，又自编《经进鄂王行实编年》，夹带假货。前者编于嘉泰二年（1202），后者编于嘉泰三年。上距岳飞被害已60多年。而后人怀着崇敬英雄的心理，总希望英雄的形象越完美越好，宁肯相信，也不会或不愿去怀疑其真实性。这样，长期以来，人们对岳家军的许多模糊认识未能廓清。以郾城、颖昌之战为例，其加工、夸大之处主要表现在下述几方面。

（1）夸大参战的金兵数，攻颖昌的金兵数由"三万余"变为"十二万"①，又变为"兵十万、骑三万"②，编造兀术的狼狈相："兀术仅以身免"③，"兀术狼狈遁去"④。

（2）夸大金兵死伤人数，颖昌之战，金死"五百余"⑤变为"五千余人"，并额外增加"擒二千余人"⑥，再变为"俘馘万计"⑦。

（3）岳飞由未参战到参战。如郾城之战，"先臣帅戏下迎击，大破之"⑧。

（4）杀阿李朵之战本无其他金将参加，却变为"兀术复收兵求战，又大败，杀其大酋阿里朵"⑨。

（5）颖昌之战更缩小到就是岳云八百骑在做精彩表演："兀术果以兵十万、骑三万来，于是贵将游奕、云将背嵬战于城西……臣云……以骑兵八百挺前决战……董先、胡清继之，敌大败，死者五千余人……"⑩

编造的东西总会露出马脚来，这只要与岳飞捷奏作对比，马上就会发现，加工的太

---

① 《金佗稡编校注》卷二"高宗宸翰"说明词，第36页。
② 《金佗稡编校注》卷八《行实编年》，第549页。
③ 《金佗稡编校注》卷二"高宗宸翰"说明词，第36页。
④ 《金佗稡编校注》卷八《行实编年》，第550页。
⑤ 《金佗稡编校注》卷一六《王贵颖昌捷奏》，第940页。原文"五百"，而岳珂《行实编年》、章颖《鄂王传》为了强调杀敌之多，将"五百"更改为"五千"。二说不同，究竟以何者为是？只能是奏文，因为它是最原始的资料，捷奏，在国家有档案，岳珂不敢擅改。后二者是私人著作，夸大一些，无人追究。按理说，应据奏文校正《行实编年》《鄂王传》之误，或者慎重一些，各条下出校记，注明异文，而不改动原文。王曾瑜明知书中"有虚美的成分"（见校记前言），却反其道而行之，擅自据后出的私家著作，将原文"百"改为"千"，显然是有违古籍整理基本原则的。
⑥ 《金佗稡编校注》卷八《行实编年》，第550页。
⑦ 《金佗稡编校注》卷二"高宗宸翰"说明词，第36页。
⑧ 《金佗稡编校注》卷二"高宗宸翰"说明词，第34页。
⑨ 《金佗稡编校注》卷二"高宗宸翰"说明词，第34页。
⑩ 《金佗稡编校注》卷八《行实编年》，第549页。

过分了。董先、胡清负责守城，却说出战了。王贵的主力中军明明出战了，却在出战的兵种中被抹去。杀敌五百余，变为五千余。敌兵由三万变成了十三万。

编造的次数多了，连作者自己也记不住，于是出现了自相矛盾的现象。如前所述金兵数、金死伤人数变了多次，令人莫衷一是。

不仅如此，他还更离奇地编造了韩常五万人联系投降，岳部骁将以背嵬五百在朱仙镇大破兀术十万大军①。韩常所部不过一万人，不知怎么忽然成了五万？他是金方的虎将、兀术的左右手，在兀术危难之际，他曾不顾身家性命去搏斗，并为之付出了一眼被射坏的代价②，岳家军损伤过他的一根毫毛吗？没有。历史上孟获虽屡遭活擒尚不服不降，岳家军抓住过韩常吗？一次也没有。编造这类故事，无非想说明，岳家军给金予致命的打击，金已快崩溃了。然而事实是，第二年韩常依然跟着兀术再次南下伐宋，说明金仍有相当的实力。金大定年间，衍庆宫图画亚次功臣像，总共才22名，韩常就名列其中，还是唯一的汉人将领，不是一心忠于金，能有如此待遇吗③？至于朱仙镇之战乃子虚乌有之事，邓广铭师已有专文揭之④，无须赘述。这里仅补充一点，岳飞给皇帝的奏中说打败金兵需要二十万精兵，岳珂说岳云八百骑就破了兀术十三万精兵，两者相差240倍，究竟是岳飞胡说，还是岳珂胡编，这还需要多费笔墨才能分辨吗？可惜，岳珂编织的神话偏偏被当作事实写进某些专著中，这不能不说是令人遗憾的事。

岳珂不遗余力地编造，确实使岳飞形象高大无比，由人变成了神。可是，这样一来，使岳飞陷入新的矛盾之中，如果背嵬八百就能大破金十三万主力，那么只要稍微乘胜追击一下，即可大功告就了，更何况将在外君命有所不受，自古而然，何必听高宗命令而退兵？这不是置民族大义于不顾的愚忠表现吗？摆在眼前的一个事实是，刘锜顺昌之战时，收到高宗御笔："刘某择利班师。"⑤刘锜以正忙于应战，没有听从，最后赢得胜利，不但没有受罚，而且得到超级提拔。如果岳飞真能轻而易举地收复故土，取得盖世大功，比刘锜个性更强的岳飞怎么会不敢做呢？合理的解释只有一个，岳飞是据于对敌我力量对比的客观估计，才奉命退兵的。

岳珂的误导，对后人影响甚大，不仅影响了对岳飞的认识，也影响了对宋、金形势的判断以及对绍兴和议的评价。历史学家的任务，应该明辨真伪，揭去神的面纱，还原人的本来面目，并进而去正确解读历史。

现在可以回答本文开头提出的问题了。

岳家军的人数大约为6万，最多不到8万，略少于张（俊）家军，与吴家军相当，而多于韩（世忠）家军。

---

① 《金佗稡编校注》卷三"高宗宸翰"说明词，第37页；卷八《行实编年》，第561页。
② （元）脱脱《金史》卷七七《宗弼传》。中华书局，1975年，第1753页。
③ （元）脱脱《金史》卷八〇《阿离补传》，第1811页。
④ 邓广铭《〈鄂王行实编年〉中所记朱仙镇之捷及有关岳飞奉诏班师诸事考辨》，《文史》第8辑，1980年；邓广铭《岳飞传》，人民出版社，1983年，"后记"。
⑤ （宋）李心传《要录》卷一三六绍兴十年六月乙丑，《三朝北盟会编》卷二〇一。

如果岳家军要独立完成打败金兵、收复北宋疆土的任务，需要20万兵力。因此就兵力而言，缺口比较大。

郾城、颍昌之战是岳家军与金兵之间发生的较大战役，但并非主力决战，双方主帅岳飞与兀术没有出场，其规模远不及顺昌之战。此战的结果，基本上胜负相当，岳家军略占上峰，在平原上作战能取得这样的效果，就南宋而言已是非常难得的一次，表明宋方实力已大有增强，金骑任意驰突的时代已经过去，总体上说，金实力仍强于宋，但已不占绝对优势，双方差距大大缩小，这为双方坐到谈判桌上创造了条件。

颍昌之战结束时，炎夏既过，秋天来临，金军再次进攻的时机即将到来，宋方几路大军均已后撤，岳家军已处于孤军作战的境地，此时为了避免遭受不必要的损失，岳飞奉命撤军，是正确的选择，不能指为愚忠。

2008年初稿，2010年、2013年12月27日、
2015年4月21日修改，10月15日定稿

（原刊于《浙江学刊》2016年1期）

"莫须有"故事辨伪

世上盛传"莫须有"的故事,大意说,岳飞被害,抗金名将韩世忠质问秦桧:岳飞儿子岳云给张宪写想造反的信,真有其事吗?秦桧回答:"莫须有。"[①]韩大怒,说"莫须有"三字,怎么能使天下人信服?

这个故事意在表明:秦桧是岳飞冤案的制造者,韩世忠为岳飞仗义执言,秦桧则因做了亏心事,非常心虚,只能回答个"莫须有"。

莫须本是宋人常用的口头语,"须"表示肯定,"莫"是疑问,莫须二字连用,表示不太确定之意。现代汉语中没有完全相应的语句,"莫须有",勉强翻译成现代汉语,大约相当于"莫不是有吧!?""大概有吧!?"

定罪需要有确凿证据,没有确凿的证据就定死罪,怎么能令人信服。显然这是一个冤案。莫须二字早已不再流行,但是"莫须有"三字因此故事仍然有其生命力。这一故事流传至今,后世进而沿用到一切受冤屈之事上,常说:某人以莫须有的罪名,被整、被杀。

然而,当我们从史源学的角度追问一下,这故事最早出于何处,有多大的可信度?问题就来了。

一、最早记载莫须有故事是淳熙三年（1176）赵雄《韩世忠碑》

常见的影响甚大的史料,就是《宋史》了,在该书卷三六五《岳飞传》中记载:

> （岳飞）狱之将上也,韩世忠不平,诣桧诘其实。桧曰:"飞子云与张宪书虽不明,其事体莫须有。"世忠曰:"莫须有三字,何以服天下?"

[①] 有人认为"莫须有"应作"必须有",理由是熊克《皇朝中兴纪事本末》卷五八记此事,作"必须有"。徐自明《宋宰辅编年录》,王瑞来校补本,亦作"必须有",中华书局,1986年。按:此说非是,其一,熊克书作于淳熙七年（1180）至十六年（1189）间,徐自明书作于嘉定九年（1216）至十一年间,均晚于赵雄碑,理应以最早出处为准。其二,《皇朝中兴纪事本末》系清抄本,熊克另一部书《中兴小历》,四库全书馆臣从明《永乐大典》中辑出,记此事作"莫须有"。《宋宰辅编年录》四库全书本亦作"莫须有"。从版本上看,其证据本身尚存在问题。其三,南宋岳珂《金佗稡编》卷八、卷二四,李心传《建炎以来系年要录》卷一四三、佚名《中兴两朝编年纲要》卷九、刘时举《宋续编年资治通鉴》卷五、李幼武《宋名臣言行录别集》下卷八、《宋史全文》卷二一上等书均引作"莫须有"。岳珂还专门解释此语云:"则是桧亦自知其无矣。"其四,从上下文联系起来看,如果是"必须有",意思是"一定有",那就是铁证如山,与下文"三字,何以服天下"完全脱节了。

这是元人编写的史书，它是根据宋代史料编写的。遍查宋代史料，最早记载莫须有故事的便是赵雄（1129—1193）为韩世忠撰写的神道碑了，全称为《韩忠武王世忠中兴佐命定国元勋之碑》。（下引此文简称赵碑）文云：

　　岳飞之狱，王不平，以问桧。桧曰："飞子云与张宪书虽不明，其事体莫须有。"王艴然变色曰："相公莫须有三字，何以服天下？"①

此碑是淳熙三年（1176）二月十八日，宋孝宗应韩世忠第四子彦古之请求，命赵雄作的。碑文云：

　　上缵祚之十五年……二月甲午（十八日）制曰："韩世忠感会风云，功冠诸将，可特赐谥忠武……"时王子彦古方居蕲国夫人忧，闻诏感泣继血，即拜疏谢，又拜疏请曰：'草土臣彦古谨昧死言：臣之先臣世忠……陛下悯念勋劳，固尝爵以真王，锡之美谥，独墓道之石无名与文，惟陛下哀矜，究此光宠……'天子……乃亲御翰墨，大书曰：'中兴佐命定国元勋之碑'……既又诏礼部尚书臣雄曰："汝其铭世忠之碑。臣雄以谓圣主褒崇元臣，兹事体大，顾末学弗称，且祖讳与王名谥适同，寻上书恳辞，上遽批出，略曰：'君前臣名，临文不讳，不许辞免。'臣雄于是惶恐奉诏，谨拜手稽首上故太师蕲忠武王遗事。"（同上）

《宋史》卷三四第661页：淳熙三年二月，"赐韩世忠谥忠武。"孝宗于绍兴三十二年即位，至此时为十五年，故碑文云："上缵祚之十五年。"赵雄大约写了一个月时间，可见着实下了一番工夫，碑文写成的时间应在淳熙三年三月。因为宋孝宗命周必大书写碑文，周表示推辞，"四月三日三省同奉圣旨不允"②。周才接受。

宋代墓志与碑铭，都是由死者的家属或亲友提供素材，作者据以撰写成文。此文的素材应是韩世忠子彦古（？—1192）提供的。孝宗钦点的作者赵雄，时任礼部尚书，二年后为右丞相。因此，此文一出，很快流传于世，文中的莫须有故事随即为诸多史家所接受、引用。至今不衰。

然而令人不解的是，淳熙三年（1176）上距岳飞死［绍兴十一年（1141）］已42年，距韩世忠死（1151）31年，距秦桧死（1155）28年。如果确有身居枢密使高位（地位仅次于宰相）的韩世忠质问秦桧之事，那是具有轰动效应的大事，为什么几十年内，没有人记载呢？如果说，秦桧在世时，迫于其权势，不敢记载，那么在秦桧死前夕，高宗同时命秦桧子、孙致仕，并不断清除其党羽，起用被秦桧排挤的人上台，总该没有顾忌了吧！但仍然没有记载？为什么？

二、比赵碑早十八年的《韩世忠墓志》却是完全相反的记载

带着问题去观察史料，一个完全相反的记载出现了。那就是绍兴二十八年（1158）

---

① （宋）杜大珪《名臣碑传琬琰之集》上卷一三，文渊阁四库全书本。
② （宋）周必大《辞免书韩世忠神道碑札子》，《文忠集》卷一二三，文渊阁四库全书本。

孙觌（1081—1169）写的《韩世忠墓志》（以下简称孙志）。志云：

> 主上英武，所以驾驭诸将，虽隆名显号，极其尊荣，而干戈鈇钺，亦未尝有所私贷，故岳飞、范琼辈皆以跋扈赐死。惟公进而许国，杖一剑戡除大憝，为社稷之臣；退释兵柄，以功名富贵始终……泽流子孙，书勋竹帛，追配前哲，可谓贤也已！①

同为韩世忠书写的碑志，却出现了两个完全相反的韩世忠：

赵碑的韩世忠，是与岳飞站在一起，与秦桧对立的韩世忠。

孙志的韩世忠，是与宋高宗站在一起，与岳飞对立的韩世忠。

到底哪个韩世忠才是真实的韩世忠？孙志明明白白地举出好坏两类武将：一是紧跟皇上的贤将韩世忠，另一类是被皇上处死的跋扈将军岳飞、范琼。

这个墓志，是韩世忠刚死不久，其子彦直（1131—约1194）请大笔杆子孙觌写的。孙觌推辞了七年之久，才动笔。志云：

> 以二十一年八月四日薨于私第之正寝，享年六十三。……彦直等以其年十月庚午，举公之枢，合祔于平江府吴县胥台乡灵岩山秦国夫人之墓。于是寺丞过余请铭。某曰：'太师咸安王，中兴名将，盍奏乞本朝有名位、能文章名公卿大夫功德者为之辞，以诏后世？余方以罪斥，辞不敢。'距今七年，韩氏书诒无虚月，请益坚。会余蒙恩除罪籍，遂不辞，乃即平日所见闻，志其大者，而系以铭。

与岳飞并列的范琼是什么人？他在靖康时，金兵围攻开封时，率勤王兵一万人赶到开封救驾的，被封为京城都巡检使。"屡与大金战，皆身先士卒，数破之，由是显名。"②其后，开封失守，金虏走徽、钦二宗，立张邦昌为楚帝，范琼摇身一变，积极参与其事，擅杀抗金将领吴革。高宗即位后，曾参与平定群贼孙仲等，升任侍卫步军司统帅，这是三支中央军中的一支，居第三位。在苗傅、刘正彦发动兵变逼高宗退位时，"与傅书问往来。不肯进兵。张浚十一檄令会合勤王，琼终不进"③。苗、刘兵变失败后，又要求释放参与兵变的主将左言。建炎三年七月，"以范琼跋扈无状，收下大理狱"，"赐死"④。将英勇抗金的岳飞与反复无常的跋扈将军范琼归为一类，最清楚地表明韩家的立场，是与杀岳飞的高宗站在一起的。如果真有韩世忠为岳飞鸣冤之事，其子怎么会让墓志中写上相反的一笔，不怕担当不孝之名？这样做能使死者在地下安息吗？

---

① （宋）孙觌《鸿庆居士文集》卷三六；又见（宋）徐梦莘《三朝北盟会编》卷二一八，文渊阁四库全书本。

② （宋）徐梦莘《三朝北盟会编》卷一二九《姓氏录叛逆传》。

③ （宋）徐梦莘《三朝北盟会编》卷一二九。

④ （元）脱脱《宋史》卷二五，第467页。

三、"莫须有"故事细节辨析之一：
韩世忠会为岳飞鸣冤吗？

这一问题，需分几个层次来分析：①为岳飞鸣冤需付何等代价？②韩世忠与岳飞的关系究竟如何？③韩世忠与张俊的关系如何？④韩世忠的处境是否到了可以挺身而出的地步？

1. 为岳飞鸣冤需付何等代价？

在岳飞被害时，凡为岳飞鸣冤的布衣、小官需要付出惨重的代价：判刑、整死。

例一：建州布衣刘允升上书，论死。

《宋史》卷三六五《岳飞传》："建州布衣刘允升上书讼飞冤，下棘寺以死。"

《万姓统谱》卷五九："刘允升名阶，以字行。允升，建州布衣也，闻岳武穆被逮，诣阙上书讼其冤，秦桧大怒，下棘寺论死。"

例二：汾州进士智浃上书，决杖编管，在编管地被整死。

《宋史》卷二〇〇："汾州进士智浃上书讼飞冤，决杖编管袁州。"

《三朝北盟会编》卷二〇八：绍兴十二年正月十六日庚戌，"和浃上书辩岳飞之冤，编管袁州。和（按当作知或智）浃字巨源，汾州人。知书通春秋《左氏传》，有识，性不喜阿随，好直言，岳飞以宾客待之，飞死，浃上书辩飞之冤，事下中书，秦桧怒送袁州编管，袁州官吏以浃取怒时相，全不少假，监系其严，浃不堪死"。

例三：文林郎汤某上书论列，并受害。

元虞集《题岳飞墨迹》："武宁汤盘，藏其先世文林君军中文书，岳武穆王绍兴元年所署也。文林始以太学生上书论备御之策，崎岖兵间，以功致文林之命，观此牒，知文林倡忠义，击叛溃，保乡里，甚直而壮。……盘言：武穆之死，文林上书论列，遂并受害，文丞相尝题其家之堂曰忠节。"[1]

至于地位极高的皇族为岳飞说话，亦没有好的下场。

最典型的是判大宗正事赵士㒟（1084—1153），他是宋太宗后裔，允让的曾孙，高宗则是允让的玄孙，高宗尊称为皇叔，在宋皇室中地位最高，又曾拥立高宗为帝，平定苗、刘兵变，使高宗得以复辟，对高宗是有恩的。他接触过岳飞，深知其为人，故敢于"以百口保飞无他"，台官弹劾他"有不轨心"，即被免职，随后遣送建州居住，至死不能回杭州。其弟同知大宗正事士樽也受牵连，被免职[2]。至此，宋高宗已到了六亲不认的地步。

2. 韩世忠与岳飞的关系究竟如何？

韩世忠与岳飞并没有太密切的关系，南宋初各路家军都是在中央军全面崩溃之后，

---

[1] （元）虞集《道园学古录》卷四〇，文渊阁四库全书本。
[2] （宋）徐梦莘《三朝北盟会编》卷二〇六；（宋）李心传《建炎以来系年要录》卷一四二、卷一六四；《宋史》卷三六五《岳飞传》；（宋）周南《山房集》卷五、卷八。文渊阁四库全书本。

凭借个人的努力，在无数战斗中逐渐发展壮大以后形成的。主要的家军有刘（光世）家军、张（俊）家军、韩（世忠）家军、岳（飞）家军、吴（玠）家军等。各军只听从领头人的命令。各军之间的关系很不和谐，皇帝指挥他们协同作战，甚费周折。

绍兴十年（1140）闰六月十八日庚寅，王之道（1093—1169）《上皇帝书》："……今日之兵，分隶张俊者则曰张家军，分隶岳飞者则曰岳家军，分隶杨沂中者则曰杨家军，分隶韩世忠者则曰韩家军，相视如仇雠，相防如盗贼，自不能奉公，惴惴然惟恐他人之立功而官爵轧于己也。"①

在各家军中，论年龄岳飞最小，论资历岳飞最浅，他比刘、张、韩晚一辈。张比岳大18岁，刘、韩比岳大15岁。由于岳在战斗中屡建奇功，很快升迁到与张、韩平起平坐的地步，这使得张、韩很不快。为了改善与张、韩的关系，岳飞听从参谋薛弼（1088—1150）的建议，多次写信通好，但未见效果。后来，在绍兴五年（1135）平定杨幺之后，特地将最好的战利品送给他们，韩世忠领情了，改善了关系，而张俊依然如故。岳飞也不再低三下四，与张俊的矛盾加深了。对此，薛弼之侄薛季宣（1134—1173）有如下的记载：

  初，岳侯以列将拔起，时张俊、韩世忠等已皆建立功效，至大官，内不能平。伯父劝岳屈己下之，书凡三十七通，俱不之答。岳破幺贼，遣大将俘献楼船各一，卒徒战守之具毕备，韩始大说定交，而张忌之益甚。岳名日盛，幕中之轻脱者教岳勿苦降下，于是始隙②。

岳飞与韩世忠的关系好了，但他们各在自己的驻地，并不在一起共事，谈不上有多密切的关系，远没有达到结义兄弟生死与共的地步。这从以下一件小事即可看出。岳飞连韩家军大概有多少人都不清楚。直到绍兴十一年六月，去楚州查看军籍时，才惊讶地发现，韩家军才三万人，比岳家军少的多。如果关系非常密切，怎么连这一点最起码的信息都不了解呢？

《要录》卷一四〇：绍兴十有一年夏四月癸未，"张俊、岳飞至楚州……飞视兵籍，始知韩世忠止有众三万，而在楚州十余年，金人不敢犯，犹有余力以侵山东，可谓奇特之士也"。

3. 再比较一下，韩世忠与岳飞、张俊之间的关系

不少学者认为韩、岳是一派，张俊与秦桧、高宗是另一派，前者主战，后者主和。这样的认识太简单化了。张俊与秦桧、高宗的关系好，是事实，但一般人不明白的是，韩与张的关系其实远比与岳的关系好。有一事为证。韩世忠的次子彦朴娶张俊的女儿，张俊的第五子子仁娶了韩的女儿，他们是双重儿女亲家。

周麟之（1118—1164）《张循王（俊）神道碑》："四女……次适直徽猷阁韩彦

---

① （宋）徐梦莘《三朝北盟会编》卷二〇二，文渊阁四库全书本。
② （宋）薛季宣《浪语集》卷三三《笺行状》，文渊阁四库全书本。

朴。"① 孙觌《韩世忠墓志铭》:"四男子……彦朴,右奉议郎、直显谟阁。"

孙觌《韩世忠墓志铭》:"八女……右承事郎、充秘阁修撰张子仁,其婿也。"周麟之《张循王(俊)神道碑》:"五男……子仁,秘阁修撰。"

官员间的婚姻往往是政治联姻。儿女的婚姻都由父亲决定,没有韩与张的亲密关系,不会成为双重儿女亲家。而韩与岳则毫无婚姻关系。

以上可知,从关系密切程度上讲,韩世忠与张俊的关系远比与岳飞的关系密切,张俊紧跟高宗、秦桧的立场不可能对他没有一点影响。

4. 韩世忠的处境是否到了可以挺身而出的地步?

从当时韩世忠面临的处境看。他正处于如履薄冰的状况。宋廷对岳飞痛下杀手,有杀鸡儆猴之意。谁最可能是"猴"呢?三大帅中,张俊最受朝廷信用,可能为猴的除了韩之外,别无他人。消除军阀割据的隐患,乃是宋初一开始就实行的家法,略有不同的是,北宋初主要对象是赵匡胤的结拜兄弟和亲戚,所以采取的是杯酒释兵权的和平手段。南宋初面对的是各路家军,私家军队是军阀割据的基础,对付他们就不会那么手软了。

宋高宗对他们是又利用、又警惕,因为中央禁军已垮,不能不靠各路家军维持政权,当生存环境好转,朝廷就开始考虑收拾,首先向刘家军开刀,绍兴七年(1137)免去刘光世(1089—1142)军职,派文臣吕祉(1092—1137)取代,不料部下不服,郦琼杀死吕祉,带5万多人叛变投敌。摆在东线的三路家军,一下子损失了三分之一。朝野震惊,高宗只好收手。

到绍兴十一年宋金议和,朝廷又开始考虑解决家军问题,这一次,换了高明的花招。四月,晋升三大将为枢密使、副使,使他们高高兴兴地离开地方到中央,实际上是剥离他们与部下的联系,同时将三个家军一分为二,分成六支,由资历稍浅的偏裨掌管,直属中央。四个月后就动手了。八月,罢免岳飞。九月,岳飞部将王俊告发岳飞爱将张宪,十月十三日逮捕张宪、岳飞入狱。二十八日,罢免韩世忠。这本身已是对韩的警示。十二月,岳飞被处死,同时严惩为岳飞鸣冤者。此时,韩世忠如若站出来为岳飞说话,势必成为岳飞第二。因为各路家军成分非常复杂,既有抗金志士,也有见利忘义的小人。早在绍兴九年(1139)就有韩世忠的部将温济公然告他的黑状。只是时机不到,温济卖主求荣没有成功。韩世忠要求处死他,朝廷并没有答应,只将温济贬斥了事。《宋史》卷二九:绍兴九年九月丙申,"以威州防御使温济告韩世忠阴事,勒停,南剑州编管。世忠又奏欲杀之,诏移万安军"。朝廷此举,或许有预留一手的考虑。

现在形势大变,韩世忠稍一不慎,再出一个温济式的小人,很难想象,那会是什么结果,韩世忠岂能不考虑?他选择了"明哲保身"(赵碑),主动辞职,然后"杜门谢客,绝口不论兵……平时将佐部曲,皆莫见其面"(孙志)。

---

① (宋)周麟之《海陵集》卷二三,文渊阁四库全书本。

四、"莫须有"故事细节辨析之二：假定韩世忠会为岳飞说话，他该找谁呢？

要回答这个问题，需要弄清制造岳飞冤案的主角究竟是谁？宋代是中国古代王朝中最讲法治的朝代，它不像秦始皇想杀宰相李斯，自己下一道命令就办了，明朱元璋也是如此，下一道命令就将成千上万的大臣及其下属亲人杀了。宋代讲究法治，即使是有意整人，也得走法定的程序。像岳飞这样的大案，在宋代叫作诏狱。其程序是：

第一步，由皇帝下诏，组成特别法庭，御史中丞牵头，会同大理寺官员审判。

第二步，御史中丞上奏审判结果：罪行，证据，判决。

第三步，皇帝批示。

皇帝的批示是最后的裁决，一般是从轻发落，或同意，极少有加重发落的。从下诏到最后裁决，皇帝掌握着主动权，案子对与错，主要责任人应是皇帝。

具体到岳飞案，下诏并作最后裁决的是宋高宗，在幕后筹划的是秦桧，站在第一线审讯逼供的是万俟卨（1083—1157）。显而易见，制造这起冤案的首犯是宋高宗，主犯是秦桧。或以为宋高宗是傀儡，这是低估了宋高宗，如果是傀儡，只要画圈就可以了，但是当万俟卨呈上判决意见时，他作了如下更改：

对岳飞，由"决重杖处死"，改为"赐死"，让他死得稍微体面些，表示了一点皇恩，但本质上仍然是死。可是对岳飞之子岳云，却无限地加重，由"徒三年"改为"斩"①。

显然他深怕三年后岳云活着出来，万一率领岳家军与他作对，事情就难收拾了，于是一不做二不休，痛下杀手。这一更改说明他不是傀儡，他在充分运用最终裁决权。再说，事过十几年，绍兴二十五年（1155）秦桧死，宋高宗在其临死前下诏，让秦桧祖孙三人同时致仕，并清除秦党，起用被秦桧排斥的官员，将权力全部收到自己手中，如果他真是傀儡、如果冤案完全是秦桧办的，此时岂不是给岳飞平反、表自己清白的绝佳机会？然而他没有做，直到绍兴三十二年退位，依然没有做，这不是清楚地表明冤案是他们共同制造的吗？区别只是站的位置不同，他在前台下圣旨，秦桧在幕后出点子。

如果韩世忠真要为岳飞说话，就得找高宗，虽然成功的可能性极小，但历史上也有稍见效果的事例。宋神宗听说赵世居长得像赵匡胤，可能会影响他的皇位，于是制造了一起冤狱，说世居企图谋反，赐死，理由是与其有交往的几个人，有谋反的意图，罪证则是随意拼凑的。其中一人李士宁，罪状两条：一是送给世居一把雕有龙纹的宝刀；二是赠世居母一首诗。前者纯属牵强附会。后者最终查明，诗是从《宋仁宗御集》中抄来的。李士宁是王安石的座上客，王对他的为人很了解，便与神宗展开一场激烈的辩论，最终神宗因为要依靠王安石搞改革，不得不让步，李士宁由"当诛"改判为流放②。

---

① （宋）李心传《建炎以来朝野杂记》乙集卷一二"岳少保诬证断案"，徐规点校，中华书局，2000年。

② 参李裕民《宋神宗制造的一桩大冤案》，《庆祝邓广铭教授九十华诞论文集》，北京大学出版社，1996年。

韩世忠身为枢密使，官位仅次于宰相，真要为岳飞说话，是有机会的。按宋朝决策层的议事规则，有关政务事，皇帝与宰相、参知政事商讨，军事则与枢密使、副商议，商议毕，大臣有事可以单独留下，与皇帝谈，称之为留身奏事。由于是两人之间的交换意见，即使皇帝不爱听，不接受，后果也不至于太严重，更不会下狱。但韩世忠没有这样做，他怕引火烧身，十月十三日岳飞下狱后，他一看形势不妙，接连上奏辞职，于二十八日归家。此后，自称清凉居士，优游林下，为了避免岳飞的下场，他不与旧部见面，不问世事。

墓志："公受命已，杜门谢客，绝口不论兵。时跨一驴，从二三童奴负几杖，操酒壶，为西湖山水之游，解衣藉草，命酒独酌，兴尽而返。平时将佐部曲，皆莫见其面。"在杭州游览之时，还留下了题名："绍兴十二年（1142），清凉居士韩世忠因过灵隐，登览形胜，得旧基，建新亭，榜名'翠微'，以为游息之所，待好事者。三月五日立，男彦直书。"[①]事在其辞职后数月。可与墓志互证。

辞职以后是否还可以为岳飞说话呢？那只有上书了，这可是比留身奏事危险得多的选择，韩世忠没有那么傻。从史料看，韩世忠并没有上奏。

在绍兴十一年十二月的最后几天，竟然出现了这样一幕：秦、韩两家喜事连连，岳飞一家倒了大霉。真个是两家欢喜一家愁。

《要录》卷一四三：绍兴十有一年（1141）十有二月戊子（二十四日），"直祕阁、新知温州秦梓试祕书少监兼崇政殿说书，梓、桧皆引嫌辞，上不许。右承务郎韩彦质、彦朴立直祕阁。二人皆世忠子也"。二十九日，岳飞父子被处死。全家被流放。

秦桧之兄秦梓（？—1146）刚任命知温州，还没有到任，就升至中央当官。韩彦质、彦朴是韩彦直之弟，是年韩彦直才十二岁[②]，其弟不过十岁或不足十岁。对比一下，北宋时杨业为国捐躯，宋太宗恩赐其子官，其中最小的两个儿子因为不足十五岁，按惯例都没有赐官。现在韩世忠尚健在，并没有为国捐躯，两个幼小的孩童却得到分外优厚的待遇，而且与岳家的悲惨命运几乎同时出现，如果韩世忠在岳案的立场上，不与高宗、秦桧保持一致，能有此等好事吗？

五、"莫须有"故事细节辨析之三：韩世忠如果质问秦桧，秦桧会回答"莫须有"吗？

前面已经说过，从法制的程序上，审判之事不由他结案，最后批示则在皇帝手里，此事找他没有道理，他完全可以不管。考辨至此，本来可以画句号了，不过，为了说得更透彻一点，不妨再推论一下，假如韩世忠敢于质问，秦桧会不会回答："飞子云与张

---

① 《六艺之一录》卷一一〇，四库全书本；《十二砚斋金石过眼录》卷一七，沈鑅彪《续修云林寺志》卷七，光绪刻本。

② （宋）《绍兴十八年同年小录》："第一百八人韩彦直（1132—？），字子温……年十八，六月二十八日生。"

宪书虽不明,其事体莫须有。"

按:其第一句话有点答非所问,岳飞的罪状主要是:指斥乘舆、抗拒诏命。至于岳云与张宪书,乃是用来定张宪与岳云之罪的。秦桧怎么会避开岳飞之罪,去谈岳云与张宪书呢?

《要录》卷一四三:绍兴十有一年十有二月癸巳,"岳飞赐死于大理寺。……飞以众证坐尝自言己与太祖俱以三十岁除节度使为指斥乘舆,情理切害,及敌犯淮西前后亲受札十三次,不即策应,为拥兵逗遛,当斩。阆州观察使、御前前军统制、权副都统张宪坐收飞、云书,谋以襄阳叛,当绞"。

王明清曾看这过案卷,他在《挥麈录余话》卷二中说:

"明清入朝,始得诏狱全案观之,岳侯之坐死,洒以尝自言与太祖俱以三十岁为节度使,以为指斥乘舆,情理切害。及握兵之日,受庚牌不即出师者凡十三次,以为抗拒诏命,初不究将在军,君命有所不受之义。又云:岳云与张宪书,通谋为乱,所供虽尝移缄,既不曾达,继复焚如,亦不知其词云何,且与元首状了无干涉,锻鍊虽极,而不得实情,的见诬罔,孰所为据,而遽皆处极典。"

秦桧的第二句话"莫须有",完全不符合他的性格。他说话非常果断,决不会吞吞吐吐地说句模棱两可的话。其子秦熺写的相关史论,代表了他的思想。

"史臣秦熺等曰:……十一年果竭众以犯淮西,必欲以全取胜,时遣三大将领兵进击,而岳飞阴有异谋,迁延顾望,拒命不进,……岳飞拥重兵据上流者累年,稔成罪衅,日图反叛,至是皆暴章首告继踵,逮核实于天狱,悉得其情,逆状显著,审讞无异,飞与子云及其党张宪皆赐死。"① 这里的用词"核实""悉得""显著""无异",无不斩钉截铁,不留余地。

如果韩世忠真的质问过秦桧,并且当场勃然大怒,秦桧会就此善罢甘休吗?不可能。这里举两个秦桧亲信的例子即可证明。

其一是何铸(1088—1152),他在任御史中丞时,秉承秦桧的旨意弹劾岳飞,免去岳的枢密副使之职②,十月高宗命他主审岳飞案。此人还是有点良心的,审了一个多月,发现构不成重罪,一直拖着,不愿按照高宗、秦桧的意图结案。此时,高宗、秦桧感到为难,免他的官找不到借口,于是想出一招,提拔他为签书枢密院事,让他出使金国,处理和议事,腾出御史中丞的位置,让更中意的亲信万俟卨担任,这样审判权就转移到万俟卨身上。

果然,经过一个多月的审讯,万俟卨搞定了这一冤案。第二年,万俟卨以何铸"党恶"为由进行弹劾,何铸仅仅当了八个月的执政官,便下台了③。万俟卨因此晋升为参知政事,继续充当秦桧整人的打手。有一次,万俟卨出使金国,返回后,秦桧让他将金

---

① (宋)李心传《要录》卷一四六绍兴十二年八月戊子。
② (宋)李心传《要录》卷一四一绍兴十一年八月甲戌。
③ (宋)李心传《要录》卷一四六绍兴十二年八月丙寅。

人赞美自己的话转达给高宗，万俟卨一看是秦桧自己编的，大概觉得太肉麻了，没有照办，秦桧立马指使御史中丞李文会弹劾，免去其职①。这条走狗只当了一年半执政官，就回了家。

这两个亲信一直为秦桧效劳，从来没有与主子发生过正面冲突，仅仅因为稍微跟得不紧，马上摘掉乌纱帽。要是韩世忠真的敢质问秦桧，还敢勃然大怒，那恐怕天大的祸患就会降临头顶。然而，在岳案期间及以后出现过什么灾祸吗？没有，完全没有。有的只是韩世忠的两个幼儿与秦桧之兄一起升官的美事，这难道不是最好的反证吗？

这里再举一个韩世忠非常敬畏秦桧的例子。《东南纪闻》卷一第10条："汪勃（1088—1171），歙人也。仕州县，年逾六十，犹未调，官满趋朝，试干秦桧，求一近阙，秦问其已改官乎？曰：未也。有举者几人？曰：三人耳。于是遣人导之往谒张、韩，时二公皆以前执政奉朝请，闻有秦命，倒屣出迎，执礼甚至，勃得改秩，秦后擢寘台省。"②

《挥麈后录》卷一一："绍兴壬戌，罢三大帅兵柄，时韩王世忠为枢密使，语马帅解潜曰：虽云讲和，敌性难测，不若姑留大军之半于江之北，观其衅。公其爲我草奏，以陈此事。解用其指为札子，韩上之，已而付出，秦会之语韩云：何不素告我而遽为是邪？韩觉秦词色稍异，仓卒皇恐，即云：世忠不识字，此乃解潜为之，使某上耳。秦大怒，翌日，贬潜单州团练副使、南安军安置，竟死岭外。"③按：此条记载不完全准确，但说明在人们心目中，韩世忠是惧怕秦桧的。

为什么会如此敬畏、惧怕？朱熹说得好："诸将骄横，张与韩较与高宗密，故二人得全，岳飞较疏，高宗又忌之，遂为秦所诛而韩世忠破胆矣。"④

直到临死，韩世忠仍对秦桧有恐惧之心，他知道，自己一死，按惯例，皇帝要到家里临奠，他留下遗嘱，一定要恳辞。果然，不出他所料，秦桧派人威胁韩家，必须恳辞。韩家怕有后患，照办了。

赵雄《韩碑》："属纩之际，神爽益清，冠佩修然，合掌而逝。有诏择日临奠，桧遣中书吏韩城以危语胁诸孤，令必辞，诸孤亦缘王遗意，不敢屈勤君父，上表恳免至再，太上黾勉从之。"

---

① （宋）李心传《要录》卷一五一绍兴十四年二月丙午。
② （宋）李心传《要录》卷一四八：绍兴十有三年三月丙辰，"左宣教郎汪勃为太常寺主簿。勃，黟县人也"。注："绍兴二十八年六月庚寅，叶义问奏：勃为建德县丞，赃污不法，为邑人所讼，秦桧与之有旧，监司庇之，寖得美官。"《要录》卷一五一：绍兴十有四年五月己未，"御史台检法官汪勃、主簿黄应南并为监察御史"。"后擢寘台省"当指为监察御史。据此，秦往谒张、韩，应在绍兴十四年五月前不久。
③ 此条末注材料出处："张子韶云"。子韶名九成（1092—1159），号无垢居士、横浦居士，因反对议和，为秦桧所恶，谪居南安军。著有《中庸说》《孟子传》《横浦日新》《横浦心传录》《唐鉴》《横浦集》等书。《宋史》卷三七四有传。
④ （宋）黎靖德编《朱子语类》卷一三一，中华书局，1994年，第3148页。

此表，是以韩世忠妻子名义上的。《宋会要》礼四一之二三："绍兴二十一年八月十三日，故太师、通义郡王韩世忠妻魏国夫人茚氏（壮）[状]：'亡夫世忠身薨，恭闻车驾将欲临奠，经由道路窄隘，不敢仰勤清跸临幸，乞赐寝免。'诏依所乞。"

这就不难理解，韩世忠死后，为什么还要在墓志中对岳飞案表态，明确与高宗立场保持一致。

六、是谁编造了莫须有的故事？

凡作伪者都是为了得到好处，因此故事的编造者必定是得益者。此举的得益者有：

韩世忠家属：韩世忠在当时没有站出来为岳飞说话，怕殃及自己和全家，这是可以理解的。韩世忠死后，其子请孙觌撰墓志，竟然赞美高宗英明，处死跋扈的岳飞，当时，大概觉得这是多数官员共同的看法，他们一家因为立场站在高宗一边而得到好处。但是，当孝宗为岳飞平反之后，韩家就尴尬了。韩、岳都是抗金英雄，韩怎么能这样对待岳飞呢？这太有损韩的形象了。现在编出这么一个故事，一举两得，一方面，韩的形象全变了；另一方面，害岳飞的责任全归到秦桧头上，他们得以平息孙觌撰墓志的影响，树立韩世忠抗金英雄的正面形象。从与岳飞对立转变为站在岳飞一边共同对付奸臣秦桧。韩世忠的后代也会因此而沾光。为此，家属不惜以重金酬谢撰者与书写人。墓碑的素材历来都是死者家属提供的，他们应是故事的编造者。此碑一出，将孙志谴责岳飞跋扈之说掩盖掉了，只有岳飞的孙子岳珂还记住这笔账，在《金陀粹编》卷二三专门批判其孙志跋扈之说，为祖辩诬。

宋孝宗有雄心大志，想恢复中原，因此为岳飞平反，以鼓舞士气，但这样一来，太上皇宋高宗面子就过不去了，孝宗虽非高宗所生，但毕竟是高宗立他为太子而后继位的，与亲父无异，按儒家的传统，理应为尊长避讳，如何才能解决这个难题呢？现在莫须有的故事一出，将冤狱的责任全部推给秦桧，这个问题就全办妥了。秦桧本来就是个大奸臣，害人无数，将全部罪过堆到他头上，最容易为人们所接受。孝宗看过赵雄碑文非常满意，特意下诏命周必大书写，周推辞，孝宗再下诏，周不得不接受，下足了功夫，到八月交卷，二十三日奉圣旨交给韩家，韩世忠子彦古上剳子，奉送润笔费"二百金器"，周必大上奏推辞，孝宗"御笔批依例收受，不须恳免"①。孝宗对此小事如此上心，一再下旨，不难看出他兴奋之情已难以言表，他是故事的得益者。不过，依他的身份当然不至于下圣旨造假，但他的心事一定会在赵雄面前有所表示，让他去细细体会。

赵雄得益甚大，他在奉孝宗之命，撰成此文后，好事不断。同年七月，即跳过两个台阶，由礼部尚书直接升为签书枢密院事。四年十一月升同知枢密院事。五年六月又升参知政事，十月晋升为右丞相。他应当参与了故事的编造。故事中用了宋人俗语"莫须有"，显得更像是真的对话，显然是精心策划的结果。

---

① （宋）周必大《辞免书韩世忠神道碑剳子》《缴书神道碑剳子》《辞免润笔剳子》《谢剳》（《文忠集》卷一二三）。

七、结　　语

韩世忠质问秦桧，秦桧回答莫须有的故事，完全是杜撰的，编造者就是韩世忠的儿子彦古和碑文的作者赵雄。

韩世忠与岳飞都是抗金英雄，他们在抗金上是一致的，两人之间的关系还可以，但不算太密切。韩世忠与张俊则是双重的儿女亲家，关系密切。韩、张与高宗的关系都相当好，岳飞则比较疏远。张俊与岳飞的关系不好，最后对岳飞落井下石。秦桧与宋高宗在与金议和与收兵权上完全一致。宋高宗的目的是消除内忧外患，稳坐宝座。秦桧则是通过掌握台谏势力，为高宗消除忧患，排除异己，操控朝野，实现权相梦。他们通过制造岳飞冤案，为实现各自的目标扫清障碍。

岳飞被害，抗金派受压，韩世忠为明哲保身，在岳飞案上与朝廷保持一致，所以在最早的墓志中写下了赞美高宗处死岳飞之词。

绍兴三十一年完颜亮撕毁和议，南下伐宋，抗金派重新抬头。但岳飞冤案的副作用非常严重，不仅岳家军军心涣散，举国将士均受影响，将军也不敢尽全力，因为立功升官，难免遭忌，落得岳飞的下场。金的南侵，因其内乱而暂时告一段落，但谁能担保不会再来呢？岳飞冤案不平反，谁为朝廷出力呢？高宗自己做了亏心事，又死要面子，不愿承认与纠正，于是将宝座传给孝宗，自己做一个逍遥自然的太上皇。

孝宗有恢复中原的雄心，他需要岳飞那样的抗金英雄，因而积极为岳飞平反，然而平反以后，高宗的面子需要寻找合理的办法照顾。而岳飞的平反，使韩家非常难堪，因而乘着为韩世忠作新碑之机，韩彦古与赵雄合作编造了莫须有的故事，既使韩世忠保持完美的形象，也让高宗盖住了颜面。

莫须有的故事编成，社会影响极大。碑竖在韩世忠墓前，而碑额乃宋孝宗亲笔题写。碑文的作者与书写人都是先后当上宰相的名人，此碑所记自然被看作最真实的信史。于是"莫须有"的故事被许多史书所采用[①]，最后写入了《宋史》。

此碑文为所有涉及高宗与秦桧共同干的坏事定了调：那都是秦桧干的，与高宗无关。以后许多著作多依此执行。事实可以改编，只要编得高明，有权威撑腰，就会变成信史。有这个榜样摆着，于是新的故事一个又一个地被好事之徒编造出来。

如在岳飞墓前应该跪的是高宗和秦桧，却成了秦桧与王氏。智商不高的王氏被升格成比秦桧还阴险的狐狸，高宗与秦桧密谋转换成秦桧与王氏，密谋的地点由西窗变为东窗，最后，经过上百年的加工，一个完整版的"东窗事犯"的故事终于出笼，并且流行

---

① 淳熙七年（1180）至十六年（1189）间，熊克（1118—1190）《中兴小历》卷二九、《皇朝中兴纪事本末》卷五八。嘉泰年，岳珂《金佗稡编》卷八《行实编年》五，卷二四"吁天辨诬"四。嘉定元年（1208），李心传《建炎以来系年要录》卷一四三。嘉定九年（1216）至十一年间，徐自明《宋宰辅编年录》。约淳祐四年（1244），刘时举《宋续编年资治通鉴》卷五。李幼武《宋名臣言行录别集》下卷八"岳飞"。南宋末，《宋史全文》卷二一上。

开来,成为新的掌故。历时三个月的诏狱,公开下的诏书:赐岳飞死,却变成秦桧一个纸条付狱吏处死。历史就这样被改写,人们依据这样的"信史",去评头品足,去抒发感情,去编写符合今人胃口的新史,民众就这样被愚弄着。

莫须有的故事编造的水平实在太高了,可谓登峰造极,但是它能蒙骗几百年,不能永远蒙骗下去。当我们将碑、志放在一起仔细比较的时候,就会发现矛盾,再去推敲故事的每一句话,漏洞全都暴露出来了。

古往今来,形形色色的假货太多了。史学工作者头等重要的任务,就是要下工夫,去伪存真,用刀子将麒麟的皮剥去,让它露出马脚来,还原历史的本相。

2018年7月25日

(原刊于《西北工业大学学报(社会科学版)》2018年3期第49—58页时改题为《新视野下的莫须有故事》,今恢复原名)

南宋是中兴还是卖国

——南宋史新解

中国历代王朝的历史被误读和误解者，莫过于宋朝了，而两宋之中又数南宋被误读得更严重，南宋初的朝廷就是其中的一个典型。

这误读大概来自抗战情节，来自强国梦，持续一百多年我国屡受列强欺负的历史，使得人们不仅痛恨眼前当政者的一切丧权辱国的行为，并进而痛恨历史上一切长期处于敌强我弱地位的王朝，自然首当其冲的就是南宋政权了。南宋政权一建立就南逃，挨批；主战的打了败仗，挨批；主和的，不能恢复北宋疆土，还得挨批。这样的政权还能叫政权吗？于是另加一顶帽子，叫作"南宋小朝廷"，这样的叫法已经相当普及了，不仅见诸新编史书、人物传，甚至与政治关系不太大的财政史之类的，也不免要提一句。更有甚者，只要稍微对这个政权的某些方面客观地说几句话，就会扣一顶为投降卖国辩护的大帽子，恨不得一下子把你打入汉奸的行列。如果是一般群众，有这样的情绪，可以理解，但专门研究历史的学者也这样做，就不可理喻了。史学工作者的任务，绝不是简单地对古人发泄一下义愤，以表示自己的高尚，或点评一下忠和奸，而是应该厘清事实的真相，给予客观的分析。

南宋史是整个社会的历史，不是两三个人物的历史，不应该简单地纠缠于两三个人的和与战、忠与奸，应该对整个社会做全面的考察，放到宋、金大环境中去考察，甚至把它放在中国古代的历史长河中去考察。

南宋已消逝了七八百年，与我们没有任何个人利害关系，那种随意把今人和古人捆绑在一起，扣顶政治帽子的做法，早已成为笑柄，现在完全可以冷静地对待它了。历史，惟有作多角度、多层次的研究，才能揭示真相，得出正确的结论。

历史上的王朝多得很，不管它疆土大小、力量强弱，我们都应该用同一把尺子去衡量，不能对其他王朝使一把尺子，对南宋使用另一把尺子，过分苛求。如果我们稍微带着公平、公正的态度，就会看到社会上流行的一些认识，实际上是很成问题的。

一、为什么蔑称南宋朝廷为"小朝廷"？

许多论著一提起南宋初年的政权，往往要加一顶"小朝廷"的帽子，至于为什么使用这样的蔑称？谁也没有明说过，叫得多了，也就成了习惯，谁也不以为奇。然而，这总应该事出有因吧！是因为它管辖的疆土小了？可是，谁也没有因为东汉的疆土比西汉小，就称它为"小朝廷"！也没有因为东晋的疆土比西晋小，而称它为"小朝廷"！是因为它推行的政策太屈辱了？清朝签订的丧权辱国的条约之多，在中国历史上是罕有其比的，但是谁称它为小朝廷呢？是因为与敌国讲和、和约中充满卑词吗？它总比丧失主权的伪齐政权强得多吧！伪齐政权也未见有人称它为小朝廷，一个主权尚在的政府反倒不如傀儡政府了？可见，一旦用同一把尺子去量度所有王朝时，南宋小朝廷便很难行得通。

显然，这一称呼，意味着对南宋朝廷看法的不公。带着偏见去看，一切都是有色的。缺陷被无限放大，优点被湮没不见。那么，怎么才能稍微客观一点呢？我以为还得把它放到同类历史现象中去观察。与南宋政权最相近的莫过于南明政权了，他们的前身政权统治的疆域大体相当，面对的敌人是同一个来自东北的民族（女真和源自女真的满族），但是，南明政权很快灰飞烟灭，而南宋政权却持续了一百几十年。这就意味着南明中兴没有成功，而南宋中兴成功了，这应该值得肯定、值得大书特书的事情，但是，它却被轻轻地忽略过去了。"南宋中兴"成了讳言的词眼，且被南宋投降卖国的论调取代了。

南宋的中兴是有重大意义的，它为中华传统文化的发展作出了重大的贡献，这一点后面再谈。显而易见，它为什么能够中兴，就成了值得探讨的话题，一些原来被否定的事情，或不被重视的问题，恐怕需要重新来认识。

二、南宋政权的中兴举措

宋、金力量对比太悬殊了，南宋要想中兴谈何容易，它必须一步一个脚印地走去。

（一）都城的合理选择

建炎元年五月，赵构在应天称帝后，向东南逃跑并定都杭州，一直为世人所诟病。其实，这应该说是一种明智的选择。当时，可供选择的地方不少，但各有利弊。其一是汴京，依靠宗泽守住都城。当年北宋定都开封已是不得已的选择，主要是从交通条件考虑，它离经济发达的东南六路比较近，可以就近满足官员、军队所需的物资，在和平时期，这样做未尝不可。一旦进入战争状态，这里的缺陷就明显地暴露出来，它是四战之地，无险可守。况且宗泽年事已高，一旦逝世，无人能驾驭招抚来的草寇，形势便会岌岌可危。如果敌人切断运输路线，就更难维持下去。在宋金力量对比十分悬殊的情况下，选择它乃是险招。其二是襄阳，有利于出兵北上收复失地，但它三面环山，经济不足以维持一个庞大的政府和军队所需。其三是四川，远离中原，比较安全，但它缺乏发展余地，顶多成为割据一方的诸侯，难以建中兴之基。其四是江浙，具体说是江宁（今南京）或杭州，是宋代经济最发达的地区，足以供养政府和军队，又有长江作天险，相对比较安全。定都江宁，有利于北上。定都杭州，有利于开拓海外贸易，而且一旦发生战争，长江天险被突破，仍有东奔明州（今宁波）、下海逃生的余地。在兵力对比南不如北的情况下,南宋朝廷自然会选择杭州。应该说,在当时来说,这样的选择是明智的、合理的。

(二)设置镇抚使——开始纠"祖宗之法"的偏差

南宋设置镇抚使之时间,非常短暂,但它是首次公开批评和纠正祖宗之法,值得重视。建炎四年(1130)五月,参知政事范宗尹对高宗提出以下的建议:

> 昔太祖受命收藩镇之权,天下无事百有五十年,可谓良法,然国家多难,四方帅守,事力单寡,束手而莫知所出,此法之弊也。今日救弊之道,当稍复藩镇之法,亦不尽行之天下,且裂河南、江北数十州为之,少与之地,而专付以权,择人久任,以屏王室①。

祖宗之法在宋代被视为金科玉律,不能轻易改动。王安石实行变法,尽管实际上是在改变祖宗之法,但他就是不说。反对派指责他主张"祖宗不足法",他也不敢承认,王安石是个很有魄力的政治家,尚且如此,可见要批评和纠正祖宗之法,难度是多么大。

然而,北宋的灭亡,使祖宗之法的弊病暴露无遗。宋军在金兵面前不堪一击,本来金兵长驱直入,直攻北宋首都开封,是犯兵家大忌,只要北宋各州切断他的归路,他就是死路一条。然而沿途州军,有谁敢出兵拦截?有谁有这能力做到呢?不是他们都不想作为,而是祖宗之法不让他们有所作为,他们无权募兵,也无财募兵,即使有兵也不能随便出兵。眼看着开封陷落,沿途各州毫无作为,只能静待被金兵一个一个收拾掉。这样的局面再持续下去,宋室中兴是绝对没有希望的。所以,此时范宗尹敢于公开批评祖宗之法的弊病,指出收藩镇之权做得太过头了,以致各路帅臣无力抵御金兵的进攻,现在应该纠偏,在河南、江北的各州设立新的藩镇,并给他们实权。

范宗尹的建议当即遭到一批官僚的反对,但他又接着说:"今诸郡为盗据者以十数,则藩镇之势驯驯成矣,曷若朝廷为之,使恩有所归。"

范宗尹清晰地看到,建炎元年以后,黄河以南、长江以北,经历了金兵的蹂躏,已成战争拉锯地区,流寇、盗贼出没,土豪、溃将群起,割据一方,事实上已经成了藩镇,如果朝廷不及时拉拢,他们一旦投靠金方,其危害将难以估量。而这一地区的朝廷命官,即使愿意一心为朝廷效劳,也需要给予特殊政策,让他们能够招兵买马,守卫一方。朝廷只需要给个政策,即可基本上解决问题,何乐而不为呢?

高宗听了,觉得有理,"决意行之"。

五月三日,任命范宗尹为相。二十三日下诏,设立镇抚使,"有民有社,得专制于境中,足食足兵,听专征于阃外。若转移其财用,与废置其属僚,理或应闻,事无待报"。

并出台具体政策,在淮南东西路、荆湖北路、京西南北路设立镇抚使。

---

① (宋)李心传《建炎以来系年要录》卷三三建炎四年五月,文渊阁四库全书本。

他们有财权："除茶盐之利，国计所系，合归朝廷置官提举外，它监司并罢，上供财赋权免三年，余令帅臣移用。"

有官员任免权："管内州县官许辟置，知通令帅臣具名奏差，朝廷审量除授。"

有用兵权："遇军兴听从便宜，其帅臣不因朝廷召擢，更不除代。"

如能"捍御外寇，显立大功"，"保守无虞"，可以"特许世袭"①。

从五月至十一月共任命了17名镇抚使，他们是：

翟兴，河南府、汝州、唐州。

赵立，楚州、泗州、涟水军。

刘位，滁州、濠州（刘位后为张文孝所杀，遂命刘位之子刘纲袭职）。

赵霖，和州、无为军。

李成，舒州、蕲州。

吴翊，光州、黄州。

李彦先，海州、淮阳军。

薛庆，承州、天长军。

陈规，德安府、复州、汉阳军。

解潜，荆南府、归州、峡州、荆门军、公安军。

程昌寓，鼎州、澧州。

冯长宁，淮宁、顺昌府、蔡州。

郭仲威，真州、扬州。

孔彦舟，辰州、沅州、靖州。

岳飞，通州、泰州。

桑仲，襄阳、邓州、随州、郢州。

王彦，金州、均州、房州②。

这些人的身份是：桑仲、李成、孔彦舟、薛庆皆起于群盗，翟兴、刘位皆土豪，李彦先、郭仲威皆溃将，吴翊、赵霖、冯长宁皆摄官，朝廷及大臣出使所除，惟赵立、陈规、解潜、岳飞、范之才而已③。

这一措施，使得上述地区成了金与南宋朝廷直接控制的江南之间的缓冲地带，其正面效果是明显的，大部分在抗金上有良好的表现，如陈规、赵立、岳飞、程昌寓、薛庆、翟兴、王彦。其中薛庆、翟兴、赵立就牺牲在抗金战斗中。也有一些人表现不好的，如李成、孔彦舟、冯长宁，最后投奔了伪齐。

这一措施最大的好处，更在于开始改变旧的军事体制，各抗金将领可以比较自由地扩大自己掌握的军队，可以设置保护统帅的亲兵，逐步改变将不知兵、兵不知将的状

---

① （宋）李心传《系年要录》卷三三建炎四年五月甲子，《宋史》卷一六七，第3967页。

② 另有陈求道、范之才未上任者，不计在内。

③ （宋）李心传《系年要录》卷三三建炎四年五月乙丑、卷三四建炎四年六月己卯。

况，战斗力得到加强，为以后出现大兵团打下了良好的基础。只有大兵团才能应战强大的金兵，才能扭转被动挨打的局面。

（三）富平之战：战争中心之转移，旧兵制的终结

建炎四年九月，宋方主动发起了与金主力的大决战，这就是富平之战，战争的结果，宋军大败，因而历来备受谴责。

我以为，不能因为失败了，就完全否定，应作更全面的分析，它有正面的作用。

其一，它将金兵主力从东南吸引到陕西，大大减轻了对南宋朝廷的压力。这本是张浚开战的目的，这一目的是达到了，缺乏战略头脑的兀术，果然连年在陕西用兵。

其二，参加这次决战的陕西五路军队，在长期与西夏作战中积累了一些战斗经验，是宋军最有战斗力的队伍，但和强大的金兵相比就差得远了。他们中的部分精锐部队在援救太原的战斗中遭到惨败，黄迪领导的鄜延路几乎全军覆没[1]，秦凤路统帅名将种师中战死，军队损失十分之七八[2]，已得到充分的证明，但宋再也拿不出更强的军队来，只能把希望寄托到他们身上，把最后的一点老本拿出来拼一拼。张浚原以为以多击少，以逸待劳，即使不能取胜，打个平手也好，但战争的结果给了他当头一棒，这迫使宋朝廷下最后的决心，放弃依靠旧军事体制下的军队，另组新军。它的失败和镇抚使的出现，一起催生了更为强大的屯驻大军的诞生。

（四）平内乱（杨幺等），安定后方

自从金兵渡江南下之后，大江南北都已陷入混乱之中。建炎四年，金在黄河以南地区扶植一个傀儡政权伪齐，以便全力消化直接占领的河北、河东。

在南宋朝廷面前，有三个敌人：金、伪齐和寇盗，就难易程度而言，自然是前者最难，后者最易。在伪齐出现之后，首先面临的是后两者，但同时两线作战是很危险的。因此，朝廷适时调整战略，先安内，求得一个稳定的后方。

当时的寇盗，散布大江南北，宋朝廷作了两种不同的处理方案，江北是战争前线，以封镇抚使的办法加以笼络，江南是后方，则出兵镇压。如绍兴二年，韩世忠平建州范汝为。岳飞转战湖南、两广，击破曹成。韩世忠执李宏，破刘忠。三年，岳飞平吉、虔二州土寇彭友、李洵等。五年，平杨幺。

这一系列的胜利有几大好处：大将们可以从作战中取得战斗经验，可以从俘虏中挑选精兵，壮大自己的队伍。百姓可以安居乐业，恢复和发展生产。

---

[1] （宋）徐梦莘《三朝北盟会编》卷四六，（元）脱脱《金史》卷三《太宗纪》、卷八〇《突合速传》，中华书局，1975年。

[2] （宋）徐梦莘《三朝北盟会编》卷四七，（元）脱脱《金史》卷七二《银术可传》。

（五）战时经济的合理安排

战争时期，经济最难安排。南宋遇到的困难尤其大，一是疆土小了五分之二，这部分的经济来源没有了，剩下的五分之三的疆土中，两淮和湖北属战乱地区，人烟稀少，经济凋敝，甚至多处出现以人为粮的惨剧①，这一带的经济来源也基本失去。而为了抗击金兵，必须维持一支数量庞大的军队，除了日常支出以外，还有打了大小胜仗后，所必须及时支付的大量赏赐品，死者的抚恤，伤者的治疗，武器的补给等等。这就是说，在无战争时，全国的经费均得由江南负担，这已经使他们的负担增加一倍。而现在是战争时期，军事开支还得由他们承担，则其负担得比北宋时增加二倍，这怎么能够忍受得了？而忍受不了的结果，不是饿死，就得造反，政权又如何维持？如果不增加税收，军队得不到足够的经费，军队就会造反，绍兴二年岳飞军到江州驻扎，钱粮未得到及时供应，以致军队靠斩马、卖妻鬻子换取粮食，几乎引起兵变（"几致生事"），第二年，即记起这次教训，不敢有所闪失②。军队远比农民起义军强得多，一旦造反，后果不堪设想。这两条路都很危险，但必须作出选择，怎么办？

南宋朝廷当然首先要考虑保证军队的供给，一旦军队叛乱，或不再抗敌，政权就会顷刻之间垮台。这样，人民的负担必须增加，但要控制增加的幅度，尽量广开财源、节约开支。在能够忍受的范围里，首先增加全民都需要的盐、茶、酒税，而不是简单地压到农民身上。

其具体做法是：

1. 逐步增加人民的负担

建炎元年（1127），发行盐钞③。

建炎二年（1128），开始征收已停废的经制钱中的一项：钞旁定帖钱，三年冬另增五项，绍兴元年（1131），再增两项。

在四川变茶法，行合同引法，以增加茶税。

建炎三年（1129），开始在两浙征收折帛钱。绍兴二年后推广到各路。

在四川变酒法，行隔槽法，以增加酒税。

绍兴二年（1132），始征月桩钱。

---

① （宋）庄绰《鸡肋编》卷中："自靖康丙午岁，金人之乱，六七年间，山东、京西、淮南等路，荆榛千里，斗米至数十千，且不可得。盗贼官兵以至居民，更互相食。人肉价贱于犬豕，肥壮者一枚不过十五千，全躯暴以为腊。"（萧鲁阳点校，中华书局，1983年，第43页）在淮南，建炎四年，马友部"专杀人为粮食"（《北盟会编》卷一四三）。绍兴元年时，郭仲威、卞宁部，以人为粮，半个月吃了"万余人"（《北盟会编》卷一四七）。

② （宋）赵鼎《乞支降岳飞军马钱粮状》，《忠正德文集》卷一。

③ （宋）李心传《系年要录》卷二。

绍兴五年（1135），始征总制钱①。

2. 广开财路

（1）出卖度牒。从建炎元年开始出卖，至绍兴十二年停卖②。

（2）扩大海外贸易，加强市舶管理。绍兴时年收入约二百万贯，比北宋时增加一倍左右③。

（3）鼓励官员和军队屯田，解决部分军费。绍兴元年，陈规"为安复汉阳军镇抚使，以境内多官田荒田"，开垦荒地，成功后，十一月朝廷即加以奖励，"三年下其法于诸镇，使行之"。绍兴元年"解潜为荆南镇抚使，以所管五州绝户及官田，年来荒废者甚多，乃以便宜开辟"，五年，韩世忠在淮东实行军屯④。六年，岳飞兼营田使，在襄阳一带募民营田⑤。

3. 节约开支：减少官员俸禄

"建炎元年（1127）六月十四日，诏：宰执俸钱支赐、见任宫观及有差遣待阙，并未有差遣京朝官已上俸，并权减三分之一，军兴之际，财用阙之故也。"⑥

绍兴二年（1132）八月甲辰，"诏：武臣遥郡已上非统兵战守者，并依靖康指挥减本俸之半"⑦。

总的说来，这一政策是成功的，军队的供应有了保证，没有因供应问题而发生大的兵变。军队作战能力得到加强，宋金军事力量的差距在不断缩小。民众的负担是大为加重了，但基本上还在勉强能忍受的范围之内，民众从金兵的暴行中，体会到有军队保障安全，总比受杀掠好得多，虽有民变，但规模不大，且很快平息。

（六）新型的大兵团（屯驻大军）——某家军之出现

军队以统帅之姓称呼，是南宋的特殊产物，它至迟绍兴元年时已经出现，户部侍郎柳约上奏称："诸大将提兵入觐，各名其家，将有尾大不掉之患。"⑧当时的某家军主要指张俊的张家军、韩世忠的韩家军、刘光世的刘家军，以后又出现了岳飞的岳家军、吴玠的吴家军等。这些家军与北宋的禁军不同，过去是将不知兵，兵不知将，现在是将知兵，兵知将，因为从兵士到各级将领，都是统帅在战斗中逐步扩大而成的，如岳飞的军

---

① 参汪圣铎《两宋财政史》，中华书局，1995年，第119—125页。
② （宋）李心传《系年要录》卷六建炎元年六月辛巳、卷一四五绍兴十二年五月丙午、卷一四八绍兴十三年正月癸卯。
③ （宋）李心传《建炎以来朝野杂记甲集》卷一五，徐规点校，中华书局，2000年，第330页。
④ （宋）李心传《建炎以来朝野杂记甲集》卷一六"屯田""营田"，第346—348页。
⑤ （宋）岳珂《金佗粹编》卷九"遗事"，《金佗续编》卷六。
⑥ （清）徐松辑《宋会要辑稿》职官五七之六三，中华书局，1957年。
⑦ （宋）李心传《要录》卷五七，第995页。
⑧ （元）脱脱《宋史》卷四〇四《柳约传》，中华书局点校本，1977年，第12223页。

队，建炎三年（1129）仅2000人，后来在平定土寇、散兵、农民起义军的过程中，从俘虏中拣选精强者留下，逐步发展到五六万以上。其他各家军也多在3万到8万之间①。他们打破祖宗不许设亲兵的规矩，不但设置了亲兵，而且数量很大，如岳飞的亲兵称为背嵬军，是经过层层比武选拔出来的精兵②，多达8000余人③，他们不但保卫首长的安全，也是出战的主力军。北宋时因为没有亲兵的保卫，如名将杨业、种师中都在战斗中被俘被杀④，南宋各家军，决无统帅被俘被杀的情况出现。

各帅指挥作战，可以随机应变，不再受皇帝"将从中御"的制约，高宗在给岳飞的信函中多次强调："其施设之方，则委任卿，朕不可以遥度也。""大军进退之宜，轻重缓急，尽以委卿，朕不从中御也⑤。"

统帅还可招募名士入幕府，作参谋、作心腹，为之出谋划策、起草文书等，岳飞部就有不少这样的名士，如薛弼⑥、朱芾、李若虚、于鹏、党尚友、孔戎、孙革、张节夫⑦等。

这些大军大都是在平定游寇、农民军以及与伪齐的战斗中，壮大队伍，取得战斗经验的。他们对金的作战，早期多属防御战，或金兵撤退后，尾随其后，打击掉队的散兵，宋人李壁所记《十三处战功录》中属南宋初者有8次。即：①建炎三年张俊明州之战；②建炎四年陈思恭太湖之战；③建炎四年吴玠和尚原之战；④绍兴三年吴玠饶凤关之战；⑤绍兴四年吴玠杀金平之战；⑥绍兴四年韩世忠大仪镇之战；⑦绍兴十年刘锜顺昌之战；⑧绍兴十一年张俊柘皋之战。

他们逐渐适应了对付金兵擅长的打法，如拐子马、铁浮图等。防御战不止一次取得

---

① 参（宋）岳珂《金佗粹编》卷九，王曾瑜校注，第774页。校注以为岳军有10万，为诸家之冠，恐不确，其人数当少于张家军。

② （宋）赵彦卫《云麓漫抄》卷七："建炎中兴，张、韩、刘、岳为将，人自为法，当时有张家军、韩家军之语。四帅之中韩、岳兵尤精，常时于军中角其勇健者，令为之籍。每旗头、押队阙，于所籍中又角其勇力出众者为之，将、副有阙，则于诸队旗头、押队内取之。别置亲随军，谓之背嵬，悉于四等人内角其优者补之。一入背嵬，诸军统制而下，与之亢礼，犒赏异常，勇健无比，凡有坚敌，遣背嵬军，无有不破者。"（第121页）

③ （宋）岳珂《金佗粹编》卷二二《淮西辨》："背嵬之士，先臣之亲军也。颍昌、朱仙皆以是军取胜，而八千余骑亦不可谓寡矣。"

④ （宋）田锡（940—1003）《上太宗答诏论边事》："又闻近侯伯亦有厅直三五十人，习骑射，为心腹，每出入阵敌，得以厅直随身，翼卫主帅，后来不敢养壹。昨来杨业陷阵，访闻亦无自己腹心从人护助捍御，以致为敌之所获。"（《咸平集》卷一，文渊阁四库全书本）

⑤ （宋）岳珂《金佗粹编》卷二"高宗宸翰"。

⑥ （宋）叶适《故知广州敷文阁待制薛公墓志铭》："公名弼，字直老……公强邀宪行军，谓将曰：太尉力乞张公而诏使随至，岳家军马素齐整，无故忽喧闹，是汝辈累太尉也。诸将以告宪，宪佯悟曰：相公心腹，惟参谋知耶？飞寻起复，时去郴琼才一月，人谓非公此军亦乱矣。"（《水心集》卷二二）

⑦ （宋）李心传《系年要录》卷一二五绍兴九年正月丙戌，卷一四〇绍兴十一年四月庚寅，卷一四一绍兴十一年八月己卯。

胜利，使淮河一线的阵地得到巩固，到1140年、1141年间，金兵已很难打到长江边上，金国想通过战争灭亡南宋已不可能。

三、绍兴和议——中兴局面正式形成

绍兴和议历来被世人所痛斥，甚至视为投降卖国的条约。这样的认识，我以为是不妥当的。

绍兴十一年和议主要内容是：

（1）划定疆域：以淮河、大散关为界，以北属金，以南属宋。

（2）宋每年向金进贡银25万两、绢25万匹。

（3）宋向金称臣，接受金的封号。

这里首先应该明确一点：议和与投降是完全不同的两个概念，投降意味着把主权全部交出，连自己的身家性命都由对方去处理，如宋徽宗、钦宗。议和并没有丧失主权，也没有失去自己的人身自由。高宗主张议和，但反对投降，他谴责"士大夫不能守节，至于投拜，风俗如此，极为可忧"①。在敌方撕毁和约，再次侵犯时，即下"诏：敌人侵犯河南，已决策用兵"②，没有忘记用武力保卫政权。

议和是战争双方妥协的产物。或者说，继续打下去，谁也吃不了谁，只能两败俱伤，才会走到谈判桌上。至于条约的内容，必然会反映双方的实力，实力相当，就平等，实力不同，强的一方会占一些便宜，这都是很自然的。宋和金双方的实力，当差得远时，宋求和，而金不理，经过十几年的努力，宋的实力逐渐增强，与金的实力差距缩小了，金才愿和谈，并签订和议。

现在具体看一下内容，其第一条，使宋方丢失了唐、邓二州等土地③；第二条宋方损失了财物；第三条宋方丢了面子。

如果与北宋与辽的澶渊之盟比较，显然条件要苛刻了，这很自然，因为北宋、辽的实力差距不太大，辽没有攻占宋的首都，自己的统帅还战死了。但宋仍然给了岁币，好像还没有人责备他们投降卖国。而且，多数人还是肯定这是好事，有利于双方社会的安定、发展。到宋神宗时，又好端端地将河东几百里地送给了辽，然而也没有人说宋神宗投降卖国。至于称臣一节，只是表面上成了藩属，于主权并无损失。就像西夏既向宋称臣，也向辽、金称臣，谁也没有说西夏皇帝投降卖国，谁能说清他将国卖给了谁？

我以为，和议最本质的东西，是双方承认对方政权的合法性。从金方而言，等于许诺不再发生像以往那样伐宋、灭宋的战事。换言之，这等于宣告南宋中兴局面已正式确

---

① （宋）李心传《系年要录》卷一三五绍兴十年五月戊戌。
② （宋）李心传《系年要录》卷一三六绍兴十年六月壬戌。
③ （元）脱脱《金史》卷八一《温迪罕蒲里塔传》："皇统元年（1141）从梁王宗弼伐宋，留军唐州，敌众奄至，富拉塔击之。"（第1825页）可见，此时唐州已被金占领，条约只是确认已经存在的事实而已。

立。应当说，对金方主帅兀术而言，这是由消灭赵宋政权的立场上后退了一步。作出这一选择的原因是，一，南宋军队已不是绍兴初年那么好打的了。二，金方优秀将领越来越少了，一些人已去世，如粘罕、斡离不、娄宿、阇母等，一些人在内部斗争中被杀，如挞懒、完颜希尹等。军队的素质也有所下降。再打下去，只能是消耗战，这会导致民心思变、经济衰退、政权不稳。因而退而求其次，在谈判桌上捞点便宜。在南宋而言，朝廷早就想结束时刻受到威胁的局面，十几年的战争，人力物力的大量消耗，百姓的负担已经重到不能再重的地步，战时经济不能再延续了，绷紧的弦该及时松一下了。所以要学祖宗的办法，花钱买和平。和议就是在这样背景下出现的。

绍兴和议对南宋而言，从此，它实实在在地中兴了。过去，史学界讳谈中兴，不提这两个字，或偶然提及，还得加上引号①，现在应该正面评价南宋中兴大业了，它是有重大意义的。

战争带来的人力、物力的重大牺牲，至少暂时告一段落，人民可以在和平的环境中生活了。每年数不清的犒赏费可以大大节省了。两淮、京西南路、荆湖北路、利州路这些交战区，可以放心地招徕人丁大力开垦。百姓的负担多少总会减轻一点。人口有所增长，经济有所发展。尽管地方比北宋小，但经济、科技、文化则在继续向前发展。以《全宋文》《全宋诗》《全宋词》而言，南宋部分比北宋多2倍以上。教育有了大的发展，南宋书院比北宋多十来倍。综合实力的提高，使得它能够抵御世界上进攻力最强的蒙古军数十年。宋学繁荣兴旺，人民素质普遍提高，几千年来的优秀文化传承下来了，发扬光大了，以致后来南宋虽亡，民族没有亡、文化没有亡，经历数十年的努力，又复兴了。这和世界史上不少国家一旦灭亡，不再复兴，甚至本民族的宗教信仰，也随之改变，恰成鲜明的对比。

四、与南明政权作对比

与南宋极为相似的南明政权，建立之初，何尝不想中兴，不想延年益寿，但是它夭折了，为什么？弘光帝在南京即位，一开始也向满清求和，也表示愿割地（割关外地），岁币（岁币十万）。这样做的结果和南宋初一样，在敌我力量对比悬殊的前提下，敌方是不可能同意的。此时，南宋有另外几手为中兴而努力的措施，南明就没有了。当时两大支农民起义军中，张献忠部实力颇强，李自成军虽已被清军打垮，但余部还有一定实力，南明对之不做区别对待，一概视作仇敌，甚至对可以联合的明将左良玉部，也不能妥善处理，反而发生内战。直到后来在西南一角永历政权建立，才考虑联合义军，为时已经太晚了。

南明朝廷初建时，有四总兵支持，其实力要比南宋初略强。但对手更强，满清早就懂得拉拢汉族官员，利用吴三桂这支精兵，帮它打天下，不过，他们之间是既有互相利

---

① 汪圣铎《两宋财政史》第四章南宋"中兴"时期的财政。

用、又有互相矛盾的一面，按说可以做一些分化瓦解工作的，但是没有人去做。

南宋五大屯驻大军互相间虽有矛盾，但朝廷还能控制，没有发生内战，多少还能做一些配合。而南明无力掌控武臣，四总兵之中颇具实力的总兵高杰被另一总兵杀死。

南宋朝廷内部虽时有各种不同意见，但总的说来，国家机器还在正常运转，北宋晚期那种贪污腐败之风有所遏止，甚至能以减少官员俸禄的办法，保证军队的供应。而南明朝廷马士英、阮大铖等人只忙于争权夺利，醉心于腐败享乐，不考虑如何去中兴，清廉能干的史可法根本无法立足，被挤出朝廷，军队不能及时得到粮饷。

南宋高宗在最艰难时刻，尚有人出主意，下海避难，躲过一劫。弘光帝连这一点甜头都没有尝到，南京沦陷后，既然往芜湖逃跑，一下子就被清军抓住，成了阶下囚。

从上面简单的对比中，可以看出，南宋政权多项中兴举措，南明政权身上找不见，南明政权只存在一年就夭折，而南宋政权存在了一百几十年之久，甚至还能看到对手（金）亡在自己之前。对比之下，南宋朝廷不比南明朝廷高明得多吗？

2008年8月25日，2009年8月6日修改

（原刊于《南宋史及南宋都城临安研究》上，
人民出版社，2009年，第13—27页）

钱钟书《宋诗选注》发微

我一般不买选本，而喜欢买全集。一是从研究历史的角度说，资料越丰富越好；二是选注本质量多不太高，往往是图方便，随意选的，你想看的，它不见得选，你不想看的，它倒选了许多；注释多般是词典的转移，对我这个爱查词典的人来说，没有多大的利用价值。钱钟书《宋诗选注》，久闻大名，但从来不曾想到要买它。近年来，这本书实在叫得太响了，在同类书中，它大概是发行次数最多、发行量最大的了，偶去书店见了，下决心买一本。回家看了看，果然与众不同。其序就是一篇研究宋诗的好文章。此书是作者下了两年工夫看了许多原始材料之后精选而成的，与世上拼凑之作大不相同。它有自己的风格，所选80人的小传、诗的注释均不受题材拘束，也没有统一的格式，随意地谈开去。如小传不像一般人只说简历，他要说些别的，在徐玑传中讥讽叶适不善写诗犹如不善飞的鸵鸟，韩驹传里说苏辙有爱给人戴高帽子的毛病。如注释，往往涉及古今中外相关的或者不甚相关的内容。他善于联想，又有生动的比喻，有时辛辣，甚至带有些滑稽。做学问累了，看一下它，是最佳的调节。于是，我把它放在案头，有空经常翻阅。翻多了，渐渐发现其中有作者难言的苦衷，也有他自己未必看得清的缺陷。

一、钱钟书选注宋诗的苦衷

1988年钱钟书为香港版《宋诗选注》写了个前言，特别耐人寻味，其中写道："它既没有鲜明地反映当时学术界的'正确'指导思想，又不爽朗地显露我个人在诗歌里的衷心嗜好。""我以为可选的诗往往不能选进去，而我以为不能选的倒选进去了。""在当时学术界的大气压力下，我企图识事务，守规矩，而又忍不住自作聪明，稍微别出心裁。""它当初不够趋时，但终免不了也付出趋时的代价——过时。"他自己说受时代的影响，不能完全按自己的想法编，但又不甘心完全按他人的口径说话，因而时时表现个性。现在再版，他不想再作加工，说："我不想学摇身一变的魔术或自我整容的手术，所以这本书的序和选目一仍其旧，作为当时气候的原来物证。"说到这里，就打住了。我要说：钱先生显然是想错了，"原来"只有和现在做比较，才能看出它的特点来，只有看出时代的特点才能作为物证。这就是说，要么钱先生说清楚：到底哪些地方受时代的影响，做了自己不想做的事？又在哪些地方说了自己想说的话？这样，读者才能知道，在那个时代，一个真正的文人，在多大的程度上被扭曲了，又在多大程度上坚持了自己的个性。要么按自己的意图写出新的本子，让两个本子同时流传，读者可以从两者的比较中看出当年高压下的学术状况。可惜，他去世了，这一意见已无法面陈，他在上面说的那些话成了难解的谜。现在可以做的,只能是猜谜了,我乐意试着猜一猜这个谜底。20世纪50年代,我已上了大学,感受过当时的气氛,我想多少会猜中一点,现在不猜,后几代人去猜,那恐怕就会难似哥德巴赫猜想了。

哪些地方受时代的影响,做了自己不想做的事呢?这大概表现在下列几方面:

书出版于1958年。那是"左"的时代,阶级斗争为纲,只能讲阶级压迫、斗争,不敢谈爱情。所选诗中不见情意绵绵的爱情诗,极大多数是揭示农民受苦受难的诗、反映爱国主义的诗占了主体。

受时代影响,引了《延安文艺座谈会上的讲话》等。

宋代理学家是挨批评的对象,是不能选的,因而朱熹等人的作品一概不选。

那时代是坚持唯物主义、反对唯心主义的,僧、道都是唯心主义者,他们的作品当然都不予收入。

哪些地方说了自己想说的话?

序的第一段里引了毛泽东的话,说:"宋人多数不懂诗是要用形象思维的,一反唐人规律,所以味同嚼蜡。"(第7页)几乎将宋人诗全盘否定。引这段话只表明他尊重最高领导人的指示,但并不表示他完全同意这一观点,他还是要说自己的话。第二段里笔锋一转,说:"批评该有分寸,不要失掉了适当的比例感。假如宋诗不好,就不用选它。""整个说来,宋诗的成就在元诗、明诗之上,也超过了清诗。"(第10页)注意,"整个说来"四个字,不是非常鲜明地表示他并不同意宋人多数诗"味同嚼蜡"的提法吗?他在所选的80位宋人数百首诗的注释中,时时发出赞美形象思维的声音!如苏轼小传中称"他有风格上的大特色是比喻的丰富、新鲜和贴切"(第61页)。梅尧臣《田家》注:"这首诗借用两个古人的名句……梅尧臣把他们的话合在一起来写农民的贫困,仿佛移花接木似的,产生了一个新的形象。"(第15页)这不是称道他不但有形象思维,而且有创造性的形象思维吗?连名声不算太大的刘子翚,"也能够用鲜明的比喻,使抽象的东西有了形象"(第153页)。则懂形象思维的人恐怕不能说非常少吧!宋代刘克庄的《筑城行》比唐代的张籍《筑城曲》、曹邺的《筑城》"写得醒豁透澈"(第252页)。郑文宝《柳枝词》,注:"这首诗很象唐朝韦庄的《古别离》……但是,第三第四句那种写法,比韦庄的后半首新鲜深细得多了。"(第4页)这不是说宋人并没有与唐诗唱反调,而是认认真真在学唐诗、甚至还超越了某些著名的唐诗吗?

王安石是解放后被捧得非常高的历史人物,有的宋史专家甚至按照现代路线斗争模式,将他树为正确路线的代表,有不同意见的司马光为保守派,定为错误路线的代表,学术界谁敢说王安石一个不字,那就是立场站到保守派、错误路线去了。然而,这本书在肯定王安石文学成就的同时,却毫不客气地指出"后来宋诗的形式主义却也是他培养了根芽"(第41页)。敢说这样的话,在当时需有很大的勇气。王安石的名句"春风又绿江南岸",长期以来被视为讲究修辞的范例,而钱钟书举例说明"绿"字这种用法,早在唐诗中已经多次出现,并非王的新创。

在哲学史里被定为唯物主义思想家的叶适,是被充分肯定的人物,要跟形势,就应当收，但他偏偏不收，还说了一通"语气不贯，意思不达"彻底否定的话，不过不在显眼的序里，而是夹在徐玑的小传中。这大概就是他"忍不住自作聪明，稍微别出心裁"之处吧！

二、钱钟书学识上的缺陷和偏狭

香港版前言之末还说到另一个问题："个人学识上的缺陷和偏狭也产生了许多过错"。他在补注中列出了别人给他指正的问题，共16条。但仔细一看，这都是小缺点，恐怕够不上他所说的"学识上的缺陷和偏狭"，那么，这"缺陷和偏狭"究竟表现在哪里？他没有说，我想只是他自己估计有这样的问题，实际上并没有找到，要是找到，他早就改了。这里拟作一下探讨，我想还是很有意思的。

先说缺陷，我以为作者主要的缺陷在于历史素养有欠缺，不太懂考据。他很重视历史，常从历史角度去谈诗中存在的问题，但又常常出错。如序（第6页）中有一大段文字批评宋诗不敢反映农民起义问题，说："宋代的五七言诗虽然真实反映了历史和社会，却没有全部反映出来。……譬如后世哄传的宋江聚义那件事，当时的五七言诗里都没有'采著'。……后世的士大夫在咏梁山泊事件的诗里会说官也不好，民也不好，各打五十板；北宋的士大夫亲身感到阶级利益受到了威胁，连这一点点公道话似乎都不肯讲……在北宋诗里出现的梁山泊只是宋江的替天行道以前的梁山泊，是个风光明秀的地区，不像元明以来的诗里是好汉们一度风云聚会的地盘。"这一评论对宋代士大夫来说实在是太冤枉了，在这里，钱先生犯了两大错误：一，将历史上的宋江和小说中的宋江混为一谈了。历史上的宋江只是个游寇，在河北、山东、苏北一带打游击，被称为淮南盗[①]、京东贼[②]、河北剧贼[③]，最后在海州（今江苏连云港）战败投降[④]。根本没有在梁山泊活动的任何记载，更没有将梁山泊作为起义的根据地，北宋和南宋早期的所有材料，都可证明这一点。至于元、明人将宋江和梁山泊联系起来，那是受小说影响的结果。既然宋江没有在梁山泊扎根，怎么能要求宋代士大夫凭空将梁山泊与宋江联系起来呢？二，如果稍微深入了解一下宋代的历史，就会看到，宋代实行的是皇帝和士大夫共治天下的政治体制，士大夫是最敢讲话的，宋徽宗招降宋江，李若水就不客气地写了一首《捕盗偶成》的诗，云：

去年宋江起山东，白昼横戈犯城郭。杀人纷纷翦草如，九重闻之惨不乐。大书黄纸飞敕来，三十六人同拜爵。狞卒肥骖意气骄，士女骈观犹骇愕……我闻官职要与贤，辄畀此曹无乃错。招降况亦非上策，政诱潜凶嗣为虐。不如下

[①] （元）脱脱《宋史》卷二二《徽宗本纪》，第407页。
[②] （宋）方勺《泊宅编》卷下，许沛藻等点校，中华书局，1983年，第99页。
[③] （宋）汪應辰《显谟阁学士王公墓志铭》，《文定集》卷二三，文渊阁四库全书本。
[④] （宋）陈均《皇朝编年纲目备要》卷二九，许沛藻等点校，中华书局，2006年，第738页；《宋史》卷三五三《张叔夜传》，第11141页。

诏省科繇，彼自归来守条约。小臣无路扪高天，安得狂词裨庙略。"①

这里，公开批评朝廷招降宋江的政策"错"了，作者自知是"狂词"，偏要一吐为快，可见宋士大夫并非是不敢说"一点点公道话"的胆小鬼。钱说"当时的五七言诗里都没有'采著'"宋江之事，显然也是不符合事实的。

严羽的《有感》："误喜残胡灭，那知患更长……巴蜀连年哭，江淮几郡疮。襄阳根本地，回首一悲伤。"文中做了很长的注，其中说首句指端平元年（1234），宋与蒙灭金事，是对的。但解释后几句，是指宝祐六年（1258）至开庆元年（1259）蒙古攻四川、湖北等地，咸淳三年（1267）围襄阳。则全然错了。而由此判断："这些诗大约是咸淳三年以后所作"（第268页）更是错上加错了。其实，只要查一下《宋史》卷四二《理宗本纪》就可以知道，后几句是指：端平二年（1235）元兵对宋发动全面进攻，矛头指向四川、京湖，次年，襄阳主将王旻降蒙，文州、成都均被攻占。嘉熙三年（1239）宋军收复襄阳。《有感》的第二首"闻道单于使，年来入国频。圣朝思息战，异域请和亲"是指端平元年以来7年中，蒙古派使者至宋5次，宋派使者至元3次。从诗的内容看，应作于襄阳被占之后至收复之前，双方边和边战之时。如作于咸淳三年以后，其时宋想议和，而元就是要宋投降，已不存在双方议和的可能。

第152页说："北宋中叶以后，道学家的声势愈来愈浩大。"其实，道学家的主将二程，主要活动时期是在北宋晚期，那时王安石的新学是主体，洛学是受压的，他们的影响还很小，根本不存在"声势愈来愈浩大"的事实。他们的话也很少有人听，说他们的话"变成了成文的法律，吓得人家作不成诗文"（第151页）。纯属想当然之词。南宋中期，道学家领军人物朱熹备受压制，道学家们被打成庆元逆党，处境非常艰难，怎么反倒"吓得人家作不成诗文"？事实上，道学到南宋晚期理宗时才取得正统地位。

要正确认识宋代诗人的作品，必须了解他所处的时代，必须弄清诗人的生卒年，然后按其年代先后排列，便于看出时代的特点。这些道理，我想，钱先生应该是很清楚的，所以本书大体是在按诗人年代先后编排的，只是这方面钱先生实在太不肯下工夫了，书中至少存在下述三个问题。

（1）次序先后颠倒者甚多。如欧阳修应移苏舜钦前，黄庭坚应移秦观前，陈师道应移张耒前，洪炎、江端友应移徐俯前，宗泽应移贺铸前，汪藻应移韩驹前，朱弁应移陈与义前，周紫芝应移曾几前，陆游应移杨万里前等。

（2）是书在介绍诗人时常说作者的"生年死年不详"。其实有不少是不难考知的，如吕南公（1047—1086），晁端友（1029—1075），洪炎（1074—1133），江端友（1074—1134），韩驹（1080—1145），赵师秀（1170—1219），华岳（？—1221），高翥（1170—1241），萧立之（1203—？）等。

（3）秦观小传中云："晁补之和同时的徐积、郭祥正也许是欧阳修、苏轼以后仅有的向李白学习的北宋诗人。"（第76页）这句话犯了时代先后混淆的错误。徐积比苏轼

---

① （宋）李若水《忠愍集》卷二，文渊阁四库全书本。

大9岁、郭祥正比苏轼大2岁，怎么能说他们是"苏轼以后"的人呢？这几个人的年龄，其先后顺序是：欧阳修（1007—1072）、徐积（1028—1103）、郭祥正（1035—1113）、苏轼（1037—1101）、晁补之（1053—1110）。

对作品缺乏必要的考辨。如王安石的《夜直》（第49页），作者是否王安石，宋人已有异议。周紫芝《竹坡诗话》认为是王安石的弟弟王安国所作，证据应该说是很硬的，这是王安国的孙女婿沈彦述亲口对他说的，而沈看到过手稿。钱钟书认真读过《竹坡诗话》，这条材料应当见过，如可信，应改正，如不可从，也该作考辨，然而一句也未提及，就直接定为王安石的作品了。

第157页说："宋无名氏《李师师外传》说汴梁城破以后，她不肯屈身金人……"据我考证，此《外传》乃是清顺治年间的作品，其本意是痛斥明代贪官葬送了大好河山，他们的所作所为不如宋代一个妓女①。用这样一个经过创造加工的艺术形象，来论定真实的历史人物，离真理就太远了。

有的注犯了常识性的错误，如第6页说：三馆指昭文、国史、集贤。按：宋代根本没有"国史馆"之称，"国史"乃"史馆"之误。

对版本不甚留意。如第147页吴涛诗，选自吴沆的《环溪诗话》，没有题目，只好写了个"绝句"代题。其实《宋诗拾遗》卷一五中选了此诗，题为《暮春》。

最后，说一下他的"偏狭"。

书中对道学家哲理诗是全盘否定的，这既有时代的影响，同时也反映了他的"偏狭"。人们经常引用的朱熹的哲理诗"半亩方塘一鉴开，天光云影共徘徊。问渠哪得清如许？为有源头活水来。"就是公认的好诗。书中既不选，也不提，干脆悄悄地回避了。文天祥的《正气歌》，按照他的评判标准完全符合的，却偏说它艺术性不够，也许是因为它反映了理学家思想最高境界？此外，书中对妇女的作品均不取，难道她们没有一首好诗？这是"偏狭"，还是别有原因？不得而知了。

韩驹小传中说"苏辙动不动把人比作储光羲，也许这是一顶照例的高帽子，并非量了韩驹的脑瓜的尺寸定做的"（第114页）。在现在民众心目中，最知名就算是李白、杜甫、白居易了，其次是王维、孟浩然、高适、岑参、王之涣等，知道储光羲的人恐怕是很少的，拿他作比喻怎么能算一顶高帽子呢？南宋严羽《沧浪诗话》列举了24种唐人诗体，就没有储光羲的份。钱先生在注中说道："苏辙称赞参寥的诗酷似储光羲，参寥回答说：某平生未闻光羲名，况其诗乎？"说明储光羲在宋代知名度也不高，宋人不把它看成一顶高帽子。《栾城集》有题韩驹秀才诗卷一绝云："唐朝文士例能诗，李杜高深到者稀。我读君诗笑无语，恍然再见储光羲。"可见苏辙并没有把他比作知名度很高的李白、杜甫，这本身是有一定分寸的。韩驹的弟子曾季貍在《艇斋诗话》中记载：人问黄门："何以比储光羲？"黄门云："见其行针布线似之。"说明，苏辙是从韩驹写诗布局上做了比较之后得出的结论，不是没有量韩驹的尺寸随便说的。苏辙比作储光羲就只

---

① 考详予《〈李师师外传〉创作年代考辨》，见本书。

有上述二次,这离"动不动"程度还差得远吧!说他动不动给人戴高帽子,显然已经事关他的人品了。事实上,现在能见到的宋代史料,没有证据能证明苏辙是爱吹捧、拍马屁的人,这样随意给一位名人加个恶名,难道不是"偏狭"吗?有人说钱的批评是"尖刻无情地科学"(吕嘉健《论钱钟书文体》),我以为,就对苏辙的批评而言,只是"尖刻无情",看不到一点"科学"性。

(原刊于《社会科学评论》2008年3期,
《中国古代、近代文学研究》2009年2期第78—81页转载)

是"误订"还是"误辩"

——答陶符仁对《钱钟书〈宋诗选注〉发微》的责难

凡名人故去后，常常留下一些谜团供人猜测，钱钟书在《宋诗选注》的序里，就留下了两条：一是说起《选注》中的苦衷，二是说自己有"学识上的缺陷和偏狭"。但他偏不举例证，让人摸不清是真话还是假话（包括过分的谦虚或自诬）。我想如是真话，他一定是根据自身的许多事例得出的，在《宋诗选注》这本书里多少会有一些表现，于是试着作些猜测，仔细读了几遍，终于找到一些，于是撰文作了探讨，提及"欠缺历史修养""不太懂考据"等缺陷。我觉得对文学家来说，有一些专业之外的缺点不算什么，就像说历史家欠缺文学修养或欠缺形象思维，都不算什么大问题。我的文章原题为《钱钟书选注宋诗的苦衷和学识上的缺陷——〈宋诗选注〉发微》，在《社会科学评论》（2008年3期）上发表时，被编辑部改题为《钱钟书〈宋诗选注〉发微》，继而为人大报刊复印资料中的《中国古代近代文学研究》（2009年2期）转录，没有想到这样一篇小文章，却引起个别人的不满，招来了一阵狂轰滥炸。

2009年4月19日，陶符仁在《东方早报》上发表了一篇《为钱钟书辩——李裕民〈钱钟书〈宋诗选注〉发微〉的"误订"》，文中将我的"猜测"扭曲为"订误"，然后说我"误订"了，把钱自己说的话栽到我的头上，谴责我在"指斥钱先生的'学术缺陷'"。更令人莫名其妙的是，视本文为"文革"中的"大字报""罗织经"，放了一通连珠炮：悖妄，谬妄之态可掬，像街头的补衣匠，逞其无知，肆其狂悖，像个大学低年级生，吹毛索瘢，效拘虚小儒，胶柱鼓瑟，十足错误的批评，教人齿冷，率尔武断，不足为训……

好厉害啊！但我不禁要问：上述的语言在拙文中能找见吗？到底谁的文章更像"文革"中的"大字报"呢？大概陶符仁觉得这样做还不过瘾，又把去世十多年的我的老师也牵出来，企图敲上一棒。从古到"文革"确有"株连"这一招，但就是"株连"九族也轮不到老师呀，陶没有署真名实姓，我不知道他有多大，要是他经历过"文革"，一定是经验老到者，如果年龄尚小，那就不能不钦佩他的不学而会而又富于创造性的天分了。

一、陶符仁的辩词全都站不住脚

陶符仁之辩，到底有多少理呢？下面按照陶文的次序，作具体的分析。

1. 关于"孤证不定"说

陶符仁在进入具体问题的辩驳之前，大谈一通方法论："史学家应该'孤证不定说',而李教授大概忘了这一条。"

陶大概自以为掌握了史学家的诀窍了,其实是他忘了最基本的常识,事物是复杂的,这"孤证不定"不是放之四海而皆准的,它并不适用于任何场合。当讨论的问题只是有还是没有或者是还是不是时,往往只需一条铁证就够了,例如在你辩词中所提宋江是否投降的问题,只用一条铁证就解决了,怎么转眼就忘了?是你特别健忘还是有意忘记,只有你心里明白了!我写的文章是属于后者,这论点"学识上的缺陷和偏狭"是钱自己立的,我要探讨的是钱说的是否真话;找到了一些例子,证明他说的是真话,如果不存在,那就是假话。我还找到一条低级的常识性错误,虽然只有一条孤证,你驳不倒,就说明它存在。

我们通常写的论文,论点是都是作者立的,这当然需要搬出大量证据,单文孤证不能成立。例如陶符仁一开始说:"李裕民教授是从'订误'起家的",然后推定"假若一个人终生业此,乐此不疲,就像街头的补衣匠,时间干得久了,也就很容易自以为是,悖妄起来,甚至一见裁缝店,便手心发痒,不问好坏,一律揽作生意,那便不免要闹笑话了。"开始用"假如",说着就成了事实,成为你"动起'妄心'"的目标。这是你的立论,得拿出大量证据来,而你仅仅拿了我的《四库提要订误》这一孤证就随便引申。如果你稍微费心查一下我三十多年来的论著,情况完全不是这样①,既不是"订误起家",亦非"终生业此",订误只占少数。这"孤证不定"原来是陶对付他人用的,自己可以不受此限,天下竟有这等道理!

2. 关于"版本不甚留意"的例子

我在《探微》中说到:"对版本不甚留意,如147页吴涛诗,选自吴沆的《环溪诗话》,没有题目,只好写了个'绝句'代题。其实《宋诗拾遗》卷十五中选了此诗,题为《暮春》。"

在陶符仁看来,这里不存在版本问题,陶说:"假如说,'不留意版本'的批评可以成立,那还需要别的例子。因为,李文所举的例子,本身就很有问题,或者可以说,不通版本学的,其实是李教授本人。"《宋诗拾遗》,"钱先生是看不到此书的;退一步说,即使能见到,也不一定采录,因为《拾遗》所录的吴涛诗四首,《环溪诗话》中都有,并没有多出的。据此可知,《拾遗》就是采自《诗话》,没有别的来源(《宋诗纪事》所录二首,亦据《诗话》,可为旁证)。而《暮春》的题目,一望而知,是辑者自拟的,……《绝句》之题,也还不是钱先生所拟,那是根据《宋诗纪事》的"。

这一番话靠得住吗?吴沆《环溪诗话》今存的是明、清的本子,而《宋诗拾遗》是元人陈世隆编的,他所见到的《环溪诗话》必定是宋、元本,从版本学的常识讲,总要优于明、清本。怎么会不存在版本问题呢?不仅如此,陈世隆还能见到吴沆的《环

---

① 我的专著、编著、工具书、古籍整理等30来部书,以及230多篇论文目录已在网上公布,可供查阅。

溪集》，此本明初尚存①。陈世隆是出版家陈思的从孙，曾增辑过《两宋名贤小集》一百四十家，《环溪集》等书都不难见到。你有什么理由断定他"没有别的来源"呢？《宋诗拾遗》引的四首诗，都有题，与《诗话》有异，又没有注明出自《环溪诗话》，在无直接证据之时，只能说：采自《诗话》或别的集子两种可能性都存在。其题也很难说一定是辑者自拟的，所谓"一望而知"也能算证据的话，我看陶符仁大可不必费心写这篇长文了，只要说一句"一望而知"《探微》完全错了，就得了。至于拿着抄自《诗话》的《宋诗纪事》作旁证，就好比自己举自己为证，那是没有证明力的。退一步说，即使题目都是元代辑者所拟，也比没有题目强，起码在注中提一下，对读者也能起点启发或参考作用。我之所以说"对版本不甚留意"，只是提一下，并不想太苛求，毕竟这本书藏在南京图书馆，一般人不容易见到。但如果钱钟书能多留意版本，托人看一看，依其身份和地位，应该是不难办到的。

3. 关于"对作品缺乏考辨"之一

我在《探微》中举了两例，一是："如王安石的《夜直》（第49页），作者是否王安石，宋人已有异议。周紫芝《竹坡诗话》认为是王安石的弟弟王安国所作，证据应该说是很硬的，这是王安国的孙女婿沈彦述亲口对他说的，而沈看到过手稿。钱钟书认真读过《竹坡诗话》，这条材料应当见过，如可信，应改正，如不可从，也该作考辨，然而一句也未提及，就直接定为王安石的作品了。"

陶的辩词说：关于这个问题，我认为李教授的话，不无可取处，但过于自信了，所以不免语病。这首诗一向载于王集，并非钱先生"直接定为"的，李教授既没检《临川文集》，也没有检《荆公诗注》，便率尔武断，是不足为训的。

应该说，我的理由已申述得非常清楚了，陶大约觉得无理可驳，便扯到别的话题上，说我"既没有看《临川文集》，也没有检《荆公诗注》，便率尔武断"。我看这"武断"二字，还是你留着自己享用吧。我不仅藏有《临川文集》和《荆公诗注》，还有与《临川文集》有很大差异的《王文公文集》，稍有宋代文史常识的人都知道，这些书不是王安石编的，是后人所编，有不少漏、误之处，宋蔡絛《西清诗话》指出：王文公"其文迄无善本……如'春残密叶花枝少'……皆王元之诗。'金陵独酌'……皆王君玉诗。'临津艳艳花千树'，'天末海门横北固'，'不知朱户锁婵娟'，皆王平甫诗也②"。李壁的《诗注》中多处指出疑非王安石所作，说到《即席》，"或云：此平甫（王安国之字）诗③"。元代

---

① 《宋史》卷二〇八：吴沆《环溪集》八卷。《文渊阁书目》卷二：吴沆《环溪集》一部三册。
② （宋）蔡絛《西清诗话》卷下，《稀见本宋人诗话四种》，江苏古籍出版社，2002年，第217页。
③ （宋）李壁《王荆公诗注》卷二一《勿去草》："或云是杨次公诗。"《望皖山马上作》："此诗疑非荆公作。"《寄慎伯筠》："或云王逢原作。"卷四〇《归燕》"或云此乃郑毅夫所作。"卷四五《即席》"或云此平甫诗。"卷四七《临津》"此平甫诗，或误刊于公集"。《上元夜戏作》"疑此平甫所作"。卷四八《嘲叔孙通》"或云此诗宋景文作"。

方回还指出《杭州呈胜之》亦是王安国所作①。既然有那么多疑问，我们在引用时必须注意分辨，如果是你陶符仁一见集中有的，不问真假，拿来就用，我不会指责，因为你毕竟不是名家，但对钱钟书而言，看到"一向载于王集，就'直接定为'"，不作考辨，这就不能不说是缺陷了。

陶又说："既选之而又自驳之，钱先生做事情，还没这样疑信参半、首鼠两端的。"这就奇怪了，本来，问题很容易解决，如果承认是王安国作的，就把它放在王安国名下就行了，谁要求"钱既选之而又自驳之"了？生造出一席话，再加点挖苦式的评论，这也叫为钱先生辩？

4. 关于"对作品缺乏考辨"之二

关于《李师师外传》，钱说："宋无名氏的《李师师外传》说汴梁城破以后，她不肯屈身金人，吞簪自杀……"

我在《探微》中说："据我考证，此《外传》乃是清顺治年间的作品。""用这样一个经过创造加工的艺术形象，来论定真实的历史人物，离真理就太远了。"

陶反驳道：钱的上述话之下，还说："不过据这首诗以及《三朝北盟会编·靖康中帙》卷五、张邦基《墨庄漫录》卷八等看来，靖康元年正月宋政府抄没了她的家私以后，她就逃亡流落在湖南、浙江等地方。其实，这只是李教授的'罗织经'。钱先生的原话，再也明白不过，又何尝信其为真了？但一经'截割'、'断章取义'，钱先生的意思也就变了。"

我驳的仅仅是钱说"宋无名氏的《李师师外传》"这句话，说得不正确，它不是宋人作的，下文引到的《三朝北盟会编》《墨庄漫录》都是宋人作的，我没有异议，为什么非要扯在一起说？钱引前后两说，中间用了"不过"二字，转到另外还有一说去，但没有表态：前一说不对。一般学者在并列两种说法时，总是把倾向性意见放在前头，倘若钱考证出它是明、清作品，他会放在宋人撰的《会编》和《漫录》的前面去介绍吗？

陶又说："今人有数家考证"，"从旧说作宋人作品，未为不可。鲁迅所辑《唐宋传奇集》，亦收此篇，作宋无名氏"。

我实在弄不明白：陶符仁在为自己的作品辩解，还是为钱辩解，怎么不站在钱的高水平上，却按自己的低水平去要求？老实说：《宋诗选注》要是陶著的，对这一点差错，我不仅不会说不是，反倒会适当肯定的，因为陶总算参考了一些书，比瞎编强。但碰到钱先生如此做，我不能不表示遗憾了：对早在几十年前鲁迅的话，怎么不考证一下是否可靠，拿来就用呢？我当时看到钱这一段话之后，有些怀疑，又查阅了诸家考证，觉着都有举证不力的缺陷，便试作进一步考证，写了一篇5000多字的文章，确定决非宋人作品，在《探微》中把考证的结论拿出来了。按照陶的说法，我是"大学低年级生"，既然大学低年级生也能考证清楚，堂堂文学名家更容易做到，却不肯作考证，拿来就

---

① （元）方回《瀛奎律髓》卷四："此王安国诗，今《王校理集》行于世，误入其兄《荆公集》中。"

用，这难道不是"对作品缺乏考辨"吗？

5. 关于缺乏历史素养、不太懂考据之一——宋江问题

我在《探微》中说："历史上的宋江只是个游寇，在河北、山东、苏北一带打游击，被称为淮南盗、京东贼、河北剧贼，最后在海州战败投降。根本没有在梁山泊活动的任何记载，更没有将梁山泊作为起义的根据地……至于元、明人将宋江和梁山泊联系起来，那是受小说影响的结果。"

陶认为我的说法，是袁枚早就说过的旧说，只是被余嘉锡《宋江三十六人考实》驳倒了，余氏认为："宋江据梁山泊，既历见于元人诗文及明、清地志，又为《方舆纪要》（按指顾祖禹书）所取，自必确有其事，无可疑者。""1958年的钱先生，必是取余氏新考，而弃旧说的，所以才会那样下笔。李教授效颦余氏，亦步亦趋，而于余氏的名文，却不知一读，偏要逞其无知，肆其狂悖，来斥钱先生的欠缺历史素养，岂不是教人齿冷！"

我要提醒陶氏，你只要稍微比较一下我与袁枚之文，就会看到两者并不一样，袁的问题提得对，但举证不足，更没有谈"淮南盗、京东贼、河北剧贼"，而我说这些，背后是有一批史料为据的，只是这里毋须展开而已。对余先生的大作，我在几十年前就读过，可能比你还早，说我"不知一读"，恐怕是你在"逞其无知"吧！只是你读了半天，就没有读懂，我只好再谈点必要的常识。考证是讲证据的，而证据必须看其证明力的大小，余先生考证工夫很好，但不是篇篇都对，在这篇文章里就犯了一个大毛病，拿的都是元、明、清的资料，那不是第一手资料，连第二手资料也称不上，只能算第三手的资料。缺乏证明力的第三手资料怎么能否定第一手资料呢？20世纪80年代学术界关于宋江是否投降派之争就是一个教训，双方都拿不出第一手资料来，所以谁也说服不了谁，后来马泰来找到北宋末年李若水的《捕盗偶成》，诗中叙述了宋江等人穿着官服进城的场面，并表达了对朝廷政策的不满，这一条铁证就把问题解决了。这说明"孤证不定"不是绝对的，在有还是没有、是或者不是的问题上，只要一条有力的证据就可以了。邓广铭师是讲究证据、服从真理的，看到马文后，在多个场合中承认自己"宋江不是投降派"之说错了。知错就改，这就是大学者的风范。

我在《探微》中举这首诗证明："宋士大夫并非是不敢说'一点点公道话'的胆小鬼。钱说'当时的五七言诗里都没有"采著"宋江之事'，显然也是不符合事实的。"本来，事情很简单，如果陶能否定这条证据，就能证明钱的说法能够成立，否则，只能证明我说的没有错。然而陶却背着牛头不认账，蛮不讲理地提出："除了马氏拈出的那首外，'采著'宋江之事的宋人诗，李教授能否再举出第二首？"我的导师邓广铭先生当年可做不出这样的事：要求马泰来能否再举出第二首来。

我举那一首诗之意，只是驳了钱的推论，并没有强求那时的钱去找到这条材料。宋江的造反，其规模不大，远远比不上方腊，当时的文人骂方腊的诗文甚多，骂宋江的诗文很少，这是很自然的。如果钱的历史素养稍高一些，即使没有见到马泰来提到的那条材料,也不会轻率地责备宋士大夫不敢说一点点公道话。大量的事实表明,自秦以来,士大夫最敢说的就数宋代了,在皇帝不耐烦听臣僚意见站起来就走时,他们敢于上前去拉着皇帝的衣服,让他回到宝座上听完意见,他们提意见最激烈时把吐沫溅到皇帝的脸上,甚至把皇帝所做的事情说得一无是处。这些对研究宋史的人来说是很普通的常识,钱没有掌握,这不能不算是"欠缺历史修养"的一点表现吧!

6. 关于诗人年代问题

我在文中说过《宋诗选注》的"诗人次序先后颠倒者甚多",如"欧阳修应移苏舜钦前,黄庭坚应移秦观前,陈师道应移张耒前……"。

陶文辩道:"这证明李教授于《宋诗选注》的体例,也没有细察。《宋诗选注》是为普通读者而选,是通俗读物,其底本则为《宋诗钞》。"

从这番话看,陶符仁是"细察"过《宋诗选注》的体例,认定《宋诗选注》是以《宋诗钞》为底本,其排列方式并不以"诗人生卒先后为次",也就是说,《选注》的排列方式是参照《宋诗钞》而来的。听起来振振有辞,想必理由十足。待到一查《宋诗钞》,不对了,事实完全相反。首先,简单地把《选注》说成以《宋诗钞》为底本是不符合事实的,《选注》总共选了80人,其中见于《宋诗钞》者仅34人,其余46人是从其他书中找来的,陶把钱的博采众书的辛苦劳动,轻轻一句话统统都否定掉了,钱若在地下有知,又该对你这位辩护士的做法做何感想呢?其次,看一下《选注》的排列方式究竟是不是与《宋诗钞》相同。为了方便比较列表如下(表一)。

表一

诗人	《宋诗选注》中的次序	《宋诗钞》中的卷数
王禹偁	3	卷一
林逋	5	卷十三
梅尧臣	7	卷八、卷九
苏舜钦	8	卷四、卷五
欧阳修	9	卷十一、卷十二
李觏	11	卷四四
文同	13	卷二六
王安石	15	卷十八、卷十九
王令	18	卷二四
苏轼	21	卷二十至二二
秦观	22	卷二六
张耒	23	卷三十、卷三一
孔平仲	24	卷十六
唐庚	27	卷四六
黄庭坚	28	卷二八

续表

诗人	《宋诗选注》中的次序	《宋诗钞》中的卷数
陈师道	29	卷二五
韩驹	33	卷三三
汪藻	36	卷五一
王庭珪	37	卷九一
陈与义	41	卷四二、卷四三
刘子翚	47	卷五三
杨万里	48	卷七一至七九
陆游	49	卷六四至六九
范成大	50	卷六一至六三
陈造	54	卷三七
徐玑	57	卷八七
徐照	58	卷八六
翁卷	59	卷八五
赵师秀	60	卷八四
刘宰	63	卷九二
戴复古	64	卷九五、卷九六
刘克庄	69	卷八九、卷九十
文天祥	78	卷一百一
汪元量	79	卷一百五

《选注》将林逋排在梅尧臣、苏舜钦、欧阳修之前，《宋诗钞》则在三者之后，永嘉四灵的排法，双方次序完全相反。总而言之，两者的排列方式截然不同。我真不明白，陶氏到底"细察"过没有，怎么会看走眼到这等地步！

陶符仁又进一步补充说："传统的总集编纂，并不总是以生卒先后，还有别的依据，如'次以科第'。"

请问：《选注》"次以科第"了吗？钱在介绍人物时，根本不提他们是哪一年中的进士，何来"次以科第"？再看具体的科举情况，以《选注》中排在第14—17位的文同、曾巩、王安石、郑獬、刘攽为例，他们中举的时间分别为皇祐元年（1049）、嘉祐二年（1057）、庆历二年（1042）、皇祐五年（1053）、庆历六年（1046），显然，他们中举的时间早晚与《选注》的排列毫无对应关系。陶符仁连《选注》都不曾好好读一读，就敢写出驴唇不对马嘴的辩护词，钱钟书若地下有知，岂不气死！

7. 关于偏狭的表现之一——未选朱熹诗、《正气歌》、妇女诗的问题

陶文说：李教授还指了钱先生的"褊狭"。具体为：钱先生没选朱熹的诗，没选宋代妇女的诗，以及没选文天祥的《正气歌》。李教授"欠缺文学修养"，并不懂诗，本来没资格说这些，他之所以敢于妄言，我猜想，那是因为见别人都说过了。没选《正气歌》的事，是学者讨论得最多的，王水照教授有过考究，……没选朱熹的诗，刘永翔教授有过提及。这些文献，想来李裕民教授都看过。

陶大概是想说：我在拾他人之牙慧，或以为要与人争什么发现权吧！《选注》选了什么和没有选什么，都是明摆在那里的，还用看别人文章才能知道吗？文天祥《正气歌》和朱熹的《观书有感》，这是大家常见的诗，我在中学里就会背了，一直认为是好诗，翻开《选注》，不见收入，自然有想法，对照钱自己的说法，我以为这就是"偏狭"的表现，这是我的看法，他人没有这样提的。同一件事，谁都可以提自己的看法，同一条材料，谁都可以使用去说明不同的问题，这并非都要注一下，谁已用过这条材料吧！

陶说："至于宋代妇女的诗，李教授的说法，是很足令人失笑的。李教授大概读过一些宋词，便误以为宋代妇女的诗，也像宋代妇女的词一样，有什么妙作，一时想当然起来。他不知道，历来宋诗选本里，就没人选过妇女，关于这个，钱先生是'吾从众的'。"

我要问陶符仁：你真翻过"历来宋诗选本"吗？我对诗是外行，不过，据我的孤陋寡闻，康熙皇帝《御选宋诗》中选录了68名妇女诗[①]，厉鹗《宋诗纪事》就选了118位妇女的诗。这两部书，《四库全书》里就有，不难找见，不知何以博得了不得的陶符仁敢说："历来宋诗选本里，就没人选过妇女。"刚才"令人失笑"的你，此时是不是该苦笑了？"一时想当然"的话用在陶符仁头上更贴切吧！至于说"钱先生是'吾从众的'"，实在是小看了钱先生，他是最讲个性的，要是都"吾从众的"，他就不会去做这本《选注》，也不会不选众人都选的《正气歌》了。

8. 关于偏狭的表现之二——苏辙好戴高帽子问题

我在《探微》中说：韩驹小传中说"苏辙动不动把人比作储光羲，也许是一顶照例的高帽子，并非量了韩驹的脑瓜的尺寸定做的"（第114页）。在现在民众心目中，最知名就算是李白、杜甫、白居易了，其次是王维、孟浩然、高适、岑参、王之涣等，知道储光羲的人恐怕是很少的，拿他作比喻怎么能算一顶高帽子呢？南宋严羽《沧浪诗话》列举了24种唐人诗体，就没有储光羲的份。钱先生在注中说道："苏辙称赞参寥的诗酷似储光羲，参寥回答说：某平生未闻光羲名，况其诗乎？"说明储光羲在宋代知名度也不高，宋人不把它看成一顶高帽子。

陶反驳道：苏辙本人，尤其推崇储诗，他的后人苏籀记《栾城遗言》："唐储光羲诗，高处似陶渊明，平处似王摩诘。"写得比较差的，已足与王维并论，那当然是一流的作者了。

这也算是辩护词，实在不值得一驳。所谓高帽子是现代的词，它是有公认性的。单是个别人的认识怎能叫作高帽子？储光羲在宋人心目中地位到底有多高呢？这里不妨列举有关的选本和诗话为证。

---

① 圣祖仁皇帝御定、张豫章等奉敕编《御选四朝诗·御选宋诗》，四库全书本。

南宋柯梦得《唐贤绝句》，收唐诗人54人，无储光羲。
南宋赵师秀《众妙集》，收唐诗人76人，无储光羲[①]。
北宋王安石《唐百家诗选》收108家，其中有储光羲，占诗人总数0.92%。
南宋计敏夫《唐诗纪事》收1150家，其中有储光羲，占诗人总数0.1%。
北宋姚铉《唐文粹》收唐人诗958首，其中收储光羲诗1首，占收诗总数0.1%。
南宋洪迈《万首唐人绝句》，其中收储光羲24首，占收诗总数0.24%。

从以上选本可见，当选录诗人在数十人时，还轮不到储光羲，只有到人数超过百家、诗数将近千首才有他的位置。

南宋胡仔《苕溪渔隐丛话》汇编了评述唐诗人的资料，其《前集》收唐诗人28人，无储光羲。其《后集》收唐诗人21人，仍无储光羲。这一切，难道还不清楚地表明，在多数宋人的眼中，储光羲的地位和一流的李白、杜甫相比，差距还相当远吗？

陶又辩解说：钱先生开玩笑说"苏辙动不动把人比作储光羲，也许这是一顶照例的高帽子，并非量了韩驹的脑瓜的尺寸定做的"。这是一种机智的俏皮话。

说俏皮话、开玩笑，仅仅是形式，其本质往往含讽刺之意，这一席话的意思十分清楚，是用比喻手法去讽刺苏辙。请问陶符仁：如果你在过分吹捧某人时，有人说：你就会动不动给人戴高帽子。你觉得这是让你高兴的玩笑吗？

二、陶符仁有意回避了两个问题

我在本文写作之初，对陶符仁不按照拙文论述次序写作，颇感纳闷，待到驳毕，才恍然大悟，原来他在有意回避问题，又想不露痕迹，为构思这篇文章，可是费煞了心机。

1. 回避了拙文中陶氏无法辩驳的例子

看着陶符仁气势汹汹的样子，指斥我犯了"十足的错误"，我以为他把拙文举的例证都驳完了，待到仔细一查，不对呀，我在猜测钱氏"学识上的缺陷"时，举了10个例子，陶仅驳了5个。再看一下那5个未驳的例子，可以说，没有陶氏任何钻空子的余地。原来他在气壮如牛的背后，却隐藏着难以启齿的虚弱。

这5例中，第1条是严羽注中把历史年代搞错了。第2条关于道学的评语完全不符合历史事实。第3条是钱常说作者的"生年死年不详"，我说其实有不少是不难考知的，并列举了9个很容易考知的例子。第4条、5条内容不多，不妨引证于下，以便读者参考。

秦观小传中云："晁补之和同时的徐积、郭祥正也许是欧阳修、苏轼以后仅有的向李白学习的北宋诗人。"（第76页）这句话犯了时代先后混淆的错误。徐积比苏轼大9岁、郭祥正比苏轼大2岁，怎么能说他们是"苏轼以后"的人呢？（下略）

有的注犯了常识性的错误，如第6页说：三馆指昭文、国史、集贤。按：宋代根本

[①] （宋）赵希弁《郡斋读书附志》，孙猛《郡斋读书志校证》，上海古籍出版社，1990年，第1237页。

没有"国史馆"之称,"国史"乃"史馆"之误。

陶符仁认定我是误订而辩驳的,为什么对这5条避而不谈?

现在一切都清楚了,陶写这篇文章的目的,是想一棍子把我打死,要达到这一目的,自然不能承认我有一半是说对的,而且还不能让读者看出有对的部分。怎么办?于是就打乱次序。如何重排次序,也是经过推敲的。我的10例本是这样排序的:历史素养欠缺3例(第1至3例),缺乏考证5例(其中第4至6例诗人生卒年,第7、8例作品),最后谈两个小问题:第9例常识错误、第10例版本。陶要用"孤证"这个大棒打我,只能选择后两者,而第9例是驳不倒的,于是把第10例放到最前面,与"孤证"相呼应,第7、第8例,放在2、3位。第1例放到第4位去。这样,一开始就能给人留下深刻印象:李裕民只会拿点孤证说事,一经驳倒,全盘皆垮。谁也不会再去注意比对,是否还有未驳的内容。其思虑之周密,令人惊叹,要是用到做学问上去,该多好啊!

2. 回避了拙文讨论的主题

钱钟书自己说的有"学识上的缺陷和偏狭"这句话,到底是真话还是假话。

问题其实很简单,有具体表现就是真话,没有,就是假话。我经过考察,找到了十多个例子,认为是真话。陶驳了半天,却不敢回答上述问题,不敢理直气壮地得出结论:钱氏所说自己"学识上的缺陷和偏狭",实际并不存在。为什么不敢说?这不外乎有两个原因,其一,自己肚子里明白,有点理亏,还有5例无法驳倒。其二,得出上述结论,就意味着钱说了假话,那就需要进一步回答:钱为什么要说假话?这又是陶最为作难的。于是,陶符仁为了摆脱困境,想出偷梁换柱的高招,把钱的话按到我头上:"李教授……指斥钱先生的'学术缺陷'","李教授还指了钱先生的'褊狭'"。这样,他只要驳完,就算大功告就,可以绕开难题,得胜回朝了。可怜啊,为了打倒我,费煞心机,太累了吧!

三、并非离题的话

陶符仁说:"李教授效颦余氏,亦步亦趋。"

这实际上牵涉到如何对待学术前辈的问题。不错,我的确仿效余嘉锡的名作《四库提要辨证》,写了一本《四库提要订误》,但我从不曾想东施效颦、亦步亦趋。我一贯主张,对前人的长处应充分吸取,短处必须加以纠正,如果陶君好好看一下我那本书的《前言》,里面就写道:"本书纠正余嘉锡《四库提要辨证》之疏误十余处。"

陶符仁撰文为钱钟书辩解,又拉出我的导师来,这就牵涉到如何对待导师的问题。

从陶文看,我真不知该说他是几年级学生,但可以断言,绝不可能是钱钟书的弟子,钱怎么会培养出那么"逞其无知,肆其狂悖"(套用陶爱说的话)的徒弟来呢!最多是徒孙或徒曾孙,或仅是钱的粉丝而已。维护师道尊严之心可钦,尊师之道似乎还不太懂。真正维护师道的办法不是护短,而是应该纠短,弟子只有在吸取导师长处的同时,纠正其短处,才是对导师的尊重,才是有出息的弟子,才能使学术水平一代比一代提高。如果一味护短，不能在导师的水平上有所超越，那不成了王小二过年——一年不如一年了吗？长此下去，一代不如一代，那才是学术界的悲哀！这里不妨举一个尊师的例子，我上大学时对我帮助最大的导师徐规先生，今年九十高龄了，谁都知道他非常尊敬导师张荫麟（号素痴）和陈乐素，把自己的论文集取名叫《仰素集》。我就见他在张荫麟著的书上校出不少错误；在为纪念陈乐素百年诞辰而提供的论文是《陈著〈求是集〉校勘记》[1]，纠正导师缺失30处。在他看来，把导师的缺失指出来，其他正确部分，后人可以放心地吸收和引用了，这才是对导师的尊重。我觉得这就是最佳的尊师表现。可惜的是，时下能这样想、这样做的人太少了。近几十年来出不了大师，原因甚多，恐怕和这种良风未能形成也有一定的关系吧！

最后，欢迎批评、欢迎辩论，只是有一点小小的要求，请署上真名实姓，以便讨教。这不过分吧！

（原刊于《社会科学评论》2009年2期，第28—35页）

---

[1] 张其凡、范立舟主编《历史文化研究》（续编），人民出版社，2003年。

唐宋蒙学书系年考证与研究

研究历史必须占有尽可能多的文献资料，并一一考证其写作时间，确定其属于第一手资料，还是第二手、第三手资料，只有充分利用第一手资料去论证，问题才可能得到正确的解决。反之，凡是不做这些基础工作的，必然会影响其学术质量。我在考证文献写作年代的过程中还发现，如果将同类型的文献，按时间先后放在一起考察，会有意外的收获。如蒙学书，即启蒙读物，它没有提供什么新的史料，因此常常受冷落，但当我在做系统编年后加以考察，发现唐宋时期在启蒙教育方面经历了一个发展变化的过程，它在相当程度上反映了不同时期国民素质的高低。它有助于把握唐、宋时期变化的脉络、厘清一些历史问题。

本文分三个部分：一，系年，即将唐宋蒙学书按年代先后排列。二，考证，确定每一部书的写作年代，年代不详者，推测其大概时间。三，研究。

一、系　　年

唐

约上元二年（761），李翰《蒙求》三卷，存。

元和四年（809）前，冯伉《谕蒙》一卷。

元和十五年（820）前，王殷范《续蒙求》三卷。

元和十五年（820）后，白廷翰《唐蒙求》三卷。

约咸通六年（865），李伉《系蒙》二卷。

唐晚期，刘潜《群书系蒙》三卷，邹顺《广蒙书》十卷，雷寿之《汉臣蒙求》二十卷。

五代

后梁开平三年（909）后，王松年《仙苑编珠》二卷。

北宋

建隆元年（960）至开宝七年（974）间，佚名《百家姓》。

天禧中（1017—1021），释道诚《尼蒙求》一卷。

明道元年（1032），陆参《蒙书》十卷。

景祐元年（1034）前，正因大师《释氏蒙求》。

约景祐二年（1035），《左氏蒙求》三卷。

庆历元年（1041）前，程觉《释氏蒙求》五卷。

嘉祐元年（1056）前，宋堂《蒙书》。

嘉祐二年（1057），欧阳修《州名急就章》，存。

熙宁六年（1073）后，王先生《十七史蒙求》十六卷，存。

元丰中（1078—1085），杨彦龄《左氏蒙求》二卷。

元祐元年（1086），程鹏《唐史属辞》四卷。

元祐三年（1088）前，范镇《本朝蒙求》三卷。

元祐八年（1093），侍其玮《续千文》一卷，存。

约大观二年（1108），仰忻《训蒙规鉴》。

约宣和元年（1119），曹崇之《东西晋蒙求》。

南宋

绍兴元年（1131），刘珏《两汉蒙求》十卷。

绍兴八年（1138）前，庄绰《本草蒙求》三卷。

绍兴八年（1138）至十三年（1143），吕本中《童蒙训》三卷，存残本。

绍兴十四年（1144）前，程俱《班左诲蒙》三卷，存。

绍兴十八年（1148）前，吴开《童训统类》一卷。

绍兴十八年（1148），陈梦协《十七史蒙求》。

绍兴二十四年（1154），陈葆光《群仙蒙求》二十卷，存。

绍兴二十六年（1156）前，胡寅《叙古千文》一卷，存。

绍兴三十一年（1161）前，胡宏《叙古蒙求》一卷。

绍兴末，吕氏《叙古千文》一卷。

高宗时，僧灵操《释氏蒙求》一卷。

隆兴元年（1163），朱熹《论语训蒙口义》，存。

乾道四年（1168），侯宿《西汉蒙求》。

乾道七年（1171）前，《南北史蒙求》十卷。文济道《左氏纲领》四卷，《左氏蒙求》三卷。

乾道九年（1173），王伯庠《告蒙》。

淳熙三年（1176），郑德舆《历代蒙求》一卷。

淳熙四年（1177）前，《三国蒙求》《小说蒙求》。

淳熙八年（1181）前，吕祖谦《少仪外传》二卷，存。

淳熙八年（1181），史浩《童丱须知》二卷，存。

淳熙九年（1182）前，崔敦诗《广蒙》三卷。

淳熙十三年（1186），叶才老《和李翰蒙求》三卷，朱熹《易学启蒙》四卷。

淳熙十四年（1187），黄日新《通鉴韵语》九卷，徐伯益《训女蒙求》一卷。

绍熙元年（1190）前，刘清之《训蒙》《外书》。

绍熙二年（1191）前，程端蒙《性理字训》一卷，存。

约绍熙二年（1191），胡融《历代蒙求》。

嘉泰二年（1202）前，洪迈《次李翰蒙求》三卷。

开禧二年（1206）前，孙应符《幼学须知》五卷，彭龟年《止堂训蒙》二卷。

开禧二年（1206），胡谦《庐陵蒙求》。

嘉定六年（1213）前，陈氏《续蒙求》。

金至宁元年、宋嘉定六年（1213），吴庭秀《十七史蒙求》。

嘉定十三年（1220），周守忠《历代名医蒙求》二卷、释音一卷，存。

嘉定十六年（1223）前，陈淳《训蒙雅言》《训蒙初诵》，存。

绍定元年（1228），邵笥《孝弟蒙求》二卷。

嘉熙元年（1237）前，牟少真《发蒙中庸大学俗解》，计子真《训蒙正谬》，张洽《左氏蒙求》。

嘉熙四年（1240），方逢辰《名物蒙求》一卷。

约淳祐三年（1243），黎自昭《性理蒙求》。

淳祐四年（1244）前，徐子复《圣宋蒙求》。

淳祐七年（1247），黎献《事类蒙求》。

淳祐九年（1249），徐子光《补注蒙求》八卷，存。

淳祐十年（1250）前，赵彦绖《赵氏家塾蒙求》二十五卷、《宗室蒙求》三卷。

约宝祐三年（1255），虞复《远斋告蒙》一卷。

约开庆元年（1259），黄季清《注朱文公训蒙诗》。

咸淳间（1265—1274），罗黄裳《发蒙宏纲》三卷。

南宋末，舒津《续蒙求》。王应麟《小学绀珠》十卷，存。《小学讽咏》四卷、《姓氏急就篇》二卷，存。《补注急就篇》六卷。区适子《三字经》。

二、考　　证

1. 唐代蒙学书

（1）李翰《蒙求》三卷，约上元二年（761）。

晁公武《昭德先生郡斋读书志·后志》卷二："《蒙求》三卷，右唐李瀚撰。纂经传善恶事实类者两两相比为韵语，取《蒙卦》童蒙求我之义名其书，盖以教学童云。"本书作者乃唐李翰，而非晋李瀚，余嘉锡有详考，可为定论。此书前有天宝五年（746）李良《荐蒙求表》及李华序，据此，似应作于天宝五年。然表中称"司封员外郎李华"，此事在上元中（760—761）（《新唐书李华传》），则是表实为上元时所作。《蒙求》亦应成于是年或稍早。此书为四言诗，凡596句，2384字。所记为先秦至晋、刘宋之历史典故，诗句下有注，注明具体历史事实。今存为宋徐子光注本，诗句基本保持原貌，注仅保留一小部分。

（2）冯伉《谕蒙》一卷，元和四年（809）前。

郑樵《通志》卷六八杂家类："《谕蒙》一卷，冯伉撰。"《旧唐书》卷一八九下本传："冯伉（744—809），本魏州元城人……改醴泉令，县中百姓多猾，为著《谕蒙》十四篇，大略指明忠孝、仁义、劝学、务农，每乡给一卷，俾其传习。在县七年，韦渠牟荐为给事中，充皇太子及诸王侍读，召见于别殿，赐金紫。著《三传异同》三卷。顺宗即位，拜尚书兵部侍郎，改国子祭酒，为同州刺史，入拜左散骑常侍。复领太学。元和四年（809）卒，年六十六。"

（3）王殷范《续蒙求》三卷。

按：《新唐书》、《通志》、《宋史》卷二〇七著录，或作王范者，当避赵弘殷讳删殷字。此为续李翰之《蒙求》而作，必作于其后。其内容当续补刘宋以后之历史事实，其书当略早于白廷翰《唐蒙求》。

（4）白廷翰《唐蒙求》三卷，广明人。元和十五年（820）后。

《新唐书》卷五九第1537页、《通志》卷六八杂家著录。《宋史》卷二〇七类事类作"丘延翰《唐蒙求》三卷。""丘"与"白"、"延"与"廷"，字形相近而误。此书，宋姚宽《西溪丛语》卷上："罗隐《牡丹诗》云：可怜韩令功成后，虚负秾华过此身，据白廷翰《唐蒙求》'韩令牡丹'，注云：'元和中（806—820）京师贵游尚牡丹，一本直数万，韩滉私第有之，遽命劚去曰：岂效儿女邪！'"按：韩滉，德宗朝宰相。此书应作于元和十五年（820）后。

（5）李伉《系蒙》二卷。约咸通六年（865）。

《新唐书》卷五九杂家类著录，《宋史》卷二〇七类事类作"李伉《系蒙求》十卷"。

宝庆《四明志》卷一："李伉，咸通六年（865）刺史，建五龙堂。"《宝刻丛编》卷一〇："《唐修秦文公庙记》：唐前夏州等节度掌书记李伉撰并书篆额。坊州之南有秦故鄜畤祠，秦文公梦龙自天下属于地，立畤以祠之，世久相传，谓之荷龙神，刺史崔骈改其庙像以为文公祠。开成五年（840）立此碑。《集古录目》"。今暂系于咸通六年。

（6）—（8）刘潜《群书系蒙》三卷，邹顺《广蒙书》十卷，雷寿之《汉臣蒙求》二十卷，晚唐时。

刘潜《群书系蒙》三卷，《通志》卷六八杂家著录。《宋史》"潜"作"渐"。《崇文总目》卷六作《群书系蒙求》。"邹顺《广蒙书》十卷、雷寿之《汉臣蒙求》二十卷，《宋史》卷二〇七类事类著录。以上三书均列于《唐蒙求》之后、李伉《系蒙》之前，应为晚唐时所作。

2. 五代蒙学书

王松年《仙苑编珠》二卷，后梁开平三年（909）后。

《郡斋读书志后志》卷二："《仙苑编珠》二卷，右唐王松年撰。取阮仓、刘向、葛洪所传神仙，又取经记中梁以后神仙百二十八人，比事属辞，效《蒙求》本体为是书。"书今存，有道藏本。前有王松年自序，云其所记"近自唐、梁有降得于闻见者"。本书卷三谢冲寂条记后梁开平三年（909）事，则应作于是年后不久。

3. 北宋蒙学书

（1）佚名《百家姓》，建隆元年（960）至开宝七年（974）间。

王明清《玉照新志》卷五："市井间所印《百家姓》，明清尝详考之，似是两浙钱氏有国时小民所著，何则？其首云：赵钱孙李，盖钱氏奉正朔，赵氏乃本朝国姓，所以钱次之，孙乃忠懿之正妃，又其次则江南李氏。次句云周吴郑王，皆武肃而下后妃，无可疑者。"据此，书应作于宋建隆元年至开宝七年九月宋命吴越夹攻南唐期间。此书宋代甚流行，陆游《秋日郊居》诗："儿童冬学闹比邻，据案愚儒却自珍。授罢村书闭门睡，终年不着面看人。"自注："农家十月，乃遣子入学，谓之冬学，所读《杂字》《百家姓》之类，谓之村书。"其书今存，但已非原貌，南宋宝祐六年，谢维新《古今合璧事类备要续集》之类姓门，即依《百家姓》编录，尚可窥见其旧貌。

（2）释道诚《尼蒙求》一卷，天禧中（1017—1021）。

郑樵《通志》卷六七："《尼蒙求》一卷，释道诚撰。"咸淳《临安志》卷七〇："道诚，慧悟大师，钱塘人，居月轮山。天禧中撰《释氏要览》三卷，又注王勃所撰《释迦成道记》。丞相王随知杭州日，有赠慧悟诗予弼题慧悟禅师上方诗云：'孤峰牢落几何年，台殿于今插半天。已是精蓝夸绝徼，更将宝塔在危巅。烟霞色任阴晴变，钟磬声随上下传。珍重老僧无别境，一生幽趣只山川。'"按：王随知杭在天禧四年（1020）九月至乾兴元年（1022）二月间。据此，其撰《尼蒙求》大约与《释氏要览》同时，亦在天禧年间。

（3）陆参《蒙书》十卷，明道元年（1032）。

司马光《涑水记闻》卷三："陆参少好学，淳谨独……及长，举进士及第，尝为县令……蔡文忠公以为有淳古之风，荐之朝廷，官员外郎，迁史馆检讨，著《蒙书》十卷。"张方平《蔡公（齐）神道碑铭》："时近臣多荐文藻之士充馆阁员，公独荐陆参有古学，将召试，公为请曰：'诗赋非参所工，欲观其学，所著《蒙书》在焉。'参特召充馆阁检讨。"（《乐全集》卷三七）按：《宋会要》选举三三之四："明道元年十二月八日，职方员外郎陆参充崇文院检讨。"

（4）正因大师《释氏蒙求》，景祐元年（1034）前。

薛奎（967—1034）《寄金绳院正因大师》："僧中忆艺本超群，《释氏蒙求》见讨论。"自注："师著《释氏蒙求》已传印于蜀中也。"（《成都文类》卷一三）

（5）《左氏蒙求》三卷，约景祐二年（1035）。

《昭德先生郡斋读书志》卷一下："《左氏蒙求》三卷，右皇朝王舜俞序，不知何人所作，过于纲领者。"李光暎《金石文考略》卷一五"圭峰草堂杂题"："进士陈尧隽诗一首，景祐二年六月望日甥王舜俞后序，眉山释惟悟书。"据此，此蒙求书当作于是年左右。

（6）程说《释氏蒙求》五卷，庆历元年（1041）前。

郑樵《通志》卷六七："《释氏蒙求》五卷，宋朝程说撰。"王尧臣等《崇文总目》卷一〇：" 《释氏蒙求》五卷"，按《总目》编于庆历元年（1041），则本书必在是年之前。

（7）宋堂《蒙书》，嘉祐元年（1056）前。

《宋会要》选举三四之三七："嘉祐元年十月二十三日，以草泽宋堂为国子四门助教。堂，成都双流人。性跌荡，不事生业，尝拟陈子昂作《感遇》诗以讽上建储事。著《蒙书》数十篇、《春秋新意》、《七蠹》、《西北民言》。颇究时务，数为近臣所荐。至是，翰林学士赵槩又上其所著书，特录之。"

（8）欧阳修《州名急就章》，嘉祐二年（1057）。

存，见欧阳修（1007—1072）《文忠集外集》卷八。叙曰："古者史掌文书，以识天地四方、古今事物、名言字训，而教学之法始于童子，谓之小学，君子重焉。《急就章》者，汉世有之，其源盖出于小学之流，昔颜籀为史游序之详矣。余为学士，兼职史官，官不坐曹，居多暇日，每自娱于文字笔墨之间，因戏集州名，作《急就章》一篇，以示儿女曹，庶几贤于博塞尔。"考欧阳修至和二年为翰林侍读学士，嘉祐二年（1057）权判史馆，三年正月知开封府。序称"余为学士，兼职史官"，则应作于嘉祐二年（1057）。

（9）王先生《十七史蒙求》十六卷，熙宁六年（1073）后。

《宋史》卷二〇七："王先生《十七史蒙求》十六卷。"《直斋书录解题》卷一四："《十七史蒙求》一卷，题王先生，不著名氏。或云王令（1032—1059）也。"《文献通考》作二卷。金元好问、清张之洞《书目答问》均以为王令所作。按：宋人所称之十七史，指《史记》《汉书》《后汉书》《三国志》《晋书》《宋书》《南齐书》《梁书》《陈书》《后魏书》《北齐书》《后周书》《隋书》《南史》《北史》，欧阳修之《唐书》及《五代史》（王应麟《小学绀珠》卷四）。其中欧阳修、宋祁《新唐书》成于嘉祐五年（1060），欧阳修《新五代史》成于熙宁五年（1072），均在王令（1032—1059）卒后，则是书必非王令所作。据此，是书必作于熙宁六年（1073）以后，当为北宋时所作，因为南宋高宗时有另一部陈氏《十七史蒙求》出现。本书乾道五年（1169）刻印流传于世，今存康熙刻本。

（10）杨彦龄《左氏蒙求》二卷，元丰中（1078—1085）。

《宋史》卷二〇二著录。《直斋书录解题》卷三："《春秋二十国年表》一卷，不知何人作。周而下次以鲁、蔡、曹、卫、滕、晋、郑、齐、秦、楚、宋、杞、陈、吴、邾、莒、薛、小邾。按《馆阁书目》有《年表》二卷。元丰中杨彦龄撰。"《玉海》卷四〇："元丰《左氏春秋年表》，元丰中杨彦龄撰。"《左氏蒙求》之作当与此书同时。

（11）程鹏《唐史属辞》四卷，元祐元年（1086）。

《宋史》卷二〇三及卷二〇九著录。《玉海》卷四九："程鹏《唐史属辞》四卷，四言成文，两两相比。元祐元年杨杰序。"程鹏，字彦升，无为人。曾为钱塘椽。杨杰《唐史属辞序》："仁宗皇帝……诏修旧史以成新书，是时内出四库所藏外，访求遗事于天下，若文集、志刻、野语、逸史，搜索殆徧，而其删定讨论皆一时儒学之士，凡十有七年而后成……嘉祐中其书新出，而天下之士传录诵读，惟恐其后时。无为程鹏彦升笃爱是书，乃采一代事迹，四言成文，两两相比，题曰《唐史属辞》，总成四卷。其于善恶邪正，虽皆因其传文而于轻重谐偶若权衡然，可谓勤且至也。观者用力少而收功多，将求镂版以广其传，丐予以为序。彦升有学行，予科场友也，初命钱塘掾，上官称其材，将见其所施设，此未足以为彦升道。元祐元年闰二月一日泗州青阳述。"（《无为集》卷九）

（12）范镇《本朝蒙求》三卷，元祐三年（1088）前。

陈振孙《直斋书录解题》卷一四："《本朝蒙求》三卷，端明殿学士成都范镇（1008—1088）景仁撰。"（案《文献通考》卷一九〇作二卷）尤袤《遂初堂书目》作"范氏《正蒙》。"书已佚，予辑得一卷，2000余字，此书为四言诗，注中列出本朝名臣事迹，涉及赵普、范质、窦仪、宋琪、李昉、李沆、张咏、田锡、高琼、寇准、陈彭年、张齐贤等人，为《宋名臣言行录》等书所采，颇有史料价值。

（13）侍其玮《续千文》一卷，元祐八年（1093）。

存。葛胜仲《舅氏续千字文序》："舅氏侍其公亦好草圣，书《千文》尤工，好事者时得之，辄以镂石。又尝以巧意迁避兴嗣所用字，别制千言，贯穿经传，词义粲然。豫章黄鲁直见而抵之以书曰：'引辞连类，使不相觝触，甚有功，当与《凡将》《急就》并行也。'《千文》为天下官府若市井簿领会数之用久矣，今增以续文，合二千言，凡取一字为母，配以次字为一号，展转相乘，可计二百万之数，于世用岂小补哉！公博学善属文，此特一时弄笔为戏耳，乃为简牍无穷之用。……公皇祐元年进士，屡刺名郡，所莅有政绩，官至朝散大夫，赠金紫、光禄，讳玮，字良器。"（《丹阳集》卷八）

（14）仰忻《训蒙规鉴》，大观二年（1108）前。

万历《温州志》卷一二："仰忻，字天贶，其先吴兴人。祖仁谦令永嘉，卒于官，因家焉。忻力学笃行，母丧躬负土为坟以葬，庐于墓侧，有慈乌白竹之异。元祐间郡守郝（按应作"郏"）亶以其纯孝疏于朝，乞嘉旌奖。绍圣间郡守杨蟠表其里曰孝廉。大观二年（1108）诏八行取士，郡以忻荐，未几卒。特赠将仕郎。子师常、师尹皆业儒有声，尝有富室欲与通婚，忻著《同姓图》，拒之曰：姬周郑江与仰同姓，后世论氏不及姓非也。所著有《训蒙规鉴》《永嘉百题诗集》。"

（15）曹崇之《东西晋蒙求》，宣和元年（1119）。

王庭珪《故校书郎曹公行状》："君讳崇之，字唐老，姓曹氏……宣和三年知西京永安军使，转承议郎、通判湖州，改差之火山军，又除校书郎。宣和七年七月十九日感疾而终，享年四十有四。……其平生所为文亦多散失，惟《东西晋蒙求》，宣和间尝刊行于世。"（《卢溪文集》卷四七）此书宣和间已刊行于世，其写作时间应在宣和元年左右。

4. 南宋蒙学书

（1）刘珏《两汉蒙求》十卷，绍兴元年（1131）。

《昭德先生郡斋读书志·后志》卷二："《两汉蒙求》五卷。"《直斋书录解题》卷一四："《两汉蒙求》十卷，枢密吴兴刘珏希范撰，绍圣中所序。"《宋史》卷三七八《刘珏传》："刘珏（1078—1132）字希范，湖州长兴人。登崇宁五年（1106）进士第。……

《两汉蒙求》十卷。"四库全书馆臣自《永乐大典》辑出十一卷，可惜仅入存目，今已无存。按：刘珏，1078年生，绍圣时（1094—1097）才17—20岁，尚未中进士，直斋称"枢密吴兴刘珏"，考刘任是职在建炎三年八月壬子，"以吏部尚书刘珏为端明殿学士、权同知三省枢密院事"（《宋史》卷二五）。《要录》卷二六：建炎三年八月壬子，"吏部尚书刘珏为端明殿学士权同知三省枢密院事，仍许珏缀执政班奏事"。《要录》卷三一：建炎四年正月戊辰，"端明殿学士、权同知三省枢密院事刘珏落职，珏提举江州太平观"。《要录》卷五一：绍兴二年（1132）春正月辛丑，"朝散大夫、分司西京刘珏卒于梧州"。则直斋所云"绍圣"乃"绍兴"之误，序当作于绍兴元年。

（2）庄绰《本草蒙求》三卷，绍兴八年（1138）前。

程俱《送庄大夫绰赴鄂州守》："白首同经本命年，君临方面我归田。应无卫尉一钱直，空羡漆园三十篇。"原注："季裕著《本草蒙求》三卷，颇工。"（《北山集》卷一〇）按：庄绰知鄂州在绍兴八年（1138）。庄绰《鸡肋编》卷下："绍兴八年余在鄂州，见岳侯军日用钱五十六万缗、米七万余石。"

书已佚，仅存一注。《鸡肋编》卷下："《孙真人备急千金要方大医精诚篇》云：自古名贤治病，多用生命以济危急。虽曰贱畜贵人，至于爱命，人畜一也。损彼益己，物情同患。夫杀生求生，去生更远。吾今此方所以不用生命为药者，良以此也。其虻虫水蛭之类，市有先死者，则市而用之。只如鸡卵一物，以其混沌未分，必有大段要急之处，不得已隐忍而用之。能不用者，斯为大哲，亦所不及也。至后有用鸡子者，则云：用先破者有力。于妇人白薇丸方云：三月摘食时，可食牛肝及心，不可故杀，令子短寿。鲤鱼汤与治水方皆云：勿用生鱼。论诸毒螫则云：凡见一切毒螫之物，必不得起恶心。向之，亦不得杀。若辄杀者后必遭螫，治亦难差。小儿狗啮方云：勿令狗主打狗。于毒螫伤人之物，尚不忍生心而加箠，况其他乎？其仁慈可谓至矣。而新校治妇人妊娠诸方，皆用乌鸡之类，割颈取血以煎药，乃高保衡、孙奇、林亿以《崔氏纂要》等方所增加也，不特失真人之用心，又虑后世更疑不用生命以为虚语。故余于《本草蒙求》注中已辨其事。"据此，知其书有详注，辨明爱惜动物生命之意。

（3）吕本中《童蒙训》三卷，绍兴八年至十三年（1138—1143）。

《宋史》卷二〇二："吕本中（1084—1145）《童蒙训》三卷。"《直斋书录解题》卷九："《童蒙训》一卷，中书舍人东莱吕本中居仁撰。"今存为三卷本。收入四库全书。

（4）程俱《班左海蒙》三卷，绍兴十四年（1144）前。

《直斋书录解题》卷一四："《班左海蒙》三卷，程俱（1078—1144）致道撰。"《遂初堂书目》史学类：《班左海蒙》。《玉海》卷四九："程俱《班左海蒙》三卷。"书今存，国家图书馆藏有清抄本。

（5）吴开《童训统类》一卷，绍兴十八年（1148）前。

《宋史》卷二〇二："吴开（正仲，1067—约1148）《童训统类》一卷。"

（6）陈梦协《十七史蒙求》，绍兴十八年（1148）。

《宋会要》崇儒五之三五："绍兴十八年（1148）二月十七日，权给事中韦寿成言：

'看详福州进士陈梦协进《十七史蒙求》,文理可采.'上宣谕曰:'所进《蒙求》,昨日降出,可令有司加赐束帛,以为奖劝.'"《玉海》卷四九"绍兴《十七史蒙求》":"十八年陈梦协进《十七史蒙求》."

(7)陈葆光《群仙蒙求》(《三洞群仙录》)二十卷,绍兴二十四年(1154)。

存,有道藏本。前有绍兴甲戌(绍兴二十四年,1154)竹轩序。孙觌(仲益,1081—1169)《跋陈道士群仙蒙求》:"今世道士能读《醮仪》一卷,《中字歌步虚词》二三章,便有供醮祭衣食足了一生矣,然犹有不能者。常州天庆观道士陈君葆光好古嗜学,盖超然出于其徒数千百辈中者,读《道藏》,通儒书,与夫儒记传小说,靡不记览,著书二十卷,号《三洞群仙录》,贯穿古今,属辞比事,以类相从,虽老师宿学者不如。偶俪精切,协比声律,悉成韵语,虽章句之儒有不逮。余读其书而异之。夫道家者流,清净无为者也,饱食终日,无所用心,或弹琴围棋以自娱,或炼丹药以玩物之变,或治符箓以诃百鬼疗疾病,固贤于其徒矣,如葆光者博及群书,上自千载之前,远至六合之外,条分汇聚,配合奇偶,相比成文,自为一家,此余所谓超然出于其徒数百千辈者也."(《鸿庆居士集》卷三二)①

(8)胡寅《叙古千文》一卷,绍兴二十六年(1156)前。

《宋史》卷二〇二:"胡寅注《叙古千文》一卷."《郡斋读书志》卷五上:"《叙古千文》一卷,右致堂先生胡寅明仲所作也,南康黄西坡灏商伯为之传,晦庵朱文公题其后曰:'叙事立言,昭陈法式,实有春秋经世之志,至于发明道统,开示德门,又于卒章深致意焉。新学小童,朝夕诵之而讽其义,亦足以养正于蒙矣.'"《玉海》卷四五:"胡寅作《叙古千文》,黄灏为传."

按:书今存,收入胡寅(1098—1156)《斐然集》卷三〇。朱熹《跋叙古千文》:"右叙古千文,故礼部侍郎胡公明仲所作,其叙事立言,昭示法戒,实有《春秋》经世之志,至于发明大统,开示正涂,则又于卒章深致意焉,新学小童,朝夕讽之,而问其义,亦足以养正于蒙矣。清江刘孟容出其先朝奉君所书八分小卷,庄谨齐一,所以传家之意甚备,岂亦有取于斯乎!因摹刻置南康郡斋,传诸小学,庶几其有补云。淳熙己亥八月戊戌新安朱熹书."(《晦庵集》卷八一)李昴英《书胡致堂叙古千文后》(《文溪集》卷四)。

(9)胡宏《叙古蒙求》一卷,绍兴三十一年(1161)前。

《昭德先生郡斋读书志·后志》卷二:"《叙古蒙求》一卷,右五峰先生胡宏(1105—1161)所著也。自羲农至于五代周,凡三十一章,毛以谟为之序。先生之子大

---

① (宋)史能之(咸淳)《毗陵志》卷二五"仙释"晋陵:"陈葆光受业天庆观,梦真武举白璧授之,遂善符箓,治病辄愈,撰《神仙蒙求》三卷。晚住茅峰,主章醮,天灯尝示现云."《明一统志》卷一〇:"陈葆光住天庆观,尝梦玄武神举白璧授之,遂善符箓,治病辄愈,撰《丹神蒙求》三卷."按:《神仙蒙求》《丹神蒙求》疑与《群仙蒙求》实为一书之异名,卷数不同,或与注释详略有关。

壮（约1151—1213）书而刻之。"《玉海》卷四五："胡宏作《叙古蒙求》凡三十一章。"朱熹《答刘子澄》："《叙古蒙求》亦太多，兼奥涩难读，恐非启蒙之具。"（《晦庵集》卷三五）。

（10）吕氏《叙古千文》一卷，约绍兴末。

《宋史》卷二〇二："吕氏《叙古千文》一卷。"按：此书，《宋史》列于胡寅《叙古千文》之后，约作于绍兴末。作者名字不详。

（11）僧灵操《释氏蒙求》一卷，绍兴时。

按：此书《宋史》卷二〇五著录，列于《僧宗杲（1089—1163）语录》之后，应为南宋早期所撰。又僧灵操有《乐府诗》一卷。《宋史》卷二〇二列在陈旸《乐书》后、杨杰《元丰新修大乐记》之前，当为北宋晚期之作。《释氏蒙求》应作于两宋之际，此姑置于绍兴时。

（12）朱熹《论语训蒙口义》，隆兴元年（1163）。

朱熹（1130—1200）《论语训蒙口义序》："予既序次《论语要义》，以备览观，暇日又为儿辈读之，大抵诸老先生之为说本非为童子设也。故其训诂略而义理详，初学者读之，经之文句未能自通，又当徧诵诸说，问其指意，茫然迷眩，殆非启蒙之要，因为删录，以成此编，本之注疏，以通其训诂，参之释文，以正其音读，然后会之于诸老先生之说，以发其精微，一句之义，系之本句之下，一章之指，列之本章之左，又以平生所闻于师友而得于心思者，间附见一二条焉。本末精粗大小详略无或敢偏废也，然本其所以作，取便于童子之习而已，故名之曰《训蒙口义》，盖将藏之家塾，俾儿辈学焉，非敢为他人发也。……予幼获承父师之训，从事于此二十余年，材资不敏，未能有得，今乃妄意采掇先儒，有所取舍，度德量力，夫岂所宜，然施之汝曹，取其易晓，本非述作，以是庶几其可幸无罪焉尔。夫其训释之详且明也，日讲焉则无不通矣。义理之精而约也，日诵焉则无不识（去声，下同）矣。……毋牵于俗学而绝之以为迂且淡也，毋惑于异端而蹴之以为近且卑也，圣人之言，大中至正之极，而万世之标准也，古之学者，其始即此以为学，其卒非离此而为道，穷理尽性，修身齐家，推而及人内外一致，盖取诸此，而无所不备，亦终吾身而已矣。"（《晦庵先生朱文公文集》卷七五）程端礼《程氏家塾读书分年日程纲领》："朱子作《论语训蒙》（后更名《集注》）序曰……此宜揭之书斋。"

（13）侯宿《西汉蒙求》，乾道四年（1168）。

张栻（1133—1180）《西汉蒙求跋》："柳宗直辑《西汉文类》，其兄司马序其首，有曰搜讨磔裂，攟摭融结，离而同之，与类推移，世谓宗直是书，固足以传远，抑有赖于司马之文，有以发之也。东平侯彦明取班史故事及雅训语，协而比之，他日过予，求为之序。予谓侯君为是书亦勤矣，予乌能发之，君家彦周任其责可也，虽然有求于予，固将以求益也，试言读史之法可乎？读史之法，要当考其兴坏治乱之故，与夫一时人才立朝行己之得失，必有权度，则不差也。欲权度之，在我其惟求之六经乎？盍进于斯，而以余事诵其言语文字之工，莞然一笑可乎？因书于后。"（《南轩集》卷三四）按：

由"君家彦周任其责可也",知其时彦周尚在世,彦周之卒在乾道四年至九年(1173)间,则张栻序应作于其前。此姑置于乾道四年(1168)。侯彦周名寘,彦明为其兄弟行,其名为宿。赵蕃《寄赠侯宿彦明》,诗末注:"君尝从刘子驹游,张敬夫亦所厚善者。"(《淳熙稿》卷一五)张敬夫即张栻,此注与张栻作序可以对应。

(14)—(18)文济道《左氏纲领》四卷,《左氏蒙求》三卷。佚名《两汉蒙求》五卷,《唐史属辞》五卷,《南北史蒙求》十卷,乾道七年(1171)前。

《郡斋读书志》卷一下:"《左氏纲领》四卷,右皇朝文济道撰。排比事实为俪句,《蒙求》之类也。"《左氏纲领》四卷,《左氏蒙求》三卷。以上袁本经类、衢本子类。《昭德先生郡斋读书志·后志》卷二:"《两汉蒙求》五卷,《唐史属辞》五卷,《南北史蒙求》十卷,右未详撰人,皆效李瀚也。"《玉海》卷四〇:"文济道《纲领》四卷,又有《蒙求》三卷,王舜俞序。"以上各书,具体年代不详,必作于乾道七年(1171)《郡斋读书志》成书以前。

(19)王伯庠《告蒙》,乾道九年(1173)。

楼钥《侍御史左朝请大夫直秘阁致仕王公行状》:"王公伯庠(1106—1173)年六十有八状。公字伯礼,其先大名府人。隆兴元年改两浙西路安抚司参议官,二年省罢知兴国军。乾道元年七月召赴行在……七年移知温州,九年(1173)赴上,才三月终于州治。有《历山集》《云安集》《奏议》《告蒙》《资治编年》《宏词集要》《夔路图经》等藏于家。"(《攻媿集》卷九〇)书已佚。

(20)郑德舆《历代蒙求》一卷,淳熙三年(1176)。

《宋史》卷二〇七:"郑氏《历代蒙求》一卷。"楼钥(1137—1213)《跋郑德舆历代蒙求》:"《蒙求》始于李氏,后有作者终不及之。……亦有《广编十七史》,或专用小说及本朝故事,《左传》、西汉,或道家之书,意亦勤矣,终不及李氏之盛行。同年郑君德舆老不废书,用李氏之体,备述历代,由伏羲以至大宋事,不求对句,以四言童子易于诵习,千古大概,如指诸掌。德舆别有著述,此特其一尔。然比之众作,其殆最优乎?其子洽、溁锓板以传,为书其后,且将使诸孙诵之。"(《攻媿集》卷七六)按:既称同年,应同为隆兴元年进士。淳熙三年(1176)德舆曾撰《升禅师行状》,周必大《寒岩升禅师塔铭》:"淳熙丙申(三年),升既没,其得法弟子本高、本妙联务观(陆游)平日往来诗书为大轴。且以同郡人郑德舆行状及师语录来属予铭其塔。"(《文忠集》卷四〇)知其与陆游(务观,1125—1209)为同时代人,此暂系于淳熙三年(1176)。

(21)(22)《三国蒙求》,《小说蒙求》,淳熙四年(1177)前。

《遂初堂书目》:"《三国蒙求》,《小说蒙求》。"二书均佚。今残本《永乐大典》引《小说蒙求》八条,所记为晋以来史事,其中二条记北宋初事,其一出处为杨文公(亿,974—1020)《谈苑》。二书应作于淳熙四年《遂初堂书目》成书以前。

(23)吕祖谦《少仪外传》二卷,淳熙八年(1181)前。

存,有四库全书本。《文献通考》卷一九〇:"《少仪外传》二卷,陈氏曰:吕祖谦(1137—1181)撰。杂取经传嘉言善行切于立身应世者,皆小学切问之事也,而大要以谨厚为本。大愚吕氏跋曰:《少仪外传》一编,先兄太史所自次辑者也。首命其名曰《帅初》,次更其名曰《辨志》,而其终则定以是名焉。某尝侍坐,盖与闻所以为此编之意,盖以始学之士,徒玩乎见闻,汩乎思虑,轻自大而卒无据,故指其前言往行所当知而易见者,登之于册,使之不待考索而自有得于日用之间,其于未易遽知而非可卒见者,则皆略而不载,苟读是编,而无所厌忽,各因其所得,而有自立之地,则先兄之本心,庶乎其不泯矣。"

(24) 史浩《童丱须知》二卷,淳熙八年 (1181),存。

《宋史》卷二○二:"史浩(1106—1194)《童丱须知》三卷。"全书收入《鄮峰真隐漫录》卷四九、五○。据此,宋志"三卷"当为"二卷"之误。上卷凡十篇,为君臣、父子、夫妇、长幼、朋友、祭祀、舅姑、叔妹、娣姒、臧获。下卷敬天、传道、修德、恤民、措刑、乐声、忠恕、疏财、见德、习尚篇,宫室八篇、舆马八篇、张设八篇、衾褥八篇、玩好八篇、衣服八篇、酒醴八篇、膳羞八篇、梳妆八篇、稻粱八篇。书前有自序:"予起身寒微,颇安俭素,非官至未尝陈筋豆,退处率多暇日,间口占数语,以训儿孙,使知事君事亲修身行已之要,录之几百篇,目曰《童丱须知》,不敢以示作者,姑藏其家,欲其易晓,故鄙俚不文,然比之嘲风弄月则有间矣,留心义方者有取于斯焉。淳熙辛丑(八年,1181)下元,真隐居士书于清凉境界。"

(25) 崔敦诗《广蒙》三卷,淳熙九年 (1182) 前。

《玉海》卷四九:"崔端(按此系避光宗讳改敦为端)诗为《广蒙》三卷。"《姑苏志》卷五一:"崔敦诗(1139—1182),字大雅,世家静海,晚寓常熟。绍兴末,由进士主高邮簿、两浙运干,除秘书省正字,继兼翰林权直,早有文名,制词温润详雅。兼崇政殿说书,权给事中,遭内外艰,时学士周必大乞补外,寿皇中批,问吏部尚书韩元吉曰:崔某今安在?元吉具言之,召见,除枢密院编修官,复为权直。既拜命,即言翰林权直为名未正,乃更为学士院权直,迁著作郎兼权吏部郎官,又兼崇正殿说书,进国子司业,改权直学士院,拜中书舍人,加侍讲直学士院。敦诗赋性端厚,议论疏通,知大体,自直宿递讲遇,引对所陈必剀切,至造膝密启,有家人不得觇其稿者,上深所器许。九年以疾卒,年四十四,赠中大夫。有《文集》三十卷、《内外制藁》二十三卷、《奏议总要》五卷、《通鉴要览》六十卷、《制海》十编、《监韵》五编。"

(26) 叶才老《和李翰蒙求》三卷,淳熙十三年 (1186)。

《宋史》卷二○七:"叶才老《和李翰蒙求》三卷。"《遂初堂书目》:"叶才老《和蒙求》。"

按:叶才老,乾道二年萧国梁榜进士(弘治《八闽通志》卷四九),庆元元年任漳浦县县令,修弦歌堂(《八闽通志》卷七四),淳熙十三年(1186),周必大《赣县叶丞才老》:"某顿首:家兄史君,眼高一世,素谨许可,每书来道足下学问贤德累数十言,虽未识面而求益之心已切,忽辱书况贰以长笺,欣感不可名也。秋暑履况复何如!《次韵蒙求》,精切博洽,非独远过李瀚,如王令亦当敬避下风,转示朝士,无不咨美,今既版行,自应与学者共之。"(《文忠集》卷一八七)据此,是书1186年前已刻印问世。

书已佚，《永乐大典》卷一〇三一〇、卷二〇八五〇引其文二条，称"叶邦邵《和李翰蒙求》"。邦邵乃才老之字。

（27）朱熹《易学启蒙》四卷，淳熙十三年（1186）。

朱熹《易学启蒙序》："圣人观象以画卦，揲蓍以命爻，使天下后世之人皆有以决嫌疑，定犹豫，而不迷于吉凶悔吝之涂，其功可谓盛矣。然其为卦也，自本而干，自干而支，其势若有所迫而自不能已。其为蓍也，分合进退，纵横顺逆，亦无往而不相值焉，是岂圣人心思智虑之所得为也哉？特气数之自然形于法象、见于图书者有以启于其心而假手焉耳。近世学者类喜谈《易》而不察乎此，其专于文义者，既支离散漫而无所根着；其涉于象数者，又皆牵合傅会而或以为出于圣人心思智虑之所为也。若是者，予窃病焉，因与同志颇辑旧闻，为书四篇，以示初学，使毋疑于其说云。淳熙丙午（十三年1186）暮春既望，云台真逸手记。"（《晦庵集》卷七六）按：此书一说朱熹指画、蔡元定编。

（28）黄日新《通鉴韵语》九卷，淳熙十四年（1187）。

《昭德先生郡斋读书志·附志》卷五上："《通鉴韵语》九卷，右黄日新齐贤所著也。大略如李瀚《蒙求》四言体，而列其事于左方，周平园、朱晦翁、洪容斋、谢艮斋、杨诚斋、楼攻愧诸老先生皆为之序。齐贤，临川人。"

按：绍熙元年，周必大《与黄日新书》："某启远蒙相过，宠惠长书，极论师友之谊，自非志勤学富，孰能及此。愧某无以称也。附图《通鉴韵语》，积二十余年之力，使千三百余年治乱兴衰聚于一编，自博而约，以便观览……详观足下所次韵语，自云：以《通鉴节要》为主，然后即史以著其始末，大概为温公纂是书以广帝学，故其事备，其帙繁，退而思与天下后世韦布同之，故举其纲，撮其要。"（《文忠集》卷一八七）朱熹《答程可久》："黄齐贤《韵语》，用心甚苦，诸图尤有工夫，甚不易得，已遵尊命，以数语附卷末。"（《晦庵集》卷三七）杨万里《跋黄齐贤通鉴韵语》："迁叟《通鉴》之书，大万万言不啻也。黄君齐贤终一事为四言，举四言得一事，卷而怀之，《通鉴》在袖间，诵而记之，《通鉴》在舌端矣。此学者之利也。或曰：此书之不忘，《通鉴》可忘乎？曰：不忘此书，然后可以语《通鉴》之不忘，不忘《通鉴》，然后可以语《通鉴》之忘，学者谨之。淳熙丁未（十四年，1187）三月十二日，诚斋埜客庐陵杨廷秀书。"（《诚斋集》卷一〇〇）

又《会稽续志》卷六记黄日新，绍兴人，元符三年（1100）李釜榜进士。与此时代不合，当非一人。

（29）徐伯益《训女蒙求》一卷，淳熙十四年（1187）。

《四库提要》卷一三七："《训女蒙求》一卷，宋徐伯益撰。伯益爵里未详，是书仿李瀚《蒙求》之体，类集妇女事迹为四言韵语以括之，皆习见之词，无足采录。"第1163页。按：徐伯益，龙游人。淳熙十四年（1187）王容榜进士（《浙江通志》卷一二六）。杨万里（1127—1206）有《跋徐伯益所藏张钦夫书西铭短纸》（《诚斋集》卷三一）。此暂系于中进士之年。书已佚，今残本《永乐大典》中尚保存四条。

（30）（31）刘清之《训蒙》(《训蒙新书》)、《外书》，绍熙元年（1190）前。

《遂初堂书目》："刘清之《训蒙》。"《宋史》卷四三七："刘清之（1134—1190）字子澄，临江人……所著有《曾子内外杂篇》《训蒙新书》《外书》《戒子通录》《墨庄总录》《祭仪》《时令书》《续说苑》《文集》《农书》。"《困学记闻》卷一八："子澄著《训蒙新书》《外书》。"

（32）程端蒙《性理字训》，绍熙二年（1191）前。

书今存，收入《新安文献志》卷三三。朱熹《答程正思》："所示诸书甚善甚善……《小学字训》甚佳，言语虽不多，却是一部大尔雅也。"（《晦庵集》卷五〇）朱熹《程君正思墓表》："鄱阳程君端蒙正思……以病不起，绍熙二年（1191）十一月一日也，享年四十有九。"（《晦庵集》卷九〇）是书曾单独刊行于世。宝庆《四明志》卷二："《性理字训》三十板。宝庆元年（1225）。"元胡炳文《跋文公先生墨迹》："吾友操希元得文公帖，凡一千一百八十七字……此三帖皆与程正思，正思有《性理字训》，文公尝以为小尔雅，于此亦可想见其为人也。希元宝之宝之。"（《云峰集》卷四）

（33）胡融《历代蒙求》，约绍熙二年（1191）。

崇祯《宁海县志》卷九："《历代蒙求》，胡融著。"按胡融，字小瀹，号四朝老农（《天台续集》）。史铸《百菊集谱》卷五："淳祐丙午（六年1246）中夏，愚始饬工为此锓梓，越旬余，又得同志陆景昭特携赤城胡融尝于绍熙辛亥（二年1191）岁撰图形《菊谱》二卷以示。"此姑系于其撰《菊谱》之时。

（34）洪迈《次李翰蒙求》三卷，嘉泰二年（1202）前。

《宋史》卷二〇二："洪迈（1123—1202）《次李翰蒙求》三卷。"书已佚。

（35）孙应符《幼学须知》五卷，开禧二年（1206）前。

《直斋书录解题》卷一四："《幼学须知》五卷，余姚孙应符仲潜撰次。此书本书坊所为，以教小学，应符从而增广之。"按：孙应符为孙应时（1154—1206）之仲兄，则其书当作于开禧二年（1206）之前。《文渊阁书目》卷三："《幼学须知》一部一册。"据此，则是书明初尚存于世。今佚。

（36）彭龟年《止堂训蒙》二卷，开禧二年（1206）前。

《宋史》卷二〇五："彭龟年（1142—1206）《止堂训蒙》二卷。"楼钥《宝谟阁待制致仕特赠龙图阁学士忠肃彭公神道碑》："著《止堂训蒙》一书，盖终始不变者也。……著《内治圣鉴》二十卷、《训蒙》、经解、奏议、外制并表笺杂著合为若干卷，藏于家塾。"（《攻愧集》卷九六）魏了翁《彭忠肃公止堂文集序》："又得《止堂训蒙》之书，自一本二气五常五典，娓娓乎密而辩也。"（《鹤山集》卷五四）魏了翁《止堂训蒙序》："天所以命于人，人所以受于天，帝王所以立极，圣贤所以相传，画于《易》，书于《书》，咏于三百篇，笔削于《春秋》，节文于三礼，难疑答问于孔、孟之遗编，如风雨霜露，日星山川，精义至教，无隐乎人，而秦、汉以来，世斁民散，指失言湮。至我国朝，巨人元夫，迭相后先，究极仁义之奥，发挥阴阳之赜，而日用饮食之近，宫庭屋漏之实，反观约取，则不出乎家人父子之近，日用饮食之质，若远而至近，若殊而实一，非若异端小道空言而无实也。朱张氏作师传友习,讲贯加密,然而散在方册,浩乎溟涬。至彭公为《训蒙》之书,诹经考传,韵联辞属,以便于学士之习读,予始得于公之子钦,盖六学之会,百行之畜,其季铉也以校本来,嗜之益笃,玩之益熟。起家守泸,念扶世而善俗,取诸此书,殆不翅是,乃刻梓于州府,以俟世之知言知德者焉。呜呼!是乃作圣之功,毋徒以训蒙目之也。龙集执徐之岁辰会大火之宿,临印魏某书于州庠之塾。"(《鹤山集》卷五五)据此,知魏了翁在嘉定十一年(1218)知泸州时刻此书。

(37)胡谦《庐陵蒙求》,开禧二年(1206)。

曾丰《胡谦庐陵蒙求序》:"近世有赓李瀚《蒙求》,求工于瀚者多矣,余于交游中得二人焉,临川蔡庄叔、建安叶邦邵也。盖泛然取天下事为之,其工易。胡谦,庐陵人,所为《庐陵蒙求》,特取一郡事尔,其工如之,难哉!虽然,余于谦甫不取其工,取其大,何则?蒙求,小学之书也,于谦甫盖其绪余,而阖郡事迹巨细亡遗,书之九丘之意不外是,骈音俪节主委亡差,《春秋》之属辞比事之意不外是,八邑声教之深浅,四民气习之醇疵,读者涵泳为之叹嗟,《诗》之十五国风之意不外是,则有大学之道存焉。天地间惟圣人为能大,惟圣人之书为能大学之道。……谦甫此书有志于大,其心以大其道者也,余恐读者小之,不知其心之证有孔子在,其道之证有《诗》《书》《春秋》在,故取以发挥为之序,以冠其卷首焉。开禧二年(1206)六月十日曾幼度序。"(《缘督集》卷一八)

(38)陈氏《续蒙求》,嘉定六年(1213)前。

楼钥(1137—1213)《跋陈氏续蒙求》:"徐坚作《初学记》,中山刘子仪爱其言曰:非止初学,可为终身记。此书出入史传,援据精确,何止应童蒙之求耶?"(《攻媿集》卷七〇)

(39)吴庭秀《十七史蒙求》,金至宁元年,宋嘉定六年(1213)。

元好问《十七史蒙求序》:"始予年二十余,住太原学舍,交城吴君庭秀泊其弟庭俊与予结夏课于由义西斋,尝以所撰《蒙求》见示,且言:逢原既以十七史命篇矣,而间用《吕氏春秋》《三辅决录》《华阳国志》《江南野录》,谓之史可乎?今所撰止于史书中取之,诸所偶俪必事类相附,其次强韵,亦力为搜讨,自意可以广异闻,子为我序之,可乎?予欣然诺之而未暇也。后三十七年,予过镇阳,见张参议耀卿,耀卿受学于吴君之门者也,问以此书之存亡,乃云:版荡之后,得于田家故箧中,因得而序之。……吴君博览强记,九经传注,率首自抄写,且讽诵不去口,史书又其专门之学,文赋华赡,有声场屋,间教授生徒,必使知己之所知,能己之所能,时议以此归之。贞祐兵乱,负母入山,道中遇害,年甫四十云。庚戌(淳祐十年,1250)五月晦日,新兴元某叙。"(《遗山先生文集》卷三六)是书作于淳祐十年之三十七年前,则为金至宁元年、宋嘉定六年(1213)。

(40)周守忠《历代名医蒙求》二卷、释音一卷,嘉定十三年(1220),存。

按:此书有嘉定十三年(1220)临安府太庙前尹家书籍铺刻本(台北故宫博物院藏),天禄琳琅丛书第一集,1955年人民卫生出版社据临安府太庙前尹家书籍铺刻本缩印本。

（41）邵笥《孝弟蒙求》二卷，绍定元年（1228）。

《宋史》卷二〇七："邵笥《赓韵孝悌蒙求》二卷。"亦作《孝弟蒙求》。魏了翁《邵万州孝弟蒙求序》："蒙求之书，便于记诵，自迁固书，以讫于本朝史，先儒为之者凡数家矣。金华邵伯方笥又用李氏《蒙求》韵，录古今孝弟事，尝以示予。予作而叹曰：是不惟纂言用韵之工，盖见诸行事之实者也。夫学莫大于求仁，仁则五性之本，求仁必自孝弟始，则孝弟又所以为仁之本也。古之教者，居于家则事父兄，坐于塾则亲师友，会于序则读教法，饮于乡则序齿位朝，益莫习日诱月化，无适而非事亲敬长之节，凡以申其义而降之德焉耳，曰申、曰降，又皆因其固有振而新之，非如后之教者，利禄之诱，词华之竞，而本焉之不务也。是书于始学尤为有益，非徒记诵之云。伯方请遂识之，予不敢辞。绍定元年（1228）二月初吉。"（《重校鹤山先生大全文集》卷五四）魏了翁《从义郎胡君墓志铭》："绍定改元（1228）之冬，余放靖未还，金华胡潜介其妇翁通判靖州邵伯方笥以书来。"（《鹤山集》卷八〇）由上述记载，知邵笥为金华人，绍定元年（1228）时任靖州通判。书应作于是年年初。已佚。

（42）牟少真《发蒙中庸大学俗解》，嘉熙元年（1237）前。

魏了翁（1178—1237）《跋牟少真发蒙中庸大学俗解》："吾儒之书自诸老先生语录外，未有方言俚字为文者，盖弟子之于师唯恐稍失其指，故聪听之，谨书之，莫之敢易也。近世乃剿入科举之文，以惑凡近，以欺庸有司，诿曰：姑以绐取利禄耳，是固可陋。今牟君之为《中庸大学发蒙》，将以信今诒后，而为是俚俗之语，五方之言语不相通，而可强同乎！又若谓世人不可与庄语，姑俯而就之者，然则不浅之待人乎！言之不文，行而不远，牟君归为我精思而文言之。亦有当商略者，兹未暇及也。"（《鹤山先生大全文集》卷六四）书已佚。

（43）计子真《训蒙正谬》，嘉熙元年（1237）前。

魏了翁《计子真训蒙正谬序》："自师友道缺，士怵于卑陋，剿先民之遗言，袭近世之俚说，苟以缀缉词章，哗世攫荣，则曰：学如是可矣。同郡计子真应孙乃能勤学好问，随事订正，不肯浮沈俗者。岁久纂辑，命其书曰《训蒙正谬》，将以传之子孙。厥子衮臣衣言惟恪，暇日常以示予，且属叙所以作。"（《鹤山先生大全文集》卷五五）据此，知是书为订正流俗认识之误与蒙求书之误而作。书已佚。

（44）张洽《左氏蒙求》，嘉熙元年（1237）前。

《宋史》卷四三〇《张洽传》："张洽（1161—1237）……所著书有《春秋集注》、《春秋集传》、《左氏蒙求》、《续通鉴长编事略》、《历代郡县地理沿革表》、文集。"书已佚。

（45）方逢辰《名物蒙求》一卷，嘉熙四年（1240）。

明《文渊阁书目》卷三："《名物蒙求》一部一册。"高儒《百川书志》卷四："《名物蒙求》一卷，宋理宗时状元淳安蛟峰老人方逢辰撰。"《千顷堂书目》卷三："方逢辰《名物蒙求》一卷。"方逢辰（1221—1291）《名物蒙求序》："童蒙未识宇宙内事，虽此身不识其所从来，况同胞同与者乎？法当从事物上起。予弱冠时业书馆，苦于初学聪明不开，为作《蒙求》一卷，教之以天高地下，万物散殊，人物之大原，人伦之大本，次及其饮食衣服，切已日用处，使之先识其名，次通其义，积习既久，虽木石之愚者，亦豁然为之开明，然后知天地间无不可教之人。伊川程先生曰：今日格一物，明日格一物，然后当脱然有贯通处。初学之学，虽与大学之格物不同，然太极之冲漠，无朕者岂在万象森然之外哉！此之所教，特先其近者小者，而所谓远者大者，亦不离乎此而已矣。丙子后，有朋友拾得此本于兵革煨烬之余者持示予，问所为作之意，遂为道其所以然。"（《蛟峰文集》卷四）据此，知是书为其弱冠时所作，以二十岁计，约作于嘉熙四年（1240）。书已佚。

（46）黎自昭《性理蒙求》，约淳祐三年（1243）。

高斯得《性理蒙求跋》："《大学》《中庸》《语》《孟》诸书先儒之说甚备，朱子后出，从而折中，平实精深，毫髪无遗恨矣，独患学者不能谨守而务为新巧以凿之，黎晋甫作《性理蒙求》，出入朱子之书，无一字不据依，可谓笃信好学者，后生得之，习其文义，涂辙不差，由是以读圣人之书，可无穿凿驳杂之病矣，《易》曰蒙亨以亨，行时中也。蒙有可亨之理，教者以亨道行之，在当其可而已，予谓是书施于十五志学之时为宜，不然则躐等而渎蒙矣。"（《耻堂存稿》卷五）又《跋黎晋甫黄岩县楼记士人送行诗》："黎晋甫之宰黄岩也，以廉著称，予时丞郡，深敬爱之，去县久矣，御史陈垓恶其论事，触忤时相，托为邑人黎靡有子遗之诗以追诬之……晋甫以清献杜公之记，戴、王诸人之诗示余，求一言以刷前耻，因取余所遭者比而言之，庶发观者之笑云。"（《耻堂存稿》卷五）杜范《黄岩县谯楼记》："黎君领斯邑，入其治，见其闱阓而心陋之……属乡之士葛元善、阮应龙董其役，鸾材鸠工，无抑取，无靳予，故其具也备，而民不知其成也速，而民滋悦。经始于淳祐二年（1242）冬十二月，竣事于三年春三月，楼成……君名自昭，字某，西川人，是岁六月既望，具位杜某记。"（《清献集》卷一六）是书，约撰于黎自昭知黄岩县之时，即淳祐三年（1243）。

（47）徐子复《圣宋蒙求》六卷，淳祐四年（1244）前。

徐元杰（1194—1245）《题圣宋蒙求后》："一代之兴必有一代之史，其书愈多而读之者愈不能徧，于是读史有捷径，曰史类，曰史抄，其便于成童之习则曰《诸史蒙求》，然作此书者多矣，往往皆历代事，未有及于先朝之典故，皆以事杂举未能循其世纪之年月。夫祖宗之玉编瑶帙藏在秘府，世固鲜得而见之，若夫国史之会要、名臣之言行与夫《长编》《系年》之类，皆班班乎可考，盖无往而非可观之训，然窃慨夫藏书之家，未必观无书可藏者不及观，幼而学之者又未容以骤观，至于士习之专意举业者，又不过掇拾事类以便搜阅而已，往往人自编之，不复以传他人，一时纂之不足以告来者。吁此《圣宋蒙求》之所以作也，作之者谁？建之南浦徐子复也。观其事类则自建隆而熙宁，年而次之，类而偶之，联而韵之，章必两联，每联必备颠末，其为帙也凡六，盖祖宗全盛时事也。继是而后，未及类而子复逝矣。厥子某善继先志仆仆远来，衔诸袖而出之，请题其左。余不获辞，一再观之，嘉其志而屡叹之。我先朝之人物名氏，其所著之言行详略，各因其事章分句列，而事亦载诸其下，其视饱食终日无所用心为如何，学者苟未暇读《长编》，能求此读之犹愈于已，是岂可以蒙求为童习之书而忽之哉！不然泛泛悠悠望洋传记困蒙而吝童习而荒，有书不如无书，虽多亦奚以为！"（《楳埜集》卷一○）据此，知是书为其绝笔之作，记北宋建隆至熙宁之事。

（48）黎献《事类蒙求》，约淳祐七年（1247）。

明凌迪知《万姓统谱》卷一四："黎献字子文，东莞人。性警敏，笃学问，弱冠授徒，一依紫阳白鹿规以为教，取经史子集与埤雅小说之言，摘其对奇语为《事类蒙求》，对偶切要，人称拙翁先生。"《广东通志》卷四四："田知白，番禺人。制行高洁，广帅方大琮建濂泉书院，既落成，请李昂英（1201—1257）首席，昂英曰：郡中无如田知白者。大琮躬诣之，以病辞，再往叩之，则遁矣。知白年逾八十，犹能灯下细书，贫而好酒，自号醉乡遗老。时东莞黎献隐居教授，亦以学行闻。"按：方大琮知广州在淳祐二年（1242）至七年（1247）。此暂系于淳祐七年（1247）。

（49）徐子光《补注蒙求》八卷，淳祐九年（1249）。

《直斋书录解题》卷一四："《补注蒙求》八卷，徐子光撰。以李翰《蒙求》句为之注，本句之外，兼及其人他事。"《宋史》卷二〇七："徐子光《补注蒙求》四卷，又《补注蒙求》八卷。"《遂初堂书目》："徐子光《注蒙求》。"日本藏本题为《徐状元补注蒙求》，有子光自序，称："时己酉仲冬之月辛卯吉日徐子光序。"（杨守敬《日本访书志》卷一一）己酉即淳祐九年（1249），十一月辛卯为是月二十四日。余嘉锡疑为淳祐元年状元徐俨夫字公望，但其名字并不相同，此疑非是。今按：宋代状元有尚有释褐状元，这是通过三舍法考试得上舍第一名者，如陆唐老集注的《资治通鉴》就称为《陆状元增节音注精议资治通鉴》，因为他是淳熙十六年（1189）释褐状元（咸淳《临安志》卷六一）。徐子光可能是理宗时期的释褐状元。

（50）（51）赵彦绖《赵氏家塾蒙求》二十五卷，《宗室蒙求》三卷，淳祐十年（1250）前。

《直斋书录解题》卷一四："《赵氏家塾蒙求》二十五卷，《宗室蒙求》三卷，赵彦绖撰。"按：赵彦绖为公颛之子（《宋史》卷二三七《世系表》，第8189页）。此必作于淳祐十年《直斋书录解题》成书以前。

（52）虞复《告蒙集》，约宝祐三年（1255）。

明晁瑮《晁氏宝文堂书目》："《远斋告蒙》。"《宋元学案》卷五四《知州虞远斋先生复传》："虞复，字从道，义乌人也。学于倪起万，以进士为杨村酒官，上四十八规，理宗大喜，累官大宗正丞、知信州。史嵩之开督府，以御札尽收列郡利权，先生以上表进爱养根本之说，忤旨，除都官郎……退居东岩十有五年，董文清公槐相力荐于朝，改尚书郎官，轮对举大学正心诚意为纲领，分好乐念憸为节目，援汉文帝止造露台以为戒，上嘉纳之。知瑞州，以疾辞。著有《成已集》《告蒙集》《告忠集》《远斋集》，共八十卷。"按：董槐为相在宝祐三年八月至四年七月。书当为其"退居东岩十五年"期间所作，事在宝祐三年前。此暂系于宝祐三年（1255）①。

---

① 又黄虞稷《千顷堂书目》卷三作"虞俊《达斋告蒙》一卷"。"俊"乃"复"之误，"达"乃"远"之误。袁甫《蒙斋集》卷八《虞复除耤田令制》可证。

（53）黄惟寅《注朱文公训蒙诗》，约开庆元年（1259）。

徐经孙《黄季清注朱文公训蒙诗跋》："右，《训蒙绝句》五卷，晦庵先生朱文公之所作也。其注则沆江黄君季清之所述也。谨按先生自序，谓病中默诵《四书》，随所思记以绝句，后以代训蒙者五言七言之读。然自今观之，上至天命心性之原，下至洒扫步趋之末，帝王传心之妙，圣贤讲学之方，体用兼该，显微无间，其目虽不出于《四书》之间，而先生之性与天道可得而闻者，具于此矣。其曰《训蒙》，乃先生谦抑，不敢自谓尽道之辞云耳。季清研精是编有年矣，一日心会理融，句析字解，因先生之言，探先生之学，或取诸《章句集注》，或取诸文集、语录，又参以周、程、横渠、五峰、南轩、勉斋、西山诸书。如纲以黄钟而四声迭和，原于岷山而百川会同。其例则先训诂，后文义，一如先生注书之体，自非潜心之久，味道之深，何以及此！其释《命诗》云：'新者如源，来无穷也；旧者如流，往不返也。'其释《戒谨恐惧诗》云：'寇未至则高其垣墉，欲未动则敬以直内。'此皆得先生言外之意。余与季清交四十年，中间辱授馆者非一载，见其读书专静，反覆沉潜，弗得弗已，知其他日所进，有非不肖所能及。其后数岁一见，每见必进于昔。今于所注书益信。虽然，先生之诗，章句云乎哉！皆其得于心，见于躬行日用之际，俛焉孳孳，有不容以自已。绝句凡九十八首，始于天而以事天终焉。其辞有曰：'存养上还天所付，终身履薄以临深。'余与季清今老矣，尚皆懋敬哉！季清名惟寅，氏伯新，实从加斋学，师友渊源有自云。"（《徐文惠公存稿》卷三）按：黄惟寅，开庆元年（1259）己未周震炎榜进士（明万历《新修南昌府志》卷一七）。今暂系于中进士之年。

（54）罗黄裳《发蒙宏纲》三卷，咸淳间。

《发蒙宏纲》三卷，罗黄裳编。四库全书馆臣自《永乐大典》辑出，列入存目，书已佚。四库提要卷一九一："《发蒙宏纲》三卷，宋罗黄裳编。黄裳，池州人，咸淳中曾为番禺守。明内阁书目曰《发蒙宏纲》，宋咸淳间罗黄裳撰五言诗十二篇，又择古文凡有关于蒙养者三十篇以训蒙。今考所录皆乡塾习诵之文，无所鉴别，亦无所发明，殊无一长之可取，不知何以流传于后也。"明《内阁藏书目录》卷八："《发蒙宏纲》二册。全。"

（55）舒津《续蒙求》，南宋末。

《文渊阁书目》卷三："宋舒律（当作津）《蒙求》一部一册。"《万姓统谱》卷八："舒津（1213—1294）字通叟，奉化人。读书积学，期至古人。登景定三年进士，迁太学博士、知平江，莅事勤敏，雅志澹如，尝博采传记，著《续蒙求》《尚书解》《春秋集注》《十七史纲目》。"

（56）—（59）王应麟《蒙训》四十四卷、《小学绀珠》十卷、《小学讽咏》四卷、《补注急就篇》六卷，南宋末。

《宋史》卷二〇二："王应麟（1223—1296）《蒙训》四十四卷。又《小学绀珠》十卷、《小学讽咏》四卷、《补注急就篇》六卷。"

（60）区适子《三字经》，南宋末。

明郭棐《粤大记》卷二三："区适子，字正叔，登洲人。父仕宋为德庆参军，廉介有声。适子幼俊爽能文辞，经史皆通大义。及长，重厚寡言笑，以博学洽闻称，学者多从之游。所居乡名鉈洲，而适子自号登洲，乡人因以其号名其乡曰登洲云。适子抱道不仕，或问之，曰：'吾南人，操南音，安能与达鲁花赤俯仰邪？' 元法，南人不得长治郡县，正印官皆蒙古、色目人制之，谓之达鲁花赤，故云。刘与子序适子文曰：'君，德人也，予以文士目之，浅矣！扶胥之南、越台之下，宁复有斯人哉！'故老传，今《三字经》，适子所撰也，童蒙多诵之①。"

三、研　究

对唐宋蒙学书的研究可以从以下几个方面进行。①唐宋蒙学书变化的轨迹；②由其变化观察唐、宋接受启蒙教育人群的状况；③由此引发对唐宋重大历史的新看法。

（1）以上考证，得蒙学书84种。其中，唐8种，五代1种，宋75种。宋为唐之九倍。更细分，初唐、盛唐0种，中唐1种，晚唐7种，五代1种。北宋15种，南宋60种（早期11，中期29，晚期20）。

由此可以看到蒙学书编写的发展趋势，唐前期是零，中唐才开始出现新的蒙学书，晚唐有所发展，北宋比唐增多一倍，南宋又以更高的速度发展，是北宋的四倍。

从质量而言，在不断提高。中唐李翰的《蒙求》，以四言诗的形式传授汉字，同时传播古代历史知识（从先秦到刘宋）。晚唐，历史知识延伸到本朝（唐）。并开始出现专用于道德教化的蒙学书，如冯伉《谕蒙》，就是以改变"百姓多猾"的状况而作，"大略指明忠孝、仁义、劝学、务农"。到北宋，历史知识进一步延伸到宋朝，出现专讲宋朝名臣故事的书如范镇的《本朝蒙求》。传授的知识面有所扩大，出现专用于传播佛教知识的《释氏蒙求》，传授地名知识的《州名急就篇》。至南宋，变化尤大，出现许多不同类型的蒙学书，如传授易学的《易学启蒙》，讲授《论语》《大学》《中庸》等儒家经典的《论语训蒙口义》《发蒙中庸大学俗解》《左氏纲领》《左氏蒙求》《少仪外传》。专讲理学的《性理字训》《性理蒙求》，讲究孝道的《孝弟蒙求》，讲授医学知识的《本草蒙求》《历代名医蒙求》，有切合实用的《名物蒙求》，传播道教知识的《群仙蒙求》，有趣味性的《小说蒙求》，有专讲本地历史文化知识的《庐陵蒙求》，有专门纠正日常生活中错误认识的《训蒙正谬》，有包罗万象的《事类蒙求》（取经史子集与埤雅小说之言而成），有专对妇女的《训女蒙求》。

参与编写蒙学书的作者，在唐代多是不知名的人士。到北宋，就有名家加入，如欧阳修、范镇。南宋名家尤多，如朱熹、吕祖谦、吕本中、程俱、胡寅、胡宏、史浩、刘清之（1134—1190）、洪迈、彭龟年、方逢辰、王应麟等。有大批知识精英参加，所编

---

① 此书，（明）黄佐《广州人物传》卷一○、阮元（道光）《广东通志》卷二七○、吴翌凤《镫窗丛录》卷一等书均以为区适子所作。（清）乔松年《萝藦亭札记》云："童子所诵《三字经》，有王相者注之，谓是王伯厚所作。"按：有关王应麟（字伯厚）的记载不少，其著作传世亦多，从无人提及著有此书，大概因为其是文献名家，又作过多种启蒙书，故后人附会到他的头上，今不取。

写的蒙学书水平自然越来越高。

为什么初唐与盛唐没有编写蒙学书呢？说明当时朝廷和统治集团根本不重视广大群众的启蒙教育。他们眼里只有门阀贵族，在中央办的三大教育机构中，国子监只收三品以上官员子弟，太学五品以上，四门学七品以上子弟。八品以下的官员子弟都被排斥在外，更不必说庶民了。

（2）由唐至宋，蒙学书数量在不断增加，质量在不断提高，意味着唐、宋时期接受启蒙教育的人群在不断增加。更具体说，初、盛唐接受启蒙教育的人数甚少，中、晚唐有所增加，北宋比唐多，南宋增幅最大。

宋代出现专对妇女的《训女蒙求》，意义重大。妇女占着人口的一半，她们相夫教子，一旦掌握了知识，对下一代的成长起着至关重要的作用。她们接受启蒙教育，意味着接受启蒙教育的人群在成倍地扩大，新生代会加速成长。宋代大理学家程颢、程颐的成长就与其母侯氏的启蒙教育大有关系①。淳熙八年礼部考试第一名俞烈（？—1213），年幼时，其母张夫人亲自"教诵《蒙求》《孝经》"②。

蒙学书的增加，意味着蒙学教育在逐渐普及，到北宋出现以教启蒙书为生的教书先生，就是一个标志。马永卿《嬾真子》卷五："洛中士人张起宗，字起宗，以教小童为生，居于会节园侧。"③到南宋，已达到"童子师满天下"的地步。此时，更多地注意改进教育方法，追求更好的效果，出现了专讲教育方法的专著汪立义《教童子诀》④。

接受启蒙教育的人数越多，意味着文盲在减少，国民整体素质在提高。换言之，就文盲数而言，自唐至宋在不断减少，唐的国民素质显然不如宋代高。

（3）以上梳理了蒙学书及启蒙教育状况，它影响到唐宋国民素质变化。这一认识对理解唐宋重大历史问题有何作用？我想至少有两点新的认识。

其一，唐代的贞观之治、开元之治，自古至今，人们一直传为美谈，其实，在它的辉煌背后，存在着苍白的一面。从初唐、盛唐对编写启蒙书的冷漠上，它是不关心广大庶民的教育的，不仅如此，它对较高层次的教育也存在严重缺陷，除上举中央办学的问题外，州学也因没有固定经费而时办时停。私办的书院，到晚唐才出现。这样，势必影响整个国民素质的提高。而这是社会发展的基石，它必然制约着以后的发展。今人对贞观、开元之治的评价应一分为二，而不该一味歌颂。

其二，唐代经过安史之乱以后，政治、军事、经济、文化、科技全面衰退，昔日辉煌，不再重现。为什么？以往，人们多把这一切全都归咎于安史之乱。合理吗？这里，

---

① （宋）程颐《上谷郡君家传》："夫人幼而聪悟过人……好读书，博知古今……颐兄弟幼时，夫人勉之读书，因书线贴，上曰：'我惜勤读书儿。'"（《二程文集》卷一三，文渊阁四库全书本）
② （宋）叶适《安人张氏墓志铭》，《水心集》卷一四，文渊阁四库全书本。
③ （清）潘永因《宋稗类钞》卷一："洛中士人张起宗，以训蒙为生，居于会节园侧。"文渊阁四库全书本。
④ （宋）孙应时《跋汪立义教童子诀》，庆元四年（1198）作，《烛湖集》卷一〇，文渊阁四库全书本。

不妨将安史之乱与金宋战争比较一下，从延续的时间上看，安史之乱七年多，宋朝受到金兵的侵扰从宣和末到绍兴和议，经历了十七八年磨难，时间比唐长一倍多。从地域上看，前者主要在今河北、河南、陕西三省。后者，席卷黄河流域、江淮地区，直捣两浙、江西等地。从王朝疆域看，唐的版图缩小了，但还比北宋稍大，而南宋疆域只相当于北宋的五分之三。南宋与金的边疆线比宋辽长得多，防守的压力极大，军费的开支倍增，但南宋都顶住了，工商业仍然繁荣，海外贸易更加发达，文化继续高度发展。《全宋文》《全宋诗》《全宋词》数量远比唐代的诗文多，而南宋又比北宋多，它与北宋同登华夏文化的最高峰。南宋中兴了，唐后期却无力回天，两者形成鲜明的对照。

一个国家要复兴，靠的是人，复兴能力的大小，又取决于人的素质，素质越高，复兴越快，现代史不乏其例。当然还有其他因素，如自然资源、正确的政策、政治体制，等等，但国民素质是个最基本的条件。

我想，解释唐代后期未能复兴、而南宋得以中兴的原因，与宋比唐更关注教育的普及、素质的提高，唐代的国民素质不如宋代有密切关系。它不是唯一的原因，也应是最重要的因素之一。

2016年12月14日定稿

（原刊于《唐宋历史评论》第3辑，社会科学文献出版社，
2017年，第126—160页，今略做修改）

宋代裴氏家族研究

闻喜裴氏，从三国时代开始在正史中列入人物传，到《明史》为止，入传者总数173人，其中三国3人，晋12人，南朝宋、齐、梁、陈15人，北朝魏、北齐、北周77人，隋6人，唐51人，五代4人，宋2人，明3人，辽、金、元空白。可见裴氏在南北朝至唐进入鼎盛时期，成为活跃在政治舞台上极为显赫的家族，然而到宋代急转直下，从此以后再也没有重现昔日的辉煌。如何解释这一现象？裴氏家族在宋代的状况究竟如何？是否像一个富贵家庭出了败家子，从此破落不堪？

一、裴氏家族的进士

根据清代嘉庆版《裴氏世谱》的记载，裴氏家族的进士，唐18人，五代1人，宋4人，金14人，元1人，明18人。应当指出，《裴氏世谱》的记载是有很大缺陷的，特别是有关宋代的资料相当贫乏，以它为出发点进行研究，会误入歧途，我们还得从收集宋代的原始材料开始。依我目前掌握的材料看，宋代的进士至少有22人，现在按中进士的时间先后列举于下。

（1）裴询，开宝六年（973）登进士第（《宋会要》选举七之一）。

（2）裴□（其名不详），太平兴国五年（980）（寇准《忠愍集》卷上《秋兴呈裴李二同年》）。

（3）裴庄，阆州阆中县人。咸平三年（1000）登进士第（《宋史》卷二七七《裴庄传》）。

（4）裴丽泽，开封人。《宋史》卷三〇八《裴济传》："兄丽泽，弟丽正，并进士及第。"（明景泰《寰宇通志》卷八四无）

沈遘《洛苑使英州刺史裴公（德舆）墓志铭》："唐丞相文献公耀卿，公九代祖也。其后或徙于蒲之万泉。至公之皇祖，赠右神武军将军延，复来居京师，遂为开封人。皇祖三子：伯丽泽，右补阙；仲济，内客省使；季丽正，尚书金员外郎，赠刑部尚书，公之皇考也。补阙以文学，客省以武功，尚书以政事，皆为祖宗名臣。于是开封之裴，独盛于世。"（《西溪文集》卷一〇）

（5）裴丽正，开封人。

（6）裴德舆（988—1054），开封府人。约大中祥符元年（1008）赐同学究出身。沈遘《洛苑使英州刺史裴公（德舆）墓志铭》："公讳德舆，字载之。公少以仲公任，赐同学究出身。"（《西溪文集》卷一〇）

（7）裴若讷，常州武进县人，景祐五年（1038）登进士第（咸淳《毗陵志》卷一一、《道光《江阴县志》卷八）。

（8）裴明允，庆历四年（1044）特赐同进士出身（《宋会要》选举九之一〇）。

（9）裴煜，抚州临川县人。庆历六年（1046）登进士第（《宋会要》选举一之二〇、雍正《江西通志》卷四九）。

（10）裴若水，常州武进县人，皇祐元年（1049）登进士第（咸淳《毗陵志》卷一一）。

（11）裴维甲，杭州钱塘县人，皇祐五年（1053）登进士第（咸淳《临安志》卷六一）。

（12）裴维甫，杭州余杭县人，嘉祐四年（1059）登进士第（咸淳《临安志》卷六一）。

（13）裴仲谋，治平四年（1067）（黄庭坚《次韵裴仲谋同年》，《山谷外集》卷六）

（14）裴虞卿，桂州临桂县人，建炎二年（1128）登进士第［寰宇通志》卷一〇七）、嘉靖《广西通志》卷九、雍正《广西通志》卷七〇作绍兴二年（1132）］。

（15）裴述，常州武进县人，绍兴五年（1135）登进士第（咸淳《毗陵志》卷一一）。

（16）裴定，明州鄞县人，绍兴二十一年（1151）登进士第（宝庆《四明志》卷一〇、嘉靖《昆山县志》卷五。按淳祐《玉峰志》卷三进士条无裴定，在县令条内有裴定，列于隆兴时县令李结之后）。

《山西通志》卷一七三"平遥县"："宋裴尚书墓在下西门外，礼部侍郎裴定墓在下西门外。"按此与鄞县裴定非一人。宋礼部侍郎并无此人。

（17）裴叔度，建州瓯宁县人，绍兴二十七年（1157）登进士第（《寰宇通志》卷四八，弘治《八闽通志》卷四九）。

（18）裴邦彦，常州人，嘉熙二年（1238）登进士第（咸淳《毗陵志》卷一一）。

（19）裴正夫，温州平阳县人，淳祐十年（1250）武举登进士第（弘治《温州府志》卷一三）。

（20）裴若拙，瑞安府平阳县人，咸淳四年（1268）武举登进士第（弘治《温州府志》卷一三）。

（21）裴济，宝庆府邵阳县人，咸淳七年（1271）张镇孙榜登进士第（《寰宇通志》卷五六、嘉庆《湖南通志》卷九〇作武举）。

（22）裴钺，吉州吉水县人，咸淳十年（1274）登进士第（《寰宇通志》卷三八、万历《吉水府志》卷五）。

以上北宋13人，南宋9人。加上《裴氏世谱》所载金14人，三百年间共有进士36人。

附录：虽有记载而无确切证据之进士。

（1）裴化，耀州人，大中祥符元年（1008）登进士第（嘉靖《耀州志》卷六下、《陕西通志》卷三〇、明景泰《寰宇通志》无）。

（2）裴连，利州昭化县人。景祐元年（1034）登进士第（嘉庆《四川通志》卷一二二、《寰宇通志》无）。

（3）裴铎，宣和六年（1124）登进士第。（《裴氏世谱》卷一、《寰宇通志》无）。

（4）裴耕，胡宿《武康可太常博士，裴耕、马先、张应符、申屠会并可殿中丞，史珍、薛端并可守太子中舍人，李巽可大理评事制》（《文恭集》卷一四）。按：以上7人中，唯申屠会，庆历二年（1042）登进士第（宝庆《四明志》卷一〇）。李巽，太平兴国八年（983）中进士（《八闽通志》卷五二），年代甚早，与此当非一人。其他无明确记载。龚延明《宋登科考》据胡宿文全部录入，恐有问题。

（5）裴仲虎，资州人。淳熙十四年登进士第（万历《四川总志》卷七、《寰宇通志》卷六一无）。

（6）裴选扬，资州人。嘉定四年登进士第（《四川通志》卷三三、嘉庆《四川通志》卷一二三扬作杨、《寰宇通志》卷六一无）。

（7）裴铎，贵溪人，工部尚书。咸淳十年（1274）榜进士（《江西通志》卷五一、同治《广信府志》卷七之一）。按宋工部尚书无裴铎其人，显属伪造。

（8）裴俭，贵溪人，建康判。咸淳十年（1274）榜进士（同上书）。

（9）裴仪，贵溪人，黄门令。咸淳十年（1274）榜进士（同上书）。按以上3人，《寰宇通志》卷四三"广信府"科甲条均无。

二、裴氏的著作

裴氏的作品有著作，也有散见的诗、词、文章。著作注明存佚，考其书名、卷数及大概内容，诗词则列其作者、诗词数量、出处，并录词二首，文章只录作者及出处。

1. 裴氏的专著

共17种，作者8人。

（1）裴庄《北征记》三卷。这是作者于大中祥符四年（1011）任北岳加号册礼副使，到北岳册封，归朝后，作此书，献给朝廷，记载其出使及册封的经历（李焘《续资治通鉴长编》卷七六、《宋史》卷二七七）。

（2）裴湘《肯堂集》（见吴处厚《青箱杂记》卷一〇）。

（3）裴梦得，著书三种，其一，《注欧阳公（修）诗》十四卷，共笺释欧阳修诗521首，魏了翁为作序（《鹤山大全集》卷五四）。其二，《史汉四纪》，为四位短命皇帝作本纪，他们是楚隐帝、义帝、汉少帝、孺子婴，魏了翁作序（《鹤山大全集》卷五五）。其三，《汉注拾遗》，纠正《汉书》各家注释的错误，有魏了翁序（《鹤山大全集》卷五五）。梦得为李刘之女婿（《魏了翁年谱》第362页）。

（4）裴煜《和乐府古词》一卷（见《秘书省续四库书目》经部乐类）。

（5）裴良甫，字师圣，绛人。《十二先生诗宗集韵》二十卷，有宋刻本、宋刻元修本，国家图书馆藏。有再造善本。

赵希弁《郡斋读书志附志》卷五上："《十二先生诗宗集韵》二十卷，右裴良甫师圣编杜甫、李白、高适、韩愈、柳宗元、孟郊、欧阳修、曾巩、苏轼、王安石、黄庭坚、陈无已之诗韵也。"

（6）裴端夫《绯绿衣人传》，系传奇小说，记其遇鬼之事。端夫，南宋宁宗时人，布衣。传存于南宋沈氏《鬼董》卷五中（参李剑国《宋代志怪传奇叙录》第364页）。

（7）裴伯寿《纪天历统》七卷，《统元历五星立成》二卷，《统元历盈缩朒朓立成》一卷，《统元历日出入气刻立成》一卷，《统元历义》二卷，《统元七曜细行历》二卷，《统元历气朔八行草》一卷，《统元历考古日食》一卷（《宋史艺文志》六历算）。绍兴五年（1135）道士裴伯寿与陈得一合著历，绍兴九年补修（《宋史》卷八一第1922页）。乾道五年（1169）任武节郎、监三省枢密院激赏寄造酒库（《宋会要》运历一之一〇）。

（8）裴宗元《药诠总辩》三卷（《宋史》卷二〇七、第5315页子部医类，政和七年时为典乐，《宋史》卷一二九第3019页）。

以上各书中，唯裴良甫《十二先生诗宗集韵》与裴端夫《绯绿衣人传》存，其余7人15种书均已散佚。

2. 裴氏的文章

《全宋文》收入作者10人。此外，尚有2人。

（1）裴庄，《全宋文》卷61第432页。

（2）裴丽泽，《全宋文》卷54第292页。

（3）裴询，《全宋文》卷136第133页。

（4）裴仅，《全宋文》卷326第106页。

（5）裴煜，《全宋文》卷1055第384页。

（6）裴亿，《全宋文》卷2988第328页。

（7）裴公辅，《全宋文》卷2988第334页。

（8）裴梦贶，《全宋文》卷3995第228页。

（9）裴伯寿，《全宋文》卷4246第368页。

（10）释义楚（俗姓裴），《全宋文》卷10第235页。

（11）裴良甫，存《十二先生诗宗集韵》序一篇。

（12）裴玑，《重修忠佑庙记》，宣和六年（1124）撰。已佚，见咸淳《毗陵志》卷二九第7页。

3. 裴氏的诗作

作者11人17首。

（1）裴愈，断句2，《全宋诗》第3册第1720页。

（2）裴湘，1首，《全宋诗》第6册第3553页。

（3）裴若讷，2首，断句1，《全宋诗》第6册第4277页。

（4）裴煜，3首，《全宋诗》第8册第5026页。

（5）裴大亮，4首，《全宋诗》第10册第6807页。

（6）裴士杰，1首，《全宋诗》第10册第7073页。

（7）裴士禹，1首，《全宋诗》第11册第7468页。

（8）裴良杰，2首，《全宋诗》第54册第33798页。

（9）裴相如，1首，《全宋诗》第54册第45307页。

（10）裴道人，1首，《全宋诗》第54册第45553页。

（11）裴极，1首，《全宋诗》第72册第45295页。

4. 裴氏的词作

共1人2首

裴湘，词2首。录于下（见《全宋词》第1册第203页）。

浪 淘 沙

雁塞说并门，郡枕西汾。山形高下远相吞。古寺楼台依碧嶂，烟景遥分。

晋庙锁溪云，箫鼓仍存，牛羊斜日自归村。惟有故城禾黍地，前事消魂。

又 汴 州

万国仰神京，礼乐纵横。葱葱佳气锁龙城。日御明堂天子圣，朝会簪缨。

九陌六街平，万国充盈。青楼弦酒如渑。别有隋堤烟柳暮，千古含情。

三、裴氏的书画

（1）裴文睨，开封人。仁宗朝翰林待诏，工画水牛，为一代佳手。与戴嵩、厉归真齐名（《圣朝名画评》卷五、《图绘宝鉴》卷三）。

（2）裴叔泳，字德游，号静庵居士。其先汴人，后徙钱塘。善写兰竹怪石（《图绘宝鉴》卷四）。

（3）裴奇，翰林艺学。元符三年，书《宋宗室妻寿安县君李氏墓铭》（《北宋皇陵》第550页、《新中国出土墓志》河南卷一335号）。

四、裴氏的分布

裴氏在魏晋南北朝时期已是全国闻名的大族，有的迁居外地，有的回归乡里，随着人口的增加、住地的变化，裴氏又分成若干支，有的因曾在西凉当官，称为西眷裴，有的出居河西，后又东归，居解县洗马川，称为洗马裴；有的曾在南朝作官，回归后称为南来吴裴；又有中眷裴、东眷裴等。宋代仍在不断迁徙。

（1）河中万泉（今万荣）。裴济，字仲溥。由太原镇将历知镇、定二州。咸平初知灵州，五年，被夏军攻陷，死之。《宋史》卷三〇八有传。

长子德裕，历知绛、解、虢、泽、沂州，卒年七十六（欧阳修《欧阳文忠集》卷二九）。次子德基，真宗朝官至如京使。三子德丰，真宗时官殿中丞。

德裕次子士林，官大理寺丞、知同州。

济弟丽正，中进士，官金部员外郎。丽泽，中进士，官右补阙。

裴渊，本为草泽，靖康元年十一月被任命为统制（《靖康要录》卷一〇、第22页）。

（2）开封。裴德舆（988—1054），字戴之。其先闻喜人，徙河中，再徙开封，丽正子，以荫赐同学究出身，官至知陕府、凤翔府。

子士禹，嘉祐二年为西京留守推官。

开封。裴文睍，仁宗朝翰林待诏，工画水牛，为一代佳手（《圣朝名画评》卷五、《图绘宝鉴》卷三）。

开封。裴渊，金末起兵，后附元。

（3）四川阆中。裴庄（约940—1020），在后蜀以明经登第。归宋，历虹县尉、高陵主簿。淳化三年为监察御史、荆湖北路转运使。真宗即位，为河东转运使。景德中知潞州（今长治）。大中祥符四年为北岳加号册礼副使，撰《北行记》。六年知襄州。天禧二年，判刑部，以疾分司南京。卒年八十一（《宋史》卷二七七有传）。

子夑，咸平三年（1000）进士，屯田郎中；稷，左班殿直，阁门祗候。

孙庆孙，试将作监主簿（《宋史》卷二七七）。令孙，官将作监主簿（《文庄集》卷二）。

（4）杭州。裴叔泳，字德游，号静庵居士。其先汴人，后徙钱塘。善写兰竹怪石（《图绘宝鉴》卷四）。

（5）温州。裴正夫（弘治《温州府志》卷一三，第32页）。

（6）毗陵（今江苏常州）。裴若讷，景祐五年进士（咸淳《毗陵志》卷一一，第7页下）。裴邦彦，嘉熙二年进士（咸淳《毗陵志》卷一一，第25页下）。

（7）江西临川。裴煜，字如晦，庆历六年进士，历知扬州，翰林学士。

裴梦得，字及卿。著《注欧阳公（修）诗》十四卷、《史汉四纪》、《汉注拾遗》。

裴充（弘治《抚州府志》卷九，第9页）。

（8）吉阳军（今海南省崖县），裴璩。

《广东通志》卷四四："裴闻义，字子迁，吉阳人。晋公度十五世孙也。父璩，知吉阳，因家焉。绍兴间，闻义以璩荫补知昌化军，有善政，历任九年，卒于官。子嘉瑞，并以荫补官。以上崖川。"

五、裴氏人物

《宋史》有传者2人：裴庄，裴济。

（一）文臣

1. 中央官员

裴祚，端拱三年（990）少卿。

《宋史》卷二七六《孔承恭传》："端拱三年，下诏曰：……又以屯田郎中雷有终为少府少监，虞部郎中索湘为将作少监。时裴祚、慎从吉、宋雄先为少卿，皆改授东宫官。"

裴庄，太宗、真宗时；判刑部。监察御史，登闻鼓院，盐铁判官，度支判官（《宋史》卷二七七本传）。

裴煜，都磨勘司，嘉祐时秘阁校理（《宋史》卷一二七《乐志》，第2971页）。

裴维甫，元丰时秘书丞。

杨杰《故右谏议大夫赠工部侍郎沈公（立）神道碑》："立（1007—1078）……女四人：长适进士朱延之，次适宣州旌德县尉曲师德，次适秘书丞裴维甫，次适濠州司法丁源，并早卒。"（《无为集》卷一二）

裴纶，元祐时监察御史［《长编》卷四四八元祐五年（1090）九月癸未］。

裴廪，建炎元年（1127）鸿胪少卿（《要录》卷六建炎元年六月庚午）。

2. 路级官员

裴士林，元丰七年（1084），提点夔州路刑狱。

《长编》卷三四八第8342页：元丰七年（1084）八月庚午（3日）"新提点夔州路刑狱、朝议大夫裴士林知澶州"。

裴曦，元祐元年（1086）时任提举河北保甲勾当公事［《长编》卷三七六元祐元年四月己酉（22日）条］。

裴珪，北宋末提点河东刑狱。

杨万里《通直刘君裴夫人墓志铭》："夫人裴氏，世居开封府祥符县，故武功大夫、提点河东刑狱讳珪之女，右通直郎刘君讳涤之继室，宣教郎赣州州学教授靖之、宣教郎太常寺主簿清之之母也。……，享年八十……夫人之没以淳熙三年（1176）六月三日。"（《诚斋集》卷一二六）

裴亿，宣和六年（1124）提举河北西路盐香。建炎二年（1128）河北转运判官。

《宋会要》食货二五之二三："宣和六年四月五日，诏提举盐香官……河北西路裴亿、河东路吕伸各转一官，以课息增羡也。"《宋史》卷二五第459页《高宗纪》：建炎二年十二月甲子，"金人陷大名府……转运判官裴亿降"。《系年要录》卷一八建炎二年十二月甲子，"金人攻大名府急，河北转运副使兼权大名府尹张益谦……与转运判官裴亿……降"。《中兴小纪》卷四略同。

裴祖德，两浙转运判官。建炎三年（1129）《要录》卷二七：建炎三年八月，"是月，直秘阁裴祖德为两浙转运判官"。

3. 州级官员

裴仁凤，太平兴国七年（982）知黄州。

《宋史》卷六三："太平兴国七年六月，知黄州裴仁凤献芝草。"（第1387页）

裴济（？—1002），至道二年（996）知定州，镇州。咸平五年（1002）知灵州。

《宋史》卷三〇八本传："复知定州，徙天雄军钤辖，迁客省使，复知定州。至道二年改内客省使、知镇州。"《宋史》卷六本纪："咸平五年三月丁酉，李继迁陷灵州，知州裴济死之。"（第117页）

裴庄，咸平至大中祥符，知苏、越、宣、潞、邢、襄州（《宋史》卷二七七本传、第9437页）。

裴光元，景德四年（1007），知宣州。

万历《宁国府志》卷二"宋知州"："裴光元，景德四年。"

裴奂，天禧三年（1019）知衢州。

弘治《衢州府志》卷八"太守"："裴奂，都官，天禧三年到，四年丁忧。"

裴德舆，景祐二年（1035）知同州。庆历八年（1048）前知恩州。

沈遘《裴公（德舆）墓志铭》："知陕府，徙耀州，不行。同州饥，以选知同州。"（《西溪集》卷一〇）

《宋会要》职官六五之二："仁宗庆历八年闰正月七日，降前知恩州、四方馆使、昭州刺史裴德舆追三官，为池州团练副使。德舆以妖党结构久而不之察也。"

裴子良，皇祐间知黎州（《明一统志》卷七三）。

裴□，皇祐五年（1053）知信州（梅尧臣《送裴虞部知信州》，《宛陵集》卷一七）。

裴大亮，至和间（1054—1055）知建州。

嘉靖《建宁府志》卷五"守臣题名"："裴大亮，至和间任。"

裴材，嘉祐三年（1058）知抚州。

《王荆公诗注》卷三五《为裴使君赋拟岘台》引："嘉祐间来守临川，至之二年筑台于城东南隅，名曰拟岘，以其形拟岘山也，乃临川山水会处。"

《江西通志》卷一九："抚州府府署……宋嘉祐三年州守裴材撤其旧而新之。"

裴士林，元丰七年（1084），知澶州，元祐二年（1087）知同州。

《长编》卷三四八第8342页：元丰七年（1084）八月庚午（3日）"新提点夔州路刑狱、朝议大夫裴士林知澶州"。

裴廪，绍兴四年（1134）知衡州。

《衡州志》："裴廪，左朝请郎、直秘阁，绍兴四年三月到，筑郡城。"

《要录》卷九五：绍兴五年十一月戊子，"知衡州裴廪除名高州编管"。

《宋史》卷二八、第523页：绍兴五年十一月戊子，"知衡州裴廪坐调夫筑城，冻死二千余人，除名岭南高州编管"。

裴璩，知吉阳军。

裴闻义，知昌化军。

《广东通志》卷四四："裴闻义，字子迁，吉阳人。晋公度十五世孙也。父璩，知吉阳，因家焉。绍兴间，闻义以璩荫补知昌化军，有善政，历任九年，卒于官。子嘉瑞，并以荫补官。以上崖川。"

（二）武将

裴臻：剑门都监、左藏库副使。

《宋史》卷二七八第9457页《雷德骧传》："正月三日，均率众陷汉州，进攻绵州，旬日不能下，趣剑门。先是，知剑州、秘书丞李士衡度寇必至，城不能守，悉徙官帑保剑门，焚其仓廪，又署榜招军卒之流逸者，得数千人。已而贼果至，士衡与剑门都监、左藏库副使裴臻逆击之。时风雪连日，均众无所掠，唯食败糟。臻与战，斩首数千级。贼众疲剧宵遁，还保益州。士衡即驰骑入奏，上嘉之，拜士衡度支员外郎，赐绯；臻崇仪使、领峰州刺史，仍旧职。"

《宋史》卷二九九第9936页《李仕衡传》："王均反，仕衡度州兵不足守，即弃城焚刍粟，辇金帛东守剑门。既而贼陷汉州，攻剑州，州空无所资，即趋剑门。仕衡预招贼众，得千余人，待之不疑。贼将至，与钤辖裴臻迎击之，斩首数千级。乃乘驿入奏，擢尚书度支员外郎，赐服绯鱼。已而使者言仕衡尝弃城，降监虔州税。"

裴自荣。

《宋史》卷二五三第8874页《孙全照传》："咸平六年夏，上裁定防秋御戎之要，命为平边军部署，领兵八千扼要害之路。以全照好陵人，取其尝所保荐者王德钧、裴自荣共事焉。"

《宋史》卷三二四第10473页《石普传》："又命孙全照、王德钧、裴自荣将兵八千屯宁边军，李重贵、赵守伦、张继旻将兵五千屯邢州，扼东西路。"

裴化鳞，蔡州兵马都监。

宋庠《内殿承制蔡州兵马都监裴化鳞可左千牛卫将军权判右金吾卫仗公事制》（《元宪集》卷二四）。

裴师武，左翼统制。

周必大《程公大昌神道碑》："淳熙八年春，汀贼沈师作乱……是冬沈师独与死党窜伏漳州山谷间，距城百余里。州有左翼军戍将萧统领者卷甲赴之，逮夜力疲，搏贼不胜，死焉，闽中大震。漕檄左翼统制裴师武出兵，师武置司左泉，谓帅符未下，不敢擅与。公手书趣之曰事急矣，有如帅责，君可持吾书自解。又取前得释胁从之旨散榜，以间其党，师武至漳，郡情顿安，捕获谍者十余曹，楔藏兵器，谋刻日纵火为贼内应，微公先事从权，趣师武行，漳且屠矣。"（《文忠集》卷六二）

裴渊。

《要录》卷二〇：建炎三年二月辛未，"有溃兵宋进者，初为韩世忠围人，至是更名世雄，聚兵二百余，犯泰州，守臣朝请大夫曾班遁去，世雄入城纵掠，推钱粮官裴渊为首，班自劾待罪，坐贬二秩"。《要录》卷二四：建炎三年六月甲寅，"权知泰州裴渊以其众至行在，诏隶韩世忠军，世忠数宋世荣之罪，杖杀之"。

李纲《收降到马友下溃兵步谅等奏状》："武功大夫、高州刺史裴渊。"（《梁谿集》卷七三）

裴铎，绍兴六年湖南制置大使司亲兵左部统领军马。

《要录》卷一〇二：绍兴六年六月戊午，"忠翊郎、湖南制置大使司亲兵左部统领军马裴铎迁一官、兼阁门祗候，用吕颐浩奏也。先是，郴、衡、桂阳草盗纷起，颐浩遣铎与统制官步谅招捕，悉平之"。

六、宋代的《裴氏家谱》

裴氏家谱，唐代就有，但《新、旧唐书》均无记载，至宋尚存一种，名《裴氏世谱》，王象之《舆地碑记目》卷四"资州碑记"："唐裴瞻墓碑记，唐左仆射裴瞻墓在磐石县北五里，有《世谱碑记》，藏于宝灵院。"

宋代修的《裴氏家谱》，目前所知，唯有一种，为宋代名相赵鼎（1085—1147）所撰。《舆地纪胜》卷一二五"昌化军"："裴璆子闻义，赵丞相为作《家谱》云：'本裴晋公之十四代孙，璆守雷州时，中原乱，不能归。子绍（《方舆胜览》卷四三"子绍"作"召"，当据改）为吉阳守，遂为吉阳人。'至闻义知昌化军，在郡凡九年而终。子嘉瑞、嘉祥，胡澹庵题其所居之堂曰盛德堂，有堂铭。"按：赵鼎于绍兴十四年十月贬吉阳军，十五年二月到，十七年八月卒（《忠正德文集》卷一○《自志笔录》）。"皇朝裴璆，晋公之十四代孙，赵丞相为作家谱。"（《记纂渊海》卷一六）此谱应作于绍兴十五年至十七年间。可惜，此谱已佚，现在仅能从胡铨（1102—1180）作的《跋裴氏家谱》，略窥其一豹，特附其文如下后。

> 绍兴戊午（八年，1138），予自密院以狂瞽得罪贬昭州，未行，赦罪谪监广州都盐仓，寻改差福州佥判。逾年而言者必欲置之死，上不忍诛，除名迁新州。绍兴己巳（十九年，1149）二月告朔，某自新州再迁朱崖。夏六月行临皋道中，路旁题云买愁村，予曰："买愁村古未有对。"马上因口占云："北望长思闻喜县，南来怕入买愁村。崎岖万里天涯路，野草荒烟正断魂。"汉武元鼎六年幸缑氏，至左邑桐乡，闻南越破，以为闻喜县，故予以"闻喜"对"买愁"，取其对耳，非有意谓也。及抵儋耳，有吉阳人来谒，视其刺曰"闻喜裴嘉祥"。予惊曰："崖州乃有闻喜人，数日前马上口占句，岂偶然耶！"一日，儋守陈使君谓予曰："吉阳寓处无出裴氏，今裴君幸在此，试以语之。"顾左右招裴君，则已浮海矣，予叹曰："事不由人。"后月余，予亦浮海而南，再信次昌化县，方舣舟，见其岸上有立而待者，裴君也。问何为尚留此，曰："至此易舟，凡月余不能得，请同舟以济。"辍一舟遗之。既至贬所，遂馆于裴氏。
>
> 先是，在新州时，尝梦谒丞相赵公，久之不出，仰视栋宇，皆蛛丝煤尾，乃取帚扫尘而觉，予窃喜曰："赵公其将还朝，予倘得北归乎！"及是所居乃赵公旧寓也。嗟乎！行止非人所能。坡老云"流落天涯先有识"，岂不然哉，岂不然哉！裴君字宋祺，其尊父朝散公，盛德君子，而其兄今为琼州推官，赵公书之详矣。予阅《裴氏家谱》，因书其后①。

---

① 《胡澹庵先生文集》卷三二，第32页。又见《舆地纪胜》卷一二七。《全宋文》第195册第4314卷，第280页。

七、宋代裴氏与唐代裴氏之比较

宋代裴氏与唐代裴氏相比，其辉煌程度相差甚远。在正史中有传者，唐代有53人（《旧唐书》《新唐书》），宋代仅2人（《宋史》）。任宰相者唐代50余人，宋代无一人。《全唐文》（含《唐文拾遗》《唐文续拾》）裴姓作者有58人，《全宋文》裴姓作者仅10人，加上余所补2人，才12人。

这是否表示唐代裴氏素质高，宋代裴氏素质低，唐代裴氏努力上进，宋代裴氏萎靡不振呢？不能这样说。这是不同时代造成的差别。

唐代是门阀世族占统治地位，少数大族世世代代掌权，裴氏就是其中之一。唐代虽有科举，但制度并不完善，考试不闭卷，应考者可以事先将作品送中央官员看，这样有关系就容易录取。首都一带机会比较多，离京较远地区的人很难考上。录取人数极少，一科不过二十多人，不能取代世家大族的统治地位。因此，裴氏虽然人数少，出的名人极多。

到了宋代，门阀世族已退出历史舞台，官员的来源主要来自科举考试中的优胜者，科举制度已相当完善，读书人有了公平竞争的机会，举国上下，有条件的都会参与。宋代人口已达前所未有的高峰，最高时多达近一亿人，这样人数甚少的裴氏没有任何优势可言。尽管如此，裴氏还是作了最大的努力，其文化素质并不比唐代低，从中进士的人数看，还略多于唐代。只是宋代录取进士总数远高于唐，300余年总共录取4万余人，另外诸科及特奏名5万余人，从人数比例上，裴氏所占太少。因此，在入仕途中，上升空间比较小，未能进入宰执之列。

这里，有一个情况必须指出，唐代政治中心在长安。北宋东移开封，南宋南移杭州。经济、文化重心自唐末以后，逐步移向东南。离裴氏老家闻喜越来越远，对裴氏的发展也有不利影响，所幸裴氏能适应潮流，大批南迁。上举登进士第之裴氏，没有一人籍贯是闻喜，也没有一个是山西的，除了开封之外，均为南方人。北宋168年，山西中进士者仅一百来人（陕西的情况也差不多），不如福建一个强县（如闽侯、莆田）。如果将北宋中进士的裴氏13名，放到山西，其比例占了十分之一以上。这难道不足以显示裴氏表现得并不差吗？现存清代《裴氏世谱》的编者不了解宋代裴氏历史，缺略过甚，极易引起误解，故特撰此文，弥补缺憾。

2015年4月30日初稿，2017年11月3日改定

（原刊于《史志学刊》2019年第1期）

两个同财共居大家族的演变历程

——宋代司马光家族与姚氏家族研究

宋代存在一些同财共居的大家族,有140多个,分布在全国各地,他们连续几代乃至几十代人,几十年或几百年聚居在一起,共同生产共同消费,史称义居家庭,今人或称为家庭公社。他们经常得到王朝的表彰,在正史或地方志中占有一席之地,在社会上有相当大的影响,是值得研究的一个课题。以往学者的研究,多侧重于其共居代数、人数、分布地点以及家规、经济等,观察的角度是静态的。然而任何事物都在不断地变化,义居家庭到底是如何出现、怎样运转、最后的结局如何、什么原因造成的?这需要作个案的研究、动态的观察,才能回答。本文收集到两个典型例子,拟通过它们,探索其演变的历程。一个是走向灭亡的河中(今永济)姚氏家族,另一个是勃然兴起而后分化的夏县司马光家族。

一、走向灭亡的姚氏家族

在宋代大家族中,唯一能确知起讫时间和原因的例子,是姚氏家族。从唐贞元中(785—804)到宋政和末(1117),共存在三百多年,传了13代。其世系如下:

姚栖云—岳—君儒—师正—厚—雅—文—敬真—直—宗明—用和—士明—德

在唐德宗年间,河中府(治今永济)永乐镇(今属芮城)生活着姚姓兄弟二人,老二有子名栖云,贞元中征调士卒戍边,老大接到调令,老二说:"我已有子,你还没有后,我代你从军。"就这样,弟弟上了前线。唐自安史之乱后,国力衰退,战争屡屡失利,不久,老二阵亡于边塞,尸骨无归。此时,栖云才3岁,母亲再嫁,由伯母抚养成人。栖云给伯母养老送终,又为亡父建衣冠冢,庐墓追悼。孝义成为他家的传统,从他开始,世世代代都在一起生活,不再分居。他家的孝行受到当地政府官员的好评,县令苏辙拿出俸钱买地为他刻石表彰,河中尹浑瑊(?—799)更上奏朝廷[①],给予赏赐,并将其所居的乡命名为孝悌乡,社曰节义,里曰敬爱。

到宋仁宗庆历八年(1048),姚家已传到第十代姚宗明,人数增加到100多,仍然

---

① 见《宋史》卷四五六《姚宗明传》。按:此时间有问题,栖云父死于贞元中,最早为元年(785),其时栖云年3岁,伯母抚养他最多30来岁,到800年栖云18岁,其伯母不过48岁左右,是否就已经死去?加上庐墓和各种孝行,总需要若干时间,然而贞元十五年(799)浑瑊去世(《资治通鉴》卷二三五)。怎么可能为之上奏?一本"贞元"作"贞观",又失之过早,疑莫能定,书此待考。

同居在一起，相安无事。河中府又上奏于朝："姚栖云十世同居，孝行可法，赐旌表门闾，二税外免差徭。"获得批准。

宋神宗熙宁时，陕西一带发生灾荒，姚氏全族百口"同往唐、邓间（今河南西南部）就食"，待情况好转后一起回老家，没有丢失一个人①。

元丰六年（1083），正当实行保甲法时，第十一代姚用和拿上庆历八年黄敕，要求提举陕西保甲司免除保甲，保甲司为之转达于朝，也获批准②。

元祐四年（1089）王辟之知河东县，对姚氏家族状况做了调查，写入他的著名笔记《渑水燕谈录》中，说完基本情况后，又谈其特点："自庆历以后，又五十余年，而其家孝友如故。姚氏世为农，无为学者，家不甚富，田数十顷，聚族百余口，子孙躬耕农桑，仅能给衣食，历三百余年，无一人异辞者。经唐末五代，兵戈乱离，而子孙保守坟墓，骨肉不相离散，求之天下未或有也。"他们既不读书应举，又不经商或者从事手工业，纯粹"躬耕农桑"，只能维持最低生活水平，"仅能给衣食"，这样的日子既然没有人有不同意见，团结得像一个人似的，确实少见。

对于这种天下未有之事，王辟之觉得应该载入史册。于是，打报告给河中府，"乞特敷奏，下其事史官，重加旌表，特免户徭钱，以旌孝义，以励风俗"。还"以状上尚书"。但不知为什么，这一次没有得到任何回应③。倒是《宋史》做得不错，根据他的记载，连同赞美之词，几乎原封不动地载入《孝义传》中④。

政和四年（1114），邵伯温知芮城县，特地到姚家去拜访，只见"长少列拜庭下，以次升堂侍立，应对有礼"，并且说起其家"自栖筠而下义居二十余世矣"⑤。村里人告诉他："姚氏世推尊长公平者主家，子弟各任以事，专以一人守坟墓，近度为僧，亦庐墓侧，早晚于堂上聚食。男子妇人各行列以坐，小儿席地共食于木槽，饭罢，即锁厨门，无异爨者。男女衣服各一架，不分彼此。"他们过的完全是平均主义的生活，偶而有子弟新婚，私下给新娘买点吃的，被新娘交到尊长手里，"请杖之"。"有田十顷，仅给衣食，税赋不待催驱，未尝以讼至县庭。今三百余年，守其家法无异辞者。"

政和年间，童贯等在陕西一带实行均籴法，向老百姓搜括粟麦，姚氏没有余粮可交，只能"举家日夜号泣"，准备逃亡。邵伯温非常同情，赶紧请求河中府和陕西路监司给予免除，才躲过一劫⑥。

然而更严重的厄运再度降临到姚氏家族头上。不知是什么原因（或许是传染病吧！）姚家接二连三死人，几年间只剩下了兄弟两个，不久，弟媳妇又抛下丈夫和小儿得病死去。百天后，一件令人难以理解的事情发生了，弟媳妇竟然每天晚上回家给孩子

---

① （宋）邵伯温《邵氏闻见录》卷一七，李剑雄等点校，中华书局，1983年，第187页。
② （宋）李焘《续资治通鉴长编》卷三三四神宗元丰六年四月癸丑，第8048页。
③ （宋）王辟之《渑水燕谈录》卷四，吕友仁点校，中华书局，1981年，第37、38页。
④ （元）脱脱《宋史》卷四五六，第13462页《孝义传》。
⑤ 此说与王辟之"十三世"说有矛盾，不知何者为是。
⑥ （宋）邵伯温《邵氏闻见录》卷一七，李剑雄等点校，中华书局，1983年，第187页。

喂奶，与丈夫嬉笑言谈，与平日无异。兄长觉得弟弟有鬼缠身，一天晚上，拿着大刀在门旁等着，一见人进来，挥刀就砍。第二天，兄弟二人只见地下一滩血，沿着血迹寻去，到了墓地，只见弟媳妇躺在墓外，满身是血。正好被娘家人看见，告到官府。官府打开墓室，只有一副空棺，两人难于辩解，被关进大牢，死在狱中，姚氏辉煌的历史就这样匆匆忙忙画上了句号。

这件事离奇得实在令人难以置信，蔡绦专门记述了得悉此事的经过：芮城县尉李佩赴任路经河镇，与官员聚会时，听镇官说的，李佩当时大不以为然，镇官又特意拿出狱案卷宗给他看，这才信了。三十一年后，李佩将事情经过原原本本告诉了蔡绦①。此事来历十分清楚，应该是可信的。

二、异军突起的司马氏家族

司马光（1019—1086）家族也是同居共财的大家族，为便于研究，先将可以考知的世系罗列于下。

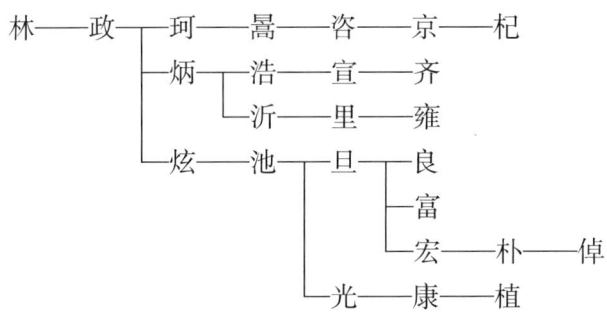

司马光（1019—1086）家族早在晋代征东大将军阳开始定居于夏县涑水乡②，到唐代已完全没落，成为平民③，司马光的高祖林、曾祖政都是普通百姓。司马政有三子，唯幼子炫（即光的祖父）考上进士，当了富平县令的小官。

司马家族"累世同爨，食口甚众"④。"累世兄弟未尝异居，故家之食口甚众，而生业素薄，无以赡之。"⑤"司马氏累世聚居，食口众而田园寡。"⑥"司马氏同居累世，宗族甚大。"⑦

司马氏家族由几代人组成？各墓志均无明确记载。可以推测的是，大家族一般采用同辈大排行的做法，司马光排行十二，但司马光同曾祖的弟兄只有7人，因此，它至少

---

① （宋）蔡绦《铁围山丛谈》卷四，冯惠民等点校，中华书局，1983年，第64页。
② （宋）庞籍《司马池碑铭》，成化《山西通志》卷一五，李裕民等点校，中华书局，1998年，第1008页。
③ （宋）司马光《宋故处士赠都官郎中司马（沂）墓志铭》，《温国文正司马公集》卷七五。
④ 《司马沂墓志铭》。
⑤ （宋）司马光《故处士赠都官郎中司马君（沂）行状》，《温国文正司马公集》卷七五。
⑥ （宋）司马光《赠卫尉少卿司马府君（浩）墓表》，《传家集》卷七九。
⑦ （宋）司马光《太常少卿司马府君（里）墓志铭》，《传家集》卷七七。

是同高祖的弟兄大排行，据此，他们至少是自林至光五代同居。其次，从司马光为其子侄们取字看，有京、亮、禀、元、育、良、富、齐、方、爽、衮、章、奕13人，其中京、良、富、齐为政之后，其余应是林之后，也可能更早一代。现在暂从司马林以下计至光时，假定光这一代夫妻24人，其父辈减半计为12人，其子女辈按加倍计为48人，同居的人有80多人。《司马宣墓志铭》云"司马氏累世聚居，食口常不减数十"①，与上面的估计相仿。

他们的经济来源主要是农业，其次是畜牧业，而绝不从事商业。"专以稼穑、畜牧致饶给，不事奇衺末业。"②其家有多少地，没有明确记载。从"食口众而田园寡"③的说法看，田地并不多。

他们的生活，则有两种不同的记载，一说"生业素薄，无以赡之"④。"家贫，祖墓廹隘，尊卑长幼，前后积若干丧，久未之葬"⑤，"昔者吾诸祖之葬也，家甚贫，不能具棺椁，自太尉公而下始有棺椁"⑥。一说"饶给"⑦，"诸父兄皆醉饱安佚，而君无故不亲酒肉"⑧。这都出自司马光的手笔，两者不应有矛盾，仔细体味文意，后者是称赞司马沂治家有方的颂词，然而穷得葬不了死人，却是活生生的事实，因此，总体看来，其家大约处于较为贫困的状况。最早入仕当过县令的司马炫，"俸禄余积，直钱数十万，府君（司马池）一无所取，尽奉诸父"⑨，所谓钱数十万，就是数百贯，对于一个大家族（可能由二十来个小家庭组成）来说，平均不过十来贯，如果没有其他田地，这只够当个下户，漆侠仅凭这一条材料，将他家列为大地主，未免有些武断。

一个大家族由谁主持？司马氏似乎没有族长，只有主持人，这主持人不是嫡长子担任，也不是世袭，而是择贤而立。并且是由族中的年长者一起公推的。从992—1066年，70多年中，换了4人。

第一位是司马沂（975—1006），"君幼而孝谨，诸父兄悉以家事委之"⑩，"父兄以君孝谨，自幼以家事委之"，这是由"诸父兄"公推的，而不是由某个类似族长之类的人物指定的，选择他的标准主要是他的为人"孝谨"，当然还有个能力强不强的问题，但没有提，显然，孝是维护大家族的一个最根本的伦理观念，必须加意强调。他开始主持家政时尚"幼"，估计在18岁左右。直到去世，主持了14年左右（约992—1006）。他

---

① （宋）司马光《司马宣墓志铭》，《传家集》卷七九。
② 《司马沂墓志铭》。
③ 《司马浩墓表》。
④ 《司马沂行状》。
⑤ 《司马浩墓表》。
⑥ （宋）司马光《葬论》，《温国文正司马公集》卷七一。
⑦ 《司马沂墓志铭》。
⑧ 《司马沂行状》。
⑨ 《司马池碑铭》。
⑩ 《司马沂行状》。

的职责主要是经营管理，主持分配以及其他族内大事。他主持的特点：一是治理有方，"治田畴，缮园圃，修阑笠，完囷仓"。二是勤劳，处处起带头作用，劳动者主要是雇工（佣保），从他自己能"以身先之"推测，司马氏家庭成员也参与部分劳动。三是分配合理，先人后己，"所获悉以奉六亲，有余则及乡人，身无私焉"①。他最后积劳成疾，死时年仅32岁。他大概是历任主持人中工作最出色的，所以司马池说："自吾兄之亡而家遂贫，岂所以资生之具减于昔日，勤惰不同而已矣。呜呼！使天下之民，皆若吾兄之为，虽古治世何以加？"②

第二位是司马沂的亲兄司马浩（968—1030），他主持了11年（1007—1017）。他最初是想在科举上下功夫，但考了八次，还是没有成功，只能"专以治家为事"，在他主持期间，干了几件大事：①埋葬了许多待葬已久的族人。②兴修水利，解决了灌溉问题，使日益贫瘠的土地得到复苏。③教育弟弟之子司马里，使之成才，中进士，当官。从司马池说"自吾兄（沂）之亡而家遂贫"看，他的治家本领不如其弟，从他主政后，家族开始贫困。

第三位是司马宣（1003—1075）。"司马氏累世聚居，食口常不减数十，卫尉府君（司马浩）为之长兄。年十六，卫尉即以家事委之，衣食均赡，宗族无间言。卫尉得以优游自适，十余年而终。兄用从父太尉府君（指司马池）荫补郊社斋郎，太尉以家事非兄不能办，未听从宦。后数年，乃调达州通川尉。"这本来应是其父主持，而交付给他，等其父卒后，他想从政，而从父太尉司马池（979—1041）不同意，又延长了几年才从政。其主持时间为1018—约1037年，共19年左右。

第四位是司马里（998—1066）。"司马氏同居累世，宗族甚大。兄为之长，凡二十余年，能一施以恩，无亲疏贤不肖之间，故人人无怨。善为诗，多为人传诵。"然其三十岁以后，一直从政，在外做官，所谓"为之长"，只是名义上的家族之长，其时间为1038—1066年，约28年，这一段时间具体主持工作的应另有其人。

这四位执掌家政者的特点是：他们都是司马政的第二子之后，而不是从嫡长子房挑选。选拔的标准是能力而不是年龄。司马沂是司马浩之弟，其能力胜过其兄，故在其兄之前主政。他们工作的特点是任劳任怨，公平。

这一家族的特点是管理与读书做官并重，而两者之中更重视后者。因为只有做官才能脱贫。至于谁读书、谁管家，并不作死板的规定，而是灵活地量才而用，即谁适合考进士就去读书，谁适合主持家政就管家。如果考进士不行再回来管家，如司马浩。从司马政的三个儿子看，大房的后代没有什么特色。二房较长于治家，故多由此房主家政。三房读书从政的优势比较明显。炫与子池、孙光都考上了进士，官一代比一代做得大，第三代司马光为宰相达到了顶点。

宋代同财共居大家族有两大类型：一，富庶型的，人多地广，且有办学能力的，如

---

① 《司马沂墓志铭》。
② 《司马沂行状》。

陈氏、郑氏、李氏家族。二，贫困型的，人多地少，低水平的，如司马氏和姚氏家族。中国气候的特点，每隔几年总会出现水旱之灾，弱小的家族如果再分成若干小家庭，在天灾人祸面前，随时有可能被击垮，组成大家族，互相有个照应，抗风险的能力就强得多，尽管是低水平的生活，总还能活命。

以司马氏家族和姚氏相比，他们有着共同点：他们平均消费，不置私产。为人正派，办事公道，生活俭朴，相处和谐。未见有高高在上的族长，没有编纂族谱，也没有修建祠堂或家庙，看不到束缚族人的族权。

两者也有不同点：司马家族有功德寺，北宋建，名余庆寺，至今犹存，并有朝廷的牒文。姚氏家族无。

姚氏家族没有长远的目标，不思进取，只满足于现状，希望能永远保持下去。他们被称为"义门姚氏"，纯粹靠兄弟情谊维系着。他们的素质较低，不读书，只务农。姚氏家族的消失，虽然是由于特殊原因造成，但他们本身确实没有竞争力，稍有天灾，即外出避难，奸臣稍有出台一个坏政策，他们就无法过安稳日子，只会成天哭泣，考虑逃亡，这样如履薄冰的状况，迟早会无法支撑而消亡。

司马家族的同居共财是被迫的，因为人多地少，如分为小家庭，很难摆脱长期贫困的命运，要想脱贫，容易见效的就是经商或读书做官，受传统儒家思想的影响，他们不愿经商，就只有走读书做官这一条路。而读书做官，需要时间和金钱，小家庭难以做到，同居共财后就容易些，用一部分人的劳动或管理，去换取另一部分人有时间和财力去读书和参加科举考试。数百年前曾是显赫的贵族历史，尽管早已逝去，仍然令人憧憬，成为他们改变现状的动力。他们重视读书，具有较高素质。在讲究门第的时代，他们的梦想不易实现，到了宋代，科举取士名额的扩大，公平竞争，为他们敞开了入仕之门。司马政的第三子炫这一房率先闯了出来，考上进士，当了县级官员，到下一代司马池成为中级官员，到第三代司马光晋升至最高的宰相之位。他们这一支风光了，连带旁支也靠着门荫而进入仕途，如司马池当官后，远房的侄子司马宣荫补郊社斋郎，远房的侄孙司马京（1020—1079）荫补为太庙斋郎①。

司马家族在进入仕途以后，原先的同财共居模式随之发生相应的变化。如推选主持人，最初由年长者公推，到司马池当了中级官员后，发言权增强了，司马宣想出去做官，司马池认为他应该继续主持家政，他只好接受，原因很简单，司马宣的官还是沾司马池荫补的光，怎能不听他的话呢？当官之后，有了俸禄，经济就富裕了，这钱是留着存私房，还是给族里？起初还是给族里的，如司马炫卒时，"俸禄余积直钱数十万"（也即数百贯），司马池"一毫不留，尽奉诸父"②。司马池死后葬于何地，族人主张，按老规矩，请阴阳先生看地决定。尽管司马光与兄旦不信风水，还得尊重成规，不得不耍点小聪明，事先用高过时价20倍的钱秘密买通阴阳先生，让他看风水时按照司马旦看好

---

① （宋）范祖禹《虞部郎中司马君（京）墓志铭》，《范太史集》卷三八，文渊阁四库全书本。
② （宋）庞籍《司马池碑铭》，成化《山西通志》卷一五，第1009页。

的地望去说①。这钱显然是私房钱，说明此时司马旦和光家里已有属于自己支配的钱了。后来司马光不断升官，经济状况越来越好，他在洛阳修一座独乐园，内有读书堂、见山台、钓鱼庵、采药圃②。司马旦也有自己的花园③。当司马光在宰相任上去世时，他的坟墓就不与族众葬在一起，而是另起炉灶。这就是保存至今的司马光陵园。此墓群的特点是，葬区以司马池为首，以下为其子旦、光、孙康等。司马池碑上说的葬于先茔，应该在其祖先墓之下，怎么成现在这样子？我想，本来应该是身为宰相的司马光另外开辟葬地，但当时其兄司马旦尚健在，如司马光另开墓地，兄长葬到哪里去呢？如果把其父墓迁来，这个矛盾就好解决了，按古代经常实行的左昭右穆制，司马旦和光一起葬在其父左侧就可以了。以上表明司马光这一支已完全脱离同居共财的大家族而独立了。

比司马光只小一岁的侄儿司马京（1020—1079）"晚年颇优足，即散以赒亲戚之贫者"④，表明他拥有比较优厚充足的个人资产，这一资产支配权是属于他的，所以他有权去拿这笔钱接济亲戚。这就是说，司马京在晚年时也已脱离同居共财的大家族而独立了。还应该指出的是，当族人跟他借钱时，他从不拒绝，并且不让他们偿还。这一表现，反映了小家庭刚分化出来时，同居共财大家族的意识还有一定程度的影响。

这影响还表现在立继上，司马光没有儿子，从族中过继了一位，即司马康⑤。康死后，其子植不久也去世，不得不"立其再从孙稙为嗣，而稙不肖，其书籍生产皆荡覆之"⑥。由朝廷出面再找一位族曾孙司马伋来继承⑦。他的父、祖是谁，出自哪一支，现在都难于考证清楚了，只有等将来发掘出新墓志才能最终解决。

2009年4月2日于西安，4月12日修改

（原刊于《宋学研究集刊》二，浙江大学出版社，2010年）

---

① （宋）司马光《葬论》："将葬太尉公，族人皆曰：葬者家之大事，奈何不询阴阳，此必不可。吾兄伯康无如之何，乃曰：询于阴阳则可矣，安得良葬师而询之。族人曰：近村有张生者良师也，数县皆用之。兄乃召张生，许以钱贰万，张生野夫也，世为葬师，为野人葬，所得不过千钱，闻之大喜。兄曰：汝能用吾言，吾畀尔，葬不用吾言，将求佗师。张师曰：惟命是听。于是兄自以己意处岁月日时及圹之浅深广狭道路所从出，皆取便于事者，使张生以葬书缘饰之，曰：大吉，以示族人，族人皆悦，无违异者。"（《文集》卷七一）

② （宋）李格非《洛阳名园记》。文渊阁四库全书本。

③ 《宋史》卷二九八《司马旦传》："光居洛，旦居夏县，皆有园沼胜槩。"（第9906页）

④ 《虞部郎中司马君（京）墓志铭》。

⑤ （宋）邵伯温《闻见录》卷一八："公无子，以族人之子康为嗣，康字公休，其贤似公。"

⑥ （宋）李心传《建炎以来系年要录》卷一〇四，绍兴六年八月乙亥。"稙"疑应作"植"，司马光孙子辈之名均从木。

⑦ （宋）李心传《建炎以来系年要录》卷一二一：绍兴八年秋七月乙酉朔，"诏以司马光族曾孙伋为右承务郎嗣光后"。

文彦博红楼诗与麟州红楼研究

　　古麟州城有一座标志性建筑——红楼，随着麟州城升格为国家级重点文物保护单位、随着杨业故里即是麟州被学术界所确认，麟州红楼以及文彦博（1006—1097）的红楼诗自然就成了人们关注的焦点，本文拟对此作一番深入的探讨。

　　最早提及红楼的就数文彦博的红楼诗了，它刊载于道光《神木县志》中，内容如下：

　　　　文彦博《麟州知郡作坊以彦博昔年所题红楼拙诗刻石，复以墨本见寄，辄成五十六字致谢，且寄怀旧之意云尔》

　　　　昔年持斧按边州，闲上高城久驻留。曾见兵锋逾白草，偶题诗句在红楼（原注：楼在城上，对白草坪）。控弦挽栗成陈事，缓带投壶忆旧游。狂斐更烦金石刻，腼颜多谢镇西侯[①]。

　　在这里，需要研究几个问题：一，道光上距文彦博800米年，怎么证明这首诗是真实的而不是伪造的？二，文彦博何以对麟州红楼情有独钟？三，红楼诗是什么时候写的、写给谁的，是谁为他刻到石头上去的？四，红楼的修建时间及具体方位。

一、文彦博的红楼诗来源于宋代石刻

　　我在读到此诗时，曾查检现存的《文潞公文集》，发现集中未收，于是对它的内容作了一番考察。首先，诗的内容与文彦博的行踪相符，诗称"昔年持斧按边州"，他确实到过麟州，康定元年（1040），文彦博出任河东路转运副使，曾前往麟州，开通运粮之路，解救了被西夏包围一月多的麟州[②]。其次，诗中提及的白草、红楼符合当时的地理名称。其次，麟州知郡作坊符合北宋职官制度。如果是人为造假，必然有其造假的原因，如为地方人士锦上添花，但文彦博并非麟州人。也有的是为祖上增添光环，尤其在家谱中，而此诗并无吹捧家属之处。作假必然会露出马脚，如把别人的诗偷梁换柱，而此诗没有与其他诗内容相同之处。后人作假常常会违背历史，官名、地名与历史不符，而本诗完全符合。基于上述理由，我把它收到《全宋诗补》中，在《文史》2001年第57辑上发表，以弥补北京大学出版的《全宋诗》之不足。

　　虽然通过上述考证，可以基本认定，但此诗的来历未能弄清，终究不能放心引用。我遍查宋、元、明的文献，都没有提到这首诗，《道光县志》究竟是从哪里得到此诗的？

　　[①]（清）道光《神木县志》卷八《艺文志》下，1982年标点注释本。
　　[②]（宋）李焘《续资治通鉴长编》卷一三三，中华书局点校本，2004年（以下简称《长编》），清徐松辑《宋会要辑稿》方域二一之六，中华书局影印本，1957年。

最近，我从比道光本早的清代抄本《神木县志》①中找到了答案。它所收的内容要比道光本详细，兹录于下（道光本所无之字，用粗黑体表示）。

丞相潞公诗

彦博丞（按应作承）知郡作坊以彦博**往**年所题红楼拙诗刻石，复以墨本见寄，辄成五十六言致谢，且寄怀旧之意尔：

昔年持斧按边州，闲上高城久驻留。曾见兵锋逾白草，偶题诗句在红楼（原注：楼在城上，**俯瞰野川，正对白草坪**）。（按强）[控弦]挽粟成陈事，缓带投壶忆旧游（原注：**皆昔日新秦事也**）。狂斐更烦金石刻，腼颜多谢镇西侯。

嘉祐六年十月十三日立

道光本县志序中提到过这个抄本，显然，道光本是抄自这个更早的抄本的，可惜的是，传抄时它把最关键的内容删除了。这就是最后一句话，它说明诗刻于嘉祐六年（1061）十月十三日立的石碑上，县志所收之诗是从当时保存的碑上抄来的，自然是最可靠的。

这个清抄本抄于什么年代？它所根据的原稿纂修于何时？

从内容看，四卷各目基本上都记载到康熙为止。从避讳角度看，书中未避雍正之祯及乾隆皇帝弘历之讳，应抄于康熙时。唯卷二"东协副将"条额外增加了三人：

雷世杰，镶白旗人，康熙五十五年任。

傅泽深，镶黄旗人，康熙五十七年任。

周起凤，陕西长安人，雍正四年任。劝政洁己，恤兵爱民，抚绥边方，宽严并济，历升延绥镇总兵。

但周起凤之前还有一人，却漏录了："孙继宗，固远人，雍正二年任。"显然这是全书抄成后，至雍正四、五年间又随意添补的，而其他各卷各条都没有再添雍正时的人和事。

之所以说它是抄本而不是原稿本，还因为书中经常有抄错的地方，有些是低级错误，如范仲淹的"范"，写成"花"，"沧州"误写成"仓州"，"或者"的"或"写成"域"，若是编者的原稿，决不会出现此类失误。

卷二"邑侯（即县令）"条最晚记到"贺有章，贵州黔西州人，由举人康熙四十四年（1705）任，命题课士，振兴学校，省刑薄敛，抚恤穷黎，行取户部主事，历升山东粮道"。未记康熙五十九年（1720）任知县的刘荫枢。

"广文"条记道："赵巨，西安府三原人，由岁贡康熙四十九年任。优礼斯文，重修学署。"未记康熙五十五年任的胡继昌。

卷二"职官·观察"条最晚记道："罗景，字星瞻，襄平人，康熙五十二年（1713）任，修文庙以兴学，开边地以利民，严捕盗贼，禁止赌博，宣讲圣谕，设置关厢，教民树植，凡有益于地方者，无不加意立行，种种善政，不胜屈指，将来政治，未有涯云。"

---

① 清代抄本《神木县志》，台湾成文出版社影印本，1970年。

凡此，可以看出，县志修撰的时间应在康熙五十三年至五十四年间。它比道光本县志要早130年。此抄本是明修康熙续的《神木县志》，今存清抄本是根据原稿本抄的，抄手水平不高，故时有抄错处，抄的时间应在康熙五十四年至五十九年间，此后，抄者在雍正四年时又补充了3条内容。

卷四"艺文篇"小序说："邑久文献无征，隋、唐而上，远不可稽，近世遗文付诸石刻者，亦皆薶剥弗全，间有所作，亦多出于方家之手，今录其仅存者若干篇。"据此，唐以前的石刻当时已无法看到，宋以后尚有所保存，文彦博红楼诗当录自石刻，康熙时此石刻尚在世。至于现在是否尚在，就得靠考古发掘去证实了。

以上说明这首诗来源于宋代的石刻，是完全靠得住的。

从文彦博诗中，知王庆民在刻此诗前已经刻了文彦博第一次题红楼的诗，按理说，康熙时也能见到，不知为何没有收录？也许因为该碑已残、字迹不清而未录？但愿有朝一日能重见天日，即使已残，也能提供一些新的信息，供大家研究。

二、文彦博何以对麟州红楼情有独钟？

文彦博何以对麟州红楼情有独钟？因为他与父亲文洎都曾对这座战略重镇作出过贡献。

麟州在北宋时有着特殊的地位。它的西边七十里以外即是西夏的领地，以南今绥德县也归西夏管辖，它的北边今鄂尔多斯一带则属契丹领地。北宋占有的麟州和府州，属河东路管辖，首府为太原。西夏极力想占领它，这样就可直接威胁太原，进而入侵中原。北宋保有它，则可以与延州（今延安）两路夹攻西夏，使之腹背受敌。但代价很大，北宋必须在麟州驻扎大量军队，并且必须经常从太原运输大量的物资，而道路十分难走，尤其是府州到麟州中间有一百几十里山路，随时会受到夏兵的袭击，以致有些朝廷要员主张放弃麟州，而有识之士则主张坚守。

文彦博的父亲文洎（？—1037），介休人，很有战略头脑。景祐四年（1037）出任河东转运使，这一职务在当时是河东路的最高长官，不但有运输粮草等任务，还有权监察一路官员。他一上任，就十分关心麟州，他知道麟州城易守难攻，但必须保证有充足的物资，否则就难以坚守了，而原有的道路迂回曲折，经常被西夏拦截。文洎经过调查，了解到唐代的道路比今天更方便，便决定重开唐代故道，可惜，刚动手就因操劳过度而于同年九月去世了[①]。

文彦博字宽夫，进士出身。曾先后三次出任宰相，第一次庆历八年（1048）闰正月至皇祐三年（1051）十月。第二次至和二年（1055）六月至嘉祐三年（1058）六月。第三次元祐元年（1086）四月至五年二月。享年九十二岁，是北宋的元老重臣。《宋史》卷三一三有传。

---

① （宋）张刍《宋故奉宁军节度推官承奉郎试大理评事知乾州奉天县事文府君（彦若）墓志铭》。清陆增祥《八琼室金石补正》卷九八，民国十四年希古楼刻本。

文彦博在父亲去世三年后，即康定元年（1040）夏，出任河东路转运副使。他可以完成父亲未竟之业了，心情十分高兴，写下了这样一首诗：

> 某天圣四年（1026）叨充乡赋，明道二年（1033）夏假副车于本郡，今年夏忝外计于本道，实嗣世职（前此三年，先大夫为河东转运使）。八月行部，率遵故常，乡老欢迎，邀留累日，徘徊旧地，追惟畴曩，因成拙诗二章，题于行署。
>
> 不才惟恃高门庆，奕世皆为外计臣。乡老相逢频教我，尽忠思孝报君亲。
>
> 昔年乡赋议兴贤，曾接诸君砚席间。屈指岁华逾一纪，锦衣怀绶过稽山①。

他在八月到麟州一带视察，以最快速度完成父亲未竟之业，打通了运送粮草的道路，给麟州运去了充足的粮草。第二年，西夏主元昊亲自统帅数万大军围攻麟州，整整十天，劳而无功，只好解围而去，转攻府州，又损兵折将而退。次年，文彦博晋升为河东路都转运使②。

《宋会要》方域二一之六对其父子的作为有比较详细的记载：

> 庆历元年八月，麟州言，元昊攻围州城逾月。麟、府皆在河外，因山险。初，转运使文洎以麟州饷道回远，军食不足，乃按唐张说尝领并州兵万人出合河关，掩击党项于银城，大破之，遂奏置麟州，此为河外之直道。自折德扆世有府谷，即大河通保德，舟楫邮商，以便府人，遂为麟之别路。故河关路废而弗治，洎将复之而卒。其后子彦博为副使③，遂通道银城，而州有积粟可守。故元昊知城中有备，解围而去。复兵攻府州，城中官军六千一百余人，居民亦习兵善战。城东、南各有水门，崖壁峭绝，下临大河。崖腹有微径，贼攀缘石壁，鱼贯而前，城上矢石乱下，贼死伤殆尽。攻城北，而士卒力战，伤者一千余人，贼乃引退。

《宋史》卷三一三第10258页《文彦博传》："以直史馆为河东转运副使。麟州饷道回远，银城河外有唐时故道，废弗治，彦博父洎为转运使日，将复之，未及而卒。彦博嗣成父志，益储粟。元昊来寇，围城十日，知有备，解去。迁天章阁待制、都转运使。"

文彦博红楼诗中提到"昔年持斧按边州，闲上高城久驻留"。说明他在麟州待过相当长的时间，为防守事宜费过不少心血。又说"缓带投壶忆旧游"，原注："皆昔日新秦事也。""投壶"是古代军中的一种竞赛性的运动，每人手持箭，把它投到壶中，谁投进的多谁获胜。说明在工作之余，文氏在此交了不少朋友，时时一起上红楼饮酒欢聚游戏。

---

① （宋）文彦博《文潞公文集》卷四，山西人民出版社影印山右丛书本，1986年。
② （宋）李焘《续资治通鉴长编》卷一三七：庆历二年六月乙未，"河北转运使、吏部员外郎、史馆修撰文彦博为天章阁待制、本路都转运使"（中华书局点校本，2004年，第3279页）。
③ "彦博"，原作"产恃"，据《长编》卷一三三改。

三、红楼诗是什么时候写的、写给谁的，是谁为他刻到石头上去的？

文彦博的红楼诗写于何时？从诗刻石的时间，可知应在嘉祐六年十月前不久。而该诗又明确提到在此前曾作题红楼诗，由此可知，文彦博实际上前后作了两首红楼诗，第一首红楼诗是直接题写在楼上的，一定是他赴麟州之时所作，时间应在康定元年（1040）。两首诗前后相隔了21年。作两诗时的身份地位则已经有了很大的改变，前者仅是河东转运副使，后者已是出任过两任宰相的元老重臣了。在红楼上题诗的数量一定不少，但后来升为宰相的只有文彦博一人。把它从众多的红楼诗中挑选出刻在石碑上，有助于提高红楼的身价，这大概就是麟州知州刻石并把拓本寄赠给文彦博的原因。

为文彦博诗刻石的是谁？从他的诗题可以知道，是"知郡作坊"，所谓"知郡"就是麟州知州，作坊即作坊使，是这位知州附带的官衔，正七品。历任麟州知州中带这一官衔的只有王庆民。

嘉祐四年（1059）十二月乙亥（十四日），知麟州王庆民奏上麟府二州图①。得到皇帝奖励，十二月十七日，欧阳修起草了《赐西京作坊使知麟州王庆民奖谕敕书》，全文如下：

> 敕王庆民：省所奏准密院札子节文，以臣撰成麟府二州绢图一面并序目二册诣阙上进事具悉，古之用兵者，必因地形制方略，然后可以策胜败之筹，运奇正之谋，尔以材武之资，有明敏之识，自膺简寄出守边封，而能周知山川险易之形，历览亭障屯防之要，列为凡目，粲尔（一作可）条陈，不惟指掌于披图，足以因时而制变，遽兹来上，深体乃忠，省阅以还，叹嘉曷已，故兹奖谕，想宜知悉②。

在敕文中称赞王庆民不仅有"材武之资"，而且有"明敏之识"，他是在嘉祐二年（1057）宋军在麟州城外被西夏打得大败，原知州武戡被罢官③后上任的，一直担任到熙宁三年（1070）④，时间长达14年，是任期最长的麟州知州。熙宁四年正月，又继续担任管勾麟府路军马之职⑤，成为麟府军队的最高统帅，以后转任知冀州⑥，熙宁七年后

---

① （宋）王应麟《玉海》卷一四，文渊阁四库全书本。
② （宋）欧阳修《欧阳文忠公文集》卷八八，四部丛刊本。
③ （清）徐松辑《宋会要辑稿》职官六五之一五："嘉祐二年七月二十八日，知麟州、六宅使、带御器械武戡除名，江州编管。"（中华书局影印本，1957年）
④ 《宋会要》兵二八之八："熙宁三年七月十八日，诏河东经略司已严戒知麟州王庆民，如西贼犯境，即令诸城寨相度有险可恃者，专为清夜自守之计。"
⑤ （宋）李焘《长编》卷二一九：熙宁四年春正月癸卯，"诏王庆民依旧专管勾麟府路军马"（第5324页）。
⑥ （宋）李焘《长编》卷二五〇：熙宁七年二月丁丑，"知冀州王庆民言，捕得骁捷第三指挥作过兵士八人……赐庆民敕书奖谕焉"（第6091页）。

去世[①]。王庆民,《宋史》中并没有立传,生卒年也难以考清,但他无愧为守卫麟州的功臣,在麟州史上是应当有他一席之位的。

四、红楼的修建时间及具体方位

红楼建于何时?至迟在康定元年(1040)文彦博登上红楼题诗前已经存在,离今至少有970余年了。其最初修建时间可能早到唐朝。麟州,初置于开元十二年(724),仅二年就废了,此时不太可能建楼。天宝元年(742)复置麟州[②]。贞元二年(786)、十七年(801),麟州两次被吐蕃攻陷,"夷其城郭"[③],建楼时间最早也应在801年之后,具体何时,尚待发现新资料,再做进一步考证。

关于红楼的情况,文彦博在诗中有如下的记载:"曾见兵锋逾白草,偶题诗句在红楼。"自注:"楼在城上,俯窟野川,正对白草坪。"说明楼是建在城墙上的,它可以俯瞰窟野河,远望白草坪。白草坪也作白草平,在屈野河西山上,距麟州城十五里以上[④]。红楼应在麟州的最高点。

麟州城,经近年来的考古调查,有东城、西城和紫锦城,红楼在哪个城上?

历史上有三种记载:

1. 西城红楼

《宋史》卷四八五第14001页《夏国传》:"初,麟州西城枕睥睨曰红楼,下瞰屈野河,其外距夏境尚七十里,而田腴利厚,多入讹賖,岁东侵不已……嘉祐二年,遂团兵宿境上,逮三月增至数万人,守将敛兵弗与战。知麟州武戡筑堡于河西,以为保障。役既兴,戡率将吏往按视,遇夏人于沙鼠浪……众大溃。"

按:城上短墙为睥睨。枕,紧靠之意,麟州西城枕睥睨曰红楼,这是说在麟州西城上有紧靠短墙的建筑红楼。也就是说它是建筑在城墙上,而不是城门上的。

2. 衙城红楼

《宋史》卷三二六第10522页《郭恩传》:"郭恩,开封人……徙并、代州钤辖,管勾麟府军马事。夏人岁侵屈野河西池,至耕获时,辄屯兵河西以诱官军。经略使庞籍每戒边将,敛兵河东母与战。嘉祐二年,自正月出屯,至三月然后去。通判并州司马光行边至河西白草平,数十里无寇迹。是时知麟州武戡、通判夏倚已筑一堡为候望,又与光议曰:乘敌去,出不意可更增二堡,以据其地。请还白经略使,益禁兵三千、役兵五百,不过二旬,壁垒可成。然后

---

① (元)马端临《文献通考》卷三四六,中华书局,1986年。
② (宋)欧阳修《新唐书》卷三七《地理志》,中华书局点校本,1975年。
③ (宋)司马光《资治通鉴》卷二三二,第7475页;卷二三六,第7597页。
④ (宋)李焘《长编》卷一三三:庆历元年八月戊子,"麟州言:元昊以前月戊辰,攻围州城。是月乙酉,踰屈野河西山上白草平,距城十五里按军"(第3163页)。

废横戎、临砦二堡，撤其楼橹，徙其甲兵，以实新堡，列烽燧以通警急。从衙城红楼之上，俯瞰其地，犹指掌也。"

《长编》卷一八六、第4477页：嘉祐二年五月庚辰，"崇仪使、并代钤辖、管勾麟府军马郭恩与夏人战于断道坞，死之。……初，夏人岁侵屈野河西地，至耕获时，辄屯兵河西，以诱官军……是岁正月，没藏讹龙领兵至境上，比及三月，稍益至数万人。又自鄜延以北发民耕牛，计欲尽耕屈野河西之田……于是籍檄通判并州司马光行边至河西白草平，数十里无敌迹。时知麟州武戡、通判夏倚已筑一堡，为候望，又与光议曰：乘敌去，出不意更增二堡，以据其地，可使敌不复侵耕。请还白经略使，益禁兵三千、役兵五百，不过二旬，壁垒可成。然后废横戎、临塞二堡，撤其楼橹，徙其甲兵，以实新堡，列烽燧以通警急。从衙城红楼之上，俯瞰其地，犹指掌也"。

3. 衙门红楼

《隆平集》卷一九："郭恩……官崇仪使、并代钤辖、管勾麟府军马事。初，夏人岁侵屈野河地，至耕获时，辄屯兵河西，以诱官军，经略使庞籍戒边将勿与战，月余，食尽去，如是屡矣。是岁正月出屯，三月始去。并州通判司马光行边至河西白草平，数十里无寇迹，时知麟府（民按：此为衍文）州武戡、通判夏倚已筑一堡，又与光议，乘寇之去，出其不意，别创二堡，据其地，使不得耕，功毕则废横戎、临塞二堡，徙兵实新堡，列烽燧，自衙门红楼下视其地如指掌，堡成，三十里外田，寇必不敢耕矣。"

以上二、三说，说的都是同一件事，即嘉祐二年郭恩麟州之战，差别仅在于详略不同，《隆平集》最略，《长编》较详，它们应来自麟州或太原的奏章。以写作时间而言，《隆平集》最早，作于北宋，《长编》次之，作于南宋。按说，时间早的可信度大些。但从版本看，《长编》最早，有宋本，《宋史》为元刻本，《隆平集》仅有明刻本和清抄本，后者错误颇多，如这一段文字中，"知麟府州武戡"中的"府"字显然是衍文，古代并没有"麟府州"这一地名，如果理解为麟州和府州，也不可能，因为武戡从来没有兼任过知府州，宋代府州知州全部由折家世袭，嘉祐二年时知府州的是折继祖。再据《宋史·夏国传》记载，红楼是建在城墙上，而不在城门上。因此"衙门"很可能是"衙城"之误。这样，以上三种可能实际上可归并为一、二两种。

衙城也称牙城，是州长官的住宅所在地。唐代的州城一般由三套城墙组成，最里面的是衙城，外面套一层内城，再外面又套一层称为罗城。这种把衙城紧紧地包在最里面的做法，目的是保障领导的安全。如郓州、扬州城即是如此[①]。麟州因为建在山上，受地形的限制，无法一个套一个，只能建成互相连接的三个城，今称为东城、西城和紫锦

---

① （宋）司马光《资治通鉴》卷二四一：元和十四年二月，"李师道闻官军侵逼，发民治郓州城堑……子城已洞开，惟牙城拒守"。胡三省注："凡大城谓之罗城，小城谓之子城。又有第三重城，以卫节度使居宅，谓之牙城。"（第7764页）《资治通鉴》卷二六六：开平元年春正月辛巳，"（扬州杨）渥父行密之世，有亲军数千营于牙城之内"。胡三省注："蜀注曰：古者军行有牙，尊者所在，后人因以所治为衙，曰牙城，即衙城也。"又注曰："牙者，旗名。"（第8667页）

城，史书中只提到衙城和西城，但既然有西城，必定有东城，今天东、西城的叫法是符合实际的，而所谓紫锦城，应该根据文献的记载定名为衙城。

在唐代衙城上建楼是常见的，如阆州衙城西南角即建有碧玉楼①。所以，麟州衙城上建有红楼也是很正常的。

如何寻找红楼的今址？它应当满足两个条件。一，从文献和文彦博诗可以看出，红楼应在麟州城内地势最高处。二，位置是在衙城、西城。

目前可供选择的城墙高地有两处，一在衙城东南，二在衙城北。

按照第一个条件衡量，前者地势最高，自然可能性最大，有人推测它就是红楼的所在地，我曾登上去远望，从气势看，也觉得很像。但后者也有一定的可能性，假如真的建有红楼，其高度就可能超过前者。

按照第二个条件衡量，既可以称作衙城红楼、也可以作西城红楼，前者就不好称作西城红楼了，而后者则完全符合。对于衙城而言，是在衙城的北城墙上，可称为衙城红楼，而同一道墙对西城而言，又是西城的南城墙，因此，也可以称为西城红楼。从这一点看，后者可能性更大。

但讨论到此，还不能就此认定，红楼就属后者。这里还牵涉到如何认识东、西城与衙城之间的关系。按当时的制度，衙城和东、西城，不应视作并列关系，东、西城应该被看作内城和罗城，衙城是被套在内城中的，到底谁是内城、谁是罗城，存在以下两种可能性：

（1）东城可能是包括衙城在内的内城，而西城则可能相当于罗城。如此说成立，红楼应在衙城北的高地。

（2）西城实际上是内城，即它是将衙城包含在内的，则衙城的南墙也可视为西城的南墙，那么前者的可能性又超过了后者。

如何最终解决上述问题，尚需借助考古手段。其一，分清三城建筑的早晚。一般说，衙城最早，内城次之，罗城最晚。其二，寻找红楼的基址、柱础、瓦当之类的遗物。

此外，不能排除还有第三种可能，有一个已经证实的事情，府州在被西夏占领后，西夏人出于对折家的憎恨，将折家墓地彻底毁掉。同样，西夏人出于对麟州的痛恨，在占领州城后，也会将红楼彻底铲除，如果真是这样，也许红楼在这两处高地以外的某个地点了。当然，即使摧毁，遗物还会有的，只是解决问题的难度又增加了许多。

到底哪一种可能符合事实，有待考古发掘找到更确凿证据去解决。

2011年2月20日于西安

（原刊于《杨家将文化》2011年1期）

附言：据近年考古调查与发掘，证明本文推测红楼在衙城北是正确的（2012年5月）。

---

① （宋）祝穆《方舆胜览》卷六七阆州条，施和金点校，中华书局，2003年，第1174页。

刘敞《杨无敌庙》诗考释

宋、辽时期最早记载古北口杨无敌庙的诗篇，是北宋著名文人学者刘敞，此诗是他奉命出使辽国路过古北口时所作，是研究杨业身后影响的重要史料，值得认真研究。其诗照录于下：

《杨无敌庙》（在古口北）

西流不返日滔滔，陇上犹歌七尺刀。恸哭应知贾谊意，世人生死两鸿毛①。

这里拟首先简略介绍作者的生平，然后讨论两个问题：①此诗写作的具体时间？②诗的含义是什么？

一、刘敞其人

刘敞（1019—1068），字原父，江西新喻人。他聪明过人，庆历六年（1046）考中进士第二名。先后当过三司使（主管国家财政的高官）、翰林侍读学士、知永兴军（今西安）等官职。知识渊博，上知天文，下知地理，佛教、道教、医学、算卦，无所不通。他的思想非常活跃，富有独立见解，他写的《七经小传》，对儒家经典《尚书》《诗》《三礼》《公羊传》《论语》的传统解释，提出了质疑，成为宋学的开创者之一。他还精通古文字，在知永兴军（今西安）任上，曾收集十多件先秦青铜器，写了《先秦古器图记》一卷，是我国第一部金石学著作。他和大文学家欧阳修（1007—1072）是好朋友，欧阳修当了三十年的文坛领袖，又是史学大家，二十四史中，写了一部半，即《新五代史》和《新唐书》（与宋祁合撰），还写过《金石录》《诗话》等书。尽管欧阳修学问很高，又比刘大十二岁，但碰到问题，还得请教刘敞。有一次，找刘请教，刘正和别人下棋，说：稍等一会，下完棋，告诉你。欧刚走开，刘又招手请他过来，说：现在就告诉你。等欧走了，就得意地对人说："好个欧九（欧阳修在族内排行老九），不读书（简直没有读过书！）。"欧阳修听了刘敞的解答，回去一查书，果然说得完全正确。此事成为流传千年的学界佳话。

在出使辽国的过程中，也时时表露他知识的渊博，令辽国官员折服。当他走到中京时，对负责接伴的马祐说，我们走到柳河时，为什么不一直往前走，那用不了几天，就能到中京，却绕道走一千多里冤枉路？怕让我们看出国土不大，有意绕的吧！马祐点头承认，说：以前许多使者看不出来，却被你识破了。只是驿馆就是这样设置的，只能这

---

① （宋）刘敞《公是集》卷二八，文渊阁四库全书本。

么走。马祐又请教他一个问题：顺州有一种像马的野兽，能食虎豹，不知应该叫什么？刘敞立刻回答：应该叫䮤，《山海经》《管子》对它的形象、声音都有具体描述，说着，就将书中文字背诵给他听。辽人佩服得五体投地①。可惜，这位大才子寿命不长。虚岁刚五十就去世了。流传至今的著作有《七经小传》《春秋传》《春秋权衡》《春秋意林》《公是集》等。《宋史》卷三一九有传。

二、《杨无敌庙》诗写作的时间

这首诗是刘敞在古北口参观《杨无敌庙》时所作，古北口属辽国领地，刘敞至辽只有这一次。至和二年（1055）八月二十九日，他被任命为贺契丹国母生辰使，时年三十七岁。

《长编》卷一八〇第4366页：至和二年（1055）八月甲寅（29日），"改命刘敞、窦舜卿为契丹国母生辰使"②。

按惯例，任命后都得有一段准备时间，预备礼品、修国书、使者学习出使所需之各种礼仪、应对辽国母的问话等。如沈括使辽，下诏时间在熙宁八年（1075）三月二十一日，一个多月后出发，闰四月十八日才由雄州进入辽国境内③。

刘敞参观古北口杨庙有两种可能，一是去时，二是回时。好在刘敞在出使过程中写了不少诗，为解决作品时间提供了许多信息。其中有三首诗点明了返程时路过古北口的时间。

《古北口守岁二首》

春渡辽东海，星回幕北天。悠悠乡国别，明日便经年。

山尽寒随尽（燕北诸山尽于此），春归客亦归。一杯分岁酒，送腊强依依④。

《元日发古北口寄禹玉直孺昌言三阁老》（初入燕境）

桂酒椒盘共发春，山川虽旧物华新。仲尼鲁史王正月，泰帝河图岁甲寅。（今年岁至甲寅，与河图天元同）玉殿笙闻斛白兽，火城想见接清尘。应怜二使星安在，北斗杓端析木津⑤。

---

① （宋）刘攽《故朝散大夫给事中集贤院学士权判南京留司御史台刘公行状》（《彭城集》卷三五）；（宋）欧阳修《集贤院学士刘公墓志铭》（《文忠集》卷三五），文渊阁四库全书本。

② 此处"使"之下当有"副"字，刘为正使，窦为副使。

③ （宋）李焘《续资治通鉴长编》卷二六一、第6362页：熙宁八年三月癸丑（二十一日）：右正言、知制诰沈括假翰林院侍读学士充回谢辽国使。沈括《熙宁使虏图抄》："以闰四月己酉（十八日）出塞，五月癸未（二十三日）至单于庭。凡三十有六日。以六月乙未（五日）还，己未（二十九日）复至于庭下。凡二十有五日。"按：从闰四月十八日到五月二十三日，总共三十五日，其中闰四月只有二十九日，沈括之三十六日当为三十五日之误。

④ （宋）刘敞《公是集》卷二七。

⑤ （宋）刘敞《公是集》卷二五。禹玉为王珪（1019—1085）之字，文学家，时任知制诰。官至宰相。《宋史》卷三一二有传。直孺，贾黯（1022—1065）之字，状元，翰林侍读学士。《宋史》卷三〇二有传。昌言，石扬休（995—1057）之字，时任知制诰、同判太常寺。《宋史》卷二九九有传。

按:"春归客亦归"说明是在归途中所写。"甲寅"为至和三年正月初一之干支。初入燕境(今北京地区)指归程中刚进入燕境,不是初出使至燕境。做这样解释,还有刘敞下述二诗作佐证。

《檀州》(正月二日)

穷谷回看尽,孤城平望遥。(自古北口山至此都尽)市声衔日集,(此州衔日市集)海盖午时消。(每旦海气如雾,至午消尽,士人谓之海盖)冠带才通汉,山川更入辽。春风解冰雪,最觉马蹄骄①。

檀州今密云,在古北口之南。宋至辽出使的往返路线基本上是固定的,正月初一从古北口南下,先到金沟馆,然后到檀州。如果是从古北口北上,则下一站为新馆,又下一站为卧如馆,则正月初二,应在卧如馆写诗了,显然,从日期上即可排除这一可能性。

《十二月二十七日宿柳河闻永叔是日宿松山作七言寄之》(自柳河直路趋松山不过三百里,然讳不肯言,汉使常自东道,更白黑长兴折行西北,屈曲千余里,乃与直路合,自此稍西南出古北口矣)

相望不容三日行,多岐无奈百长亭。欲知河柳春来绿,正似松山雪后晴②。

这是返程时路过柳河所作。柳河在古北口之北,相距三站。

《冀州正月十六日饮席》

月缺雪残云乱飞,千灯相照续长辉。寒欺短夜禁杯酒,春入东风试舞衣。老惜佳辰经岁得,醉惊陈迹出门非。渔阳鼓节尤悲壮,知我心从万里飞③。

此诗说明,正月十六日刘敞已返回到冀州。

以上考证,可以确定刘敞从十二月二十七日到第二年正月十六日的具体行程如下(黑体字是已有证据的,其余则是参照沈括行程推定的):

十二月二十七日柳河馆—(二十八日)卧如馆—(二十九日)新馆—**十二月三十日古北口**—(正月一日)金沟馆—**正月二日檀州**—(正月三日)顺州—(正月四日)望京馆—(正月五日)幽州—(正月六日)良乡县—(正月七日)涿州—(正月八日)新城县—(正月九日)白沟河—(正月十日)雄州—(正月十一日)莫州任丘—(正月十二日)瀛州河间—(正月十三日)乐寿—(正月十四日)武强—(正月十五日)衡水—**正月十六日冀州**④。

这一路线图表明,从十二月二十七日到第二年正月十六日,刘敞均以每天一站的速度赶路,既没有兼程,也没有在中间停留。当然,也没有在古北口停留。看来,刘

---

① (宋)刘敞《公是集》卷一九,"川"字,《辽史拾遗》引作"河"。
② (宋)陈思《两宋名贤小集》卷五五。
③ (宋)刘敞《公是集》卷二四作"心",《两宋名贤小集》卷五五作"新",从字意看,似以作"新"为是。
④ 雄州至冀州之路程,见(宋)王瓘《北道刊误志》,丛书集成本。

敞参观杨无敌庙,只能在去古北口时。以此速度,还可以推算出从上京返回到柳河馆的日程。

单于庭—十二月七日顿程帐—八日新添帐—九日牛心山帐—十日大河帐—十一日锅窑帐—十二日牛山帐—十三日保和馆—十四日咸熙帐—十五日会星馆—十六日广宁馆—十七日麃驼帐—十八日松山馆—十九日崇信馆—二十日临都馆—二十一日长兴馆—二十二日富谷馆—二十三日铁浆馆—二十四日鹿峡馆—二十五日牛山馆—二十六日部落馆—二十七日柳河馆。

上面的日程表明,刘敞自上京回雄州用了34日,仅比去时少用1日,这里需要解释一下,沈括去时用35日,归时仅用25日,为什么刘与之不一样?去时,从出塞到上京共34站,一般是一日走一站,34站用了35日,说明沈括仅在某站多住了一日。回时,地势是由高往下走,比较好走,就加快了步伐,使者急于返家,可以兼程,有时一日走两站,回时已无可参观,不再停留,所以仅用了25日。

这里,确定了离开上京的日子是十二月七日。这一时间是否可靠?还需要考察刘敞到辽完成使命的时间,即与祝贺契丹国母的生辰的日子是否有矛盾。关于国母寿辰,《辽史》有明确的记载:"辽道宗清宁二年(1056)十二月戊子(五日),应圣节,上太皇太后寿。"①

据此,刘敞于12月5日祝寿完毕,休息一天,于十二月七日即回程,是合理的,时间上两者没有矛盾。

这里,还需要考虑另一个参考系数,即上面引到刘敞诗,说欧阳修十二月二十七日在松山,按1日1站计,从上京到松山为12站,欧离开上京开始返程的时间为十二月十五日,这个时间与欧完成使命的时间是不矛盾的。《辽史》卷二一第253页记载:"十二月丙申(十三日),宋遣欧阳修等来贺即位。"

欧阳修十三日完成贺礼,休息一日,于十五日返回。与刘敞的时间安排基本一致。

现在需要进一步确定刘敞在上京究竟住了多长时间,这个时间一定,初到上京的时间就知道了,进而到古北口的时间也就能够确定了。

可以参考的例子有两个,一是路振住了16日,大中祥符元年(1008)十二月二十四日晚到京城,正月九日离开。二是沈括在京城住了11日。为什么两人住的时间长短不一?因为两者使命各不相同。路振是贺正旦使,即贺新年,同时贺辽国皇帝的生日,生日为十二月二十六日,新春活动多,故住的时间较长。沈括为回谢辽国使,任务比路振要简单些,住的时间也就短一些。刘敞的任务比沈括更简单,只是贺生日,而生日只有一日。所以,在上京住的时间应该更短。路振是在辽主生日前两天到,刘敞也至少应提前两天到,考虑到刘敞在上京住的时间过短,旅途劳累,歇不过来,很可能提前三日到,以此推算,其到达上京时间应在十二月二日。

现以十二月二日到上京,又以出塞到上京共35日计,则出塞时间应在十月二十七

---

① (元)脱脱《辽史》卷二一,中华书局点校本,1974年,第253页。

日。到古北口为十一月六日，参观杨庙在七日。具体日程如下：

雄州—十月二十七日到白沟河（今拒马河）—十月二十八日新城县（今新城县北）—十月二十九日涿州（永宁馆）—十月三十日良乡县—十一月一日幽州（今北京）—十一月二日望京馆（亦名孙侯馆，今孙侯村）—十一月三日顺州（今怀柔）—十一月四日檀州（今密云）—十一月五日金沟馆（今金勾庄）—十一月六日古北口，十一月七日参观杨无敌庙—十一月八日新馆（今大十八盘岭）—十一月九日卧如馆（今营坊村）—十一月十日柳河馆（今红旗村）—十一月十一日部落馆（今韩麻营）—十一月十二日牛山馆（今头沟大地）—十一月十三日鹿峡馆（今荞木沟门）—十一月十四日铁浆馆（今洼子店）—十一月十五日富谷馆（今黑城）—十一月十六日长兴馆—十一月十七日临都馆（今坤兑河北）—十一月十八日崇信馆（今楼子店）—十一月十九日松山馆（今城子乡）—十一月二十日鹰驼帐（今四道沟梁）—十一月二十一日广宁馆（今沟台）—十一月二十二日会星馆（今万林沟）—十一月二十三日咸熙帐（西塔拉）—十一月二十四日保和馆（今大坂镇东南）—十一月二十五日牛山帐（今额勒登他巴嘎西北）—十一月二十六日锅窑帐（今头道湾子东）—十一月二十七日大河帐（今戴家营子）—十一月二十八日牛心山帐（今久路信乌苏河南鄂博）—十一月二十九日新添帐（今彦吉嘎庙西北）—十二月一日顿程帐—十二月二日单于庭[①]。

以上考证，证明刘敞参观杨无敌庙并写诗的时间为至和二年十一月七日，即公元1055年11月28日。这一天，可以见到月亮，与刘敞《古北口对月》诗吻合。

三、《杨无敌庙》诗的含义

《杨无敌庙》诗为绝句，凡四句。先释前二句"西流不返日滔滔，陇上犹歌七尺刀"。"陇上"指今甘肃，"西流"即西河之水，指黄河的甘肃段。这两句引用了晋朝的典故，说的是名将陈安的故事。他是陇右人，农民出身，史称："骁壮果毅，武干过人，多力善射，持七尺刀，贯甲奔及驰马。"[②] 在晋南阳王司马模帐下为将，模败后，又归模之子保，常打胜仗，被其他将领张春、杨次嫉妒，屡进谗言，说他"有异志"，要求处死他，保不同意，张春、杨次便指使刺客暗杀安，安虽受伤仍脱身而走，张、杨即将司马保杀害。保发兵攻打张、杨，活捉杨次，押到司马保灵柩前处死。陈安在陇右很得军心、民心，"善于抚绥，吉凶险夷，与众共之"，后来在刘曜重兵进攻下被杀。死后，陇右人思念他，写了一首《壮士之歌》：

陇上健儿曰陈安，躯干虽小腹中宽。
爱养将士同心肝，骡骢骏马铁瑕鞍。
七尺宝刀配齐环，丈八蛇矛左右盘。

---

① 路程见沈括《熙宁使虏图抄》（《永乐大典》卷一〇八七七）。此所注今地，参贾敬颜《五代宋金元人边疆行记十三种疏证稿》，中华书局，2004年。

② （宋）王钦若《册府元龟》卷八四五。

十荡十决无当前，百骑俱出如云浮。
　　追者千万骑悠悠，战始三交失蛇矛。
　　十骑俱荡九骑留，弃我骡骢窜岩幽。
　　大雨降后追者休，为我外援而悬头。
　　西河之水东河流，阿呵呜呼奈子何？呜呼阿呵奈子何①？

　　陈安为一世名将，勇不可当、善抚部下，曾被人进谗言，最后死于战场，这一切都与杨业相似，所以刘敞以陈安的典故作比喻。

　　陈安所用武器主要是七尺刀，但有时用两种，即左手使七尺刀，右手执丈八矛，而《晋书》中只提是刀，刘敞诗以他比喻杨业时，也只提"七尺刀"，据此，似可推测杨业所使用的武器是大刀，而不是矛（或枪）。今河南有人以明代所传的枪法命名为杨家枪，而明离宋初有好几百年，完全是两码事，显出附会。小说和历史是有很大区别的，如关羽在小说中使用的是大刀，实际上使的是矛，所以《三国志》里说他"刺颜良于万众之中"，用的是刺字。

　　从刘敞诗以陈安作比喻推测，杨业也可能像陈安一样，个子不算高大而骁壮果毅，武干过人。

　　诗的后二句："恸哭应知贾谊意，世人生死两鸿毛。"

　　贾谊是汉朝有名的文学家、政治家，他曾多次上书，提出治国大计，然而他的正确意见不仅没有被接受，反而在一片诋毁声中被贬官长沙，他在忧伤、哭泣中去世，年仅三十三。而后来的历史却完全证实了他的预测。这里以贾谊一片忠言，得不到采纳反而蒙受打击的遭遇，来比喻杨业的正确意见得不到采纳，反而被逼得血战而亡。

　　刘敞在古北口停留时，还写有两首诗，不妨在此欣赏一下。其一是《古北口对月》：
　　万古关山月，遥怜此夜看。蛾眉空自妩，丛桂不胜寒。
　　他日刀头问，何时客寝安。因之千里梦，共下白云端②。

　　此诗写的是夜看关山月之景，它绝非刘敞在归途中所写，因为回到古北口是在除夕，是看不到月亮的，它只能是去时路经古北口所作，上面已作考证，去时路经古北口，时在11月7日，可以看到月光。更确切地说，此诗是刘敞在白天参观了杨庙之后，夜间赏月时所作，因此他自然要有所联想。前两句中一个"怜"字，说明他在感慨，如果朝廷当年能重用杨业，也许已经完成收复燕云十六州，如果真是那样，宋的边界就扩展到古北口了，那么，今天所见的景色已是疆域内的关山月了。"他日刀头问，何时客寝安"之句，意思是：要是有名将手执大刀的杨业在，我们睡觉都很安稳，而如今随着杨业的牺牲，还不知何时能像他在时那样安睡。

　　《杨无敌庙》提及"陇上犹歌七尺刀"，与此"他日刀头问"遥相呼应。所指必为杨

---

① （魏）崔鸿《十六国春秋》卷一〇。
② （宋）刘敞《公是集》卷二。

业，白天参观时已为杨业之殉国无限感叹，以致梦中还在追思。当我们读至"千里梦"句，很容易联想起岳飞"惊回千里梦，已三更，起来独自绕阶行，人悄悄，帘外月胧明"的名句来，一位是先望月后入梦，一位是先梦后望月，一位是为名将而做梦，一位是名将自己在做梦，做的都是金戈铁马的"千里梦"，都在抒发深深的爱国情怀。

其二是《古北口》，诗前有小序，云：

  自古北口即奚人地，皆山居谷汲，耕牧其中，而无城郭，疑此则春秋之山戎病燕者也。齐桓公束马悬车，涉辟耳之溪，见登山之神，取其戎菽冬葱布于诸侯，盖近之矣。口占一篇，因以传疑。

  束马悬车北度燕，乱山重复水潺湲。本羞管仲令君霸，无用俞儿走马前（《公是集》卷二八）。

刘敞出行诗，凡初到者多作小序，加以说明，此诗应为从古北口出发北行时所作，记其所闻见与燕地完全不同。"自古北口即奚人地"此句欠通，疑"自古北口"下有"出"字，意思是：出了古北口，便进入奚人所居地。

以上三首诗的关系是，《杨无敌庙》诗在先，是七日白天参观时所作，《古北口对月》则是当天晚上赏月时所作。第二天由古北口出发时又作这一首《古北口》诗。这里自古以来是农牧分界线，也是汉奚民族居住的分界线，一出界就有明显的对比。由此可以联想到，辽代民间为杨业修此庙，极有可能是居住此地的汉民所为，而契丹族亦有崇拜名将之风，故能容许其存在。

2011年6月24日作于西安

（原刊于《陕北历史文化和与杨家将文化学术研讨会论文集》，
陕西人民出版社，2012年，第193—200页）

新出土的宋代古文字墓志研究

——贾公直妻蔡氏墓志铭考

《中原文物》2013年1期刊登了一通宋代古文字墓志：贾公直妻蔡氏墓志，志文426字[①]，全部用古文字书写，它是罕见的宋代古文字杰作，书法精美，为研究宋代古文字学、书法史及家族史、妇女史提供了极为珍贵的资料。此志是2010年经郑州市文物考古研究院科学发掘出土的，其真实性是无可怀疑的。该期的考古报告中发表了墓志拓片并作了释文（以下简称《郑文》），信应君、信宇鹏《郑州市黄岗寺北宋及其妻蔡氏墓志考》（以下简称《信考》）又作了考证。

细审拓本，此墓志之文不是规范的古文字，它大致由几部分组成：一，金文；二，《说文》中的古文；三，秦汉以后的古文字；四，自造的字。又常用通假字，辨认难度甚大。不仅要有古文字的知识，还需要利用秦、汉以后的古文字著作，如《汗简》《古文四声韵》等，又必须与宋代历史相对照，结合同时出土的蔡公直墓志，方能较好地解决。《郑文》《信考》虽作很大努力，所释仍有欠妥之处，其释读未说明根据所在，标点也有失误，其价值之探讨更显不足，故撰为此文。

一、志文考释

志文凡22行，现分行录出（括弧内为通假字），然后逐行考证。

> 朝奉郎贾公直元祐四年（1089）秋八月，丁其 1
> 父朝议大夫公之丧，函哀泣血，扶护还奠（郑），卜以吾（五）年夏 2
> 四月辛卯，葬於管城县西舟（周）张邊（原）之新阡，又祔其亡妇 3
> 蔡氏於其或（域）。蔡氏，本东迷（莱）人，赠刑部侍郎元卿之孙，广 4
> 南东洛（路）提型（刑）、赠朝议大夫交之中（仲）女，姿性婉淑，自其未 5
> 笄，能孝事父母，友於兄弟，巍巍女（如）成人。家有疑事，父母 6
> 多参订之，所言皆中理。既嫁，则能以其事父母之心移 7
> 于舅姑，以及其夫。治家事、接族属，率有恩意。公直初仕 8
> 为卫州汲县主簿，家贫亲远，蔡氏奉馈祀、待宾客，尽其 9

[①] 郑州市文物考古研究院、河南省南水北调文物保护管理办公室《郑州市黄岗寺北宋纪年壁画墓》，文中称墓志"共626字"，当是统计有误，今据拓片改正。

有无，使其夫不以家为念，而得专心公务，且从问学。及 10
提型（刑）公捐奂（馆），闻讣賔（殒）绝，水浆不入口者数日，因以感
智， 11
迨疾甚而神识不乱，止以俭於送葬、无广营佛事为言， 12
以熙宁五年（1072）七月卒，享年財（才）二十五，斯可哀也已。生五 13
男，长曰君文，应武举进士。次伟节，用祖朝议会（阴、荫）补郊社 14
斋郎。弌（一）女，适进士李敏淑。蔡氏母高平郡太君范氏，文 15
正公之长女、於公直母为姊，蔡氏卒十八年乃克徙葬 16
於舅姑之次，雒睗（阳）贾冈志其冬（终）始而系以铭，西水陈恬 17
篆于石，铭曰 18
乌呼蔡氏淑且贤，世本贵胄多蝉联。才（在）家婉约母训专（传），19
既嫁和柔妇道全。初从薄宦窭且艰，克主馈祀无间然。20
女（如）何天阏弗与年，命矣不幸归者（诸）天。卜居兹宅固且安，21
冉冉丹旐徙新阡。22

第1行

（1）郎，见《古文四声韵》二引《义云章》。

（2）"公"之上部多两点。乃公之异体字。

（3）"元祐"二字，元字形似亢，祐之左偏旁为示，右偏旁之"口"写得十分诡异，由其父贾蕃卒于元祐四年推知，此必为元祐。

（4）"四"字写法不太规范，与《古文四声韵》四引《云台碑》同。

（5）"年"字，古文本作人负禾之形，东周时，人旁讹变为土，此则将土旁移至右边。见《古文四声韵》二引石经。

（6）秋。见《古文四声韵》二引《古尚书》。

（7）丁字写法特殊，与《汗简》上六的写法基本一致，又与第7行"订"的偏旁相同。

（8）"其"字写法，见《古文四声韵》四下。

第2行

（1）父字写法比较特别。见《古文四声韵》三引《古孝经》。

（2）大字，并列写了两个大字。

（3）之字，并列两个之字，写法各异。

（4）血字，见《古文四声韵》五。

（5）扶字，右旁同上引之夫，左旁乃手之异写，与《古文四声韵》一略同。

（6）奠即郑。古文字中"郑"最早的写法为"奠"，东周时增加偏旁"邑"，此仍用西周写法。见《古文四声韵》四引《石经》。

（7）吾字，甲骨文"五"作×，此于其下加口，应释吾，假作五。与《古文四声

韵》三《引义云章》同。

（8）夏字，见《古文四声韵》三引王存乂《切韵》。

"卜以吾（五）年夏四月辛卯，葬於管城县西舟张原之新阡"，与此相类似的句式，多见于宋人所撰志，如晁说之《宋故朝请大夫管勾舒州灵仙观骑都尉段公墓志铭》："宏等卜以六月甲申葬公于郑州管城县怀忠乡青店里先茔之次。"① 邹浩《夫人严氏墓志铭》："炳卜以明年某月某日葬于某县某乡某原。"②

第3行

（1）辛下部似刀，见《古文四声韵》一。

（2）第四字，按其字形，在《汗简》释卯，然同样字形在《古文四声韵》三引《说文》释酉，在此以何释为确？查元祐四年四月干支无"辛卯"，而有辛酉，辛酉为四月二十六日。贾公直父蕃墓志曰："卜以元祐五年夏四月二十六日葬于郑州管城县周张原。"③ 可见在此应以释酉为是。

（3）县字写法特别，上为并列两目，下为宣字。假作县。

（4）舟通周。其下一字，从丝从长，乃张之异体，见《古文四声韵》二引《义云章》。邍为原之繁体。见《古文四声韵》一引《古尚书》。舟张原即贾公直志之周张原。

（5）"之"字写法与上一行之字同。

（6）新字，亦见第22行第6字，下部与上述之辛同，上部为斤，与战国文字同，即新字。古文字之偏旁，左右上下可以互易。书者大概了解此特点，故有意将斤字移至上部。"新阡"指新的墓地，说明夫人乃二次葬。此词常见于宋代墓志，如宋祁《文正王公（曾）墓志铭》："子融与绛等竭诚信，举公及二夫人之丧，合窆新阡，顺也。"④ 杨亿《大宋赠侍中追封夔王墓志铭》："启新阡于毕陌，祔玄寝于桥山。"⑤

（7）亡妇应指贾公直之妻。如指其母，应称亡母，方可与上述之称亡父相当。

第4行

（1）蔡字，上从林，中为炎，下作凵，此亦见本铭第12行。写法与《古文四声韵》四引《籀韵》同。

（2）或假作域。《古文四声韵》五引《义云章》即以或为域。

（3）蔡，见《古文四声韵》四引《林罕集》，与第一字的写法不同，当是写者有意用多种字体表现。

（4）本字下部增多品形，与《说文》古文同。

---

① （宋）晁说之《景迂生集》卷一九，影印文渊阁四库全书本。
② （宋）邹浩《道乡集》卷三七，影印文渊阁四库全书本。
③ （宋）毕仲游《朝议大夫贾公（蕃）墓志铭》，原注：代范忠宣作。见《西台集》卷一三，山右丛书本。
④ （宋）宋祁《景文集》卷五八，影印文渊阁四库全书本。
⑤ （宋）杨亿《武夷新集》卷一一，影印文渊阁四库全书本。

（5）逨，假作萊。东逨即东莱。即莱州。具体地点为莱州胶水（今山东平度县）。
（6）"人"字由上下两"人"字组成，犹"之"字由并列两个之字组成。
（7）型假作刑。《古文四声韵》二引《古尚书》刑字即书作型。
（8）元字由并列两元字组成。卿字写法特别，它省去了左右偏旁，保留中部，又在其上增加ウ。见《古文四声韵》二引李商隐《字略》。
（9）之字上部乃装饰，写法类似鸟书体。
（10）广字，见《古文四声韵》三引《古老子》。

第5行

（1）南写作华，当为错别字。
（2）洛，假作路。广南东路为宋代路名，约当今天的广东省。
（3）提，右作定，乃是之讹。
（4）中字，见《古文四声韵》一引《道德经》。
（5）姿字写法特殊，见《汗简》下之一、《古文四声韵》一引《义云章》。
（6）性字见《古文四声韵》四引《古孝经》。

第6行

（1）第一字上作工，下作丝形，其旁有两笔，乃箪之别体。
（2）女假作如。人字下部从几，几当为饰文。"嶷嶷如成人"形容其年虽幼而成熟早，周紫芝《朱氏藏书目序》："嶷嶷如成人。"①
（3）疑字见《古文四声韵》一。

第7行

（1）参字见《古文四声韵》二。
（2）皆字写法特别，见《古文四声韵》一。
（3）既，《郑文》释即。按字应释既，见《古文四声韵》三引《汗简》。
（4）移字从多从之，乃移之异体字。

第8行

（1）及字，按其字形实为秉字，本文"及"字均写作秉字，与《古文四声韵》五引《古孝经》、《古老子》同，则此种写法由来已久。
（2）族字见《汗简》卷上之一。
（3）仕字，《郑文》《信考》未释。按：当释仕，唯于"士"下多一横笔，其右又增一笔而已。"公直初仕为卫州汲县主簿"与贾公直墓志"初调为卫州汲县主簿"同义。

第9行

（1）汲字写法不规范，从水从秉。作者无以秉作及，故从秉作，实为汲字。

---

① （宋）周紫芝《太仓稊米集》卷五二，影印文渊阁四库全书本。

（2）县字上从双目，下部作宣，当从宣声，通假为县。见《古文四声韵》四引《云台碑》。

（3）主字从宀，与侯马盟书、中山王器同。此系融合《古文四声韵》三引《古老子》与《华岳碑》写法而成。

（4）簿，见《古文四声韵》三引林罕集。

（5）贫字从宀从分，与《古文四声韵》一引《古尚书》同。

（6）亲字上从目下从辛，见字见《古文四声韵》一引《古老子》。中山王器之亲亦略同，唯右旁多一斤。

（7）待字，《郑文》释"侍"，误，其左从彳不从人。

（8）宾字，见《古文四声韵》一引《古尚书》。

第10行

（1）"使"字写法特别，为并列两个吏字。吏即使。见《古文四声韵》三引《古华岳碑》。

（2）专，见《古文四声韵》二引《古老子》。

（3）且，见《古文四声韵》三引《古老子》。

（4）及，见《古文四声韵》五引《古孝经》，按字形实为秉，及、秉二字古文相近，秉像人以手执禾之形，及像人以手执人形。以秉为及，虽属讹写，也有一定道理。

第11行

（1）型通刑，提刑公指其父蔡交。交卒于1072年。

（2）奂，借作馆。与《古文四声韵》四引《碧落文》馆字写法同。

（3）闻，从米从耳，乃闻之异体。《古文四声韵》一引《古老子》。

（4）讣，左从心，古心、言通用。

（5）賔，通殡。

（6）数，见《古文四声韵》四引《古老子》。

（7）因字，《古文四声韵》一引《古孝经》。

（8）感，其上部同《古文四声韵》二引《王庶子碑》。"因以感智"，其义难解。从上下文看，"感智"为得病之意。

第12行

（1）迨字见《古文四声韵》三引《古毛诗》。

（2）甚，见《古文四声韵》三引《古老子》比较勉强。

（3）而，右多3撇，乃饰文。

（4）神，右之偏旁乃申之异体。字见《古文四声韵》一引豫让文。

（5）俭字见《古文四声韵》三引《古孝经》。

（6）送字见《古文四声韵》四引《古孝经》。

（7）营字，见《古文四声韵》三引裴光远《集缀》。

第13行

（1）七字写法特殊。见《古文四声韵》五引《古老子》。

（2）卒字，见《古文四声韵》五引《古春秋》。

（3）享，见《古文四声韵》三引《古孝经》。

（4）年字写法，与第一行年字不同，下部作田，古无此写法，但古代田、土偏旁通作，书者大概掌握这种变例，故作此独创之字。

（5）财通作才。

（6）生字左旁增一文，乃生之繁文。

（7）末一字，《郑文》释教。按：其字从爻从文，《说文》古文之教与此同。但在此释教，其文无法读通，古无"生教男"之说，此处当释五，甲骨文五作×，本行"五年"之五即作×，第2行之五之上部亦作×，下部增添"口"，此则作两×重叠，又增一偏旁，书作者大概从美观出发，对同一字，有意用不同字体写出。"生五男"，与其夫贾公直墓志"有五男子"相合。

"斯可哀也已，生五男"，《郑文》标点为"斯可哀也。已生五男"，不妥，今改。

第14行

（1）第7字从习从戈，乃武之繁体。

（2）第8字上从与、下从又，乃举字。与《古文四声韵》二引《古孝经》同。应武举进士，与贾公直墓志曰："有五男子，长曰君文，举武科，庭试策艺皆第一，今为内殿崇班、环庆第三正将。"相合。

（3）次字，见《古文四声韵》卷四引《王庶子碑》。

（4）伟字法比较怪异，卩为节之省文，与贾公直墓志所载次子伟节相合。

（5）用字见《古文四声韵》四引《古孝经》。

（6）佥即阴，字与《古文四声韵》二引《古老子》同，阴即作。通作荫。

（7）补字写法特别，与《古文四声韵》三引《古老子》同。

第15行

（1）斋字，左旁为斋，右旁似夏，为斋之繁体。郊社斋郎乃低级的荫补官名。

（2）第3字从一从弋，乃一之繁体。

（3）第9字敏，写法特别，见《古文四声韵》三引《义云章》。

（4）淑见《古文四声韵》五引《古孝经》。

第16行

（1）文正公，指范仲淹。

（2）之字写法颇近鸟篆体。

（3）第6字《郑文》释亦，欠妥。此字上从火，下为羔，与亦异。考《古文四声韵》卷一"於"引《道德经》及朱育《集字》，其字上从火，下部为手执羊形，与此作羔形近，应释於，同于。

（4）为字，《郑文》释舅，不妥。此字写法与《说文》古文"为"字相同。

（5）葬字，见《古文四声韵》四引《王庶子碑》。

第17行

（1）姑，见《古文四声韵》卷一

（2）旸字通阳，与《古文四声韵》二引《古老子》之"阳"同。雒旸即今洛阳。

（3）冈，见《古文四声韵》二引《义云章》。

（4）冬为终之初文。

（5）西水，为阆州之属县，《元丰九域志》卷八："中下，西水，[州]西一百二十里四乡。"

（6）陈，下从土，与战国陈侯敦铭同，古陈、田通。此为人之姓氏。

（7）《郑文》释恬，《信考》作恬，按释恬为是，《古文四声韵》卷二引《古老子》之恬，字形与此正同。陈恬为铭文之书写者，尧叟之玄孙。

第18行

（1）第3字从禾从石，为石之繁体。

（2）第4字，左从厂从炎，乃金之别体。右旁为名之变体。字应释铭。

第19行

（1）贤字从臣从又，与甲骨文之贤同。

（2）训字，川在言之上部，为训之异体。

（3）贵字，见《古文四声韵》四引《古老子》。

（4）胄字，见《古文四声韵》四引崔希裕《纂古》。

（5）才通在。

（6）专字与第10行之"专"同，其下部一正一反，略有异。而古文字中常常正反无别，故此应为专字，其写法见《古文四声韵》二引王存乂《切韵》。在此借作传。

第20行

（1）和，见《古文四声韵》二引《古老子》，稍异者仅在于左右偏旁互易。

（2）柔，见《古文四声韵》二引《古老子》。

（3）道，见《古文四声韵》三引《古尚书》。

（4）全字下部有双手，为全之繁体。见《古文四声韵》二引《王庶子碑》。

（5）且字上从虎之头，下从又，乃且之繁体，竹简有此写法。

（6）艰字右从喜，乃艰之异体。

第21行

（1）"女"通"如"，如、汝，古文字均作女。

（2）者通诸。

（3）固字从古从心，与《汗简》上四、《古文四声韵》四引《古尚书》之固字写法相同。

第22行

（1）丹字，见《汗简》。

二、陈恬的生平及其书法成就

从墓志所载可知，书写者是西水陈恬。其人，《宋史》无传。根据各书所载，略述于下：

陈恬字叔易，行二，故亦称陈二丈①，阆中西水县人，后隐居颍川阳翟涧上，号涧上丈人。《书录》称其号存诚子，则有误，存诚子实为张友正之号②。

陈恬出身于一个显赫的家庭，高祖尧叟（961—1178），字秀伯，端拱二年（890）状元，官至枢密使。尧叟之弟尧佐字希元（963—1044），官至宰相。幼弟尧咨（970—1034），字嘉谟，咸平三年（1000）状元，官至知开封府。三兄弟二状元，一宰相，《宋史》卷二八四均有传。当时罕有其比。这是陈家最为辉煌的时期。以后几代，中进士、为中级官员者甚多，整体素质颇高，但就仕途而言，再无人进入高层。恬之曾祖师古，官至尚书都官郎中、知曹州。祖父知章（1014—1037）大理评事，"幼有大才"，然仅二十四岁，即去世。父造（1037—1082），字公甫，有"杰才骏识"，但试进士不中，只能屈居扬州节度推官之类的幕职，后辞官隐居阳翟涧上十年而卒，享年四十六③。

陈恬，"以才名称乡里"④，但他大概受其父影响，不乐仕进，居阳翟涧上村，后与晁以道长期隐居嵩山。游山水，赋诗为乐，徽宗时，因宋乔年之推荐⑤，"朝廷召之，郡守劝驾，不得已而起"⑥。任秘书省正字。后奉祠居蜀。南宋初，又召为朝奉郎，恬以老

---

① （宋）董更《书录》卷下："康与之字伯可，吴兴陶定序其词集云：君尝谓余曰：我昔在洛下，受经传于晁四丈以道，受书法于陈二丈叔易，有书传于世。"影印文渊阁四库全书本。

② （宋）董更《书录》卷下："陈恬字易叔，号存诚子。陈简斋诗载其能书。"按：存诚子乃张友正之号，非陈恬号。陈与义赞其能书者乃张友正。陈与义《外祖存诚子帖》："乱眼龙蛇起平陆，后身羲、献已黄墟。客来空认袁公额，泪尽惭无杨恽书。"《简斋集》卷一三，影印文渊阁四库全书本。胡穉《增广笺注简斋诗集》卷九《跋外祖存诚子帖》："张友正字义祖，退傅邓国文懿公之幼子，自少学书，常居一小阁上，杜门不治他事，积三十年不辍，遂以书名，神宗尝评其草书为本朝第一，号存诚子。"又张嵲《陈公（与义）资政墓志铭》："公之外王父，邓公之季子也，自号存诚子，善行草书，高视一世。"《紫微集》卷三五，影印文渊阁四库全书本。据此，存诚子乃张邓公士逊（964—1049）之季子友正也，非陈恬之号。董更误读了陈与义文。

③ （宋）晁说之《宋故赠承议郎陈公（造）墓志铭》，《景迂生集》卷二〇。

④ （宋）范公偁《过庭录》："颍川陈恬叔易，以才名称乡里，家贫，与弟同居。"（中华书局点校本，2002年，第372页）

⑤ （宋）赵德麟《侯鲭录》卷七，中华书局点校本，2002年，第171页；朱弁《风月堂诗话》卷下，影印文渊阁四库全书本。

⑥ （宋）张表臣《珊瑚钩诗话》卷一，历代诗话本，中华书局，1981年，第458页。

求去，后在桂州去世①。享年约七十四岁。

陈恬好读书，善诗文，与众多名人唱和，如李廌（1059—1109）②，释道潜（1043—约1106）③，晁以道（1059—1129）④，邹浩（1060—1111）⑤，陈与义（1090—1138）⑥，李处权（？—1155）⑦，苏籀（1091—1164后）⑧，晁冲之（？—1127）⑨等。所著有《涧上卷》三十卷⑩。书已佚，今《全宋诗》收入七首。其文存世者有《李方叔遗稿序》⑪《毕仲游墓志》⑫。

他的书法很出名，人称其"能书"。宋代著名词人康与之曾"学书于陈恬"⑬，恬尤其擅长古文字，晁说之（1059—1129）《嵩隐长子（晁公寿）墓表》："予因见涧上陈叔易写科斗古文，颇留心愿学，顾非宜教童子者。"⑭晁说之是陈恬至交，亲眼见到他写古文字，儿子对此颇有兴趣，但晁说之认为太难，儿童不宜学。当时陈恬应该写过不少古文字书法作品，可惜没有流传下来，现在出土的墓志正可补其缺憾，得以窥见其成就。

---

① （宋）李心传《建炎以来系年要录》卷二五：建炎三年（1129）秋七月辛丑，朝奉郎陈恬（1058—1131）直秘阁、主管西京嵩山崇福宫。恬，尧叟元孙。少力学，屏居阳翟，躬耕养母，往来嵩少间。上皇闻其名，诏为秘书省正字，奏辞去，避地还蜀。大臣荐其贤，至是复召恬，以老疾求去，未几，卒于桂州。影印文渊阁四库全书本。

② （宋）李廌《贺兰先生诗同陈恬叔易和节度使王汉忠韵》《和陈恬思其叔子思有书斋在山中二首》《又过陈叔易隐居相拉同游超化寺诗》，均见《济南集》卷四，影印文渊阁四库全书本。

③ （宋）释道潜《次韵嵩阳陈叔易先生见访》，《参寥子诗集》卷八，影印文渊阁四库全书本。

④ （宋）晁说之《寄陈叔易》，《景迂生集》卷四；《平昔于王褒赠同处士八绝中喜诵其龙尾禅室一首今连日行荒山中颇增幽居之兴以其句为一首寄杨中立谢显道刘壮舆陈叔易同趣归期也有好事者亦不予鄙》，《景迂生集》卷五；《和陈叔易见寄》，《景迂生集》卷六；《累夜读武经总要慨然思陈叔易寄予嵩阳读水经之句因用其韵作寄叔易此公相与倡和最多于此诗则每诵之》，《景迂生集》卷七。

⑤ （宋）邹浩《送德符还阳翟并简陈叔易》，《道乡集》卷二，影印文渊阁四库全书本。

⑥ （宋）陈与义《陈叔易赋王秀才所藏梁织佛图诗邀同赋因次其韵》，《简斋集》卷七，影印文渊阁四库全书本。

⑦ （宋）李处权《陪陈叔易汪彦章登浮翠亭》《次韵陈叔易三首》，《松庵集》卷二；《次陈叔易太湖二十韵》，《松庵集》卷四，影印文渊阁四库全书本。

⑧ （宋）苏籀《次韵陈叔易远别离三首》《双溪集》卷一，影印文渊阁四库全书本。

⑨ （宋）晁冲之《次韵陈叔易柳桥》，见明李蓘编《宋艺圃集》卷一一；《次韵陈叔易芦桥》，见《御选宋金元明四朝诗·御选宋诗》卷六一，影印文渊阁四库全书本。

⑩ 《宋史》卷二〇八，第5376页，中华书局点校本，1977年。晁公武《郡斋读书志》卷四下："《陈叔易诗》二十卷，右皇朝陈恬字叔易，尧叟裔孙。"（影印文渊阁四库全书本）

⑪ （宋）佚名《国朝二百家名贤文粹》卷一五九，宋集珍本丛刊本。

⑫ （明）解缙《永乐大典》卷二〇二〇五，中华书局影印本，第5—8页。

⑬ （明）陶宗仪《书史会要》卷六，影印文渊阁四库全书本。书，库本作宁，据《御定佩文斋书画谱》卷三四、《六艺之一录》卷三四七引《书史会要》及董更《书录》卷下改。

⑭ （宋）晁说之《景迂生集》卷一八。

三、古文字墓志之价值

蔡氏墓志之价值可从以下两方面去分析。

首先,从古文字学与书法角度考察。北宋代古文字学的发展大致可分两个阶段:一,北宋初期(宋太祖、太宗、真宗时期),以郭忠恕为代表,编成了《汗简》一书,这是将古代流传的古文字,按照《说文》体例汇编在一起,实际上起到字典的作用。但当时响应者寥寥。二,北宋中晚期,从仁宗开始至徽宗,古文字进入兴旺时期。表现在两个方面:其一,与上一阶段相仿,继续编纂古文字字典,如庆历四年(1044),夏竦《古文四声韵》五卷,材料超过《汗简》,体例也做了改变,按四声将古文字重新编纂。大观四年(1110)张有《复古编》二卷,宣和元年(1119),杜从古《集篆古文韵海》五卷。其二,更令人注目的成就则是兴起了一门新的学问:金石学,出现了一批古文字专家,对新出土的铜器及石刻文字作了考释,如皇祐三年(1051),杨南仲(?—1065)为《皇祐三馆古器图》作释文,嘉祐八年(1063),刘敞(1019—1068)撰《先秦古器图》,对出土青铜器铭文作了考释,随后,欧阳修(1007—1072)作《集古录跋尾》十卷,释文主要借助于杨南仲和章友直(1006—1062)①,欧阳修则在此基础上,利用金石文以纠正经、史古书之误。元祐七年(1092),吕大临作《考古图》十卷,并作释文,今天看来,这些释文大部分是正确的,说明其古文字已达到相当高的水平。徽宗时,又有王俅《啸堂集古录》二卷,黄伯思《博古图说》十一卷,《宣和重修博古图录》三十卷。这些书中均含有对古文字考释。

如今随着古文字墓志的问世,上述的认识需要更新了。北宋中晚期,不仅在古文字的著录和考释方面取得极大的成就,还增添了实用的功能,将它应用到书法上。目前所见较早以古文字运用到碑刻上的,是景祐五年(1038)《明州桃源保安院大界相碑》,碑额上"保安院界相记"六字即为古文字②。但它仅限于碑额,不是碑文,字数不多,影响较小,且碑额历来多用篆体书写,此改用《说文》中的古文而已,只能算是开始付诸实用。这次发现的贾氏墓志就完全不同了,它已是通篇用古文字写成的文章了,所用古文字已突破《说文》中的古文一项,利用了新出土的金文和《汗简》《古文四声韵》等书,还独创了一些字,书法特别精美,说明到哲宗时,以陈恬为代表的古文字专家兼书法家也加入到实用的行列中,大大扩展了古文字的功能,起到了转折点的作用,影响深远,这是应该充分肯定的。其后,徽宗宣和元年的古文字墓志③,又继承其风,是目前

---

① (宋)欧阳修《集古录》卷一:"原甫既得鼎韩城,遗余以其铭,而太常博士杨南仲能读古文篆籀,为余以今文写之。""自余集录古文,所得三代器铭,必问于杨南仲、章友直。"(影印文渊阁四库全书本)

② 章国庆《宁波历代碑碣墓志汇编》(唐五代宋元卷),上海古籍出版社,2012年,第70页。

③ 河南省文化局文物工作队《河南方城盐店村宋墓》,《文物参考资料》1958年11期,第75、76页。此志,予另有文考证。

所知第二篇用古文字写的墓志,它早在20世纪50年代已经发现,只是全文仅80字,书法也不太精美,未引起人们注意,但和此次所出墓志联系起来,可以看出,将古文字推广到实用书法上已蔚然成风。较陈恬所书墓志晚四年的《宋故朱府君(诠)墓志铭》,其志额8字也使用了古文字①,又继承了碑额用古文字书写之风,其影响及于金代②。

文字本是用来表达思想、交流信息的,但汉字具有特殊的功能,变成一种书法,供人们观赏之用。推其源,可以追溯到春秋时期出现的鸟书体。宋代的书法作品流传下来的着实不少,但以行书为多,这一次的发现,使宋代书法作品增添了新的品种——古文字。清代以后,此类书法作品日益增多。就目前的发现而言,本墓志就是宋代最早的古文字书法作品了,其精美的程度,也可算得上我国古代古文字书法的代表作了。

其次,从宋代的家族史与妇女史的角度考察。这一墓志牵涉到三个家族,即蔡、贾、范。志曰:"蔡氏母高平郡太君范氏,文正公之长女、于公直母为姊。"范仲淹(989—1052)的长女嫁给了蔡交,次女嫁贾蕃,两人生下的子女又结成亲。即蔡交女嫁给了贾蕃子公直。表述于下:

```
范仲淹 ┬ 长女→蔡交 ── 女
       │              ↓
       └ 次女→贾蕃 ── 公直 ── 女→刘长庚
```

这三家,门第相当,范仲淹是参知政事。蔡交的堂兄齐(988—1039)也是参知政事,贾蕃的远房堂伯父昌朝(998—1065)则是宰相。

又据贾公直墓志载,其女嫁给了刘长庚,长庚之祖刘挚(1030—1097)是宰相。

这些家庭不是世家大族,但都是高官后裔,说明他们很看重门第。这里需要指出,宋代的门第与唐代的门阀不同,唐代的门阀看不起出身低微的新贵,不愿与之结亲。宋代的新贵之间并不看从前是门阀还是寒族。

素质高的家族互相结亲,有助于提高后代的素质。但范仲淹和他的蔡、贾两家亲上加亲的做法,对遗传会产生副作用,这虽非主流,却在一定程度上抵消了上述的积极因素。

《蔡氏墓志》盛赞其品德:在家"能孝事父母,友于兄弟",出嫁后"则能以其事父母之心移于舅姑,以及其夫。治家事、接族属,率有恩意"。当丈夫出仕后,"奉馈祀、待宾客,尽其有无,使其夫不以家为念,而得专心公务,且从问学"。要孝顺公婆,做好家务,让丈夫"专心公务",这与从前并无二致,值得注意的对妇女的要求,又增加了一条:要让丈夫能够专心去"问学。"虽然只有短短两个字,却是不可小看的进步现象。

为什么当了官还要做学问? 宋代扩大科举取士,科举成为最重要的入仕途径,举国上下,读书蔚然成风,应考的人越来越多,竞争也越来越激烈,这就迫使人们注意

---

① 《宁波历代碑碣墓志汇编》(唐五代宋元卷),第99页。
② 关于金代的古文字墓志,见胡平生《金代娄寅墓志古文盖铭》,《文物》1990年12期。

提高素质,增强竞争力。只要看一下《宋史》列传,随处可见士大夫们不仅读儒家经典,而且广阅诸子百家、天文地理、甚至小说、医卜、佛、道典籍[①],于是对妇女的要求也相应提高,蔡氏并非孤例。如赵鼎臣《孙令人墓志铭》:"待制公(韩纯彦)自其少时,喜从布衣诸生治章句,校艺文,闭门读书,一室萧然。令人(1059—1115)能将顺其意,躬治家事,细巨有无,一不关逮,故得专精问学,卒成其志。既策进士第,数剖符竹,为大藩守臣[②]。"李流谦《仲结章君墓铭》:"君讳绥(?—1167),仲结字也……娶杨氏(?—1168)……有贤行,姑赵姿严,事之欢,治家可法象,使其夫不夺于学,而诸子有立,其力也。"[③] 正因为有了更好的贤内助,使得宋代官员能够专心问学,素质大有提高,远远超越了唐代。一个民族只有素质不断提高,才能充满活力,自立于民族之林。

2013年4月4日于西安,2013年7月10日修改

(原刊于《第三届海峡两岸宋代社会文化学术研讨会论文集》,
浙江大学出版社,2013年,第97—108页)

---

① (元)脱脱《宋史》卷四〇八:"汪纲……多闻博记,兵、农、医卜、阴阳、律历诸书,靡不研究,机神明锐,遇事立决,在越佩四印,文书山积,而能操约御详,治事不过二十刻。"《宋史》卷四三二"何涉……读书昼夜刻苦,泛览博古,上自六经、诸子百家,旁及山经、地志、医卜之术,无所不学。"《宋史》卷二九四:"王洙……汛览传记,至图纬、方技、阴阳五行、算数、音律、诂训、篆隶之学,无所不通。"《宋史》卷二八三:"夏竦……明敏好学,自经史百家、阴阳、律历,外至佛老之书,无不通晓。"《宋史》卷四三四:"陆九龄……肆力于学,翻阅百家,昼夜不倦,悉通阴阳、星历、五行、卜筮之说。"《宋史》卷四五七:"徐复……游学淮浙间数年,益通阴阳、天地、文理、遁甲、占射诸家之说。"《宋史》卷四六四:"端懿……喜问学,颇通阴阳、医术、星经、地理之学。"

② (宋)赵鼎臣《竹隐畸士集》卷一九,影印文渊阁四库全书本。

③ (宋)李流谦《澹斋集》卷一七,影印文渊阁四库全书本。

中国最古的窑神碑

——宋耀州德应侯碑考

中国民间信仰的一大特点是多神主义，有多少行业就有多少神，从事制造陶瓷业的手工工人和手工业主崇拜的是窑神。他们相信是窑神帮助他们烧出了精美的陶瓷产品，在一些名窑中，灵验的窑神甚至能得到皇帝的封号。地方官员为之树碑，为之歌功颂德。透过碑文，我们不仅可以看到民间信仰的特色，更可窥见工匠和工人们的智慧结晶。目前中国保存着一些祭祀窑神的碑刻，最早的窑神碑就数耀州的德应侯碑了，碑的全称为《宋耀州太守阎公奏封德应侯之碑》。1954年，被著名陶瓷专家陈万里在铜川南黄堡镇发现，从此，它成了中国陶瓷史上经常提及的名碑了，成了见证陶瓷发展状况的第一手史料。此碑，不少陶瓷学者对它作了研究、考证，但仍有一些问题未能解决，尚须做进一步探讨，为了研究方便，先录碑文于下。

宋耀州太守阎公奏封德应侯之碑

三秦张隆撰并书及题额

熙宁中，尚书郎阎公作守华原郡。粤明年，时和政通，奏土山神封德应侯。贤侯上章，天子下诏，黄书布渥，明神受封。庙食终古，不其盛哉！

侯据黄堡镇之西南，附于山树，青峰四回，绿水旁泻，草木奇怪，下视居人，如在掌内。居人以陶器为利，赖之谋生。巧如范金，精比琢玉。始合土为坯，转轮就制，方圆大小，皆中规矩。然后纳诸窑，灼以火，烈焰中发，青烟外飞，锻炼累日，赫然乃成。击其声，铿铿如也；视其色，温温如也。人犹是赖之为利，岂不归于神之助也。至有绝大火，启其窑而观之，往往清水盈匀，昆虫动活，皆莫究其所来，必曰神之化也。

陶人居多沿长河之上，日以废瓷投水，随波而下。至于山侧，悉化为白泥，殊无毫发之余，混沙石之中，其灵又不可穷也。

殿之梁间，板记且古。载柏翁者，晋永和中有寿人耳，名林，而其字不传也。游览至此，酷爱风土变态之异，乃与时人传火窑甄陶之术，由是匠士得法愈精于前矣。民到于今，为立祠堂，在侯之庙中，永报休功，不亦宜乎！一方之人，赖侯为衣食之源，日夕祗畏，曾无少懈。得利尤大者，其惟茂陵马化成耳！岁以牲豚荐享之，又喜施财，为之完饰，此真所谓积善之家，宜乎有余庆者也。《易》曰：显诸仁，藏诸用，正合侯之功矣！

隆退栖林泉之下，久不弄笔砚。一日，太原王从政至于门，且言马君事，侯之勒碑为文，刻诸石，将使万古之下，传之无穷。又皆知侯因阎太守而位列于王公之下矣。斯诚可纪，固无惜荒唐之言，直笔以书之。

　　大宋元丰七年九月十八日立石

　　镇将刘得安、张化成

　　三班奉职、监耀州黄堡镇酒税兼烟火吕闰

　　茂陵马化成施石立碑，男马安、马信、马明

　　太原王吉掌敕，看庙清河张昱。州人刘元刊

此碑17行，满行41字，共585字。

　　此碑具有重大的史料价值。第一，它真实记载了耀州窑精美的瓷器的制作过程，首先是挖取瓷土，澄滤泥料，制作成高质量的瓷坯，"始合土为坯，转轮就制，方圆大小，皆中规矩"。"然后纳诸窑，灼以火"，这窑是经过改进的，窑室大而通风，用煤作燃料，燃点高而成本低，"烈焰中发，青烟外飞，锻炼累日，赫然乃成"。通过工匠熟练地掌握烧制的技巧，终于烧制成富有特色的声、色俱美的耀州瓷，"击其声，铿铿如也；视其色，温温如也"。

　　其次，它首次记载了最早的制瓷专家的姓名，他姓柏名林，东晋时人，在他的晚年，即晋永和年间（345—356），将烧瓷技术传到了耀州。中国曾生产出大量精美的瓷器，可以想象，曾出现过许多制瓷专家，但在古代，工匠的社会地位甚低，他们的姓名很难传下来。此碑使我们知道早在晋代已出现过制瓷大家柏林。耀州陶瓷工人为了纪念他，在庙中特意为他建了祠堂，尊称他为柏翁。在这里，必须说明一点，根据考古发掘，证明耀州烧瓷始于唐代（618—907），在晋南北朝隋时，这里还没有制造瓷器，显然，耀州的烧瓷技术不可能直接来自东晋的柏林，它只能间接来自他的若干代传人。碑上之所以这样记载，当来自工匠们的口耳相传，这如同各地唐宋时期的建筑常被说成是鲁班修的一样，鲁班是战国人，怎么可能到唐宋来建造呢？这是因为他是最有名的能工巧匠，人们总爱将最好的建筑归功于他。柏林应该是晋朝实际存在过的大发明家，所以耀州瓷的发明权要挂到他的名下。

　　在古人看来，瓷能做到这么精美的程度，除了人的因素以外，还有窑神的作用。因此要给窑神修庙，塑像，对他顶礼膜拜。耀州瓷的烧制到了宋代已达最高峰，自然也要给神加封，于是，知州阎公向皇帝上奏章，经过批准，窑神被封为德应侯。这可能是我国历史上第一位被封侯的窑神。封侯以后的窑神，香火越来越旺，老百姓认为谁信得最虔诚，谁最能得到神的保佑，有一位窑主马化成"岁以牲豚荐享之，又喜施财，为之完饰"，年年用猪去祭祀，还施钱修庙，他得到了好报，生产的瓷器卖得了好价钱，发了大财。按照惯例，祭祀时要念祭文，甚至将祭文刻到碑上，耀州德应侯庙中可能有这样的碑，现在已难以寻觅了。为了帮助了解其祭文内容，这里抄录南宋中期宰相史浩撰的《祭窑神祝文》如下：

　　　　比者宪台有命，诞埴是营。鸠工弥月，巧历必呈。惟是火齐，造化杳冥。

　　端圆缥碧，乃气之精。兹匪人力，实繄神明。是用奔走，来输其诚。有酒既旨，有肴既馨。惟神克享，大侈厥灵。山川辑瑞，日月降晶。俾无苦窳，以迄有成①。

耀州德应侯庙碑文开头说："熙宁中，尚书郎阎公作守华原郡。粤明年，时和政通，奏土山神封德应侯。贤侯上章，天子下诏，黄书布渥，明神受封。"

这里需要研究的问题是，所谓"熙宁中"，太笼统，能不能弄清它具体是哪一年？阎公是谁？生平政绩如何？为什么上奏章？

李焘《续资治通鉴长编》卷二五八第6288页中记载：熙宁七年（1074）十一月戊戌（4日），"知耀州阎充国乞募流民修添水堤。诏省仓给豆、粟各万石"。知这位阎公名充国，熙宁七年时正在知耀州任上。又查《宋会要辑稿》礼二〇之八九"神祠"条："土山神祠，在同官县（今铜川），神宗熙宁八年六月封德应侯。"可见上章封侯在熙宁八年（1075）六月。这与碑载"守华原郡（即耀州）"后的"明年""奏土山神封德应侯"相合。据此，碑文的"熙宁中"必定是熙宁七年。碑文记阎充国的官衔为尚书郎，按尚书郎是尚书省中的员外郎或郎中的简称，据《范忠宣公集》，其官为员外郎，正七品。知耀州是其差遣（即具体的职务）。从他向朝廷提出要求"募流民修添水堤"看，他是一位务实的官员，关心民间疾苦，注意兴修水利。

耀州的窑神本是"土山神"，这土山是山的专名，有人将它标点为"土、山神"，显然是将它误解成土神与山神了。考《宋会要辑稿》此条下记载了两座土山神祠，另一座在合肥县。该书神祠条还记载了青神山神祠、蒋山神祠、梨山神祠等，都指某山之神祠，可见"土山"也应是山名。

阎充国为什么要上奏章？这与宋神宗的诏书有关。"熙宁七年十一月二十五日，诏：应天下祠庙祈祷灵验未有爵号者，并以名闻，当议特加礼命。"诏书从首都开封发出，到达耀州需要十几天，阎得到诏命，当在十二月，而后去做调查，再上奏章，应在八年之春。上章内容，据碑文推测，应该是记述为窑民所祭奠的土山神十分灵验，能保佑窑民制造出高质量的瓷器。

阎充国只是一位中下级地方官，《宋史》无传。幸好，元祐元年（1086），时任同知枢密院事的范纯仁曾为他作墓志铭，收入《范忠宣公集》卷十四中。范纯仁是北宋名臣，元祐三年任宰相，他是大名鼎鼎的范仲淹之次子，又与阎充国有亲戚关系，此志的记载应是最可靠的史料。据墓志所记，充国字厚民，生于1019年，洛阳人，庆历二年（1042）进士，知霸州大城县（今属河北），修堤，防黄河水患，使堤内田变为良田，当地百姓称之为阎公堤。后改任将陵县（今山东德州），百姓哭着不让他走，他只好换装半夜出走。朝廷知他深得民心，又下令再知大城县，不料，将陵县民也像大城县民一样挽留他，两县百姓为了争他，几乎打起来。朝廷知悉后，召他至京出任三司盐铁判官，矛盾才算解决。熙宁四年（1071），充国出知德州，当时正逢地震过后，黄河随时有决堤之患，他组织民众修筑大、小堤，保护了数万顷良田。七年改职方员外郎、知耀州。

---

① （宋）史浩《鄮峰真隐漫录》卷四二，文渊阁四库全书本。

后升屯田郎中（从六品）、知江州（今九江）。转都官郎中、知博州（今山东聊城），迁朝议大夫（正六品），元丰八年（1085）去世，享年六十七。阎充国官不算高，但他关心民瘼，踏踏实实为百姓办事。他在耀州兴修水利，重视瓷业，为窑民信奉的土山神请封，给后人留下了极为珍贵的制瓷技术资料，他的历史功绩应该得到充分的肯定。

其父阎照与范仲淹（989—1052）、郑戬（992—1053），是"友婿"，照的妻子是李昌运之孙女，李昌运是参知政事（副宰相）李昌龄（937—1008）的堂兄弟。

范仲淹之妻李氏（约994—1036），宋州楚丘人。出身名门，是参知政事李昌龄（937—1008）的侄女。考李昌龄弟兄三人，兄名昌图，国子博士。弟名昌言，职方郎中。昌言子三人：晋卿、仲卿、耀卿。女至少四人，第四女（997—1058）嫁郑戬，李昌言选女婿的标准是寒门出身的才子，曾说："凡择女所配，必于寒素之门。"便将四女嫁给当时还是布衣的郑戬，果然郑戬后来成了枢密副使，进入执政官行列。范仲淹之妻很可能是昌言之女，以范仲淹比郑戬大三岁看，此女可能是昌言第三女。李家为何赏识范仲淹？这当是与他赴宋州学舍苦学五年有关，时在大中祥符四年（1011）至八年，如果范仲淹结婚时在26岁前，则也与郑戬一样是布衣。

阎充国之妻王氏，是范仲淹之甥。

阎充国是范纯仁（1027—1101）的"从母兄"。

碑文称阎照"以经行著名乡里"。可见他是一位颇有学识、作风正派的儒生。阎充国成为踏踏实实为民办事的好官，无疑与其家庭背景分不开的。

碑文最后一段话很有意思，它表明了作者张隆的观点，对窑神是否真有那么大的神通，他似乎不太相信，因而自称是"荒唐之言"，然而因为柏林的技术、阎太守的勤政、马化成的积善，值得记录下来，传至后世，所以"固无惜荒唐之言，直笔以书之"。

碑刻于"宋元丰七年（1084）九月十八日"，下距阎充国之死仅一年。

碑末有四行字，也值得一提。

　　镇将刘德安、张化成。

　　三班奉职、监耀州黄堡镇酒税兼烟火吕闰。

　　茂陵马化成施石立碑，男马安、马信、马明。

　　太原王吉掌教，看庙清河张昱，州人刘元刊。

宋代商品经济发达，县以下出现许多新兴的镇，有的是因为手工业发达而成，有的是由草市贸易的兴盛逐步发展而成，政府为了收税和保障治安，设置了镇级管理机构。耀州有7县，其中云阳、同官两县各有一镇，即孟店与黄堡镇①。

《宋会要》食货一五之一六记载：熙宁十年（1077）时耀州同官县的商税为二千二十七贯三百四十一文，孟店镇商税八百九十贯六百四十九文，黄堡镇商税二千四百六十七贯六百三文。

黄堡镇的商税竟然超过了管辖它的同官县城，几乎是孟店镇三倍。这说明，黄堡镇

---

① （宋）王存《元丰九域志》卷三，王文楚等点校，中华书局，1984年，第112页。

瓷业非常发达，是它带动了各行业的发展，因此这个镇不仅设立了监镇，还设置两名镇将协助管理。

监督耀州黄堡镇酒税兼烟火吕闰，是黄堡镇的最高官员，掌管镇内火禁兼征税，三班奉职是他的武阶，从九品。镇将是略低于监镇的武官。

"太原王吉掌敕"，表明中央下达的封德应侯敕文是由专人负责保管，他是太原人王吉。

此庙既不是佛教，也不属道教，因此得请人看管。这就是"看庙清河张昱"，清河是张昱的籍贯或郡望。

附记：碑现藏西安碑林博物馆。著录者：《耀州窑史话》图版42，紫禁城出版社，1992年；《西安碑林全集》3函卷28，第2818页。

（原刊于《三秦文史》2007年1期）

《晋祠铭碑》宋人题刻考

唐太宗《晋祠铭碑》是天下一大名碑，研究者不乏其人，而在它的碑阴、碑侧宋人刻的15条题记，似尚未引起人们注意，今逐条加以考证，揭示其史料价值。

一、碑阴题刻

（1）"圣宋皇祐辛卯生日，□禹锡。"

行书，2行。

皇祐辛卯即皇祐二年（1050），□禹锡疑为"掌禹锡"，《宋史》卷二九四有传。禹锡字唐卿，郾城人。景祐四年（1037）时，任并州通判[①]，后任提点河东刑狱。知识渊博，编纂过《皇祐方域图志》五十卷，《地理新书》、《郡国手鉴》一卷，《周易集解》十卷，校正《类篇》《神农本草》，多次出任进士考官，出题深奥古怪，举人都怕他，称他为"难题掌公"。又爱算命，自己推算生日在庚寅年乙酉日，即淳化元年（990）三月十日，禄寿为75年。此刻"生日"二字，表明时在皇祐二年三月十日。

（2）"熙宁戊申岁秋九月十四日，范阳卢大雅君美、临川王安礼和甫、清源王本安国，同谒晋祠，舍均福堂。明日如白云石瓮，宿明仙。又明日游甘泉、开化而归。本题。"

共9行，楷书。

熙宁戊申为熙宁元年（1068），王安礼（1034—1095）是著名政治家、文学家王安石之弟，嘉祐六年（1061）中进士，《宋史》卷三二七有传。传中说"从河东唐介辟"。按：唐介任河东经略使在治平二年（1065）至四年初，据晋祠碑侧题刻，王安礼于熙宁二年三月十四日到太原，当时，唐介已在朝任参知政事。从治平四年初到熙宁二年初，知太原府者乃王素，其后为冯京，三年七月至四年七月为吕公弼，后为刘庠，安礼在以上四位知府任内掌河东机宜，熙宁五年正月，因吕公弼的推荐，任著作佐郎、崇文院校书。为人敢直言，苏轼下狱，将受严惩，无人敢救时，是他出面向神宗进言，才从轻发落。

明仙即明仙峪，甘泉、开化乃寺名，均在太原县西北十五里。甘泉寺，北齐天统二年（566）建。开化寺，北齐天保二年（551）建，依山刻像，佛像高大雄伟，五代石晋为之修阁，阁高200多尺[②]。

[①] （明）解缙《永乐大典》卷五〇〇三。中华书局影印本，1986年，第1页。
[②] 李裕民《山西古方志辑佚》，第92页。

(3)"太原王安修世长、广平程易先之、安阳蒋畋渭公,熙宁癸丑孟夏同游。"

楷书,共4行。

熙宁癸丑即熙宁六年(1073),三人生平不详。

(4)"庞京孙同弟公孙、男山来,元丰三年八月。"

楷书,共2行。

元丰三年即1080年。

庞京孙、公孙,疑为庞籍之孙,籍(988—1063)字醇之,仁宗时宰相,与司马光之父池为密友,至和二年(1055)至嘉祐二年(1057)知并州,特荐司马光为通判。籍有五子,其孙有敏孙(四子元中之子)、恭孙等,均名某孙。京孙、公孙或许幼年随其祖在并州住过,20多年后又来故地重游。

(5)"大帅王公得请还青社,府通判邢平权叔、阳曲令崔衮规臣、从事卢讷仁老、乔震伯起、袁百之必强、主簿江鬲饯送。元丰七年正月八日记。"

行书,共4行。元丰七年即1084年。

大帅王公指王居卿。居卿字寿明,登州蓬莱人,进士,元丰五年正月知太原府①,六年十二月二十二日,宋朝廷任命吕惠卿知太原府,居卿在工作交接后回青州,这是临别时同僚和下属饯行时的题记。因为是下属所记,故尊称他为王公而不名。居卿长于理财,《宋史》卷三三一有传。

乔震,曾任歆(疑为"韶"之误)州军事推官,后因事罢官,列为淹废之人中的第四等,熙宁三年(1070)五月二十一日,重新任职②。"从事"为幕职官的别名,幕职官有判官、推官等,二者均为正九品,判官的地位略高一些,此时上距复官十多年,乔震疑已任判官之职。卢讷,元祐元年(1086)时为签书河东节度判官(见下条),此时之职务当同。邢平等人,生平不详。

(6)"龙图阁学士、河东经略安抚使曾布,提点刑狱、朝奉大夫范子谅躬率寮吏,祷雨赐下。通判太原军府事田盛、高复,签书河东节度判官卢讷、知阳曲县冯忱之,走马承受王演,检法官史辩从行。元祐丙寅岁七月十三日,讷谨题。刊者任觊。"

楷书,共12行。元祐丙寅即元祐元年(1086)。

曾布(1036—1107)字子宣,江西南丰人,文学家曾巩之弟,是王安石变法的主要助手,后以反对市易法被黜。元祐元年闰二月二十二日知太原府③,至四年三月改知成德军④。徽宗即位后任宰相。《宋史》卷四七一有传。

范子谅,河南人。祖为枢密副使范雍。元祐三年(1088)九月,子谅改知蕲州⑤。

---

① (宋)李焘《续资治通鉴长编》卷三二二元丰五年正月辛卯(以下简称《长编》)。
② (清)徐松辑《宋会要辑稿》选举一○之四(以下简称《宋会要》)。
③ (宋)李焘《长编》卷三六九元祐元年闰二月庚戌。
④ (宋)李焘《长编》卷四二四元祐四年三月丁酉。
⑤ (宋)李焘《长编》卷四一四元祐三年九月庚戌。

田盛，熙宁三年（1070）正月时任祥符县丞①。

高复，元丰四年（1081）正月时知邢州②，五年十二月时为江南东路提点刑狱③。崇宁元年（1102）九月列入元符党人名单中的邪下④。

冯忱之，元丰八年（1085）十二月已任此职，并为吕惠卿刻诗于石⑤。绍圣元年（1094）晋升为都水监丞，参与治理黄河⑥。

史辩，熙宁十年时在延安任走马承受、内殿崇班⑦。

（7）"元祐己巳仲春二日，丹阳邵塤伯友恭谒灵祠。"

行书，共2行。元祐己巳即元祐四年（1089）。

邵塤，丹阳（今镇江）人。父亢（1014—1074）为枢密副使。塤官至通判滁州，在金华为官时救荒有功。《京口耆旧传》卷三有传。

（8）"绍圣乙亥，尝恭谒晋祠。政和乙未再到，六月十二日，本路转运使陈知存谨题。侄锐从行。"

行书，共5行。

绍圣乙亥即绍圣二年（1095），政和乙未即政和五年（1115）。

知存字性父，颍川人⑧。本路指河东路，陈知存任河东转运使时曾发生过一件事：隆德府（今长治市）人班自与道士林灵素相勾结，此时代理知府之职的通判刘汲逮捕了班自，林灵素则仗着受宋徽宗的信任，要河东转运使陈知存负责审查并为之开脱，由于刘汲坚持原则，陈还是据实做了汇报⑨。

（9）"被诏赴阙，回谒神祠，投宿奉圣精舍。时政和乙未正月念八日，龙神卫四厢都指挥使、恩州刺史、太原府路马步军副都总管王舜臣才元题。"

行书，共6行。政和乙未即政和五年（1115）。

王舜臣，绍圣三年（1096）知岚州（今岚县）⑩，后任熙河兰路钤辖，元符二年（1099）因虚报战功降职⑪。

奉圣精舍即奉圣寺，在晋祠之南，唐代创建，元祐二年（1087）赐额为"奉圣禅院"，内有唐朝大将军尉迟恭画像，宋代凡去晋祠学者多在此居住，寺内留下了几十条

---

① 《宋会要》选举一九之一五。
② （宋）李焘《长编》卷三——元丰四年正月戊戌。
③ （宋）李焘《长编》卷三三一元丰五年十二月壬戌。
④ 《宋会要》职官六八之二。
⑤ 刘大鹏《晋祠志》卷一〇。
⑥ （元）脱脱《宋史》卷九四《河渠志》，第2332页。
⑦ （宋）李焘《长编》卷二八一熙宁十年三月甲戌。
⑧ （清）嘉庆《濬县志·金石录上》，第35页。
⑨ （元）脱脱《宋史》卷四四八《刘汲传》。
⑩ 《宋会要》方域六七之二四。
⑪ 《宋会要》职官六七之一三。

题记①，可惜在中华人民共和国成立初期修晋祠疗养院时被拆毁。

（10）"开封苗仲渊师颜自湖南提刑移本路，政和五年十月晦，祇见祠下，男丕侍。"行书，共3行。

政和五年为1115年。

苗仲渊字师颜，开封人。湖南提刑为荆湖南路提点刑狱公事的简称，主管一路刑事案件兼有监察路属各级官员的权力。政和四年十月，湖南提刑苗仲渊因为接受了状纸，却迟迟不处理，被降一官②。从本条题记看，降官后，改任河东路提刑，到太原上任，便来晋祠拜谒。

二、碑侧题刻

（1）"临川王安礼赴官太原，过谒祠下。因与钱塘杨世昌、河南张仲咨会于泉亭，熙宁戊申三月十四日题。"

楷书，共四行。

熙宁戊申即熙宁元年（1068）。王安礼已见碑阴。杨、张二人生平不详。

（2）"前知丰州马仲良，开封府界第一将彭保趋阙，府、丰州都巡检使李洎沿帅橄同谒灵祠，壬戌岁孟春廿三日记。"

楷书，4行。

马仲良，熙宁八年（1075）八月时为河东使臣③。壬戌当指元丰五年（1082），府州（今府谷县），丰州在今内蒙古准格尔旗南、陕西府谷县西北，是藏才族聚居的地方，东、北、西三面与辽、夏交界。北宋初任命藏才族首领王氏知丰州。仁宗初，王氏为继承权问题发生矛盾，此后可能不再世袭。到元丰元年九月王余应要求继承知丰州之职，朝廷则任命他为麟州（今神木市）都监，等满二年后再知丰州④。马仲良知丰州应在这二年，也可能推迟到四年才罢任，所以五年正月自丰州至太原时称："前知丰州"。元丰七年初，在兰州抗击西夏有功⑤，元符二年（1099）知祁州时，以被西夏杀伤兵士罢官⑥。

彭保，熙宁十年（1077）为左侍禁、阁门祇候，领兵赴福建平定农民起义⑦，元祐二年（1087）十月为皇城使⑧。七年为河东第一将时，因谀使，即主动攻打西夏，受到

---

① 参《山西古方志辑佚》，第93页。
② 《宋会要》职官六八之三二。
③ （宋）李焘《长编》二六七熙宁八年八月壬辰。
④ 《宋会要》方域二一之一三。
⑤ （宋）李焘《长编》卷三四三元丰七年正月庚午朔。
⑥ （宋）李焘《长编》卷五一九元符二年十二月己亥。
⑦ （宋）李焘《长编》卷三八三熙宁十年六月癸未。
⑧ （宋）李焘《长编》卷四〇六元祐二年十月庚子。

处罚，罚交铜30斤①。其元丰五年任开封府界第一将事，为史所未载，可补其阙。

（3）"鲁郡侯曾布以元祐丙寅岁闰二月庚戌出帅河东，四月丙辰至太原府视事，己巳四月丙午易守真定，五月辛卯率僚吏告违于晋祠之神，丙申受代而东，子婿兴国吴则礼书。"

楷书，共5行。元祐丙寅即元祐元年（1086），己巳即元祐四年（1089）。

曾布已见碑阴6，此题记反映了官员上任、交接过程。曾布从元祐元年闰二月庚戌（二十二日）接到新的任命，从开封出发，四月丙辰（二十九日）到达太原，用了两个多月，四年三月丁酉（二十六日），朝廷下令，与知真定府滕元发对调②，四月丙午（六日），曾布接到诏命，其间只用了十来天，这应是通过急递铺传递的，因此速度很快。但也可能《长编》所记有误，也就是说，事实可能是：四月六日诏命发出，至五月辛卯（二十二日）到达太原，期间用了一个月16天。曾布接到诏命，即赴晋祠告别。丙申（二十七日）与滕交代工作后赴真定。

吴则礼（？—1121）字子副，号北湖居士，兴国州（今湖北阳新）人，官至直秘阁、知虢州。他是曾布女婿，元符三年（1100），哲宗去世，徽宗即位，曾布荐用韩忠彦、李清臣，共同将宰相章惇赶下台，吴则礼在曾与韩、李之间起了联络作用。不久，曾布当了宰相。崇宁元年（1102）闰六月，蔡京取得徽宗信任，又将曾布攻下台③。随后，吴则礼于崇宁三年四月，被编管（即管制）于荆南④。长于诗、文，著有《北湖集》十卷，今存五卷。此条记载，吴则礼与曾布同谒晋祠时自称子婿，与史书记载相合。

（4）"大宋至和二年四月十日，邢佐臣、余藻同来。"

楷书，1行。至和二年即1055年。

邢佐臣，曾任六宅使，熙宁六年（1073）十二月三日，改充太原府路钤辖⑤。七年十二月时知冀州⑥，元丰元年管勾麟府路军马司⑦，后因事被勒停，六年十二月权发遣岢岚军（今山西岢岚县）⑧。八年四月率军攻破西夏堡寨⑨，五月管勾麟府路军马司⑩。元祐六年（1091）三月辛酉（2日）为西上阁门使、大名府路副总管⑪。

---

① （宋）李焘《长编》卷四七八元祐七年十一有辛巳。
② （宋）李焘《长编》卷四二四元祐元年四年三月丁酉。
③ 《长编拾补》卷一九崇宁元年闰六月壬戌。
④ 《长编拾补》卷二三崇宁三年四月甲辰。
⑤ 《宋会要》职官四八之一一〇。
⑥ （宋）李焘《长编》卷二五八熙宁七年十二月辛卯。
⑦ （宋）李焘《长编》卷二八七元丰元年闰正月丁丑。
⑧ （宋）李焘《长编》卷三四一元丰六年十二月庚寅。
⑨ （宋）李焘《长编》卷三五四元丰八年四月庚辰。
⑩ （宋）李焘《长编》卷三五六熙宁八年五月癸巳。
⑪ （宋）李焘《长编》卷四五六元祐六年三月辛酉。

余藻，嘉祐三年（1058）时任辰州通判①，后知洺州，七年正月为江浙等路提点铸钱坑冶②。

此二人中，邢佐臣乃武将，余藻系文职，至和二年任何职，不详，此时同游，疑因公事顺便一游。

（5）"元丰七年正月，予伯兄吉甫帅太原，五月，升卿被旨来面授所议事入奏。六月十七日还朝，过晋祠，侄潍、洵及余中、李士亨、高陟明钱送至此，男洞侍行。温陵吕升卿明甫题，甥余彻。"

楷书，6行。元丰七年即1084年。

吉甫，吕惠卿（1032—1111）之字，福建晋江人。嘉祐二年（1057）进士，是王安石变法主要助手，编撰新经义。熙宁七年，王安石第一次罢相时，吕晋升为参知政事（副宰相），曾试图加害王。次年去位。元丰七年知太原府，元祐元年（1086）改知扬州。在太原期间，撰有《崇圣寺碑铭》《惠明寺舍利塔记》③。列入《宋史》卷四七一《奸臣传》。

吕升卿，惠卿弟，熙宁三年进士，王安石推荐为馆阁校勘。元丰六年时为太常丞④。七年五月六日，升卿上奏，要求"往河东受辞"，并以奉使对待。神宗批准他赴河东，但认为"非朝廷专命"，可派全器吏随同，不能按奉使对待⑤。题记所云"被旨"等言，粗粗一看，来头很大，似乎执行皇帝的秘密任务，实际并非如此。御史中丞邢恕说他"天资刻薄，果于杀害"⑥。

余中，熙宁六年（1073）中进士⑦。九年（1076）正月时任著作佐郎⑧。后任太常丞，元丰二年（1079）十月十三日，因受太学生贿赂，被追一官、勒停⑨。七年参与钱送吕升卿，则已在太原任职，具体职务不详。

潍、洵当为吕惠卿之子，故升卿称之为侄，洞则为升卿之子。此三人名，可补史之缺，对研究吕氏家族也有助益。

（6）"绍圣三年四月二十一日，大帅左辖王公命王修永之再新庙宇，是年七月初二日，丘括公度、王防元规来按视，吕珣温甫、萧经臣伯邻偕行，王良弓袭之督役同至。"

楷书，6行。绍圣三年即1096年。

---

① （宋）李焘《长编》卷一八八嘉祐三年九月辛未。
② （宋）李焘《长编》卷一九三嘉祐六年六月甲戌条注。
③ 文载嘉靖《太原县志》卷五，天一阁藏明代方志选刊，上海古籍书店，1961年。
④ （宋）李焘《长编》卷三四〇元丰六年十月庚辰。
⑤ （宋）李焘《长编》卷三四五元丰七年五月甲辰。
⑥ （宋）李焘《长编》卷四九五元符元年三月癸丑注。
⑦ 《宋会要》选举七之二一。
⑧ 《宋会要》职官六六之一〇。
⑨ 《宋会要》选举一九之一七。

大帅左辖王公即王安礼，王安礼任河东安抚使，故称大帅，又曾于元丰六年（1083）至七年任尚书左丞（副宰相），故称左辖。其人已见碑阴题刻之二。

丘括，崇宁元年时为仓部郎中①，政和四年（1114）时在潭州（今长沙）任坑冶司提点官②。

王防为王安石之侄，安石临终前，要王防将安石所作的《日录》（即日记）烧毁，王防拿其他书代烧，而将《日录》秘密保存起来，后来流传于世③，这是研究王安石变法的珍贵资料，李焘作《长编》，大量引用此书。《日录》原书虽已散佚，但我们仍能从《长编》的引书中看到部分内容，这不能不说是王防的功劳。王安礼重修晋祠，派王防去"按视"，王防应是安礼之子。

三、宋人题刻的价值

晋祠铭碑宋人题刻16段，最早为宋仁宗皇祐三年（1051），最晚为徽宗政和五年（1115），历时65年，内容虽不算多，其价值却不能忽视。

（1）题刻涉及一些名人，如当过宰相的曾布、副宰相的吕惠卿，他们是王安石变法的主要助手，也出现过种种矛盾，是颇多争议的人物，题刻为我们提供了他们的行踪以及家属的情况，值得我们重视。

王安礼是王安石的弟弟，他们有兄弟的亲情，关系密切，但政见却不苟同。安石因儿子早亡，对安礼之子王防有着特殊的感情，时时留在身边，了解他，将有助于对了解王安石晚年的历史，可惜《宋史》中只记了上面提到的一笔，其字元规以及与王安礼的关系，还是靠了题铭才得以知道的。

（2）提供了有关晋祠的历史情况和当时的风俗。从碑侧题刻之六，知绍圣三年王安礼曾"再新庙宇"，对晋祠作了一番修建。

从题刻中可以看到，宋人去晋祠的目的不完全一致，有的为了求雨，如曾布等。这说明晋祠中的主角唐叔虞早已被圣母所取代，在人们的心目中，圣母具有降雨的功能，因而每逢天旱到晋祠求雨已经成为时尚，就连不信鬼神的司马光，也曾前往求雨，写过求雨的文章，载于文集卷79中。

有的前来饯行，如邢平等送王居卿卸任，吕惠卿送弟升卿等。有的前来辞行，如曾布。更多的人是来游览，其中多数是带着敬仰之心来的，称"恭谒灵祠"，或称"祗见祠下"，祗即敬。这类占了8条。称"来"的2条，称"游"的仅1条。诚然，晋祠是游览的胜地，却又不仅仅是游览胜地，它更被视为"神祠"（王舜臣语），曾布告辞的对象乃是晋祠之神。最令人奇怪的是，晋祠铭碑的宋人题刻，竟无一人提到唐太宗和他作的晋祠铭。显然，唐太宗碑铭虽负盛名，但它取代不了圣母的崇高地位，人们在此碑上刻

---

① （元）脱脱《宋史》卷一七九《食货志》下。
② 《宋会要》职官四三之一三四。
③ （元）脱脱《宋史》卷四七二《蔡卞传》，第13729页。

铭，只是借它一角表述对晋祠的景仰心情而已。这种情况在一般碑阴或碑侧的刻铭中，是很难见得到的。

（3）保存了宋人的书法资料。如吕升卿是位书法家，《中国美术家人名辞典》《中国书法大辞典》都有他的小传。说他游泰山，曾在真宗御制封禅碑阴题名，但今天已找不见它的痕迹，看来，他在晋祠碑阴的题名已是难得的真迹了。王安礼、吴则礼都是有作为有成就的名人，其字迹也很罕见。王舜臣是一位武将，他的题词，反映了在重文的宋代，武将的文化素质也有了大幅度的提高。

（原刊于《城市研究》1995年2期）

范仲淹书《伯夷颂》与宋人题记研究

范仲淹（989—1052）手书韩愈《伯夷颂》是传世的珍贵墨迹，在其流传过程中，有许多名人在其后作题记，这些题记是研究范仲淹对世人的影响以及研究题款人的第一手材料。本文主要研究宋人的题记。其中北宋题记22款，南宋秦桧题记1款。

值得一提的是，范仲淹是宋代第一号名臣，而秦桧（1090—1155）则是宋代第一号奸臣，这是两个极端的代表人物，理应是针尖对麦芒的关系，然而偏偏就是秦桧这个大奸大恶之人，竟然在范仲淹墨迹后面，题诗表达了敬重仰慕之心，这到底是怎么回事，该如何去解读？

一、范仲淹书伯夷颂

皇祐三年（1051）十一月一日，范仲淹在青州，用黄素小楷书韩愈《伯夷颂》，赠友人京西转运使苏舜元（才翁1006—1054）。内容如下：

> 士之特立独行，适于义而已，不顾人之是非，皆豪杰之士信道笃而自知明者也。一家非之，力行而不惑者寡矣。至于一国一州非之力行而不惑者，盖天下一人而已矣。若至于举世非之而不惑者，则千五百年乃一人而已耳。若伯夷者，穷天地亘万世而不顾者也，昭乎日月不足为明，泰山不足为高，巍乎天地不足为容也。当殷之亡，周之兴，微子贤也，抱祭器而去。武王、周公圣也，从天下之贤士与天下之诸侯而往攻之，未尝闻有非之者也。彼伯夷、叔齐者，乃独以为不可。殷既灭矣，天下宗周，彼二子乃独耻食其粟，饿死而不顾，繇是而言，夫岂有求而为哉！信道笃而自知明也，今世之所论士者，一凡人誉之，则自以为有余，一凡人沮之，则自以为不足，彼独非圣人而自是如此。夫圣人，万世之标准也。予故曰若伯夷者，特立独行，穷天地亘万世而不顾者也。虽然，微二子，乱臣贼子接迹于后世矣。皇祐三年（1051）十一月戊申（一日），高平范仲淹书。

文末又附与苏舜元小简，云：

> 示谕写黄素，为乾卦字多，眼力不逮，且写《伯夷颂》上呈。此中寒甚，前面笔冻，欲重写，又恐因循书扎，亦要切磋，未是处无惜见教。

据此可知，这是范仲淹专为满足苏舜元之求而写的。苏舜元善草书，喜收藏名人墨迹，与范仲淹交往密切，范仲淹曾参观其所珍藏的书圣王羲之《兰亭序》，并为之题词。录于下：

高平范仲淹尝守会稽郡,遊兰亭曲水,今复观斯文于才翁东斋,足为佳遇。庆历八年十二月二十六日题①。

本来苏舜元是想请范仲淹写乾卦的,范以字太多,眼力不好,改写了《伯夷颂》。值得注意的是,这里只是解释了未写乾卦的原因,并没有解释为什么不选别的短文而偏选此文?或许是让读者自己体会吧!

对于伯夷耻食周粟、宁愿饿死之事,历史上有不同的评价,颇多的人认为,周武王起兵伐纣是正义的行动,伯夷应该顺应潮流才是。而韩愈则给伯夷的行为予极高的评价,"若伯夷者,特立独行,穷天地亘万世而不顾者也"。

皇祐三年,范仲淹正在知青州任上,时年已六十三岁,半年后去世,此时已到暮年,病魔缠身,尽管如此,仍然为满足友人请求,书写韩愈此文,旨在传达一个信息,不论在朝、在野,身处顺境或逆境,终身与伯夷一样,坚守自己信奉之道、义,保持高尚的气节,永远不变。借以自勉和勉励友人。

全文360余字,字字端庄凝重,真世间少有之墨宝。元人王雛赞曰:"宋范文正公书唐韩文公殷伯夷颂,想其清风劲节,德行文章,真希世之三绝也。"这是十分到位的评价。

二、北宋人题记

在范仲淹书伯夷颂后有非常多的题款,原有的绢不够用,又粘上纸,其中北宋人的题记共22款,大致可分为三组:范仲淹的友人、亲属和其他。

(一)友人,凡六人:文彦博、富弼、苏舜元、晏殊、杜衍、蔡襄

1. 文彦博题诗

书从北海寄西豪,开卷裁窥竦发毛。范墨韩文传不朽,首阳风节转孤高。

戊申后三十有七日,许昌郡斋中题,平阳文彦博宽夫。

按:戊申后三十有七日为皇祐三年(1051)十二月八日。是时文彦博(1006—1097)正在知许州任上,故称许昌郡。

文彦博字宽夫,汾州介休人。庆历七年(1047)为参知政事,皇祐元年(1049)八月为相,三年十月罢相知许州②。《宋史》卷三一三有传。本题款,自称平阳文彦博,而不称汾州介休,是因为其本姓为敬,为避讳而改。《姓苑》云:"黄帝孙敬康之后,秦

---

① (明)朱存理《珊瑚木难》卷三,文渊阁四库全书本。
② (宋)李焘《续资治通鉴长编》(下引此书简称《长编》)卷一七一:皇祐三年十月庚子,"礼部尚书、平章事文彦博罢为吏部尚书、观文殿大学士、知许州"(中华书局点校本,2004年,第4115页)。

有敬丕，子教为平阳太守。"其后世遂定居平阳①，文彦博是这一支的后裔，故以平阳为族望。

2. 富弼题诗

夷清韩颂古皆无，更得高平小楷书。旧相嘉篇题卷后，苏家能事复何如。
壬辰岁正月，才翁按察，富弼题。

按：富弼（1004—1083）字彦国，河南人。庆历三年（1043）至五年，为枢密副使，与范仲淹密切配合，推行庆历新政。皇祐三年知蔡州，五年知河阳②。至和二年升为宰相。《宋史》卷三一三有传。"壬辰"为皇祐四年（1052），此句意为苏舜元来蔡州按察，富弼应其嘱而题诗。当时苏舜元为京西转运使，蔡州属京西南路。

3. 苏舜元

青州资政寄示小楷伯夷颂，许昌相公以诗跋尾，因作书谢二公，兼呈永兴观文相公，舜元上。

法书遥逐使车还，嘉句新从相府颁。牢落二贤天地外（孤竹之二贤），风流三绝古今间。台文竞耀高逾丽，化笔交辉老更闲。不用悲吟恐飞去，岂无神物护重关。

苏舜元（1006—1054）字才翁，与弟舜钦与范仲淹为友，舜钦是著名文学家，以支持范仲淹被谪，年仅48岁而卒。史称："舜元为人精悍，任气节，为歌诗亦豪健，尤善草书，舜钦不能及。"③皇祐三年时，任京西转运使④，他在得到范仲淹书、文彦博跋后以诗答谢，同时寄给晏殊。时间应在这一年十二月末。青州资政指范仲淹，许昌相公指文彦博，永兴观文相公指晏殊，时为观文殿大学士、知永兴军（今西安）。

4. 晏殊

转运度支得青州资政黄素书韩吏部伯夷颂，许昌相公以诗跋尾，遂为七言，因而寄及，谨用拙篇记咏。殊上。

首阳垂范远，吏部属词深。染翰著嘉尚，系言光德音。褒崇亘千祀，精妙极双金。题咏益珍秘，用昭贤彦心。

晏殊（991—1055）字同叔，抚州临川人。年龄虽然比范仲淹小2岁，入仕却早得多，故范仲淹是他的门生辈⑤，庆历二年（1042）为宰相，极力提拔仲淹与韩琦、富弼，为范

---

① （唐）林宝《元和姓纂》卷九"敬"，中华书局点校本。
② （元）脱脱《宋史》卷三一三："富弼字彦国，河南人……徙知郑、蔡、河阳，加观文殿学士，改宣徽南院使判并州。"（中华书局点校本，第10249页）按：皇祐二年十一月，移知郑州。三年知蔡州，五年移河阳。在至和元年二月乙巳判并州（《长编》卷一七八）。
③ （元）脱脱《宋史》卷四四二《苏舜钦传》，第13081页。
④ （宋）李焘《长编》卷一七一：皇祐三年十月丙申，"京西转运使苏舜元言……"（第4113页）。
⑤ （元）脱脱《宋史》卷三一一《晏殊传》："殊平居好贤，当世知名之士如范仲淹、孔道辅皆出其门。及为相，益务进贤材，而仲淹与韩琦、富弼皆进用。"（第10197页）

仲淹等得以位居执政，实行新政，创造了条件。四年（1042）罢相。皇祐三年至五年知永兴军（今西安）①，诗题提及"许昌相公以诗跋尾"，则应作于皇祐三年末至或四年初。

5. 杜衍

> 远蒙运使度支以资政范公所寄黄素小字韩文公伯夷颂，请许昌文公、淮西富公题诗于后，才翁复缀雅什，兼寄长安晏公，公亦有作。衍久兹休退，人事仅废，不意雅故未移，悉以副本为贶，俾愚继之，对此怔忪，既感且愧，辄尔率强课成拙句奉呈，敢言亦骥之乘，聊为续貂之比耳。衍上。
>
> 希文健笔钞韩文，文为首阳山下人。宁止一言旌义士，欲教万古劝忠臣。颂声益与英声远，事迹还随墨迹新。当世宗工复题咏，尤宜率土尽书绅。

杜衍（978—1057）字世昌，越州山阴（今浙江绍兴）人。康定元年（1040）为同知枢密院事。庆历三年（1043）升枢密使。他是所有题款人中年龄最大的，范仲淹以父辈待衍。苏舜元之弟舜钦是其女婿。杜支持范仲淹变法，但为公事，均能坦言不同意见，而不影响彼此友情。四年九月任宰相。七年（1047）致仕，寓居应天府（今河南商丘）。此题款是杜衍在得到苏、范、文、富、晏殊之作后所撰，应在皇祐四年（1052）。史称其"善为诗，正书行草皆有法"②。

6. 蔡襄

> 此书皆谤毁艰难者，读之益以自信，故退之、希文尤殷勤耳。治平二年五月六日，襄题。

《长编》卷二〇四：治平二年（1065）二月辛丑，"三司使、给事中蔡襄为端明殿学士、礼部侍郎、知杭州"（第4946页）。

蔡襄（1012—1067）字君谟，兴化仙游人。曾为龙图阁直学士、知开封府、翰林学士、三司使。治平二年（1065）二月知杭州。四年卒于任。史官论云："襄数论治体推韩琦、范仲淹之贤。""工于书，为当时第一。"③作此题记时，正在杭州任上，此时，墨迹的持有者苏舜元早已去世，蔡襄可能是从其后人处见到的。

（二）家人

1. 范纯仁

> 皇祐三年，侍行于青社，时先公书此颂以寄京西转运使苏公，今再见手泽，不胜悲慕。元祐三年（1088）六月七日，嗣子守尚书右仆射兼中书侍郎纯仁谨题。

---

① （宋）李焘《长编》卷一七五：皇祐五年（1053）闰七月辛未，"晏殊知永兴军将满"（第4222页）。
② （元）脱脱《宋史》卷三一〇《杜衍传》。
③ （元）脱脱《宋史》卷三二〇《蔡襄传》。

范纯仁（1027—1101），字尧夫，范仲淹长子，著有《范忠宣公集》。仲淹谓纯仁得其忠。《宋史》卷三一四有传。元祐三年四月为宰相，题词时，正在其任，四年六月罢相知颍昌。当年范仲淹写此颂时，他正在父亲身边，故"再见手泽，不胜悲慕"。

2. 范纯粹

> 崇宁五年（1106），纯粹得见先公、先兄遗墨于颍昌，伏读久之，涕落纸上。七月八日谨题。

范纯粹（1046—1117），字德孺，范仲淹幼子。历任知太原、永兴军（今西安）等地方要员，官至户部侍郎。沉毅有干略，仲淹谓纯粹得其略。《宋史》卷三一四有传。题词时正被贬官在家，居颍昌。

（三）其他人

1. 陈执中

> 壬辰岁（皇祐四年，1052）孟春月，使车按部，获一观焉，执中题名。

陈执中（991—1059）字昭誉。庆历四年为参知政事，五年（1045）升宰相，皇祐元年八月罢知陈州①。壬辰岁即皇祐四年（1052），"使车按部"，指苏舜元到陈州按察，遇见执中时，请他一睹范仲淹手书，执中随即作了题名。范仲淹实行庆历新政，他是持反对态度的，故题款中并没有作什么评价。两个月后改知大名府②。《宋史》卷二八五有传。

2. 贾昌朝

> 范希文好谈古贤人节义，老而弥笃，书此颂时，年六十有三矣。癸巳岁（皇祐五年，1053）夏四月，昌朝书。

贾昌朝（998—1065）字子明，真定获鹿人。庆历三年拜参知政事，五年升宰相，七年罢知大名府。皇祐四年九月知许州③，题款时正在此任上。范仲淹实行庆历新政，他的态度不明朗，从题款看，他对范仲淹的为人是充分肯定的。《宋史》卷二八五有传。

3. 薛嗣昌

> 河东薛嗣昌元宗观（以下皆纸本，绢本至此止）。

薛嗣昌（？—1125），字元宗。河中万泉（今万荣）人。历任知永兴军等地方官，官至礼部尚书。《宋史》卷三二八有传。酷爱书法，曾在兰亭序后题款④，又在长安（西

---

① （宋）李焘《长编》卷一六七：皇祐元年八月壬戌，"工部侍郎、平章事陈执中罢为兵部尚书、知陈州"（第4009页）。

② （宋）李焘《长编》卷一七二：皇祐四年三月壬子，"观文殿大学士、吏部尚书、知陈州陈执中为集庆节度使、同平章事、判大名府"（第4138页）。

③ （宋）李焘《长编》卷一七三：皇祐四年九月，"山南东道节度使、同平章事贾昌朝初除母丧，乙卯，召赴迩英阁，讲乾卦。……寻命昌朝判许州。"注："判许州其日戊午，今并书"（第4172页）。

④ （明）赵琦美《赵氏铁网珊瑚》卷一："丙午闰正月十三日，观于太原燕堂。薛嗣昌元宗题。"文渊阁四库全书本。

安）刻智永真艸千文于石①。

4. 邵亢

丹阳邵亢获观，熙宁庚戌（三年1070）二月庚寅记。时领荥阳，舟次泗上。

邵亢（1014—1074）字兴宗，丹阳人。聪发过人，赋诗豪纵，"范仲淹举亢茂才异等"，官至枢密副使。《宋史》卷三一七有传。"时领荥阳"指正在知郑州任上，宝庆《会稽志》卷二："邵亢，熙宁二年四月以资政殿学士、给事中知，十一月移郑州。"

5. 韩绛

览才翁家希文手笔伯夷颂，辄书短篇于纸尾，熙宁庚戌（三年1070）岁初伏日，颍川韩绛子华题。

高贤忠义古今同，手笔遗篇法甚工。宝轴传家当不朽，追怀余思凛生风。许昌题后及今二纪，乃熙宁甲寅之岁（七年，1074）仲冬中澣之日，念往怀贤，不觉恨恨，伊川逸老再题。

韩绛（1012—1088）字子华，号伊川逸老，开封雍丘人。治平四年（1067）任参知政事。熙宁三年（1070）十二月至四年三月、七年四月至八年八月两次出任宰相。其父韩亿，官同知枢密院事，范仲淹曾向仁宗密荐其可任宰相②。韩绛与司马光、王安石为友。在宋人题款中，唯韩绛题了两次。可见其对范仲淹敬重有加。

6. 刘定

番阳刘定、金陵陈祐甫同观。元丰四年（1081）三月廿八日。

刘定，字子先，鄱阳人。皇祐五年进士。题款时刘定为河北东路提点刑狱③。

陈祐甫，金陵人，题款时为北外都水监丞④。绍圣四年，任淮南转运副使⑤。建中靖国元年升发运副使⑥。子迪为宰相曾布女婿⑦。

7. 冯京

辛酉（元丰四年，1081）季冬九日，当世题。

冯京（1021—1094），字当世，鄂州江夏人。举进士，连中三元。是名臣富弼的女

---

① （明）潘之淙《书法离钩》卷八。
② （元）脱脱《宋史》卷三一五《韩亿传》。
③ （宋）李焘《长编》卷三〇七：元丰三年八月壬子，"中书吏房言：权提点河北东路刑狱公事刘定言：都水职务……"（第7468页）。《长编》卷三一三：元丰四年六月戊午，"河北东路提点刑狱刘定言：王莽河一径水……"（第7583页）。
④ （宋）李焘《长编》卷三一〇：元丰三年十二月乙酉，"权发遣北外都水监丞陈祐甫言：……故祕阁校理李垂与今知深州孙民先皆有修复之议"（第7528页）。《长编》卷三一二：元丰四年夏四月丙子，"北外都水丞陈祐甫言：昨被旨令……案视大河故渎……"（第7570页）。
⑤ （宋）李焘《长编》卷四八七：绍圣四年五月乙丑。
⑥ 《宋会要》职官四二之三〇建中靖国元年十二月二十八日，中华书局影印本。
⑦ （宋）徐自明《宋宰辅编年录》卷一一。

婿。官至知枢密院事。《宋史》卷三一七有传。"辛酉"即元丰四年（1081），是年十一月二日知青州①，题词时为十二月九日，则应在青州任上所书。

8. 韩缜

> 颍昌韩缜玉汝（1019—1097）屡尝观之，元丰甲子（七年，1084）岁仲秋社日，又从安国借看，西府东厅书。

颍昌韩缜字玉汝（1019—1097），韩绛之弟。元丰六年七月知枢密院事，八年五月升为宰相。此题记是在知枢密院事时所书，枢密院在宰相府之西，故称西府。他与其兄一样，多次观看范仲淹手书，最后从安国处借看时题词。安国为何人，待考。

9. 杨杰

> 元祐二年（1087）腊日，靖恭杨杰（1023—1092）、京兆慎宗同观。

杨杰（1023—1092）字次公，无为人。著有《无为集》十五卷。《宋史》卷四四三有传。题字当作于知镇江任上②。元祐四年，又为范仲淹手书作长篇题记，称赞范仲淹及其子纯仁泽被四海，千载一时。录于下：

《题范文正书伯夷颂》：伯夷避位孤竹，责仁于周，义不食粟，死于首阳，可谓圣人之清已，其于时也不亦难哉！文正公书伯夷颂时，今中书丞相侍行青社，三十年间，继登宰辅，泽被四海，有若伊尹格于皇天，有若伊陟格于上帝，盖千载一时也。元祐四年四月四日，权发遣两浙提点刑狱公事杨杰谨题③。

"今中书丞相"指范纯仁，元祐三年至四年六月为中书侍郎、丞相。

慎宗，京兆（今西安）人，生平事迹不详。

10. 林种、贾公望获观，戊寅冬十月廿九日记

> 林种，长洲（今苏州）人。茂先子。元丰二年（1079）进士④。

> 贾公望，字表之，真定获鹿人。昌朝之孙、青之子。宣和时为平江府（今苏州）通判，已年近六十⑤，建炎元年（1127），知泗州⑥。

---

① （宋）李焘《长编》卷三一九：元丰四年十一月甲申（2日），"徙知河阳观文殿学士冯京知青州"（第7702页）。

② （宋）卢宪（嘉定）《镇江志》卷一五："杨杰，朝散郎，元祐初自尚书郎守润，未几被召，就移浙西宪。"苏辙《杨杰知润州》制（《栾城集》卷二七）。《权知润州朝散郎杨杰可两浙提刑制》（《栾城集》卷一九）

③ （宋）杨杰《无为集》卷九，文渊阁四库全书本。

④ （宋）范成大《吴郡志》卷二八，文渊阁四库全书本。

⑤ （宋）龚明之《中吴纪闻》卷五："贾公望……顷倅平江时，朱勔父子方出入禁中，窃弄权柄，一时奔竞之流，争持苞苴，唯恐无门而入，贾独疾之甚，尝有诗云：倏忽向六十，萍蓬无奈何。丹心犹奋迅，白首分蹉跎。正直士流少，倾邪朋类多。"朱勔以花石纲媚上在宣和元年十一月（《宋史》卷二二）。

⑥ （宋）李心传《建炎以来系年要录》卷二建炎元年二月戊寅，文渊阁四库全书本。

作记之"戊寅"应为元符元年（1098）①。

11. 李孝彦

范文正高风，表表文采，云为天下后世之所服，盖不独其书也。此卷皆元老真儒翰墨，使人竦然钦赏，政和四年（1114）正月六日，濮阳李孝彦跋。

李孝彦，濮阳人，曾任尚书驾部员外郎，政和七年正月罢②。

12. 赵子琥

政和丙申（六年，1116）孟秋二十八日，赵子琥、王孝迪（？—1140）同观于高平三瑞堂。

赵子琥，生平事迹不详。

王孝迪（？—1140），下蔡人，大观初为宣德郎、卫尉少卿。宣和四年以吏部尚书兼侍讲。靖康元年春正月为中书侍郎，二月罢。建炎三年三月再任中书侍郎，四月罢③。

13. 郭彭年

洛阳郭彭年、建安④陈昱同观，宣和壬寅（四年，1122）夏六月二十有六日。

郭彭年，生平事迹不详。"洛阳"，《范文正集补编》卷三录此条作"汾阳"。

陈昱，建安人。父师锡（1053—1121）字伯修，苏轼荐其议论刚正。徽宗时，为殿中侍御史，直言蔡京"迷国误朝"。后被蔡京打入元祐党籍⑤。关于陈昱之生平事迹记载甚少，陶宗仪《书史会要》卷六："陈昱官至寺丞，少好学，尝于父伯修枕屏效米芾笔迹，书杜甫诗。一日，芾过伯修，见而惊焉，因授以作字提笔法。"据此，知陈昱爱好书法。

14. 李开

清江李开、晋陵胡唐老同观。

李开，清江人，生平事迹不详。

胡唐老（？—1129）字俊明，常州晋陵人。枢密副使胡宿之曾孙。靖康元年擢殿中侍御史。建炎三年（1129）九月知镇江府⑥，十二月为军贼戚方所杀⑦。《宋史》卷四五三有传。

---

① 下一个"戊寅"为绍兴二十八年（1158），此时范仲淹手书早于落入秦桧之手。秦桧绍兴四年作跋后，宋再无跋，故这一可能性应当排除。

② 《宋会要》职官六八之三七。

③ （宋）李心传《要录》卷二一建炎三年三月戊子，卷二二建炎三年夏四月戊申朔。

④ "建安"，《赵氏铁网珊瑚》卷二录作"建康"。此从《式古堂书画汇考》卷九、《范文正集补编》卷三。

⑤ （元）脱脱《宋史》卷三四六《陈师锡传》云："建州建阳人。"按：其自称为"建安陈师锡"（周密《云烟过眼录》卷二），与其子所称相合，则《宋史》之"建阳"当作"建安"。

⑥ （宋）李心传《要录》卷二八：建炎三年九月己巳，知镇江府。

⑦ （宋）李心传《要录》卷三〇：建炎三年十有二月戊寅，为军贼戚方所杀。

三、秦 桧 题 诗

南宋的题记和北宋相比，少得可怜，只有秦桧一人。由于他是出了名的大奸臣，其题记一向无人注意，更缺乏研究。然而从研究角度而言，其价值不容低估。一，他是反面人物的代表，通过他可以看出范仲淹在这一类人的眼中是个什么形象。二，这是至今留存唯一完整的秦桧所写之诗，又作于绍兴四年他一生中第二个低谷时期，为研究其生平提供了宝贵的第一手资料，可以说在一定程度上填补了空白。

南宋时，范仲淹手书《伯夷颂》落到秦桧手中。秦桧究竟何时得到，没有确切记载，估计可能是其在绍兴元年至二年任宰相期间所得。至南宋晚期，又落入贾似道手中，有其印可证，但无题词。秦桧题诗如下：

> 高贤邈已远，凛凛生气存。韩、范不时有，此心谁与论。绍兴甲寅（四年，1134）八月望，建康秦桧谨题。

这首诗落款点明了写作时间，在绍兴甲寅（四年，1134）八月望，即绍兴四年（1134）八月十五日中秋，是秦桧最失意之时。

诗中前二句赞美范仲淹是高贤，虽然去世已久，但其崇高的气节，依然常存。后二句则感叹"韩、范不时有"，韩指韩琦（1008—1075），北宋名臣，与范仲淹齐名，两人在实行庆历新政与抗击西夏等重大政治、军事活动中，配合默契，世称韩、范。"此心谁与论"是表达他内心的苦闷，他以范仲淹自居，感叹没有像韩琦那样的名臣与自己配合，感叹无人真正了解他的心思。

秦桧的一生可分几个阶段：一，青少年时期（1090—1114），出身贫寒，以教书为生。二，出仕初期，中进士至任御史中丞（1115—1126），反对割地与金，反对立异姓为皇帝。三，金的俘虏（1127—1130）。四，初任南宋高官，自尚书至参政、宰相（1130—1132）。五，回家闲居（1132—1136）。六，执掌朝政大权，成为南宋第一个权相（1137—1155）。

以上可以看出，他的从政史，最大的特点是大起大落，第一次晋升为御史中丞，离执政只差一肩，仅几个月立即跌入低谷，成为金俘虏。第二次好不容易回到南宋，升为右相，仅一年，于绍兴二年（1132）八月即被打发回家闲居。

闲居四年，时间并不短，在秦桧的一生中是非常重要的一段，在低谷时，他在想什么，做什么，接触什么人，对后来的人生有何影响等等，都应当尽可能弄清楚，只有这样，才能正确刻划出其变化的轨迹，避免简单化、脸谱化。可惜，这一阶段的历史，有关秦桧的论著大多一笔带过。

秦桧在题诗时，已闲居整整二年，仍然看不到东山再起的希望，心情十分沮丧，以至作了最坏的打算——归隐。他在题字下盖的"公绪后人"朱文小印，便是明证。

公绪是秦系之字，越州会稽人，唐代的高士，隐居于泉州南日山。其后东度秣陵，年八十余卒①。秣陵即江宁，秦桧也是江宁人，秦桧自称为其后人，是有可能的，当然也可能是附会，尚需寻找证据，才能最终认定。这枚印更主要的是透露出他想学秦系隐居的信息。

说他思想消极，还有一个重要的旁证，便是他致胡安国的信，信中说道：

> 桧悚息启：别纸勤恳，良荷。康侯宜在经席，诸公必兴念。但恭间之人，专为身谋，不复远虑，岂独为康侯忧也。桧首丘之志，在龟方时已定。还朝，荷上恩特厚，思欲称塞，而致主安民，皆非其任，其颠踣固宜。侨居于此，念念西归，以遂初志。而去国之日，议论可骇，到今未敢轻动。赖松檟托在部属，可无深虞，何幸如之。桧再拜②。

从其"侨居于此"，"去国之日"看，显然作于罢官后闲居温州之时，信中强调："桧首丘之志，在龟方时已定。""念念西归，以遂初志。"表示退隐的想法早在被俘北去时已定，应该说是真实的，可以想见，当官的威风与当俘虏的委屈、不自由、随时有生命危险相比较，简直是天上地下，很容易产生还不如当个隐士不出仕来得好的思想。

除了"公绪后人"印外，秦桧还在其上盖了三方印章：

> 桧字上有"江宁开国"硃文印，开国印旁有连环秦氏朱文印，下有"出使之印"③。

"江宁开国"当为江宁开国公之简称，应是其升任右丞相兼枢密使所封的爵位。史弥远在拜右丞相兼枢密使兼太子少傅后，即进封开国公④。

出使之事，当指其出任赴金营割地使等职。《靖康要录》卷二：靖康元年（1126）二月四日，"兵部员外郎臧瑀、职方员外郎秦桧充割地使"。

秦桧闲居的第三年，还曾为自己的前途命运问卜。

王明清《投辖录》："秦会之初罢右相，居温州日，尝邀街市卖卜者问之，云：'相公明年再秉钧衡，二十年间位极人臣，古今罕俪。代公者，永嘉知县沈该也。'其后果然，此尤可怪（廉宣仲云）。"

2012年12月28日修改，2014年6月10日定稿

---

① （宋）欧阳修、宋祁《新唐书》卷一九六《秦系传》，中华书局点校本，1975年。
② （宋）曾宏父《凤墅帖·秦申王》。转引自韩酉山《秦桧研究》，第61页。
③ （明）赵琦美《赵氏铁网珊瑚》卷二。
④ （元）脱脱《宋史》卷四一四《史弥远传》。

范仲淹、范纯仁诗文辑考

范仲淹家族中著作最丰富的就数范仲淹和范纯仁父子了,他们都有文集传世,成为后人研究范氏家族、宋代历史的宝库,令人遗憾的是有一部分作品已经散佚了,为了弥补这一缺憾,许多学者做了大量的辑佚工作,我在前人基础上再做些补充和考辨,希望能对推进范仲淹父子的研究有所助益。

一、范仲淹诗辑佚

范仲淹的著作绝大多数已收入《范文正公文集》中,《全宋文》和《全宋诗》中都作了一些辑佚。我在两书之外,从《记纂渊海》中辑得七绝二首。已收入我的《宋史考论》第375页中,今又从《陕西通志》等书中辑得二首,一并录于下,并略作评述。

邠 州 劝 农
烹葵剥枣古年丰,莫管时殊俗自同。太守召农须勉听,从今再愿颂邠风①。

失 题
贾谊书成动两汉,谢安日笑起东山。前途去觉云天近,旧隐回思水石开②。

麟 州
宣恩来到极西州,城下羌山隔一流。不见耕桑见烽火,愿封丞相富人侯③。

清凉山(四首选一)
金明阻西岭,清凉峙其东。延水正中出,一郡两城雄④。

第一首诗所提到的邠州,是范仲淹祖先居住之地⑤,范对他怀有深厚感情。这是宋夏对峙时邠宁路的驻兵之地,一向由武臣做知州。庆历五年(1045)春,范仲淹主动要求出任知州,应付日趋紧张的局面。他上任后,与武臣仅抓兵事不同,他清楚地认识到一旦战争爆发,农业生产和农民生活必然会受到影响,而不抓好农业,战争需要的人力物力就得不到保证,因此,十分关心农事,这首劝农诗就是具体表现,他希望采取措施

---

① (宋)潘自牧《记纂渊海》卷二四邠州,第55页上,文渊阁四库全书本。《陕西通志》卷九七引此题作《眉寿堂劝农》,"召农须"作"劝农农","颂邠风"作"咏豳风"。《甘肃通志》卷四九引此题为《劝农》,"颂邠风"作"诵豳风"。
② (宋)潘自牧《记纂渊海》卷一九颍昌府,第12页上。
③ 《陕西通志》卷九七,文渊阁四库全书本;道光《神木县志》卷八。
④ 《陕西通志》卷九七。
⑤ 《宋太师中书令兼尚书令魏国公文正公传》:"公讳仲淹,字希文,唐宰相履冰十世孙,其先邠州人也。"《范文正集补编》卷二。

后农业得到丰收，能再现《诗经·邠风》中的美好情景。

第二首诗提到贾谊、谢安这些历史名臣，明赵琦美就指出，"范希文好谈古贤人节义"，^①他时时不忘古贤人，意在继承和发扬他们的崇高品德。

第三首诗麟州，即今陕西神木，宋代属河东路，是宋夏交战的前线，他曾去考察过，诗当作于此时。诗称麟州为"极西州"，是就河东路而言，这里处于最西端。第二句说的是麟州的地理环境，城下是窟野河，过河西去即是西夏之地。最后二句，表达了希望将来不见烽火见耕桑的强烈愿望。

第四首诗是他坐镇延安时所作，延安是宋与西夏激战之地，在他的积极策划下，已成为敌人无法攻占的固若金汤之地，所以他在诗中自豪地说"一郡两城雄"。据此诗题下的附注，该诗共有四首，可惜《陕西通志》仅录其一，不知另外三首尚存于世否。

二、《番君传》非范仲淹佚文

安徽石台县吴姓人收藏的《林田吴氏宗谱》，内有范仲淹作的《番君传》，范矛或撰文以为这是范仲淹的一篇佚文，全文抄录于《范学研究》总19期，第56页。予细审其文，决非范仲淹所作，实出于吴氏族人之手，理由如下：

（1）《番君传》云："番君姓吴名芮……任饶之鄱阳令。"

按：《汉书》卷三四《韩彭英卢吴传》："吴芮，秦时番阳令也。"秦朝实行郡县制，当时鄱阳县的上级单位是庐江郡，那时还没有饶州，饶州是隋灭陈后才设立的。《史记》《汉书》《资治通鉴》等书都只说吴是鄱阳令（或作番阳令），没有称之为饶之鄱阳令，如果一定要加上级单位的话，也只能称作庐江郡鄱阳令，显然文章的写作者缺乏基本历史知识，没有好好读《史记》《汉书》《资治通鉴》这些常见书，不了解秦代的建置。

（2）"君独守饶"。

上面已说过秦代没有称"鄱阳"为"饶"之称，这又一次露出了作伪的痕迹。

（3）"项王与汉决，先君遣梅将军助汉入关。"

这里称吴芮为"先君"，完全暴露出了伪作者的身份：他一定是吴芮的后代。范仲淹决不会乱认吴姓人作"先君"的。

（4）"是知，人心之不可拂，天理之不可违者。"

按：强调"天理"，是理学兴起以后的事，周敦颐（1017—1073）在《通书》中开始提过2次，但很少有人响应。到程颢（1032—1085）、程颐（1033—1107）时才大讲起天理来。范仲淹（989—1052）并不去探讨天理，这两个字在范仲淹的文集中是找不到的。伪作者显然不了解理学演变的历史，拿了后代的知识去套的。

（5）"方秦毒虐天下，秦吏亦乘而毒虐其民，存者嚣然，咸思覆秦杀吏，独番阳令得江湖间民心，号曰番君。""及诸侯兵起，遣梅将军销助汉入关，得王长沙，功著汉

---

① （明）赵琦美"范文正公书伯夷颂"："范希文好谈古贤人节义，老而弥笃，书此颂时年六十有三矣。癸巳岁夏四月昌朝书。"（《赵氏铁网珊瑚》卷二，文渊阁四库全书本）

令。然番人奚有王之功高哉！徒知令之德我而已，后虽去而他都，世世不忘，庙而祠之，尸而祝之，此民之心也。"

这两大段文字与元明善《汉番君庙碑》①全同。范矛或以为两者的相同，证明了范仲淹文是真实可靠的。我认为，恰恰相反，这正是作伪者露出的马脚。古往今来，都视抄袭为可耻行为，元明善是元代著名的文学家，他从没有抄袭的不良记录，他所作的《汉番君庙碑》在元代被视为名作，苏天爵将它收入《元文类》中，苏与元是同时代人，对他应是很了解的，其收文条件相当高，断不会去收一篇大段抄袭的文章。唯一合理的解释只能是：吴家后人为了抬高吴芮的地位，假借范仲淹之名而作，作伪者自知写作水平有限，故大段抄袭比较容易见到的《元文类》中的文章，以增添一些文采。

此外，如吴芮"字质成"，"表奏三次。俱可恩育"等，从不见于古代史书记载，当是作伪者所杜撰。

以上可证，《番君传》决非范仲淹所作，实为吴氏家族中某人的伪作。伪作时间应在明、清时或更晚。如果作者能提供《林田吴氏宗谱》历次编写的时间和编者，《番君传》最早见于何时之谱，则伪作的年代当能确定得更具体些。

三、范纯仁诗文辑佚与辨误

范纯仁之著作有《文集》二十卷，《奏疏》二十卷，《国论》五卷，《弹事》五卷行于世②。《文集》二十卷，嘉定中始刻，其前，后三者已问世。

今宋本文集已不复见，存者为元天历本，已残。今所见为康熙时其后裔范能浚据旧本（天历本）重加删补者，凡《范忠宣集》十八卷，奏议二卷，遗文一卷，补编一卷。收入《四库全书》者即为此本。和原本相比，文集缺两卷，奏议缺十八卷，而《国论》《弹事》已全佚。

《全宋文》与《全宋诗》均辑录一些诗文，今再辑佚文三篇，纠正辑诗之误者二首。录于下。

（1）与君实手柬（一）③

蒙示奏稿，益见公之存心。然此法但缓行而熟议则不扰，急行而疎略则扰。今公宁欲扰民，而且将疎略之法使谬吏遽行，则其扰民，又在公意料之外更有扰矣。一夫不获，公之所念，而忍以扰事毒重困之民，以愚思之，不类公之所举。今纯仁画计，不改公之法，而止欲先自京西推行，使不扰一人，而公法可成。乃不蒙采听，不审何谓？又公既知纯仁不欲速，而示之以益坚之削，

---

① （元）苏天爵《元文类》卷二〇，文渊阁四库全书本。
② 《宋观文殿大学士尚书右仆射兼中书侍郎上柱国高平郡公赠太师许国公谥忠宣尧夫公传》，《范忠宣集·补编》。
③ （宋）朱熹《三朝名臣言行录》与宋李焘《续资治通鉴长编》均收此文，朱书较简，今据《长编》录出。朱书收文之前称"手柬曰……"，今从之，故拟题为"与君实手柬"。

盖欲使知其罪而默默耳。默默何难，人人皆能，不止能默，亦可赞公使公喜，而自容于门下，何用犯公怒而喋喋也。若果如此，则是纯仁不若少年合介甫求早富贵也，何用白首强颜于此媚公求合哉！惟其如此，所以误公一顾而提携至此，惟公怜其诚而深察，为幸。昨日言三事而公从其二，在公屈已从人之义固已足矣，在愚者献言之分已得矣，奈此一事，骚及天下，而回奏将多，以取疑于上，则异我者得以指瑕，害公致君之效矣。若得回奏，犹是贤吏；若便施行，其骚愈甚。仁而失国，徐偃有之，则公未可直以我心至诚于仁，便谓民受赐也。言以人轻，徒此烦聒，至忧至惧，惟公少加采察①。

按：司马光对范纯仁而言，亦师亦友，司马光很赏识范纯仁，在他的大力推荐下，范很快进入高层，后位至宰相。元祐元年司马光为相，推倒王安石变法。二月初，要将王安石实行的免役法改回到差役法去，朝廷要求几位大臣韩维、吕大防、孙永、范纯仁发表自己看法。范对这一做法有意见，如勉强赞同，违背自己的观点，如提不同意见，又怕伤师友的感情。不得已，写这一封信，表达自己对司马光的感情和内心的看法，指出不是反对司马光之法，但也不想不问好坏去附和，而是略作合理的修改，主张不要匆匆忙忙一刀切，可先在一路作试点，成功后再推广，不成功则暂停。否则会犯与王安石同样的错误。后来的事实证明范的主张是对的，司马光太过偏激，留下了后遗症。

（2）与君实手柬（二）

举人难得朝士相知，士族近京犹可，寒远之人，允（库本作尤）不易矣。兼今之朝士，未必能过京官选人，京官选人，未必能如布衣，徒令求举，未必有益。既欲不废文章，则杂文四六之科，不若设在众人场中，不须别设一科也。《孟子》恐不可轻，犹黜六经之《春秋》矣。更乞裁度！

纯仁更有一说，上禅聪明。朝廷欲求众人之长而元宰先之，似非明夷莅众之义。若已陈此书，而众人不随，则虚劳思虑，而失宰相体。若众人皆随，则众人莫如相君矣。然恐为谄子媚其间，而正人默而退。媚者既多，使人或自信为莫已若矣，前车可鉴也。不若清心以俟众论，可者从之，不可，便俟众贤议之。如此则逸而易成，有害亦可改，而责议者少矣。若先漏此书之意，则谄谀之人能增饰利害，迎于公之前矣②。

元祐元年三月，司马光写了《乞先举经行札子》，提出了改革科举的意见，主张要有朝士推荐，又针对王安石黜《春秋》而捧《孟子》，提出重《春秋》而黜《孟子》的

---

① （宋）李焘《长编》卷三六七元祐元年二月丁亥（二十八日）。《三朝名臣言行录》所收文字有异，录于下："蒙示奏稿，益见公之存心。然公既知纯仁不欲速，而示之以益坚之削，盖欲使知其罪而默默耳。默默何难，人人皆能，不止能默，亦可赞公使公喜，而自容于门下，何用犯公怒而喋喋也。若果如此，则是纯仁不若少年合介甫求早富贵也，何用白首强颜于此媚公求合哉！惟其如此，所以误公一顾而提携至此，惟公怜其诚而深察，为幸。"（第8839页）最后一句似较《长编》更近当时行文规范。

② （宋）李焘《长编》卷三七一元祐元年三月壬戌，第8979页。

主张。事先，司马光将奏稿寄给范纯仁。范复信，直率提出不同意见，司马光看后，欣然采纳。

（3）《全宋文》卷1552、第229页辑《乞不罪建中奏》，系据《宋史》卷三一四本传，所辑仅31字，节略过甚，不如《长编》稍详，今重辑于下，凡64字：

建中循守法度，方申请措置而民已多饿死，及臣因其措置，偶免流亡，非臣才术能然也。况建中顷坐无状罢去，朝廷既责之，今缘按臣罪而又及建中，是一罪再刑也。建中竟不免罚铜①。

（4）《范忠宣集》卷五收《望日示康广宏》："清晨三绿袍，罗拜北堂高。积善因先烈，遗光及尔曹。勿矜从事早，当念起家劳。修立皆由己，何人可佩刀。"注："此诗旧在第十卷《司马公诗序》后，康、广、宏即司马公三子名。"《全宋诗》第11册、第464页收入范纯仁条。

按：这一首诗的作者不是范纯仁，而是司马光②。注说："康、广、宏即司马公三子"，不确，康是司马光之子，广、宏是司马光之侄。此诗是在康、广、宏上任做官前夕，司马光把他们叫到跟前，作诗勉励。宏是范纯仁的女婿，康、广与范纯仁并无特殊关系，三人不可能同时到范跟前，听他训话。这首诗的作者只能是司马光。

为什么司马光这首诗会收入到《范忠宣集》中？它原本是作为《司马公诗序》的附录收入的。宋人文集中附入相关的他人作品是常见现象。如司马光《文集》中在收入与范镇唱和诗时，就附录了范镇的原作，这样做，便于看到两人诗作之间的关系。《范忠宣集》也然，如卷三《和献可龙峰寺见寄三首》诗之前，就附录了吕诲（字献可）的《寄尧夫三首》。《范忠宣集》卷一〇《司马公诗序》："宏，予之子壻也，持公诗求序于予。予乐道公之盛德，又因以勉之。熙宁八年月日高平范某序。"注："旧本后有《望日示康广宏》律诗一首，今附入第五卷。""旧本"指的是元天历本，当时将此诗附在《司马公诗序》后，其作用与集中附吕诲诗相同，这一做法是完全正确的。清代范能浚以为是范纯仁所写，把它移到范所做诗之中，这就全然错了，《全宋诗》不察，据此录入范纯仁名下，沿袭其误，应予改正。

（5）《全宋诗》第11册、第7465页辑有范纯仁佚句："平生怀古意。"所据为释绍嵩《江浙纪行集句诗》卷二。

按：此诗并未散佚，今见《范忠宣集》卷二，诗题为《寒食日泛舟》，全诗如下："合友逢佳节，携尊泛碧流。溪风销酒力，烟树入春愁。群鸭开波练，疏云透月钩。平生怀古意，最羡五湖游。"

四、范纯仁《范纯诚墓志铭》新考

2001年冬，在河南省洛阳市伊川县万安山南原出土了范纯诚墓志，这是范纯仁作

---

① （宋）李焘《长编》卷二八〇熙宁十年春正月辛巳，第6858页。
② 见（宋）司马光《传家集》卷一〇。

品的实物资料,弥足珍贵。范红玮在《宋〈范纯诚墓志〉考述》中刊布全文,并做了考证[①],其中尚有欠缺之处,今做进一步考证。

(一) 志铭与《范忠宣集》所载铭文之异同

此志铭已载《范忠宣集》卷一三中,对比两者,有若干不同之处。

(1) 志铭首称《宋故衢州司理参军监衡州耒阳县荎源银场范君墓志铭并序》,《集》只作《范府君墓志铭》。

(2) 志铭有撰者、书者之名,转录如下:

中大夫、同知枢密院、上柱国、高平县开国伯、食邑九百户、食实封二百户、赐紫金鱼袋范纯仁撰。

通直郎、将作监丞、飞骑尉、赐绯鱼袋韩宗文书。

宣德郎、管勾大名府路安抚司机宜文字杨国宝篆盖。

《集》按惯例只录文,无以上内容。

(3) 志铭内容有所不同,今录志文,并与集文作校对。

君讳纯诚,字子明,鲁国(集作汝南)范文正公族兄之子也。五世祖唐丽水县丞讳隋之子曰太保讳梦龄,即文正公之曾祖也。太保公有子五人,第三子曰杭州余杭令讳光谟。生同州朝邑主簿(集作尉)讳埴。朝邑府君生苏州长洲县尉讳钧,即君之考也。

君九岁而孤,事母(集无母字)太夫人孙氏,居于河南府(集无府字)偃师县,孝谨俊辨(集作辩),有成人之风。文正公见而奇之。未冠,丁太夫人忧,其弟纯贶方在童幼,君抚育劳瘁,情均怙恃,人(集无人字)皆嗟其友爱。文正公自西帅入(集无入字)赞机务,道由偃师,遂携而教养之。及长,才性通敏,勤于文史,奏补太庙斋郎,为娶同年兵部郎中朱公贯(集误作实)之女孙为妇,留居左右。

皇祐二年,文正公置义田于苏州,以赡养(集无养字)族人,顾(集作因)谓君曰:"非汝莫办吾事。"乃奏以为长洲县尉,俾创(集作立)规法,以贻永久。长洲先有群盗,名闻于朝(于朝,集作朝廷),君至,获其党,有协(集作胁)从者,辄释之,故赏典弗及。曰:"杀人迁官,非吾心也。"

嘉祐元年(集作初),大旱,(旱下,集有请字)通乌角(集无角)溪水(水下,集有东流二字)以溉民田,至今人以为利。上官材(集作才)之。再调衢州司理参军(集无此句),(荐前,集有"用三司"三字)荐监衡州荎源银场,惠工整弊,岁课增美。以四(集作某)年七(集无七)月十七(集无十七)日卒于官。临终神意不乱,享年三十有四。

---

① 《范学论文集》第三卷,景范教育基金会,2006年。

子三人，时尚幼，曰正伦、正辞、正邦。朱夫人护其丧北归，守义训子，今皆有文而举进士。

君为人慷慨多能，晓达吏治，善睦宗族，尤好赒人之急，以此所至有称，而乡党宗族多爱信之。然其享年不永，不克有施于世。其子（集作正伦）以元祐元（此三字，集作某）年十一（集无十一）月十八（集无十八）日，举（集无此字）葬君于河南府（集无此三字）河南县万安山文正公墓之北，而族弟纯仁（以上四字，集作"文正公嗣子某"）铭其圹曰：

士会之后，我祖相唐。丽水四世，文正乃昌。振振茭源，惠于孩提。教诲饮食，文正之慈。既仕而材（集作才），将翼吾宗。未究所蕴，方（集作甫）壮而终。有源者流，有本者繁。不享于躬，其在后昆。

（4）志铭之末有"王成刊"三字，集无。

（二）范纯仁何时写的墓志铭

范纯仁（1027—1101）比纯诚小一岁，范仲淹抚养范纯诚多年，并为其补官、娶妻，纯仁与纯诚的关系一定是非常密切的。而纯仁官位最高，自然是撰写志文最适当的人选。他是何时写的志文？出土的志文有墓主人卒年和下葬时间，集文则没有。说明集中所收是范纯仁写的初稿。宋代请人撰志文的通例是，墓主人家在下葬前请人撰写，卒葬时间往往空着，到正式下葬前，由其家人请书写人补上而后付刻。志称葬于"元祐元年十一月十八日"，则其稿之作应早于此时。墓志中范纯仁的署衔为"中大夫、同知枢密院、上柱国、高平县开国伯、食邑九百户、食实封二百户、赐紫金鱼袋"，考《宋史》卷二一二《宰辅表》：元祐元年（1086）闰二月乙卯（二十七日），"范纯仁自试吏部尚书兼侍读[①]除中大夫、同知枢密院事"，则此志稿应作于元祐元年三月至十月间。

（三）关于志文的几点考证

（1）集文无具体卒、葬的时间，故难以确定范纯诚之生卒年，而此志年月日均十分具体，由此，可以知道范纯诚的生卒年为1026—1059年，《考述》将生年定为1025年是不对的，古人所说是三十四岁是虚岁，而不是周岁。

（2）纯诚九岁而孤，可推知其父范钧的卒年为1034年。

（3）纯诚之母卒后，纯诚与弟纯贶均由范仲淹抚养，时间是在范仲淹"自西帅入赞机务"之时。"西帅"指范仲淹任陕西四路都部署经略安抚兼沿边招讨使，时在庆历二年（1042）十一月。"入赞机务"指庆历三年四月，范仲淹被任命为枢密副使，这是最高军事机关枢密院中的副职。此时，纯诚18岁。同年九月，范仲淹升为参知政事（副宰相），十月实行变法。后失败。庆历五年正月，出知邠州兼陕西四路沿边招讨使。

[①] "读"，（宋）李焘《长编》卷三七〇、元祐元年闰二月乙卯作"讲"，第8944页。

（4）范仲淹对纯诚非常照顾，不仅给他奏补太庙斋郎，还为他娶了同年朱贯的孙女。所谓同年是指朱贯与范仲淹同在大中祥符八年（1015）中进士，是年朱已39岁，比范仲淹大22岁。此人高寿，1064年88岁尚健在。

（5）皇祐二年（1050），文正公置义田于苏州，以赡养族人，这在古代是一个创举，影响后代数百年。范仲淹提倡"先天下之忧而忧"，不仅仅是口号，而是身体力行的，在中央，为国谋事，做地方官，为地方百姓谋利，对本族则用自己节省下来的薪俸置义庄。这一年纯诚才22岁，但他的为人和能力已取得范仲淹的高度信任，志中说：范仲淹谓君曰："非汝莫办吾事。""乃奏以为长洲县尉，俾创（集作立）规法，以贻永久。"现存的义庄法规署的是范仲淹的大名，但从此碑所记，则应是纯诚所创。我想这两者的关系很可能是这样的：纯诚根据范仲淹的意思创立法规，并交范仲淹审查修改，最后以范仲淹的名义发表。凡事创立难，而长期保持下去尤其难，而这个重任是由范纯诚来完成的。事实证明他完成得很好，经过几十代的努力，坚持了好几百年，成为后来许多义庄仿效的范本。

（6）此志提到两个小地名，一个是乌角溪，明正德《姑苏志》卷一〇："石渎之水横出运河为浒墅，其南为乌角溪，北为柿木泾，为白鹤溪，并与运河合流。"明张内蕴、周大韶《三吴水考》卷五"常州府水利考"："乌角溪在县东南四十五里，长六里，东接望亭运河，西入太湖，与苏州分界。"明张国维《吴中水利全书》卷四"水脉·苏州府"："乌角溪在无锡县东南，其东出望亭，西入太湖，与吴县分界。"显然，志作"乌角溪"是对的，集脱了"角"字，当是刻书时出现的失误。此条记载说明范纯诚关心农田水利事业，身体力行为家乡作贡献。

另一小地名为茭源，这是出产银、铁等矿的地方，茭源，《宋会要》食货三三之二"坑冶·银"条："衡州常宁县茭源场，明道二年（1033）置。"在《元丰九域志》卷中属衡州常宁县，此书所录最晚为元丰八年十一月。而《宋史》卷八八《地理志》衡州常宁县下云："有茭源银场"。以上说明，茭源场一直属于常宁县管辖。此碑首称"监衡州耒阳县茭源银场，"则元祐元年时曾一度改属耒阳县，此可补史载之缺。至于何时改回常宁管辖，尚待进一步考证。志说纯诚"监衡州茭源银场，惠工整弊，岁课增羡"，说明他管理手工业的能力比较强。

（四）范纯诚不是金华范氏的始祖

《考述》第403页认为范纯诚初葬在金华，后迁洛阳。今按：这一推测是不正确的。其一，纯诚死于衡州，卒后，"朱夫人护其丧北归"，洛阳正在其北。金华则在其东，如果到金华就应写作"东归"了。然而其祖葬在洛阳，其父又在其祖前一年去世，自然也应葬在洛阳。纯诚死后，有什么理由会运往毫无干系的金华去呢？其二，墓志铭中根本没有提到初葬一说。在宋代，如果是迁葬，志中会提到初葬在何处，为什么迁葬的。至于文中卒年和葬年不是同一年，而是隔了好多年，这种情况古代是常有的，一般都是子孙无条件营葬，暂时放在庙宇中或其他地方，到经济好转后再葬。纯诚死时，其子尚幼，故到成年举进士后才下葬。

《考述》第403页认为范纯诚是金华范氏的始祖，其根据是当地的《清江范氏宗谱》卷一记载：元丰六年（1083），范纯诚从朝请大夫调任婺州，授保安军节度使，一年后卒于任，葬于辛山。

按：范纯诚的墓志已很清楚地表明他卒于1059年，时在元丰以前二十多年。所以这位婺州知州肯定不是范纯诚，而是另外一位范氏，此人便是范子明。北宋末年刻的《婺州题名碑》记载了北宋历任婺州知州的姓名，兹录元丰六年前后三位知州如下：

苏畋，元丰三年四月二十二日以屯田郎中知，四年十一月二十二日改朝散大夫。

范子明，六年四月二十二日以朝请大夫知。

燕若拙，八年四月二十三日以朝议大夫知①。

从任职时间和官名与宗谱相合看，宗谱的"范纯诚"显然是"范子明"的误书。至于保安军节度使，宋代根本不存在这样一个官职，显然是后人随意加上的。

范子明是什么人？按；他是北宋名臣范雍（979—1046）的孙子，雍字伯纯，世家太原，后迁洛阳。官至枢密副使。《宋史》卷二八八有传。卒后，葬于洛阳，范仲淹为作墓志铭。子明之父名宗杰（？—1045）。其传授世系为：

范仁恕—从龟—德隆—雍—宗杰—子明

子明为宗杰次子，宗杰第三子子仪生于1031年②，则子明约生于1029年。庆历六年（1046）为大理评事③，治平元年（1064）时任桂州通判④，二年（1065）为尚书虞部员外郎⑤。熙宁十年（1077）时任驾部员外郎、知饶州⑥，元丰元年（1078）改知筠州⑦，六年（1083）知婺州，在金华曾修建翠微楼⑧。如他是在下一任知州到之前不久死的，则其卒年应为1085年，享年57岁左右。

（五）关于韩宗文和杨国宝

此志的书丹人是通直郎、将作监丞、飞骑尉、赐绯鱼袋韩宗文。

宗文出身名门，其父韩维（1017—1098）字持国，开封雍丘人，元祐元年（1086）为门下侍郎（副宰相）。《宋史》卷三一五有传。韩维之兄韩绛、弟韩缜先后

---

① （清）陆增祥《八琼室金石补正》卷九四。
② （宋）范纯仁《范忠宣公集》卷一六，文渊阁四库全书本。
③ （宋）范仲淹《范忠献公墓志铭》，《范文正公集》卷一三。
④ （明）张鸣凤《桂胜》卷一，文渊阁四库全书本。
⑤ （宋）范镇《范忠献公雍神道碑》，（宋）杜大珪《名臣碑传琬琰集》上卷二六。
⑥ （宋）李焘《长编》卷二八六熙宁十年十二月戊子，第6997页。
⑦ （清）《江西通志》卷四六，文渊阁四库全书本。
⑧ （清）《浙江通志》卷四七，文渊阁四库全书本。

任宰相。维生三子：宗儒、宗文、宗质。宗文历官大理主簿①、元祐二年（1087）任光禄寺丞②，由于其家属势力甚大，其任此职，受到官员责难③。由本志，可知他在元祐元年（1086）时已任将作监丞。李之亮《宋代京朝官通考》第4册"将作监丞"条缺韩宗文，可据此补。

此志篆盖人为宣德郎、管勾大名府路安抚司机宜文字杨国宝。

国宝父亲仲元，管城人。是一位关心民间疾苦的地方官，《宋史》卷三三三有传。国宝字应之，仲元生他前梦见乌龟，《史记》说龟者国之宝也，所以取名为国宝④，应梦而生，故字应之。国宝"学问赡博"，有远见卓识，"乐善尚德，而议论不苟"，"安贫乐道"⑤，是一位程门的理学家，所结交的都是道德高尚的学问人，如大理学家程颢、程颐，名臣范纯仁，大文学家苏辙、张耒等。出任过雄州防御推官、监池州酒务⑥、知县。元祐元年六月，范纯仁推荐时为宣德郎的杨国宝出任馆职⑦，二年正月，除太常博士⑧，寻擢为成都府路转运判官，未出京间，又移陕西⑨。以后的情况就鲜为人知了。他的书法，世无流传，这通碑上的篆书，大概是唯一可见的作品了，自然是很珍贵的。

（六）此志的刻工

此志刻工为王成。考洛阳出土的绍圣四年（1097）《王夫人墓志》，铭末有"王诚刊"三字⑩，墓志出土地点都在洛阳，时间仅差11年，疑二者为同一人。

---

① （宋）曾巩《元丰类稿》卷二一，文渊阁四库全书本。
② （宋）苏辙《栾城集》卷二九，四部丛刊本。
③ （宋）李焘《长编》卷四〇四元祐二年八月甲辰，第9847页。
④ （宋）毕仲游《送交代杨应之判官归洛》，《西台集》卷一九，文渊阁四库全书本。
⑤ （宋）朱熹《伊洛渊源录》卷七，文渊阁四库全书本。
⑥ （宋）陈襄《古灵集》卷一五，文渊阁四库全书本。
⑦ （宋）李焘《长编》卷三八〇元祐元年六月壬寅，第9223页。
⑧ （宋）李焘《长编》卷三九四二年正月己卯，第9611页。
⑨ （宋）李焘《长编》卷四一〇元祐三年五月己酉，第9987页；卷四一三元祐三年八月己卯，第10036页。
⑩ 洛阳市第二文物工作队《洛阳新获墓志续编》289，科学出版社，2008年。

王十朋著作研究

本文主要对王十朋的《梅溪集》和《家政集》做文本研究。

王十朋（1112—1171）最主要的著作是《梅溪集》，今存最早为明天顺六年（1462）刻五十四卷本，有四部丛刊本。其后有嘉靖元年（1522）二十七卷本。清雍正七年（1729）五十卷本，据天顺本重编而成，增加了《会稽三赋》。同治十年（1871）、光绪二年（1876）重印、重刻雍正本。这里主要探讨宋代有哪些本子，何人、何时所编，体例、卷数、内容等问题。

《家政集》不见著录，今载于新编《王十朋全集》中，《永乐大典》亦有《家政集》散佚诗文二十余条，此探讨其真伪、价值诸问题。

最后对今人所辑诗文作辨伪。

一、梅溪集研究

（一）王十朋自编的稿本《梅溪前后集》

王十朋刚去世时留下的稿本，称为《梅溪前后集》，共五十卷。见汪应辰所作的墓志铭。死时既然已有书名和卷数，显然应是王十朋本人所编。其内容则是其所作诗文。今所传明代《梅溪前后集》刻本，是正统时在"得其刻本于黄岩士族蔡玄之家，命郡学教授何瀚重加订正鸠工刊刻"而成，蔡本当即王闻诗、闻礼的刻本，相当程度上保留了原貌。在这五十卷中，前集二十卷，后集三十卷。

《梅溪前后集》没有王十朋的自序，因而只能就今存之本的内容，去了解其编纂体例及编纂的时间。

一般来说，个人自编的文集，都是统一体例，不分前、后集的，为什么王十朋却分前、后集？从前、后集所收入作品年代分析，前集收入为中状元前的作品，从14岁到46岁，长达32年。后集所收则是中状元后的作品，从46岁到60岁，为时14年。对王十朋而言，考中状元是他一生的转折点，只是这一转折点来的太晚了，他年已46岁。宋代考中状元时的年龄，可确知的有77人，最大的54岁，还有52岁、51岁、50岁各一人，他排老五了，最小的18岁。他当了40多年百姓，做官仅14年。虽然如此，他十分珍惜这14年，那是他大展宏图的14年、最为辉煌的14年。这辉煌来得太不容易了，没有40多年不懈的努力，不断克服内心的苦闷，就没有后来的辉煌。所以他要首先把当百姓时的作品编成集。

前集的编纂体例是，所收均为中状元之前的诗文。先诗后文。文按文体排列。诗按时间先后排列，最早的诗《宣和乙巳冬大雪次表叔贾元实韵》，作于宣和七年（1125），年仅14岁。这里需要注意的是，有几首诗例外，即放在最前面的《畎亩十首》《观国朝故事》《瀼瀼岸下水》，为什么这几首诗例外？不妨作一点具体的分析。

首先看《畎亩十首》，这首诗的写作时间，没有说，但诗中云："我岂不欲仕，时命不吾与"。点明是在科举考试失利时写的。又云"儒冠误身世，偃蹇二十年"，以二十岁从儒计，"偃蹇二十年"应为40岁，即约作于绍兴二十一年（1151）。一个才华横溢的人竟然在科举场上屡试不第，到了40岁还是白丁，心中的郁闷是可想而知的。摆在他前面的有几种选择：一是放弃，这有违先父的意愿和自己的志向。二是趋炎附势，当时秦桧掌权，攀附者青云直上，这与他为人忠孝讲究气节相违。对拍马屁的行为，他是不屑一顾的，诗中说："曲意阿有司，谀言徇人主。贪荣无百年，贻谤有千古。"又云"非道吾弗由"，表明他决不走这种旁门左道。三是坚持气节，不懈努力。"竹有君子节，青青贯四时"，"聊为岁寒期"。"青灯照夜长，感激徒自怜。"他选择了后者，终于在几年之后，一举成名，高中头名状元。他特意把在困难之中寻求光明的诗歌放在前面，表明一个有雄心大志的人，不论有多大的艰难曲折，只要坚持就能赢得胜利，把它放在首位的目的，显然是借以激励子弟、激励后生。《观国朝故事》表明他如果入仕，一定要以本朝名臣范仲淹、韩琦、富弼、高琼等人为榜样，为国家干一番事业。入仕后的所作所为，都是在实践他的诺言。

前集何时所编？卷二收入一首《述怀》诗，是其三十岁时所作（从"吾年三十百无堪"句可知），诗后，他加了一跋，云："刘方叔昔书一绝于后云：山北山南春雨足，漠漠柔桑秀如沃。侬家荆妇几时归，西畴独自驱黄犊。姜渭叟见之，谓二诗贫富气象不同。今二十三年矣，予贫乃甚于方叔也。隆兴改元（1163）十月书。"显然，这是编前集时所加。这一年，他做中书舍人、侍御史，力主抗金，慷慨陈辞，上奏要求罢免误国的宰相。不久，战事失利，主和派掌权，八月他弃官回家。正好有空闲时间可以编选前集。第二年六月，知饶州，又全心全意为国为民操劳了。由此推测，前集应编于隆兴元年冬至二年春夏时。

后集应是在前集编成后，按同样体例编的，时间应在其乾道六年六月知泉州任满回家之后，至次年受命为太子詹事间。

（二）《王梅溪文集》，刘珙序本

《王梅溪文集》是十朋之子王闻诗给刘珙出示并求其作序的本子，共三十二卷。序是朱熹为刘珙代写的，收在朱熹的《晦庵集》卷七十五中。题为《王梅溪文集序》代刘共父作。文中说："及来守建康，则公殁几十年，而其子闻诗适官府下，相与道旧，感慨歔欷。一日出公遗文三十二卷，属予叙之。予盖三复焉而拊卷太息也。公之行事，今某官莫侯子齐既状之，而故端明殿学士汪公圣锡取以志其墓矣，故予因不复著，独论其心如此，别于篇端，以告天下之士。"

这里有三个问题需要研究，一此序作于何时？二为什么请刘珙作序？三为什么遗文只有三十二卷？

一，序中提供的信息，是序作于刘珙知建康府时，距离王十朋卒"几十年"，即将近十年。考刘珙知建康在淳熙二年（1175），至五年（1178）七月卒，景定《建康志》卷一："刘珙，淳熙二年（1175）三月以资政殿大学士安抚使兼行宫留守。"徐自明《宋宰辅编年录》卷十七："刘珙，……淳熙元年除知建康府，四年三月诏刘珙居守建康，绩效显著，可除观文殿学士差遣如故。五年七月以通议大夫致仕，后赠光禄大夫。珙薨，上为辍朝，谥曰忠肃。"这里说"淳熙元年除知建康府"，当为朝廷任命的时间，而《建康志》"二年三月"则为到任的时间。这一年上距十朋去世的乾道七年（1171）仅四年，距十年说太远，唯有淳熙五年（1178）距王死为七年，离"几十年"之说最接近，则应作于淳熙五年时。

二，宋代太守在任时用公款或个人俸金刻书，是常见的，刘珙在建康任内就刻过《四家礼范》五卷，陈振孙《直斋书录解题》卷六："张栻、朱熹所集司马、程、张、吕氏诸家，而建安刘珙刻于金陵。"请刘作序的目的，显然是想借助刘的力量在建康刊刻。大概作序后不久即去世，这个目的并没有达到，在景定《建康志》卷三三的"书版"中有《四家礼范》一百五十版"，而没有《梅溪集》。此本后来有了刻本，《文献通考》卷二百四十著录有"《梅溪集》三十二卷"。《绛云楼书目》卷三：王十朋《梅溪集》。陈景云注："集三十二卷，朱晦翁序，泉州版刻。又有《梅溪续集》，亦泉州刻。真西山跋。"①知明末尚存，惜后佚，具体刻于何时，已难考知。但可以肯定必在绍熙三年（1192）以后，如果此前已刻，其子不会抱遗书为尚未刊刻而泣。

三，此书仅三十二卷，比墓志所载五十卷数少，祝尚书怀疑是《后集》，加上奏议和日记。（《宋人别集叙录》第921页）可备一说。那么，为什么不拿全书，而仅拿出其中的一部分来呢？可能是考虑刘珙在任已三年，随时可能调任，《前后集》篇幅太大，不易及时刻成，故只拿其中的一部分。为什么拿的主要是后集？这当与这些诗文都是进入仕途以后所作，现实意义比较大之故。

（三）绍熙三年《梅溪前后集》刻本

《梅溪前后集》第一个刻本，是其子闻诗、闻礼于绍熙三年（1192）正式刊刻的，地点在江陵，这是《梅溪前后集》完整的刻本。王闻礼作《跋》云："右先君文集合前、后并奏议五十四卷，绍熙壬子闻礼锓木江陵，归藏于家。痛念先君即世二十有一年矣，不肖孤家贫力弱，日夜抱遗书以泣，一旦惧溘先朝露，无以赎不孝罪。会兄闻诗假守浮光（即光州，今河南潢川），以俸余命闻礼董其役，始事于莫春，讫工于中秋。先君正

---

① （清）钱谦益《绛云楼书目》，《丛书集成新编》本002/082。

大之学，忠愤之气，爱君忧国之诚，仁民爱物之念，庶几一展卷而尽见之。职校正迪功郎谢汝能，乡贡进士任炎，其间阙亡者，异时为别集云。男宣教郎、充荆湖北路营田使司干办公事赐绯鱼袋闻礼谨书。"

从跋可知，一，用了半年时间才刻成。二，此书比墓志所云五十卷，多了四卷。增加了什么内容？有两种可能，一是奏议三卷，加廷试策一卷。二是奏议三卷，加日记一册。

就《梅溪前后集》而言，比墓志所载之本略为增加了一点，即《后集》卷二十七中的《春秋讲义》4条，《论语讲义》2条，因为墓志中提及其著作是讲义与集是分开的。云："公有《梅溪前后集》五十卷，《尚书、春秋、论语、孟子讲义》，皆指授学者未成书也。"① 以上几条讲义，应是十朋之子就尚保存在家的手稿增添进去的。

（四）《南游集》与《梅溪续集》

真德秀《梅溪续集》跋："庆元中，某窃第来归，乡之儒先杨君明远出一编曰《南游集》，以示某曰：此永嘉詹事王公之所作也。某时尚少，未悉公行事本末，然尝诵晦庵先生所为《梅溪集序》，则已知公为一代正人矣。及得此编，益加乡慕，宦游二十载，率赍以自随，若燕邑宰与中和、安静堂等诗，口之熟焉。嘉定丁丑（十年，1217）蒙恩假守，获继公躅于四十七年之后，邦人父老语及公者，必感激涕零，荛夫牧儿亦知有所谓王侍郎也，公何以获此于人哉！蔽之以一言曰诚而已矣，盖公之为人，襟度精明，表里纯一。其立朝事君，空臆尽言，撄龙鳞而不悔者，此诚也。居官牧民，矜怜摩，抚若父母之于赤子者，此诚也。至于为诗与文，绝去雕琢，浑然天质，一登临，一燕赏，以至赋一卉木，题一岩石，惓惓忠笃之意，亦随寓焉。呜呼贤哉！宜泉人之咏叹而不忘也。集版藏之郡斋，岁久浸或刓缺，属议刊整，而郡士林君彬之为某言：公《劝农》、《戒讼》等文，犹有未见于集者，而公之孙夔通守蒲中，亦出公书问三十余通，皆在泉时作。前辈流风日以益远，虽弄翰戏，墨犹当勤勤收拾，而况蔼然仁义之言，皆有补于世教者乎！因并刻之，命曰《梅溪续集》，使来者得以览观焉。己卯（十二年，1219）九月己亥，建安真某记。"②

这里有两个问题需要研究。一是在《续集》之前，已有《南游集》问世。此集所收内容有哪些？何时编的？编者是谁？二是《续集》与《南游集》的关系。

考真德秀登庆元五年（1199）进士第③。是年已得到《南游集》，则《南游集》必编成于庆元五年以前。为什么叫《南游集》，内容是什么？考王十朋为温州乐清人，他做地方官凡四地，饶、夔、湖、泉，唯有泉州位于温州之南，则所谓《南游集》所收应是在泉州时的作品。其内容有"燕邑宰与中和、安静堂等诗"，可见应是一部诗集。考中和、安静二堂均在泉州。祝穆《方舆胜览》卷一二泉州条载：

---

① （宋）汪应辰《龙图阁学士王公墓志铭》，《文定集》卷二三，文渊阁四库全书本。
② （宋）真德秀《西山文集》卷三四，文渊阁四库全书本。
③ （元）脱脱《宋史》卷四三七《真德秀传》，中华书局，1977年。

中和堂，在郡治。王龟龄诗：堂前老木几经春，徧阅泉南旧守臣。尽向中和堂上坐，中和为治有何人。

安静堂在郡治。王龟龄诗：前贤治迹尚堪寻，留得堂名直至今。若欲斯民各安静，要须安静自家心。

以上二诗均见《梅溪后集》卷一七。

跋中云："集版藏之郡斋，岁久浸或刓缺，属议刊整"，集显然指《南游集》，既称"岁久浸或刓缺"，则其刊刻的时间必已相当早，可能就在十朋卒时，即1171年左右。

由于旧版已破损，内容又不全，尚缺"《劝农》《戒讼》等文"，以及"书问三十余通"，真德秀遂即将新收集到的诗文与《南游集》汇为一书，重新刊刻，并命名为《梅溪续集》，凡五卷。此书明末尚存，钱谦益《绛云楼书目》卷三著录，陈注："《梅溪续集》，亦泉州刻，真西山跋。"以后散佚。

到明代正统年间，温州太守刘谦重刻，用的是蔡玄之家藏本，天顺六年（1462），重刻，增加朱熹的序。现在流传于世最早的本子就是天顺本了。此书计前集二十卷，后集二十九卷，奏议五卷。和宋绍熙本相比，后集少了一卷，还缺了日记。这些大概在流传过程中丢失了。其中最可惜的就数日记了，宋代不少大臣有一个习惯，把与皇帝商讨大事的具体言论详细记录下来，像司马光、王安石、曾布、林希、周必大等都撰写了日记（亦名日录），这些日记，是研究当时历史的第一手资料，特别珍贵。

二、《家政集》研究

王十朋的《家政集》，诸家书目均未著录。1998年出版的《王十朋全集》收入了《家政集》（第1031—1074页），辑自左原《王氏宗谱》1936年重修本。上距王十朋去世700多年，它可靠吗？是怎么传下来的？按理说，《王氏宗谱》中应该有所交待，可惜，收入全集时未作说明。而今存残本《永乐大典》中也收入了王梅溪《家政集》，证明王十朋确实作有《家政集》一书，然而仔细查看内容，与宗谱所载完全不同。到底应该如何看待两者，宗谱本究竟是真还是伪，有何价值，需要做深入细致的考证。

（一）《永乐大典》所引王梅溪《家政集》

按今本《永乐大典》引王梅溪《家政集》凡26条，其中诗23首，文3篇，均见于《梅溪前集》《梅溪后集》。列表如下（表一）。

表一

题	《永乐大典》	《梅溪前后集》
过鉴湖	卷二二六七第23页上	《梅溪前集》卷三
擢秀斋诗	卷二五三六第9页上	《梅溪前集》卷六
春日游西湖	卷二二六四第22页下	《梅溪前集》卷八

续表

题	《永乐大典》	《梅溪前后集》
陈了翁	卷三一四四第21页上	《梅溪前集》卷十
灵乌说（文）	卷二三四五第28页下上乌字	《梅溪前集》卷十九杂著
过鉴湖	卷二二六七第23页上	《梅溪后集》卷二
鉴湖行	卷二二六七第23页上	《梅溪后集》卷三
鉴湖	卷二二六七第23页上	《梅溪后集》卷四
郡斋即事	卷二五三八第16页下	《梅溪后集》卷八
人日雨次何宪韵	卷三〇〇一第18页上	《梅溪后集》卷八
宿王家村三	卷三五八一第3页上	《梅溪后集》卷十一
东屯诗	卷三五八七第11页下	《梅溪后集》卷十三
东屯溪山之胜似吾家左原	卷三五八七第11页下	《梅溪后集》卷十五
洞庭湖（二）	卷二二六一第9页下	《梅溪后集》卷十五
望洞庭	卷二二六一第9页下	《梅溪后集》卷十五
东湖小饮	卷二二六一第9页下	《梅溪后集》卷十七
东湖	卷二二六一第9页下	《梅溪后集》卷十七
知宗游东湖用贡院纳凉韵见寄次韵奉酬（二）[再和（二）]	卷二二六二第11页下	《梅溪后集》卷十七
鉴湖说上，下（文）	卷二二六七第17页下至20页下	《梅溪后集》卷二七杂文

现存《家政集》的诗文均见于《梅溪前集》《梅溪后集》，它是不是《梅溪前集》《梅溪后集》的别名呢？不可能。因为《永乐大典》中同时大量引用了《梅溪前集》《梅溪后集》。

从现存诗文看，与家政并没有什么关系，为什么命名为《家政集》？这个问题目前还很难解释。

这个本子是何人在什么时候编成刊行的？从收入《永乐大典》中推测，应该是宋元时期编成刊行的。因未见序跋，编者是谁，尚难断定。

尽管现存诗文数量有限，其卷数、体例无法知道。但《永乐大典》所引王梅溪《家政集》的发现，还是很有意义的。

其一，证明王十朋确有《家政集》这本书。《家政集》这个名称，宋元时期已经出现。

其二，其内容为王十朋所作诗文。说明它是另一种版本的诗文集。

其三，目前最早的是明天顺本，此所据则为宋元本，可以校正明本之脱误。举数例于下：

《梅溪后集》卷一三《东屯》："少陵别业古东屯，一饭遗忠畎亩存。我辈月叨官九斗，须知粒粒是君恩。"《永乐大典》卷三五八七第11页下引王梅溪《家政集》此诗之末有注："东屯岁输秔米，不满百石，监司郡守，月得九斗。"这是当时东屯村中输租情况,后人是不可能知道的,应是王十朋本人的注。按今本《梅溪后集》无此注,为什么没有此注?可能宋本有之,传到明代脱漏了,也可能是《家政集》编者看到原稿而加上的。此注有助于今人正确了解其诗意。

《梅溪前集》卷八《春日游西湖》第三句"峰高捧日久","久"字,《永乐大典》卷二二六四第22页下引王梅溪《家政集》作"近"。

《梅溪后集》卷一五《望洞庭》,后二句"得得遥从洞庭过,要看湖涨水中天"。《永乐大典》卷二二六一第9页下引王梅溪《家政集》作"但得遥从洞庭过,要看湖涨水如天"。大典本用词似更好些。

(二)宗谱本《家政集》

此本出于1936年版的《王氏宗谱》,前有王十朋于绍兴十三年(1143)写的自序。以下分五篇:《本祖篇》《继志篇》《奉母篇》《夫妇篇》《兄弟篇》,约25 000字。相当于文集三卷的篇幅,可以算是一部独立的著作了。

《王氏宗谱》年代太晚,它收此书,必有其更早的来源。可惜,《王十朋全集》的编者未作说明。书名《家政集》虽与《永乐大典》所收相同,内容则完全不同。因此首先需要辨明它的真伪。

下面拟从两个方面考察。首先,从是否伪书的角度考虑。凡伪书都是后来伪造的,必然带有作伪者的时代特征,因此需要看书中有没有王十朋卒以后的内容,有没有后来的地名、人名、官名、事迹等。仔细查看全书,均没有发现。

其次,从正面观察一下,书中有没有带有王十朋所处时代特征、个人特色的内容。如有,就是真的。

从书中找见三条:一是《圣宋文海》。《继志篇》云:"十朋尝借友人《圣宋文海》全集归,先人见之甚喜,终日玩味绅绎,选其精者编录之,写未及终,而疾作遂止。"此事发生在其父去世之年,即绍兴十二年(1142)。按《圣宋文海》一百二十卷,江钿编,南宋初有坊间刻本,颇为流行。淳熙四年,周必大批评此书"去取差谬"[1],孝宗命吕祖谦重编,二年后成书,命名为《皇朝文鉴》,凡一百五十卷。此书付刻后,《文海》很快被取代,南宋晚期以后几乎无人问津,《永乐大典》只引《文鉴》,未引此书。至今《文海》仅残存六卷,秘藏于国家图书馆。王十朋记其父亲酷爱是书,后人连此书名都见不到,怎能编出这样的故事来?

二是《继志篇》云:"十朋观李虚中、林开谈命文字,夺而藏之曰:'汝欲学卖术耶!'"所谓"李虚中、林开谈命文字",指唐代李虚中的《命书》三卷、北宋林开的《五命秘诀》一卷[2]。其内容是根据人的生辰八字推算人的命运。李虚中书民间一直盛行,《四库全书》也予收入,单就此书反映不出时代特点。林开书就不同了,主要盛行

---

[1] (宋)李心传《建炎以来朝野杂记乙集》卷五,中华书局,2000年。
[2] (宋)郑樵《通志》卷六八,(宋)赵希弁《郡斋读书志后志》卷二,文渊阁四库全书本。

于北宋晚期至南宋时，以后失传。林开是北宋皇祐进士①。北宋末，王安石女婿蔡卞夫妻，担心其子蔡仍（1092—1171）短命，曾邀请林开徒弟给其子看相，事后证明看得很准②。王质（1135—1189）《用沈述之韵赋灵槎》："安得杜、苏添此沈，相从地上作三奇。"自注："林开《命诀》云：'地上三奇甲戊庚'，故云。"③这两例与王十朋基本上是同时代的事，以后就不见类似记载了。王十朋记父亲不让他看这类书，只能发生于他那个时代，后人是编不出来的。

三是《兄弟篇》中记载到十朋伯高祖之丑事，在和弟弟即十朋高祖分家时，把好的都拣走了，把差的留给高祖。高祖妻跟他借牛时，不愿借还不要紧，竟然耍无赖，躺倒在地，大喊弟媳妇打他。吓得高祖妻赶紧跑回家去，闭门不出。伯高祖这么不顾兄弟情面，处处吝啬，不仅发不了财，其家越来越败落，他的后代"皆至贫无尺土"。十朋说此故事，目的在于告诫后人，要处理好兄弟关系，太过自私，只会害自己。但不管怎么样，这总是家丑，不宜对外宣扬。此书只是留给家族后世看，所以照实说。在墓志中未提《家政集》，即可说明不是写给外人看的。如果是后人所作，怎会知道十朋高祖兄弟的事呢？

以上三证，足以证明：《家政集》确实是王十朋的著作。

真伪既明，现在可以探讨一下它的价值了。此书的价值主要是：

一，此书按其内容属于家训类，自从北齐颜之推写成《颜氏家训》以后，历代都有各种家训问世，宋代似比前代尤多。这些家训几乎都是本人成名以后作的，用以教训子孙后代，如司马光（1019—1086）《家范》，叶梦得（1077—1148）《石林家训》，赵鼎（1085—1147）《家训笔录》，刘清之（1133—1189）《戒子通录》，陆游（1125—1209）《放翁家训》。而王十朋《家政集》则是科举不第时写的，主要记载其祖与父的期望，借以勉励自己和子弟。这为家训书增添了新的一种类型。

二，这是家传之书，不是公诸于世的，故所述非常亲切、真实。这本书展示了一个由"农"转为"士"的典范，一个屡战屡败、不屈不挠最终成功的典范。由农变士，谈何容易，这意味着要从文盲变为高素质的知识分子，完成这一转变，难度极大，王十朋的祖父开始下决心走这一条路，经过三代人的努力，到王十朋时才达到了。而王十朋的路子也十分坎坷，宋代的科举竞争非常激烈，州试百人中才取一人，到省试又是十人中取一人，几乎是千分之一的录取率。王十朋在写书前，每次都由父亲陪同参加考试，连续四次都落空了，没能让父亲看到自己考上进士，多么失落！多么遗憾！科举考试三年才举行一次，四次就是十二年，要坚持下去得有多大的耐力啊！许多人就此止步了，但王十朋在"继志"的强烈愿望下，仍然继续奋斗，同时也要让子弟们继续努力，因此在父亲刚去世时，就写成此书，借以勉励自己和子弟。果然，老天不负有心人，王十朋在

---

① （明）郭万程《宋刘太常》，《明文海》卷四一九，文渊阁四库全书本。
② （宋）王明清《挥麈余话》卷二，中华书局，1961年。
③ （宋）王质《雪山集》卷一四，文渊阁四库全书本。

写是书后，经过十几年努力，终于一举成名、光宗耀祖了。整整三代的心血，到第三代王十朋把自己的青春全部奉献给了科举，才实现了梦想。到中年以后考中进士，才能施展自己的抱负。

三，此书除了励志之外，还十分注意如何处理好各种关系，对祖先，对父母，夫妇、兄弟等关系，强调伦理道德。这是一部修身治家的好书，在今天仍有其价值，是一份宝贵的历史遗产，值得我们取其精华、古为今用。

三、王十朋诗文辨伪

（一）诗

1.《丞厅后圃双梅一枝发和似表弟韵》

漫游踪迹成浮家，一身四海惊年华。不禁草木竞时节，忽见双干排新花。晓云生寒日未透，南枝半肥北枝瘦。就中一枝最先发，浪蕊浮花敢居右。山翁涉世如狼胡，功名日远霜凌须。与花同是江南客，一笑为解东阳臞。吟哦绕树正百匝，未放零落空残株。春风杂花尽明媚，此君风味恳知无。雨中着子尚不恶，可堪老叶翻虫书①。

按：此诗实为宋李弥逊（1089—1153）所作，见《筠溪集》卷一三。"似"乃李弥逊表弟，二人经常唱和，《筠溪集》中尚有16首，如《春日同伯氏游问政山门意似表弟旧题用其韵先是尝持书招之篇末并以见意》（卷一一），《子美士曹送示梅花似表弟有诗因次其韵》《岁后三日与罗叔共二郡似表弟席上分梅花年后多韵得多字刻烛成》《岁后三日与罗叔共二郡似表弟席上分梅花年后多韵得多字刻烛成》（均见卷一三），《夏夜宿广教寺风月清甚思李白敬亭诗有怀用似表弟韵》《次韵似表弟嗾梅之作》《春近风日渐佳与似表弟开小户纵步后庭》《似表弟之钱塘约岁前归愆期不至以诗寄之》《和似表弟次吴江》（均见卷一五），《似表弟始归寇退之后置酒会亲族坐客即席赋诗和其韵》《次韵似表弟春雨漫成》《与似表弟游石门怀蹈元时中用高字韵》《归自筠庄得似表弟晚步高字韵继和》《新晴再用似表弟高字韵》《筠庄李花正开雨不得往似表弟有诗次韵》《送似表弟还乡》（均见卷一六）。

2.《鉴湖》

阁下平湖湖外山，阴晴气象日千般。主人便是神仙侣，莫作寻常太守看②。

按：此乃赵抃（1008—1084）所作，为其《次韵程给事会稽八咏》中的第一首③。

---

① 《永乐大典》卷二八一〇。《全宋诗》第36册，卷2044，第22961页。
② 《永乐大典》卷二二六七第23页下上引王梅溪《家政集》。《全宋诗》第36册，卷2044，第22961页收入。
③ （宋）赵抃《清献集》卷五，文渊阁四库全书本。

（二）文

1.《祀事记》（《王十朋全集》第1075页，辑自1981年本《华阳王氏宗谱》）

末署："大宋乾道七年辛卯正月，诏以龙图阁学士致仕王十朋谨志家乘。"

按：汪应辰《龙图阁学士王公墓志铭》："乾道……七年三月，除太子詹事，召旨敦趣，公力疾造朝，上特御选德殿，而公足弱不能趋，召给扶减拜，且赐坐，又诏权免朝参，又遣使以告及金带就赐，公三上章乞致仕，乃诏以龙图阁学士致仕，命下而公薨矣，实七月丙子也，享年六十。"[①] 可见王十朋，乾道七年三月尚在做太子詹事，到七月才下达批准致仕的诏命，则是年正月，不可能称致仕。显系伪作。

2.《贾氏宗谱序》（《王十朋全集》第1077页，辑自乐清《贾氏宗谱》）

末署："时大宋乾道壬辰年二月十八日，外孙王十朋率笔书。"

按：乾道壬辰年即乾道八年，上距十朋去世已半年多，十朋怎么可能作此序？必为伪作无疑。

3.《济南林氏家谱原序》（《王十朋全集》第1078页）

序称："余戚友梅屿君讳惟月"，查王十朋著作未提到此人。又称"授官温知镇"，宋无此镇名。末署："里人梅溪王十朋拜书"。王十朋无此书法。

4. 詹氏宗谱序（《王十朋全集》第1080页）

末署："时大宋隆兴二年律中夷则之月谷旦，东嘉王十朋顿首拜撰。"

按：序末称"顿首拜撰"，是明人才有的习惯，如明郭子章为吕坤作《呻吟语摘序》，末署："万历二十年壬辰秋，后学郭子章顿首拜撰。"明王之垣为赵完璧作《海壑吟稿序》，末署："济郡见峰王之垣顿首拜撰。"

王十朋集中所收序共8篇，仅有一例文末署写作时间，《潜涧严阇梨文集序》，末署："绍兴甲寅仲冬望日序"，但不署王十朋名，更无"东嘉王十朋顿首拜撰"之语。

再看所撰记，末署时间人名，但时间前均无"大宋"，人名下均无"顿首拜撰""拜书""率笔书"之语。

思贤阁记，乾道元年夏五月二十八日，东嘉王某记。

潇洒斋记，乾道元年六月朔日，东嘉王某记。

夔州新修诸葛武侯祠堂记，七月二十七日，永嘉王某记。

寇忠愍公巴东祠记，乾道二年八月朔，永嘉王某记。

唐质肃公祠记，乾道二年六月，永嘉王某记。

读礼堂记，乾道六年三月，永嘉王某记。

广州重建学记，乾道七年正月，敷文阁直学士、左朝奉郎、提举江州太平兴国宫王

---

① （宋）汪应辰《文定集》卷二三，文渊阁四库全书本。

某记(《梅溪后集》卷二六)。

显然《詹氏宗谱序》乃明、清以后人所撰,非王十朋所作。

附:《乾道七年升授王十朋龙图阁学士诰命》辨伪

本书图版有"乾道七年升授王十朋龙图阁学士诰命"。

按:此文乃伪作,其一,王十朋只当过吏部侍郎,从未任吏部尚书,而此称其为吏部尚书,与史实不符。

其二,首句即称"奉天承运皇帝制曰……",这是明、清时代诏制用语,始于明太祖朱元璋①。明陆容《菽园杂记》卷一五:"朝廷正殿、正门皆名奉天,凡诏敕及封赠文武官诰敕起语,皆曰奉天承运,其主意正谓天子奉承天命,以治天下,故事必称天,非袭唐奉天之名也。"

宋代之制与此完全不同,如岳飞《绍兴十一年枢密副使加食邑制》:

> 门下:朕躬履多虞,规恢大业。惟文武并用,式严宥密之司;必知勇兼全,克任本兵之寄。睠时人杰,久总戎昭,肆畴勋望之隆,俾赞枢机之要,诞扬涣号,敷告明廷。少保、武胜定国军节度使、充湖北京西路宣抚使、兼河南北路招讨使、兼营田大使、武昌郡开国公、食邑五千四百户、食实封二千三百户岳飞,果毅而明,深沉以武。奇谋秘计,盖推韬略之高;英概雄姿,凛有威名之盛。……于戏!上下交而志同,朕方深于注意;将相和则士附,尔益务于叶心。其懋壮猷,用服明训。可特授枢密副使,依前少保,加食邑七百户、食实封三百户,封如故。主者施行②。

(原刊于《纪念王十朋诞辰九百周年全国学术研讨会论文集》,线装书局,2012年)

---

① 参见《明太祖文集》卷一、卷二,(明)王世贞《弇山堂别集》卷八一。
② (宋)岳珂《金佗续编》卷二,中华书局,1989年,第1169页。

崔与之生平诗文丛考

一、生 平 考

1. 崔与之不当宰相之谜

崔与之是一位杰出的政治家,有过非常光辉的业绩,在他一生中有一个谜团颇难索解,他在67岁之后,除了应付突发的兵变出山3个多月外,直到82岁,整整15年半,一直闲居在家,不管请他当地方大员,或是参知政事,甚至右宰相,他都请辞而不上班,一个政治家为什么放弃这些可以大有作为的职位?是政治原因吗?权相史弥远已在1233年去世,无人可挡他的道?是身体原因吗?司马光在68岁时已是生命的最后一年,还出任宰相,大干一番,他在同样年龄时,还有十几年时间,身体总比当时的司马光好吧。到底原因在哪里呢?最近,我在明朱橚《普济方》中发现以下一条材料,似可帮助解释这一谜团。现录于下:

沉香顺气汤(出《家藏经验方》),专治头风。

白术、白茯苓(各一两),缩砂仁、川芎、人参(各半两),陈皮、干姜(各三钱),半夏(切片姜汁和匀焙干,半两),丁香、甘草(各三两),沉香(半两)。

右为粗末,每服三钱,水一盏半,生姜七片同煎,至八分去滓,温服,不拘时候。崔菊坡尝苦头风,遂宁何起岩以此方进之,服之而愈①。

这是说:崔与之得的是头风病,大约是头痛中风之病,这类病状不一,病因也各不相同,因而有许多不同的药方,我粗粗一查有几十种,但没有一种与此方相同,显然,这是很特殊的偏方。可以设想,崔不太可能刚得此病,就用偏方去治,通常都是先用一般方子治,实在不行了,才到处找偏方。这一方是遂宁何起岩提供的。起岩当是字,其名不详。遂宁今四川遂宁市,宋代是梓州路重镇,由"遂宁何起岩进此方"推之,崔得此病当在蜀时。何起岩是何许人?他与宋名人陈傅良(1137—1203)、许纶均有诗歌唱和,陈有《送何起岩之江东》②,许纶有《次韵何起岩喜雨》③。看来是颇有身份的人,何可能是遂宁知州。看来,崔得的病相当重,而唯此方有效,故将他作为特殊案例记载下来。

---

① (明)朱橚《普济方》卷四六,文渊阁四库全书本。
② (宋)陈傅良《止济集》卷七,文渊阁四库全书本。
③ (宋)许纶《涉斋集》卷三,文渊阁四库全书本。

这里需要探讨的是，朱橚为朱元璋之子，明初人，上距崔与之已数百年，他的记载可靠吗？答案是肯定的。朱橚这本书是收集各种医书，分类汇编而成，每一方下都注明出处。这一方采自《家藏经验方》。

此书的作者是谁？赵希弁《郡斋读书附志》载："《陈氏经验方》五卷，右书林陈先生集，李文懿公壁为之序。"《永乐大典》引此书作陈晔《经验方》[1]，知这位陈先生名晔，字日华，号书林，其书亦称《陈氏经验方》。李壁（1159—1222）是史学家李焘之子，李壁之序已佚，但既有他作的序，则书必作于1221年以前，当时崔与之尚在世，这方子是崔在世时收集到的，应当是很可靠的。是谁提供给陈晔？何起岩和崔与之都有可能，但李壁的可能性更大些，他既和陈有交往，也与崔有交往，崔曾为他写祝寿诗。《陈氏经验方》已佚，但在今残存的《永乐大典》中保存两条，说明在明朝初年尚存于世，故朱橚能见到此书并将其中有些内容收到《普济方》中。

为了弄清陈晔《家藏经验方》这本书，我下了些工夫，现已辑录了65条，其中记具体案例者有50条，占了77%。显然此书是专收经过实践证明有效的方子。这些方子所治好的病人中，有地位很高的帝王将相，如宋高宗、丞相吕颐浩、史弥远、执政董德元、谢克家、楼钥、黄祖舜，还有周侍郎、王东卿运使、孙运使、潘防御、武昌赵都统、湖广总饷林祖洽、统军辅逵、监惠民局赵尹、兴元戎帅秦唐杰、长乐陆庆长寺丞、王克明翰林、周端仁郎中、钱都仓、黄牧仲司谏、江东仓郑彦和、丁邵州致远、司农丞张成之等。也有僧人、民间医生，如文僧正、祁门老医、青城山老人、湖州道场山僧、吴兴医者、章贡市医，还有奴婢等。

为什么能接触到许多上层人物，这需要考察其家世。他的父亲是谁？他在"天南星丸"一方中记载到：

> 绍兴间，先公守赣，倅车郑显中其子因酒致疾，统军中辅逵云：正好服天南星丸。遂叩之，口传其法，得之吕丞相。余在侍侧，亲闻之，亦曾修合而服，果有奇效[2]。

考殿前司右军统制辅逵改充本司右翼军统制赣州驻劄，是在绍兴二十九年八月[3]，三十一年调行府统制[4]。此期间知赣州的陈姓知州只有陈辉，《要录》卷一八八：绍兴三十一年二月己酉，"右朝散大夫知赣州陈辉直秘阁，再任，以右正言王淮言其治行也"。据此，可以确定陈晔之父（先公）就是陈辉。绍兴三十二年（1162）为两浙运判[5]。隆兴元年（1163）六月二日，以两浙转运副使兼权知临安府，二年四月改知湖州[6]。

陈晔是北宋名人陈襄（1017—1080）之六世侄孙。绍兴三十二年十月时任迪功郎，

---

[1] （明）解缙《永乐大典》卷一五八七〇引陈晔《家藏经验方》，中华书局影印本，第12页。
[2] （明）朱橚《普济方》卷一六九，文渊阁四库全书本。
[3] （宋）李心传《建炎以来系年要录》卷一八三，文渊阁四库全书本。
[4] （宋）周南《山房集》卷八《杂记》，文渊阁四库全书本。
[5] （宋）潜说友（咸淳）《临安志》卷五〇。
[6] （宋）周淙（乾道）《临安志》卷三。

在赣州奉父命为陈襄作《古灵先生年谱》一卷①，此时陈晔年龄当已在25岁左右，即其生年可能为1137年。淳熙六年（1179）晔知淳安县②。庆元二年（1196）八月，以朝散大夫知汀州，在任颇有政绩。四年八月除广东提刑③，徙四川总领④。其妻方氏，为方滋（1102—1172）之女、方导（1133—1201）之妹⑤，方滋曾任知广州等官职，方滋之母是王安礼（王安石弟）之女⑥。陈晔的家庭如此显赫，本人又任路级官员，他能接触到上层人物是很自然的。

现在再回头看崔与之，他在四川待了大约三年半，他的得病当与过度劳累、气候不太适应、而年龄较大（从63岁到67岁）抵抗力弱有关。"一衰已甚，百病相乘，名曰头风，积成奇证，每一发动，与死为谋。加以心病日深，形骸柴立，十日所共见也。"⑦从上举偏方和此文对照，可以看出，奏状并非夸大之词，虽然病情好转，身体已经骨瘦如柴。他说："淮、蜀十年，技穷力屈。投老多病"，希望"归伏横茅，庶便医药"⑧。说明除了这一重病之外，还有其他毛病缠身，总之，这一场病，对他的影响是很深的，所以他决心卸任后，立即辞去一切新任，直接回了老家广州，颐养天年。

当宰相，几乎是所有从政者的愿望，因为他可以充分施展自己的才干，崔与之作为一位政治家，为什么给他右丞相，都不干呢？是考虑官场风险吗？官高风险自然就大，但依崔的性格，是意志顽强的人，不会前怕狼后怕虎。我想，主要原因还在身体，他当时年已79岁，而从广州到杭州，路途既远又难走，他这个年龄和身体已经禁不起折腾了，所以才坚辞。

2. 知新城县任满后曾在杭州待阙

崔与之有《寿李参政壁》诗，注云："都下待班"。这是指在杭州待阙，时知新城县任满也。考李壁开禧二年七月癸卯除参知政事，三年十一月甲戌（十六日）罢⑨。这是祝寿诗，必作于其生日，李的生日是十一月二十四日⑩，只有开禧二年十一月二十四日在参政位上，故知诗必作于此时。

3. 赵希怿推荐崔与之是在嘉定元年

《行状》："开禧用兵，军需苛急，公悉以县帑收市，一毫不取于民。和籴令下，公

---

① （宋）陈辉《古灵先生文集跋》，《永乐大典》卷三一四二，第10页。
② （明）嘉靖《淳安县志》卷九。
③ （明）解缙《永乐大典》卷七八九四引《临汀志》，第1页。
④ （宋）章定《名贤氏族言行类稿》卷一一："辉之子晔，庆元间持节湖广（当作广东），徙四川总领。"
⑤ （宋）楼钥《参议方均墓志铭》，《攻媿集》卷一〇六，文渊阁四库全书本。
⑥ （宋）韩元吉《方公（滋）墓志铭》，《南涧甲乙稿》卷二一，文渊阁四库全书本。
⑦ 《辞免知潭州湖南安抚使》宝庆元年。
⑧ 《再辞免知潭州湖南安抚使》。
⑨ （元）脱脱《宋史》卷二一三《宰辅表》，第5596页。
⑩ （宋）魏了翁《李参政壁生日》注，《鹤山集》卷九四。

依时值躬自交受，令民自概，不扰而办，为诸邑最。赵漕使希怿令诸邑视以为法，且特荐于朝，他司相继论荐。"

按：行状点明，赵希怿推荐崔时其官为"漕使"（转运判官）。真德秀《赵正惠公墓志铭》云："直秘阁、提举江西常平茶盐事……改转运判官，以官籴如旨升一秩，仍减磨勘摄安抚使，寻除秘阁修撰，正为安抚使兼漕事，进龙图阁待制知平江府。"此条说明赵任运判在"摄安抚使"即知隆兴府之后，而后知平江府，考赵知隆兴府在嘉定元年①，知平江府在二年十二月。《墓志铭》又说："是时权臣动兵，悉以常平粟饷军，在在皆空困，公丐钱于朝，为籴本，而预度州县积贮与民之不能自食者若干，官籴米以给，会新城亡赖民谬曰贷粮，持挺横甚者，白昼发仓，亡所忌。公行部，且檄州县速振赡之，毋启盗端，然后檄巡尉捕首恶，正其辠，部内帖息，为转运判官。"②所谓"权臣动兵"指开禧北伐，当时，希怿任常平使者，其后才出任转运判官。其为运判在嘉定元年正月十七日，江西运判赵瓒勒停之后③。其推荐崔应在嘉定元年。

由于赵的推荐而通判邕州，摄知宾州，亦应在嘉定元年，而不是开禧三年。

4. 崔与之至杭州，见帝，推荐吴纯臣，事在嘉定十一年十二月

《言行录》卷一及卷二以为，与之于本年冬召除秘书监，"丐祠不许，舟次池口"，"有旨令入奏，方回棹"，或以为抵临安的时间大约在春夏之交，不确。

按：崔于嘉定十一年十一月得诏命，自扬至南昌再去杭州，大约一个月，十二月即可到达。而吴在十二月十五日时已在广西提刑任上④，崔的见帝并推荐必在其前，因此《言行录》所载不误。

二、诗词系年

（1）送时漕大卿淮西检法。

按：《送时漕大卿》是诗题，"淮西检法"是题下的注，这是崔与之的差遣，表明此诗是崔为淮西检法时所作。原排印时，用与诗题同样大的字号连在一起，不妥，应改小号字。

时漕大卿指任淮西运判时佐，《会稽续志》卷二"提刑题名"："时佐，以中奉大夫、直华文阁、淮西运判除，嘉泰二年十二月三十日到任。"从淮西到绍兴大约需半个月，则崔诗在淮西送别时间应在是年十二月十五日左右。

时佐的字号籍贯不详。其历官及生平除上举一条史料外，洪迈《容斋四笔》卷一四"郎中用资序"云："近岁掌故失之，故李大性自浙东提刑除吏部，时佐自大理正除刑

---

① （元）脱脱《宋史》卷四九四《蛮夷传》："嘉定元年，黑风峒猺人罗世传寇边，飞虎统制边宁战没，江西、湖南惊扰，知隆兴赵希怿、知潭州史弥坚共招降之"（第14195页）。
② （宋）真德秀《西山集》卷四五，文渊阁四库全书本。
③ 《宋会要》职官七四之二八。
④ 《宋会要》职官七五之二〇：嘉定十一年十二月十五日，"广西提刑吴纯臣言……"

部，徐閎自太府丞除都官，岳震自将作少监除度支。"

考岳震为度支郎中在庆元三年（1197）①。李大性自浙东提刑除吏部也在庆元三年（1197）②。时佐自大理正除刑部，很可能也在同一时间。而在淳熙十一年事，时佐仅仅是一个探听金国消息的人③。

（2）寿邕州赵守注：邕倅。

邕倅，即邕州通判，此诗作于邕州通判任上，应在开禧三年，盖二年十一月二十四日尚在杭州，即使第二天有新任命，路途至少数月，到任应在开禧三年春夏之际。这是为知邕州的赵某祝寿诗，其名不详。

（3）题吉水鼍潭李氏仁寿堂，嘉定癸酉（六年），以广西宪赴召经此。

据注：此李氏指李壁。当时壁为朝议大夫、提举临安洞霄宫，居于吉水④。

（4）送聂侍郎子述（淮东帅）。嘉定丙子（九年），侍郎为蜀之行，舟过扬州，此诗赠之。

按：聂侍郎子述，字善之。建昌军南城人。绍熙元年余复榜进士出身，治诗赋。六年正月除，十二月为著作郎⑤。十一年七月，以工部侍郎兼国史院编修官⑥。

（5）扬州官满辞后土题玉立亭。

嘉定十一年（1218）十一月，崔与之罢知扬州，召为秘书少监⑦。诗为此时所作。

（6）柴秘书分符章贡，同舍饯别。用蔡君谟世间万事皆尘土，留取功名久远看之句，分韵赋诗，得世字。

按：柴秘书指秘书监柴中行，章贡即赣州，赣州乃章、贡二水会合处，故名。柴中行，字与之，饶州余干人。绍熙元年余复榜进士及第，治易。十一年正月以宗正少卿兼，七月为秘书监仍兼国史院编修官⑧。十二年六月除秘阁修撰知赣州⑨。

当时，秘书监中，除崔与之外，著作郎危稹也有《送柴中行出守章贡》诗⑩。

（7）张秘书分符星渚，同舍饯别。用山谷晚风池莲香度，晓日宫槐影西，分韵赋诗，得晚字。

张秘书指秘书省著作郎张虙。星渚指南康军。张虙字子宓，庆元府慈溪人。庆元

---

① 《宋会要》食货六二之七〇。
② （宋）张淏（宝庆）《会稽续志》卷二。
③ （宋）周必大《奉诏录》淳熙十一年，时佐探报回奏："八月二十二日，臣伏准内侍关礼传，奉圣旨付下时佐，探报金主支散上京年七十以上人奉札一件，臣以祗领讫，伏乞睿照。"（《文忠集》卷一四七）
④ 《祭张彭州子建文》，《永乐大典》卷一四〇五六。
⑤ （宋）佚名《南宋馆阁续录》卷七，张富祥点校，中华书局，1998年，第262页。
⑥ （宋）佚名《南宋馆阁续录》卷九，第374页。
⑦ （宋）佚名《南宋馆阁续录》卷七，第252页。
⑧ （宋）佚名《南宋馆阁续录》卷九，第373页。
⑨ （宋）佚名《南宋馆阁续录》卷五，第246页。
⑩ （宋）陈起《江湖小集》卷六〇危稹《巽斋小集》。

二年邹应龙榜进士及第，治诗赋。嘉定九年十二月除正字，十一年正月除著作佐郎①。十二年六月为著作郎②。八月知南康军③。诗应作于嘉定十二年八月。

（8）送袁校书赴湖州别驾注：秘书监。

袁校书指校书郎袁甫，别驾指通判。袁甫字广微，庆元府鄞县人。嘉定七年进士及第，治书。十年七月除秘书省正字，十一年八月为校书郎④。袁甫十一年八月除校书郎，十二年九月添差通判湖州⑤。知诗必作于嘉定十二年九月，乃送行诗。年谱此条置于十二月，有小误。

（9）危大著出守潮阳，同舍饯别。用杜工部北风随爽气，南斗近文星，分韵赋诗，得北字。

按：危大著指著作郎危稹，守潮阳指知潮州。"危稹字逢吉，临川人，嘉定十二年十一月知潮州⑥。"诗应作于此时，"同舍"指出秘书监的同事。

（10）陈秘书分符星渚，同舍饯别。用杜甫老手便剧郡之句，分韵赋诗，得老字。

（11）李大著赴豫章别驾，同舍饯别。用杜工部天上秋期近、人间月影清之句，分韵赋诗，得天字。

按以上两条，星渚指南康军。豫章别驾指隆兴府通判，此二诗亦应为崔与之在秘书监时所作，但嘉定十二年至十三年初，《南宋馆阁续录》中并无陈某知南康军的记载，也无李某为洪州通判的记载，不知是崔诗有误，抑或《南宋馆阁续录》有脱误。

（12）答李侍郎。

嘉定庚辰（十三年）冬，之官成都。至城外驿，侍郎亦赴镇，常得相遇于道，惠诗答之。

按：李侍郎当是李埴，他于嘉定七年九月，兼权礼部侍郎⑦。后知潼川府，于嘉定十四年三月修潼川府城⑧，则十三年冬与崔同赴任者当是李埴。又，李壁大约与此同时任遂宁知府，但他早已当上比侍郎高的参知政事，按习惯只会称最高级的官称，因此，此李侍郎不可能是李壁。

（13）寄黄州赵别驾。

庚辰（十三年）入蜀，舟次黄冈，适赵倅奇夫沿檄行边，不遇，以诗寄之。

按：黄州赵别驾指黄州通判赵奇夫，此前，奇夫于开禧二年四月十四日以通直郎知

---

① （宋）佚名《南宋馆阁续录》卷八，第298页。
② （宋）佚名《南宋馆阁续录》卷七，第263页。
③ （宋）佚名《南宋馆阁续录》卷八，第283页。
④ （宋）佚名《南宋馆阁录续录》卷九。
⑤ （宋）佚名《南宋馆阁续录》卷八。
⑥ （宋）佚名《南宋馆阁续录》卷八，第283页著作郎条。
⑦ （宋）佚名《宋中兴东宫官寮题名》，藕香零拾本，中华书局影印本，1999年，第169页。
⑧ （宋）叶适《水心文集》卷一一《潼川府修城记》。

定海县，嘉定元年八月初八日因事离任①。

（14）送夔门丁帅赴召。

按：夔门丁帅指知夔州之丁黼，字文伯，淳熙乙丑进士，嘉定癸未（十六年）召赴行在②。诗当作于此时。

（15）送范漕赴召。

漕为转运使、副使、判官之别称。嘉定十三年至十七年间在成都任此职者之范姓者唯范仲武。其字季克。曾任成都路转运判官。宋曹彦约《朝议大夫直焕章阁范季克墓志铭》："改守涪州，仅八阅月……改知嘉定府，值关外用兵，总饷者袭开禧下策……擢成都路转运判官，兴元溃卒张福、莫简作乱于利州……制帅退保阆中，檄季克节制本路军马……招戎帅张威腹背击之……贼既授首……在蜀八年，朝家倚重。……及乎召还，表著方将大用，……竟不能起……终于宝庆改元（1225）正月乙酉，享年六十有二。"③此诗作于范仲武召还之时，应在嘉定十六年（1223）或十七年间。

（16）水调歌头题剑阁。

此词称："万里云间戍，立马剑门关"，必作于其知成都府期间视察剑阁之时，其知成都在嘉定十三年冬至十七年三月。按：嘉定十三年九月，四川宣抚司发兵与夏夹攻金，在今陕南、甘南有战事。崔到任后，虽已停战，仍会赴前线视察，此词之作很可能在嘉定十三年冬至十四年间。

（17）贺新郎寿转运使赵公汝燧（应作"鐩"）。

按：宋刘克庄《刑部赵郎中墓志铭》："讳汝鐩（1172—1246）字明翁……移漕广东，解总领饷摧锋之外，帑有余财，帅仓舶虚席，公佩数印，才力绰然，舶舟至，吏请抽解，公曰：以俟新使者。南州场屋宽，以贤书为市，公获行贿者黥之，遴选考官，明年合春官程度者倍于常举，时清献崔公里居，以书与今观文相国游公，称公有乾淳监司之风。"④此称"遴选考官，明年合春官程度者倍于常举"，乡试在省试前一年，嘉熙二年（1238）有省试，乡试在元年，其移漕广东又在其前一年，则为端平三年（1236）。词当作于是年或嘉熙元年。

三、诗文辨伪

1. 和子纯韵

桥下水如箭，惊奔万古号。溪毛翻碧带，石藓衬银涛。

天外千层秀，云低数尺高。垂垂兴偏恶，蓬鬓为诗搔。

---

① （宋）罗濬（宝庆）《四明志》卷一八"定海县令"。
② （明）嘉靖《池州府志》卷七、《宋史翼》卷一七本传。
③ （宋）曹彦约《昌谷集》卷一九《墓志》。
④ 以上二首，见《崔与之研究文集》，第261页。

2. 送客剡溪

送客山阴路，春风散马蹄。纵观神禹穴，深去子猷溪。

嫩草绿于染，珍禽娇巳啼。去程千万里，步步有云梯。

按：以上二诗均为宋刘过诗，见《龙洲集》卷七，亦见宋陈起编《江湖小集》卷三七刘过《龙洲道人诗集》、宋陈思编元陈世隆补《两宋名贤小集》卷三二五《龙洲集》上。

3. 题郑山人郊居

白云深锁路崎岖，鹤去台空景物殊。山展翠屏连素幕，泉分清溜滴明珠。

道人只问丹砂井，隐客犹寻九节蒲。试问葛洪仙去后，至今遗迹事何如。

4. 仙村探花桥

旅邸纷纷日未斜，隔溪烟柳万家人。红桥绿水依然在，不见当年李探花①。

按：以上二首诗无出处，可疑，从后二句看，应作于李昂英死后。

5.《易氏族谱序》

序略云：予以老疾乞休，谢绝世故，惟对菊怡情，调药养真而已。今门生易东之来谒，出其谱图，请曰："……斯谱乃大父之所编集，但未获君子一言以序之。先生国家柱石，岭海儒宗，生虽不肖，辱在门下，敢干一言以障先志。"……

今阅东之挟来谱图，见其先世出自有商，因纣失德，避居易水，遂以易为氏。后徙太原，子孙居之。延蔓于晋，为忠义别驾雄；于唐为状元重，为刺史赟；于宋有于简，为提举刑狱使，有状元祓为尚书。或以孝廉举，或以德行称，衣冠科第，步武相衔。东之之大父象者，始迁于广，今其传谱之祖也②。

从此序内容看，有许多疑点：

一，"于宋有于简，为提举刑狱使，"按：宋代只有"提点刑狱使"，而无"提举刑狱使"之官名，一字之差，说明作谱者不了解宋代的官制。宋代也没有"于简"其人，也没有作"提点刑狱使"的易姓者。

二，易东之说："斯谱乃大父之所编集"，说明族谱的作者就是易象。又说："东之之大父象者，始迁于广，今其传谱之祖也。"

"今其传谱之祖也"指谱的始祖就是易象了，易象作的谱怎么会以自己为谱之祖呢？我多年来收集了几十种宋人编的族谱或谱序，没有将自己作为族谱的始祖的。显然是易氏后人修谱的语气。

三，从作谱的时间分析，族谱是易东之的祖父易象所编，而其孙易东之是崔与之的门生，谱序是崔晚年所写，上距易象所编应有50年左右。如果此序作于崔临卒前一年，

---

① （宋）刘克庄《后村集》卷四一。
② （宋）崔与之《宋丞相崔清献公全录》卷一一。

即1238年。东之大父修谱应在1189年左右，然而谱中列举的族中名人却有易祓，而易祓（1156—1240）与崔与之（1158—1239）为同时代人，应当比易象还晚一辈。易祓为礼部尚书更晚到开禧二年（1206），1189年左右编的谱，怎么可能会记到1205年以后的事呢？

四，从易氏籍贯看，易氏是从易象开始迁到广州，那么族中辈分略晚的易祓也应该是广州人了，但是《南宋馆阁录续录》卷八中明确记载："易祓字彦章，潭州宁乡人。"其题字自称"长沙易祓"①，王迈考中嘉定十年（1217）进士后，为潭州观察推官，易祓特别"戒潭人曰：此君不可犯"。果然王迈"夺势家冒占田数百亩以还民"②。说明直到1217年以后，易祓仍然在潭州居住。没有迁广州。如果此谱真是易象所作，决不会硬把住在外地的晚辈拉来充数。

如果把此谱看作是明、清时所作，而后假托到崔的名下，上述疑点就都不难解释了。

6.《宋始祖考户部司判晋赠朝议大夫克应钟府君之墓志》

淳熙十二年

公讳遂和，字克应，萝岗钟姓始祖也。由从化迁居番禺萝岗，因以衍族焉。仕宋，历官户部司判、宣议郎，以子贵，诰赠起居郎，晋赠朝议大夫。生于崇宁丙戌三月初七日，终于淳熙乙巳二月十六日，享八十。配恭人黄氏，同公合葬此山，土名黄岗岭，又名孖坟，坐午向子兼丙壬之原。铭曰：

肩头挺秀，黄峒含光。气蟠龙虎，灵萃阴阳。留待厚德，梁孟同藏。一抔之土，五世其昌。樵渔有禁，松柏苍苍。

宋焕章阁直阁学士、朝请大夫、年家眷侄崔与之顿首拜撰。

上述墓志有诸多矛盾之处：

一，标题不对，宋代将有文有铭的志文称作某某墓志铭并序。这里缺了"铭并序"三字，"并序"有时可以省略，"铭"一般不省。

二，作谱时间与作者的官称不符：作谱时间是淳熙十二年（1185），当时崔与之还没有中进士，更没有做官。他是绍熙四年（1193）才中进士，怎么来一大堆官衔？

三，死者的官衔不对，宋代只有户部判官，没有"户部司判"。

四，作者的官衔不对，宋代各阁设有学士、直学士、待制、直阁学士。直阁学士要低于直学士，崔是焕章阁直学士。嘉定十六年（1223），崔与之转"焕章阁直学士、朝散大夫"③。宝庆元年，与之自称"焕章阁直学士、朝请大夫"④，从来不叫"焕章阁直阁学士、朝请大夫"。

---

① （明）张鸣凤《桂胜》卷二："世节堂三大字，嘉定八年二月吉莆田方信孺新桂林西漕台厅事，为世节堂，长沙易祓书扁，磨崖于龙隐岩。"《广西通志》卷一一一：《真仙岩亭赋》易祓：融州太守鲍公作亭于真仙岩之前，长沙易祓为之赋。"（文渊阁四库全书本）

② （元）脱脱《宋史》卷四二三《王迈传》，第12636页。

③ 《文集》卷一《四川制置乞祠状》。

④ 《文集》卷二《第四辞免礼部尚书状》。

五，作者的署名方式不对，宋代作者署名都在标题之下、正文之前，一般不在自己官衔加一"宋"字。

六，作者自称"年家眷侄"不对。"年家"指"同年进士"，双方父辈为同年，子辈可称"年家侄"①。崔的父亲和钟遂和都不是进士，怎么能称"年家侄"？称"眷侄"是指双方有亲戚关系，自己辈分略低一些②，从志文中看不到崔和钟家有什么亲戚关系，怎么称"眷侄"？

7. 宋朝议大夫钟玉岩墓志铭

绍定元年

公讳启初，字圣德，号玉岩，行四，予恒称为玉岩四兄者也。先本汴梁人，宋初，高祖钟轼仕为广东防御使，因家番禺之郁峒。传四世，兄之考宣议郎克应公，始迁逻冈居焉。四兄非生于逻岗而长于逻岗者，予少时叨承宣议公提携训诲，俾与四兄同学同游，皆在逻岗也。四兄年则长于予，学问文章则倍于予，而成进士独后于予，其殆大器而晚成者乎？娶南海陈村黄彦宗季女，有林下风，屡劝四兄勿废举子业。四兄年三十四，始出为诸生，五十举于乡，联捷甲科进士。初调徽州府判，以廉敏称；继迁武昌府同知，爱民如子，能设法除属邑虎患。寻改户部度支判，敕进内直起居郎，荣赠考妣如己身及妻封典。越二年，福建参议，时日本国屡以巨舰逼处厦门，为寇不止，四兄以中孚之信行谕祸福，遂慑戚去，居民赖安。上嘉乃绩，诏令参议中书省兼知政事，朝议大夫，而四兄已告老南归矣。时予在蜀，邮札回贺，并送以黄峒岭及郁峒、姜田三处佳城，少酬世好之谊。四兄业改葬考妣于黄峒岭而命予作志。后年余，予辞归，在道闻四兄子仕绅札至，始知四兄终于宝庆元年（1225）二月十日，距生于绍兴二十五年五月二十日，享寿七十有一。四嫂黄夫人终于嘉定十六年十月十八日，距生于绍兴二十八年四月二十五日，享寿六十有六，合葬于土名馒头山。且云先大夫生时，见是山有灵龟之兆，卜为寿基，因从遗命葬云。……

绍定元年二月宝谟阁学士、新除提举南京鸿庆宫、南海郡开国侯、食邑一千二百户、赐紫金鱼袋、年家眷同学弟崔与之顿首拜撰③

此铭根本不是宋代的作品，与崔更无关系。其证如下：

一，志中"高祖钟轼仕为广东防御使"。"参议中书省兼知政事""户部度支判""内直起居郎""福建参议"，都不是宋代的官名。

---

① 如周必大作《王庭珪行状》："昔伯父暨先君与公同为政和戊戌进士，故知公详。乾道九年十月望日年家侄左朝散郎提举江州太平兴国宫赐紫金鱼袋周必大状。"王庭珪《卢溪文集》附录。

② （明）解缙为父亲作《显考筼涧公传赞》，由胡广填讳，胡自称"翰林学士左春坊大学士眷侄胡广填讳"（《文毅集》卷一一）。胡广与解缙为儿女亲家，故对解之父，自称"眷侄"。

③ 见《广州碑刻集》，第551、552页。

二，出现许多明代地名，如"徽州府"，宋、元称为徽州，到朱元璋吴元年才称改名徽州府①。又如"武昌府"，宋名武昌军、寿昌军②，元名武昌路，太祖甲辰年（1364）二月为武昌府③。

三，与历史记载不符，志称死者"五十举于乡，联捷甲科进士"。其生卒年为1155—1225年，中进士为51岁，即开禧元年（1205）。然而明代《粤大记》卷4页87有关进士栏没有此人。到清代《广东通志》卷三一始载钟启初其人，却是嘉熙二年（1238）周坦榜进士，比墓志晚了30多年。

四，出现了宋代根本不可能有的史事："时日本国屡以巨舰逼处厦门，为寇不止。"宋代日本国力相当弱，不仅比不上宋，甚至还臣属于弱小的高丽④，从无以巨舰逼处厦门之事。直到明代后期才有多批倭寇侵扰福建之事发生。

据此可以确定，此文乃是明清时期的伪作，决非崔与之的作品。

2008年12月21日作于西安，2009年1月6日修改

（原刊于《崔与之与岭南文化研究》，人民出版社，2010年）

---

① （清）张廷玉等《明史》卷四〇《地理志》。
② （宋）祝穆《方舆胜览》卷二八，第502页。
③ （清）张廷玉等《明史》卷四四《地理志》。
④ （宋）郭若虚《图画见闻志》卷六"高丽图"注："倭国乃日本国也，本名倭，既耻其名，又自以在极东，因号日本也，今则臣属高丽也。"

北宋榜眼考论

宋代是科举制的鼎盛期，其进士前三名无疑是最显赫的。苏东坡在《送章子平诗叙》中说："观《进士登科录》，自天圣初讫于嘉祐之末，凡四千五百一十有七人，其贵且贤，以名闻于世者盖不可胜数，数其上之三人，凡三十有九，而不至于公卿者，五人而已，可谓盛矣。[①]"洪迈更具体地指出："观天圣初榜，宋郑公郊、叶清臣、郑文肃公戬、高文庄公若讷、曾鲁公公亮五人连名，二宰相、二执政、一三司使。第二榜，王文忠公尧臣、韩魏公琦、赵康靖公概连名。第三榜，王宣徽拱辰、刘相沆、孙文懿公抃连名。杨寘榜，寘不幸即死，王岐公珪、韩康公绛、王荆公安石连名。刘煇榜，煇不显，胡右丞宗愈、安门下焘、刘忠肃公挚、章申公惇连名。其盛如此。[②]"可见前三名之重要性不相上下，如能做全面研究，对深入了解宋代进士科是颇有意义的。关于第一名，明代朱希召作有《宋历科状元录》，而二、三名迄今尚无人作专题研究，我很想弥补这一缺憾，费了好几年时间，收获颇富，现在大体已经弄清，宋代118榜（北宋69榜，南宋49榜），其第二、三名，目前可以考见者各有106人，今先将有关北宋第二名57人的考证和研究写成此文。

南宋后期，状元、榜眼、探花已成为前三名的代称，并为人们所熟知，故仿《宋历科状元录》之称，以榜眼指代进士第二名。所缺12榜，即建隆二年、三年、四年，乾德二年、三年、四年、五年、六年，开宝二年、五年，大中祥符七年，天禧三年。尚待发现新资料后再作补充。

本文分考证与研究两部分。考证者，首先列出其为第二名的证据，再简介其生平，凡《宋史》中有传者，依次述其籍贯、初任职及最高官职、著作、生卒年、其父概况。凡《宋史》中无传者，则作稍详的考述。有异议者则作考辨。

关于宋代进士，龚延明、祖慧《宋登科记考》收罗甚富，很有参考价值，本文在考证篇中尽量吸取其优点，但具体到进士第二名的记述，颇有缺、误或同时出现两名者，本文则作补正。

一、考　　证

（1）建隆元年（960）

周立舜。

彭百川《太平治迹统类》卷二七"祖宗科举取人"："建隆元年，安次扈蒙权知贡

[①] （宋）苏轼《东坡全集》卷三四，文渊阁四库全书本。

[②] （宋）洪迈《容斋随笔》卷九"高科得人"。

举，庚寅，奏进士合格十九人杨砺、周立舜。"按：杨砺为是榜进士第一名，周立舜应为第二名。其生平事迹无考。

（2）开宝三年（970）

王诜。

《太平治迹统类》卷二七："三年三月庚戌，知贡举扈蒙擢进士合格者八人（张拱、王诜、张茂直等）。"按：张拱为是榜第一名，王诜应为第二名。明张国维《吴中水利全书》卷一〇："淳化三年（992），诏废望亭堰，知常州王诜开珥渎。"当即其人。

（3）开宝四年（971）

卫价。

《太平治迹统类》卷二七："四年卢多逊知贡举，奏进士合格者十人（刘寅、卫价、刘琼等）。"按：刘寅为是榜第一名，卫价应为第二名。按：嘉泰《吴兴志》卷一"守臣题名"："卫渎，祠部员外郎，淳化二年（991）四月视事，是年九月罢。"疑即其人，渎与价字形近。

（4）开宝六年（973）

贾源。

《太平治迹统类》卷二七："是年重试，宋准、贾源、范翔、郭成范、张素……"其生平事迹无考。

（5）开宝八年（975）

陈识。

王明清《玉照新志》卷六："宋咸《茂谈录》云：祖宗以来，殿试用三题，为以先纳卷子无难犯者为魁。开宝八年廷考，王嗣宗与陈识齐纳赋卷，艺祖命二人角力以争之，而嗣宗胜焉。嗣宗遂居第一名，而以识为第二人。其后嗣宗帅长安，种放自从官归终南山旧隐。一日，嗣宗往访之，放命诸侄罗拜，而嗣宗倨受之，放以为非而诮焉。宗怒云：舍人教牧牛儿。时嗣宗已状元及第矣。放曰：吾岂与角力儿较曲直耶？遂至忿争。事既上闻，诏放徙居洛川以避之。已上宋录中云，而司马公《涑水纪闻》乃云：'嗣宗与赵昌言角力而胜。'昌言乃太平兴国四年胡旦榜第二人，嗣宗廷试所争乃陈识，温公所纪误。"其生平事迹无考。

（6）太平兴国二年（977）

李至（947—1001）。

张师正《括异志》卷五"李参政"："李参政至……太宗践祚，改元太平兴国，启其封，见太平兴国二年李至第二人及第，既而果然。后历清显入参大政，拥旄巨镇而终。"

李至，字言几，真定人。举进士，释褐将作监丞、通判鄂州。太平兴国八年（983），转比部郎中为翰林学士。十一月，拜右谏议大夫、参知政事，三年正月免。至道三年（997）四月再任参知政事。咸平元十月免，四年（1001）卒，年五十五。《宋史》卷二六六有传。

（7）太平兴国三年（978）

田锡（940—1003）。

范仲淹《田司徒墓志铭》："太宗皇帝亲策天下进士，擢公第二人，时太平兴国三年秋也。"①

田锡字表圣，嘉州洪雅人。锡释褐，除将作监丞、通判宣城郡，官至右议大夫、史馆修撰，咸平六年十二月十一日卒，年六十四。著《三朝奏议》五卷②、《田锡集》五十卷、《别集》三卷、《奏议》二卷③、《唐明皇制诰后集》一百卷④。今存《咸平集》三十卷、《奏议》二卷。《宋史》卷二九三有传。

父田懿，不仕。

（8）太平兴国五年（980）

张秉（961—1016）。

罗愿《新安志》卷八："太平兴国五年苏易简榜，张秉，第二人，枢密直学士、礼部侍郎。"

张秉字孟节，歙州新安人。举进士，解褐将作监丞、通判宣州，迁监察御史，转礼部侍郎，加枢密直学士，知并州、相州。九年复纠察在京刑狱，卒。《宋史》卷三〇一有传。

父张谔字昌言，南唐秘书丞、通判鄂州，入宋为荆湖江浙等道制置茶盐副使。

（9）太平兴国八年（983）

韩见素（951—1031后）。

王辟之《渑水燕谈录》卷三"知人"："希夷先生陈抟语人祸福，若符契，王世则与韩见素、赵谏同诣先生，世则伪为仆拜于堂下，先生笑之曰：侮人者自侮也。揖世则坐于诸坐之右，将来科名，君为首冠，诸君之次正如此。会明年，世则举进士第一，余如坐次。"⑤按：王世则为是榜第一人，韩见素、赵谏为第二、三名。

《长编》卷四三第908页：咸平元年（998）春正月庚辰，"审刑院详议官、监察御史韩见素表求致仕，时年四十八……乃授刑部员外郎致仕。见素，凤翔人，退居华山，年八十余乃卒"。据此，韩应生于951年，卒于1031年后。

（10）雍熙二年（985）

张惟明。

《太平治迹统类》卷二七："九月……得进士须城梁颢百七十九人，庚申，得诸科三百一十八人并唱名及第唱名自此始……壬戌，复试，又得进士上元洪湛等七十六人。

---

① （宋）范仲淹《范文正集》卷一二，亦见《咸平集》卷首。
② （元）脱脱《宋史》卷二〇三。
③ （元）脱脱《宋史》卷二〇八。
④ （元）脱脱《宋史》卷二〇九。
⑤ （宋）《分门古今类事》卷五所记略同，文渊阁四库全书本。

癸亥，得诸经科三百二人，并赐及第……（甲科梁颢年八十二作状元，张惟明、裴湛、钱若水、陈允省、元熙。乙科吕防、李昉、任中正、闾丘陵令。丙科赵安仁、陈彭年、凌策、宋惟善、陈昭庆。四等崔度）"按：梁颢为是榜第一名，张惟明列其后，应为第二人。其生平事迹无考。

（11）端拱元年（988）

王扶。

周必大《承协奉砚》："右王扶登科榜帖，以黄花笺为之，故名金花帖子。熙宁丙辰其孙临记之矣，后九十九年临之孙奉议羲民出以示予，乃随其大小摹而藏之。按《皇宋登科记》扶实端拱元年程宿榜第二人，盖太宗皇帝朝第六榜，而临云三榜，且作端拱二年，当考。淳熙甲午岁十月五日东里周某题。"①

《芦浦笔记》卷五："唐进士登第者，主文以黄花笺书其姓名花押其下，使人持以报之，谓之榜帖，当时称为金花帖子。国初尚循其制。予家藏王扶、龚识二帖拓本，帖皆长五寸许，其阔半之，龚识又有大护帖，复书姓名于帖面。考《登科记》，盖太宗端拱元年程宿榜，扶第二人，识第十四。"

王扶，大名成安人。直集贤院、工部员外郎。

父王明（919—991）字如晦，太平兴国七年，同判三司事，淳化二年卒，年七十三。《宋史》卷二七〇有传，扶附见其传。

（12）端拱二年（989）

曾会（？—1033）。

《宋会要》选举二之二"进士科"：端拱二年四月初八日，"以新及第第一人陈尧叟、第二人曾会并为光禄寺丞、直史馆，第三人姚揆为颖州团练推官"。

曾肇《曾太师公亮行状》："泉州晋江县人……皇考楚公（曾会）……举进士太宗朝，与陈文忠公试于廷，文皆杰出，并授光禄寺丞、直史馆，而楚公次文忠公为第二，俄特迁殿中丞、知宣州，赐绯衣银鱼……终尚书刑部郎中、集贤殿修撰。"②

> 曾会字宗元，端拱二年由乡举首选，擢进士第二人。廷试，日未午，卷上奏御，时蜀人陈尧叟亦有俊誉，上览二人文相埒，敏亦如之，莫适高下。释褐并授光禄寺丞、直史馆，虽名为甲乙，而实与等夷。谒告还朝，以亲老愿补郡，迁殿中丞、知宣州。进士起家之荣，前所未有，后亦莫有继之者。官止刑部郎中、集贤殿修撰、知明州卒③。

按：知明州在天圣二年（1024）④。

弘治《八闽通志》卷六七、第576页："曾会……端拱中进士第二人……历真、仁

---

① （宋）周必大《文忠集》卷四四，文渊阁四库全书本。
② （宋）杜大珪《名臣碑传琬琰之集》中卷五二，文渊阁四库全书本。
③ （宋）章定《名贤氏族言行类稿》卷二九，文渊阁四库全书本。
④ （宋）罗濬（宝庆）《四明志》卷一，文渊阁四库全书本。

二朝，出入四十五年。"按：中进士在端拱二年（989），"出入四十五年"，其卒应在1033年。

父曾穆，泉州德化县令、殿中丞①。

（13）淳化三年（992）

朱台符（965—1006）。

《宋会要》选举二之三"进士科"：七年九月二十二日，"诏第一人孙何、第二人朱台符为将作监丞，第三人路振、第四人丁谓为大理评事，仍通判诸州。第五人任随以下……"

吴曾《能改斋漫录》卷一："本朝试进士诗赋题，元不具出处，因淳化三年殿试卮言日出赋，独路振知所出，遂中第三人。是年孙何第一人，朱台符第二人，亦不能知，止取其文耳。自后所试进士诗赋题，皆明示出处。"

《太平治迹统类》卷二七："淳化三年三月，上御崇政殿覆试合格进士……会稽钱易时年十七，日未中，所试三题皆就，言者指其轻俊，特黜之，得（孙何、省元朱台符、路振、王钦若、丁度、张士逊、王曙、薛奎等）以下凡三百二人，并赐及第。"

朱台符字拱正，眉州眉山人。淳化三年进士，解褐将作监丞、通判青州。召入，直史馆。咸平二年，为盐铁判官。景德初，为陕西转运，九月徙知郓州，三年，出知洪州，卒于舟次，年四十二。有集三十卷。《宋史》卷三〇六有传。

父朱赋，举拔萃，历度支判官，卒于殿中丞。

（14）咸平元年（998）

黄宗旦。

《八闽通志》卷六七、第591页："黄宗旦……咸平初进士第二人。"

黄宗旦字叔才，晋江人②。第进士，咸平六年以大理寺丞通判颍州③，后为度支判官太常博士，大中祥符二年知衢州④，后为权户部判官、工部郎中，乾兴元年，出知袁州⑤，天圣七年（1029）以尚书工部员外郎、直史馆知苏州⑥，后以病目致仕⑦。有文集十卷。

祖黄禹锡，莆田令。父蘋，有文才，不仕⑧。

淳化二年（991），上书于王禹偁（《小畜集》卷一八答黄宗旦书："淳化初，某自西掖贬官商洛，生走仆赍书，且引孙何、丁谓之事求知于我。"按：王禹偁贬官在淳化二

---

① （宋）曾肇《曾太师公亮行状》；（宋）杜大珪《名臣碑传琬琰之集》中卷五二。
② （明）李贤等《明一统志》卷七五作惠安人，此从《八闽通志》。
③ （宋）李焘《续资治通鉴长编》卷五四咸平六年三月甲午。
④ （宋）李焘《长编》卷七二大中祥符二年八月癸未朔。
⑤ （宋）李焘《长编》卷九九乾兴元年七月壬申。
⑥ （明）王鏊《姑苏志》卷三。文渊阁四库全书本，
⑦ （宋）沈括《梦溪笔谈》卷二二，金良年点校，中华书局，2015年，第216页。
⑧ （明）黄仲昭《八闽通志》卷六七，福建省地方志编纂委员会点校，福建人民出版社，1991年，第591页。

年），以其时年二十计，约生于972年。中进士时年在27岁左右。

辨误：《宋登科记考》以高辅尧为是榜殿试第二人。

按：其所据为《长编》，考《长编》卷四三第920页：咸平元年十月癸丑，"命修太祖实录官钱若水等覆考开封府得解进士试卷，故事京府解十人已上谓之等甲，非文业优赡有名称者不取，时以高辅尧为首，钱易次之。……令若水等擢文行兼著者一人为首，乃以孙暨为第一，辅尧第二，易第三，余并如旧。暨，开封人，宾之孙。辅尧，保寅之子也。"显然，此为开封府解试的名次，非礼部试，更非殿试。孙暨为是年解试第一，而其考中殿试第一乃为二年事，可见，辅尧之第二亦是解试第二，《宋登科记考》以为是榜殿试第二人，非也。

（15）咸平二年（999）

钱易（968—1026）。

张淏《会稽续志》卷六：咸平二年孙暨榜，"钱易，第二人，昆之弟。"

钱易字希白，易年十七，举进士，试崇政殿三篇，日未中而就，言者恶其轻俊，特罢之。易再举进士，就开封府试第二，明年第二人中第，补濠州团练推官，召试中书，改光禄寺丞、通判蕲州。景德中举贤良方正科，策入等，除秘书丞、通判信州。累迁左司郎中，为翰林学士，卒。著有《滑稽集》四卷[①]，《洞微志》三卷，《南部新书》十卷[②]，《钱易集》六十卷[③]。《金闺瀛州西垣制集》一百五十卷，《青云总录》《青云新录》。《宋史》卷三一七有传。

父钱倧，嗣吴越王，为大将胡进思所废。

（16）咸平三年（1000）

周起（969—1027）。

《宋会要》选举二之四"进士科"："三年四月二十七日，以新及第进士第一人陈尧咨、第二人周起、第三人胡用、第四人宋巽、第五人李颖……并为将作监丞、通判诸州。"

彭百川《太平治迹统类》卷二七："三月甲午上御崇政殿亲试……赐陈尧复(咨)、周企（起）。"

周起字万卿，淄州邹平人。举进士，授将作监丞、通判齐州，擢著作佐郎、直史馆。真宗时摄御史中丞、权知开封府，天禧元年（1017）九月拜给事中、同知枢密院事，进礼部侍郎为枢密副使，天圣五年（1027）四月卒[④]，年五十九，著有文集二十卷[⑤]。《宋史》卷二八八有传。

父意，官至知卫州。

---

① （宋）陈振孙《直斋书录解题》卷一七，《宋史》卷二○六作一卷。
② （元）脱脱《宋史》卷二○六。
③ （元）脱脱《宋史》卷二○八。
④ （宋）李焘《长编》卷一○五庚戌。
⑤ （宋）王安石《周公（起）神道碑》，《临川文集》卷八九、《王文公文集》卷八三。

（17）咸平五年（1002）

陈知微。

《宋会要》选举二之四"进士科"："四月十八日，以新及第进士第一人王曾、第二人陈知微、第三人李天锡、第四人王随、第五人孙冲，并为将作监丞、通判诸州。"

陈知微（969—1018）字希颜，高邮人。举进士，解褐将作监丞、通判歙州，擢为著作佐郎、直史馆，俄充三司户部判官，拜比部员外郎、知制诰，判吏部铨，又判司农寺、纠察在京刑狱。天禧二年加玉清昭应宫判官，卒，年五十。有集三十卷。《宋史》卷三〇七有传。

（18）景德二年（1005）

夏侯麟。

《宋会要》选举二之五"进士科"："二月十四日，宴新及第进士李迪等于琼林苑……诏：以迪为将作监丞，第二人夏侯麟、第三人李谘为大理评事并通判诸州。"

《长编》卷五九第1321页：景德二年三月甲寅，"上御崇政殿，亲试礼部奏名举人，得进士李迪以下二百四十六人，第为五等，第一、第二、第三赐及第，第四、第五等同出身……上谓宰相曰……迪所试最优，李谘亦有可观……以迪为将作监丞，谘及夏侯麟为大理评事、通判诸州。进士第一等为试校书郎、知令录，余为判司簿尉"。

其生平事迹不详。

（19）大中祥符元年（1008）

祖士衡（990—1025）。

《宋会要》选举二之五："大中祥符元年五月初六日，以新及第进士第一人姚晔为将作监丞，第二人祖士衡、第三人郑向为大理评事、通判诸州。"

《龙学文集》卷一四家集《状元紫微始末》："公讳士衡，字平叔，侍郎第四子。十八岁殿试状元及第，因有官，移为第二人，是时试清明象天赋、明征定保诗、盛德大业论。祥符九（民按：九乃元之误）年也。"

祖士衡字平叔，蔡州上蔡人。举进士，授大理评事、通判蕲州，再迁殿中丞、直集贤院，改右正言、户部判官，遂知制诰，为史馆修撰、纠察在京刑狱、同知通进、银台司。天圣初降监江州税。卒，享年三十六[①]，有《西斋话记》一册。《宋史》卷二九九有传。

父祖岳，尚书吏部侍郎[②]。

（20）大中祥符二年（1009）

宋程。

《宋会要》选举二之五："大中祥符二年七月十九日，以新及第进士第一人梁固将作监丞，第二人宋程、第三人麻舒温为大理评事、通判诸州。"

[①] （元）脱脱《宋史》本传作"年三十九卒于官"。疑有误，此从家集。

[②] （宋）祖无择《龙学文集》附《祖氏源流》《龙学始末》。

宋程，字公范①，晋江人。官著作郎、台州通判②。

（21）大中祥符四年（1011）

丁度（990—1053）。

《宋会要》选举二之五："大中祥符四年十二月初一日，以新及第进士第一人张师德为将作监丞，第二人丁度、第三人陈宽为大理评事、通判诸州。"

彭百川《太平治迹统类》卷二七："（大中祥符）四年十一月丙子，上御殿亲试进士。遂临轩唱第，赐进士张师德、丁度、程琳等三十一人及第。"

丁度字公雅，开封祥符人。应服勤词学科，擢上第，释褐大理评事、通判静海郡，稍迁太子中允、直集贤院。知制诰，召入翰林充学士，兼侍读学士，改中书舍人，为学士承旨，兼端明殿大学士。庆历五年（1045）四月，为工部侍郎、枢密副使，次年进参知政事。皇祐五年正月庚戌卒，年六十四。所著《迩英圣览》十卷，《龟鉴精义》三卷，《庆历兵录》五卷，《庆历缮边录》一卷，《国朝具员》一卷，《编年总录》八卷，《大唐史略》一百卷，《管子要略》五篇，《备边要览》十篇，《寰海后图》，刊定《武经总要》五十卷，《集韵》十卷③。《宋史》卷二九二有传。

父逢吉，有节行，授将作监丞致仕。

（22）大中祥符五年（1012）

明镐（989—1048）。

彭百川《太平治迹统类》卷二七："（大中祥符五年三月）己丑，上亲试礼部合格贡举人。……得进士徐奭、明镐、徐昊、王咨、孔道、张演〔等〕一百二十六人。"

明镐字化基，密州安丘人。中进士第，补蕲州防御推官，改大理寺丞，除开封推官，进尚书礼部员外郎，擢龙图阁直学士、知并州，以枢密直学士、左谏议大夫、知成德军，入知开封府，迁端明殿学士、给事中、权三司使，庆历八年（1048）四月拜参知政事，六月卒④。年六十⑤。《宋史》卷二九二有传。

附辨误：

曾愈，明黄仲昭《八闽通志》卷五〇第151页、明何乔远《闽书》卷八一均只载其为大中祥符五年进士。唯祝穆《方舆胜览》卷一二第214页："曾愈，进士第二人及第。子公亮。"按：公亮之父名会，乃端拱二年进士第二人，此将"会"误为"愈"，并非愈亦中第二。

（23）大中祥符八年（1015）

萧贯。

《长编》卷八四第1920页：大中祥符八年三月癸卯，"上御崇政殿覆试，多所黜

---

① （明）何乔远《闽书》卷八二晋江条，福建人民出版社，1995年，第2467页。
② （明）黄仲昭《八闽通志》卷五〇第151页"科第"。
③ （宋）杜大珪《名臣碑传琬琰之集》上卷三孙抃《丁文简公度崇儒之碑》。
④ （宋）李焘《长编》卷一六四甲午。
⑤ （宋）曾巩《隆平集》卷八，《东都事略》卷六三。

落……于是得进士蔡齐以下百九十七人并赐及第，六人同出身……齐等既考定，上顾问王旦等曰：有知姓名者否？皆曰：人无知者，真所谓搜求寒俊也。故事当赐第，必召其高第数人并见，又参择其材质可者，然后赐第。一时新喻人萧贯与齐并见，齐仪状秀伟，举止端重，上意已属之，知枢密院寇准又言：'南方下国人，不宜冠多士。'齐遂居第一。……准性自矜，尤恶南人轻巧，既出，谓同列曰：又与中原夺得一状元。齐，胶水人也"。

萧贯（988—1033），字贯之，临江军新喻人。举进士，为大理评事、通判安、宿二州，迁太子中允、直史馆。仁宗即位，进太常丞、同判礼院，改知洪州，累迁尚书刑部员外郎，坐前使江东不察所部吏受赇降。知饶州，迁兵部员外郎，卒。《宋史》卷四四二有传。

《宋史》卷四四二本传："萧贯字贯之……仁宗即位，进太常丞、同判礼院……将试知制诰，会营建献、懿二皇太后陵，未及试而卒。"《长编》卷一一二第2609页：明道二年（1033）三月甲午（二十九日），"皇太后崩"。《长编》卷一一二第2615页：明道二年四月癸亥（二十八日），"上大行太后谥曰章献明肃，追尊太后谥曰章懿"。《长编》卷一一三第2637页：明道二年冬十月丁酉（五日），"祔葬章献明肃皇太后、章懿皇太后于永定陵"。其卒于营建献、懿二皇太后陵时，则应在明道二年三月至十月间。孔武仲《萧贯之挂冠亭记》："萧公贯之……世家新喻，少以文章登进士上第，历馆阁，屡为州使……既又营其地舍之东，将因高筑亭，为退居燕息之所，命之曰挂冠，公之年止于四十有六，而亭亦未及为也。……贯之之没今五十年。……元祐元年（1086）七月二十七日鲁国孔武仲记。"[①]上推其生年为988年。

（24）天圣二年（1024）

叶清臣（1000—1049）。

《宋会要》选举二之六："天圣二年四月八［日］（月），诏新及第进士第一人宋郊为大理评事通判（卢）［庐］州，第二人叶清臣、第三人郑戬为奉礼郎、佥书诸州两使判官公事。"

《长编》卷一〇二第2354页：天圣二年三月癸卯，"礼部上合格进士姓名，诏翰林学士晏殊、龙图阁直学士冯元编排等第。乙巳，御崇政殿，赐宋郊、叶清臣、郑戬等一百五十四人及第四十六人同出身"。

《宋史》卷二九五第9849页《叶清臣传》："天圣二年举进士，知举刘筠奇所对策，擢第二。宋进士以策擢高第自清臣始。"

叶清臣字道卿，苏州长洲人。授太常寺奉礼郎、签书苏州观察判官，事还为光禄寺丞、集贤校理、通判太平州、知秀州，入判三司户部勾院，改盐铁判官。出知宣州，累迁太常丞、同修起居注、判三司盐铁勾院，进直史馆，请外为两浙转运副使，以右正言、知制诰、知审官院判国子监，罢为侍读学士、知河阳卒。有文集一百六十卷。

---

① （宋）孔文仲、武仲、平仲《清江三孔集》卷一四，文渊阁四库全书本。

《长编》卷一六六第3995页：皇祐元年（1049）三月癸卯，"徙判大名府、山南东道节度使、同平章事贾昌朝判郑州，翰林学士户部郎中权三司使叶清臣为翰林学士知河阳……清臣至河阳，未几卒"。王称《东都事略》卷六四《叶清臣传》："卒年五十。"知其生卒年应为1000—1049年。

父叶参（964—1043），字廷瑞，号次公，咸平四年举进士①。天圣二年，以朝散大夫、尚书刑部郎中知苏州②。景祐三年知湖州③。终光禄卿。

《西清诗话》卷中第198页："宋元宪公始拜内相……同列潛其姓宋而郊名，非便。公奉诏更名庠，意殊怏怏不满。会用新名移书叶道卿，仍呼同年。叶戏答公曰：清臣，宋郊榜第六中选。遍阅《小录》，无宋庠者，不知何许人。"按此作第六人，疑为记忆有误，或为传抄之误。

（25）天圣五年（1027）

韩琦（1008—1075）。

《郡斋读书附志》卷五下："《韩魏王安阳集》五十卷，右魏忠献王韩琦之文也。王安阳人，故以名集。王字稚圭，天圣五年进士第二人，定策三朝，功在国史。"

韩琦字稚圭，相州安阳人。举进士，授将作监丞、通判淄州，入直集贤院、监左藏库。嘉祐元年（1056）八月拜枢密使。三年六月拜同中书门下平章事、集贤殿大学士。六年闰八月迁昭文馆大学士监修国史，封仪国公。八年卒，年六十八。著有《端拱以来宣敕劄子》六十卷、《嘉祐编敕》十八卷、《总例》一卷④。《韩琦集》五十卷，又《谏垣存稿》三卷⑤。《阅古堂诗》一卷⑥。《宋史》卷三一二有传。

父韩国华（957—1011），字光弼，相州安阳人。太平兴国二年举进士，解褐大理评事、通判泸州，出知泉州。大中祥符初迁右谏议大夫，四年代还，至建州卒于传舍，年五十五。《宋史》卷二七七有传。

（26）天圣八年（1030）

刘沆（995—1060）。

《宋会要》选举二之七"进士科"："八年四月初二日，诏：新及第进士第一人王拱辰为将作监丞，第二人刘沉（民按当作沆），第三人孙抃为大理评事，并通判诸州。"

《宋史》卷二八五第9605页《刘沆传》："天圣八年始擢进士第二，为大理评事、通判舒州。"

曾敏行《独醒杂志》卷二："刘丞相沆为士人时，携一仆赴礼部，夜卧，忽惊起哭，丞相怪问，仆曰：'不祥殊甚。'不敢言，再三诘之，曰：'梦主君为人斫去头。'丞相

---

① （宋）宋祁《叶府君墓志铭》，《景文集》卷五九，文渊阁四库全书本。
② （宋）范成大《吴郡志》卷一一，文渊阁四库全书本。
③ （宋）谈钥（嘉泰）《吴兴志》卷一。
④ （元）脱脱《宋史》卷二〇四。
⑤ （元）脱脱《宋史》卷二〇八。
⑥ （元）脱脱《宋史》卷二〇九。

曰：'此乃吉证，斫去头，留得项，我当为第二人。'果于王拱辰榜第二人赐第。"

刘沆字冲之，吉州永新人。沆天圣八年举进士，为大理评事、通判舒州。后以龙图阁学士权知开封府，皇祐三年（1051）三月拜参知政事，至和元年（1054）八月拜同中书门下平章事、集贤殿大学士。嘉祐元年罢知南京，徙知陈州，卒年六十六①。著有《书目》二卷、《刘氏家谱》一卷②。《宋史》卷二八五有传。

父刘素，不仕，以财雄里中。

（27）景祐元年（1034）

杨察（1011—1056）。

《宋会要》选举二之七：景祐元年"四月十八日，诏：新及第进士第一人张唐卿，第二人杨察，第三人徐绶，并为将作监丞。通判诸州"。

《长编》卷一一四、第2671页：景祐元年三月戊寅，"御崇政殿，试礼部奏名进士……已而得进士张唐卿、杨察、徐绶等五百一人……唐卿、察、绶并为将作监丞、通判诸州"。

杨察字隐甫，合肥人。举进士，除将作监丞、通判宿州，迁秘书省著作郎、直集贤院，权知开封府、兼翰林学士、权三司使，嘉祐元年（1056）七月卒③。"年四十六。"④ 著有文集二十卷。《宋史》卷二九五有传。

父杨居简，真宗时官至尚书都官员外郎。

（28）景祐五年（1038）

李绚（1013—1052）。

《宋会要》选举二之一一："四月十一日，诏新及第进士第一人吕溱为将作监丞、第二人李绚、第三祖无（泽）[择]为大理评事，诸州通判；第四人石扬休、第五人王异为两使职官，第六人司马光以下初等职官。"

李绚字公素，邛州依政人。举进士，除大理评事、通判邠州事，历判登闻鼓院、吏部南曹、开封府推官、修起居注、判三司盐铁勾院，荆湖南路转运使，知制诰、判吏部流内铨、知审官院，以龙图阁直学士、权知开封府事。皇祐四年（1052）八月癸未卒，年四十⑤。

父李宪，不仕。

（29）庆历二年（1042）

王珪（1019—1085）。

《宋会要》选举二之八：庆历二年"四月二十三日，诏：新及第进士第一人杨寘为

---

① （宋）曾巩《刘丞相沆》，《名臣碑传琬琰之集》下卷八，文渊阁四库全书本。
② （元）脱脱《宋史》卷二〇四。
③ （宋）李焘《长编》卷一八三辛丑。
④ （宋）王称《东都事略》卷六四，文渊阁四库全书本。
⑤ （宋）司马光《龙图阁直学士李公墓志铭》，《传家集》卷七七，文渊阁四库全书本。

将作监丞,第二人王珪为大理评事,第三人韩绛为太子中允,并通判"。

李清臣《王文恭公珪神道碑》:"二十四举进士,名在第二。"①

王珪,字禹玉。成都华阳县人。举进士,授大理评事、扬州通判,熙宁三年(1070)十二月参知政事,九年拜同中书门下平章事、集贤殿大学士。五年四月,为尚书右仆射兼门下侍郎,八年卒,年六十七。著《两朝国史》一百二十卷②,《在京诸司库务条式》一百三十卷,《铨曹格敕》十四卷③,《王珪集》一百卷④。今存《华阳集》六十卷,为四库全书馆臣辑本。《宋史》卷三一二有传。

父王准,以辞学擢秘阁校理,终盐铁判官。

(30)庆历六年(1046)

刘敞(1019—1068)。

《宋会要》选举二之八:"五月一日,以新及第进士第一人贾黯为将作监丞,第二人刘敞、第三人谢仲弓并为大理评事、通判诸州。"

刘敞字仲原父,号公是,吉州临江人(临江军新喻县)。举进士,以大理评事通判蔡州。至和元年九月,召试,迁右正言、知制诰,拜翰林侍读学士充永兴军路安抚使兼知永兴军府事,判三班院、太常寺,熙宁元年(1068)四月八日卒,年五十。著有《春秋传》十五卷,《春秋权衡》十七卷,《春秋说例》十一卷,《春秋意林》二卷。《七经小传》五卷。《先秦古器图》一卷⑤。《使北语录》一卷⑥。《弟子记》一卷⑦。《汉官仪》三卷⑧。《刘敞集》七十五卷⑨。《宋史》卷三一九有传。

父刘立之(985—1048),举进士,官益州路转运使、尚书主客郎中⑩。

(31)皇祐元年(1049)

沈遘(1025—1067)。

《宋会要》选举二之八:"四月七日,以新及第进士第一人冯京为将作监丞,第二人沈(达)[遘]、第三人钱公辅为大理评事、通判诸州。"

《直斋书录解题》卷一七:"《西溪集》十卷,翰林学士钱塘沈遘文通撰。初以郊社斋郎举进士第一,执政谓已宦者不应先多士,遂居其次,实皇祐元年,自是为故事。"

---

① (宋)杜大珪《名臣碑传琬琰之集》上卷八,文渊阁四库全书本。
② (元)脱脱《宋史》卷二〇三。
③ (元)脱脱《宋史》卷二〇四。
④ (元)脱脱《宋史》卷二〇八。
⑤ (元)脱脱《宋史》卷二〇二。
⑥ (元)脱脱《宋史》卷二〇三。
⑦ (元)脱脱《宋史》卷二〇五,(宋)欧阳修《欧阳文忠公集》卷三五《集贤院学士刘公墓志铭》作五卷。
⑧ (元)脱脱《宋史》卷二〇七。
⑨ (元)脱脱《宋史》卷二〇八,《集贤院学士刘公墓志铭》作六十卷。
⑩ (宋)刘敞《先考益州府君行状》,《公是集》卷五一,文渊阁四库全书本。

《宋史》卷三三一、第10651页:"沈遘字文通,钱塘人。以荫为郊社斋郎,举进士,廷唱第一,大臣谓已官者不得先多士,乃以遘为第二。"

王安石《内翰沈公墓志铭》:"公初以祖荫补郊社斋郎,举进士于廷中为第一,大臣疑已仕者例不得为第一,故以为第二。除大理评事、通判江宁府,当是时公年二十。"①

沈遘,字文通,杭州钱塘人。举进士,授大理评事、江宁府通判,迁秘书省著作佐郎、太常丞、集贤校理,知审官院,以龙图阁直学士、权知开封府,除翰林学士、知制诰充群牧使兼权判吏部流内铨。治平四年(1067)七月九日卒,年四十三②。著《西溪集》十卷。

据墓志所述,其卒在治平四年(1067)七月九日,年四十三,上推其生年为1025年,皇祐元年(1049)中进士为24岁,王安石作二十,《建炎以来朝野杂记甲集》卷九第182页"状元年三十以下数"云"沈内翰遘年二十",均误。

父沈扶,为尚书司勋员外郎③、国子博士④。

(32)皇祐五年(1053)

杨绘(1027—1088)。

《宋会要》选举二之八:"三(当作五)年五月初一日,以新及第进士第一人郑獬为将作监丞,第二人杨绘、第三人滕甫并为大理评事、通判诸州。"

范祖禹《天章阁待制杨公墓志铭》:"公讳绘字元素……皇祐五年擢进士第二人,授大理评事、通判荆南府。"⑤

《郡斋读书志》卷四下:"《杨元素集》四十卷,右皇朝杨绘,字元素,汉州绵竹人……皇祐初擢进士第二人,累擢翰林学士。"

杨绘字元素,号无为子⑥。汉州绵竹人。举进士,授大理评事、通判荆南府,充集贤校理,为开封府推官。神宗即位,召修起居注,进知制诰、知谏院、权御史中丞、充理检使,拜翰林学士兼侍读,摄开封府,再知杭州,元祐三年(1088)六月丁丑卒,年六十二。著有《群经索蕴》三十卷,《无为编》三十卷,《西垣集》三卷,《台章》七卷,《翰林词稿》七卷⑦,《元运元气本论》一卷⑧,《杨绘文集》八十卷,《谏疏》七卷⑨。《宋史》卷三二二有传。

父杨宗道,不仕。

---

① (宋)王安石《沈内翰墓志铭》,《临川文集》卷九三、《王文公文集》卷九四。
② (宋)杜大珪《名臣碑传琬琰之集》中卷一四,文渊阁四库全书本。
③ (宋)苏颂《苏魏公集》卷三〇,文渊阁四库全书本。
④ (宋)王安石《临川文集》卷五五,四部丛刊本。
⑤ (宋)范祖禹《范太史集》卷三九,文渊阁四库全书本。
⑥ (宋)晁公武《郡斋读书志》卷四下,文渊阁四库全书本。
⑦ (宋)范祖禹《范太史集》卷三九,文渊阁四库全书本。
⑧ (元)脱脱《宋史》卷二〇六。
⑨ (元)脱脱《宋史》卷二〇八。

（33）嘉祐二年（1057）

窦卞（1034—1078）。

《宋会要》选举二之九："嘉祐二年五月四日，以新及第进士第一人章衡为将作监丞，第二人窦卞、第三人罗恺并为大理评事，通判诸州。"

窦卞字彦法，曹州冤句人。举进士，通判汝州，加集贤校理、知太常院、知绛州、开封府推官，出知深州。熙宁初，为户部判官、同修起居注，进天章阁待制、判昭文馆、将作监。熙宁十年（1077）五月御史发其私，落职提举灵仙观①，卒年四十五。著《熙宁正旦国信录》一卷②。《宋史》卷三三〇有传。

按：熙宁十年（1077）五月甲子落职提举舒州灵仙观，"明年卞卒于贬所"③，应卒于1078年。卒，年四十五。上推其生年为1034年。

父窦纲，字总之，第进士，授无锡尉④，官屯田员外郎⑤。

（34）嘉祐四年（1059）

胡宗愈（1029—1094）。

《宋会要》选举二之九："嘉祐四年五月初三日，以新及第进士第一人刘煇为大理评事、签书河中府观察判官公事；第二人胡宗愈、第三人安焘为两使幕职官。"

胡宗愈字完夫，举进士，为光禄丞。神宗立，以为集贤校理。久之，兼史馆检讨，遂同知谏院。元祐初，进起居郎、中书舍人、给事中、御史中丞，拜尚书右丞，罢为资政殿学士知陈州，徙成都府，召为礼部尚书，迁吏部，卒年六十六。

《宋会要》仪制一一之五："资政殿学士、通议大夫胡宗愈，（绍圣元年，1094）闰四月，赠银青光禄大夫。"上推其生年为1029年。《宋史》卷三一八有传。

父胡宿（996—1067）字武平，常州晋陵人。天圣二年进士。官至枢密副使⑥。

（35）嘉祐六年（1061）

陈睦（约1026—1086）。

《宋会要》选举二之九："（嘉祐六年）四月二十二日，以新及第进士第一人王俊民为大理评事、签书□武军节度判官公事，第二人陈睦两使幕职官。"

《永乐大典》卷三一四五第20页《莆阳志》注："睦，嘉祐六年王俊民榜第二人。"

陈睦字子雍，莆田人。第进士，治平中擢拜监察御史。熙宁中提举两浙常平⑦，元

---

① （宋）李焘《长编》卷二八二甲子。
② （宋）陈振孙《直斋书录解题》卷七，文渊阁四库全书本。
③ （宋）魏泰《东轩笔录》卷七："落（窦）卞待制，降监舒州灵仙观。明年，卞卒于贬所。"（第78页）
④ （宋）苏颂《锡山唱和诗石刻记》，《苏魏公文集》卷六四。
⑤ （宋）王安石《临川文集》卷五〇。
⑥ （宋）脱脱《宋史》卷三一八，《胡宿传》。
⑦ （宋）王鏊《姑苏志》卷四九，文渊阁四库全书本。

丰八年（1085）十一月直龙图阁、知潭州①。元祐元年（1086）四月卒②。按：侗为动之之长子，睦为次子，侗生于1024年，则睦之生应在1026年左右，享年约六十。

父陈动之，天圣八年王尧臣榜第一甲第八人③。

（36）嘉祐八年（1063）

陈轩（1023—1106）。

《宋会要》选举二之一〇："(嘉祐八年)四月十一日，以新及第进士第一人许将为大理评事、佥书奉国军节度判官厅公事，第二人陈轩、第三人左仲通为两使幕职官。"

陈轩字元舆，建州建阳人。进士第二，授平江军节度推官。元祐中为礼部郎中，徐王翊善，再迁中书舍人，以龙图阁待制知庐州，徙杭州、江宁、颖昌府。徽宗立，为兵部侍郎兼侍读，改杭州、福州，卒，年八十四。所编有《金陵集》④。《宋史》卷三四六有传。

《永乐大典》卷三一四五第20页引《建安志》："轩以龙图阁直学士帅成都，徙长安，乞乡郡知福州，时建阳士大夫年逾八秩者九人……王朝请倡效洛阳故事为九老会，相与作诗，记东阳之盛，时轩亦年八十，闻之移书愿预，且乞更名十老，后弗克卒于官。"考"陈轩，崇宁元年（1102）六月，以龙图阁直学生士知福州。二年三月奉祠"⑤。如以崇宁元年轩年八十计，应生于1023年，其卒为1106年，其中举时年已41岁。

（37）治平二年（1065）

薛向（1016—1081）。

《宋会要》选举二之一〇："三月十一日，诏彭汝砺、薛向、贾昌朝、宋焕为初等幕职官，杜常等及明经、诸科皆以判司簿尉，出身人守选。"

薛向字师正，以祖颜任太庙斋郎，为永寿主簿，权京兆户曹，监在京榷货务，为提点刑狱，入为开封度支判官、权陕西转运副使、制置解盐。熙宁四年权三司使，进龙图阁直学士，加枢密直学士、给事中、知定州高阳关。元丰元年（1078）召同知枢密院，斥知颖州，又改随州，卒年六十六。著《边陲利害》三卷⑥，《陕西建明》一卷⑦。《宋史》卷三二八有传。

《长编》卷三一一第7555页：元丰四年（1081）三月甲寅（27日），"随州言：知州、正议大夫薛向卒"。《宋史》本传："卒，年六十六。"上推其生年为1016年。

---

① （宋）李焘《长编》卷三六一第8646页：丙午（16日）。
② （宋）刘攽《故朝奉大夫权知陕州军府事陈君（侗）墓志铭》："是岁，元祐元年（1086）也。四月，君弟子雍终于知潭州。"（《永乐大典》卷三一四五第19页《彭城集》）
③ （明）解缙《永乐大典》卷三一四五第20页《莆阳志》注。
④ （宋）葛立方《韵语阳秋》卷五，（宋）胡仔《渔隐丛话后集》卷二五。
⑤ （宋）梁克家（淳熙）《三山志》卷二二，第273页。
⑥ （元）脱脱《宋史》卷二〇三。
⑦ （元）脱脱《宋史》卷二〇七。

父薛寅，终卫尉寺丞①。

（38）治平四年（1067）

何洵直。

《宋会要》选举二之一〇："治平四年三月二十二日，以新及第进士许安世、何询（当作洵）直、郭仪并与防御、团练推官。"

《湖广通志》卷三二："何询直，道州人，榜眼。"

何洵直，元丰元年春正月，为著作佐郎②。二年十月为秘阁校理③。五年六月为太常博士④，元祐四年十月朝请郎知楚州⑤。娶滕元发女⑥。著《礼论》一卷⑦，与陆佃等合撰《大裘议》一卷⑧。与蔡确合撰《礼文》三十卷⑨。

祖何嗣全，进士⑩。

（39）熙宁三年（1070）

上官均（约1043—1120）。

《夷坚甲志》卷九第76页："（叶）祖洽与……上官均……状元、榜眼。"

《太平治迹统类》卷二七："熙宁三年(三月)己亥，上御集英殿。知贡举王珪上合格进士陆佃等……既而遂赐叶祖洽及第。《司马光（目）[日]录》曰：时韩维、吕惠卿初考，附会者皆在高等，言直者多在下等。宋敏求、刘攽复考及之，吴充、陈襄从初考……吕公泽⑪、苏轼编排；上官均第一、祖洽二、佃第五，程尧佐奏名第三。"

《长编》卷二一〇第5095页：熙宁三年夏四月丁卯，"以新及第进士叶祖洽为大理评事，上官均、陆佃为两使职官"。

上官均，字彦衡，邵武人。举进士，为北京留守推官、国子直讲。元丰中，为监察御史里行。绍圣初，召拜左正言。徽宗时，拜中书舍人，迁给事中，以龙图阁待制、知永兴军。崇宁初，与元祐党籍，夺职。政和中，复集贤院修撰、提举洞霄宫。卒，年七十八。所著有《曲礼讲义》二卷、《奏议》十卷、《广陵文集》五十卷⑫。《宋史》卷三五五有传。

《闽中理学渊源考》卷一三"上官均……入元祐党籍，夺职主管江宁府崇禧观。政

---

① （宋）刘攽《彭城集》卷三六《薛公（颜）神道碑》。
② （宋）李焘《长编》卷二八七戊午。
③ （宋）李焘《长编》卷三〇〇己亥。
④ （宋）李焘《长编》卷三二七癸酉。
⑤ （宋）李焘《长编》卷四三一八月癸丑注。
⑥ （宋）苏轼《故龙图阁学士滕公墓志铭》，《东坡全集》卷八九。
⑦ （宋）王应麟《玉海》卷三九。
⑧ （宋）王应麟《玉海》卷八二。
⑨ （元）脱脱《宋史》卷二〇四。
⑩ （清）《湖广通志》卷三二。
⑪ （宋）《宋史全文》卷一一作李大临。
⑫ （清）李清馥《闽中理学渊源考》卷一三，文渊阁四库全书本。

和间复龙图阁待制，抗章告老，迁朝请大夫，以待制致仕，卒，年七十八。赠通议大夫。……崇宁初以宫祠废居淮南几二十年，处之夷然"。按：上官均在崇宁元年（1102）九月乙未，被列入元符党人"邪下"①，"崇宁初以宫祠废居"应在此时。"几二十年"当在十八年左右。姑以十八年计，其卒为1120年。"卒，年七十八"，上推其生年为1043年。

父上官凝，字成叔，庆历二年进士，职方员外郎、通判处州②。

（40）熙宁六年（1073）

朱服（1048—1105后）。

李焘《长编》卷二四四第5539页：熙宁六年四月壬辰，"新赐进士及第余中为大理评事，朱服为淮南节度推官，邵刚为集庆军节度推官"。

马永卿《嬾真子》卷四："余中行老、朱服行中、邵刚刚中、叶唐懿中夫、何执中伯通、王汉之彦昭。彦昭常于期集处自叹曰：某独不幸，名字无中字，故为第六。"

朱服字行中，湖州乌程人。熙宁举进士，以淮南节度推官充修撰经义局检讨。元丰中擢监察御史里行，知谏院。绍圣初，召为中书舍人，拜礼部侍郎。徽宗时，坐与苏轼游，贬海州团练副使、蕲州安置。卒。著《国子监支费令式》一卷③，《朱服集》十三卷④。《宋史》卷三四七有传。

朱彧《萍洲可谈》卷三第14条："先公以庆历戊子（八年，1048）八月十日生。"按：黜知袁州在崇宁元年（1102）。其卒应在1105年以后。

父朱临，官宣德郎、守光禄寺丞，以著作佐郎致仕。所著《春秋说》二百余篇⑤。

（41）熙宁九年（1076）

王任（1052—1101）。

《长编》卷二八〇第6878页：熙宁十年二月己酉注引林希《野史》云："九年三月，上御集英放进士诸科，馆职校书皆入殿侍立，此例久废，张昪请之，上亲阅试卷，久之，拆卷，放徐铎、王任，至第三钱遹，先赐第五人及第，虚第三第四，升陈师锡、张镒以充之，李格非自第四甲升第一甲末。"

吕陶《知渝州王叔重墓志铭》："熙宁六年，神宗以驭吏务农训兵之要策进士，君条析治道傅经义以对，擢为天下第二。"⑥

吕陶《承事王府君墓志铭》："王氏出姬姓，其先居太原，自唐僖宗幸蜀，有从而西者，遂为华阳人。……男四人：长曰毂……次曰毂……次曰任，有志操，好学力文，熙宁六年上策试进士，能以经对拔为天下第二。"⑦

---

① （清）黄以周等《长编拾补》卷二〇。
② （明）黄仲昭《八闽通志》卷七〇。
③ （元）脱脱《宋史》卷二〇四。
④ （元）脱脱《宋史》卷二〇八。
⑤ （明）宋濂《浦阳人物记》卷下。
⑥ （宋）吕陶《净德集》卷二三。
⑦ （宋）吕陶《净德集》卷二三。

王任字叔重,举进士,调邛州军事判官,迁宣义郎、知汉州什邡县,用荐格充成都教授,除秘书省正字,又改校书郎。会朝廷还日历于省,乃以著作佐郎典修之,凡五年,为朝奉郎知渝州。卒年五十。有《文集》三十卷①。

《王叔重墓志》称:"元祐戊辰岁,予尝铭王君承事仲符之墓,……有良子曰任,……后十三年则亦卒矣。"知应卒于1101年。年五十,其生年为1052年。

父王仲符(?—1088),尝举进士,未第,遂归岷山之下。著有《岷编》十卷②。

(42)元丰二年(1079)

王涣之(1060—1024)。

《长编》卷二九九第7288页:元丰二年八月己未,"诏新赐进士第二人王涣之特许注官。涣之年十九,碍铨格故也。"按:据墓志,元丰二年时为二十,或初疑为十九,后查实为二十,又任命作官。

王涣之,字彦舟,衢州常山人。元丰二年登进士甲科,有司疑年未及铨格,有旨特除武胜军节度推官,为杭州州学教授。建中靖国元年,迁起居舍人,除中书舍人充实录修撰。崇宁元年迁给事中,三年初立党籍,罢提举南京鸿庆宫。大观元年,知潭州、充荆湖南路安抚使,二年,移知杭州兼两浙西路马步军总管。重和元年,移知潭州兼荆湖南路安抚使。居数月,移中山府路安抚使兼知定武军。宣和六年(1124)七月四日卒,年六十五。有《文集》三十卷③。

父王介,以直气谠言闻天下,官至尚书祠部郎中、秘阁校理。

辨误

彭百川《太平治迹统类》卷二七:"元丰二年三月庚辰,御集英殿策试。遂赐时彦、陈瓘(当作瓘)、朱浚明、晁补之、家彬、张康国等三百四十八人及第、出身。"

《宋登科记考》:"陈莹中,福州罗源县人。元丰二年中进士第二。"

按:陈莹中即陈瓘,实为第三名。魏了翁《跋陈忠肃公岳山寿宁观留题》:"了斋陈公以元丰己未进士第三名。"④王十朋《子绍至云安复和前韵见寄酬以二首》:细阅皇朝进士科,第三人最得贤多(滕达道、陈了翁、张才叔、潘子贱诸公是也,然皆艰难劳苦而后有立⑤)。

(43)元丰五年(1082)

蹇顾。

魏了翁《朝奉大夫知荣州蹇君孥志铭》:"潼之通泉蹇氏……五世祖儁民生五子,长

---

① 参(宋)吕陶《知渝州王叔重墓志铭》,《净德集》卷二三。
② (宋)吕陶《承事王府君墓志铭》,《净德集》卷二三,文渊阁四库全书本。
③ (宋)程俱《北山集》卷三〇《宝文阁直学士中大夫致仕太原郡开国侯食邑一千四百户食实封一百户赠正议大夫王公墓志铭》,文渊阁四库全书本。
④ (宋)魏了翁《鹤山先生大全文集》卷六二,四部丛刊本。
⑤ (宋)王十朋《梅溪先生后集》卷三,文渊阁四库全书本。

曰顾……顾举元丰五年进士第二人，掌武信军节度书记。"①按：四库本"第二人"字，作"第三人"。考冯山《寄新先辈蹇顾子长书记》："年少才华自不群，果然飞步出儒绅。汉廷大对无双手（闻子长累考中状元），蜀学巍科第四人（吾蜀李公素、杨元素、王宣义与子长皆第二人也）。"②知作"第二人"为是。

（44）元丰八年（1085）

刘逵（1061—1110）。

《长编》卷三五六第8519页：元丰八年五月丙辰，"正奏名进士刘逵等五百七十五人，特奏名八百四十七人并释褐"。注："《登科记》焦蹈第一人、刘逵乃第二人，不知何故，焦蹈独不释褐。"按：焦蹈刚中状元，即卒，释褐时已不在世，故无其名③。

刘逵字公路④，随州随县人⑤。举进士，调越州观察判官，入为太学太常博士，礼部考功员外郎、国子司业。崇宁二年（1103）四月同知枢密院，五年正月加中书侍郎，十二月罢知亳州。大观四年（1110）二月知杭州，六月加资政殿学士，召赴阙，及都而卒，年五十。《宋史》卷三五一有传。

《宋会要》仪制一一之五"尚书丞郎追赠"："资政殿学士、中大夫刘逵，（大观）四年（1110），赠光禄大夫。"上推其生年为1061年。

（45）元祐三年（1088）

吕益柔（？—1117）。

杨潜《云间志》卷中："元祐三年李常宁榜，吕益柔，用开封贯，甲科第二人，刑侍，字文刚。"

至元《嘉禾志》卷一五："元祐三年李常宁榜，吕益柔，榜眼。"

《宋会要》选举二之一二：元祐三年五月十一日，"进士及第李常宁为宣义郎、签书镇海军节度判官厅公事，吕益柔为承事郎、签书保信军节度判官厅公事，龚夬为承事郎、签书河阳节度判官厅公事"⑥。

吕益柔字文刚。秀州嘉兴县人。中进士，授承事郎、签书保信军节度判官厅公事。历刑部侍郎。政和三年（1113）十一月以朝奉大夫充显谟阁待制知越州，十一月移知扬州⑦。

---

① （宋）魏了翁《鹤山先生大全文集》卷七五。
② （宋）冯山《安岳集》卷一一，又见《两宋名贤小集》卷七六。
③ （宋）彭百川《太平治迹统类》卷二七：八年五月丙申，赐刘逵等五百七十五人并释褐。注："是年状元本焦蹈，蹈卒。"文渊阁四库全书本。
④ （宋）王称《东都事略》卷一〇三本传作"字公达"，文渊阁四库全书本。
⑤ （明）黄仲昭《八闽通志》卷五〇明何乔远《闽书》卷九〇均作泉州同安县人。《方舆胜览》卷一二第214页："刘达，石起宗并榜眼。"按：达乃逵之误。
⑥ （宋）李焘《长编》卷四一〇丙辰条同。
⑦ （宋）施宿（嘉泰）《会稽志》卷二。

政和七年（1117）四月卒①。著有《吕益柔文集》五十卷、《奏议》一卷②。

（46）元祐六年（1091）

朱绂（朱谔）（1068—1107）。

至元《嘉禾志》卷一五：元祐六年马涓榜，"朱绂，榜眼"。

《宋会要》选举二之一二："六年六月九日，诏：及第进士冯（按当作马）涓为承事郎签书雄武军节度判官，朱绂为忠正军节度推官，张廷坚为成都府观察推官。"

《长编》卷四五九第10986页：元祐六年六月丙申，及第进士马涓为承事郎、签书雄武军节度判官，朱绂为忠正军节度推官，张庭坚为成都府观察推官。庭坚，广安人。绂，秀州人也（刘挚日记云：涓、绂、庭坚皆太学高第，涓状寝不及二子，庭坚尤有操行）。

朱谔字圣与，秀州华亭人。初名绂，进士第二，调忠正军推官。崇宁初，由太常丞擢殿中侍御史，迁侍御史，给事中，以同党籍人姓名，故改名。进御史中丞，俄兼侍读，徙兵、礼、吏三部尚书。大观元年（1107）三月拜右丞相，居三月，卒，年四十。《宋史》卷三五一有传。

（47）绍圣元年（1094）

赵谂（1072—1102）。

何薳《春渚纪闻》卷二："毕渐为状元，赵谂第二，初唱第，而都人急于传报，以蜡刻印渐字，所模点水不着墨，传者厉声呼云：状元毕斩第二人赵谂，识者皆云不祥。而后谂以谋逆被诛，则是毕斩赵谂也。"③

《宋会要》选举二之一二：四月四日乙巳，"诏今次科场第一人与宣义郎、签书大都判官公事，第二、第三人承事郎、知县……以及第进士毕渐为左宣义郎、签书山南东道节度判官，赵谂左承事郎、知彭州九陇县令，岑穰为左承事郎、知颖昌府长葛县"。

吴曾《能改斋漫录》卷一四："谂，少年登第，几为殿魁，未三十岁，升朝为国子博士，忽以谋叛伏法。"

《挥麈后录》卷七"毕渐赵谂"："初，谂以甲科为太常博士，谒告省其父庭臣，于蜀道中梦神人授以诗云：天锡雄材孰与俦，征西才罢又征南。冕旒端拱被龙衮，天子今年二十三。繇此有猖狂之志伏诛。时适及岁，刑部郎中王吉甫独引律中文，以谓口陈欲反之言，心无真实之状，吉甫坐绌。"崇宁元年（1102）二月戊戌，赵谂伏诛④。

据此，知赵谂中进士时23岁，被诛时为31岁。

父赵庭臣，本渝州洞戎，降朝廷，为河东提刑，以子谋反事配琼州⑤。

---

① （清）徐松辑《宋会要》仪制一一之一一："朝请大夫、显谟阁待制吕益柔，政和七年四月，赠太中大夫。"

② （元）脱脱《宋史》卷二〇八。

③ （宋）曾敏行《独醒杂志》卷四："赵谂，元祐九年擢进士第二名，时第一名毕渐，当时榜帖偶然脱去渐字旁点水，天下遂传名云：毕斩赵谂。谂后谋不轨伏诛，果符其谶。"

④ （宋）李埴《十朝纲要》卷一六。

⑤ （宋）吴曾《能改斋漫录》卷一四。

（48）绍圣四年（1097）

方天若。

《宋史全文》卷一三下第759页：绍圣四年三月癸亥，"御集英殿，赐正奏名进士何昌言并诸科进士等及第出身释褐共六百九十人。曾布言：第二人方天若程文中言：元祐大臣当一切诛杀而不诛杀，子弟当禁锢而不禁锢，资产当籍没而不籍没，古今政事无此义理。此奸人附会之言，不足取。天若乃蔡京门客。惇每言人臣不可欺罔，如天若欺罔孰大于此。上颔之"。

《长编》卷四八七第11562页："五月甲寅朔，御文德殿视朝，以及第进士何昌言为承事郎、签书武宁军节度判官，方天若为曹州节度推官，胡安国为常州军事判官。"

《宋史》卷四三五第12908页："胡安国……中绍圣四年进士第。初廷试考官定其策第一，宰执以无诋元祐语，遂以何昌言冠，方天若次之。"

方天若，字彦稽。兴化军莆田县人。登进士，初授曹州节度推官。仕至右文殿修撰、知泉州①。著《方天若文集》五十卷②。

父方正中，景祐元年诸科，为泉州长史③。

（49）元符三年（1100）

范致明。

彭百川《太平治迹统类》卷二七："元符三年三月己丑，知举徐铎上合格进士。庚寅，诏贡院就放李釜（范致明、张邦昌、孙宗鉴、孙安国、黄潜善、毛友童、王安中、孙博等）以下五百五十人及第、出身。"

《直斋书录解题》卷八："《岳阳风土记》一卷，宣德郎、监商税务建安范致明晦叔撰。元符进士第二人。"④

范致明字晦升，建安人。元符进士，监岳州酒税。致明以直道不容于时，屡被贬谪，所至考古今人物风俗，在郡撰《岳阳风土记》一卷⑤，又著《巴陵古今记》一卷⑥。

（50）崇宁二年（1103）

蔡佃。

赵与泌《仙溪志》卷二"进士题名"："崇宁二年（1103）霍端友榜，蔡佃，襄孙，以鲁公京当轴，降第二人。"

彭百川《太平治迹统类》卷二七："御集英殿策试。初赐霍端友、蔡佃、宇文粹中、王赏、彭俊民、杨时、汪藻……等以下三（五）百三十八人及第、出身。"

蔡佃，字耕道。兴化军仙游县人。崇宁二年登进士，政和八年十一月十七日以朝请

---

① （明）黄仲昭《八闽通志》卷五三，第241页。
② （宋）李俊甫《莆阳比事》卷三。
③ （清）《福建通志》卷三三。
④ 亦见（元）马端临《文献通考》卷二〇五。
⑤ （清）《湖广通志》卷四六。
⑥ （宋）郑樵《通志》卷六六。

郎、直秘阁知越州，宣和元年八月十三日罢任①。官至朝奉郎、直龙图阁②。

父蔡旻③，仓曹参军④。

（51）崇宁五年（1106）

柯棐。

淳熙《三山志》卷二七：五年蔡嶷榜丙戌，"柯棐字季忱，闽县人。殿试第二人，历秘书少监、太常少卿，除右文殿修撰⑤、太子舍人、知德安府、宣州，终朝请大夫"。

（52）大观三年（1109）

杨浑。

《太平治迹统类》卷二七："三年三月庚戌，御集英殿策试，赐贾安宅、杨浑、唐重、聂山、史直之、孙高、李沆、文彦奇、孙癙、史祖道、任颖、宇文黄中、史旂、李天民、史与权以下六百八十五人及第出身。安宅，乌程人也。"

《四川通志》卷三三：大观进士，眉州，杨浑。

按：费著《氏族谱》："郭溥登大观第，初名将，后更今名。进士题名中实二名也。"⑥此说，未见旁证，录此备考。

（53）政和二年（1112）

李宗师。

黄榦《太恭人李氏行状》："太恭人姓李氏，讳洞安，其先李唐之裔，五季之乱，有徙居兴化莆田者，郡称甲族。曾祖宗颜，赠通奉大夫。祖持正，左朝请大夫知潮州，崇观间与曾叔祖讳宗师同游辟雍，名振当世，号大李、小李，其后宗师廷对为第二人。"⑦

《吴兴备志》卷六："李宗师，兴化人，莫俦榜第二人，湖州掌书记。"

（54）政和五年（1115）

潘良贵（1094—1150）。

《上庠录》："政和丙申（六年）殿试，何栗为状元，潘良贵次之，皆年少有丰貌，第三人郭孝友颇古怪。唱名日，呵出御街，观者皆曰：'状元真何郎，榜眼真潘郎，第三人真郭郎也。'"⑧

潘良贵字子贱，号养空⑨，婺州金华人⑩。以上舍释褐为辟雍博士，迁秘书郎，除主

---

① （宋）《会稽续志》卷二"提刑题名"。
② （宋）赵与泌《仙溪志》卷四"宋人物"。
③ （清）李清馥《闽中理学渊源考》卷一一。
④ （宋）李焘《长编》卷三一一元丰四年三月。
⑤ （宋）汪藻《靖康要录》卷一：政和七年（1117）十月，"以太常少卿柯棐为右文殿修撰"。
⑥ （明）周复俊《全蜀艺文志》卷五四。
⑦ （宋）黄榦《勉斋集》卷三七（元刻本卷三三）。
⑧ （宋）胡仔《苕溪渔隐丛话后集》卷三六，文渊阁四库全书本。
⑨ （宋）郑瑶、方仁荣（景定）《严州续志》卷二，文渊阁四库全书本。
⑩ （宋）陈骙《南宋馆阁录》卷七作东阳人。

客郎中。高宗即位，召为左司谏，除提点荆湖南路刑狱，迁左司，为中书舍人，绍兴九年知明州①。次年，除徽猷阁待制、提举亳州明道宫，既归不出者十年。二十年（1150）八月卒②，年五十七。著《默成居士集》十五卷③。《宋史》卷三七六有传。

父祖仁（1046—1136），号竹隐老人，不仕，善教子④。

考异

王十朋《子绍至云安复和前韵见寄酬以二首》："细阅皇朝进士科，第三人最得贤多。"原注：滕达道、陈了翁、张才叔、潘子贱诸公是也，然皆艰难劳苦而后有立⑤。

按：潘实为第二名，此作第三，疑误。

（55）政和八年（1118）

赵楷（1101—1130）。

《宋史》卷二一第399页：三月戊戌，"御集英殿策进士。戊申，赐礼部奏名进士及第出身七百八十三人，有司以嘉王楷第一，帝不欲楷先多士，遂以王昂为榜首"。

吴曾《能改斋漫录》卷二"殿试有官人不为第一"："本朝殿试，有官人不为第一人，自沈文通始，迄今循之，以为故事。然徽宗朝戊戌榜，嘉王楷第一人，登仕郎王昂第二人，颜天选第三人。徽宗宣谕："嘉王楷，有司考在第一，不欲以魁天下，以第二人为榜首"。是岁，昂以有官人为殿魁，以此知有司亦失于契勘也。"

赵楷初名焕，字德远，徽宗第三子，封嘉王，政和八年廷策进士，唱名第一。拜太傅，改王郓，仍提举皇城司。钦宗立，改镇凤翔彰德军。靖康初被俘北迁。《宋史》卷二四六有传。

《宋会要》帝系一之四一："郓王楷，徽宗子。建中靖国元年（1101）十一月〔生〕。"《靖康稗史》之七《宋俘记》第181页："楷，（天会）八年（1130）六月十六日殁韩州。"

（56）宣和三年（1121）

王居正（1087—1151）。

吕祖谦《王公行状》："建安黄公齐为大司成，得公所程试，骤许以王佐才，屡置前列。明年大比，黄公同知贡举，欲擢公文首选，以风示多士，共事者议不咸，奏名犹在第二，赐上舍出身，是岁宣和三年也。"⑥

王居正字刚中，号竹西⑦，扬州江都县人。举进士，调饶州安仁丞、荆州教授，皆不赴。除太常博士，迁礼部员外郎，起居舍人兼权中书舍人、史馆修撰、兼权直学士院，又除兵部侍郎，知温州，夺职奉祠，凡十年。绍兴二十一年（1151）卒，年

---

① （宋）罗濬（宝庆）《四明志》卷一，文渊阁四库全书本。
② （宋）李心传《要录》卷一六一绍兴二十年八月壬戌，文渊阁四库全书本。
③ （元）马端临《文献通考》卷二三九，文渊阁四库全书本。
④ （元）吴师道《敬乡录》卷二，文渊阁四库全书本。
⑤ （宋）王十朋《梅溪先生后集》卷一三，文渊阁四库全书本。
⑥ （宋）吕祖谦《东莱集》卷九，文渊阁四库全书本。
⑦ （宋）龚昱《乐庵语录》卷二，文渊阁四库全书本。

六十五。著《尚书辨学》十三卷，《毛诗辨学》二十卷，《周礼辨学》五卷，《辨学外集》一卷，《竹西论语感发》十卷①，《竹西集》十卷，《西垣集》五卷②，《春秋本义》十二卷，《孟子疑难》十四卷，《兵民条例》一卷③。《宋史》卷三八一有传。

父王几，朝散大夫、尚书主客员外郎。

（57）宣和六年（1124）

周执羔（1094—1170）。

绍兴四年（1134）正月，孙觌《抚州宜黄县丞厅记》："宣和六年春，太上皇御集英殿，唱进士第，觌时以尚书员外郎参详贡举，待罪廷中，见周君执羔表卿中甲科第二人，传胪一出，自天子至于公卿左右侍从之臣、阉寺宫伯持楯执戈宿卫之士，皆指目歆艳以为宠。"④

彭百川《太平治迹统类》卷二七"祖宗科举取人"：(宣和)六年闰二月庚子，"御集英殿策试，遂赐沈晦、周执羔、王翼……等八百人及第"。

周执羔字表卿，信州弋阳人。宣和六年举进士，授湖州司士曹事，除太学博士。绍兴五年通判湖州，六年知眉州，徙阆州，又改夔州兼夔路安抚使。乾道二年四月，为礼部侍郎，乾道六年（1170）卒，年七十七。著有《历议、历书五星测验》各一卷。《宋史》卷三八八有传。

父周庭俊，不事举子业⑤。

附：辨误

《容州郡志》（《永乐大典》卷二三四二第12页）：卢成均，咸平己亥榜进士第二名。

按：是榜第二名为钱易。

《万姓统谱》卷一二一："石麟之字南叔，嘉祐进士第二，任芜湖尉，调万载令、知建平军，迁秘书校书郎知灵台，辟为经制机密，再迁著作佐郎、开封兵曹参军、吴王教授，升秘书丞，锡五品服，辟为南京招讨，迁太常博士、通判寿州，迁屯田员外郎，召为太常丞、知兖州，召为祠部郎。"

按：嘉祐二年、四年、六年、八年进士第二名为窦卞、胡宗愈、陈睦、陈轩，《宋会要》选举条有明确记载，此当采自家谱之说，不可信。

元费著《氏族谱》："勾咏，登宣和第第二。"

按：宣和三年，第二人为王居正，宣和六年第二人为周执羔。此当采自家谱之说，不可信。

---

① （宋）陈振孙《直斋书录解题》卷三，文渊阁四库全书本。
② （宋）陈振孙《直斋书录解题》卷一八。
③ （宋）吕祖谦《王公行状》，《东莱集》卷九，文渊阁四库全书本。
④ （宋）孙觌《鸿庆居士集》卷二一，文渊阁四库全书本。
⑤ （宋）孙觌《宋故右朝奉大夫致仕周公墓志铭》，《鸿庆居士集》卷三六。

二、研　究

北宋进士科69科，知其姓名者57人，其中生平事迹不详者7人（1、2、3、4、5、10、18）。现就50人的资料从多个角度做些分析。

1. 从籍贯观察

从路的角度分析：福建11，两浙东2，两浙西7，成都府路6，梓州路1，夔州路1，江南东路2，江南西路3，京东东路2，京东西路2，京西南路2，京西北路3，淮南东路2，淮南西路1，开封2，河北2，永兴军路1，秦凤路1，荆湖南路1。其中福建、两浙、四川三地28人占56%。河北东路、河东路、荆湖北路、利州路、广南东路、广南西路均空白。

以州而论，人数最多者为泉州、建州、兴化军，各有3人。

以县而论，莆田县3人，居全国之首。

以南北方而言，如以长江为界，则南方34人，北方16人。如以淮河画线，则南方37，北方13。

以上说明：

（1）北宋时，经济重心已经南移，文化重心也相应南移。就榜眼而言，南方的人数已大大超过北方，故有寇准要为北方争状元之事。

（2）榜眼分布很不均衡，多则11人，少者0。主要分布在东南七路（两浙东西、江南东西、两淮东西、福建路）和四川盆地（成都府路、梓州路、夔州路），共36人，占72%（表一）。

（3）人们多认为经济是基础，经济发达，文化也会相应发达，自然是正确的，但这并不是绝对的，即不能反过来说，经济不太发达，文化就一定不发达。名列前茅的福建路就是一个典型例子，论经济远不及上述数路，八分山一分水，只有一分地可以耕种，有限的地养活不了越来越多的人口，为了生存，只好溺婴，或另找出路，如下海捕鱼，出海贸易，另一出路便是考进士，唐代虽有科举，但录取人数太少，缺乏诱惑力，又是开卷考试。行卷盛行，地处偏远的福建很难沾上光，考者甚少。宋代扩大名额后，路子变得开阔了，科举制度愈趋完善，实行弥封制，解试名额分配到地区比较平均，而到中央礼部试和殿试，就不再考虑照顾地区，唯看成绩高低，有了公平竞争的条件，于是，远离都城的福建，大量希望脱贫的人群涌向科举之路，而不断有人高中甲科的结果，使得考科举之风长盛不衰，这又刺激了书院的大量出现，印刷业的发达，产生了更多的就业机会。

表一　北宋榜眼籍贯表

路	州县	人数	比例
开封府路	（21）开封祥符，（55）开封	2	4%
京东东路	（16）淄州邹平县，（22）密州安丘县	2	4%

续表

路	州县	人数	比例
京东西路	（33）曹州冤句县，（11）澶州成安县	2	4%
京西北路	（19）蔡州上蔡县	1	2%
京西南路	（22）随州，（44）随州随县，（28）邓州依政县	3	6%
河北西路	（6）真定，（25）相州安阳县	2	4%
永兴军路	（37）河中府万泉	1	2%
秦凤路	（9）凤翔	1	2%
淮南东路	（17）高邮军，（56）扬州江都县	2	4%
淮南西路	（27）庐州合肥县	1	2%
江南东路	（8）歙州新安，（57）信州弋阳县	2	4%
江南西路	（23）（30）临江军新喻县，（26）吉州永新	3	6%
两浙东路	（42）衢州常山县，（54）金华	2	4%
两浙西路	（15）（31）杭州钱塘县，（45）秀州嘉兴县，（46）秀州华亭县，（24）苏州长洲县，（34）常州晋陵县，（40）湖州乌程县	7	14%
福建路	（12）（20）泉州晋江县，（14）泉州惠安县，（36）建州建阳县，（49）（50）建州建安县，（35）（48）（53）兴化军莆田县，（51）福州闽县，（39）邵武军邵武县	11	22%
成都府路	（29）（41）成都府华阳县，（13）眉州眉山县，（52）眉州，（7）嘉州洪雅，（32）汉州绵竹县	6	12%
梓州路	（43）潼之通泉	1	2%
夔州路	（47）江津	1	2%
荆湖南路	（38）道州	1	2%

2. 中举的年龄

中举的年龄，可以考知者36人，列举于下：

18岁2人：（19）祖士衡，（55）赵楷。

20岁3人：（8）张秉，（25）韩琦，（42）王涣之。

22岁3人：（21）丁度，（33）窦卞，（54）潘良贵。

23岁1人：（47）赵谂。

24岁5人：（22）明镐，（27）杨察，（29）王珪，（31）沈遘，（46）朱绂。

25岁3人：（24）叶清臣，（41）王任，（44）刘逵。

26岁2人：（28）李绚，（40）朱服。

27岁1人：（32）杨绘。

28岁3人：（13）朱台符，（23）萧贯，（30）刘敞。

31岁4人：（6）李至，（9）韩见素，（34）胡宗愈，（57）周执羔。

32岁2人：（15）钱易，（16）周起。

34岁1人：（17）陈知微。

35岁1人：（56）王居正。

36岁2人：（26）刘沆，（35）陈睦。

39岁1人：（7）田锡。

40岁1人：（37）薛向。

41岁1人：（36）陈轩。

以上36人，中举时平均年龄为27岁，最小18岁，最大41岁。如分年龄段统计，19岁以下2人，20—29岁21人，30—39岁11人，40以上2人。以25岁居多，凡5人。29岁以下为多，共23人，占64%。

3. 寿命

享年可考知者38人，最小31岁，最高84岁。平均寿命为55岁。其中30岁以上3人，40岁以上8人，50岁以上11人，60岁以上12人，70岁以上2人，80岁以上2人。最多为50岁5人。

30岁：（55）。31岁：（49）。36岁：（19）。

40岁：（28）（45）（46）。42岁：（13）。43岁：（31）。45岁：（33）。46岁：（23）（27）。

50岁：（17）（24）（30）（41）（44）。55岁：（6）。56岁：（8）。57岁：（54）。58岁：（40）。59岁：（15）（16）。

60岁：（22）。61岁：（35）。62岁：（32）。64岁：（7）（21）。65岁：（42）（56）。66岁：（26）（34）（37）。67岁：（29）。68岁：（25）。

77岁：（57）。78岁：（39）。

80余岁：（9）。84岁：（36）。

4. 仕途

一旦考上第二名，其初任官大多与第一名相同，以后仕途比较顺利，57人中为宰执者10人，占17.5%，为翰林学士、三司使、知开封府等高官者亦不少。现仅就升为之宰执者列表如下（表二）。

表二　晋升宰执时间表

序号姓名	中进士年	执政时间年龄	需时	宰相时间年龄	需时
（6）李至 947—1001	太平兴国二年（977）	太平兴国八年（983）参知政事37岁	6年		
（16）周起 969—1027	咸平三年（1000）	天禧元年（1017）枢密副使49岁	17年		
（21）丁度 990—1053	大中祥符四年（1011）	庆历五年（1045）枢密副使56岁	34年		
（22）明镐 989—1048	大中祥符五年（1012）	庆历八年（1048）参知政事60岁	36年		
（25）韩琦 1008—1075	天圣五年（1027）	嘉祐元年（1056）枢密使49岁	29年	嘉祐三年（1058）相51岁	31年
（26）刘沆 995—1060	天圣八年（1030）	皇祐三年（1051）参知政事67岁	21年	至和元年（1054）相70岁	24年

续表

序号姓名	中进士年	执政时间年龄	需时	宰相时间年龄	需时
（29）王珪 1019—1085	庆历二年（1042）	熙宁三年（1070）参知政事52岁	28年	熙宁九年（1076）相58岁	34年
（37）薛向 1016—1081	治平二年（1065）	元丰元年（1078）同知枢密院事63岁	13年		
（44）刘逵 1061—1110	元丰八年（1085）	崇宁二年（1103）同知枢密院事43岁	16年		
（46）朱绂 1068—1107	元祐六年（1091）			大观元年（1107）相40岁	16年

从表二可以看出，自中进士到执政，最短6年，最长36年，平均22年多。最短6年之李至，当属特例，时在宋朝建国不久，人才缺乏，正逢大举扩招进士之时。以后进士增多，竞争激烈，仕进速度逐步放慢，未见少于十几年之例，而13年之薛向也有其特殊原因，他在考中进士之前已有多年的做官阅历。为执政时的年龄，最小37岁，最大67岁。平均53岁，正是阅历丰富、壮年有为之时。但由于当时第二人的享年，50岁及其以下的占了42%，他们能上执政的机会就很小了，如年寿长一点的话，他们中的有些人也可能进入执政行列。

为相者4人，其中3人经过执政的台阶，一人越过执政超级提拔为相。

5. 著作

57人中，有著作者30人［（7）（13）（14）（15）（16）（17）（19）（21）（24）（25）（26）（27）（29）（30）（31）（32）（33）（36）（37）（38）（39）（40）（41）（42）（45）（48）（49）（54）（56）（57）］，占总数的53%。说明整体素质比较高，其中，如刘敞著作尤丰，他是著名的经学家，首开怀疑儒家经传之风，又是金石学的开创者。

6. 正史立传情况

57人中，《宋史》有传者31人［（6）（7）（8）（13）（15）（16）（17）（19）（21）（22）（24）（25）（26）（27）（28）（29）（30）（31）（32）（33）（34）（36）（37）（39）（40）（44）（46）（54）（55）（56）（57）］，占总数的54%。说明他们在行政上有作为者居多。

7. 家庭情况

不详者22人，已知情况的34人中，其父亲（其父不详者补之以祖）举进士而为官者9人［（11）（24）（25）（30）（33）（34）（35）（38）（39）］，为官者17人［（8）（12）（13）（15）（16）（19）（21）（27）（29）（31）（37）（40）（42）（47）（48）（50）（56）］，不仕者8人［（7）（14）（26）（28）（32）（41）（54）（57）］。可见出身于进士或官宦家庭者占绝大多数，有比较好的文化背景。而不仕中，家庭经济状况一般都不错，或有一定的文化程度。故他们能考中进士第二名，并非偶然。

2010年3月15日

"只许州官放火"的州官田登是何许人也

提起田登，人们可能不太熟悉，但只要说那是"只许州官放火，不许百姓点灯"的主角，就无人不晓了。这一句成语，人们普遍理解为这个州官可以随便放火，老百姓却连点灯的自由也没有，因而常常用它形容那些欺压百姓的官员。可想而知，田登一定是个胡作非为坏到极点的官僚了。想象毕竟是虚的，他的真实面貌究竟如何？查《宋史》的《奸臣传》，一句都没有提到，这更引起我的好奇，于是在阅读史书时，顺便注意搜集其材料，现在大体轮廓已经清楚了，答案可能会让人大吃一惊：他不是坏官，而是名家、贤者。

田登，字升之，北宋晚期人。籍贯不详。

元符二年（1099），宰相章惇（1035—1105）主编《元符敕令格式》134卷成书，实际编撰的删定官有田登、林摅（1065—1123）等6人，他们都是文学之士。（《续资治通鉴长编》卷五一六元符二年闰九月乙未）其中林摅，后来还升为尚书左丞（副宰相）。此书的详议官是蔡京（1047—1126）等2人，负责审核、把关。二年后，蔡京升为宰相，把持朝政十多年。蔡是顺我者昌逆我者亡之人，如果田登有意去巴结这个曾经的同事，肯定会官运亨通，但从他此后一直在地方官位上徘徊看，他没有这样做。蔡京之子蔡絛称他为"名家，贤者"（《铁围山丛谈》卷四），当与此有关。

元祐元年（1086）王安石去世，此时反新法派的司马光已掌权，八年后，新法派重新上台，执政二十多年，但这些王安石的徒子徒孙们只顾结党营私、贪污腐化，谁也没有为王安石建一个纪念性的建筑，唯有田登于崇宁四年（1105）出任王安石的老家抚州（今江西临川）的知州时，为王安石修建了祠堂，还绘制了王安石像，供人瞻仰、祭奠，这是中国第一个王文公祠，可见他是真心崇敬这位名家的（元虞集《道园集古录》卷三五《王文公祠堂记》，《永乐大典》卷一〇九五〇第9页作崇宁五年）。

政和初（1111）知应天府（今河南商丘）。政和六年（1116）正月知拱州（今河南睢县）（《宋会要》选举三三之二九），四月知怀州（今河南省沁阳）（《宋会要》兵二四之三〇）。宣和四年（1122）四月知河中府（今山西永济市），被劾"轻脱"，提举西京嵩山崇福宫（《宋会要》职官六九之一〇），退休回家。

他治郡有方，翟汝文（1076—1141）《田登除鸿胪少卿制》中称他"习于治郡，能体德音"（《翟忠惠集》卷三）。这是公布于众的诏制中语，不会空穴来风。

他有文才，与文人学士吴则礼（？—1127）、程俱（1078—1144）交往密切，吴则礼作《简田升之时升之赴金陵》诗云："霜发雠书有东观，锦囊觅句属南天。"（《北湖集》卷三）说明他的诗歌写得不错，可惜没有传下来。程俱作《和田龙图升之登秋宴口号》诗说："矍铄仍堪将帅间，壮猷聊与虎臣班。"自注："来书云：'坐于诸军团练使之后。'"(《北山小集》卷一〇）这一句话，是他唯一留存至今的文字了。从诗中看，他年老时仍然精神抖擞。

他对老母亲非常孝顺，为此不惜做出格的事。在母病危时，想请名医宋道方看病，而宋从不外出，田便将他抓去，要他三天之内治好，否则就杀。宋一看，已病入膏肓，于是下一种临时起作用的药，果然很快好了，田登喜出望外，说：我前面做法不对，现在马上改正。于是，赠他一千贯钱，用太守的轿子，吹吹打打，将他送回家。十天后其母病发作，再找宋大夫，已无影踪（王明清《挥麈录余话》卷二）。总体说，他是一位有些小毛病的好官。

在这样一个贤者身上，怎么会出现"只许州官放火不许百姓点灯"的事呢？我们不妨仔细看一下典故的出处。

"只许州官放火不许百姓点灯"是明代才流行的成语，明冯梦龙指出这是明人据陆游记载改编而成的（《古今谭概》迂腐部卷一）。

陆游在《老学庵笔记》卷七中说：

> 田登作郡，自讳其名，触者必怒，吏卒多被榜笞。于是举州皆谓灯为火。上元放灯，许人入州治游观。吏人遂书榜揭于市曰："本州依例放火三日。"

从这一记载可看出，知州田登不是天生爱好到处放火惹事，也没有野蛮到不许百姓在家里点灯，只是要求下属避他的名讳，即不许下属提到他的大名（登）字（包括同音字）。此故事要缩编的话，应该是：州官只许百姓说放火，不许百姓说点灯。明人把两个说字一去，首句的百姓换成州官，就完全变了味儿。

或许有人问，田登为什么要下属避讳？这是宋代风气使然。中国古代讲究避讳，皇帝的大名，他人不能用，同音字也得避讳。以后又普及到各个阶层，在宋代，个人得避父、祖的讳，下级得避上级的讳。于是出现种种匪夷所思的怪现象，举几个例子，可见一斑。

有一位官员刘温叟，他的父亲名岳，他就一辈子不听音乐，并不是他不喜欢音乐，而是他不敢去听，别人要是问一句，你干什么去啦？他没有办法回答，因为"岳""乐"同音（《燕翼贻谋录》卷一）。

司马光的父亲名池，司马光写文章，从不用池字，不仅如此，连同音字也避，他有一位朋友韩持国，因为"持"与"池"同音，司马光便擅自将"持"改成相同意思的"秉"，称他为"秉国"。

汪伯彦当了最高军事长官，下级官员列队点名，副承旨负责叫名字，当点到校尉张伯彦时，正好与上司同名，副承旨怕了，改叫官称张校尉，连叫三声，无人答应。汪伯彦嘱咐，不要避讳。他不敢，连训三次，他一着急，将"张伯彦"叫成了"汪伯彦"，气得汪骂他"畜生"，吓得他几个月不敢上班（庄绰《鸡肋编》卷中）。

陆游的《老学庵笔记》作于宋光宗绍熙三、四年间（1192—1193），离事情发生已80来年，显然得之于传闻，所说的是否全部属实呢？我们不妨看一下更早的记载。

蔡絛（1097—1158后）《铁围山丛谈》卷四第63页的记载：

> 又有田殿撰升之登者，名家，亦贤者也，绵历中外。一日，为留守南都，时群下每以其名"登"，故避为"火"。忽遇上元，于是榜于通衢："奉台旨，民间依例放火三日。"遂皆被白简。至今遗士大夫谈柄，不可不知。

此书作于绍兴二十七年（1157），比陆书早三十多年。

庄绰《鸡肋编》卷中第23页云：

> 世有自讳其名者，如田登，在至（当作政）和间为南宫留守，上元，有司举故事呈禀，乃判状云："依例放火三日"，坐此为言者所攻而罢。

此书作于绍兴三年（1133），比陆书早60年。

蔡絛、庄绰年龄比田登略小，但田登还没有退休时，他们都已当官。蔡絛在田登刚退休时，就发表了《西清诗话》一书。蔡絛之父蔡京曾与田登同事，蔡絛还有可能见过田登。两人的记载应该比陆更可信。蔡、庄都指明事情发生在南都，亦名应天府，他当的是知府，到陆游时已经弄不清具体地点，便笼统归结为州。宋代的府虽与州同级，地位略高些。蔡、庄都无田登因避讳鞭打下属事，显然那是流传过程中增添的。如果真有此事，蔡不会称他为贤者，诏制也不会说他"习于治郡"（即管理州事有方）了。

以上三书都说："依例放火三日。"说明确有其事。此事是谁干的？陆游说是吏人。蔡絛说是吏人奉台旨出的榜，但未说真的是田登的指示，还是吏人假借其名。庄绰则说是田登的批示。

我认为，田登作批示的可能性极小，如果是他批示，他作过多处知州，都应该有同样的批示，各地都会发生同样的事，早在知南都前已知抚州，为什么抚州等州没有发生此事，只在南都发生呢？

很可能是吏人嫌他治郡严，故意为之，使他遭受御史弹劾下台。宋代的官和吏是有严格区分的，官一般都是科举出身，吏则不是，官可以升迁，吏永远在老地方当干事，不能升成官。官有俸禄，吏没有，就靠仗势欺人、吃了原告吃被告赚钱，宋神宗开始给他们发工资，但很低。官一般不懂法，吏很精通，碰到懂法的官或管理严的官，吏会使尽各种办法，让官中圈套，把官赶走。

现在可以归纳一下了，从历史真实经过流传加工到成语，这三个阶段变化的脉络大致如下：

田登是北宋晚期治郡有方的贤者。政和初年，知应天府，正好遇到上元节，需放灯三日，下吏按避讳惯例，不敢写与登同音的"灯"字，于是写成"依例放火三日"，将喜庆的"放灯"写成放火，太有伤大雅了，被御史弹劾免官。毕竟，这并非太大的失误，不久，又到其他州任职了。

此事传到南宋中期，人们已不知田登的生平事迹，连在何地作何官也不清楚，于是知府变成了知州，又增添了"吏卒多被榜笞"的情节，"依例放火三日"前加了"本州"二字。

又过了数百年，到明代缩编为"只许州官放火不许百姓点灯"，就完全变样了，本是讽刺过度的避讳，变成贬斥官员的凶残了。

　　以上考证说明，历史的真实是一回事，流传过程中添枝加叶是一回事，缩编为成语又是一回事，三者不能混淆。如果我们单看明代的成语，都会认为田登是个坏到极点的官，看了陆游的书，也会认为他是相当蛮横不懂事，而事实上，田登本人并不坏，做官还是比较正派的。如果不作细致的考证，还原他的本来面目，那么田登将永远被误解，被世人咒骂下去了。

2019 年 3 月 23 日

"上有天堂下有苏杭"的由来

天堂、地狱，本是佛教的词语，佛教的流行，使得天堂成为理想王国的代名词，于是，人们开始将所见最美的地方比作天堂。一说起比喻，人们很自然会联想到"上有天堂，下有苏杭"的谚语。不过，从历史上考察一下，最早比作天堂的地方不是苏杭，而是地处陕西西安的员庄，这大概是谁也不曾想到的，但的的确确是事实。时间不是在宋代，而是在唐朝，《树萱录》记载到盛唐时期的名臣员半千（628—721）的庄园特别美，它位于焦戴川上、白鹿原之南，在今西安市东南。据文中记载，有"莲塘、竹径、酴醾架、海棠洞、会景堂、花坞、药畦、碾磨、麻稻"，是景色优美的名园、人们向往的游览胜地。于是便赢得了"谚曰：上有天堂，下有员庄"①的美誉。但它毕竟只是一个规模有限的庄园，天堂之谚仅此一见，并未广泛流播，至金、元时只有一二位诗人尚在歌咏员庄之美，但已不用天堂做比喻了②。

到了五代、两宋之际，随着经济重心的南移，杭州、苏州成为新兴的经济发达的城市，又由于得天独厚的自然景观，能工巧匠的装点，文人墨客的吟诵，使得杭、苏成为人们无限向往的胜地。特别是杭州，从吴越在此建国，到南宋定都，更跃为当时世界上最繁华的城市。很自然，它们便戴上了天堂的桂冠，不过最初并不叫"上有天堂，下有苏杭"，它经历着一个有趣的变化过程。从宋到明先后出现过四种说法。

最早的说法产生于北宋末，靖康二年（1127）初，宋徽宗被金兵掳走，曹勋随行北上时，听金人在传言："上界有天堂，下界有苏杭。"③这当然是他们从宋人那里听来的。两三年后，金人骑兵南下，直指苏杭，除了穷追高宗而外，对苏杭的向往，也应当是一个重要的因素。又过了三十多年，金派遣入宋的使者将天堂般的西湖风景绘成画卷，呈上金主完颜亮，一种强烈的占有欲涌上心头，他要占有这人间天堂，于是奋笔题诗：

---

① （唐）无名氏《树萱录》，见《说郛》卷三五上，（元）骆天骧《类编长安志》卷九。（宋）陈振孙《直斋书录解题》卷一一称"或云刘煮无言所为也"，其说出自（宋）何薳《春渚纪闻》卷五："《树萱录》载杜陵老、李太白诸人赋诗事，诗体一律……《树萱录》刘煮无言自撰也。"按：《春渚纪闻》所引内容，并非出自《树萱录》，而是《续树萱录》之文［见（宋）洪迈《容斋随笔》卷一六"续树萱录"］。（宋）张邦基《墨庄漫录》卷八已指出《春渚纪闻》之误。《树萱录》收入欧阳修《新唐书》卷五九《艺文志》，是唐代作品应无问题。

② （元）《类编长安志》卷九第365页，王清卿（名仲元，？—1216）诗曰："竹径莲塘小有天，过桥直到涌珠泉。至人不识烟霞客，兴尽山阴访戴船。"（元）杨弘道《灵泉院》称："闻说员庄好，未竟神已驰。去此无十里，水竹尤清奇。"（《小亨集》卷一）

③ （宋）曹勋《松隐集》卷二六《进前十事》。

"立马吴山第一峰"①,他发兵数十万大军南下,以为马到即可成功,只是历史嘲弄了他一下,让他进入了另一个天堂。

到宋光宗绍熙三年(1192),在文学家范成大的笔下,记录了新的说法:"天上天堂,地下苏杭。"②

又过了一百多年,到了元代,才首次出现"上有天堂,下有苏杭"这八个字,女真人奥敦周卿《蟾宫曲》:"春暖花香,岁稔时康,真乃'上有天堂,下有苏杭'也。"但当时还只是一家之言,并未成为共识。

到明代后期,又有新的提法:"上说天堂,下说苏杭。"③而大体同时且在社会上广泛传播的《水浒传》,在竞争中显然占了上峰。它在第114回中写道:"这杭州,宋以前唤作清河镇,钱王手里改为杭州宁海军……安排得十分富贵,从来江山秀丽,人物奢华,所以相传道'上有天堂,下有苏杭'。"清代小说《孽海花》又沿用了这一说法。这些著名的小说的威力比诗文大得多,它很快取代了其他各种说法,从此,"上有天堂,下有苏杭"便成为公认的谚语,以至今日提起还有另外的说法:"上有天堂,下有贝庄","上界有天堂,下界有苏杭","天上天堂,地下苏杭","上说天堂,下说苏杭",人们只会感到诧异了。

按:此与《"张韩刘岳"考》《堪与杜甫〈新婚别〉媲美的〈新嫁别〉》,合称"南宋史札记三则"。

(原刊于《国际社会科学杂志》2009年3期)

---

① (宋)岳珂《桯史》卷八,《三朝北盟会编》卷二四二,《建炎以来系年要录》卷一八三,元刘祁《归潜志》卷一,(宋)罗大经《鹤林玉露》卷一。一说此诗是大臣代书的。另一说是柳永的一曲《望海潮》"有三秋桂子,十里荷花",牵动了金主完颜亮的野心。完颜亮南侵的原因当是多方面的,未必如上所说那么简单,但上述的记载都从这一角度去强调,也可反映出杭州是人间天堂,已经成为人们的共识。其所题诗句,或作"一醉吴山顶上峰"。

② (宋)范成大《吴郡志》卷五〇,第13页。

③ (明)郑若曾《江南经略》卷一下。

"张韩刘岳"考

提起高宗朝的名将，向有"张韩刘岳"之称。他们指的谁？什么时候出现这样的提法？值得研讨。

"张韩刘岳"中的张、韩、岳三位，指的是张俊、韩世忠、岳飞，世无异议，唯刘指谁？则有刘光世与刘锜二说。

主刘锜说者，宋代未见，所可见者，唯元代脱脱之《宋史·张俊传》。

《宋史》卷三六九《张俊传》："南渡后，俊握兵最早，屡立战功，与韩世忠、刘锜、岳飞并为名将，世称'张韩刘岳'。"此说虽仅此一见，以其具有正史地位，影响颇大，明王鏊《姑苏志》卷四二所载略同，当取材自《宋史》。晚出的清代类书，如《御定分类字锦》卷三四、《御定子史精华》卷四九皆取《宋史》之说。今人仍有信者，也有人以为当指刘光世，但未作详细考证。这里有必要做深入的探讨。

我以为"张韩刘岳"之刘确实是指刘光世，这可以从三个方面论述。

一，宋代文献屡见"张韩刘岳"之说，只要说到具体人名，都无例外的说：张俊、韩世忠、刘光世、岳飞。现举四例如下。

（1）李光（1078—1159）《进高祖与韩信论将故事论任将状》曰：

……中兴摧大敌者不在张、韩、刘、岳、吴玠等数大将乎？陛下欲尽驾御之术，则于此数人者，当使恩威并行，其心悦服，然后可以制其死命，得其死力也。臣观诸将各有所长，不可偏任，如张、刘之持重，韩、岳之骁勇，政在陛下区处驾御之耳。韩世忠、岳飞其实未立尺寸之功，宠任之专，恩数之隆，锡赉之厚，莫与为比，而阴拱傍观者，惟幸其不成功，其势不得不重，彼重而我轻，一旦有急，势必偃蹇，况张、刘二军士马器甲，实精锐犀利，光世宜稍加任用，与世忠相肘腋，动则分路而进，急则画疆而守，兵声既广则势张，敌所备多则力分，而我得胜算矣，张俊虽若畏懦，其实有谋，陛下尝委以宿卫矣。今所谓中军者，独巨师古数千人，皆乌合之众，神器所在，寡弱如此，岂所谓防微杜渐折冲消萌者哉！臣愚欲望陛下深诏大臣，别议万全之策，使韩、刘、吴、岳分诸路，以守边疆，张俊拥全师，以卫王室，庶几爪牙心膂，各尽其用，委任之际，无偏重之患，时出异恩，使大喜过望，此汉祖将将之术也[①]。

（2）朱熹（1130—1200）。

焖因问：当初高宗若必不肯和，乘国势稍振，必成功。曰：也未知如何。

[①] （明）杨士奇等《历代名臣奏议》卷二三九，文渊阁四库全书本。

盖将骄惰不堪用。间问：如张韩刘岳之徒富贵已极，如何责他死了，宜其不可用，若论数将之才，则岳飞为胜，然飞亦横，只是他犹欲向前厮杀。先生曰：便是如此有才者，又有些毛病，然亦上面人不能驾驭他，若撞着周世宗、赵太祖，那里怕他驾驭起，皆是名将，缘上之举措，无以服其心，所谓得罪于巨室者也。（是夜，因论为政不得罪于巨室语及此）又问：刘光世本无能，然却军心向他，其裨将亦多可用者。曰：他本将家子。（云云）张魏公抚师淮上，督刘光世进军，是时，金人正大举入寇，光世恐惧，遂背后恩赵忠简，是时赵为相，折彦质为枢密，折助之请枢密院，遂命刘光世退军，魏公闻之大怒，遂赶回刘光世，出榜约束云：如一人一马渡江者皆斩，光世遂不敢渡江，便回淮上。枢府一面令退军而宣抚令进军淮上，然终退怯，魏公既还朝，遂力言光世巽懦不堪用，罢之，而命吕安老董其军。及安老为琼等所杀，降刘豫，魏公由是得罪，而赵忠简复相。赵既相，遂复举刘光世为将，都弄成私意，魏公已自罢得刘光世好了，虽吕安老敢事，然复举能者而任之亦足矣，何必须光世哉？此皆赵之私意。以某观，必竟魏公去得光世是，而赵所为非，岂有金人方入，你却欲掉了去一边令进军，一边令退军，如何作专？（云云）又言：诸将骄横，张与韩较与高宗密，故二人得全，岳飞较疏，高宗又忌之，遂为秦所诛，而韩世忠破胆矣。只有韩世忠在大仪镇，篡杀得金人一阵好①。

（3）淳祐十二年（1252），宋罗大经《鹤林玉露》甲编卷四第66页：

嘉定间，山东忠义李全，跋扈日甚，朝廷择人帅山阳，见大夫无可使，遂用武国。国，武人也，特换文资，除大府卿以重其行，国至山阳，偃然自大，受全庭参，全军忿怒，因而杀之。幕客杜子埜，诗人也，亦死焉。初，国之换文资，乔寿朋以书抵史丞相曰：祖宗朝制置使多用名将，绍兴间，不独张、韩、刘、岳尝为之，杨沂中、吴玠、吴璘、刘锜、王璲、成闵、李显（中）〔忠〕诸人亦为之。不特制置使可为，枢密、处置、宣抚等使亦可为也，岂必尽文臣哉！

按：此将刘锜列在张、韩、刘、岳之外，亦可证张、韩、刘、岳之刘决非刘锜也。

（4）《群书会元截江网》卷二二：南宋名将称张、韩、刘、岳，叶水心论之曰：究其勋庸，多是削平内寇，抚定东南，纵有小胜，不能补过，卒用屈己讲和之策，以成晏安江沱之计。予以为此责备之词尔。又指其实而议之，曰：自靖康破坏，维扬仓卒，海道艰难，杭越草创，而诸将自夸雄豪，刘光世、张俊、吴玠兄弟、韩世忠、岳飞各以成军雄视海内，玩敌养兵无若刘光世，任数避事无若张俊，当是时也，随意诛剥，无复顾惜，志意咸满，仇疾互生，非特北方不可取，而南方亦未易定也。此其论宜公矣。岂二吴、韩、岳尚未免此耶？

二、除了文献以外，尚有南宋中期胡松年画的南渡四将像，这四人就是：刘光世、

---

① （宋）黎靖德《朱子语类》卷一三一，王星贤点校，中华书局，1994年。

韩世忠、张俊、岳飞。

此画首见于明张丑《真迹日录》的著录，其卷一云："戴生携示项又新藏名卷……刘松年《中兴四将小像》：首刘，次韩，次张，次岳，后有俞贞木跋记也。……时甲子清和十日也。"按：甲子为嘉靖四十三年（1564）。

此画现存于世，画上题名分别为：刘鄜王光世、韩蕲王世忠、张循王俊、岳鄂王飞。洪武庚午（二十三年，1390）八月秋日，俞贞木《书宋中兴四将画像后》云：

> 右宋中兴四将，世称张、韩、刘、岳，自王公大夫，下至牛童马走妾妇稗官之口，无不称道其武勇忠义，君子耻没世而无闻焉，宁不思景仰乎？然以其平生大节校之，则未免使人有慕有憾。自建炎初至绍兴十二年，其战阵之勇，英谋伟略，功冠三军，及其晚节末路，先是，刘武僖罢兵为万寿观使，实绍兴十二年六月也。至八月岳鄂王亦为万寿观使，韩蕲王寻亦罢为醴泉观使，继而鄂王没，至十二年十一月张循王始以罪免，充醴泉观使。呜呼！建炎、绍兴之际，诸将竭忠与金人力战十有余年之间，几复大业，卒为秦桧所困，使绍兴二年秦桧既免，榜其罪于朝堂，示不复用，自是而屏之远方，诸将戮力，恢复可图矣，继而再用桧，终以误国。悲夫！然世称四将齐名，不复论其优劣，得无憾焉。

按武僖为刘光世谥，见《宋史》卷三六九本传。

接着，论四将优劣，云：

> 今以信史考之，蕲王性戆直，勇敢忠义，事关庙社，必流涕极言，嗜义轻财，与士卒同甘苦，深以和议为不然，抗疏极言桧误国之罪，既罢，遂杜门以终。

> 鄂王事亲孝，家无姬侍。吴玠尝饰名姝遗之，乃辞曰：主上宵旰，岂大将安乐时耶？却而不受，帝欲为之营第，辞曰：敌人未灭，何以家为？或问：天下何时太平？答曰：文臣不爱钱，武臣不惜死，天下太平矣。循王尝问其用兵之术。答曰：知、信、仁、勇、严，缺一不可。其忠愤激烈，论议持正，卒以得祸。

> 循王初赞桧成和议，约尽罢诸将，独以兵权归己。及诸将已罢，和议已定，而居位无求去意，及江邈有言，乃求去。吁！循王握兵最早，屡立战功，惜乎附桧杀鄂王，为世所鄙薄矣。

> 刘公在诸将为先进，然而律身不严，驭军无法，不能任事，方之韩、岳不逮远矣。

三，再看《宋史》卷三六九《张俊传》后之论曰：

> 南渡诸将以"张、韩、刘、岳"并称而俊为之冠。然夷考其行事，则有不然者，俊受心膂爪牙之寄，其平苗、刘，虽有勤王之绩，然既不能守越，又弃四明，负亦不少，矧其附桧主和，谋杀岳飞，保全富贵，取媚人主，其负戾又如何哉？光世自恃宿将，选沮却畏，不用上命，师律不严，卒致郦琼之叛，迎合桧意，首纳军权，虽得善终，庸下君子不贵也。二人方之韩、岳益远矣。

在这里，所论及的"张、韩、刘、岳"中的"刘"就是刘光世，根本没有提刘锜。按惯例，传后之论，都是评论传中人物的，由论中所提，可以推定，其《宋史·张俊传》原本所提四人即指张俊、韩世忠、刘光世、岳飞。

那么，为什么现在的《张俊传》与传后的论不同呢？原因可能有二：一是编者笔误，将传中的刘光世错写成了刘锜。二是编者的认识有了变化，虽然论资格，刘锜比以上四人浅，但其战功则超过刘光世，因此写成初稿后，又对传文又做了修改，有意以刘锜取代刘光世。但忘了对传后的论作相应的改动，以致出现了自相矛盾的现象。

总之，上述的考证，足以证明宋代盛称的南宋中兴四将"张、韩、刘、岳"，其中之"刘"确实是指"刘光世"，而非"刘锜"。《宋史·张俊传》文之"刘锜"当为"刘光世"之误。

南宋四将之称，并不是一开始就称"张、韩、刘、岳"的，最早出现的却是"刘、韩、张、辛"。

建炎三年（1129），九月二十一日，胡寅《上皇帝万言书》，称："陛下今欲于刘、韩、张、辛四人之兵，有所移易废置，臣知其不能矣。权既偏重，柄既倒持，彼必谓陛下不能一日而舍之，夷踞桀骜，日以滋起，陛下以孤立之身寄于其上，安能使此四人者常无怨怒相激而不为变乎？刘苗之乱，率尔而作者，坐此故也。"①

辛企宗，建炎四年（1130）八月庚辰，为神武副军都统制②，至绍兴元年（1131）十二月乙亥被贬，此职由岳飞接替③。"刘、韩、张、辛"之称到此结束。

有人认为"岳飞至此取代了辛之地位，仅次于刘光世、韩世忠、张俊，而不同于另外几十员统制官"④。

这恐怕言之过早。

以"张、韩、刘、岳"取代"刘、韩、张、辛"，应当考虑两点：一，岳飞的地位、兵力已超越其他人而紧随三将之后。二，张和刘的实力和地位已发生改变，导致两人的易位。

绍兴二年三月，神武前军统制王瓒部一万四千九百人⑤。而岳飞这一年四月才一万二千余人⑥，到十一月己巳，才增加为二万三千。到绍兴三年（1133）六月甲申朔，神武后军统制巨师古除名，其军大部分拨隶神武右军都统制张俊。九月庚辰，岳飞所部改称神武后军，岳飞为统制。其兵力和地位已逼近张、韩、刘。岳与张、韩、刘并称当在此时。

---

① （宋）李心传《建炎以来系年要录》卷二五建炎三年七月，文渊阁四库全书本。
② （宋）李心传《要录》卷三六建炎四年八月庚辰。
③ （宋）李心传《要录》卷五〇绍兴元年十二月乙亥、丁丑。
④ （宋）岳珂编、王曾瑜校注《鄂国金佗稡编校注》卷五，第170页
⑤ （宋）李心传《要录》卷五二绍兴二年三月甲寅。
⑥ （宋）岳珂《措置曹成事宜奏》："臣所统本军官兵一万二千余人。"《鄂国金佗稡编校注》卷10，838页。

绍兴三年九月前，张俊军三万、装备最精，韩世忠军四万，刘光世军四万，老弱居半[①]。九月十五和十八日，朝廷将忠锐第九将史康民、第十将王林所部及神武后军的官兵八千人并入张俊军，又命令第二将张守忠受张俊节制[②]，此时张俊的兵力已达五万左右。张与刘的易位应在此时。

以上证明，南宋初四大将"张、韩、刘、岳"之语当确立于绍兴三年（1133）九月间。

此时，张、韩、刘已为宣抚使、都统制，岳飞与他们同为掌握实权的屯驻大军的领导，他们的军队被称为张家军、或韩家军、刘家军、岳家军。岳飞属后起之秀，虽起初官位远在前三人之下，但因为战功显赫，距离很快被拉近，绍兴五年二月，岳飞升为都统制，六年三月为宣抚副使，七年二月为宣抚使。反观刘锜，战功确实比刘光世强，但他从未出任过屯驻大军的首长，没有当上宣抚使这样的高官，兵力远小于上述四家，其军也从未被称为刘家军，因而尚难与张、韩、岳并称。

附带指出，"张、韩、刘、岳"之称，并不是就南宋全国军队而言的，它是就东南地区而言的。宋初两大战场，一是东南战场，这是南宋抗金、保卫京城杭州的主战场，摆了张、韩、刘、岳四大主力；二是川陕战场，摆了一大主力——吴玠、吴璘指挥的吴家军。南宋武臣得到宣抚使头衔的只有张、韩、刘、岳和吴玠、吴璘六人，论兵力、战功，吴家军与张、韩、刘、岳各军相当，之所以未与张、韩、刘、岳并称，应与仅就东南战场而言有关，"张、韩、刘、岳"之称当出自南宋东南军民之口。

---

① （宋）李心传《要录》卷六〇绍兴二年十一月己巳。
② （宋）李心传《要录》卷六八绍兴三年九月壬申、戊辰。

堪与杜甫《新婚别》媲美的《新嫁别》

读过杜甫诗的都知道他的代表作"三吏三别",其中《新婚别》描绘了新婚第二天夫妻分别的情景,语言朴实、生动,心理刻画,细腻真切,可以说在同类题材中,后人难以望其项背。然而,当我读到南宋诗人范端臣的《新嫁别》,上述看法便产生了动摇。其诗的语言同样朴实、生动,而揭露社会黑暗的思想深度则另具特色。

诗前有小序,云:"邻人纳妇,夜遭偷儿,明日妇出,为之作《新嫁别》。"其诗如下:

邻家新妇谁家女,昨日嫁来今日去。
徘徊欲去呼问之:"何乃遽遭姑舅怒?"
妇欲致词先泪雨:"妾在村东年十五。
长成只待嫁良人,不识人间离别苦。
妾从五岁遭乱离,频年况逢年凶饥。
母躬蚕桑父鉏犁,耕无余粮织无衣。
十年辛苦寸粒积,倒箧倾囊资女适。
岂知薄命嫁良人,招得偷儿夜穿壁。
晓看奁橐无余遗,罗绮不见空泪垂。
公姑忌妾遣妾去,欢意翻成长别离。
公姑遣妾妾难住,出门惘失来时路。
不恨良媒恨妾身,生离不为夫征戍。
我闻此语长嗟咨,谁知贼遣人分离。
抚人捕贼官乃职,纵贼不捕官何为。
妇言妾去君莫语,偷儿如鼠官如虎。"[①]

诗中没有点出时间和地点,只能从作者籍贯、经历做些推测。端臣字元卿,浙江兰溪人,绍兴二十四年(1154)中进士,隆兴元年(1163)为太学录。乾道元年(1165)八月国子监考试,负责点检试卷[②],二年(1166)十一月四日,以左宣教郎试馆职[③],四年三月铨试公试类试,以秘书省校书郎点检试卷[④]。淳熙三年(1176)二月二十五日,铨

---

① (宋)范端臣《范蒙斋先生遗文》(范浚《范香溪先生文集》附),宋集珍本丛刊第42册。
② (清)徐松辑《宋会要辑稿》选举二〇之一七,中华书局,1957年。
③ (清)徐松辑《宋会要》选举三一之二三。
④ (清)徐松辑《宋会要》选举二〇之一九。

试公试类试,以礼部员外郎负责"考试"①,四年八月五日,负责国子监考试②。五年为起居舍人,后为中书舍人、韶州守。

诗中所叙是农村的邻居,端臣自中进士以后一直在临安、韶州等城市中做官,此诗应当是中进士以前,在其家乡兰溪所作。范是个大家族,端臣从小与其叔父范浚(1102—1151)生活在一起,"吾叔儿侄,聚指且千",称其叔"诲我育我若己子","道尊而严,可亲莫干,余二十载,恩意益绵"③,叔侄生活了二十余载,以二十三年计,端臣约生于1129年,即建炎三年。

诗中记到了妇女年仅十五,在她五岁时曾"遭离乱",考兰溪一带,两宋之际战乱有三次:一是宣和二年(1120)至四年方腊起义。二是建炎三年(1129)至四年初,金兵攻破杭州、越州(绍兴)。三是绍兴十年(1140)东阳魔教造反。诗作于战乱后的十年,前两次太早,作者才四岁或十一岁。第三次战乱后十年,即绍兴二十年(1150)此女出嫁,其时范端臣大约二十多岁,正在家乡学习。从他第二年所写的《祭叔香溪先生文》看,已显示出非凡的才华,写出这样一首诗并非难事。

杜甫笔下的新婚骤别,是在战争年代因征兵而发生的,有一定普遍性。范端臣笔下的少妇,则是在新婚之夜失盗被公婆逼休的,此事看似偶然,却又有时代的必然性。当时连年天灾人祸,像少妇的父母拼命耕织,依然是"耕无余粮织无衣",好不容易苦熬十年,才凑够了女儿的嫁妆,"十年辛苦寸粒积,倒箧倾囊资女适"。这中间饱含多少辛劳、血汗。官府不体恤百姓,一些人只好铤而走险,去偷去抢,这样的悲剧不在张家发生,也一点会落到李家头上。

本来失盗不应怪罪少妇,公婆丈夫都在家,要说责任人人有份。然而在古代,女子的地位比男人低一头,儿媳更比婆婆低一等,倘若女方家庭地位高于男方,男方是不敢随便休妻的,可是这位少妇偏偏出身于贫苦的农民家。诗中没有提到夫家的状况,推想一定比她家要富裕些,但至多是个小地主,如果是大地主,门禁森严,小偷不会那么容易得手。

在古代,妇女有所谓七出之条,即不顺父母、无子、淫、恶疾、多言、窃盗。少妇没有违反这些条款,为什么要休呢?我想,这可能要归结于迷信思想,新媳妇刚进门就被盗,这是大不吉利的事,可能会把她看作败家精、丧门星,因而立即清除出门。"公姑忌妾遣妾去",一个"忌"字就隐含着上述意思。

少妇被公婆赶出门,这一悲剧如何解决?办法就两种:一是告到官府,夫家休妻是不合法的。但是,打官司要花钱,她家哪儿有钱呢?再说,即使打赢了,回到夫家不是更受罪吗?显然,这条路走不通。另一种方法便是要求官府捉贼,追回赃物,不就可以解决矛盾了吗?这位作者正是这样想的,当他说出自己的想法之后,得到的回答竟然

---

① (清)徐松辑《宋会要》选举二一之一。
② (清)徐松辑《宋会要》选举二一之二。
③ (宋)范端臣《祭叔香溪先生文》。

是:"妾去君莫语,偷儿如鼠官如虎。"小偷只不过像老鼠一样偷吃点东西,而官员则是像猛虎那样会吃人的,这真是惊人之笔。一个十五岁的农家少妇竟能意识到这一点,可见当时官吏贪残到了何等程度!

这是一位意志坚强的少妇,她"不恨良媒恨妾身,生离不为夫征戍"。丈夫为征战而分离,她觉得那是光荣、体面的,为失盗被休未免太窝囊。但她敢于面对现实,不抱任何幻想,她看透了整个腐败的社会。接下来,她的命运如何呢?诗人没有说,这一切,留待读者去想象了。

作者没有蓄意去塑造一个妇女形象,然而这种对话式的通俗文笔,将这位少妇形象活生生地显现在读者面前。诗的最后两句,使这位少妇形象陡然高大,而那些如虎如鼠的官吏、小偷们却显得那么渺小、可恶、可怜。

(原刊于《国际社会科学杂志》2009年3期,第157—163页)

《曲洧旧闻》《南窗纪谈》真伪辨

提要： 朱弁《曲洧旧闻》与徐度《南窗纪谈》是南宋初年著名的两部笔记，其中有12条内容相同，余嘉锡论定是《南窗纪谈》抄了《曲洧旧闻》，今本《南窗纪谈》是伪作。本文经考证，提出相反的看法，确认是《曲洧旧闻》抄了《南窗纪谈》，今十卷本《曲洧旧闻》内杂有许多伪作。

研究历史文化离不开史料，利用史料首先得鉴别其真伪，有些一目了然，有的颇费周折，有时候，大专家也难免看走眼。本文将讨论的两本南宋笔记的真伪便是典型的一例。

一、余嘉锡认定《南窗纪谈》是伪作

朱弁（约1080—1144）与徐度（约1106—1166）是南宋初颇有名望的文人，朱弁的《曲洧旧闻》和徐度的《却扫编》都是有相当水平的史料笔记，而令人难以理解的是，徐度的另一笔记《南窗纪谈》中有12条记载与朱弁《曲洧旧闻》相同，究竟谁是原创，谁是抄袭者？他们两位都是有才学有品行的人，都不可能去抄袭他人作品，那么，应该如何解释这一现象呢？

余嘉锡经过研究以后，得出如下的结论：

以两书对勘，大抵《旧闻》详而此书略，又间有数字不同。其删节篡改之迹显然可见。盖徐度所著之《南窗纪谈》，原书已亡。后人从他说部中抄取二十许条，伪题此名，托之徐度[①]。

这是说，是《南窗纪谈》抄了《曲洧旧闻》，但不是徐度干的，是后人的伪作。

事实果真如此吗？首先看一下余氏使用的鉴别方法，是以详略定真伪，详者真、略者伪。应该肯定，在一般情况下，此法是有效的，因为抄袭者，大多水平不高，图省事，故抄时，或原文照录，或节录（有意删节或无意中抄漏），一般不会去增添内容。如果要增添，就得有与被抄者相当的水平，否则，狗尾续貂，一眼就能看穿。而有水平者，自己能做，犯不着干抄袭的勾当。但用此法时，必须考虑一个前题，那就是两者都是原件。而现在两书恰恰都不是原件。

《曲洧旧闻》，四库全书本为十卷，而朱弁的原书只有三卷。朱熹为朱弁作行状中

---

① 余嘉锡《四库提要辨证》卷一七《南窗纪谈》条，云南人民出版社，2004年，第918页。

明言:"《曲洧旧闻》三卷。"行状作于淳熙十一年(1184)。朱熹为朱弁之从孙,所言应是最可信的。朱弁卒于绍兴十四年(1144),是其卒后四十年,《旧闻》一直是三卷,则十卷本显然是后人所增补的。哪些是原有的,哪些是后补的,根据什么补?什么时候补的?都没有见任何说明,则其来源本身就可能存在问题,其所增部分的真伪需要作鉴别。

徐度《南窗纪谈》,原书已亡,现存《说郛》本一卷,凡24条,是不全的,我从其他宋人书中辑得8条。陶宗仪所编《说郛》收书1000多种,其情况很复杂,其中大多是真的,少数是伪的。真者极少数是全录,大多属节录,节录之中,多数是选录条目,不动该条中的内容,少数则对内容有删节。《南窗纪谈》当属后者。

二、事实恰恰相反,是《曲洧旧闻》抄袭了《南窗纪谈》

既然情况如此复杂,则在比较两者鉴别真伪时,还应该尽量寻找旁证去解决,试比较下列例子(不同处用粗黑体表示):

例一,蔡宽夫条。

《说郛》本《南窗纪谈》第2条:

> 蔡宽夫侍郎**在**金陵,凿地为池,既至,寻丈之下,便得一灶,甚大,相连如设数釜者,灶间有灰,又有朱漆匕箸,其旁皆甖甓,初不甚损,莫测其故也。后见诸郡兵火之**余**,瓦砾堆积,不能尽去,因茸以为基址者甚多,金陵盖故都,自昔**兵乱**多矣,瓦砾之积,不知几何,则寻丈之下,安知非昔日平地**也**。

《曲洧旧闻》卷九第21条:

> 蔡宽夫侍郎**筑室**金陵,凿地为池**沼**,既去**土**,寻丈之下,便得一灶,甚大,相连如设数釜者,灶间有灰,又得朱漆匕箸**数十**,其傍皆甖甓,初不甚损,莫测其故何也。**旧闻其子择言亲道之**,后见诸郡兵火之**后**,瓦砾堆积,不能尽去,因茸以为基址者甚多,**因悟蔡氏所见盖**金陵故都,自昔**乱兵**多矣,**其**瓦砾之积,不知几何,则寻丈之下,安知非昔日**之**平地**耶**!

景定《建康志》卷四二引《南窗纪谈》云:

> 蔡宽夫侍郎**治第于**金陵**青溪之南**,穴地为池,**数尺**之下,见有瓦砾及朱髹匕筋数十,蔡惊异,命工愈掘之,又深尺余,有金镂瓦钖之器甚多,皆破碎交错,仆压于下,灶下苇灰犹存,又穷其傍,大抵皆人居也,然后知其下前代为平地。

从以上三种记载,可以看出:一,《旧闻》文字确实比《南窗》为详,但和景定《建康志》所引相比,又缺了许多内容,显然,它也是节录。二,三者虽然详略各有不同,但所记是同一件事是没有问题的。而由景定《建康志》所引此文称其来源为《南窗纪谈》,说明宋人是承认此条的作者为徐度而非朱弁。

例二，使相条。

《说郛》本《南窗纪谈》第11条：

> 凡以节度使兼中书令、侍中、同平章事，并谓之使相。唐制皆金敕，五代以来不预政事，敕尾存其衔而不金，但注使字。汉初有假左相曹参之徒，尝为之，皆以将军有功，无以复赏，故假以宰相之名，而不得居其位，是亦唐以来使相之比也。汉殇帝延平元年帝以邓骘为**车骑将军、仪同三司，仪同之名起于此。魏黄权以车骑**将军、开府仪同三司，开府之名起于此。盖亦姑使其仪秩得视三公而已，是亦假丞相之类，然晋以来左右光禄大夫开府者为文官，骠骑车骑将**尉**军与四征四镇及诸大将军开府者**皆**为武官。宋、齐以后，循之不改。唐初以为文散阶，虽三公三师，亦必冠以此号，李涪著《刊误》尝非之。**宋**因唐，无所革。元丰官制既罢**同平章事，遂以节度使加开府为使相**，正合创名之意，而文臣寄禄官亦存之，然无生为之者，惟以为赠官。

《曲洧旧闻》卷一〇第2条：

> 凡以节度使兼中书令、侍中、同平章事，并谓之使相。唐制皆**签**敕，五代以来不预政事，敕尾存其衔而不签，但注使字。汉初有假左**丞**相曹参之徒，**悉**尝为之，皆以将军有功，无以复赏，故假以宰相之名，而不得居其位，是亦唐以来使相之比也。汉殇帝延平元年以邓骘为将军、开府仪同三司，开府之名起于此。盖亦姑使其仪秩得视三公而已，是亦假丞相之类也。然晋以来左右光禄大夫、**光禄大夫**开府者为文官，骠骑车骑卫将军与四征四镇及诸大将军开府者为武官。宋、齐以后，循之不改。唐初以为文散阶，虽三公三师，亦必冠以此号。李涪著《刊误》尝非之**矣**。**本朝**因唐，无所革。元丰官制既罢，正合创名之意，而文臣寄禄官亦存之，然无生为之者，惟以为赠官。予谓开府仪同三司本无文武之别，今若文臣贴职至观文殿大学士，寄禄至光禄大夫以上欲优其礼秩者，亦可加以开府而许缀宰相班，则合古之遗制矣。

徐自明《宋宰辅编年录》卷一引《南窗纪谈》：

> 凡以**检校官**兼中书令、侍中、同平章事，并谓之使相。唐制皆**署**敕。五代以来不预政事。**朝会则缀本班正衙见谢则押班。凡宣制除授者**，敕尾存其衔而**不署，侧**注使字。

按：此条与上一例情况不同，两者各有出入，《南窗》比《旧闻》多出36字，《旧闻》比《南窗》多65字，以此例看，并非如余氏所云，各条都是《南窗》略而《旧闻》详。而且二书都缺了《宋宰辅编年录》所引的19字，说明所采录的都不是全文。特别应该注意的是，徐自明注引自《南窗纪谈》，而不是《旧闻》，可证确实是《旧闻》抄了《南窗》。

例三，徐惇济条。

《说郛》本《南窗纪谈》第6条：

> **叶**石林问**徐**惇济，曰：自**翁**坡名思无邪斋、德有邻堂，而世争以三字名堂

宇，公知前此，固尝有是否？答曰：非狮子吼寺乎？**叶公**笑曰：是也。**盖吴兴**城南射村有寺号狮子吼，本钱氏赐名，**宋**因之。石林**公**既为春秋书，其别有四：解释音义曰传，订证事实曰考，掊击三传曰谳，其编排凡例曰例。又问曰：吾之为此名，前古之所未有也。惇济曰：已尝有之。石林曰：何也？曰：吴程秉逮事郑玄，著书三万余言，曰《周易摘》《尚书驳》《论语弼》，得无近是乎？石林大**喜**。

《曲洧旧闻》卷一〇第11条：

> 石林**公**尝问**予兄**惇济曰：自**东坡**名思无邪斋、德有邻堂，而世争以三字名堂宇，公知前此，固尝有是否？惇济曰：非师子吼寺乎？**石林**笑曰：是也。吴兴城南射村有寺号师子吼，本钱氏赐名，**国朝**因之。石林既为春秋书，其别有四，**其**解释旨义曰传，**其**订证事实曰考，**其**掊击三传曰谳，其编排凡例曰例。又问曰：吾之为此名，前古之所未有也。惇济曰：已尝有之。石林曰：何也？惇济曰：吴程秉逮事郑玄，著书三万余言，曰《周易摘》《尚书驳》《论语弼》，得无近是乎？石林大**笑**。

余嘉锡认为：叶石林条，《旧闻》原作石林**公**尝问予兄惇济云云，是惇济但姓朱，此书改为叶石林问于徐惇济，则以著书者为徐度，并惇济亦变为姓徐矣①。

按：余氏此解释失之主观。遍查有关朱弁的记载，并无字敦济之兄。惇济乃徐康之字，徐康为徐度之兄，石林公即叶梦得。徐康父名处仁（1162—1127），北宋宰相，母陈氏，生五子：庚、廉、庾、康、度②。他们的字都称惇某。如徐庚（？—1126）字惇义③，康字惇济④，度字惇立。此称惇济为兄，正符合度之身份。叶梦得与之为友，叶梦得曾作《徐惇济书报尝过余石林》诗，诗中称其"故人书为报平安"⑤。可见他们关系密切，故有叶问徐康之事。显然此条只能说明，是《旧闻》抄自徐度书，而不是相反⑥。

此外，在宋人著作中引到的《南窗纪谈》佚文中，也发现2例被抄入《曲洧旧闻》，试作比较如下。

---

① 余嘉锡《四库提要辨证》卷一七，第918页《南窗纪谈》条。
② （宋）汪藻《吴国夫人陈氏墓志铭》，《浮溪集》卷二八，文渊阁四库全书本。
③ （宋）徐度《却扫编》卷中条12："长兄惇义。"
④ （宋）洪迈《夷坚乙志》卷二："徐择之丞相帅北京，有赵士桥(当作珖)者……如北京，求入莫府，遂为干办公事。丞相之子敦义庚、敦济康、敦立皆与之游。居二年，士桥告病，未几卒，时宣和七年三月也……死时才三十七。"（张祝平《夷坚乙志校补三则》，《中国典籍与文化论丛》五，第424页）
⑤ （宋）叶梦得《建康集》卷二，文渊阁四库全书本。
⑥ 孔凡礼点校《曲洧旧闻》前言已指出，此条系《曲洧旧闻》抄自《南窗纪谈》，但论证欠详，故再作考辨。

例四，二府侍从归班条。

《曲洧旧闻》卷九第30条：

> 旧制二府侍从有薄**罪**，多以本官归班，朝请而已。初无职掌，然班著请给，并只从见在官，初不以**所**尝经历为高下也。

宋徐自明《宋宰辅编年录》卷一引《南窗纪谈》：

> 旧制二府侍从有薄**责**，多以本官归班，**奉**朝请而已。初无职掌，然班著请给，并只从见**存**官，初不以尝经历为高下也。

按：显然，《曲洧旧闻》抄自《南窗纪谈》。而抄者不熟悉朝廷典故，抄时却将"奉朝请"抄成"朝请"，漏了一个"奉"字，不知"奉朝请"是当时的专用词，宋代专谈典故的词典《朝野类要》就收入此词，并做了解释：

> 奉朝请：在京宫观仍奉朝请者，依旧趁赴六参也①。

《宋宰辅编年录》是徐自明收集了各种宋宁宗嘉定以前的史料编成的，时间在嘉定八年（1215）至十一年间②。据此，十卷本之《曲洧旧闻》当时尚未问世，故徐自明唯参考《南窗记谈》。

例五，十样锦条。

《曲洧旧闻》卷一〇第8条：

> **今之中散大夫则**昔之大卿监也，旧说谓之十样锦。受命之初，不俟敕恩，便许封赠父母**妻**一次，一也。妻封郡君，二也（今为令人）。不隔郊奏荐，三也。奏子为职官，四也（今为从事郎）。乘马许行驰道，五也。马鞍上施紫丝座，六也。马前执破木**杖**，七也。宴殿**内**金器且**坐**朵殿上，八也。身后许上遗表，九也。国史立传，十也。

谢维新《古今合璧事类备要后集》卷六二"中散大夫十样锦"条：

> 中散大夫昔之大卿监也，旧说谓之十样锦。受命之初，不俟敕恩，便许封赠父母一次，一也。妻封郡君**令人**，二也。不隔郊奏荐，三也。奏子为职官，令（当作今）为从事郎，四也。乘马许行驰道，五也。马鞍上施紫丝座，六也。马前执破木**板**，七也。宴殿**用**金器且朵殿上，八也。身后许上遗表，九也。国史立传，十也。其下注出处：徐守惇《南窗纪谈》③。

按：谢维新《古今合璧事类备要后集》编于宝祐五年（1257），据此，十卷本之《曲洧旧闻》宝祐五年尚未问世，故谢维新唯采《南窗记谈》。

---

① （宋）赵升《朝野类要》卷四，王瑞来点校，中华书局，2007年，第265条。

② 此书最晚记至嘉定八年七月辛酉郑昭先参知政事、曾从龙端明殿学士签书枢密院事（卷一〇）。而未记十二年二月曾从龙进同知枢密院事。则应作于嘉定九年至十一年间。按：徐于嘉定十年十二月自常州通判知永州〔（宋）咸淳《毗陵志》卷九：徐自明，嘉定八年十二月，朝散郎、前太常博士，在任转朝请郎，十年十二月差知永州〕。十二年（1219）修志。《直斋书录解题》卷八："《零陵志》十卷，郡守徐自明嘉定己卯重修。"

③ "徐守惇"当为"徐度惇立"之误。

三、《曲洧旧闻》抄袭了多种著作

《曲洧旧闻》不仅直接抄袭徐度《南窗记谈》，还间接抄录了徐度跟王明清的谈话，这只要对比一下《挥麈后录》卷一第126条与《曲洧旧闻》卷九第25条，一望可知。为避免重复过多，下面只录王文，被《旧闻》改动处加注说明。

例六，史官记事所因条。

徐敦立语明清云（《旧闻》删）：凡史官记事所因者有四：一曰时政记，则宰**执**（《旧闻》作相）朝夕议政，君臣之间奏对之语也；二曰起居注，则左右史所记言动也。三曰日历，则因时政记、起居注润色而为之者也。旧属史馆，元丰官制属秘书省国史。案，著作郎佐主之。四曰臣僚**墓碑**（《旧闻》删）行状，则其家之所上也。四者惟时政执政之所**曰**（《旧闻》作自）录，于一时政事，最为详备。左右史虽二员，然轮日侍立，榻前之语既远不可闻，所赖者臣僚所申，而又多务省事，凡经上殿，止称别无所得圣语，则可得而记录者，百司关报而已。日历，非二者所有，不敢有所附益。臣僚行状，于士大夫行事为详，而人多以其出于门生子弟之，类以为虚辞溢美，不足取信；虽然，其所泛称德行功业，不以为信可也。所载事迹，以同时之人考之，自不可诬，亦何可**尽**（《旧闻》删）**废云**（《旧闻》删）。**度**（《旧闻》改作予）在馆中时，见重修《哲宗实录》，其旧书**崇宁间帅多贵游子弟以预讨论**（《旧闻》删），于一时名臣行事，既多所略，而新书复因之，于时急于成书，不复广加搜访，有一传而仅载历官先后者，**且据逐人碑志有传中合书名犹云公者**（《旧闻》删），读之使人不能无恨。《新唐书》载事倍于旧**书**（《旧闻》删），皆取小说。本朝小说尤少，士夫纵有私家所记，多不肯轻出之。**度**（《旧闻》改作予）谓史官欲广异闻者，当**择**（《旧闻》删）人**叙**（《旧闻》删）录所闻见，如《段太尉逸事状》《**邠侯家传**》（《旧闻》删）之类，上之史官，则庶几无所遗矣①。

按：《曲洧旧闻》主要的变动有两个方面，一，内容的删节或改动，如删去"崇宁间帅多贵游子弟以预讨论"的话，这本是说当时参与编写的是一些没有水平的贵族子弟，所以编得不好，现在删除，就看不出水平差的原因了。将"宰执"改为"宰相"，体现了抄者的无知，当时的决策体制是皇帝和宰相、执政（参知政事和枢密使、副使）共同议事，现在把"执"字去了，就等于把执政官踢出决策圈了。"旧书"本指《旧唐书》，抄者把"书"字删去，意思全变了。从这些低水平的删改看，表明《曲洧旧闻》所记就是抄袭者所为。二，更主要的是把明显反映著作权的话"徐敦立语明清云"删去了，将两处"度"字篡改成"予"。这样一来，就看不出徐度痕迹，全像是朱弁的话了。显然这是有意识做的手脚。

---

① （宋）王明清《挥麈后录》卷一第126条，中华书局，1961年。

或许有人说：会不会本是《曲洧旧闻》的内容，被王明清改动后，记入《挥麈后录》呢？不可能，因为改得并不高明，仍然露出了马脚。文中有叙述个人经历的话，"度在馆中时，见重修《哲宗实录》"虽然把"度"改成了"予"，但只要查一下二人的经历，就知道不可能是朱弁说的。因为朱弁没有考中进士，只是平民百姓，更未出任馆职，怎么可能说"予在馆中"？怎么可能看到馆中藏的新旧《哲宗实录》呢？而徐度则特赐进士出身，任过多年馆职，绍兴五年（1135）十月任秘书省正字，八年四月升为校书郎①。此段文字谈的是亲身经历，不是曾在馆中任职的人不可能知道这些内情的。

从以上各例可以看出，《曲洧旧闻》不仅抄了徐度的《南窗纪谈》，连徐度跟他人说的话也被抄袭②，甚至把名字加以改动，以掩盖抄袭痕迹，说明不是无意中抄错，而是有意抄袭的行为。由此可以断定，《曲洧旧闻》与徐度的《南窗纪谈》相同的其他各条，也都是前者抄自后者。由于《南窗纪谈》原书已佚，估计《曲洧旧闻》中还有一些内容也是抄自《南窗纪谈》③。

《曲洧旧闻》从三卷变为十卷，仅抄《南窗纪谈》是不够的，还抄了其他书。目前可以考见的有下述三书：

其一，北宋中叶宋敏求的《春明退朝录》。

如《曲洧旧闻》卷七第3条"上元灯"，抄自宋敏求《春明退朝录》卷中第13条。《曲洧旧闻》卷七第4条"唐散花楼等今复无存"，抄自宋敏求《春明退朝录》卷下第3条④。

其二，北宋晚期张舜民的书。

《曲洧旧闻》卷九第13条：天禧诏收瘗遗骸，并给左藏库钱，厥后无人举行。元丰二年三月，因陈向为提举常平官，诏命主其事。向又乞命僧守护，葬及三千人以上，度僧一人，三年与紫衣，有紫衣与师号。

按：《长编》卷二九七第7217页：元丰二年三月辛未，"诏提举常平等事陈向主其事，以向建言故也。后向言：在京四禅院均定地分葬遗骸。天禧中有敕书给左藏库钱，后因臣僚奏请裁减，事遂不行。……向又乞选募僧守护，量立恩例，并从之。葬及三千人以上，度僧一人。三年与紫衣，有紫衣与师号，更令管勾三年，愿再住者准此"。对

---

① （宋）陈骙《南宋馆阁录》卷八"正字"："徐度，（绍兴）五年十月除，八年四月为校书郎。"同书卷八"校书郎"："徐度字敦立，睢阳人。特赐进士出身，治春秋，（绍兴）八年四月除，是月，除都官员外郎。"胡寅作《徐度李谊宋之才孙雄飞除馆职制》，《斐然集》卷一二。

② （宋）王明清《挥麈后录》卷一记徐度关于欧阳公《归田录》的话，被全部抄入《曲洧旧闻》卷九第26条。

③ （宋）朱弁《曲洧旧闻》卷一〇第13条"前人谨行辈"，提及"予在馆中时"，显为徐度自称，孔凡礼在前言中已指出系徐度所作。我以为，此条未见他书提及，则可进一步推定应出于《南窗纪谈》。

④ （宋）宋敏求《春明退朝录》，诚刚点校，中华书局，1980年。

比二者，显然是《曲洧旧闻》节抄了《长编》，而且节抄得欠妥，少抄了最后几句，致使文意未完。《长编》于文末注明出处："张舜民云云，可考。"说明此记载来自张舜民的书，这里没有写具体书名，可能是《小史》或《杂说》①。

其三，李焘《续资治通鉴长编》。

《曲洧旧闻》卷九第8条：

> 熙宁五年九月丁未，御史张商英言：近日典掌诰命，多不得其人，如陈绎、王益柔、许将皆今所谓词臣也，然绎之文，如欹段逐骤，筋力虽劳而不成步骤。益柔之文，如野妪织机，虽能成幅而终非锦绣。将之文，如稚子吹埙，终日喑呜而不合律吕，此三人恐不足以发挥帝猷，号令四海，乞精择名臣，俾司诰命。

按：这里一开始就说某年某月某干支，纯属编年体的写法，笔记一般是不用此类写法。查此条记载与《长编》卷二三八第5789页相同（文繁不录）。值得注意的是，《长编》是节录张商英的奏章，节录时还做了改动。试比较下一引文。

吴曾《能改斋漫录》卷一二"张天觉论词臣之文"：

> 张天觉尝乞择词臣，而言盖自近世文馆寂寥，向者所谓有文者，欧阳修已老，刘敞已死，王珪、王安石已登两府，后来所谓有文者，皆五房检正三舍直讲崇文检书间有十许人。今日之所谓词臣者，曰陈绎，曰王益柔，曰许将是已。臣尝评之，陈绎之文如欹段老骥，筋力虽劳而不成步骤。至益柔之文如村夫织机，杼虽成幅而不成锦绣。许将之文如稚子吹埙，终日喧呼而不合律吕。此三人者，皆陛下所用出辞令、行诏诰，以告四方，而扬于外庭者也，今其文如此，恐不足以发帝猷、炳王度云云。

吴曾的引文较详细，与《长编》《曲洧旧闻》相比，后者不只是节录，还对内容做了改动，如果说两人的节录，有可能类同的话，改变文句就不可能完全相同了，而今《长编》《曲洧旧闻》之相同，只能说明《曲洧旧闻》抄袭了《长编》。

《曲洧旧闻》卷九第15条："元丰四年六月辛酉（六日），诏：自今紫衣师号，止令尚书祠部给牒，牒用绫纸，**被受师名者纳绫纸六百。至是罢。**"

《长编》卷三二七第7876页：元丰五年六月辛酉（十一日），"诏：自今紫衣师名，止令尚书祠部给牒，牒用绫纸，受**紫衣**师名者纳绫纸**钱**六百。**是岁十月，优诏依度僧牒例用纸**"。

按：两者对比，可知《曲洧旧闻》之文节抄自《长编》，而抄时却误将"五年"抄成"四年"，又误增"至是罢"，使要求执行的诏命讹变为停止执行的诏命，完全违背了原意。

---

① 考《长编》引张舜民书有《小史》《南迁录》等，有时不提书名，只说张舜民云云（《长编》卷三二七元丰五年六月甲寅注"张舜民云云，当考"）。陈振孙《直斋书录解题》卷一一："张芸叟《杂说》一卷，吏部侍郎张舜民芸叟撰。"

以上考证，可以得出如下结论：

（1）《说郛》本《南窗记谈》，确为徐度的著作，并非伪作，但它是不全的节录本。余已辑得佚文8条。

（2）《曲洧旧闻》原本为三卷，今流行的十卷本中，有一部分系伪作，其中抄自《南窗记谈》者14条，抄自宋敏求的《春明退朝录》、张舜民的某书、李焘《续资治通鉴长编》、王明清《挥麈后录》7条。

四、《曲洧旧闻》的真与伪

朱弁的原作《曲洧旧闻》为三卷，十卷本中有不少抄袭处，是否意味着其他7卷，都是抄的？不是的。其一，三卷本是否就是十卷本的前三卷，目前尚难断定，其篇幅大小也无法确定，有可能原来每卷内容较多，后分拆成多卷，再抄一些凑成十卷。其二，后增的内容中有不少是朱弁在三卷本流传以后增补的。如以下二例。

卷七第14条："真定康敦复尝谓予曰……请为我于《曲洧旧闻》并录之。"说明《南窗记谈》早在十卷本以前，已经问世，故康某有此请求。朱弁后来增补了这一条。

卷八第20条：予书定光佛事，友人姓某见而惊喜曰：异哉！予之外兄赵，盖宗王也。丙午年春同居许下，手持数珠日诵定光佛千声……予俘囚十年，外兄不知所在。今观公书此事，则再出世之语昭然矣。

按：此所云"予书定光佛事"，见本书卷一第8条"定光佛再世得太平"。说明卷一这一条是在三卷本之中。其友人看到三卷本时在"俘囚十年"，考其被俘在建炎二年（1128），下数"十年"应为绍兴八年（1138），也就是说三卷本在绍兴八年之前已经问世。其后朱弁又作了增补，以上两例即是明证。

但增补稿朱弁在世时没有刻印，直到淳熙十一年（1184），朱熹见到的仍然是三卷本。宋代书目均不见有十卷本的记载。

《四库全书》所收为十卷本，据提要云：出自影宋钞本，"每卷末皆有临安府太庙前尹家书籍铺刊字，又惇字避光宗讳，皆缺笔"[①]。据此，十卷本必在光宗以后。

上面考证到，本书抄录了王明清《挥麈后录》的内容，而该书是绍熙五年（1194）撰的，则十卷本应在宁宗以后。又嘉定时徐自明《宋宰辅编年录》、宝祐五年（1257）谢维新《古今合璧事类备要后集》，均引《南窗纪谈》，说明有同样内容之十卷本，其出现很可能在二书之后，即已到南宋末年。

十卷本由三部分组成，原来的三卷，加上朱弁自己增补的条目（其数不详），又抄袭《南窗记谈》及其他宋人著作中的条目。抄袭部分主要集中在卷九、卷一〇中，占此2卷条数的将近一半。除本文所揭以外可能还有一些抄袭处，但不会太多，估计抄袭数量不会超过全书的1/5。

---

① 《四库全书总目》卷一二一，中华书局，1965年，第1039页。

抄袭时间在南宋晚期，抄袭人不详，但肯定不是朱弁。

从史料价值角度说，其真的部分价值较高，但伪的部分，也有校勘价值，并可利用它复原已经残缺的《南窗纪谈》。

2011年8月3日夜于西安

（原刊于《国际社会科学杂志》2011年4期"变迁中的南宋文化"，第174—180页）

《直斋书录解题》随斋批注考

陈振孙《直斋书录解题》是中国古代目录学名著，向为学术界所重视，陈乐素、何广棪等对此做过相当细致深入的研究①。此书早佚，清修《四库全书》时，馆臣从《永乐大典》中辑出，《大典》中原附有随斋批注，也一并录出。此批注纠直斋之误，补直斋之缺，颇有学术价值。但至今尚未见对批注作专门研究者，甚至随斋究竟是何人之号也不清楚，今特撰此文，以补其缺憾。

一、随斋为元人程棨之号考

《四库全书总目提要》卷八五、页七三〇《直斋书录解题》条称："原本间于《解题》之后，附以随斋批注，未详随斋何许人，然补阙拾遗，于本书颇有所裨，亦仍其旧并存焉。"在这里，馆臣未能考出随斋究竟是谁？

陈振孙（1179—1262）的《书录解题》约撰于淳祐十年（1250）②，随斋批注在其后，其年辈必晚于陈振孙，应为南宋末或元初人。

宋代以随斋为号者有二人。一，徐瓘，桑世昌《回文类聚》卷三引其《偶书》诗，称之为随斋徐瓘。考桑世昌于嘉定元年（1208）编《兰亭考》③则徐瓘必为宁宗以前人，所引之随斋徐瓘年辈早于陈振孙。北宋晚期张舜民《郴行录》中提到"徐瓘承议"④，陆佃（1042—1102）有《中秋用别韵答张椿兼呈徐瓘》⑤，如此人与桑世昌所引之徐瓘为同一人，则可进一步确定为北宋晚期人。二，随斋，赵蕃（1143—1229）之友，姓名不详。赵蕃《章泉稿》卷三有《困坐穷山无以娱日用随斋问讯韵寄莘夫并呈随斋》诗，其年辈也早于陈振孙，显然时代不合。此外，又有赵师宰，昌彼得等《宋人传记资料索引》第4册第3553页曰"号随斋"，出处为《图绘宝鉴》卷四、《书史会要》卷三、《绘事杂考》卷六，查此三书原文，均曰"号随庵"，索引之"随斋"乃"随庵"之误。以

---

① 陈乐素《直斋书录解题作者陈振孙》，《略论直斋书录解题》，《求是集》（二），广东人民出版社，1984年。何广棪《陈振孙之经学及直斋书录解题经录考证》（2006年）、《陈振孙之史学及直斋书录解题史录考证》（2006年）、《陈振孙之子学及直斋书录解题子录考证》（2007年）、《陈振孙生平及其著述研究》（2009年）、《陈振孙之文学及其直斋书录解题集录考证》（2010年）、《陈振孙直斋书录解题研蠡余沈》（2011年）均为花木兰出版社出版。
② 陈乐素《求是集》（二），第29页。
③ 高文虎于嘉定元年（1208）十二月作《兰亭考序》。
④ （宋）张舜民《画墁集》卷七，文渊阁四库全书本。
⑤ （宋）陆佃《陶山集》卷三，文渊阁四库全书本。

上三人均可排除。

元代号随斋者有二人：一，程棨，字仪甫，号随斋，程大昌（1123—1195）之曾孙。曾绘"耕织图"，"耕图"卷后姚式跋曰："《耕织图》二卷，文简程公曾孙棨仪甫绘而篆之。""织图"卷后赵子俊跋亦曰："每节小篆皆随斋手题（随斋，程棨别号）。"① 文简为程大昌之谥②。二，胡炳文，有《随斋记》曰："斋名随，随我志也。乙亥（至元元年，1335）三月……随我，我云峰老人胡炳文也。"③ 按此人虽有斋名随，但他以云峰为号，其文集亦称《云峰集》，今有四库全书本。

此二人中哪一位可能是作批注的随斋呢？从批注中的内容考察，此人应是程棨。

考批注中屡引程大昌语，均尊称"文简"，卷三"郑樵石鼓文考"条，批注曰："樵以本文函、殹两字，秦斤、秦权有之，遂以石鼓为秦物。先文简论而非之，其说甚博。"这里直接称"先文简"，纯属后人称呼其先人的口气，可以肯定随斋必是程大昌之曾孙程棨。

卷五"越绝书"条，随斋批注引"文简批编尾云：《越绝书》讹不可读，如乐架之有哑钟，渔父辞剑事见于此。"这是程大昌在个人藏书上的批语，如果不是其后人，是很难直接从个人藏书中见到此类批语的。

卷六"李结御史台故事"条，随斋批注："结本名构，避光尧御讳。"这是说：李结本来应作李构，是陈振孙避宋高宗讳改的。虽然只有九个字，却包含许多信息。一，直接点出"构"字，说明已入元，故不避。二，不称宋高宗而尊称"光尧"，不称"讳"而尊称"御讳"，反映了自宋入元的遗民心态，反映了宋代大臣后裔尊宋的心态，这与程棨身世完全吻合。

姚宽之《西溪丛语》，明初《文渊阁书目》卷二著录，南宋诸书多称其为《西溪丛语》，如吴曾《能改斋漫录》卷五、卷一五，张淏《云谷杂纪》卷一，吴仁杰《离骚草木疏》卷一，张淏《会稽续志》卷五本传以及《竹庄诗话》卷二、卷一六。然也有极少数称之为《残语》者，如程大昌《演繁露》卷一三及《挥麈前录》卷四。此批注也称姚氏《残语》，见卷一五"极玄集"条，程棨在《三柳轩杂识》中也称之为姚氏《残语》④，显然其所据之本当即程大昌所藏之本。凡此均可佐证，此随斋必为程棨无疑。

综上所述，关于程棨的生平履历，只知其字仪甫，号随斋，休宁人⑤。程大昌之曾孙。绘制"耕织图"，今存。著有《三柳轩杂识》，有《说郛》本一卷，共20条⑥，所记

---

① 《御制诗集三集》卷七八，文渊阁四库全书本。
② （元）脱脱《宋史》卷四三三《程大昌传》，第12858页。
③ （元）胡炳文《云峰集》卷二，文渊阁四库全书本。
④ （元）程棨《三柳轩杂识》（《说郛》宛委本卷二四下）其第11条："花客花名十客，世以为雅戏。姚氏《残语》演为三十一客。"
⑤ （宋）程大昌（1123—1195），字泰之，徽州休宁人，官至吏部尚书，卒后谥文简。《宋史》卷四三三第12858页有传。
⑥ 《说郛》宛委本卷二四下收19条，商务本卷二一收14条，去其重复，得20条。

最晚是宋亡陈文龙死事，应作于元初。

考大昌有四子：准、本、幸、宰，其孙有端复、端节、端履等。究竟哪一位是其祖、哪一位是其父，目前尚难判断。

二、随斋批注的价值

随斋批注，凡25条，数量不算多，学术价值颇高，这与其程棨知识渊博及藏书极多有关。其价值主要有以下几点。

（1）解决了陈振孙未能解决的疑难问题。如卷五所收《悲喜记》一书，陈氏只知作者名旸，不知其姓。而此书，不仅历代书目未曾著录，四库全书电子版都检索不到。读者很容易以为早已亡佚，不予重视。而从随斋批注中，可知其作者姓赵，书名亦称《皇族陷虏记》。以此为线索，我从《三朝北盟会编》中查到此书，其全称为《靖康皇族陷虏记》，记载赵宋皇室被金掳和百官受辱被杀诸惨象，这都是赵旸耳闻目睹的，是第一手资料，可靠性高。其下附二信，是赵旸写给朋友姚太守仲美的，姚刚好在金兵围困开封前夕离京上任。由直斋及批注，结合《会编》和《建炎以来系年要录》，作综合分析，可以得出如下几点结论：《悲喜记》没有散佚，它尚存于世，其书亦名《皇族陷虏记》或《靖康皇族陷虏记》《皇族陷虏数》（《要录》云）。作者为赵旸。此书后的二信，也属本书的组成部分。这是徐梦莘按原书照抄下来，而不是他把不同出处的材料根据内容编排在一起的①。从其内容上大致可以推测书名的来历，《皇族陷虏记》是根据书中主要讲述皇族事而取名的，《悲喜记》可能是反映了作者心情变化，他为这段恐怖经历而悲，又为脱离苦海而喜。

（2）提供了从未见过的书名。如郭雍《集古历通议》。为各家著录所无。郭雍之书，今传世者唯《郭氏传家易说》十一卷，有库本（《直斋书录解题》卷一作《传家易说》，《宋史》卷二〇二作郭雍《传家易解》）。其他，尚有"郭雍著《易》《中庸》之书十余万言，有《易说》《蓍卦辨疑》。《中兴书目》：雍《易解》十一卷，《卦辞旨要》六卷"（《玉海》卷三六）。其《蓍卦辨疑》，《直斋书录解题》卷一二作《蓍卦辨疑序》三卷。均佚。

（3）提供了新的版本。如"罗江东甲乙集"条曰："隐又有《淮海寓言》《谗书》等，求之未获。"批注曰："《谗书》刊于新城县。"新城县为临安府（杭州）下属的县。如"邵氏闻见录"条批注曰："康节两孙溥、博，尝见川本《邵氏闻见后录》名博，今作溥，未知直斋何所据。恐博是，盖刊本不应误也。"此书，清人曾见宋刊残本，可惜未言其为何人何处所刻，今已无存。由批注分析，直斋藏书当为福建所刻，此外尚有川本，川本称《邵氏闻见后录》的作者名博，是正确的，则川本质量胜过建本。

探讨至此，有必要说一句：应当感谢《永乐大典》的编者慧眼独具，在收入《直斋

---

① 陈乐素分别列入著述与文书二类，见《三朝北盟会编考》，《求是集》（一），广东人民出版社，1986年。

书录解题》的同时，将随斋批注一并收入，使后人得以了解随斋实在是完善《书录解题》的功臣。

三、随斋批注汇辑考证

本节收入随斋全部批注，凡25条。每条分三部分，一录直斋之文，二录随斋批注（以粗黑体表示），三为笔者之考证（以"民按"表示）。笔者之考证主要在于诠释批注中不易理解的内容，揭示其价值所在，对其失误之处也予指出。

（1）卷一：《易讲义》十卷，给事中遂昌龚原深之撰。嘉祐八年进士，初以经学为王安石引用，元符后入党籍。

此段当在《正易心法》之前。随斋批注。

民按：《正易心法》即《麻衣道者正易心法》（《宋史》卷二〇二《艺文志》），"题希夷先生受并消息李寿翁（按名椿）刊于当涂"。"乾道间南康戴师愈孔文始为之跋以行"（冯椅《厚斋易学》附录一）。考李椿知太平州（治当涂）在淳熙六年（1179），见《永乐大典》卷一四六二九第14页引《吏部条法》，龚原（1039—1105）《易讲义》撰于崇宁四年（1105）前。希夷先生即陈抟，乃五代至宋初人，随斋以其早于龚原，故主张"当在《正易心法》之前"，据朱熹考证，《正易心法》实为戴师愈伪作，如此，则直斋置于龚原之后还是正确的。

（2）卷一：《易解义》十卷，题凌公弼撰。未详何人。善解析，文义颇简洁，有所发明。《馆阁书目》有《集解》六卷，称朝奉大夫凌唐佐撰。亦不著本末，岂即其人耶？

徽猷阁待制新安凌唐佐，字公弼，建炎初知应天府，以刘豫虚实书奏被杀，后其妻田氏以死状闻，诏赠待制。随斋批注。

民按：凌唐佐，字公弼（？—1132），休宁人。建炎三年（1129）夏四月庚戌知应天府（《建炎以来系年要录》卷二二），绍兴二年十月庚子被杀（《要录》卷五九）。

（3）卷二：《韩诗外传》十卷，汉常山太傅燕韩婴撰。案《艺文志》有《韩故》三十六卷、《内传》四卷、《外传》六卷、《韩说》四十一卷，今皆亡，所存惟《外传》而卷多于旧，盖多记杂说不专解诗，果当时本书否也。

故者，通其指义也，作诂非。随斋批注。

（4）卷三：《国语》二十一卷，自班固志艺文有《国语》二十一篇，左丘明所着，至今与《春秋传》并行，号为外传。今考二书虽相出入，而事辞或多异同，文体亦不类，意必非出一人之手也。司马子长曰：左丘失明，厥有《国语》。又似不知所谓。唐啖助亦尝辨之。

啖助乃姓名。随斋批注。

（5）卷三：《六经图》七卷，东嘉叶仲堪思文重编。案《馆阁书目》有六卷，昌州布衣杨甲鼎卿所撰。抚州教授毛邦翰复增补之，《易》七十，今百三十。《书》五十五，今六十三。《诗》四十七，今同。《周礼》六十五，今六十一。《礼记》四十三，今六十二。《春秋》二十九，今七十二。然则仲堪盖又以旧本增损改定者耶！

福唐俞意掌教建安，同里儒刘游以杨鼎卿所编增益刊之，洪景卢作序。随斋批注。

民按：洪景卢即洪迈。《六经图》今有四库本，无洪迈序。迈之文集见于《宋史艺文志》者有《野处猥稿》一百四卷、《琼野录》三卷，今仅存《洪文敏公文集》八卷，（又《野处类稿》二卷，乃伪作），无此文。今人所辑《全宋文》，亦无此文，则其佚已久。

（6）卷三：《广雅》十卷，魏博士张揖撰。凡不在《尔雅》者，着于篇，仍用《尔雅》旧目。《馆阁书目》云：今逸，但存音三卷，今书十卷，而音附逐篇句下，不别行。《隋志》称《博雅》，避炀帝名也。揖又有《埤苍》《三苍训诂》《杂字》《古文字训》，凡四书，见《唐志》，今皆不传。

《博雅》乃隋曹宪撰。宪因揖之说，附以音解，避炀帝名，更之以为博焉。随斋批注。

民按：《隋书》卷三二《经籍志》著录《广雅》三卷，魏博士张揖撰。梁有四卷。《广雅音》四卷，秘书学士曹宪撰。王应麟《玉海》卷四四：曹宪《博雅》十卷，《隋志》：宪《广雅音》四卷，《古今字图杂录》一卷。宪注《广雅》，藏秘书，改广为博。《书目》：十卷，因张揖《广雅》附作音解，更为十篇。

（7）卷三：《类篇》四十五卷，丁度等既修《集韵》，奏言：今添字多与顾野王《玉篇》不相参协，乞委修韵官别为《类篇》，与《集韵》并行，自宝元迄治平迺成书，历王洙、胡宿、范镇、司马光始上之。熙宁中颁行，凡十五篇，各分上中下，以《说文》为本而例有九云。

只十四篇四十二卷，言称十五篇，恐是目录三卷亦与。随斋批注。

（8）卷三：石鼓文考三卷，郑樵撰。其说以为石鼓出于秦，其文有与秦斤秦权合者。

樵以本文函、殹两字，秦斤、秦权有之，遂以石鼓为秦物。先文简论而非之，其说甚博。随斋批注。

民按：郑樵《石鼓考序》定为"惠文之后始皇之前所作也"。经近人研究，确为东周时秦物，程大昌《岐阳石鼓文考》："谓此鼓不为宣鼓而当为成王之鼓也"（《新安文献志》卷三二），则失之过早。

（9）卷三：《汉隶字源》六卷，娄机撰。以世所存汉碑三百有九，韵类其字，魏碑附焉者，仅三十之一。首为碑目一卷，每字先载经文，而以汉字着其下，一字数体者并列之，皆以碑目之次第，着其所从出，亦洪迈序。

序谓洪文惠公作五种书，释、缵、图、续皆成，唯韵书未就，而娄忠简继为之。随斋批注。

民按：今本《汉隶字源》，有庆元三年（1197）十二月朔旦野处洪景卢序。

（10）卷四：《新唐书》二百二十五卷，翰林学士庐陵欧阳修永叔、端明殿学士安陆宋祁子京撰……

文简云：《进唐书表》自言其文减于前，其事多于旧，此正其所为不逮迁、固者，顾以自衒，何哉？《论语》记夫子与弟子问答，率不过数语，而季氏将伐颛臾，记所诘对甚详，不如是不足以见体要，各造其极也。今唐史务为省文而拾取小说私记，则皆附着无弃，其有官品尊崇而不预治乱，又无善恶可垂鉴戒者悉聚，徒繁无补，殆与古作者不

俸。始唐史置局时，其同僚约日著旧史所无者三事，则固立于不善矣，弊必至于此，然其名臣关国治乱者，如裴度、陆贽、魏征传悉致其详，则其有补亦不可掩。随斋批注。

民按：程大昌对《新唐书》所作评语，今其所传诸书中均未见到。此评语对研究《新唐书》及了解程大昌之历史见解甚有助益。

（11）卷四：《英宗实录》三十卷，学士寿春吕公着晦叔、长社韩维持国、知制诰浦城吴充冲卿撰。熙宁元年正月奉诏，二年七月宰臣提举曾公亮上之。

《英宗实录》：熙宁元年曾宣靖提举，王荆公时已入翰林，请自为之，兼实录修撰，不置官属，成书三十卷，出于一手，东坡先生尝语刘壮舆义仲云：此书词简而事备，文古而意明，为国朝诸史之冠（《挥尘第三录》）。晁氏《读书志》云：熙宁元年正月，诏曾公亮提举，吕公着、韩维修撰，孙觉、曾巩检讨。三月又以钱藻检讨，四月又以王安石、吴充为修撰，二年七月书成上之。随斋批注。

民按：所引《英宗实录》，见王明清《挥麈第三录》卷一。晁氏语见《郡斋读书志》（衢州本）卷六二上，全文为：《英宗实录》三十卷，皇朝曾公亮等撰，起藩邸，尽治平四年正月，凡四年。熙宁元年正月，诏公亮提举，吕公著、韩维修撰，孙觉、曾巩检讨。三月，又以钱藻检讨，四月，又以王安石、吴充为修撰。二年七月书成上之。"袁州本则作"《英宗实录》三十卷，右皇朝曾公亮等撰录，起藩邸，尽治平四年九月，凡四年。"

（12）卷五：《越绝书》十六卷，无撰人名氏。相传以为子贡者非也，其书杂记吴越事下及秦汉，直至建武二十八年，盖战国后人所为，而汉人又附益之耳。越绝之义曰：圣人发一隅，辩士宣其辞，圣文越于彼，辩士绝于此，故题曰越绝。虽则云然，而终未可晓也。

越者，国之氏也。绝者绝也，谓勾践时也。绝者绝也，绝恶反之于善，越专其功，故曰越绝，并见本书。文简批编尾云：《越绝书》诀不可读，如乐架之有哑钟，渔父辞剑事见于此。随斋批注。

民按：此评语，为现存程大昌诸书所无。

（13）卷五：《邵氏闻见录》二十卷，邵伯温撰。多记国朝事。又有《后录》三十卷，其子溥所作，不专纪事，在子录小说类。

康节两孙溥、博，尝见川本《邵氏闻见后录》名博，今作溥，未知直斋何所据。恐博是，盖刊本不应误也。随斋批注。

民按：四库本此书前有自序，末署："绍兴二十七年三月一日丙寅，河南邵博序。"此书卷一："绍兴己未……予时为校书郎。"按此乃邵博所任职，陈骙《南宋馆阁录》卷八"校书郎"：绍兴以后，"邵博字公济，河南人。八年十月因上殿赐同进士出身，是年十月除，九年五月知果州"。知作者必为邵博。川本所云为是，直斋所据当为建本。

（14）卷五：《悲喜记》一卷，围城中人作书与所亲曰中美知府者，具述丧乱本末，自称名曰旸，皆不知何人也。

尝见一书名《皇旋（当为族字）陷虏记》，中间载秘书少监赵旸与姚太守书云云，虽无中美之称，恐即此书也。随斋批注（库本改虏作边）。

民按：《三朝北盟会编》卷九九引《靖康皇族陷虏（库本改作敌）记》，其下为杂考私书曰：四月二十日兄某书致元章解元弟……又下为秘书少监赵旸与太守书曰：某奉亲幸如常，惟是遭此大难，国破君废，坟墓残毁，亲戚破亡，殆无生意。台斾出都之后，庙论日益背驰。九月又失太原，十月初失真定……乃于初七日赍册宝来封张为楚帝，国号大楚，都于金陵……从行而北者何㮚、孙傅、张叔夜、司马朴、秦桧等……宗姓近上人悉皆并家属取去，日日勾收诸国人如捕盗贼，初从行时，亲族相别，牵挽于道路，号呼不可闻，不谓盛时一至于此。

据随斋之批，可知以上三者实为一书。元方回《瀛奎律髓》卷二〇选有赵旸《奉和姚仲美腊梅》诗，诗后有方回之评语："复无朱粉态，不朱不粉，可见其为黄梅。此句佳，余亦只赋得梅花耳。赵旸字义若，其先本杭人，徙郑州及汴，毕渐榜甲科。靖康初左正言，过江寓信州玉山，章泉之曾祖也。"可知确有姚仲美其人。仲与中，古代通用。

（15）卷六：《御史台故事》三卷，唐朝集使洺州录事参军李结撰。

结本名构，避光尧御讳。随斋批注。

民按：欧阳修《新唐书》卷五八《艺文志》即作"李构《御史台故事》三卷"。光尧，宋高宗赵构也。

（16）卷九：《太玄经》十卷，扬雄撰……

本传尚有"二百四十三表"六字。随斋批注。

（17）卷九：《申鉴》五卷，汉黄门侍郎颍川荀悦仲豫撰。献帝颇好文学，政在曹氏，恭已而已，悦志在献替而谋无所用，乃作此书。五篇奏之，其曰：教化之废，推中人而堕于小人之域；教化之行，引中人而纳于君子之涂。古今名言也。

本传止载《政体》一篇，有曰前鉴既明，后复申之，故名。随斋批注。

（18）卷一二：《唐大衍历议》十卷，唐僧一行作新历，草成而卒，诏张说与官历陈元景等次为《历术》七篇，《略例》一篇，《历议》十篇……

郭雍撰《集古历通议》论诸家历云：一行作历，上自刘洪之斗分，下及淳风之总法，前后五百余年，诸家所得历术精微之法，集其大成，以作《开元历》，此其所以前无古人，后无来者，可谓尽善尽美矣。是以自宝应之后以迄于今，几五百年，皆宗之而不能易，语以上古圣人之术，则又有间矣。随斋批注。

民按：郭雍此书，各家书目均未记载，可补其缺。

（19）卷一五：《六臣文选》六十卷，唐工部侍郎吕延祚开元六年表上，号五臣集注……后人并与李善原注合为一书，名六臣注。东坡谓五臣乃俚儒之荒陋者，反不及善，如谢瞻诗"苟愿暴三殇"引"苛政猛于虎"，以父与夫为殇，非是，然此说乃实本于善也。

李善注此句但云：苛犹虐也，初不及三殇，不审直斋之说何所本。随斋批注。

（20）卷一五：《极元集》一卷，唐姚合集王维至戴叔伦二十一人、诗一百首，曰：此诗家射雕手也。

姚氏《残语》云：殷璠为《河岳英灵集》不载杜甫诗，高仲武为《中兴间气集》不取李白诗，顾陶为《唐诗类选》如元、白、刘、柳、杜牧、李贺、张祐、赵嘏皆不收，

姚合作《极元集》亦不收杜甫、李白，彼必各有意也。**随斋批注。**

民按：《极元集》本应作《极玄集》，宋避赵玄朗讳改。

（21）卷一五：《九僧诗》一卷，九僧者希昼、保暹、文兆、行肇、简长、惟凤、惠崇、宇昭、怀古凡一百七首，景德元年直昭文馆陈克序目之曰琢玉工，以对姚合射雕手，九人惟惠崇有别集，欧公《诗话》乃云：其集已亡，惟记惠崇一人，今不复知有九僧者，未知何也。

九僧者，剑南希昼、金华保暹、南越文兆、天台行肇、沃州简长、青城惟凤、淮南惠崇、江东宇昭、峨嵋怀古。随斋批注。

民按：此当据周煇《清波杂志》卷一一。司马光《续诗话》所载稍异，"青城惟凤"作"贵城惟凤"，"江东宇昭"作"江南宇昭"。

（22）卷二〇：《樊宗师集》一卷，《绛守园池记注》一卷，唐谏议大夫南阳樊宗师绍述撰。韩文公为墓志，称《魁纪公》三十卷，《樊子》三十卷，诗文千余篇，今所存才数篇耳，读之殆不可句，有王晟者，天圣中为绛倅，取其园池记章解而句释之，犹有不尽通者。孔子曰辞达而已矣，为文而晦涩若此，其湮没弗传也宜哉。

书以魁纪公名异甚，文之不可句，当亦类是。随斋批注。

（23）《罗江东甲乙集》十卷，《后集》五卷，《湘南集》三卷，唐乡贡进士新城罗隐昭谏撰。隐举进士不第，更辟诸镇幕府，罗绍威待以从叔，晚依吴越，奏授给事中。甲乙集皆诗，后集有律赋数首，湘南集者长沙幕中应用之文也。隐又有《淮海寓言》《谗书》等，求之未获。

《谗书》刊于新城县。随斋批注。

民按：元吴师道《罗隐甲乙集谗书后题》："右《罗隐昭谏甲乙集》上中下三卷，《谗书》五卷，淳熙中知新城县杨思济所刊者。"（《礼部集》卷一七）

（24）《徐照集》三卷，永嘉徐照道晖撰。自号山民。

道晖又字灵晖，致中又字灵渊，紫芝又字灵秀，翁卷又字灵舒，是为四灵。水心为选诗。随斋批注。

民按：水心为四灵选诗之说，唯见于此，为研究叶适提供了一条新的史料。

（25）卷二二：《西清诗话》三卷，题无为子撰。或曰蔡绦使其客为之也。

宣和间臣寮言：其议论专以苏轼、黄庭坚为本，奉圣旨蔡绦落职勒停。详见《能改斋漫录》。随斋批注。

民按：吴曾《能改斋漫录》卷一二："宣和五年十月乙丑，臣寮言：徽猷阁待制蔡绦私撰文一编，目为《西清诗话》，其论议专以苏轼、黄庭坚为本，奉圣旨蔡绦特落职勒停。"

2013年1月13日于西安

（原刊于《宋代文化研究》，第二十辑，四川大学出版社，2013年）

《宋史艺文志》丛考

《宋史艺文志》是研究宋代文献的重要书目，史料价值甚高，然其失误颇多，需加以纠正，以便使用。陈乐素先生对此志下过数十年工夫，终于写成数十万字的煌煌巨著《宋史艺文志考证》（广东人民出版社，2002年），稍感遗憾的是，此书尚未最后杀青，先生便离开人世，恐怕也带走了一些新的设想和心得。予多年来，对《宋史艺文志》相当关注，亦有所得，列举于下，凡28条，于先生之作略作补充，以此作为先生诞生110周年的纪念。

（1）卷二〇二第5079页"小学类"："《集古系时》十卷，不知作者。"

按：此乃郑樵所撰。其全称为《集古系时录》。郑樵《献皇帝书》："正月十一日，兴化军草莱臣郑樵昧死百拜献书于皇帝陛下……以亡书之所得者作《求书阙记》，作《求书外记》，作《集古系时录》，作《集古系地录》，此皆已成之书也。"（《夹漈遗稿》卷二）《直斋书录解题》卷八："《集古系时录》十卷，《系地录》十一卷，郑樵撰。大抵因《集古》之旧，详考其时与地，而系之二书，相为表里。"郑樵将欧阳修《集古录》按时间和地理重新编排，成为二书，《宋史艺文志》失载《系地录》十一卷。

（2）卷二〇二第5079页"小学类"："刘敞《先秦古器图》一卷。"

《欧阳文忠公集》集古录跋尾卷一作《先秦古器记》："原甫在长安，所得古奇器物数十种，亦自为《先秦古器记》，原甫博学，无所不通。"

刘敞有《先秦古器记》，称："先秦古器十有一物，制作精巧，有款识，皆科斗书，为古学者莫能尽通，以它书参之，乃十得五六，就其可知者校其世，或出周文武时，于今盖二千有余岁矣。嗟乎！三王之事万不存一，《诗》《书》所记，圣王所立，有可长太息者矣，独器也乎哉？兖之戈，和之弓，离磬崇鼎，三代传以为宝，非赖其用也，亦云上古而已矣。孔子曰：多见而识之，知之次也，众不可盖，安知天下无能尽辨之者哉？使工模其文，刻于石，又并图其象，以俟好古博雅君子焉，终此意者，礼家明其制度，小学正其文字，谱牒次其世谥，乃为能尽之。"（《皇朝文鉴》卷七九）则其书有文有图，故《籀史》所载为刘原父《先秦古器图碑》一卷，且云："讳敞，吉州人，字原父，自叙其略云：'先秦古器十有一物，制作精巧，有窾识，皆科斗书，为古学者莫能尽通，以他书参之，十得五六，就其可知者，较其世，或出周文武时，于今盖二千有余岁矣。'"引文即《先秦古器记》之文，则《先秦古器图碑》与《先秦古器记》实为一书。

（3）卷二〇三第5107页"故事类"："李源《三朝政要增释》二十卷。"

按："李"乃"吕"之误。《遂初堂书目》国史类："吕源《增释故事》。"陈振孙

《直斋书录解题》卷五："《三朝政要》二十卷，宰相河南富弼彦国撰。庆历……四年书成，名《太平故事》，凡九十六门，每事之后各释其意，至绍兴八年，右朝议大夫吕源得旧印本刊正增广，名《政要释明策备》，上之于朝。《馆阁书目》指政要为宝训，非也。"吕源，晋江人，升卿之子。

（4）卷二〇三第5121页"传记类"："陈昉《北庭须知》二卷。"

按：《宋史艺文志考证》第114页云："《解题》作《虏庭须知》。"需作补充的是，此说见武英殿本《直斋书录解题》卷五。而文渊阁本《解题》已改为《边廷须知》。考此书已佚，现尚存宋人所引佚文一则，洪遵《泉志》卷一一：陈昉《虏庭须知》曰："契丹主洪基改元清宁。"由此可见原名本应作《虏庭须知》。武英殿本虽与文渊阁本同属乾隆时，但殿本在前，其时，避讳还不算太严，以后越来越严，越改越乱，本书还被改成《敌庭须知》（《文献通考》卷二〇〇）、《契丹须知》（《钱通》卷七《辽史拾遗》卷一五）。这一点学者利用阁本时应当注意的。

（5）卷二〇三第5123页"传记类"："俞观能《孝悌类鉴》七卷。"

按：此与卷二〇八"类事类"："俞观能《孝经类鉴》七卷"仅有一字之差，实为同书。

（6）卷二〇三第5123页"传记类"："《淮西记》一卷。"

按：当即《淮西从军记》。《直斋书录解题》卷七："《淮西从军记》一卷，不著名氏。记绍兴十年金人败盟淮西诸帅守御事。"

《三朝北盟会编》卷二〇五《淮西从军记》曰："绍兴九年己未岁，金人归我河南故地。十年春，朝廷命马军帅刘锜充东京副留守，三月率本部军马赴任，中途而金人败盟。四太子兀术以大兵入京师，留守孟庾投降，分兵复取河南之地，东南震动。六月，锜大破金人于顺昌，兀术狼狈败还，朝廷之威遂震，于是下命以韩世忠、张俊、岳飞各以本路宣抚兼河南北招讨使并进兵。闰六月至七月，世忠取海州，俊取亳州，又取宿州，飞取蔡州，又取陈州，京东西皆响应，既而三帅相继班师。先是，飞方至陈州，而俊已定宿、亳，遂还寿春，引兵南渡而归，生擒金七十余人，李宝欲杀之。曹洋曰：不可，我方欲归朝廷，何不留金人生口以为实验。宝然之，已过睢阳军，知军贾舍人乘马率人从十数追及，叩岸呼尔为谁，时宝之众皆绯襆头巾、绯襴袍为号，宝应曰：我曹州泼李三也，欲归朝廷耳。言讫，引弓一发，贾舍人中矢堕马，船已行矣。出清河口，渡南岸而见胡探作一寨，聚居民养种，深乃具申宣抚使韩世忠，差许世忠、王权来接引而戍宝到楚州，世忠犒劳甚厚，宝以生口七十余解赴世忠，世忠大喜。"

（7）卷二〇四第5149页"谱牒类"："司马光《宗室世表》三卷，《臣寮家谱》一卷。"

按：明凌迪知《氏族博考》卷一〇、《山西通志》卷一七五据此以为二书均为司马光所作，大误。《宗室世表》为赵彦若所修。《臣寮家谱》韩溥修。

将《宗室世表》作者之名误挂到司马光头上，当与《宋史》本纪的记载有关。《宋史》卷一六：元丰四年秋七月辛巳，"司马光、赵彦若上所修《百官公卿年表》十卷、《宗室世表》三卷。"其实，合修的只是《百官公卿年表》，后者与司马光无关。

《玉海》卷五一："元丰四年八月二十七日赵彦若、司马光同修《百官公卿表》十卷，彦若又修成《宗室世表》三卷上之，赐银币。"《玉海》卷一一九："熙宁二年十一月甲子朔，翰林学士史馆修撰司马光言：欲据正史实录所载，旁采异闻，叙宋兴以来迄今百官沿革，公卿除拜，仿汉书旧法，作《大宋百官公卿表》，以备奏御，便省览。从之。诏所用文字委检讨官检阅，是月，命知制诰宋敏求同修（敏求卒，元丰二年五月己巳，集贤校理赵彦若代之）元丰四年八月辛巳（二十七日）光、彦若上所修六卷，尽治平二年（会要云十卷，国史云六卷）自建隆元年至治平四年，依司马迁法，记大事于上方，书成，诏附于国史（一云：后续修至十五卷）。书目：《百官公卿表》十五卷，彦若又自撰《宗室世表》三卷，诏进入，并送编修院，赐银帛有差。"《长编》卷三一五：元丰四年秋七月辛巳，"修国史院编修官赵彦若言：与司马光同修《百官公卿年表》成十卷，并臣修成《宗室世表》三卷。诏进入，后并送编修院，赐银绢有差，光仍降诏奖谕"。

《臣寮家谱》宋初韩溥所作。《崇文总目》卷四收有此书，作《圣朝臣寮家谱》一卷。《玉海》卷五〇："《圣朝臣僚家谱》，国史志一卷，太宗时韩溥好谈唐朝氏族，近世之肉谱。"《宋史》此条前应加"韩溥"之名。

（8）卷二〇四第5155页"地理类"："陈传《欧冶拾遗》一卷。"

按：梁克家淳熙《三山志》作"陈传《瓯冶遗事》"，当即一书。淳熙《三山志》卷二六：嘉祐六年王俊民榜辛丑，时试中礼部，及御试，下第者四人，本州陈传其一也，传字商老，侯官人，著《瓯冶遗事》。

书已佚，今尚存佚文二则。淳熙《三山志》卷四一"土俗类"："陈传《瓯冶遗事》：果有荔支，花有末丽，天下所未尝有。此其所偏得者。而传又云：长乐地产鱼蟹，多于牛羊，葛枲溢于丝纩。"《瓯冶遗事》："穄米，与黍米相似而粒大。"

（9）卷二〇四第5157页"地理类"："李和篪《舆地要览》二十三卷。"

按：《浙江通志》卷二四四作"《舆地要览》二十三卷，《宋史艺文志》李如篪撰。"考宋有"李如篪"而无"李和篪"其人。《宋史》卷二〇二："李如篪《乐书》一卷，《琴说》一卷，《古乐府》十卷。"曾丰《李季牖舆地新书序》："淳熙乙巳（十二，1185）至广，广州司理参军括苍李如篪季牖出所著《舆地新书》十卷。"（《缘督集》卷一七）据此，"李和篪"当为"李如篪"之误。此书书名和卷数略有不同，疑《舆地新书》十卷为淳熙十二年初成书之名，故卷数略少，其后扩编为二十三卷，遂改称《舆地要览》。

（10）卷二〇四第5157页"地理类"："薛常州《地理丛考》一卷。"

按："薛常州"，依据本书体例，应书其姓名为薛季宣（1125—1173），《文渊阁书目》卷四："《地理丛考》一册。"则明初尚存，其后佚。《永乐大典》卷一四三八五第1—4页引薛季宣《地理丛考》。此书应为其知常州时所作，故称薛常州。嘉泰《吴兴志》卷一四："薛季宣，右通直郎，乾道八年八月到。转右奉议郎，九年（1173）二月改知常州。"《宋史人名索引》亦不知薛常州即薛季宣，而并列为二条。

（11）卷二〇四第5164页"地理类"："陈宇《房州图经》三卷。"

按：陈振孙《直斋书录解题》卷八："《房州图志》三卷，郡守毗陵陈宇撰。"按：

《永乐大典》卷三一五五第2页《苏州府志》："陈宇字伯爱。……隆兴中改秩知临安富阳县，分差镇江府粮料院、知潮州、提辖行在榷货务、知房州，归卒，年六十一。……陈岘志其墓。"《姑苏志》卷五一："陈宇字伯爱，侍读襄诸孙也。自宜兴徙常熟，以父泽为莆田尉，得剧贼格当沾赏，宇愀然曰：吾其可藉人命为自进之阶？卒辞之，调绍兴府司法。隆兴中改知富阳县，分差镇江府粮料院、知潮州、提辖行在榷货务、知房州，归卒，年六十一。"其知潮应在干道时。杨万里《淳熙荐士录》："陈宇，事母至孝，作郡甚办，临事应变，事集而民不扰。"（《诚斋集》卷一一四）则"陈字"乃"陈宇"之误。

（12）卷二〇四第5159页"地理类"："陈舜俞《庐山记》二卷。"

按：应作五卷。文渊阁四库全书《庐山记》三卷，不全。今日本元禄刊本及大正藏本均为五卷。

（13）卷二〇五第5173页"子部·儒家类"："范镇《正书》一卷"。

按：韩维《南阳集》卷三〇《端明殿学士银青光禄大夫致仕柱国蜀郡开国公食邑二千六百户食实封五百户赠右金紫光禄大夫谥忠文范公神道碑》作"《正书》三卷"（《文渊阁书目》卷2"范蜀公《正书》一部一册"）。则《宋史》所载已非完本。

（14）卷二〇五第5185页"释氏类"："李遵《天圣广灯录》三十卷。"

李遵当作李遵勖。《长编》卷一一九、第2809页：景祐三年十月辛酉，"镇国节度使、驸马都尉李遵勖上所纂《天圣广灯录》三卷，请下传法院编入藏经。从之"。

《郡斋读书志》卷三下："《天圣广灯录》三十卷，右皇朝李遵勖编，断自释迦以降，仁宗御制序。"《玉海》卷五八："景祐三年十月辛酉，李遵勖上所纂《天圣广灯录》三十卷。"

（15）卷二〇五第5204页"农家类"："宋绶《岁时杂咏》二十卷。"

《考证》第205页以为宋绶乃宋庠之误，盖从《通考》之说而致误。

按：《宋史》卷二〇六："《岁时杂咏》《续岁时杂咏》，宣献公宋庠及其孙刚叔撰。"

宣献乃宋绶之谥，庠之谥为元献，显然此"宋庠"乃"宋绶"之误。刚叔乃绶之孙。晁补之《续岁时杂咏序》："宋氏自宣献公益大，德行文章，语世族者必先之，家故藏书，其多与四库等，而宣献公之子常山公次道能世宣献公之学，好书滋不倦，博闻强志，为时显人，与客语亹亹下上数千载间，在其齿牙也。……宋氏故多贤，而宣献公之孙曰刚叔，尤笃志于学，不愧其先人，又尝集宋诗人之所为《续岁时杂咏》，以成其祖之意，盖若干篇。"（《鸡肋集》卷三四）此所称宣献公者乃宋绶，常山公者绶之子敏求。《郡斋读书志》卷四下："《岁时杂咏》二十卷，右皇朝宋绶编。宣献公昔在中书第三阁，手编古诗及魏晋迄唐人岁时章什一千五百有六，厘为十八卷，今溢为二十卷矣。"

（16）卷二〇五第5207页"农家类"："宋子安《东溪茶录》一卷。"

按：书名应作《东溪试茶录》。存，有左圭《百川学海》本，即作《东溪试茶录》一卷，旧本题宋宋子安撰。

《宣和北苑贡茶录》："有宋子安者作《东溪试茶录》亦言……"《郡斋读书志》卷三上："《东溪试茶录》一卷，右皇朝宋子安集拾丁、蔡之遗。"

（17）卷二〇五第5211页"杂家类"："徐度《崇道却扫编》十三卷。"

按：《直斋书录解题》卷一一："《却扫编》三卷，吏部侍郎睢阳徐度敦立撰。"本书有徐度绍兴十年自序，称："予闲居吴兴卞山之阳，曰吕家步，地辟且陋，旁无士子之庐，杜门终日，莫与晤言。间思平日闻见可纪者，辄书之，未几盈编。不忍弃去，则离为三卷。时方杜门却扫，因题曰《却扫编》。虽不足继前人之述作，补史氏之阙遗，聊以备遗忘，示儿童焉。睢阳徐度。"据此，知其书名《却扫编》，无崇道二字，书凡三卷，"十"字当为衍文。

（18）卷二〇六第5229页"小说类"："《和平谈选士》一卷。"

《仕学规范》"编书目"："《和氏谈选》平时。"据此，知书名应为《和氏谈选》，作者则为和平时。《宋史》之"和平谈选士"应作和平《谈选》或《和氏谈选》。

书已佚，今存佚文四则。

叶道卿自浙漕罢，以母老求司宫钥，长子经临江军修谒，方入客次，闻众宾聚首，言道卿被罪，叶揖而问得报耶？宾曰：传闻耳。曰：叶道卿乃某之家君，以祖母老求便，实无过。众宾负报，几失所措。信知稠人中不可妄谈是非，昔人有言：客次与茶酒肆中，最宜谨默。可不信乎？出《和氏谈选》（《仕学规范》卷一一）。

左丞王和甫尹京日，市有匿名书诬告一富家有逆谋，都城稍恐，和甫不以为然。不数日，果有旨根治，和甫搜验富家无迹，因询其怨耦，答以数日前有鬻状人马生，尝有所贷，弗与，颇积怨言。和甫乃密以他事绾马生至，对款，即取谤书字校之，略无少异，因而讯鞫其事，果马生所作。

朝请郎侯临昔为东阳令，有治声。忽他邑民因分财私寄附于姻家，辄为所匿，累经讼而弗直，乃求理於侯。侯曰：吾与汝异封，法难以治。止令具物之名件而去。后半年，县获强盗，侯因纵盗妄通所寄物于姻家，及捕至狱，泣诉盗所通金帛，皆亲所寄，侯即追向日求理之民证验识认，还之。

朝散大夫钱繇往年宰（《折狱龟鉴》卷七引小说作"尝知"）秀州嘉兴（《龟鉴》有县字），有村叟（《龟鉴》作民）告牛为盗所杀，钱曰：若（《龟鉴》作"繇令"）亟归，勿言报吾（《龟鉴》作"告官"），但密（《龟鉴》作"繇令"）召同村解之，遍以其肉馈所知（《龟鉴》作"知识"），或有怨仇（《龟鉴》无）即倍与，叟（《龟鉴》作民）如其言。翌（《龟鉴》作明）日，果（《龟鉴》无）有人怀（《龟鉴》作持）肉以告叟（《龟鉴》作民）私屠（《龟鉴》作杀）牛者，钱得而治（《龟鉴》作"繇即收讯"），乃告肉者（《龟鉴》作"果其"）所杀。已上出和氏《谈选》（《仕学规范》卷二五）。

（19）卷二〇六第5230页"小说类"："苏耆《闲谈录》二卷。"

按："闲"乃"开"之误。其书本五卷，传于世者二卷。苏舜钦《先公墓志铭并序》"先公讳耆（987—1035），字国老……景祐二年（1035）正月十有二日得疾，药祷徧及而不逮。翌日夜漏下二刻，终于位，春秋四十九……所著《计录》三篇、《开谈录》五卷、《次翰林志》、《续文房四谱》并文集二十卷，并藏于家。"（《苏学士集》卷一四）《遂初堂书目》小说类：《开谈录》。《郡斋读书志后志》卷二："《开谭录》两卷，右皇朝苏耆撰。舜卿之父也，记五代以来杂事，下帙多载冯道行义。"洪迈《容斋五笔》卷七亦引作开。唯宋王铚《默记》卷上作闲，同此误。

书已佚，今唯《说郛》商务本存五条，又从他书中辑得二条，凡佚文七条，录于下：

苏氏《开谈录》："冯道与赵凤同在中书，凤有女适道中子，以饮食不中，为道夫人谴骂，赵令婢长号知院者来诉，凡数百言，道都不答，及去，但云：传语亲家翁，今日好雪。"（《辍耕录》卷六）

《闲谈录》云："（王）朴植性刚烈，大臣藩镇皆惮之。世宗征淮南，俾朴留守，时以街巷隘狭，例从展拓，怒厢校弛慢，于通衢中鞭背数十，其人忿然嗟云：宣补厢虞候，岂得便从决。朴微闻之，命左右擒至，立毙于马前。世宗闻之，笑谓近臣云：此是大愚人，去王朴面前夸宣补厢虞候，宜其死矣。"（王铚《默记》卷上）

钱氏之有国也，应西湖之捕鱼者必日纳数斤，谓之使宅鱼，有终日不及其数者，必市为（《天中记》卷五六引作而）供之，民颇怨叹。一日，武肃大设，（《天中记》引有"有"字）一图上画磻溪直钓（《天中记》引作钩）之事，武肃指示，命罗隐赋诗，（《天中记》引有隐字）应声曰：吕望当年展庙谟，直钩（《天中记》引作緫戎）钓国更谁如。若教生在西湖上，也是须供使宅鱼。武肃大笑，自（《天中记》引作曰）是尽得蠲免。

许王尹京日，因假奏太宗，求缯帛千匹以为服玩之资，上命左右出御衣服数箱，示之曰：此朕之服，皆浣濯再矣，汝不知艰苦，但务奢华，况府库之中，皆非臣之所有，乃四方土贡、万姓膏血，朕亦与众共之，岂可以以一身而枉费用乎！终不之赐，是知祖宗俭德，虽汉文之志亦何加焉。

陶尚书縠本姓唐氏，避晋祖名而改焉，小字铁牛（出鹿门先生集序）李相涛（《天中记》卷二四引作沆）出典河中，尝有书与陶云：每过中流，潜思（《天中记》引作闻）令德。陶初不为意，细思（《天中记》引作久之）方悟。原注：盖河中有张燕公铸系柱（《天中记》引作桥）铁牛故也。

黄寇之乱，儒生多被擒戮，未暇烹宰者，用一驴驮二人，交缚其足于鞍上，面相向于腹下，有相识同罹此患，乃谓曰：何不幸相逢此地！

晋开运中，冯道方在中书，有人于市中牵一驴，以片幅大署其面曰"冯道"二字，道之亲知见而白焉，道徐曰：天下同名姓人有何限，但虑失驴访主，又何怪哉！其大度如此（以上五条出《说郛》商务本卷一四《闲谈录》）。

（20）卷二〇七第5284页"兵书类"："《崇宁边略》三卷，不知作者。"

按：作者乃赵挺之，今存佚文一条。岳珂《愧郯录》卷九："珂尝读赵挺之《崇宁边略》曰：上每谕蔡京，令近边多蓄军粮，又以累岁登稔，欲乘时加籴。京但肆为诈欺，每奏某处已有若干万数籴本，其实乃是度牒及东北盐钞等，度牒每岁当出一万，而今自正月至四月终已出二万六千，而边人买者绝少。珂按：崇宁开边，费用无艺，而当时给僧牒尚岁有成数，特京不能守耳，今稍仿此意以节之，则亦庶乎其可也。"

（21）卷二〇七第5287页"兵书类"："《定远安边策》三卷。"

按：此缺作者名。《新唐书》卷五九："郭元振《定远安边策》三卷。"应据补"郭元振"三字。

（22）卷二〇七第5287页"兵书类"："《新集兵书要诀》三卷。"

按：此缺作者名。《新唐书》卷五九："杜希全《新集兵书要诀》三卷。"《通志》卷六八："《新集兵书要诀》三卷，杜希全撰。"应据补"杜希全"三字。《宋史》卷二〇七第5286页收杜希全《兵书要诀》三卷与此当为一书，而误脱"新集"二字。

（23）卷二〇七第5319页"医书类"："王怀德《太平圣惠方》一百卷。"

按：王怀德乃王怀隐之误。《宋史》卷四六一："王怀隐，宋州睢阳人。初为道士，住京城建隆观，善医诊。太宗尹京，怀隐以汤剂祇事。太平兴国初，诏归俗，命为尚药奉御，三迁至翰林医官使。三年吴越遣子惟濬入朝，惟濬被疾，诏怀隐视之。初，太宗在藩邸，暇日多留意医术，藏名方千余首，皆尝有验者，至是诏翰林医官院各具家传经验方以献，又万余首，命怀隐与副使王祐郑奇、医官陈昭遇参对编类，每部以隋太医令巢元方《病源候论》冠其首，而方药次之，成一百卷。太宗御制序，赐名曰《太平圣惠方》，仍令镂板颁行，天下诸州各置医博士掌之。怀隐后数年卒，昭遇本岭南人，医术尤精验，初为医官，领温水主簿，后加光禄寺丞、赐金紫。"

（24）卷二〇八第5355页"别集类"："《承干文集》十卷。"

按：此缺作者，应补作者姓名"赵承干（？—1052）"。《长编》卷三三五第8063页：元丰六年五月己卯，"舒州防御使克敦进父保静军节度使、萧国公承干文集十卷"。

（25）卷二〇八第5372页"别集类"："《刘跂集》二十卷，王家撰。"

《考证》第484页云："撰人书名疑有误。"

按：《刘跂集》当即第5357页之《刘跂集》二十卷。刘跂字斯立，宰相刘挚长子，常被误写成刘跂。如周必大《跋刘仲冯与斯立宣德帖》："西枢刘公为从官时，丞相刘忠肃公实在政府……绍圣间，忠肃既被晋昭之诬，贬死新州，枢公亦坐朋党谪郴，久之，会靖国改元，忠肃之子跂始能辨雪父冤，卜明年正月以丞相礼葬公于郓之须城，而枢公来守，适在靖国之冬，故有春首襄事，旦夕前慰等语。……后六十三年，枢公族孙子和、子澄携此帖相过，因题其后。斯立，刘跂字也。"（《文忠集》卷一六）此文前误作跂，后始作跂。

（26）卷二〇八第5381页"别集类"："《鲍钦止集》二十卷。"

按：此与卷二〇八第5357页《鲍慎由集》五十卷，实为一书，唯卷数有异。鲍钦止即鲍慎由，钦止为慎由之字。《直斋书录解题》卷一七："《夷白堂小集》二十卷，《别集》三卷，考功员外郎括苍鲍慎由钦止撰。"《宋史》卷四一三第13105页有《鲍由传》，慎字缺，当避孝宗讳之故。

（27）卷二〇九第5400页"总集类"："曾慥《宋百家诗选》五十卷，又《续选》二十卷。"

按：《续选》二十卷，乃郑景龙所编。《直斋书录解题》卷一五："《续百家诗选》二十卷，三衢郑景龙伯允集，以续曾慥前选，凡慥所遗及在慥后者皆取之，然其率略尤甚。"史铸《百菊集谱》卷三及《百菊集谱补遗》引作郑景龙《续宋百家诗选》。元方回

《瀛奎律髓》卷四二引作郑景龙《江湖诗续选》。

此书已佚，今尚存其所收诗三首。

陆九渊《和鹅湖教授韵》："墟墓兴哀宗庙钦，斯人千古不磨心。涓流积至沧溟水，拳石崇成太华岑。易简工夫终久大，支离事业竟浮沉。欲知自下升高处，真伪先须辨古今。"（方回《瀛奎律髓》卷四二）

史铸《百菊集谱》卷三："本朝孙志举勱有《访王主簿同泛菊茶诗》云：妍暖春风荡物华，初回午梦颇思茶。难寻北苑浮香雪，且就东篱撷嫩芽。云云。见郑景龙《续宋百家诗选》。"

《梅磵诗话》卷中："近世三衢郑景龙编《宋百家诗续选》，摘出群花飞尽杨花飞，杨花飞尽无可飞。天空霜无影等句，谓其超出诗人准绳之外，亦非虚语。"

（28）卷二〇九第5404页"总集类"："何纮《籍桂堂唱和集》一卷。"

按："籍桂堂"乃"桂籍堂"之误。明弘治《八闽通志》卷三九、第833页兴化府莆田县："何纮字文伯，永嘉人。庆元中为守莆二年，凡事关教化而利在农桑者，悉次第为之，新桂籍堂、修《人物志》、创平潭桥。"《福建通志》卷三〇"名宦兴化府"："何纮字文伯，永嘉人。庆元二年知军事，才敏给，为政审先后，奴隶走卒，各得其所。尝作《人物志》、创平潭桥、新桂籍堂。"同书卷七四"兴化府莆田县"："桂籍堂，宋崇宁四年郡守郭重建，追考至道以来郡进士题名，刻石置堂上。军学教授胡份为序。宣和七年郡守廖刚立石续记。"

2013年7月6日于西安

《圈点龙川水心二先生文粹》研究

宋刊孤本《圈点龙川水心二先生文粹》，未见历代书目著录，今存台北，邓广铭师发现其有重要的价值，从中辑出陈亮佚文，以补《龙川集》之不足，使《陈亮集》（增订本）成为目前最全之本。《全宋文》亦从中辑出水心佚文，补叶适《水心集》之不足，自此始为国内外学者所重视。然其中尚有若干问题未解决，如为什么序文与牌记内容不合，序文是否伪作，此书刊于何时？其价值是否限于上举各例等。予近自杭州师范大学副校长何俊教授处得到美国田浩教授提供的照片，经仔细研究，颇有意想不到的新发现，特写此文。

一、《圈点》本之前已有《龙川文粹》一书

《圈点龙川水心二先生文粹》书前有序，惜只剩一半，为研究方便起见，录于下：

（上缺）汪洋闳肆，挽回天地之大全，剖抉圣贤之底蕴，盖将使天下之人，撤藩篱而趋堂奥，岂不为吾道大助。然则先生之文，是当以道言，未易以文言也。其视昌黎公起八代之衰，济天下之溺，殆未必多愧。而今之士大夫翕然歆慕之，且未闻有怪之者，则今日文章之盛，又非唐世所可并言矣。虽然，先生之文，盖自其涵养醖籍中发之，而非可以外求也。故其措辞立意，无非洞然，贯穿经传，错综子史，虽谆谆百千万言，无一窒碍。学者有志于斯文，又当知在此而不在彼也。不然，捧心效施，折巾慕郭，则连篇摘月露积，案写风云，竟何补于吾文之万一耶！予故卒言之，而不敢惮于僭。时嘉定壬申（五年，1212）孟秋，建安饶辉晦伯序。

此序，或疑为伪，其实不然。从其内容看，与目录之前的牌记相矛盾。牌记类似今之广告，其文云：

二先生文，精练雄伟，工文家所快睹。是编又出名公选校，壹是粹作，篇加圈点，辞意明粲。本斋得之，不欲私閟，绣梓公传，与天下学者共读，伏幸精鉴。

须注意，序屡称"先生之文"，是单数，与书的标题不符。牌记则云"二先生文"，是双数，与书的标题相符。前者作于1212年，当时叶适（水心）尚在世，一般所谓"文粹"是在其人卒后，编者从其全集中选取精华而成，叶未死，不可能刻印《文粹》。

这些矛盾该如何解释？饶序是伪作吗？不可能。凡伪作都是假冒名人，以张大声势、扩大影响，而饶辉名不见经传，《四库全书》中都检索不到，拉他进来，有何用处？

唯一可以解释得通的，那就是本来是两部书，先有一本《龙川文粹》，饶辉为作序。

于嘉定五年刻印。其后，有人加进水心的文章，改题为《圈点龙川水心二先生文粹》问世。原序保留，增加了一个牌记，起广告作用。

这里还可举出两条内证：一，序中单称先生，这先生应指陈亮，序中称赞其文"虽谆谆百千万言，无一窒碍"。南宋李幼武也称其"下笔立就，数千言，略无凝滞"①，两者含意完全一致。序中称其"挽回天地之大全"，与陈亮自云"此有志之士……冀其复见天地之大全也"②同调。说明序确实是针对龙川而写的，并非与本书毫无关系。

二，就全书体例而言，分明是两张皮。陈亮之文有评语，水心之文全都没有评语。说明陈亮文是单独一本书，其后有人加上水心文章，更改了书名，另行出版。

这样，可以确定：《龙川文粹》原是独立的一本书，有名人评语，由饶辉作序，序作于嘉定五年。刻书时间未明言，疑与作序同年。《龙川文粹》所采之文的来源，很可能是嘉泰三年编成的《龙川文集》四十卷稿本，此本是陈亮之子沆所编，至嘉定七年，才由婺州知州丘寿隽刻成。

《龙川文粹》，从未见于著录，祝尚书《宋人别集叙录》之《龙川先生文集》条也未见提及，此书之考定，为陈亮书在宋代之流传增添了一个新的版本。

下面再探讨一下《圈点龙川水心二先生文粹》何时编成的？

此书的上限可以确定，它必在叶适（1150—1223）卒后。从避讳看，它避宋之讳，但间有不太严之处，如不避"玄"字。这类现象在地方上才刻印的宋版书中也能见到。其下限当不晚于宋亡。再从"圈点"一词看，刊刻的年代范围还可以确定得更细些。《四库全书总目》卷三七《苏评孟子》条谈到"圈点"的由来时说："宋人读书于切要处，率以笔抹，故《朱子语类》论读书法云：先以某色笔抹出，再以某色笔抹出。吕祖谦《古文关键》、楼昉《迂斋评注古文》，亦皆用抹，其明例也。谢枋得《文章轨范》、方回《瀛奎律髓》、罗椅《放翁诗选》，始稍稍具圈点，是盛于南宋末矣。"按：罗椅（1214—1276）卒于元灭南宋都城杭州之时，所编《放翁诗选》"间有圈点"，作于1276年前，但宋时未刻，至元朝大德辛丑（1301）其孙憼始刻③。方回（1127—1307）《瀛奎律髓》撰于元朝至元二十年（1283）④，谢枋得（1226—1289）为由宋入元之人，其所编《文章轨范》七卷，可能成于宋亡之后⑤。则圈点之风是南宋末才出现。还需注意，本书书名上虽有"圈点"二字，牌记也称"篇加圈点"，但细查全书，竟然无一处有圈点。显然是弄虚作假，为什么如此？无非是为了赶时髦，迎合市场需要，据此，可以判断它

---

① （宋）李幼武《宋名臣言行录外集》卷一六，文渊阁四库全书本。
② （宋）陈亮《陈亮集》卷一〇《六经发题·周礼》，第84页，《邓广铭全集》第五卷，河北教育出版社，2005年。
③ （清）永瑢《四库全书总目》卷一六〇，中华书局，1965年，第1381页。
④ （元）方回《瀛奎律髓》自序，文渊阁四库全书本。
⑤ 《四库全书简明目录》卷一九："《文章轨范》七卷，宋谢枋得编。所录汉、晋、唐、宋之文，凡六十九篇，分放胆、小心二格，各有圈点评语，惟《前出师表》《归去来辞》二篇无评语，亦无圈点，殆作于宋亡之后，以是寓意欤！"

应是圈点已成为社会风气的时代出现的，因此其刊刻的年代应在南宋末年，可能晚到度宗时期（1265—1274）。

《龙川文粹》与《圈点龙川水心二先生文粹》的关系，相当于沈括《良方》与《苏沈良方》的关系。沈括《良方》本是独立的一本书，后人加入了苏轼的一些方子，更名为《苏沈良方》，至今《苏沈良方》存世，而沈括《良方》已亡。虽然如此，今人仍能从《苏沈良方》中将沈括《良方》识别出来。

现在再来探讨一下《圈点龙川水心二先生文粹》中的《龙川文粹》与宋代四十卷本、明代三十卷本《龙川集》之间的关系。

陈亮生前，其部分作品已在社会上流行。叶适《龙川集序》："同甫文字行于世者《酌古论》《陈子课稿》《上皇帝三书》最著者也。"到嘉泰三年，陈亮之子沈编为《龙川集》"四十卷"，请叶适作序。到嘉定六、七年间，由丘寿隽刻印。《龙川文粹》应是收集了已流行的部分作品，再参考其四十卷之稿本，选取精粹而编成的，其编排次序很可能仿照了稿本。

四十卷本《龙川集》，明初尚存于世，《永乐大典》多处引用，以后散失。今存为明成化本，成化本仅三十卷，其体例是否与四十卷本相同？没有证据可以证明。相反倒有迹象显示改动原书体例之处。

宋刻本已佚，无法对照，今天可资比较的只有文粹本和明本了，兹列表如下（表一）。

表一

	文粹	龙川集
1 书（上皇帝书）	前集卷一、二、三	卷一书疏
2 序传	前集卷六	卷十三史传序
3 与朱元晦书	前集卷七	卷二十
4 三国纪年	前集卷八	卷十二（有篡改）
5 酌古论	前集卷十七至二十	卷五至八（有篡改）
6 策：廷对、问答上下	后集卷一至三	卷十一缺问答
7 策	后集卷四	卷十一（缺2篇）
8 策	后集卷五	卷十一
9 中兴论	后集卷六	卷二
10 论	后集卷七	全缺
11 汉论	后集卷九至十三	全缺
12 策问	后集卷十四至十六	全缺
13 六经发题，语孟发题	后集卷十九	卷十
14 序	后集卷二十	卷十三缺5篇
15 序	后集卷二一	卷十五

从表一可以看出：

（1）《文粹》本的编排次序与明本大不相同。

（2）卷的分合不同，在《文粹》中，将与皇帝书分为三卷，而明本合为一卷。策，《文粹》本为一卷，明本则分为三卷。

（3）明本编刻者显然是受了朱熹影响，尊蜀汉而贬魏，对《三国纪年》和《酌古论》的文字内容作了篡改，将魏、蜀、吴的次序改为蜀、魏、吴。不仅如此，还将《酌古论》之二与之三对换了位置。在陈亮时代，朱熹的观点并没有成为占统治地位，从陈寿到司马光都以魏为主体，明本的改动，不符合陈亮的原意。也就是说：《文粹》的次序表达的是陈亮的观点，宋刻本也必然如此。由此，可以推论，《文粹》本的次序应与宋本同，至少是大体相同，而明本则作了很大的变动。明本的编者所见到的宋刻残本，当不包括目录在内，如果见到，应该保存原目录，如同《宋大诏令集》那样，在阙卷下注明阙字。明本既未刻宋本目录，内容又缺了四分之一，怎么可能与原来的体例一致呢？

二、新发现的陈亮佚文

我将照片与新编《陈亮集》核对一过，意外发现《圈点龙川水心二先生文粹后集》卷十五"策问"中有二页被缺录了，牵涉到四篇文章，其中两篇有头无尾，另两篇则有尾无头，即"策问"中之"问武举"之下部，"问知人官人之法"之上部，"问古今财用出入之变"之结尾，"问常平义仓之法"之上半部分，这四个残篇被误连在一起，成了两篇。不仅内容有缺，还缺了"问知人官人之法"和"问常平义仓之法"两题。有的上下文明显无法连接，而以为刊本有误，于是改"平"为"乎"，使之勉强衔接。邓师所据照片也是田浩提供的，不知是当时所掌握的照片有缺，还是别的原因，以致使目前最全的《陈亮集》留下了缺憾，而《全宋文》的编者收入时也未发现，全部照录，再次留下了缺憾。

现将所缺佚文补录于下，为便于和《陈亮集》对照阅读，适当录入与佚文前后有关的内容。《陈亮集》（增订本）取《邓广铭全集》（河北教育出版社，2005年）第五卷所收，《邓集》未收的文字用粗黑体表示。

问 武 举

问：自《诗》《易》所称，曰武夫、曰武人，而后知古之人及无事时，其智力未尝不足以自卫。……而数年以来，武举之程文，武人之威仪进退，武官之议论词气，往往更浮于进士，是徒（以上见《邓集》第五卷第125页）**变其名而不能以变其实，不惟无补于大计，而其忧有甚于前日矣。夫天下之势、古今之变、增损盈虚之理，宜必有至当之说。**

问知人官人之法

问帝尧以天纵聪明而知人之圣载之《尧典》，当是时知人未有法也，及皋陶陈九德之谟，而知人之法立矣。舜命九官济济相逊，卒得其最贤者而任之，当是时官人未有法也。及有夏之告其后以三宅，而官人之法立矣。成汤以三宅三

俊为丕式于商邑，而四方诸侯亦式是丕式以从事焉。成周六官各率其属，而司会、大夫、内宰、大司乐、大史、内史、职方、行人之官又自有属。其选用之法，盖总于其僚之长，而听命于具僚，天子独察三宅三俊于其上，常伯与牧者其长也，常任与事其贰也，准人者其考也，天下不知其几官，而莫切于三宅，而又有三俊以备其一日之缺，则庶官安得而不正，推之四方，以为诸侯官人之法，则天下安得而不治乎？今而后知九德之与三宅，实知人官人之要法也。

汉法，丞相、御史得以选用天下之官，而郡国之僚听其自用，其为法甚简而卒不能贻之异代。自魏、晋以选举归之吏部，其后又总之录尚书，而郡国之察举如故也。齐、隋并郡国之权而收之，故当时识者亦论小大之官悉由吏部，纤介之官皆属考功，固已仰成于令史矣。唐兴，分文武两部，而尚书为中铨，侍郎为东西铨，举天下一听于三铨，则数人之耳目手足，安足以尽天下之才，私意一行，则不复有法矣。宇文融之十铨，裴光庭之资格，固其势之所必至也。当是时取人犹兼采名望，而藩镇犹得以自辟摄，则犹未尽委于法矣。

本朝始艺祖所以与时偕，一切委于法焉矣。盖自五代天子将相之位殆如传舍，则束之规矩准绳，艺祖所以与时偕行也。天下方赖以休息，而习于人之耳目者，百年之间未可以轻动，累圣所以遵守成宪法也。然行之既久，天下之官常听命于资格，而仰成于吏，虽有豪杰拔出之材，往往困于束缚，而贪鄙庸懦之夫，执其资格如计券取偿，虽良有司不得而夺，彼亦且以为分内之物也。则天子之八柄亦亵矣。今将取而正之，变通之理何先，增损之意何在，何道而可以尽天下之利，而不惊动其视听，何修而可以承祖宗之意，而不破坏其源流，三代两汉之法，其亦（以上见《文粹后集》卷十五第二页下、第三页上下）有可参用者乎？魏、晋、隋、唐议臣之论，其亦有可兼采者乎？其熟之复之，以为经久之策。（以上见《邓集》第五卷第125页）

问古今财用出入之变

冢宰以道诏王者也，而〈周官〉食货实系焉。……本朝以三司使领天下之财，使之得以自辟其属……顾所虑者，何阶而使君臣开心而定经制？何道而使上下协力以宽用度？内外轻重何为而适平？出入敛散何由而无弊？古何所考，而今何以示后？所贵乎学者，以其明古今之变而已，（以上见《邓集》第五卷第126页、第127页倒数第四行）其详陈之。

问常平义仓之法

问井法既废，而敛散之权兼并用以乘时而射利，赒救之法，兼并用以谋息而取盈，魏之平籴、汉之常平，所以制敛散之权于公上也。隋之社仓、唐之义仓所以公赒救之法于天下也。及其衰也，常平可以谋出入之利，义仓可以应缓急之须，取兼并之法而自用之，则亦无怪乎人心之不和，而水旱之随至也。

本朝举天下之力以养兵，而虑实惠不及于民，常平义仓之法累圣，未尝不以为急。及神宗皇帝立为定制，专置一司以掌之，分隶户部，右曹不使参之，缘（？）用郡县，则属之丞贰，移用擅发皆有常禁，故常（以上见《文粹后集》卷十五第七页下）平[1]义仓之积盈天下，斯民有所恃赖，盗贼无以生心，此固神宗所以为万世根本之虑也。其后从事于西北，而用度之不给，固已不免时发而用之。

渡江以来，诸司郡县又皆不免贷用，而常平之法几于废矣，今诸郡之所无几，而县则所至穷空，卒有水旱，则赈救一仰于兼并之家，国家至不爱官爵以诱之而乘时欺罔者，不敢穷其诈而不与也。废常平之法，而以名器假人，则谋国亦疏矣。今诚使常平使者，括其见存之数，某州某县常平若干、义仓若干，诸司之僭用若干，郡县之移用若干，可督则督之，可已则已之，使钱足以具粜本米足以支缓急，前日之罪一切勿问，复修常平一司之法，县有余积而后积之郡，继自今擅发移用之罪，不以赦降去官原减，则水旱之忧不至烦庙堂之虑矣。……（以上见《邓集》第五卷第127页倒数第四行至第128页）

三、《圈点龙川水心二先生文粹》之评语

《圈点龙川水心二先生文粹》中有评语者凡七卷，均为龙川之文，其中《中兴论》一卷、《酌古论》四卷、《问答》上下二卷，题下均有评语，仅用简单的几句话揭示其主题，对读者理解题意极有助益。兹汇录于下。

（1）《文粹前集》卷六《中兴论》

　　此篇论谋画，中兴之略策必有批亢捣虚，形格势禁之道也。

　　论开诚之道

　　此篇谓任人之道，当明白洞达，而开之以无隐之忱，故群臣当得以自致其力也。

　　论执要之道

　　此篇论人主之职，不过辨邪正、专委任、明政之大体、总权之大纲而已，非可凡事必躬必亲而为是好详也。

　　论励臣之道

　　此篇谓今日欲复仇雪耻，君当勉励臣下，使之皆有趋事赴功之心，则上下同心，君臣戮力事功，何患其不济。

　　论正体之道

　　此篇谓君以仁为体，臣以忠为体，故为君者不可以不仁，为臣者不可以不忠，此所谓正君臣之体也。

（2）《文粹前集》卷十七《酌古论》

　　酌古论序：此谓文必有处世之才，武必有料敌之智，才智所在，文武之

---

[1] "平"字，《邓广铭全集》误改为"乎"，今乙正。

道，一焉而已。

  光武：此篇谓有一定之略，然后有一定之功，略者不可以仓卒制，而功者不可以侥幸成，光武中兴之功，虽出天命，亦人谋也。

  曹公：曹公用兵，智术甚高，惜其不知天下之形势，昧于攻取缓急之际，是以不至于成功。

  孙权：孙权拒曹公于赤壁间而大破之，由其大计之先定，非幸而成也。

  刘备：曹操乃汉家之仇，非孙权杀关羽之比，在备当置一时之私忿，而求复大义也。

（3）《文粹前集》卷十八《酌古论》

  孔明上：此篇论正嫡之异。

  孔明下：此篇论观人当于事久论定之时。

  吕蒙：此篇论制天之谋在乎志。

  邓艾：此篇论用兵当有素定之谋。

  羊祜：此篇论攻守之道。

（4）《文粹前集》卷十九《酌古论》

  符坚：此篇论胜败之理。

  韩信：此篇论制胜之道。

  薛公：此篇论逆顺志理。

  邓禹：此篇论制胜之道。

  马援：此篇论用兵之道。

（5）《文粹前集》卷二十《酌古论》

  崔浩：此篇论料敌当察其真情。

  李靖：此篇论用兵之有奇正。

  封长清：此篇论用兵不可有轻敌之心。

  马燧：此篇论为将不可有养寇自资之心。

  桑维翰：此篇论中国不可借助于夷狄，辛启夷狄轻中国之心。

（6）《文粹后集》卷二《问答》上

  三代以仁义取天下……民不可欺，则其取守之道必有可言者矣。

  此篇谓人生而群，必有才能德义出众人之上者为之主，尧、舜传贤，夏、商、周以传子，然子孙以不能皆贤，有德者起而定之，如汤、武是也，初无损公天下之心。秦以智力，不能长世，曹魏以私心，天下分裂，汉、唐皆有救民之心，传世亦永，其初无异于汤、武，惜无辅佐之臣也。

  汉高祖以布衣取天下……人心弊于自见，而天命不知所归，是治乱安危之大几也。

  此篇谓隋之乱，天厌之久矣，故唐以不皆及（缺二字）有天下，天命之所在，即人心之所归，高祖以（缺二字）主之可也，建成据非其所当得，太宗忍为同气之争，而犯不义之名而不恤者，天实为之，非其过也。

三老董公以仁义遮说汉高祖……合内外而论之，宜必有以处者。

此篇谓天下共立义帝，而项羽弑之，是无君臣之义矣。董公说高帝，揭项羽不义之名于天下，扶人道于既绝，几于孔子沐浴之请高帝之名正言顺明矣。

三代之初，必以封先圣之后为急……不然，则汉诿之周，而周公其衰矣。

此篇谓封建之法至周而大备，圣人不过使亲贤参（缺二字）错，而祸福治乱一付之天下之公，而吾无容心也。

项羽音呜叱咤而千人皆废……使天下有疑于儒者之道，其不自高帝始耶？

高帝用谋臣策士，而不以礼义律之，智勇齐之，而与之共天下之利，卒用是以取天下，然其不能用是以安天下者，良由所用非礼义之士耳，此开国承家，小人所以不可用也。

周、召、毛、毕实佐文、武以有天下……而周、汉之法果可为通用之法乎？

此篇谓唐、虞三代皆用世臣，春秋讥世卿者，盖识其不择世臣之贤者而用之也，汉虽无世臣，亦不用新进，至唐则参而用之，故君臣之谊，不克终矣。

（7）《文粹后集》卷三《问答》下

义利之分，孟子辨之详矣……则皋陶之所谓天者岂诬乎？

此篇谓典礼刑赏皆出于天，要不过使人复性而已，故私喜怒者，亡国之赏罚也，公欲恶者，王者之赏罚也。

肉刑之兴，说者以外起于苗民……究其所从始，极其所由终，必有至当之说。

此篇谓古人之制肉刑者，不过报虐以威而已，圣人又多为之法以出民，于刑必严其所当用，是教人不轻犯法也，此圣人制刑之本意，故刑者圣人爱民之具，而非以戕民也。

郦食其教高祖以示诸侯形制之势……不然，则在德不在险，是真书之谈耳。

此篇谓择形势、壮宫室，为圣人本末具举之道。

帝王之号名殊而其道一也……圣人酌古今而裁之中道，必有俟百世而不惑者。

此篇问谥义而断以春秋兼隐恶之义，从尊君之文，此所谓百世以俟圣人而不惑者，又谓人心不可以尽徇，天下不可以文欺，尤为笃论。

吕不韦视子楚以为奇货……揆之以春秋之义，则必有以处此矣。

此篇谓揆春秋之义，所以重君臣恩义之始终，而不及其私，固所以防人心之流也。

圣人以常典卫中国……圣人不得正色而诛之。

此篇谓圣人待夷狄之常道，莫详于周，其变则备于春秋矣。

2012年9月13日作于西安，2013年10月9日修改

（原刊于《历史文献研究》2016年1期）

《续资治通鉴长编》订误

李焘《续资治通鉴长编》是继司马光《资治通鉴》之后，又一部非凡的编年史巨著，是后人研究北宋历史必不可少的史料库。叶适称之为《春秋》以后第一部书，足以说明此书价值之高，不同凡响。其书亦存在一些瑕疵，虽然与其成就相比，微不足道，但却不可忽视，正因为它是名著，如果不予指正，人们在其名声影响之下，往往不加考证拿来就用，更易以讹传讹。予近十年来，读书时颇注意及此，发现有误处，做些札记，至今已累积100余条，现予刊布。本文所正之误，有些可能是传抄或馆臣删改之误，不能全归咎于李焘。为便于读者查考，每条注明卷、页。采用底本为中华书局2004年点校本。文末附纠馆臣案语之误及点校之误数条。

（1）赵弘殷任龙捷右厢都指挥使，而非龙捷左厢都指挥使。

卷一第1页：太祖建隆元年三月壬戌，"皇考周龙捷左厢都指挥使、岳州防御使弘殷"。

按：此作"龙捷左厢都指挥使"，当为"龙捷右厢都指挥使"之误。是时为左厢都指挥使者乃韩令坤。《旧五代史》卷一一四第1515页《周世宗纪》："三月庚子，以殿前都虞候韩令坤为龙捷左厢都指挥使，以铁骑第一军都指挥使赵弘殷为龙捷右厢都指挥使……並遥授团练使。"《宋史》卷二五一第8832页《韩令坤传》："世宗即位，授殿前都虞候，俄赏高平之功为龙捷左厢都虞候，领容州团练使，进本厢都指挥使，领泗州防御使。"《宋史》卷一第1页："宣祖……周广顺末，改铁骑第一军都指挥使，转右厢都指挥，领岳州防御使。"

（2）宋太祖五日破泽州，而非"逾旬未下"，"辛巳"乃"辛未"之误。

卷一第16页：建隆元年六月己巳朔，"上至泽州，督诸军攻城。……泽州城逾旬未下……辛巳，克其城"。

按：丁卯（二十九日）石守信部破李筠军于泽州南，筠遁入泽州，婴城自固。至六月三日城破，共五日，此云："泽州城逾旬未下。"与事实不合。

又，是月无辛巳，考《宋史》卷一第6页：建隆元年（960）六月"辛未（三日）拔泽州，筠赴火死"。则"辛巳"当为"辛未"之误。

（3）"十六日"当为"十九日"之误。

卷一第26页：建隆元年十月乙酉，"晋州言：兵马钤辖、郑州防御使荆罕儒战没。注：乙酉十六日也"。

按：是年十月丁卯朔，乙酉，十九日也，注之"十六日"当为"十九日"之误。

（4）"乐平军"当作"平晋军"。

卷四第103页：乾德元年八月丁亥，"王全斌言复与郭进、曹彬等帅师攻北汉乐平县，降其拱卫指挥使王超等及所部兵一千八百人，北汉侍卫都指挥使蔚进、马军都指挥使郝贵超等悉蕃汉兵来救，三战皆败之，遂下乐平，即建为乐平军"。

按："乐平军"当作"平晋军"。《宋史》卷一第15页《太祖本纪》："八月……丁亥，王全斌攻北汉乐平县，降之。辛卯，以乐平县为平晋军。"《长编》卷四第106页：（九月）"是月，北汉主诱契丹兵攻平晋军"，即指此。

（5）"孟"乃"盂"之误。

卷四第110页：乾德元年十一月乙亥，"初，上将有事于南郊，命沿边诸将分道略北汉境。磁州刺史、晋隰等州都巡检使孟人李谦溥（谦溥初见显德元年）与郑州防御使孙延进、绛州防御使沈维深、通事舍人王睿等帅师出阴地"。

按：《宋史》卷二七三第9337页："李谦溥字德明，并州盂人。……父尧，后唐清泰中晋祖镇并门，署为参谋。"知"孟"乃"盂"之误。

（6）"泰州"乃"秦州"之误。

卷五第126页：乾德二年夏四月丙寅，"前泰州刺史赵玭为左监门卫大将军、权点检三司。玭，澶州人也"。注："玭初见显德二年。"

按：《资治通鉴》卷二九二第9530页：显德二年闰月，"蜀雄武节度使兼侍中韩继勋弃秦州，奔还成都，观察判官赵玭举城降"。据此，赵玭在蜀任秦州观察判官，显然周以其降而就地任命其为秦州刺史。泰州在今江苏，本属南唐，后属后周，与后蜀无关。

《宋史》卷二七四第9352页《赵玭传》："乾德初出为秦州刺史，二年改左监门衞大将军、判三司。"摘藻堂本、四库本均作"秦"，唯今点校本作"泰"，大约据《长编》而误改。

（7）"安国"乃"定国"之误。

卷一一第190页：乾德五年三月戊戌，"以前安国节度使张美为横海节度使"。

按：安国指邢州，张美并未在邢州任职。安国当为定国之误，定国指同州，《宋史》卷二五九《张美传》："宋初，拜定国军节度……同州岁出缗钱。"

（8）宋灭北汉时，刘继文没有死，而是投奔了辽国。

卷一一第241页：开宝三年正月，"契丹主……命李弼为枢密使，刘继文为保义节度使。诏北汉主委任之。继文等久驻契丹，复受其命，归秉国政，左右皆谮毁之，未几，继文为代州刺史，弼为宪州刺史，契丹主闻之，下诏责北汉主……北汉主得书恐惧，且疑继文报契丹，乃密遣使按责继文，继文以忧惧死"。

按：《长编》说刘继文死是错误的，他当时并没有死。《长编》这一记载来源于《九国志》，而《国史·郭守文传》则根据守文墓志，记云："刘继元弟继文据代州，依契丹以拒命。守文讨平之。"与《九国志》异，《长编》则采取《九国志》之说（《长编》卷二〇第452页太平兴国四年五月）。考《刘继文墓志》，1926年在今辽宁省建昌县出土，据志文，开宝三年时，刘继文并未死。太平兴国四年（979），宋太宗灭北汉时，刘继文任代州防御使，"见机而变"，"来归上国"，即看到大势已去，投奔了辽国。在辽，娶昭义军节度使耿绍纪长女为妻，981年卒（见《辽代石刻文编》，第71页《刘继文墓志》，河北教育出版社，1995年）。可见《九国志》的说法是不合事实的。《长编》太轻信了。而《国史·郭守文传》所说"继文据代州"则是事实，但所谓"依契丹以拒命。守文讨平之"。当是为了夸大郭守文之功而言，实际上代州是刘继文主动放弃的。

（9）郭重迁乃泸州监军，而非泸州知州。

《长编》卷一六第346页：开宝八年九月丁酉，"以相州录事参军河南钱文敏为右赞善大夫、权知泸州。先是，藩镇多以笔牍私取官库钱，韩重赟领昭德时颇仍旧弊，文敏不与，重赟怒，召文敏廷责之，文敏词不屈，重赟既死，上始闻其事，嘉文敏有守，故擢用焉。且召见便殿，谓文敏曰：泸州近蛮尤宜绥抚，知州郭重迁掊敛不法，恃其僻远，谓朝廷不知尔，至即为朕鞫之，苟有一毫侵民，朕必不赦。因厚赐遣行，重迁竟坐弃市。文敏在州有政迹，夷人诣阙借留，诏改殿中丞听再任"。

按：此称"知州郭重迁"非也，知州实为郭思齐，据各书所载原文应为"知州郭思齐、监军郭重迁"，《长编》之误当为脱漏"郭思齐、监军"五字所致。

《宋史》卷二六六《钱若水传》："钱若水字澹成，一字长卿，河南新安人。父文敏，汉青州帅刘铢辟为录事参军，历长水酂都尉、扶风令、相州录事参军。先是，府帅多以笔牍私取官库钱，韩重赟领节制，颇仍其弊，文敏不从，重赟假他事廷责之。文敏不为屈。太祖嘉其有守，授右赞善大夫知泸州，召见讲武殿，谓曰：'泸州近蛮境，尤宜绥抚，闻知州郭思齐、监军郭重迁掊敛不法，恃其荒远，谓朝廷不知尔，至为朕鞫之，苟一毫有侵于民，朕必不赦。'至郡，有政迹，夷人诣阙借留，诏改殿中丞，许再任。"

《群书考索续集》卷五一："宋朝开宝中，太祖命钱文敏知泸州，召见讲武殿，谓文敏曰：'泸州最近蛮獠尤宜抚绥，闻知州郭思齐、监军郭重迁掊敛于民，恃其遐远，谓朝廷不知尔。至为朕鞫之，苟一毫侵民不以远赦。'"

罗从彦《豫章文集》卷二："太祖以右赞善大夫钱文敏知泸州，召见讲武殿，谓曰：'泸州最近蛮獠，尤宜绥抚。闻知州郭思齐、兵马监押郭重迁等倍敛于民，颇为不法，恃其地远，谓朝廷不知尔，至为朕鞫之，苟有一毫侵民，朕必不赦。'"

汪应辰《荐张行成剳子》："昔太祖皇帝命钱文敏知泸州，谓之曰：'知泸州郭思济（当作齐）、监库郭重迁掊敛不法，恃其遐远，谓朝廷不知尔，至为朕鞫之。'"（《文定集》卷六）

（10）"刘庭让"乃"刘廷让"之误。

卷一七第383页：开宝九年十月甲寅，"太宗即位。壬戌，镇宁节度使刘光义改名庭让"。

按："庭"乃"廷"之误。王称《东都事略》卷二〇、《宋史》卷二五九有传，均作刘廷让。

（11）"惟演"应作"惟渲"。

卷一八第395页：太平兴国二年（977）春正月丙寅，"吴越王俶遣其子温州刺史惟演来修贡贺登极"。

按：《吴越备史》作："太平兴国元年（976）十一月，遣惟渲诣阙以贺。"十一月自杭州出发，次年正月至开封，二者当为同一人。考惟渲为俶之第三子，而惟演乃第七子（《洛阳新获墓志续编》281号钱俶墓志）。惟演太平兴国元年刚出生，不可能出国修贡。俶端拱元年（988）八月戊寅卒（《长编》卷二九）时，尚在"童年"（《宋史》卷四八〇）。渲、演二字形近易混，渲字不常见，惟演颇著名，《宋史》有传，故惟渲碑误作惟演。

（12）"杨信即杨义"之语应移前。

卷一八第413页：太平兴国二年九月辛亥，"殿前都指挥使杨信……杨信即杨义，避上改名焉"。

按："杨信"在此条以前已经出现，《长编》卷一八、第400页：太平兴国二年春正月庚申，"赐殿前都指挥使杨信、马军都指挥使党进银各六百斤"。"杨信即杨义，避上改名焉"之说明应改移于此条下。

（13）"孟县"乃"盂县"之误。

卷二〇第446页：太平兴国四年三月辛巳，"命镇州马步都监客省副使齐延琛、洛苑副使侯美分兵攻孟县"。

卷二〇第448页：太平兴国四年四月庚戌，"齐延琛等言孟县降"。

按：宋代并无孟县，只有盂县，在今山西省东部，属阳泉市。从镇州（今河北省正定）往太原方向进攻，首先到达的就是盂县，则此两处"孟县"显然应作"盂县"。"孟"与"盂"字形相近，致误。

（14）"西泾"应作"西陉"。

卷二〇第464页：太平兴国四年十一月庚辰，"代州言：契丹于代州雁门、西泾、护国、南川置寨，折彦赟与都监董思愿刘绪、巡检侯美追击，大破之，获鞍马器仗甚众"。注："此据《会要》乃十一月四日事，折彦赟已见二月己巳。"

按："西泾"应作"西陉"。曾公亮《武经总要》卷一七代州：寨十三："西陉寨，有井泉河水，西至土灯寨七十里。《河东记》：'契丹寰州句注在州西北三十里，即西陉山也。自古匈奴入寇之路。'"《宋史》卷八六《地理志》代州，县四："雁门，有西陉、胡谷、雁门三寨。"

（15）王继昇乃左神武军将军而非右神武将军。

卷二八、第633页：雍熙四年四月己亥，"始并水陆路发运为一司，以右神武将军王继昇、刑部员外郎直史馆董俨同掌之"。

按：《太宗实录》卷二六："太平兴国八年九月己巳，以军器库副使王继昇为左神武将军、依前领顺州刺史，洛苑使王宾为右神武将军、依前领演州刺史。"《太宗实录》卷四四：端拱元年（988）三月壬戌，"左神武军大将军、顺州团练使王继昇卒。继昇，冀州阜城人……卒年六十四"。据此，知"右神武将军"当为"左神武军将军"。

（16）金行成事记载有误。

卷三一第707页：淳化元年十一月丁丑，"知安州、侍御史李范上言：故殿中、通判州事金行成，本高丽人宾贡，举进士中第。高丽国王表乞放还，行成自以筮仕中朝，思有以报，不愿归本国，父母垂老，在海外，旦暮思念之，恨禄养弗及，命画工图其像，置于正寝。行成与妻更屈旁室，晨夕定省上食，未尝少懈"。

按："殿中"，据《宋史》卷四八七《高丽传》，当作"殿中丞"。"行成与妻更屈旁室"，其语不通，据《宋史》卷四八七《高丽传》，当作"行成与妻史氏居旁室"。盖史与更、居与屈字形相近致误，又误脱氏字。

（17）马步军都指挥使李继隆之"步"字乃衍文[①]。

卷三五第767页：淳化五年正月癸酉，"命马步军都指挥使李继隆为河西兵马都部署"。

按：此条当采自《宋太宗实录》，《实录》此条虽佚，其后仍有记载，至道二年（996）四月"甲戌，以侍卫马步军都指挥使李继隆为怀庆灵等州兵马都部署"（卷七七第170页）。而《宋会要辑稿》礼四五之三记载同一事则为："至道二年四月三日，宴近臣于长春殿，饯马军指挥使李继隆赴河西行营。"并无"步"字。又《宋会要》兵八之一八载："淳化五年正月，以侍卫马军都指挥使、邠州节度使李继隆充河西行营马步军都总管。"亦无"步"字。《宋史》卷五、第93页作淳化五年春正月"癸酉，以侍卫马军都指挥使李继隆为河西行营都部署，讨李继迁"。无"步"字。考其前所任亦为"侍卫马军都指挥使"（《宋史》卷五第83页端拱元年九月乙酉条）。其后，仍任侍卫马军都指挥使，《宋史》卷五第99页：至道二年"夏四月甲戌，命侍卫马军都指挥使李继隆为环、庆等州都部署"。显然，"马步军"之"步"字乃衍文。侍卫亲军马步军都指挥使，自建隆三年九月石守信解除此职以后，再未任命任何人出任此职，

（18）"李寅"当作"李贇"。

卷三六第791页：淳化五年八月庚寅，"殿中丞建安李虚已以得御书印纸上表献诗，自陈祖母年八十余，喜闻其孙中循吏之目，上喜甚，批纸尾曰：'吾真得良二千石矣。'赐以五品服。虚已先受诏知荣州，因改知遂州，又别赐钱五十万，以遗其祖母。翌日，对宰相言及之，且曰己与五十缗矣。吕蒙正曰：'前所赐盖五百缗。'上曰：'此误也，然不可追。'虚已父寅，举进士，年六十余，以母老求致仕，得著作郎，有词学，清苦，虚已亦纯孝笃谨，家极贫，虽一时误恩，人以为殆天赐也"。

按："寅"当作"贇"。"著作郎"当作"著作佐郎"。"年六十余"当为"年未六十"。余靖《故尚书虞部郎中致仕李公墓碑》："公讳虚舟，字公济，赠吏部尚书讳贇之季子，工部侍郎讳虚已之介弟。……及令兄以小司空分务闲居，公以郎官归休旧庐，冉世三贤，相继解组，皆年未悬车，而勇于冲退。……享年八十九……端居静默三十三年。"（《武溪集》

[①] 此条及19条，张其凡已揭其误，见《宋代典籍研究》，华夏文化艺术出版社，2005年，第113、120页。予所考稍详，故仍录于此。

卷一九)《宋会要》职官七七之三一:"至道元年三月,前和州历阳县主簿李寅授著作佐郎。寅子虚己任殿中丞,太宗知其能政,命知遂州,仍赐五十万,令养其祖母,又以寅年高,特有是命。"《宋史》卷三〇〇第9973页《李虚己传》:"父寅有清节……举进士,起家为衢州司理参军,母老弃官以归。……初,寅之请老,年未六十。"

(19)傅潜所任为马步军都虞候,而非步军都虞候。

卷四一第860页:太宗至道三年春正月辛卯,"以步军都虞候傅潜为延州路都部署"。

按:"步军都虞候"当作"马步军都虞候",《宋太宗实录》卷八〇第201页:至道三年春正月辛卯,"以侍卫亲军马步军都虞候傅潜为延州路兵马都部署"。考傅潜此前早已任马步军都虞候,《长编》卷三三第739页:淳化三年九月"己未,召马步军都虞候傅潜"。《长编》卷四〇第852页:至道二年九月己卯,"上因顾马步军都虞候傅潜等曰……"可证。

(20)潘惟吉为供备库副使,而非供备库使。

卷四九第1070页:咸平四年八月丁卯,"命户部员外郎直史馆曾致尧、太常博士王曙、供备库使潘惟吉、通事舍人焦守节分往川峡诸州提举军器,察官吏之能否"。

按:潘惟吉之职应为供备库副使,《宋会要》职官五二之九记此事正作副使,又《长编》卷五〇:咸平四年闰十二月庚寅条亦称"供备库副使潘惟吉",可证其职确系副使。

(21)王汉忠所任乃殿前副都指挥使。

卷五一第1116页:咸平五年二月丁亥,"高阳关都部署、殿前都指挥使、保静节度使王汉忠来朝"。

卷五二第1141页:咸平五年七月己亥,"殿前都指挥使、保静节度使王汉忠坐率兵西讨违诏无功,责为左屯卫上将军。逾月出知襄州,未上道暴得疾,遂卒"。

按:此时及其前后,任殿前都指挥使者乃高琼。王汉忠所任乃副职,此两条均脱"副"字。《长编》卷四八第1053页:咸平四年三月甲申,"并代州都部署、步军都指挥使、彭信节度使高琼来朝,召之也……寻命琼为殿前都指挥使"。《长编》卷五二第1134页:咸平五年五月戊午,"谓殿前都指挥使高琼等曰……"《长编》卷五五第1212页:咸平六年,是秋,"诏殿前都指挥使高琼阅习阵势"。《宋史》卷六第114页:咸平四年三月庚寅(十八日),"加门下侍郎高琼为殿前都指挥使,葛霸为侍卫马军都指挥使,王汉忠为殿前副都指挥使"。《宋史》卷二七九第9477页《王汉忠传》只云:"咸平三年,又为泾原、环庆两路都部署兼安抚使,迁侍卫马军都指挥使……加殿前副都指挥使。"并非正职。

(22)李元、陆元圭应作李玄、陆玄圭。

卷五六第1238页:景德元年六月丙辰,"上密采群臣之有闻望者,得刑部郎中边肃,殿中丞鞠仲谋,司勋员外郎朱协,比部员外郎陈英、郝太冲、李元,太常博士马景、何亮、周绛、谢涛、卫太素,国子博士陈昭度,太常丞崔端、高谨徽,秘书丞赵湘、张若谷、姜屿,殿中丞皇甫选、滕涉、陆元圭、李奉天,太子中允崔遵度,中舍曹度,将作监丞陈越,凡二十四人。内出其姓名,令阁门祗候崇政殿再坐,引对,外任者乘驿赴阙，每对必往复绅绎其词气，或试文艺，多帖三馆职，或命为省府判官，或升其差使焉。仲谋，高密人。协，昂弟。湘，华州。若谷，南剑州。涉，虞城。遵度，淄川人也。好事者因号越等为二十四气，以比唐修文馆学士四时八节十二月之数云"。注："陈英、李元、马景、周绛、卫太素、陈昭度、崔端、高谨徽、陆元圭、李奉天、曹度十一人，不详其邑里。边肃、郝太冲、何亮、谢涛、姜屿、皇甫选、陈越七人，已前见。屿亦不详其邑里。二十四气据刘筠所撰《皇甫选墓铭》。"

按：据《宋史全文》卷五，"李元""陆元圭"应作"李玄""陆玄圭"。此时真宗尚未编出圣祖赵玄朗，无须避玄字讳。此当为李焘修书时所改。

（23）王超所任乃马步军都虞候。

卷五九第1312页：景德二年正月丁卯（十八日），"步军都虞候、天平节度使王超为三路统帅无功，引兵赴行在，又违诏失期，上章待罪。上悯其劳旧，弗责。戊辰（十九日），以超为崇信节度使，罢军职，便道之任"。

按："步军都虞候"当为"马步军都虞候"之误，库本"步"前有"马"字，应据补。王超早在咸平三年已任此职，《宋史》卷二七八第9465页本传："咸平二年秋，大阅禁兵二十万于东郊。超执五方旗以节进退，上御戎幄观之，面赐褒奖。从幸大名，与都虞候张进并为先锋，都大点检傅潜逗挠得罪，以超为侍卫马步军都虞候、镇州行营都部署。"景德元年仍在此位。《长编》卷五六第1239页：景德元年六月"辛酉，马步军都虞候、天平节度使王超自定州来朝，留二十二日复赴行营"。《长编》卷六八第1529页：大中祥符元年三月丁丑（十六日）"马步军都虞候王超"条，注："咸平三年二月超为马步军候，景德二年正月罢去矣。"《宋史》卷六第117页：咸平五年六月乙亥，"以侍卫马军都虞候王超为定州路驻泊行营都部署"。点校本未利用库本是其失误。

（24）武白并未死，而是被辽军所俘。

卷五九第1313页：景德二年（1005）春正月癸酉，"赠国子博士武白为光禄少卿。白受命知相州，道遇寇，死焉。仍录其子，给俸终丧"。注："武白未详。"

按：武白并未死，而是被辽军所俘，后仕于辽。其生平详见《辽史》卷八二《武白传》，云："武白不知何郡人，为宋国子博士，差知相州，至通利军，为我军所俘。诏授上京国子博士，改临潢县令，迁广德军节度副使。……迁尚书左丞相枢密事，拜辽兴军节度使，致仕卒。"《辽史》卷一四第160页《圣宗本纪》：统和二十二年（1004）十一月"乙亥，攻破通利军"。显然，武白是在这次战斗中被辽军所俘，宋以为已死，故于次年录其子。

（25）"昇、扬、庐州"当作"昇、洪、扬、庐州"。

卷七四第1686页：大中祥符三年八月戊辰，"以江、淮不稔，命昇、扬、庐州长吏各兼本路安抚使。时刑部郎中王济知洪州，躬督官吏为糜粥，日亲尝而给之，录饥民为州兵，所全救甚众。"

按：《宋会要》职官四一之八三记此事，"昇"下有"洪"字。此任命因洪州而起，自应有洪字。

（26）《官制旧典》的作者为蔡惇而非蔡兴宗。

卷七五第1720页：大中祥符四年四月丙寅条注："近时蔡延庆之孙名兴宗者，著祖宗《官制旧典》云……"

卷三二七第7872页元丰五年六月乙卯注："此据蔡兴宗《官制旧典》……"

按：《长编》卷二一三第5166页熙宁三年秋七月壬辰条注："蔡惇《祖宗官制旧典》云……"卷三二六第7848页元丰五年五月辛卯注："此据蔡惇《官制旧典》。"则李焘于此书之作者有两说，或以为兴宗所作，或以为蔡惇所作。考其实，前说误而后说为是，其证有二。

其一，各家著录均作蔡惇撰。

《郡斋读书志》卷五上："《祖宗官制旧典》二卷，右东莱蔡元道所编也。其子兴宗叙于后云：追记祖宗旧典，凡设官、任职、治民、理财之要，与夫分别流品、谨惜名器之道，合七十七门云。"《直斋书录解题》卷六："《祖宗官制旧典》三卷，直龙图阁东莱蔡惇元道撰。大略以为元丰用官阶寄禄，虽号正名而流品混淆，爵位轻滥，故以祖宗旧典与新制参稽并考而论其得失。元道，文忠公参政齐之侄孙，而翰林学士延庆之子，渡江卒于涪陵，尹和靖焞（1071—1142）尝题其墓。"《宋史》卷二〇三："蔡元道《祖宗官制旧典》三卷。"《玉海》卷一一九："绍兴《祖宗官制旧典》三卷，绍兴间蔡元道纂。"

其二，王明清《挥麈后录》卷三："蔡元道作《官制旧典》极其用心，甚为详缜，但事有抵牾，或出于穿凿者有所未免。明清尝略引旧文以证数项于印本上，签贴呈似，遂初尤丈延之深以叹赏，其帙尚存……元道云：先公即延庆，王荆公荐李资深时，苏子容、李才元、宋次道缴其改官除监察御史之命，荆公改授，延庆即为书行。延庆字仲远，文忠齐之子也，别命书读始此。"其书既称延庆为先公，必为惇无疑。此书之末有其子兴宗所作跋，故或误以为是书之作者也。

（27）《翰林杂记》下脱漏"以纪"二字。

《长编》卷七六第1738页：大中祥符四年冬十月戊辰，"（李）宗谔尝著《翰林杂记》国朝新制。翌日上之"。

按：此句不通。《宋史》卷二六五第9142页《李宗谔传》云："宗谔尝著《翰林杂记》，以纪国朝制度。明日上之。"知"国朝"前应补"以纪"二字。

（28）赵承煦享年应为二十九岁。

卷七六第1743页：大中祥符四年十一月，是月注："按承宗死于淳化二年，承煦时已二十八岁。"

张其凡《赵普传》第10页据此注推定承煦生于964年，复据《东都事略》卷二六《赵普传》："承煦……卒年五十五"，推其卒于天禧二年（1018）。今按：《宋会要》仪制一一之二七："昭宣使、诚州团练使赵承煦，天禧元年（1017）三月赠高州防御使。"此栏所记均为死后之赠官，可证其必卒于天禧元年春，其生年应为963年，淳化二年（991）时为二十九岁，《长编》之"二十八岁"应为"二十九岁"之误。

（29）赵普事前后重复。

卷八八第2027页：大中祥符九年十一月戊申，"河西节度使知许州石普上言……普倜傥有胆略，凡预讨伐，闻敌所在，即驰赴，两平蜀盗，大小数十百战，摧锋与贼角，众服其勇。颇通兵书阴阳、六甲、星历、推步之术。太宗尝曰：普性刚鸷，与诸将少合，然藉其善战。每厚遇之，尝令善工制金带，时普带御器械，方侍立，辄进曰：愿以赐臣。太宗即予之。及普以罪废，每太宗忌日，必尽室诣佛寺斋荐，岁以为常"。

按：自"普倜傥有胆略"至"以为常"24句122字与同书卷一一七重复。

卷一一七第2759页：景祐二年冬十月壬子，蔡州言："左武卫大将军、分司西京石普卒。普倜傥有胆略，凡预讨伐，闻敌所在，即驰赴之，两平蜀盗，大小数百战，摧锋与贼角，众推其勇。颇通兵书阴阳、六甲、星历、推步之术，太宗尝曰：普性刚鸷，与诸将少合，然藉其善战。每厚遇之，尝令善工制金带，普时带御器械，方侍立，辄进曰：愿以赐臣。帝即予之。既坐罪废，遇太宗忌日，必尽室诣佛寺斋戒，以为常。"

以上二文仅八字略有不同，此段文字以置于景祐二年卒时为宜，此应删。

（30）王守赟所任为马军副都指挥使。

卷九五第2199页：天禧四年六月丙申，"滑州言：河决于天台山下。初议修河，以天台决口去水稍远，聊兴葺之。及西南堤成，乃于天台口旁筑月堤，亦非牢固。议者咸请再葺。修河都部署冯守信曰：'吾奉诏止修西南埽，此非所及也。'会马军都指挥使王守赟外任，京师缺旧城巡检，守信承召亟归。及是，河复决，走卫南，汛徐、济，害如三年而益甚，人皆以罪守信焉。守信通《孝经》《论语》，后迁威塞节度使。五年三月，其弟尝欲上其子为守信子，以取高荫。守信对之慨然曰：'吾自行伍，蒙主上擢至此，欲弃躯久矣，顾未有所，奈何欺之。'是岁，并己子无所荫，曰：'以明吾心于弟，非有爱也。'人亦以此多之。"注："此据《日记》。"

按：马军都指挥使王守赟，"都"前脱"副"字。《宋大诏令集》卷九八第361页《王守斌（当作赟）检校太保移镇感德军侍卫亲军马步军都指挥使加恩制》："侍卫亲军马步军都指挥使……王守斌……可特授检校太保……充侍卫亲军马步军都指挥使。"此制撰于乾兴元年二月二十七日仁宗即位时。

（31）"潭州都监"或作"泽州都监"。

卷九七第2243页：天禧五年三月，"初，磁州民张熙载诈称黄河都部署，籍并河州郡刍粮数至贝州，知州、内园使雷孝先觉其奸，捕系狱，然孝先狡狯，反欲因此为奇功，以动朝廷，迫司理参军纪瑛教熙载伪为契丹谍者，号景州刺史兼侍中、司空、太灵宫使，部送京师，枢密院按得孝先所教状，丙戌，责孝先为潭州都监"。

按：《宋史》卷二七八《雷孝先传》载此事，"潭州都监"作"泽州都监"。潭、泽二字形近，易致误，泽州比潭州级别较低，此为贬官，疑以作泽为是。

（32）刘牧字长民，彭城人。

卷一〇三第2392页：天圣三年十一月庚子，"以太常博士刘牧为屯田员外郎、权度支判官。牧善言边事，真宗时尝献阵图、兵略，得见，赐出身。上知其名，于是通判定州，召对便殿而命之"。注："刘牧邑里及赐出身，当考。"

按：此人字长民，徐州人。《直斋书录解题》卷一："太常博士刘牧长民撰。"晁公武《郡斋读书志》卷一上："《刘长民易》十五卷，右皇朝刘牧长民撰，仁宗时言数者皆宗之。庆历初，吴秘献其书于朝。优诏奖之，田况为序。"范纯仁《范忠宣公文集》卷一、项安世《周易玩辞》卷一均称其为彭城刘牧，《读易举要》卷四："太常博士彭城刘牧长民撰《新注周易》十一卷，《卦德统论》一卷，《易数钩隐图》二卷。"据此，知其字长民，彭城人。

《宋会要》职官六一之七："天圣四年二月十三日，以权三司度支判官、屯田员外郎刘牧为如京使。"

（33）史虚白之孙名"温"，而非"温已"。

卷一〇六第2468页：天圣六年三月辛亥，"追号江南处士史虚白为冲静先生。虚白有高节，善属辞，五代乱离，隐居岩谷，李氏累聘不起，至是其孙虞部员外郎温已以《虚白文集》来上，特追旌之"。

按：史虚白之孙名温，而非"温已"，"已"乃衍文。祖士衡《赠大理评事诗壶墓志铭》："府君讳壶，字符奥……烈考处士讳虚白……有才子三人：仲曰光世，季曰杰；府君即其孟也。……一子曰温，即博士也。"（《江西出土墓志选编》第15页）龙衮《江南野史》卷八："史虚白者，山东人……孙温，咸平中擢登进士第。"陆游《南唐书》卷七："史虚白，字畏名，世家齐鲁……孙温，天圣中仕为虞部员外郎，献虚白文集，仁宗皇帝爱之，追号虚白冲靖先生。"

（34）姜遵卒于丙寅，而不是乙丑。

卷一〇九第5244页：天圣八年九月乙丑，"枢密副使、给事中姜遵卒。始病，车驾临视，赐白金三千两。及卒，又临奠之"。

宋庠《姜公行状》："九月乙丑（十五日），车驾亲视卧内，赐白金三千两。丙寅（十六日），薨于坊第之正寝，上闻震悼，复趣驾临吊。"（《元宪集》卷三三）《宋会要》礼四一之一七：（天圣）"八年九月十六日幸枢密副使姜遵第临奠"。可见九月十五日，是仁宗去看望的日子（临视），这一天姜遵并未卒，到十六日才卒，天子又去临奠。《长编》"乙丑"乃"丙寅"之误。《宋史》卷九第188页之误与《长编》同。

（35）"宣州"当为"泰州"之误。

卷一一〇第2571页：天圣九年十二月庚申，"左司谏、龙图阁待制孔道辅出知宣州，寻改徐州，又改许州"。注："道辅出守必有故，当考。明年二月改徐州，三月改许州，今附见。"

按：《长编》卷一一四第2669页：景祐元年二月甲寅（二十三日），"新知泰州孔道辅言：父母年老，辄暂至兖州宁省，乃赴泰州，诏道辅不候朝旨，迁路过兖州，特免勘，仍令兖州发遣赴本任，居数月，改知徐州"。此云自知泰州改知徐州，与上条在宣州改知徐州不同。考《隆平集》卷一四："孔道辅……天圣间擢至龙图阁待制，除谏议大夫、御史中丞，出知泰州，徙徐、兖州。"《东都事略》卷六〇《孔道辅传》："出知泰州，徙徐州、兖州。"据此则其应自泰知徐，宣州当为泰州之误。而《宋史》卷二九七第9884页《孔道辅传》："出知郓州，徙青州，还判流内铨。迁尚书兵部员外郎，复出知徐、许二州。"

（36）陆参为吴县人。

卷一一一第2596页："职方员员外郎陆参为崇文院检讨。"注："参，未详邑里，其本末据司马光《记闻》及江休复《杂志》。"

按：宋祁《冯侍讲（元）行状》："不妄交游，惟乐安孙质、吴陆参、谯夏侯圭相友善，三人皆真谅而材，故号四友。"（《景文集》卷六二）据此，知陆参乃吴人。

（37）"泰州"为"秦州"之误。

卷一一六、第2732页：景祐二年五月己亥，"诏尝任二府而为知州者，辟通判幕职官一员，大两省以上知天雄、成德军、益州、泰州并许辟通判一员，其永兴军、河南府、延、杭、广、梓州通判，并令审官院选差人"。

按：此所举天雄、成德军、益州均为节度州、路治所在地，"泰州"并非路治，此"泰州"当为"秦州"之误，秦州节度州、秦凤路治所。泰、秦二字形近易混。宰相赵普（《郡斋读书志》卷四下）、执政郭逵（《名臣碑传琬琰集》中卷一三）均曾判秦州。

（38）"三卷"乃"三十卷"之误。

卷一一九第2809页：景祐三年十月辛酉，"镇国节度使、驸马都尉李遵勖上所纂《天圣广灯录》三卷，请下传法院编入《藏经》。从之"。

按："三卷"乃"三十卷"之误。《郡斋读书志》卷三下："景祐三年十月辛酉，李遵勖上所纂《天圣广灯录》三十卷。"《玉海》卷五八："《天圣广灯录》三十卷，右皇朝李遵勖编，断自释迦以降，仁宗御制序。"《宋史》卷二〇五："李遵《天圣广灯录》三十卷。"

（39）"十八"为"十二"之误。

卷一二〇第2845页：景祐四年，"是岁，置十八监军司，委酉豪分统其众"。

按《宋史》卷四八五第13995页作："置十二监军司，委豪右分统其众。"同卷第14029页载监军司的具体名称："有左右厢十二监军司，曰左厢神勇，曰石州祥祐，曰宥州嘉宁，曰韦州静塞，曰西寿保泰，曰卓啰和南，曰右厢朝顺，曰甘州甘肃，曰瓜州西平，曰黑水镇燕，曰白马强镇，曰黑山威福。"则其监军司数实为十二，而《长编》卷二二〇第5336页亦云：熙宁四年二月丁巳朔，"上批近诸处觇西贼聚十二监军司人马及取齐地名皆有考据，详此乃是大举"。则"十八"必为"十二"之误。

（40）赵稹卒于景祐五年十一月一日，而非十月。

卷一二二第2883页：景祐五年十月庚寅（二十七日），"赠太子太保谥僖质赵稹卒"。

按：尹洙《赵公墓志铭》："景祐……五年……十一月一日薨于河中，年七十六……公薨年十二月，嗣子奉公之丧葬河南万安山之原。自初薨凡三十九日而葬，葬速，故赠谥之典未及焉。"（《河南集》卷一三）尹洙是河南（洛阳）人，作志时任河南府长水县令，其所说应是第一手资料，志中说十一月一日卒，则十月尚在世，不应书卒。其葬距卒39日，应在12月10日，当时尚无赠典，则其卒时书"赠太子太保谥僖质"也不正确。顺便指出，《宋会要》礼四一之四六："赵稹，宝元元年十月……辍一日。"按：景祐五年十一月十八日改元宝元，此称宝元年号，必在十一月十八日以后，疑"十月"当为"十一月"之误。

（41）"七月"当作"八月"。

卷一二四第2920页：宝元二年八月戊辰，"知庆州、礼宾使张崇俊言。注：庆历元年七月，知丰州王余庆竟为元昊所杀"。

按："七月"当作"八月"。《长编》卷一三三第3168页：庆历元年八月乙未（十八日），"元昊陷丰州，知州侍禁王余庆、权兵马监押三班差使殿侍孙吉、指使三班借职侯秀死之"。

（42）陈执方为陈执中之弟而非兄。

卷一二五第2947页：宝元二年十二月辛未，"知庐州、祠部郎中、集贤校理王质坐决狱非是，责监舒州灵仙观。前通判庐州、比部郎中陈执方通判潭州，执方已去官，法不应坐。上谓辅臣曰：执方乃同知枢密院执中之兄，今独免，则人以为用执中故私之，虽当入知州，可更令通判一任也"。

按：陈恕凡五子，次子执中，三子执古，四子执方，五子执礼。执方乃执中之弟，此称之为兄，显误。张方平《陈公（执中）神道碑铭》："时季弟将作监执方知曹州，驿召俾护丧事。"（《乐全集》卷三七）王安石《陈公（执方）神道碑》："公讳某，字良器……尚书左丞、集贤院学士讳恕之子也。左丞……赠至太师、尚书令兼中书令、魏国公。公，岐公之弟也，而于魏公为少子。"王安石《陈君（执古）墓志铭》："陈晋公（恕）有子五人，其一人今宰相是也。公晋公之中子，而今宰相弟。"（《临川文集》卷九五）

（43）"陕州"当为"峡州"之误。

卷一二六第2996页：康定元年三月甲申，"陕西安抚使韩琦上疏言……同州河中府与鄜延不遥宿兵策应，魏昭昞、王克基"。注："魏昭昞正月二十七日知同州，四月八日责峡州。"

第2997页注："四月七日魏昭昞已责陕州。"

按：前注"四月八日责峡州"，后注为"四月七日责陕州"，时间地点均互相矛盾。考陕州地位高于同州，而峡州地位低于同州、更低于陕州，既称"责"，则必为峡州无疑，"陕"当作"峡"。

（44）"卢州"当作"庐州"。

卷一二七第3005页：康定元年夏四月壬辰，"降知同州、鄜州观察使魏昭昞为郢州防御使、陕州部署，知鄜州、西上阁门使、恩州刺史王德基为卢州都监，并坐领兵援延州后至也。"

按：宋无卢州，"卢"当作"庐"。《长编》卷一二六第2995页：康定元年三月癸未注："王德基正月二十七日为鄜延钤辖知鄜州，四月八日责庐州都监。"

（45）"转运使"当作"转运副使"。

卷一二七第3019页：康定元年六月己亥，"省隰、宪二州、宁化、保德、岢岚、火山四军幕职官各一员，从转运使文彦博所请也"。

按：转运使当作转运副使。《长编》卷一三三第3182页：庆历元年（1041）九月癸酉，"转运副使文彦博籍民辇运至境以俟"。《长编》卷一三四第3188页：庆历元年冬十月庚辰，"知并州杨偕言：今虽得强壮百万，恐未可以应敌，请益本路官军六七万人，诏报曰：自昔边防悉用土兵，顾训练何如尔。所募强壮，若能以时阅习，与正军参用，何患不可以应敌邪？始，元昊入寇，密诏偕选强壮万人策应麟府，偕奏出师临阵无纪律，则士不用命，今发农卒赴边，虑在路逃逸及临阵退缩，不禀号令，请以军法从事。诏如其请，并人大惊畏。都转运使文彦博奏罢之"。注："彦博明年乃为都漕，此时未也，当只是运副，传误尔。"则李焘之注已知作运副为是。卷一二七作"运使"者，当因后人误抄或误刻所致。

（46）"秦兴宗"乃"蔡兴宗"之误。

卷一二九第3061页：康定元年冬十月癸卯注："秦兴宗《官制旧典》云：'管军八位自比政府八公，而武弁军门乃号八披梯，祖宗选用立格至严，每分武举世族及军伍出身人，无其人则阙，故武举世族四员常足，而军伍四员常阙，盖难其人而不敢废祖宗法也。'按兴宗所云，其说盖取诸此，要亦不皆如其说，今所见当考。"

按："秦兴宗"乃"蔡兴宗"之误。《官制旧典》非其所作，其作者实为蔡惇。卷七五第1729页丙寅条注："近时蔡延庆之孙名兴宗者，著《祖宗官制旧典》云……"《官制旧典》实为其父蔡惇所作，见卷七五第1729页。

（47）"曲阳"乃"阳曲"之误。

卷一三二第3145页：庆历元年六月丙午，"知并州杨偕遣曲阳主簿杨拯献龙虎八阵图及所制神楯、劈阵刀、手刀、铁连枷、铁简"。

按：曲阳县属河北西路定州，不属并州管辖，知并州无权派遣曲阳主簿。并州属县为阳曲县。知并州杨偕所遣必为阳曲主簿。此曲阳乃阳曲之误。

（48）"李宗锷"乃"李宗谔"之误。

卷一三五第3226页：庆历二年二月乙未注：熊克《九朝通略》：昭述，宗锷子也。

按："宗锷"当作"宗谔"。昭述为其次子。胡宿《李公墓志铭》："公讳昭述，字仲祖，其先镇阳人也。……祖昉，太宗朝宰相司空致仕，薨谥文正，累赠太师尚书令韩国公。考宗谔，章圣时翰林学士，累赠太尉。并国史有传。公第二子也。"（《文恭集》卷三八）

（49）河北转运使当作河东转运使。

卷一三七第3279页：庆历二年六月乙未，"河北转运使、吏部员外郎、史馆修撰文彦博为天章阁待制、本路都转运使"。

按："河北转运使"当作"河东转运使"。《长编》卷一三八第3315页：庆历二年冬十月甲寅，"河东都转运使、吏部员外郎、天章阁待制文彦博为龙图阁直学士、知渭州兼泾原路都部署经略安抚缘边招讨使"。

（50）邵饰降知洪州时间疑有误。

卷一四七第3556页：庆历四年三月癸酉，"前两浙转运使王琪降知婺州，两浙转运使邵饰降知洪州，并坐按发仙芝在谏官奏劾之后也"。注："琪、饰降官在五月庚午，今并书。"

按：邵饰降官在五月庚午即五月九日，然《宋会要》职官六四之四四："庆历四年四月十日，两浙路转运使、金都员外郎邵饰降知洪州，坐钱仙芝知秀州违越枉法赃满失觉察故也。"

（51）徐的卒于庆历五年（1045）正月丙戌。

卷一五二第3701页：庆历四年九月乙亥（十七日），"淮南江浙荆湖制置发运使、工部郎中、直昭文馆徐的为度支副使、荆湖南路安抚使。……的寻卒于桂阳"。

按：《长编》体例，凡正文未点明具体时间者，多在注中说明。然此处并无注作说明。考吴秘《徐公（的）墓志铭》作庆历五年（1045）正月丙戌（二十九日）卒（《考古》1959年9期）。此应据补。

（52）注称马怀德"或已见"有误。

卷一五六第3780页：庆历五年闰五月壬子，"清涧城都巡检、内殿崇班马怀德为供备库副使兼阁门通事舍人，西头供奉官、阁门祗候折保忠为供备库副使。时枢密副使庞籍言贼入清涧城，而怀德保忠力战有功，虽已赏然其人并有将帅之略，更宜旌用，故又迁之"。注："马怀德，祥符人，或已见。"

按："或已见"三字当误，本书在此前未见提及马怀德。

（53）李昭亮所任为殿前副都指挥使而非都指挥使。

卷一六〇第3863页："庆历七年二月丙辰……殿前都指挥使李昭亮因相率罗拜以谢。"

按：李昭亮在此年前后所任均为殿前副都指挥使。《长编》卷一五九第3841页：庆历六年秋七月癸卯，"御史中丞张方平言……闻殿前副都指挥使李昭亮诣两府叙陈，颇骇物听。"《长编》卷一六三第3937页：庆历八年三月"乙丑，殿前副都指挥使、宁武军节度使李昭亮为宣徽北院使，罢军职"。可见本条"都"前应补"副"字。

（54）"傅永"乃"傅求"之误。

卷一六二第3905页：庆历八年正月戊戌，"工部郎中傅永为陕西转运使。永，考城人，前为梓州路转运使……"

按：《长编》提及傅永者尚有下列数条：

卷一七二第4131页皇祐四年二月庚辰，"兵部郎中傅永为户部副使。庆历末，永自梓州路转运使移陕西"。注："庆历八年正月自梓州徙。"

按：二月，兵部郎中傅永为户部副使。庆历末，永自梓州漕移陕西（《太平治迹统类》卷二八）。

卷一七三第4169页：皇祐四年八月癸巳，"户部副使、兵部郎中傅永为契丹国母生辰使"。

卷一七四第4206页：皇祐五年四月丁酉，"命户部副使傅永兼秦凤路制置粮草"。

按：皇祐五年……命户部副使傅求兼秦凤路置粮草（《太平治迹统类》卷九）。

卷一七五第4228页：皇祐五年八月戊申，"傅永言：古渭寨方发兵戍守，不宜更易主将"。

卷一九三第4662页：嘉祐六年二月辛亥，"龙图阁直学士傅永、知制诰祖无择同详定宽恤民力事"。

卷二四五第5968页：熙宁六年六月乙酉，"龙图阁学士、工部侍郎、提举鸿庆观傅永卒"。

又，《宋会要》提及此人时作永者五条，作求者六条。《宋史》卷三三〇有《傅求传》，其所历官与《长编》同，知两者实为一人。考张方平撰其神道碑作"傅求（1003—1073）字命之"（《乐全集》卷三六）。其曾三知开封府，现存《开封府题名碑》均作"傅求"，西安碑林现存开成石经有皇祐二年傅求释奠题名（《金石续编》卷一四），刘敞《公是集》卷三〇《陕西路都转运使兵部郎中天章阁待制傅求可右谏议大夫》制、韩维《南阳集》卷一八《枢密直学士给事中傅求可特授依前给事中充龙图阁学士权知开封府》制，以上为第一手资料，均作"傅求"。知《长编》之"傅永"当为"傅求"之误，当因"求"与"永"字形近而致误。

（55）若讷乃柴守礼之曾孙而非孙。

卷一七六第4250页：至和元年春正月丁亥，"录周后故太子少傅柴守礼孙若讷为三班奉职"。

按：柴若讷之父为咏，咏为柴守礼之孙，若讷乃柴守礼之曾孙。《宋会要》崇儒七之七〇："天圣七年六月二十六日，录周世宗从子、故太子少傅柴守礼孙咏为三班奉职。""至和元年正月二十二日，录周后柴守礼曾孙若讷为三班奉职。"《宋史》卷二一九第2796页："仁宗天圣七年，录故太子少傅柴守礼孙咏为三班奉职。其后又录……守礼曾孙若讷，皆为三班奉职。"《宋史》卷一五第280页："熙宁四年十二月乙亥，崇义公柴咏致仕，子若讷袭封。"

其传授世系如下：

柴守礼—？—咏（世宗从子）—若讷

（56）"阴与诸族约"之说有误。

卷一七六第4257页：至和元年夏四月辛丑，"文州蕃部每入寇，酋豪常氏辄御却之，知州吴贲阴与诸族约，诬常氏欲为变，械系狱，将灭其家，以幸赏，转运使解宾王驰往出之，而奏逐贲。"

按：蔡延庆《解宾王墓志》："后使利州路。文州最为边郡，羌戎屡寇境。其酋常氏常戒诸羌不得扰边。或至，则力捍之。诸羌共患而诬常氏，以烧栏门为变。其守吴贲不察，系于狱，将欲灭其家，以幸功赏。公闻，移檄未得即决，驰传往，按得其状，因出常氏而去其守，民悦其明。"（《中国文物报》2010年12月8日）据墓志，知州吴贲并非"阴与诸族约"，而是不察，即不知为羌戎阴谋，上了当，两者的罪状是大不一样的。

（57）"处士号"当作"号同退处士"。

卷一七七第4297页：至和元年十二月甲寅，"益州布衣张愈为本州助教"。注："嘉祐四年十一月，赐愈处士号。"

按：此仅云"赐愈处士号"，未详何号。考《郡斋读书志》卷三上："《太玄经解》十卷并《发隐》二卷，《释文》一卷，右皇朝张愈撰。嘉祐中，成都帅蒋堂献其书于朝，诏书宠奖，赐号同退处士。"知其号为"同退处士"。

（58）"贺契丹登宝位使""契丹国母生辰使"下均缺"副"字。

卷一八〇第4366页：至和二年八月癸丑，"改命欧阳修、向传范为贺契丹登宝位使。甲寅，改命刘敞、窦舜卿为契丹国母生辰使"。

按：宋遣使从来都是正副各一人，此前数日，如同书同卷云："辛丑，翰林学士、吏部郎中、知制诰、史馆修撰欧阳修为契丹国母生辰使，四方馆使、果州团练使向传范副之。""辛丑，知制诰刘敞为契丹生辰使，文思副使窦舜卿副之。"显然，以上"贺契丹登宝位使""契丹国母生辰使"下均缺"副"字。

（59）黄晞之卒不在嘉祐元年（1056）十一月，而在嘉祐二年。

卷一八四第4455页：嘉祐元年十一月癸巳（十五日），"草泽黄晞为太学助教致仕……一夕而卒"。

按：据此记载，黄晞似应卒于嘉祐元年（1056）十一月。其实不然，他死于嘉祐二年四月。亲自参加葬礼的苏颂在《扬子寺赘隅子先生祠堂记》说："景祐中先生年四十矣，始随乡贡至礼部，又上五十策，求应直言诏科，俱以后时，不得与试……居京师……僦舍僻处……丞相武宁章公以其乡人，召致门下……时问先人方在台省，早闻其风，下榻以招之，先生欣然相就，既一授馆，凡历五期，某日与之游……嘉祐二年（1057）四月，无疾卒于隆和坊僦舍，一子在远，不及治命。门人范迁、张粤议，以某为知先生之深者，宜主其后，走仆来告。某即日往哭其尸。"（《苏魏公文集》卷六四第983页）此记云"景祐中先生年四十"，景祐共五年，应指哪一年？这里提供的信息是：①参加科举考试；②未赶上考期，受聘于丞相武宁章公。按：景祐中举行两次科举考试，一在元年（1034）三月，二在五年（1038）三月（《宋会要》选举七之一六），景祐前后章姓任丞相的只有章得象，其为相在景祐五年四月（《宋史》卷二一一《宰辅表》）。黄晞未赶上考期，而应丞相章得象之聘，必在景祐五年，是年四十，知其生年应为咸平二年（999）。享年59岁。

（60）王德用卒于"癸酉"而不是"壬戌"。

卷一八五第4469页：嘉祐二年二月壬戌（十六日）杜衍卒条下，又载"王德用卒"。

按：王德用于嘉祐二年二月辛未（二十四日）卒于家（开封）（《欧阳文忠公集》卷二三墓志铭）。《宋史》卷一第241页《仁宗纪》作癸酉（二十七日），则是根据朝廷得到死讯时记入。十六日时，尚在世，云"卒"是完全违背历史事实的。《长编》"王德用卒"之前当漏写了"癸酉"二字。

（61）孙仅并非太宗朝第一人及第。

卷一八七第4509页：嘉祐三年五月辛未，"录故给事中、集贤院学士孙仅孙授为太庙斋郎,枢密使韩琦言:仅太宗朝第一人及第,今其后无禄仕者。故特恤之"。

按:孙仅乃真宗咸平元年(998)进士第一人,其兄孙何为太宗淳化三年(992)第一人。韩琦以仅为太宗朝第一人及第,盖误以其兄事记为弟事也。

(62)胡瑗卒于嘉祐四年六月而不是正月。

卷一八九第4548页:嘉祐四年正月,"太子中允、天章阁侍讲、管勾太学胡瑗病不能朝,戊午(十三日)授太常博士致仕。瑗归海陵,诸生与朝士祖饯东门外,时以为荣。及卒,诏赙其家"。

按:此记事,很容易被理解为致仕不久即卒,事实上,过了将近半年,到六月六日方卒(蔡襄《胡君墓志》《忠惠集》卷三三、欧阳修《欧阳文忠公集》卷二五《胡先生墓表》)。按照《长编》的体例,在同一条下载入较晚时间的事,均在正文中或在注中说明具体时间。如嘉祐四年十二月甲子徙周湛知相州,后又云:湛明年六月卒于相州(《长编》卷一九〇,第4600页)。庆历元年七月丙辰条,正文:"知应天府盛度为太子少傅致仕,度寻卒。"注:"度卒在八月辛巳,今并书。"(《长编》卷一三二,第3150页)

(63)"刘辉"乃"刘𤾺"之误。

卷一八九第4553页:嘉祐四年三月丁未,"御崇政殿赐,进士铅山刘辉等一百三十一人及第"。

按:《宋史全文》卷九下同。"刘辉"乃"刘𤾺"之误。《九朝编年备要》卷一六:"亲试举人赐刘𤾺等以下一百六十余人及第出身有差。"《梦粱录》卷一七"文武状元表":"嘉祐四年刘𤾺。"梁克家淳熙《三山志》卷二六、范成大《吴郡志》卷二八、罗愿《新安志》卷八、张淏《会稽续志》卷六、罗濬(宝庆)《四明志》卷一〇、周应合(景定)《建康志》卷三二均作"嘉祐四年刘𤾺榜"。范镇《东斋记事》卷五第39页:"有堂吏尝梦火山军姓刘人作状元,阅火山军解文无姓刘人。明年刘𤾺作状元。𤾺能作赋,有声场屋,人不以行许之,历江宁、河中签判卒。"(中华书局,1986年)

(64)罗恺为进士第三人而非第二人。

卷一九五第4731页:嘉祐六年十一月庚午,"校书郎章衡为太常丞、直集贤院,大理寺丞罗恺权知淮阳军,更候一年与转官。恺第二人及第,既召试而考其赋落韵也"。

按:《宋会要》选举二之九:"嘉祐二年五月四日,以新及第进士第一人章衡为将作监丞,第二人窦卞、第三人罗恺并为大理评事、通判诸州,第四人郑雍、第五人朱初平并为两使幕职官。"据此知进士第二人乃窦卞,罗恺为第三人。

(65)西市、威州、绥州当为西寿、韦州、石州之误。

卷一九六第4762页:嘉祐七年六月癸未,"鄜延经略司言得宥州牒,夏国改西市监军司为保泰军,威州监军司为静塞军,绥州监军司为祥祐军,左厢监军司为神勇军"。

按:《宋史》卷四八五第14001页:"嘉祐六年上书,自言慕中国衣冠,明年当以此迎使者。诏许之,明年又改西寿监军司为保泰军,石州监军司为静塞军,韦州监军司为祥祐军,左厢监军司为神勇军。"《宋史》卷四八五第14029页:"有左右厢十二监军司,曰左厢神勇,曰石州祥祐,曰宥州嘉宁,曰韦州静塞,曰西寿保泰,曰卓啰和南,曰右厢朝顺，曰甘州甘肃，曰瓜州西平，曰黑水镇燕，曰白马强镇，曰黑山威福。"《天盛律令》卷一〇司序行文门十种二监军司有石州、西寿、韦州。显然，西市当作西寿，威州当作韦州，绥州当作石州。

（66）"大王"乃"大大王"之误。

卷二〇八第5068页：治平三年十二月辛丑，"帝疾增剧……帝乃书曰：'立大王为皇太子'……又批于后曰'颖王顼'"。

按：此条《宋史全文》卷一〇第533页"大王"作"大大王"，观下文云："再书'颖王'二字，又书'大大王'三字。"可知"大大王"特指颖王也，《长编》之"大王"前当据补"大"字。王巩《闻见近录》："英宗冠白角冠、被黄服，凭几语文定曰：'久不见学士。'意惨然，榻上有纸一幅，上有："明日降诏立皇太子"八字，而未有主名。张公曰：'必颖王也。'盛言颖王身居嫡长而无失德，上颔之，文定乃进纸笔请其名，上力弱，字疑似不可辨，再请书，乃大书'大大王'三字，遂归院草制。"（《说郛》卷五〇下）

（67）"丹陵"乃"丹棱"之误。

卷二一〇第5095页：熙宁三年丁卯条注："程尧佐，丹陵人。"

按：宋无丹陵县，唯有丹棱，属眉州。见《元丰九域志》卷七第309页及《宋史》卷八九第2211页《地理志》。知"丹陵"乃"丹棱"之误。

（68）"乙酉"乃"丙戌"之误。

卷二一四第5221页：熙宁三年八月辛巳（二十四日），"又诏嘉、蜀二州违朝旨不报，提举常平仓司文字委知成都府陆诜劾罪以闻。诜寻卒，不果劾"。注："诜卒在八月乙酉，今并书。"

按：八月乙酉乃八月二十八日，而实卒于二十九日。《长编》是月丙戌（二十九日）条云："龙图阁直学士、知成都府陆诜卒。"

（69）"李师中"当为"李中师"之误。

卷二一五第5243页：熙宁三年九月戊申，"上批三司使未到阙……可速选差官权。诏天章阁待制李师中兼权发遣三司使"。

按：李师中，据《强祠部集》卷三四《行状》、《宋史》卷三三一本传均作李中师，《长编》之"李师中"当为"李中师"之误。

（70）"潘宿"乃"潘凤"之误。

卷二二三第5421页：熙宁四年五月乙未，"权盐铁副使潘宿权户部副使"。

按《宋史》卷三三三《潘凤传》："复知桂州……徙河北转运使，历度支、盐铁副使，知河中府。"第10718页。潘凤，《宋会要》凡三见，无作宿者。《长编》凡13见，唯此条作"宿"，余均作"凤"。知"宿"乃"凤"之误。

（71）"河东转运司"当作"河东都转运使"。

卷二二三第5416页：熙宁四年五月丙戌，"司勋郎中、权户部副使张景宪为集贤殿修撰、河东转运司，上谓景宪曰：'河东凋敝，卿当出领使事'。故有是命。"

按："河东转运司"当作"河东都转运使"。司乃机构名，此属差遣，司应作使。又张景宪之差遣乃河东都转运使。《宋史》卷三三〇第10623页《张景宪传》："加集贤殿修撰为河东都转运使。"范纯仁《大中大夫充集英殿修撰张公行状》："上谓公曰：'河东凋瘵，卿当出总漕事。'授集英殿修撰、河东都转运使，仍赐金紫。"（《范忠宣集》卷一六）

（72）"己巳"为"癸巳"之误。

卷二三七第5770页：熙宁五年八月己巳，"司勋员外郎崔台符为辽国主生辰使。"

按：是月丁丑朔，无己巳，此条在壬辰（十六日）后，乙未（十九日）条前，则己巳应为"癸巳"（十七日）之误。

（73）李焘失书徐禧升官原因。

卷二四八第6056页：熙宁六年十二月庚辰，"修撰经义所检讨、洪州进士徐禧为镇南军节度推官、中书户房习学公事。禧与吴著、陶临皆以白衣为修撰经义所检讨。至是，又以选人入中书习学行检正事。初，吕惠卿荐禧所为《治策》二十四篇，上善之，曰：'禧言朝廷以经术变士人十已八九变矣，然盗袭人之语而不求心通者，亦十八九，此言是也。观禧文学，晓政事，宜试之于有用之地。'王安石曰：'中书检正官，如章惇辈，朝廷当即有差除，后更用人，如有不称，艰于退绌，欲置人为习学。'上以为然，于是以禧为之，中书五房习学公事自此始"。

按：《长编》此条"除镇南军节度推官"，未说明其原因，考《东都事略》卷八六："徐禧字德占，洪州分宁人也。熙宁初，王安石行新法，禧作《治策》二十四篇以献，时吕惠卿领修撰经义，禧以进士充检讨。又上治兵策，除镇南军节度推官。"据此，知徐禧除镇南军节度推官，乃是其"又上治《兵策》"之故，李焘失书，致其升官原因不明，应据《东都事略》补。《兵策》《宋史艺文志》《郡斋》《直斋》皆未载，唯《通志》兵家类著录徐德占《策》三卷，当即兵策。

（74）"责和州"，应为"责和州团练副使、淮南安置"之误。

卷二五〇第6081页：熙宁七年二月己巳朔，"右司郎中、知齐州李师中为天章阁待制、知瀛州。既而王安石论师中诈冒不可用，即罢之"。注："五月一日责和州。"

按："责和州"意义不明，很容易误解为责知和州，事实上，是"责和州团练副使，淮南安置"。即给和州团练副使的名义，安置于淮南，不再担任任何具体职务。《宋会要》职官六五之三八："熙宁七年五月一日，右司郎中、充天章阁待制、知瀛州李师中责和州团练副使，淮南安置。坐诏书事诞谩、辄求大用故也。"据此知"责和州"，应作"责和州团练副使，淮南安置"。

（75）"处州"乃"虔州"之误。

卷二五一第6108页：熙宁七年三月庚子，"知处州、都官员外郎刘彝直史馆、知桂州，知桂州、刑部郎中、天章阁待制、集贤殿修撰沈起，令于潭州听旨。……事后彝体量奏至，仍命起知潭州"。

按："处"乃"虔"之误。《宋会要》选举三三之一三："熙宁七年三月十六日，知虔州、都官员外郎刘彝直史馆、知桂州。江淮发运副使张颉知虔州。"《直斋书录解题》卷一三:"《正俗方》一卷,知虔州长乐刘彝执中撰。以虔俗信巫,无医药,集此方以教之。"《宋史》卷三三四本传亦作"虔州"。

(76)孙永知颍州前后重复。

卷二五八第6305页:熙宁七年十二月庚寅,"龙图阁直学士孙永提举中太一宫,寻出知颍州"。注:"知颍州乃明年三月十七日,今并书之。"

按:《长编》卷二六一:熙宁八年三月戊申,"龙图阁直学士、提举中太一宫孙永知颍州"。与此重复。

(77)"年七十"与"七十一"矛盾。

卷二六〇第6343页:熙宁八年二月庚辰,"光禄卿、直昭文馆、知鄂州潘凤提举玉龙观,以荆湖察访蒲宗孟言:凤有足疾,年已七十,乞令致仕,或与宫观差遣故也"。

按:《长编》卷二七一第6636页:熙宁八年十二月辛卯(四日),"光禄卿、直昭文馆、提举玉隆观潘凤致仕。凤年七十一,为察访蒲宗孟劾奏,除玉隆观,而凤犹自辨不已,故有是命"。此与上条为同一年事,不应一作七十,一作七十一。疑其年龄实为七十一,言七十者取其整数。

(78)杨遂原任马军副都指挥使。

卷二九五第7190页:元丰元年十二月丁卯,"马军都指挥使杨遂权殿前副都指挥使"。

按:杨遂原任为马军副都指挥使,此缺"副"字。《长编》卷二九六、第7197页:元丰二年正月壬午,"马军副都指挥使、容州观察使杨遂为殿前副都指挥使、宁远军节度使"。《宋史》卷三四九第11063页《杨遂传》:"历环庆、泾原、鄜延二路副都总管至马军副都指挥使,由容州观察使拜宁远军节度、殿前副都指挥使,卒。"《长编》卷二八二第6903页:熙宁十年五月戊午,"步军副都指挥使、鄜延路副都总管杨遂留鄜延如故"。

(79)"建康军"为"建昌军"之误。

卷二九八第7239页:元丰二年五月戊辰朔,"知建康军蔡若水等罚铜差替,并坐廖恩发所部,初不觉察故也。"

按:宋无"建康军",当为"建昌军"之误。《宋会要》职官六六之五:"元丰二年二月八日,知建昌军蔡若水等罚铜差替有差,坐不觉察廖恩为盗及讨捕无功……"

(80)"正月"乃"二月"之误。

卷三〇一第7332页:元丰二年十二月戊午,注:"三年正月二十七日王安礼罚铜。"

按:《长编》卷三〇二第7360页:元丰三年二月辛酉(二十七日),"权三司使李承之、知制诰王安礼,各罚铜十斤"。知注之"正月"乃"二月"之误。

(81)"沈括集"乃"沈括传"之误。

卷三〇一第7336页:元丰二年十二月庚申注:"王铚《元祐补录·沈括集》:括素与苏轼同在馆阁,轼论事与时异补外,括察访两浙……"

按:施宿《东坡先生年谱》卷上引作"王铚《元祐补录·沈括传》",考所引文字是记载沈括与苏轼之关系，显然属于传记的内容。而《长编》卷二四二所引有《元祐补录·蔡确传》，知此书所补均为传。足证年谱所引为是，《长编》之"沈括集"乃"沈括传"之误，盖"集"与繁体之"传"字字形相近，故致误。

（82）"河东路"乃"河北东路"之误。

卷三一二第7575页：元丰四年五月丁酉，"诏河东路提点刑狱刘定专赈济河水灾伤人民。"

按："河东路"乃"河北东路"之误。刘定在此前、此后所任职务均在河北。《长编》卷三〇七第7468页：元丰三年八月壬子，"中书吏房言：权提点河北东路刑狱公事刘定言：都水职务……"《长编》卷三一三第7583页：元丰四年六月戊午，"河北东路提点刑狱刘定言：王莽河一径水……"

（83）"齐州"乃"府州"之误。

卷三一八第7686页：元丰四年冬十月甲戌，"王中正遣开封府界将官张真知齐州、折克行分兵二千余人发密窖（库本作'库木'，误），遇虏骑千余，与战，破之，斩首九百余级"。注："此据《记闻》。二十八日辛巳中正奏，甲戌次宥州西北左村泽，与贼战，当即是此战也。"

按："齐州"乃"府州"之误。知府州系折克行之官衔。点校本未出校，且误在府下点断。司马光《涑水记闻》卷一四第385条："甲戌，畿内将官张真、知府州折克行引兵二千余人发糜窖，遇夏千余人与战，败之，斩首九百余。"

《长编》此句应标点为"王中正遣开封府界将官张真、知（齐）[府]州折克行分兵二千余人发密窖"。

（84）"陕西转运判官"当作"陕西转运副使"。

卷三三一第7987页：元丰五年十二月癸亥，"陕西转运判官范纯粹言：昨遣本司勾当官吕宗岳管认计备延州怀宁浮图寨守御，已被受托，故不肯就事，乞先冲替"。

按："陕西转运判官"当作"陕西转运副使"。《长编》卷三三〇第7949页：元丰五年冬十月戊午，"诏权管勾陕西转运判官、降授宣德郎范纯粹复奉议郎为陕西转运副使"。其后，《长编》卷三三二第8003页：元丰六年春正月丁酉，"陕西转运副使范纯粹奏……"。

（85）"筠"乃"均"之误。

卷三三二第8000页：元丰六年春正月甲午，"朝奉大夫、直龙图阁、前知桂州张颉落职、知筠州"。

按："筠"乃"均"之误。《宋会要》职官六六之二一："元丰六年正月十八日，朝奉大夫、直龙图阁、前知桂州张颉落职知均州，坐不能察蛮夷为寇，会赦也。"《长编》卷三四五第8277页：元丰七年夏四月丁亥，朝散大夫、知均州张颉直龙图阁、知广州。

（86）"游"乃"㭿"之误。

卷三四七第8327页：元丰七年秋七月甲寅，"尚书左丞王安礼为端明殿学士、知江宁府。初，侍御史张汝贤言：吏部以王珪陈乞子仲端勾当京西排岸司碍选格，而本部留阙妄作行遣。又王安礼乞子枋勾当九龙庙，见任官二人有溢员。吏部言：当使阙，去年孙固陈乞子野勾当裁造院，碍法，吏部具特旨例申禀，而都省批令具钞，及安礼陈乞侄**游**监泗州粮料院，则援野为例。韩缜之侄宗迪指射尚衣库，又以**游**为例，此乃引用都省批状例外起例，陛下之法遂格不用，此弊相袭，实害大政，乞赐施行（六月甲午汝贤奏）。上以珪子仲端已退所乞差遣，而安礼子枋、侄**游**差遣有条，许用例奏钞，汝贤章格不下。安礼闻之面奏，乞治汝贤之罪"。

按：安礼（和甫 1034—1095）侄"游"乃"斿"之误。斿乃安礼兄安国之子。王安石《王平甫墓志》："君临川王氏讳安国（1028—1074），字平甫，……子旇、斿。"（《临川文集》卷九一）

（87）焦蹈独不释褐的原因。

卷三五六第 8519 页：元丰八年五月丙辰，"正奏名进士刘逵等五百七十五人、特奏名八百四十七人，并释褐武举，进士三十九人并赐袍笏银带。逵，随州人也"。

注：《政目》于五月六日书放进士焦蹈以下。《登科记》焦蹈第一人，刘逵乃第二人，不知何故，焦蹈独不释褐。逵与倪直侯注越州、青州判官推官在七月二十三日，今并附此。

按：《太平治迹统类》卷二七："八年五月丙申，赐刘逵等五百七十五人并释褐，武举进士并赐袍笏银带。逵，隋州人。"注："是年状元本焦蹈，蹈卒。"龚明之《中吴纪闻》卷五："元丰中……有捷夫过门报省榜者，王父亟出问榜首姓名，云：无为人焦蹈……经旬有自京师来者云：揭榜后六日焦已死矣。"祝穆《方舆胜览》卷四八："焦蹈，无为县人，四为举首，元丰八年（1085）魁多士，六日而终。"以上可知，焦蹈因揭榜后六日而死，未能赶上释褐，故录第二人刘逵之名。

（88）"曲阳"乃"阳曲"之误。

卷三六五第 8766 页：元祐元年二月丁卯，"殿前都指挥使、武信军节度使燕达等言，试验到太原府曲阳县大保长刘用事艺应法。诏刘用与三班差使，赐衣带，令归吏部别承差遣"。

按："曲阳"乃"阳曲"之误。阳曲为太原府属县。

（89）"吕大忠"乃"吕大中"之误。

卷三七〇第 8944 页：元祐元年闰二月乙卯注："吕大忠《杂说》：元祐初，申公与司马温公同为左右相……"

按："吕大忠杂说"，"忠"乃"中"之误。吕大中即吕本中，大中乃初名，后改本中。《长编》卷二一〇、卷二七八、卷三〇一、卷三五〇、卷三五六、卷三八四、卷四〇四、卷四六三，《要录》卷六，《中兴小纪》卷一，《宋史全文》卷一四均引《吕本中杂说》语。《长编》卷三八七、卷四九三引作《吕大中杂说》，知此"忠"必为"中"之误。

（90）"谢卿才"乃"谢卿材"之误。

卷三七四第 9059 页：元祐元年夏四月己丑，"知福州谢卿才直秘阁、福建路转运使"。

按：淳熙《三山志》："谢卿材，元丰七年正月以朝议大夫知，元祐元年五月除本路转运使。"苏轼《谢卿材可直秘阁福建转运使》（《东坡全集》卷一〇六）此人亦见《长编》

卷二六一、卷三九〇、卷四〇八等，均作谢卿材。知"谢卿才"乃"谢卿材"之误。

（91）"仲煜"当作"仲晔"。

卷三八二第9318页：元祐元年七月癸酉，"定国军留后仲煜卒，赠保宁军节度使，追封东阳郡王，谥荣顺"。

按："仲煜"，库本作"仲晔"，是。范祖禹《定国军节度观察留后追封东阳郡王墓志铭》："王讳仲晔，字子华。"（《范太史集》卷四六）

（92）"王哲"乃"王晳"之误。

卷三八九第9452页：元祐元年十月丙戌，"诏赐诸州、诸路转运、提刑司历。先是，岁以新历赐守土监司，官罢，听以历自随。知卫州王哲请以历赐有司，而不赐其人。诏并赐之"。

按：王哲亦见《长编》卷三九一、卷三九三、卷四三〇。《宋会要》《长编》《宋史·艺文志》《书录解题》均作"哲"。按：以上"王哲"均为"王晳"之误，考司马光《齐山诗呈王学士》题注："晳，字微之。"（《温国文正司马公文集》卷四）刘挚有《九月十日赵韩王园同舍饯送王微之晳出守汝州即席次春韵》（《忠肃集》卷一九），两人都是王氏的朋友，名字不会写错，晳，字微之，字义相当，史书作哲，当为字形相近而致误。

（93）韩城县不属河中府。

卷四〇三第9820页：元祐二年七月庚午，"置河中府、龙门县、韩城县钱监三"。

按：韩城县属同州，不属河中府，韩城县前应加同州。考《宋史》卷八七《地理志》载，河中府龙门县有铸钱监二、同州韩城县有铸钱监一。并非河中府与龙门县、韩城县三地各置一钱监，此条叙述欠明，"府"下之顿号应删。此条宜改为"置河中府龙门县钱监二、同州韩城县钱监一"。

（94）"巩甲"乃"巩申"之误。

卷四一一第10001页：元祐三年五月戊午，"太中大夫致仕巩甲卒"。

按："甲"乃"申"之误。《洛阳新获墓志续编》287号《宋故大中大夫致仕上护军山阳郡开国公食邑二千一百户巩公（申）墓志铭》："公讳申，字周辅，……以太中大夫致仕……元祐三年五月十三日，以疾终，享年八十三。"

（95）"钱晚"应作"钱映"。

卷四一三第10039页：元祐三年八月乙未，"知真州、朝议大夫钱晚提点福建路刑狱"。注："刘安世云云，附月末。"

同卷第10047页："辛丑，右正言刘安世言……贴黄……又闻除知真州钱映为福建路提点刑狱，亦是吕公著姻家。"

按：以上二"钱晚"，文渊阁本均作"钱映"。考苏辙有《钱映知真州》制（《栾城集》卷二九），则作映为是。

（96）乙卯条应移丙寅条之前。

卷四二二第10221页乙卯条。

按：乙卯为元祐四年二月十四日，误置于第10219页丙寅（十五日）之后，应移前。

（97）蒲宗孟自郓改河中府事重复。

卷四二二第10227页：元祐四年二月己巳（二十四日）蒲宗孟条注："宗孟时已改知河中。宗孟自郓改河中府在正月二十八日，今附见。"

按：宗孟自郓改河中府已见卷四二一第10207页正文，这里不须附见。

（98）陈安石"年七十九"应作"年七十六"。

卷四三六第10504页：元祐四年十二月甲寅，"龙图阁直学士、中散大夫、知河阳陈安石为左中散大夫、依前职知邓州。殿中侍御史孙升言：……伏见龙图阁直学士、新知邓州陈安石年七十有九，无功于国，无德在民。注：五年二月一日自河阳改郑州，绍圣元年（1094）正月乃以崇福宫卒"。

按：其卒年为八十一，《宋史》卷三〇三本传："绍圣元年卒，年八十一。"上推其生年为1014年，则元祐四年时年七十六。此作年七十九，显误。

（99）"政议大夫"乃"正议大夫"之误。

卷四四三第10676页：元祐五年六月庚申，"右政议大夫致仕陈述古卒"。

按："政"，库本作"正"，宋有正议大夫而无政议大夫。标点本作"政"，误。

（100）"乙酉"当作"己酉"。

卷四四三第10663页：元祐五年六月乙酉。

按：此条是年六月甲午朔，无乙酉。此条上为丁未，即六月十四日。下为庚戌（六月十七日），则必为己酉（十六日）之误。

（101）"已未"当作"己未"。

卷四四三第10675页：元祐五年（1090）六月已未。

按："已"乃"己"之误。己未为六月二十六日。

（102）赵子漪为令铄之子。

卷四五七第10944页：元祐六年四月辛亥，"诏宗室进士及第、左承议郎子漪与升一任"。注："子漪谁子，当检讨。"

按：据《宋史》卷二一七第3927页《宗室世系表》，子漪父为令铄（1048—1102），字伯坚，第进士，官至太仆、宝文阁待制。祖为世雄（1031—1105），袭封安定郡王，拜崇信军节度使。其世系为：

太祖—德昭—惟忠—从蔼—世雄—令铄—子漪。

（103）辍视朝"二日"当为"一日"之误。

卷四六八第11181页：元祐六年十二月乙酉朔，"太子太保致仕张方平卒。上辍视朝二日"。

按：苏轼《张文定公（方平）墓志铭》作："十二月二日薨。享年八十五。讣闻，辍视朝一日。"（《苏轼文集》卷一四第456页）《宋会要》仪制四一之四六："太子太保致仕张方平，六年十二月……辍一日。"则《长编》"辍视朝二日"之"二"当为"一"之误。《宋会要》仪制四一之五"亲临宗戚大臣丧"条："太子太保致仕张方平，元祐六年十二月初一日。"则墓志铭之"十二月二日薨"当为"十二月一日薨"之误。志作于方平卒后第二年七月，故有小误。

（104）"永兴军"当作"平夏"。

卷四六九第11208页：元祐七年春正月壬子，"环庆路经略使章楶奏：……鄜延第一将在延安府，第八将在河中府，第九将在鄜州，三将骑兵约有马二千匹。其间亦有新马未堪战阵必须拣选下三二百匹，欲乞令本路于诸将下更选募抽摘添差骑兵共及三千，三将之步人共选募勇壮兵卒七千人，成一万之数。又如泾原第一、第二将在渭州，第三将在原州，第七将在德顺军，第八将在治平寨，第十一将在永兴军，第十二将在陇山，第四将在绥宁靖安寨，（此将兵马若出寨之兵不由此路则更不差）八将之骑兵尽乞差拨，仍于步人内拣选二万人，合三路兵马七万余众矣"。

按：第十一将在永兴军，有误。永兴军今西安，不在泾原路管辖范围。王之望《故客省使雄州防御使泾原路兵马钤辖兼第十一将郭公行状》："第十一将，驻平夏。"（《汉滨集》卷一五）

（105）"府州"乃"瀛州"之误。

卷四七三第11284页：元祐七年五月甲辰，"龙图阁待制钱勰知青州，龙图阁学士、知青州曾布知府州，宝文阁待制、知瀛州蒋之奇知河中府"。

按：府州乃折氏世袭，此云曾布知府州必有误。考《宋史》卷四七一《曾布传》："元祐初，以龙图阁学士知太原府，历真定、河阳及青、瀛二州。绍圣初徙江宁，过京，留为翰林学士。"据此，知"府州"当为"瀛州"之误。

（106）"河阳"为"河南"之误。

卷四八二第11470页：元祐八年三月癸巳（十六日），"知河阳府范纯仁知颍昌府"。

按：《长编》卷四六八第11170页：元祐六年十一月癸巳（九日），"观文殿大学士、太中大夫、知太原府范纯仁知河南府"。十二月辛未（十七日），"观文殿大学士、太中大夫、知河南府范纯仁言……"。《长编》卷四八〇第11417页：元祐八年正月庚寅（十二日），"知河南府、观文殿学士、降授中大夫范纯仁……诏范纯仁与复太中大夫"。在知颍昌府以前，同一部书的三项记载都毫无例外地说范纯仁知河南府，而不是河阳，《宋史》卷三一四第10289页《范纯仁传》亦云："纯仁自引咎求贬。秋，有诏贬官一等，徙河南府，再徙颍昌。"可证"河阳"确为"河南"之误。

（107）韩宗道卒于绍圣四年七月甲子（十三日），而非癸亥（十二日）。

卷四八九第11611页：绍圣四年七月癸亥（十二日），"太中大夫、宝文阁待制、知杭州韩宗道卒"。

按：《韩宗道墓志铭》："卒时绍圣四年七月甲子（十三日）也。"（《金石萃编》卷一四二第7页）《长编》提早了一天，当据墓志改。

（108）"河南"为"河阳"之误。

卷四九〇第111638页：绍圣四年八月丁酉（十六日），"宝文阁直学士、知河南府谢景温请老，迁一官致仕，未受命卒"。

按：《宋史》卷二九五第9848页《谢景温传》："再历永兴军。时章惇为相，景温言元祐大臣改先帝之政，并西夏人偃蹇终未顺命，宜罢分画，以马迹所至为境。惇用其说，徙知河阳，卒。"《长编》卷四八七第11568页：绍圣四年五月辛酉（八日），"知永兴军、宝文阁直学士谢景温知河阳"。可证卷四九〇所载之"河南"当为"河阳"之误。

（109）"诚州"当作"成州"。

卷四九一第11662页：绍圣四年九月丁丑，"刑部言：原州勘到，皇城使、诚州防御使折可适，泾原路进筑，充同统制官，听王文振节制"。

按："诚州"当作"成州"。李之仪《折可适墓志》："由是累前后实功，积官至皇城使、成州防御使，复知镇戎军。"（《姑溪居士后集》卷二〇）《长编》卷四九九第11894页，元符元年六月丙午条也作"前皇城使、成州防御使折可适"。

（110）《甲申杂见》当作《甲申杂记》。

卷五〇一第11941页：元符元年八月壬寅，"龙图阁直学士、知庆州孙路知熙州"。注："绍圣二年六月三日知庆州，元符二年八月十六日自熙改河南，明年正月七日乞进筑喀罗川。王巩《甲申杂见》或更附此。"

按：王巩《甲申杂见》，当作王巩《甲申杂记》，《宋史》卷二〇六："王巩《甲申杂记》一卷。"书今存。

（111）"刘棐"当作"刘斐"。

卷五〇三第11969页：元符元年冬十月乙亥朔，"三省言：解州盐池为水所冲注，知州刘棐、通判刘公明并放罢，令取劾闻奏，乞不以将来赦原。并从之"。

按："刘棐"当为"刘斐"之误。《长编》卷五一六第12264页：元符二年闰九月壬申，"诏知解州刘斐、通判刘公明……各特除名勒停，送逐处编管，刘斐永州"。《宋会要》职官六七之二七：元符二年闰九月三日，"知解州刘斐特除名勒停，送逐处编管。以解盐池决溢，斐等坐不谨护视故也"。

宋有刘棐字仲忱，乃南宋人。见《北海集》卷一四、《大隐集》卷三、《宋诗纪事》卷五〇。

（112）"秦世"当作"秦世章"。

卷五〇七第12086页：元符二年三月乙丑，"熙河第二副将、文思副使秦世追十八官，特除名勒停，送江州编管"。

按："秦世"下脱"章"字。《宋会要》职官六七之二五："元符二年三月二十二日，熙河第二副将、文思副使秦世章追十八官，特除名勒停，送江州编管。"

（113）"高遵裕"乃"高遵固"之误。

卷五一〇第12135页：元符二年（1099）五月庚戌（八日），"昨高遵裕因年八十一，乞再任宫观，特旨从之"。

按：《长编》卷三五九第8581页：元丰八年（1085）八月庚午（九日），"右屯卫将军高遵裕卒，赠永州防御使"。元符二年（1099）在其后十多年，他不可能仍在世。又，此称高遵裕年八十一，与《宋史》卷四六四第13577页本传云"卒，年六十"矛盾。考《宋会要》职官五四之二八、《宋史》卷一七〇第4081页《职官志》载此，乃高遵固事，知此条之"裕"为"固"之误。

（114）"河东"当作"河南"，自熙州改河南者乃孙路而非李琮。

卷五一六第12271页：元符二年闰九月丙子，"宝文阁待制李琮知河东府"。注："八月十六日自熙州改河南，十一月八日加宝直。"

按：宋无河东府，当作河南府。《宋史》卷三三三第10712页《李琮传》："以宝文阁待制知杭州、永兴军、河南、瀛州。"李琮在知河南前，乃是知永兴军，而非熙州。乾道《临安志》卷三："李琮……元符元年八月丙子徙知永兴军。"又，"八月十六日自熙改河南"者乃孙路，而非李琮，此句应删。《长编》卷五〇一第11941页："元符元年八月壬寅，龙图阁直学士、知庆州孙路知熙州。"注："绍圣二年六月三日知庆州，元符二年八月十六日自熙改河南。"

（115）《传言录》乃《传信录》之误。

卷五一七第12312页：元符二年冬十月甲子，"郭知章罢……"。注："鲜于绰云：张商英奏贬郭知章等，而《实录》不载，当考详增入。鲜于绰《传言录》云：绍圣元年春都水使者王宗望等于内黄下埽闭断北流，至涨水时犹有三分水势，然上流诸埽已多危急，下至将陵埽仍决溢。"

按：鲜于绰《传言录》乃鲜于绰《传信录》之误。《郡斋读书志》卷二下："《传信录》，右皇朝鲜于绰大受撰。记国朝杂事，多言元丰后朝廷政事得失、人物贤否。"《长编》卷三〇七、《长编》卷三二五等均有征引。亦引作《传信记》，如《长编》卷三〇五、《长编》卷三五六、《长编》卷三七八第9175页、《长编》卷四一四、《长编》卷四七七、《长编》卷五一四。

点校者不知此乃书名，误标为："鲜于绰云：张商英奏贬郭知章等，而实录不载，当考详增入《鲜于绰传》。《言录》云……"

（116）今本《长编》雍熙三年正月、二月条有重大脱漏。

今本《长编》有重大失误，缺载大事，如雍熙三年北伐，是宋太宗对辽发动的第二次战争，也是最后一次主动发起的宋辽之战。时间是正月庚寅（二十一日），任命曹彬等出雄州，田重进等出飞狐。二月壬子，又任潘美等出雁门。见《宋史》本纪卷五第77页。而《长编》只记正月戊寅（九日）事，又接着记"先是，贺令图等上言……北伐"，而无实际内容。按《长编》体力一般记事，是首先记发生之事，再回头记其事实源委，用"先是"引起下文。显然这里，在"先是"前缺记了正月庚寅（二十一日），任命曹彬等出雄州，田重进等出飞狐之事。二月则全部空缺，更不应该。在《太宗实录》中二月所记有十三事，其中与北伐有关的八条。《长编》均缺载。李焘乃著名史学家，不应有此低级错误，当是传抄中的脱漏。

附

（一）纠馆臣案语之误

卷二〇七第5023页：治平三年正月壬午（第8条）。"是月壬戌。（馆臣）案：此月无壬戌，此系追叙前月之事。"

按：是月有壬戌，为七日。壬午为二十七日。自壬戌条至第5037页均为追叙本月初以来之事，直至第5037页第18条再出现壬午为止。

（二）点校正误

（1）《长编》卷一一三第2645页：明道二年十一月己丑，"以度支判官刑部郎中张频兼侍御史知杂事。频时奉使契丹未还，寻卒于紫蒙馆。契丹……载至中京……送至白沟。诏遣其子访乘传扈柩归，仍以知杂诰赐其家"。

按："张频"乃"章频"之误，此条文渊阁本不误，《长编》卷一一三第2634页：明道二年八月戊午，"命……度支判官、刑部郎中章频、李尊懿为国母正旦使"。《宋史》卷三〇一第9993页《章频传》，均可证其误。

（2）卷二〇八第5050页：治平三年四月辛丑（十八日），"其后，君锡父丧不赴，命太常博士、国子监直讲，刘攽代之"。

按：太常博士、国子监直讲乃刘攽之官职，不应点断。"讲"下之逗号，应删。

（3）卷二三五第5704页：熙宁五年七月己丑，"知河中府潘夙言前知猗氏县大理寺丞徐济……本自北界归朝"。

按："朝"，库本作"明"。

（4）卷二三五第5709页：熙宁五年七月乙未注："继世，妖人马志诚欲奉之，发兵据青涧城，指挥使拓拔忠谏捕之。"

按：拓拔忠谏，应标点作拓拔忠谏。

（5）卷四六六第11128页：元祐六年九月庚寅（五日），"右朝议大夫试大理卿韩晋卿卒。赠绢百匹"。

按："右朝议大夫"与"试大理卿"之间应加顿号。

（6）卷四八二第11465页：元祐八年三月乙酉（八日）条注："（范）子奇，六年十一月十八日，以集撰知河阳，入权户侍，八年二月八日，自户侍又以集撰知庆州。"

按：据此标点，只能理解为元祐六年十一月十八日，范子奇以集撰的职衔知河阳，然而这一天是任命文及甫以此职。考范子奇以集撰知河阳事在元祐六年正月。《长编》卷四五四第10884页：元祐六年春正月"壬午（二十二日），……左朝议大夫、直龙图阁、河东路都转运使范子奇为集贤殿修撰、知河阳"。而元祐六年十一月壬寅（十八日）乃由知河阳改任为户侍。《长编》卷四六八第11172页："元祐六年十一月壬寅（十八日），左朝议大夫、集贤殿修撰范子奇为权户部侍郎。"注："八年二月八日，仍以集贤殿知庆州（民按：标点本缺'州'字，此据库本增）。"则上文之标点，"阳"字下之逗号应删，改标为"六年十一月十八日，以集撰知河阳入权户侍"。

（原载《华中国学》秋之卷，华中科技大学出版社，2016年，第47—76页）

《李师师外传》创作年代考辨

　　《李师师外传》，以生动的笔法，描绘了北宋末名妓李师师不为金人淫威所屈，慷慨就义之事，是一篇反映民族气节的传奇佳作，历来颇受文史学者的重视，而其创作年代则至今仍有争议，没有定论。

　　此书现存最早的本子，是清咸丰时的《琳琅秘室丛书》本，书后有黄廷鉴跋："《读书敏求记》云：吴郡钱功甫秘册藏有《李师师小传》，牧翁曾言悬千金购之而不获见者。偶闻邑中萧氏有此书，急假录一册。文殊雅洁，不类小说家言。"按：康熙时，钱曾作的《读书敏求记》原文云："功甫名允治……所藏多人间罕见之本，有《李师师外传》一卷，牧翁屡借不与。"则黄氏跋所称前氏收藏的"《李师师小传》"者，实际上是《李师师外传》。

　　《李师师外传》从未见于宋、元、明代的各家书目，何时所作，学术界主要有以下二说。

　　一说作于明代。邓之诚说："其书称谓语气，一望而知为明季人妄作，竟谓师师慷慨就义。"① 李剑国云：邓说"缺乏证据，只可聊备一说"。薛洪勣也认为是明末所作，但仅举二证，且其中一证并不正确，如认为传中说李师师弹奏的《梅花三弄》，初见于朱权所辑的《神奇秘览》（成书于洪熙元年，1425）"②。今按：传中所记为"梅花三叠"，宋代已有此曲，北宋梅尧臣《游响山》诗云："寒篁进溪曲，古木暗城头……梅花三叠罢，烟火起沧洲。"③ 南宋方夔《富山遗稿》卷五有《和东坡惠州梅花三叠》诗。显然，此曲不能证明其作于明代。

　　一说作于宋代。持此说的学者颇多。李剑国认为："《外传》当产生于南宋，观其题旨，很可能是宋末人所为。"因而将《李师师外传》收入到所编的《宋代传奇集》中④。程毅中以为："《李师师外传》可能是靖康之祸的产物，当时徽、钦二帝的后宫妃嫔自杀被杀的就有不少。"⑤ 任崇岳以为宋人无名氏写的，并以此为据，写其身世⑥。程千帆、吴

---

① 邓之诚《东京梦华录注》卷五，中华书局，1982年，第135页。
② 薛洪勣《李师师外传应是明末作品》，《明清小说研究》1990年3、4合期。
③ （宋）梅尧臣《宛陵先生集》卷三，文渊阁四库全书本。
④ 李剑国《宋代志怪传奇叙录》，南开大学出版社，1997年，第389页；李剑国《宋代传奇集》，中华书局，2001年，第911—915页。
⑤ 程毅中《宋元小说研究》第六章"南宋小说的多元化发展"，第一节《李师师外传》与传记体小说"，江苏古籍出版社，1999年，第168页。
⑥ 任崇岳《宋徽宗钦宗传》"与李师师的一段风流韵事"，吉林文史出版社，1996年。

新雷将它视为宋人传奇中的佳作加以赞扬,说:"南宋人写的《李师师外传》,通过徽宗生活的一个侧面,反映了北宋末年时政,时代较近,见闻较真,感受较深,因而也写得较好。"几乎将全文照录入书中①。

以上二说中,以宋人所作说者居多,且写入宋代的文史的专著中,影响甚大。故《现存宋人著述总录》亦予收入②。然而细观他们的认定,只是一种推测,并没有提出有力的证据,因此,有必要对它的写作年代做进一步考证。

应当肯定,历史上确有李师师其人,宋代也确实有人写过她的传,需要注意的是,宋代的传名叫《李师师小传》③或《李师师传》④,而不做《李师师外传》。不仅名称有别,内容也不相同。《李师师小传》中详细记载了道君(即徽宗)与周邦彦为爱李师师而争风吃醋之事,而《李师师外传》则只字不提周邦彦,不提争风吃醋之事,可以肯定《李师师外传》决非宋人所见之本。鲁迅已经看出这一点,但说得较婉转:"此篇未必即(张)端义所见本也。"⑤

《李师师外传》究竟是何时的作品?要解决这个问题,必须从考察本书内容着手,因为任何人的作品即使刻意乔装打扮,也不可能完全跨越时代,它必然会留下所处时代的烙印,细观本书,时时露出晚于宋代的印记。

(1)传中说:"李师师者,汴京东二厢永庆坊染局匠王寅之女。"

按:宋代旧城8厢121坊,新城9厢14(一作15)坊,《宋会要辑稿》⑥及《北道刊误志》⑦均有十分具体的记载,汴京京东第二厢只有一坊,名含耀坊。其他各厢的坊名也没有叫永庆坊的。

又元、明、清有织染局,宋代没有。此称染局匠显系后人所编。

(2)传中:"镇安坊者,李姥所居之里也。"

按:宋代汴京无此坊名。

以上可见作者对宋代东京的坊名毫无所知。

(3)传中说:"寅怜其女,乃为舍身宝光寺。"

按:《宋会要辑稿》《北道刊误志》《汴京遗迹志》等书详细记载了汴京寺院102所名称,均不见有此寺名⑧。

(4)"师师……愿弃家为女冠。上皇许之,赐北郭慈云观居之。"

按:《宋会要辑稿》《北道刊误志》《汴京遗迹志》等书详细记载了汴京道教宫观50

---

① 程千帆、吴新雷《两宋文学史》,上海古籍出版社,1991年。
② 刘琳、沈治宏《现存宋人著述总录》子部小说类传奇之属,巴蜀书社,1995年,第164页。
③ (宋)张端义《贵耳集》卷下,丛书集成本,淳祐元年至六年(1241—1246)间作。
④ (宋)刘克庄《后村诗话》前集卷二,淳祐七年(1247)作,中华书局点校本,1983年。
⑤ 鲁迅《唐宋传奇集·稗边小缀》第八。
⑥ (清)徐松辑《宋会要辑稿》方域一之一二,中华书局,1957年。
⑦ (宋)王瓘《北道刊误志》,《续谈助》卷二。
⑧ 参周宝珠《宋代东京研究》,河南大学出版社,1992年,第573—586页。

来处,均不见有此观名①。

以上可见作者对东京的寺院宫观毫无所知。

(5)"帝禅位,自号为道君教主,退居太乙宫。"

按《宋史》卷二二《徽宗纪》徽宗退居"龙德宫"。太乙宫亦名太一宫,有三处,东太乙宫在京城东南的苏村,西太乙宫在城西南的八角镇,中太乙宫在南薰门内,均为道观,徽宗虽自号为道君教主,却并没有出家。龙德宫在皇城中,本是徽宗即位前的旧邸,是皇城中环境最美的地方②,退居于此,显然是为了晚年的享乐。

以上可见作者分辨不清皇宫与道教之宫的区别,而这在当时是常识。

(6)传中说:"童贯、朱勔辈复导以声色狗马宫室苑囿之乐,凡海内奇花异石,搜采殆遍,筑离宫于汴城之北,名曰艮岳,帝般乐其中,久而厌之,更思微行,为狎邪游。"以下第一次记见李师师事,云:"时大观三年(1109)八月十七日事也。"

按:建艮岳者是梁师成,而不是童贯、朱勔。宋徽宗《艮岳记》云:"太尉梁师成董其事。"时间在宣和四年(1122)五月③,如果真是因为游艮岳太久,以致厌倦而去见李师师,那么见李的时间应该在1122年以后,如何反在其前13年呢?传中所记第二次见李师师的时间,是在大观四年正月,第三次在九月,第四次在宣和二年,第五次在宣和四年三月。传奇故事本来不需要注明时间的,外传偏要一一注明,无非是要表明讲的是历史事实,但一对照历史,全然不对,这不正好露出其有意作假的马脚了吗?

(7)传中说:"师师起,解玄绢褐袄。"又说:"服玄素。"

按:宋真宗大制造祥符五年(1012)定其老祖宗名玄朗,命天下皆避此二字,故荆湖南路的朗州改为鼎州(今常德)④,杨延朗便改名为杨延昭。"玄"一般改作元。玄武改作真武。而此传不避"玄"字,显然不合宋人习惯。

以上可见作者不懂宋代的避讳常识。

(8)外传又称大观四年九月,"赐……月团、凤团、蒙顶等茶百斤"。

按:北宋时期,贡茶主要来自福建的建州,其茶有龙团、凤团等,没有"月团"之名。蒙顶是四川之茶,川人比较爱喝,但不被中央看重,从不充当贡品,皇帝当然不可能以此茶送人。宋徽宗《大观茶论》云:"茶之为物,擅瓯、闽之秀气,钟山川之灵禀……本朝之兴,岁修建溪之贡,龙团、凤饼,名冠天下。"又以白茶为第一。欧阳修云:"茶之品莫贵于龙、凤,谓之团茶,凡八饼重一斤。庆历中,蔡君谟为福建路转运使,始造小片龙茶以进,其品绝精,谓之小团,凡二十饼重一斤,其价值金二两。然金

---

① 参《宋代东京研究》,第594—601页。
② (宋)章如愚《山堂群书考索后集》卷一—引《续会要》:"元符三年二月二十四日,诏懿亲宅潜邸赐名龙德宫,是为徽宗旧邸。"元白珽《湛渊静语》卷二:"出新城西偏,即龙德宫,与厚载门相近,徽宗皇帝所创。有殿二,有馆四,有亭二十有四。近北军围城时拆毁殆尽,止存熙春一杰阁,高百余尺,巍然插空,非人间所有,金人亦尝毁之,竟不能登是阁,见四围皆荷花,用小桥通诸亭馆。"
③ (宋)王明清《挥麈后录》卷二引李质《艮岳赋》。
④ (元)脱脱《宋史》卷八《真宗本纪》、卷八八《地理志》,中华书局,1977年。

可有而茶不可得，每因南郊致斋，中书、枢密院，各赐一饼，四人分之。"①可见这种上贡的茶十分名贵，数量才一斤，怎么可能赐李师师动则一百斤呢？大观二年还应徽宗需要，新造御苑玉芽、万寿龙芽、新銙三种最高级的茶，作为贡品。数量更少，只有五六株，仅在清明前夕制成一点，用"飞骑疾驰""奉万乘尝"一下而已②，到九月，这种好茶早已无存或已陈旧，不可能用于赏赐。

以上可见作者对宋代的贡茶的情况毫无所知。

（9）"徽宗帝即位，好事奢华，而蔡京、章惇、王黼之徒，遂借绍述之名，劝帝复行青苗诸法。"

按：徽宗重用蔡京、王黼，是事实，但却从来没有重用过章惇，章惇是哲宗绍圣时为宰相，哲宗驾崩后，太后与宰相、执政大臣商量由谁继位时，章惇公然反对赵佶继位，被太后否决，徽宗即位后，很快将他贬官，蔡京等更将他与司马光等人同列入元祐元符党人的黑名单中③。蔡京和章惇虽然在王安石变法时，都拥护新法，但他们却是两伙，势不两立。

以上可见作者根本不了解宋徽宗时期领导集团内部斗争的情况，不了解这些著名人物之间的关系，而这对宋人而言，应该是常识。

（10）"金人破汴，主帅闶嬾索师师。"

按：金兵主帅是粘罕（即宗翰，为左副元帅）和斡离不（即宗望，为右副元帅），靖康元年闰十一月，二人克汴京。向宋方索要人、财，全由二人作主。第二年四月，金任命挞懒为元帅左监军，其地位在二人之下。"闶嬾"应作"挞懒"④。

以上可见作者不了解金兵统帅的情况以及灭北宋时勒索的事实，而这在宋代是有许多史书、笔记记载的，即使不太了解，翻一下书即可知道。

（11）传中说："羽林军巡等，布列至镇安坊止，而行人为之屏迹矣。"

按：唐代确是由羽林军负责巡逻。宋代则是以禁军巡逻京城，称为徼巡卒。元、明、清都无"羽林军巡"之事。

以上可见作者对宋代及其以后的军制毫无所知，只凭着对唐的一点点知识去想象，这必是离宋相当久远的人所为。

（12）传中说：徽宗赐师师"五彩流苏"。

按：这是明、清之际常用的装饰品。如明代晚期记载到当时的鼓架四角龙嘴下就挂着五彩流苏⑤。清代编钟、方响、云锣、手鼓上均装饰有五彩流苏。

---

① （宋）欧阳修《归田录》卷二，李伟国点校，中华书局，1981年，第24页。
② （宋）熊蕃《宣和北苑贡茶录》，文渊阁四库全书本。
③ （元）脱脱《宋史》卷一九《徽宗本纪》；（宋）曾布《曾公遗录》卷九，藕香零拾本；清黄以周《长编拾补》卷一六及卷二四，上海古籍出版社，1986年。
④ （宋）李天民等《靖康稗史》，中州古籍出版社，1993年；（元）脱脱《金史》卷三《太宗纪》、卷七七《完颜昌（挞懒）传》，中华书局，1975年。
⑤ （明）韩邦奇《苑洛志乐》卷一〇，文渊阁四库全书本；清《皇朝文献通考》卷一六一，文渊阁四库全书本；《皇朝礼器图式》卷九，文渊阁四库全书本。

以上可见作者是用明、清所见的事物安到了宋代,作者生活的时代不会早于明、清。

(13)传中说:"师师……援壁间琴,隐居端坐,而鼓《平沙落雁》之曲。"

按:《平沙落雁》之曲最早见于明崇祯七年(1634)作的《古琴正宗》,下距清灭明朝仅10年①。清初此曲始盛行,如王士禛记康熙四十一年十月初九,"弹平沙落雁、汉宫秋之曲"②。宋郑樵《通志·艺文略》未收此曲,至清乾隆时编《续通志》始收入卷一二七中。《外传》既让李师师鼓此曲,必在该曲盛行以后,当为清初之事。

以上可见作者的时代不会早于明末,宋人绝不可能弹奏明代的曲子。

从上述十三条看,《李师师外传》的作者并不熟悉宋代东京的坊市,不了解宋代东京的寺观,不了解宋代的避讳,甚至不知道宋代的帝王之宫与道教之宫有别,更不知道宋徽宗政权领导集团内部的矛盾斗争,不熟悉宋代皇帝衣食住行的特点,如喝什么茶,听什么曲,用什么装饰品,却将明末清初盛行的装饰品"五彩流苏"、乐曲"平沙落雁"之类搬将过来。判断作品时间早晚,只能按其最晚的内容来确定。显然它最早不会早于1634年,最晚不会晚于钱曾作《读书敏求记》的康熙年间。

再从作品所要突出的主题分析,本来,李师师在南宋时流落到湖湘一带③,此传则改成宁愿在汴京自杀决不事金。其目的是在斥责出卖国家出卖民族的汉奸,骂他们的品行还不如一名妓女。《外传》中的言辞非常激烈:"张邦昌等为踪迹之,以献金营。师师骂曰:'吾以贱妓,蒙皇帝眷,宁一死无他志。若辈高爵厚禄,朝廷何负于汝,乃事事为斩灭宗社计?今又北面事丑虏,冀得一当,为呈身之地。吾岂作若辈羔雁赘耶?'"文末之"论"更盛赞其"烈烈有侠士风",在明末清初期间,最可能反映这种心情的,论其时代,只能是在明亡之后;论其作者,只能是坚持民族气节的明朝遗民。考虑到康熙时必须避"玄"字讳,此书不避,它的写作时间最可能在顺治时期,即1644—1661年间。

综上所述,《李师师外传》当是清顺治年间的作品,出于明遗民之手,它应放到清代文学史中去记述,是明遗民用借古讽今的手法,以反映其坚强不屈大义凛然的民族气节。书中有关李师师的身世、事迹等大多属虚构,于史无征,既不可充作宋代的历史资料,也不能当作宋代的文学史料来引用。刘琳、沈治宏《现存宋人著述总录》(巴蜀书社,1995年)收入子部小说类,应予删除。

2009年作于西安,2015年10月28日略作修改

(原刊于《华中国学》春之卷,华中科技大学出版社,2016年,第101—106页)

---

① 此条,薛洪勣《明清小说研究》已提出,但没有做进一步论证,未能引起学者的重视。
② (清)王士禛《香祖笔记》卷一,文渊阁四库全书本。
③ (宋)刘子翬《屏山集》卷一八《汴京纪事》,文渊阁四库全书本。

伪书极品：吴幵《优古堂诗话》

中国历史上伪书甚多，经过数百年来考据家们的精细考辨，数以千计的伪书纷纷落马，唯有宋吴幵《优古堂诗话》至今仍逍遥法外，依然不断被著录、被刊印、被引用、被赞美，可谓伪书中之极品。现在就要将它的麒麟皮剥去，露出其马脚来。

一、突然冒出来的名作

宋吴幵《优古堂诗话》一卷，最早著录于清康熙前期的《千顷堂书目》卷三一："吴行《优古堂诗话》一卷。""行"乃"幵"之误。随后，曹寅等编《全唐诗》，引用此书辑得唐代诗人杜牧（卷五二七）、赵嘏（卷五五〇）、温庭筠（卷五八三）、周朴（卷六七三）的佚诗。厉鹗作《宋诗纪事》，又据此书辑得一批宋代诗人的佚诗，如宋绶（卷九）、宋祁、王琪（卷一一）、欧阳修（卷一二）、刘攽（卷一六）、李昭玘、刘跂、魏泰（卷二八）、徐俯、韩驹（卷三三）、周知微（卷三五）等。《四库全书》将它收入正编中，并在提要中给予相当高的评价。录于下：

> 《优古堂诗话》一卷，宋吴幵撰。幵字正仲，滁州人。绍圣丁丑（四年，1097）中宏词科，靖康中官翰林承旨，与耿南仲主割地之议，卒误国事。又为金人往来传道意旨，立张邦昌而事之。建炎后窜谪以死。其人本不足道，而所作诗话乃颇有可采。其书凡一百五十四条，多论北宋人诗，亦间及唐人，惟卷末载杨万里一条，时代远不相及，疑传写有讹，或后人有所窜乱欤！所论惟卷末吏部文章二百年一条，裹饭非子来一条，王僧绰蜡凤一条，荷囊一条，阳燧一条，阳关图一条，珠还合浦一条，黄金台一条，以玉儿为玉奴一条，东坡用事切一条，妓人出家诗一条，蒸壶似蒸鸭一条，望夫石一条，落梅花折杨柳一条，兼涉考证，其余则皆论诗家用字炼句相承变化之由。夫夺胎换骨、翻案出奇，作者非必尽无所本，实则无心闇合亦多有之，必一句一字求其源出某某，未免于求剑刻舟，即如李贺诗桃花乱落如红雨句，刘禹锡诗摇落繁英堕红雨句，幵既知二人同时，必不相袭，岑参与孟浩然亦同时，乃以参诗黄昏争渡字为用浩然夜归鹿门诗，不免强为科配。又知张耒诗飞鸟外字本于杨巨源，而不知夕阳西字本于薛能，可知辗转相因，亦复搜求不尽，然互相参考，可以观古今人运意之异同，与遣词之巧拙，使读者因端生悟，触类引申，要亦不为无益也。其中蓬生麻中一条，畜不吠之犬一条，韩退之全用《列子》文一条，韩退之学文而及道一条，定命论一条，富郑公之言出元璹一条，宁人负我勿我负

一条，皆兼论杂文不专诗话，又手滑一条，应声虫一条，更诗文皆不相涉，盖诗话中兼及杂事，自刘攽、欧阳修等已然矣（《四库全书总目》卷一九五）。

此书自清雍正、乾隆以后，名声大振，许多书目先后著录，如钱曾《读书敏求记》卷四、《续通志》卷一六三、《续文献通考》卷一九八经籍考、季振宜《季沧苇藏书目》、范邦甸《天一阁书目》卷一之一、阮元《文选楼藏书记》卷四、张金吾《爱日精庐藏书志》卷三六、瞿镛《铁琴铜剑楼藏书目录》卷二四、陆心源《皕宋楼藏书志》卷一一八、刘锦藻《清续文献通考》卷二七一经籍考、丁仁《八千卷楼书目》卷二〇等。倪灿又将此书录入《宋史艺文志补》。

此书最早有明抄本，国家图书馆藏（《中国古籍善本书目录》集部诗文评类下，第1871页）。嘉庆四年（1799）始有读画斋丛书刻本，后有丛书集成本，丁福保《历代诗话续编》本，近人编《宋诗话全编》（江苏古籍出版社，1998年，第3册），又有近年影印的《四库全书》本。

清人屡引此书，如王鸣盛《蛾术编》卷七七说集三、陆以湉《冷庐杂识》卷五"歇后语"，平步青《霞外攟屑》卷五"友于色斯赫斯贻厥"，袁翼《邃怀堂全集》骈文笺注卷一三"原草"，钱谦益《投笔集笺注》卷上"寒鸦"等。今人编《全宋诗》仍引用此书辑佚。见刘攽（第11册第7319页）、刘跂（第18册第12214页）、韩驹（第25册第16637页）。

丁福保《历代诗话续编》介绍此书，给予颇高的评价，云："《优古堂诗话》一卷，宋吴开。开，误国庸臣，人不足道，其论诗乃颇可取。书中涉考证者不及十分之一，大旨在明诗家用字练句相承变化之由。虽无心暗合，不必皆有意相师，然换骨夺胎，作者原有是法，亦未始不资触发也。"《宋诗话全编》主编吴文英在前言中，列出南宋前期代表性的诗话十二种，第二种即《优古堂诗话》，并作重点介绍。

二、它是百分之百的伪书

吴开，北宋末年人。其所撰《优古堂诗话》，宋、元、明诸家书目未载，也无人提及有此书。今存各本均未提及其书自宋以来流传之经历。

今仅有一明抄本存世。《中国古籍善本书目录》集部诗文评类下第1871页："《优古堂诗话》一卷，宋吴开撰。明抄本（国家图书馆）。"（上海古籍出版社，1998年）丁福保《历代诗话续编》所收本来源于明抄本，或与国图本为一事。书末有明人的跋，云："洪熙元年（1425）春三月六日，林子中手录。"又有清人徐骏的跋，云："录此书已经三百年矣，钞本之难得者。康熙丁酉（五十六年，1717）立夏日，清景山楼披阅一过。先君所藏书，恨牵于物欲，不能尽读之。徐骏。"徐骏，苏州人。康熙四十一年壬午科举人。（《江南通志》卷一三三）徐骏，长洲人，康熙五十二年（1713）癸巳科王敬铭榜进士。（《江南通志》卷一二四）观卿乾学子（民国《吴县志》卷一三）。此为其父徐乾学（1630—1694）之藏品，应在清顺治、康熙年间。明林子中，查无此人，当为假托之人名。洪熙元年下距明亡尚有二百多年，书若成于是年，岂有二百余年无人提及，无书著录？疑成于明代晚期，故意提前至洪熙，以示来源之早。

凡无来历之书，都不应轻易相信，是真是假，必须寻找证据去解决。

古人多爱取室名，吴开的室名是优古堂吗？回答是否定的。他的室名为漫堂。证据有二：一，其文集名《漫堂集》。庄绰《鸡肋编》卷下："吴开正仲著《漫堂集》载唐顾况老失子，作诗云：'老人哭爱子，泪下皆成血，老人年七十，不作多时别。'每诵诗哭之哀甚。未几复生子，非熊能道前世事，云在冥中，闻其父哭并诗，不胜其哀，恳于冥官，复为况子，非熊仕至起居舍人。"二，其所作笔记名《漫堂随笔》。李焘《续资治通鉴长编》卷二五二第6170页熙宁七年夏四月丙戌云："传法沙门、护法善神，据吴开《漫堂随笔》。"此书，《遂初堂书目》小说类著录，今有抄本存世。

再考察其书之内容，与吴开年龄是否吻合。

吴开之生卒年大致可以确定为1067—1148年。吴开《宋桂州永福县丞赵君墓志铭》："赵晦叔长予十岁……晦叔以疾不起，时政和五年（1115）正月二十五日也……晦叔讳察……享年五十八。"知赵察生于1058年，开小十岁，应生于治平四年（1067）。道光《福建通志》卷一二八："曾惇字端伯，晋江人。……金人陷京师，……知惇娶吴开女，令充事务官，限三日立张邦昌……绍兴九年秦桧当国，起为户部员外郎……开以赦还居赣上，秦桧怜开无依，除惇知虔州以安之。开卒，移知荆南。"按：《系年要录》卷一五二："绍兴十四年（1144）九月丁卯，秘阁修撰、提举洪州玉隆观曾惇知虔州。初，责授昭化军节度副使吴开，既以放还，内惭不敢归，寓家赣上，秦桧怜之，故命惇为守。"《要录》卷一五八：绍兴十八年（1148）十有一月戊戌，"秘阁修撰、知虔州曾惇移知荆南"。据此，吴开应卒于绍兴十八年，比其女婿早七年（《要录》卷一六八：绍兴二十五年（1155）二月甲申（七日），"右文殿修撰曾惇卒"）。

《优古堂诗话》中至少有三条之年代在吴开卒后。

第131条"咏荷花"："胡仔《苕溪诗话》以词句欲全篇皆好，极为难得。……"

按：《苕溪诗话》乃胡仔《苕溪渔隐丛话》之别称，此内容见《渔隐丛话前集》卷五九。前集自序作于绍兴十八年（1148）三月，但实际完成要到隆兴初年。书中引《夷坚志》凡9处（见卷一八、卷三三、卷四六、卷五三、卷五八、卷五九、卷六〇），均出《夷坚甲志》，按甲志初稿作于绍兴三十一年（1161），后续补至隆兴元年（1163）。甲志卷六记史浩为相，此事在隆兴元年正月至五月。卷五四第371页又记"余顷岁过湘中……壬午岁过三衢"，壬午为绍兴三十二年（1162）。据此，所引《苕溪诗话》上距吴开卒已十五年。

第137条"董颖袭陈知默诗"："洪景卢《夷坚乙志》记董颖诗云云。"

按：洪迈《夷坚志·乙志》凡二十卷，有乾道二年（1166）十二月十八日自序，其刻印问世应在乾道三年（1167）以后，上距吴开卒已达二十年。

第155条"诚斋论山谷诗"。

按：此见杨万里《诚斋诗话》（又见《诚斋集》卷一一五）。诚斋即杨万里（廷秀

1127—1206）。此诗话为庆元二年（1196）至六年（1200）间所作，第64条："余族弟炎正字济翁……甚为京丞相所知。"按：京丞相名镗，庆元二年正月至六年八月为相，此称其为相，则必作于庆元二年以后。第27条："故孝宗、太上皆作孙字。"此太上指宋光宗，光宗为太上在庆元元年，六年八月卒，十一月定庙号为光宗。此不称其庙号，则最晚不得晚于六年十一月。此书上距吴开卒已五十来年。

再考察《优古堂诗话》所有条目的来历。

全文156条，均抄自两本书，连题目都基本上照抄。其一，吴曾《能改斋漫录》，初稿十八卷，绍兴二十七年（1157）作。隆兴、乾道间增订为二十卷。书中标"续添"二字者，均为增订时所补。其二，魏庆之《诗人玉屑》，淳祐四年（1244）作。二书年代均在吴开之后。

现将《优古堂诗话》各条题目及所抄出处对比于下。题目稍有出入者均予注明。

1 诗可以观人，见《诗人玉屑》卷一二引《高斋诗话》。

2 二十八字媒，见《诗人玉屑》卷二〇引《王直方诗话》。

3 野火烧不尽，此见《诗人玉屑》卷一〇引《古今诗话》题为"白乐天"。

4 绝句，见《诗人玉屑》卷一八引《复斋漫录》。

5 山谷取唐人诗，见《诗人玉屑》卷八引《复斋漫录》。

6 谢惠含桃谢惠茶诗，见《能改斋漫录》卷八第53条（第220页）（上海古籍出版社，1979年，下引此书简称《漫录》）。

7 门雀屋乌宣室茂林，见《漫录》卷八第54条（第220页）"门雀屋乌宣室茂陵"。

8 相望落落如星辰，见《漫录》卷八第55条（第220页）。

9 猿啼三声泪沾衣，见《漫录》卷八第56条（第221页）。

10 身轻一鸟过，见《漫录》卷八第57条（第221页）。

11 牛带寒鸦过远村，见《漫录》卷八第58条（第221页）"牛带寒鸦过别村"。

12 学诗如学仙时至骨换，见《漫录》卷八第59条（第222页）"学诗如学仙时至骨自换"。

13 水从楼前来中有美人泪，见《漫录》卷八第60条（第222页）。

14 到海止十里过山应万重，见《漫录》卷八第61条（第222页）。

15 金鸭无烟却有香，见《漫录》卷八第62条（第223页）。

16 友于，见《漫录》卷八第63条（第223页）。

17 横陈，见《漫录》卷八第64条（第223页）。

18 据槁梧，见《漫录》卷八第65条（第223页）。

19 崔护诗，见《漫录》卷八第66条（第224页）。

20 几度雨来成恶热一番风过有新凉，见《漫录》卷八第67条（第224页）。

21 青裙白面初相识，见《漫录》卷八第68条（第224页）。

22 手滑，见《漫录》卷八第69条（第224页）。

23 观木兴叹，见《漫录》卷八第70条（第225页）"靓木兴叹"。

24 金谷楼危到地香,见《漫录》卷八第71条(第226页)。

25 春在先生杖履中,见《漫录》卷八第72条(第226页)。

26 小雨班班,见《漫录》卷八第73条(第226页)"小雨斑斑"。

27 一意两用,见《漫录》卷八第74条(第226页)。

28 蜀葵诗,见《漫录》卷八第75条(第227页)。

29 屋檐斜入一枝低,见《漫录》卷八第76条(第227页)。

30 秋去暑无权,见《漫录》卷八第77条(第227页)。

31 醉乡闲处日月鸟语花间管,见《漫录》卷八第78条(第227页)。

32 门外绿杨春系马,床前红烛夜呼卢,见《漫录》卷八第79条(第228页)。

33 云破月来花弄影,见《漫录》卷八第80条(第228页)。

34 应声虫,见《漫录》卷八第81条(第228页)。

35 草忘忧花含笑,见《漫录》卷八第82条(第229页)。

36 回眸一笑百媚生,见《漫录》卷八第83条(第229页)。

37 身事未知何日了,见《漫录》卷八第84条(第229页)。

38 舜不穷其民论,见《漫录》卷八第85条(第230页)。

39 望斗气沉龙巳化置刍人去榻犹悬,见《漫录》卷八第86条(第230页)。

40 处事无心觉累轻,见《漫录》卷八第87条(第230页)。

41 春水碧于天,见《能漫录》卷八第88条(第230页)。

42 蓬生麻中,见《漫录》卷八第89条(第231页)。

43 蓄不吠之犬,见《漫录》卷八第90条(第231页)。

44 开帘风动竹,见《漫录》卷八第91条(第231页)。

45 山流细沫拥浮花,见《漫录》卷八第92条(第232页)。

46 桃花乱落如红雨,见《漫录》卷八第6条(第207页)。

47 目极千里伤春心,见《漫录》卷八第7条(第207页)。

48 渔梁渡口争渡喧,见《漫录》卷八第8条(第207页)。

49 多病故人疏,见吴《漫录》卷八第9条(第207页)。

50 船如天上坐人似镜中行,见《漫录》卷八第10条(第208页)。

51 莺语丁宁,见《漫录》卷八第11条(第208页)。

52 几处笙歌几处愁,见《漫录》卷八第12条(第208页)。

53 谷雨杏花稀,见《漫录》卷八第13条(第209页)。

54 未腊山梅树树花,见《漫录》卷八第14条(第209页)。

55 庭中花照眼,见《漫录》卷七第126条"花照眼"(第205页)。

56 授图黄石老学剑白猿翁,见《漫录》卷八第15条(第209页)。

57 还山弄明月,见《漫录》卷八第16条(第209页)。

58 退之全用列子文,见《漫录》卷八第17条(第210页)。

59 愁杀人,见《漫录》卷八第18条(第210页)。

60 咏妇人多以歌舞为称，见《漫录》卷八第19条（第210页）。

61 花应鲜笑人无穷事有限身，见《漫录》卷八第20条（第211页）。

62 洞房悬月影高枕听江流，见《漫录》卷八第21条（第211页）。

63 鸡三号，见《漫录》卷八第22条（第212页）。

64 独鹊袅庭柯，见《漫录》卷八第23条（第212页）。

65 两蜗角，见《漫录》卷八第24条（第212页）。

66 谁谓天地宽，见《漫录》卷八第25条（第212页）。

67 韩退之春雪诗，见《漫录》卷八第26条（第213页）。

68 耕田欲雨刈欲晴去得顺风来者怨，见《漫录》卷八第27条（第213页）。

69 天北极殿中间，见《漫录》卷八第28条（第213页）。

70 飞鸟外夕阳西，见《漫录》卷八第29条（第213页）。

71 韩退之喜雪诗，见《漫录》卷八第30条（第214页）。

72 一树高花明远村，见《漫录》卷八第31条（第214页）。

73 石燕泥龙，见《漫录》卷八第32条（第214页）。

74 春风自是人间客，见《漫录》卷八第33条（第214页）。

75 自是桃花贪结子错教人恨五更风，见《漫录》卷八第34条（第215页）。

76 咏叔孙通诗，见《漫录》卷八第35条（第215页）。

77 鱼遗子鹿引麛，见《漫录》卷八第36条（第215页）。

78 鲈肥人鲙玉柑熟客分金，见《漫录》卷八第37条（第215页）。

79 姬人荐初醅幼子问残疾，见《漫录》卷八第38条（第216页）。

80 傀儡，见《漫录》卷八第39条（第216页）。

81 鸟归花影动鱼没浪痕圆，见《漫录》卷八第40条（第216页）。

82 鹧鸪飞上越王台，见《漫录》卷八第41条（第216页）。

83 可人惟有秦淮月出没娟娟波浪中，见《漫录》卷八第42条（第217页）。

84 禅心竟不起，见《漫录》卷八第43条（第217页）。

85 隔花催唤打鱼人，见《漫录》卷八第44条（第217页）。

86 高怀犹有故人知，见《漫录》卷八第45条（第217页）。

87 成枭而牟呼五白，见《漫录》卷八第46条（第217页）。

88 寒食疾风甚雨，见《漫录》卷八第47条（第218页）。

89 万年枝，见《漫录》卷八第48条（第218页）。

90 问花花不语，见《漫录》卷八第49条（第218页）。

91 梦中梦身外身，见《漫录》卷八第50条（第219页）"梦中身梦外身"。

92 两山排闼送青来，见《漫录》卷八第51条（第219页）。

93 太液披香，见《漫录》卷八第52条（第219页）。

94 日暮碧云合佳人殊未来，见《漫录》卷八第93条（第232页）。

95 啼猿树，见《漫录》卷八第94条（第232页）。

96 时送红梅一阵香，见《漫录》卷八第95条（第232页）。
97 谷口未斜日数峰生夕阴，见《漫录》卷八第96条（第232页）。
98 临清流而赋诗，见《漫录》卷八第97条（第233页）。
99 日月跳踯，见《漫录》卷八第98条（第233页）。
100 海风吹不断江月照还空，见《漫录》卷八第99条（第233页）。
101 尧舜性仁赋，见《漫录》卷八第100条（第234页）。
102 满地江湖春入望连天章贡水争流，见《漫录》卷八第101条（第234页）。
103 韩退之学文而及道，见《漫录》卷八第102条（第234页）。
104 衰颜红易借发短白难遮，见《漫录》卷八第103条（第235页）。
105 定命论，见《漫录》卷八第104条（第235页）。
106 此心安处便是吾乡，见《漫录》卷八第105条（第235页）。
107 天际识归舟，见《漫录》卷八第106条（第236页）。
108 庭草无人随意绿，见《漫录》卷八第107条（第236页）。
109 玉斧修成宝月团，见《漫录》卷八第108条（第236页）。
110 绿杨楼外出秋千，见《漫录》卷八第109条（第236页）。
111 雪里梅将春信来，见《漫录》卷八第110条（第237页）。
112 龙烛影中犹是腊风箫声里已吹春，见《漫录》卷八第111条（第237页）。
113 富郑公之言出于元璹，见《漫录》卷八第112条（第237页）。
114 春风朝夕起吹绿日日深，见《漫录》卷八第113条（第238页）。
115 明月空为两地愁，见《漫录》卷八第114条（第238页）。
116 马嵬诗，见《漫录》卷八第115条（第238页）。
117 宁人负我无我负人，见《漫录》卷八第116条（第238页）。
118 细数落花因坐久缓寻芳草得归迟，见《漫录》卷八第117条（第239页）。
119 背秋转觉山形瘦新雨还添水面肥，见《漫录》卷八第118条（第239页）。
120 张良与四皓书韩退之与李渤书，见《漫录》卷八第119条（第239页）。
121 蒨桃赠歌者诗，见《漫录》卷八第120条（第240页）。
122 山蝉带响穿疎户，见《漫录》卷八第121条（第240页）。
123 红生白熟生碧熟红，见《漫录》卷八第122条（第241页）。
124 更无一箇是男儿，见《漫录》卷八第123条（第241页）。
125 沿袭不失为佳，见《漫录》卷八第124条（第241页）。
126 薏苡芎藭，见《漫录》卷八续添第125条（第241页）。
127 梦魂香，见《漫录》卷八续添第126条（第242页）。
128 二诗相类，见《漫录》卷八续添第127条（第242页）。
129 褒公鄂公，见《漫录》卷八续添第128条（第242页）。
130 三诗皆用清浑字，见《漫录》卷八续添第129条（第242页）。
131 咏荷花，见《漫录》卷八续添第130条（第243页）。

132 服药不如独卧，见《漫录》卷八续添第131条（第243页）。

133 系日，见《漫录》卷八续添第132条（第243页）。

134 东坡作夏侯太初论，见《漫录》卷八续添第133条（第243页）。

135 杜甫取李陵诗，见《漫录》卷八续添第134条（第244页）。

136 知祢不能举，见《漫录》卷八续添第135条（第244页）"知尔不能举"。

137 董颖袭陈知默诗，见《漫录》卷八续添第136条（第244页）。

138 东坡本李端诗，见《漫录》卷八续添第137条（第244页）。

139 陆诗出韩子苍。见《漫录》卷八续添第138条（第245页）"韩子苍诗出陆龟蒙"。

140 得茶三昧，见《漫录》卷八续添第139条（第245页）。

141 吏部文章二百年，见《漫录》卷三第46条（第61页）。

142 裹饭非子来，见《漫录》卷三第47条（第61页）。

143 僧绰采蜡烛作凤凰，见《漫录》卷三第48条（第62页）。

144 荷囊非芰荷之荷，见《漫录》卷三第49条（第62页）。

145 阳燧，见《漫录》卷三第50条（第62页）。

146 阳阓图，见《漫录》卷三第51条（第63页）。

147 珠还合浦，见《漫录》卷三第52条（第63页）。

148 筑黄金台，见《漫录》卷三第53条（第64页）"黄金台"。

149 以玉儿为玉奴，见《漫录》卷三第54条（第64页）。

150 东坡用事切，见《漫录》卷三第55条（第64页）。

151 妓人出家诗，见《漫录》卷三第56条（第64页）。

152 蒸壶似蒸鸭，见《漫录》卷三第57条（第65页）。

153 望夫石，见《漫录》卷三第58条（第65页）。

154 落梅花折杨柳，见《漫录》卷三第59条（第66页）。

155 诚斋论山谷诗。见《诗人玉屑》卷八（实出《诚斋诗话》）。

156 刘子先，见《诗人玉屑》卷一〇引《高斋诗话》。

以上足以证明此书纯属伪书，接下来需要探索的问题是，作伪者是谁？

他应该是最早抄本的抄者"林子中"，前面已经说过，查无此人，应是伪托之名。其真实姓名已难考见，其身份等情况尚可推测一二。

此人有一些基本文化知识，但历史文化素养不高。有一例可以证明。

《漫录》卷八续添第138条（第245页）"韩子苍诗出陆龟蒙"云："韩子苍作绝句：天长候鴈作行远，沙晚浴鸟相对眠。松醪朝醉复暮醉，江月上弦仍下弦。陆龟蒙《别墅怀归》云：题诗朝忆复暮忆，见月上弦还下弦。韩所作也。"其人抄入《优古堂诗话》第139条，将"韩所作也"，误抄成"韩所出也"。他觉得此句与小标题配不上套，于是将题目改为"陆诗出韩子苍"。上下意思虽然顺了，他却不知此举闹了个大笑话。陆龟蒙（？—约881）是唐朝人，韩子苍名驹（1080—1135）是北宋末、南宋初年人，唐代的陆龟蒙怎么会去借鉴晚二百多年的诗作呢？

此人不是书商,明代书贾为了贸利,胡编新奇之书,以吸引好奇者的眼球,而此书抄后很长时间没有刊印,没有去赚钱,说明并非书贾所为。从此书所起作用看,它为人品不足道的吴开添加了颇有学问的光华,因此,有可能是吴开的后世族人所为。作伪者又怕万一被揭穿,影响更坏,故不敢署真名实姓。

三、它为什么能骗过考据家的眼睛

按理说,抄手拿一本书抄了149条,再从另一本书中抄7条,做法很简单,连小标题都照抄。为什么从清康熙以来直至今天,历经三百几十年,能骗过无数学者、考据家的眼睛?四库全书总目提要的作者都是学有素养的考据家,以后如王鸣盛辈,乃是乾嘉学派的代表人物,都深信不疑?辨伪专家至今已辨别了一千几百种伪书,唯独没有涉及它。究其原因在于此人有反辨伪意识,作伪手段相当高明,其特点有三。

1. 抄得巧妙

他选一部书为主,这样抄起来省事。选时不选首卷,因为一般人看书的习惯,是先看第一卷,因而对首卷的印象都比较深,如果从首卷抄起,容易被发现。他选《漫录》的第三、八两卷,抄这两卷时,同样为避免被发现,躲开首和尾的几页,《漫录》的第三卷共67条,他从第46条抄到第59条。第七卷共127条,只抄第126条。第八卷共149条,从第16条抄到第139条。

2. 编排得巧妙

他把卷八各条分为三截,调整次序,首先是卷八第53—92条,其次为第6—52条(中间插入《漫录》卷七第126条),再次是第93—139条。卷三第46—59条排在卷八后面。这样做,还不放心,因为这都来自同一部书,万一有人查一下,就麻烦了。于是又找另一本《诗人玉屑》,抄了7条,分别放在首尾,开头放5条,结尾放2条,将《漫录》的内容严严实实裹在里面。《诗人玉屑》不是个人专著,而是杂采众书分类编成,就这7条而言,分别采自《高斋诗话》《王直方诗话》《古今诗话》《复斋漫录》《诚斋诗话》。《复斋漫录》是《能改斋漫录》的另一种版本。这样一包装,就很难看出与哪一本书有特殊关系了。

3. 伪托得巧妙

伪托谁?一般会伪托大名人,好处是容易流传,坏处是易被发现。如冒充苏轼的《物类相感志》《东坡问答录》《渔樵闲话》等,很快就被人识破了。如果伪托无名小卒,则会无人问津。两者都不可取,便确定找一个较有文名的人。这个人还必须是两宋之际的,因为所抄内容而言,多有关唐、北宋人之诗,于是就选择了吴开。吴开人品虽不足道,但颇有文才,能考上极为难考的宏词科,且"中魁等"(章定《名贤氏族言行类稿》卷七)。此科,从绍圣二年(1095)开考至大观三年(1109),总共才录取31人(《玉海》卷一一六)。随后升至翰林学士承旨,此官是翰林学士中最资深的人才能担任。至于书名，依其内容，定为诗话，另取一个不与他人类同的室名，名为优古堂。

果然，经过这一番严密的包装，躲过了无数双眼睛，四库全书馆臣尽管发现了蛛丝马迹，如卷末载杨万里一条，时代远不相及，并没有再深入去探索一下，却为之作了牵强的解释，说"疑传写有讹，或后人有所窜乱欤！"自明、清至今，辨伪学相当发达，刊印了不少著作，如姚际恒《古今伪书考》、顾实《重考古今伪书考》、黄云眉《古今伪书考补证》、张心澂《伪书通考》、郑良树《续伪书通考》、邓瑞金等《中国伪书综考》等，还有许多辨伪的论文，都没有注意到它。

四、结　　语

现在，此书的真面目弄清了，它是一部伪书。宋代根本不存在《优古堂诗话》一书，吴开也没有作过这一本书。它只是明人抄录吴曾《能改斋漫录》、魏庆之《诗人玉屑》的部分内容，伪造《优古堂诗话》的书名，挂在吴开名下。虽然伪造的手段很高明，骗过了许多辨伪专家，但既是伪作，不可能天衣无缝。本文旨在提醒人们注意，对来源不明的书，不可轻信，发现疑问，必须寻根究底，弄个水落石出。

本书的真实面貌既明，所有对此书的评价应该归之于原作者吴曾等人，吴开头上的光华应该抹去。所有引证到此书的论著，如《全唐诗》《全宋诗》等都应该改换成原出处《能改斋漫录》或《诗人玉屑》。《宋史艺文志补》《宋诗话全编》也应该将此书删去。

说到这里，似乎还应该再说几句，判定它是伪书，不等于就可以把它扔进垃圾堆了。有没有价值，需要作具体的分析。

就此书而言，剥去它的伪装（作者名和书名），恢复其本来面貌，它就是吴曾《能改斋漫录》（从主要内容说）的节抄本。由于它是明代的抄本，比今传《能改斋漫录》之清刻本早，因而有其校勘价值。试举三例于下。

《能改斋漫录》卷八第67条（第224页）："李太白诗云：'几度雨来成恶热，一番风过有新凉'。"

按："李太白"，《优古堂诗话》第20条作"李泰伯"。考李白诗并无此二句诗。第一句见李觏（字泰伯）《早夏偶作》："闲愁不觉过年光，强半精神似醉乡。几度雨来成恶热，有时云断见斜阳。古人事业尘空满，故国园林草自长。赖得南华怜我病，一篇齐物胜医方。"（《盱江集》卷三七）显然，《优古堂诗话》作"李泰伯"是对的。估计《能改斋漫录》抄本原将"泰"简写成"太"，后来的抄手以世无李太伯，于是擅改为李太白，故致误。至于次句，《盱江集》中未见，今《盱江集》乃明成化时左赞所编，多有遗漏，今残本《永乐大典》、元代元怀《拊掌录》均有其佚诗可证，此句，很可能是李觏之佚诗。

《能改斋漫录》卷八第101条第234页"满地江湖春入望连天章贡水争流"："徐师川有《陪李泰发登洪州南楼诗》云：'十年不复上南楼，直为干戈作远游。……'"

按："干戈"，《优古堂诗话》第102条作"狂胡"。厉鹗《宋诗纪事》卷三三引《优古堂诗话》作"狂酋",《江西通志》卷一六〇引徐俯诗作"狂（阙）"。显然，原文不可能是"干戈"，应是"狂□"，狂下之字因犯清人忌讳，故或缺字，或改字，原文有可能作"狂虏"或"狂狄"之类。作"狂胡"也比"干戈"更近原文。

《能改斋漫录》卷八第139条"得茶三昧"："刘贡父亦赠诗云：'泻汤旧得茶三昧，觅句还窥诗一斑。'"

按："旧"字，《优古堂诗话》第140条作"夺"，义较胜。

以上三条，《能改斋漫录》（上海古籍出版社点校本）及新点校的全宋笔记本均未出校。

2017年6月19日于西安

（原刊于《朱瑞熙教授八秩寿庆文集》，中国商务出版社，
2017年，第214—225页）

四库全书辑本辨伪
——以李正民《大隐集》为例

四库全书馆臣曾利用《永乐大典》作了辑佚，为今人研究提供了大量珍贵资料，功不可没。但还应该注意到《永乐大典》本身所引书名颇多错误，这不可避免会导致辑本跟着出错。人们一般注意考证整部书的真伪，只要是真的，很少去考虑书中是否夹有伪作，如四库全书所辑宋人别集，其中辑自《永乐大典》者128种，《全宋文》《全宋诗》几乎都全盘照录。现以《大隐集》为例作辨伪，借以一窥四库辑本中存在的问题。

一、由四库大隐集提要引起的思考

《四库全书总目》是我案头必备之书，这是一部高水平的著作，但错误也不少，我经常从此书吸取养分，也时时做些订补工作，给学者利用此书时提供些参考。近来翻读李正民的《大隐集》提要，引起我的疑惑。其文如下。

《大隐集》十卷，宋李正民撰。正民有《己酉航海记》，已著录。正民，《宋史》无传，事迹始末不可考。惟据《航海记》所述，知其事高宗为中书舍人，尝奉使通问隆佑太后而已。今以集中诸表考之，则在朝尝为给事中、礼部吏部侍郎，在外尝知吉州、筠州、洪州、湖州、温州、婺州、淮宁府，扬历颇久，晚予宫祠以归。又考徐梦莘《三朝北盟会编》载绍兴十二年五月，金元帅来书云：汴梁留守孟庾、陈州太守李正民及毕良史者，比审议使萧毅等回，具言江南尝询访此人，今并委沿边官司发遣前去。六月，金人放东京留守孟庾、知陈州李正民还云云，是正民于知陈州时尝为金人所获，以宋和议成得还。集中南归诗所云"沦身绝域久暌孤，投老归来鬓发疎"者，盖即其事。特孟庾以东京附金，归后高宗弃不复用，而正民屡更任使，终始弗替，则其在金朝当犹未至于失节，特史文阙略，不能得其详耳①。

在这里，馆臣作了一系列的推断，出发点只是《大隐集》中的诸表，根据诸表，说明他做过七处知州、知府，由此推测其在金朝表现不错，故朝廷对他终始弗替，继续任用，与另一个降臣孟庾完全不同。

众所周知，结论必须以足够的证据作支撑，《提要》的致命伤在于没有史料根据，单说一句"史文阙略"，无法令人信服。研究宋史者都知道，绍兴时期留下来的史料非常丰富，如果李正民真有特殊表现，怎么会一点痕迹都没有呢？即使没有直接证据，也

---

① 《四库全书总目》卷一五六，第1352页。

该找旁证。知州的姓名，在方志就有记载，今存的宋元方志就有几十种，明代方志更多，为什么不去查一下呢？单凭《大隐集》中诸表作推测，靠得住吗？当然，馆臣也可能会反问，如果没有屡更任使的事实，这些表又该如何解释呢？

二、李正民未任洪、湖、温、婺四州知州

为了弄清上述疑团，我收集有关李正民的材料，做了一个简单的年表。

李正民字方叔，号大隐居士，扬州人。李定（1028—1087）之孙。

大观元年（1107），自新安侍下，入宣城学[①]。七月庚子，为中书舍人。五月壬子，试给事中。

政和二年（1112），举进士[②]。

政和七年（1117），中词科，为秘书省正字[③]。

建炎三年（1129）四月戊午，守左司员外郎[④]。七月庚子，为中书舍人[⑤]。十二月己丑，随高宗至定海[⑥]。

建炎四年（1130）正月乙丑，为江浙湖南抚谕使[⑦]。五月壬子，试给事中[⑧]。十一月甲辰，试尚书吏部侍郎[⑨]。

绍兴元年（1131）六月辛卯，移礼部侍郎[⑩]。十一月，高宗称赞陈襄荐司马光等三十三人奏章善，而正民以为光等皆不合时宜者，于是罢为徽猷阁待制、知吉州[⑪]。

绍兴三年（1133）六月甲午，宣谕官刘大中弹劾李正民，称其在吉州岁中科率民钱至百余万缗[⑫]。后罢守宫观。

绍兴七年（1137），擢知筠州，辞免[⑬]。

绍兴九年（1139）十一月乙未，以徽猷阁待制、提举江州太平观李正民知淮宁府[⑭]。

---

① （宋）李正民《大隐集》卷八《追忆大观丁亥年自新安侍下入宣城学路中作》。
② （清）赵宏恩《江南通志》卷一四四。
③ （清）徐松辑《宋会要辑稿》选举一二之八；王应麟《玉海》卷二〇四。
④ （宋）李心传《建炎以来系年要录》卷二二（以下引此书简称《要录》）。
⑤ （宋）李心传《要录》卷二五。
⑥ （宋）李心传《要录》卷三〇。
⑦ （宋）李心传《要录》卷三一；《宋史》卷二六。
⑧ （宋）李心传《要录》卷三三。
⑨ （宋）李心传《要录》卷三九。
⑩ （宋）李心传《要录》卷四五。
⑪ （宋）李心传《要录》卷四九壬子、丙辰；程俱《北山集》卷二六《礼部侍郎李正民除徽猷阁待制知吉州》。
⑫ （宋）李心传《要录》卷六六。
⑬ （宋）李正民《大隐集》卷四《辞免筠州恩命第一状》《第二状》。按：李弥逊撰有《李擢袁州李正民筠州》制（《筠溪集》卷四）考李擢知袁州在绍兴七年九月十七日（《宋会要》职官六一之四九），则任命李正民知筠州也在此时。
⑭ （宋）李心传《要录》卷一三三。

绍兴十年（1140）四月丙戌，金兵南下，东京留守孟庾、知淮宁府李正民皆降[①]。

绍兴十二年（1142）六月癸未，以宋金和议成，孟庾、李正民等放回南宋，任便居住[②]。十月，《题维摩像》，署名大隐居士李正民[③]。

绍兴十三年（1143）十二月甲申，提举江州太平观[④]。

绍兴十四年（1144）二月一日，作《法喜寺政十方记》，署衔：左朝奉大夫、充徽猷阁待制、提举江州太平观、平原县开国伯[⑤]。

绍兴十五年（1145）十二月辛未，作《资圣寺佛殿记》，署衔同上[⑥]。

绍兴十六年（1146）二月十日，作《重修学记》，署衔署衔：左朝奉郎大夫、充徽猷阁待制、提举江州太平观、平原县开国伯[⑦]。

绍兴二十一年（1151）正月甲子，卒[⑧]。

从年表可见，李正民在降金前确实曾知吉州、筠州（未行）、淮宁府，放归南宋后，一直致仕在家，所谓知洪州、湖州、温州、婺州，无论降金前或其后，都未见记载。

三、四篇谢表的真正作者是李光

上述四州中，唯湖州有宋代地方志及守臣题名碑[⑨]，决定先从湖州下手。我查了嘉泰《吴兴志》卷一四"郡守题名"及《宋湖州牧守题名碑》[⑩]，上面详细记载了历任湖州知州，并无李正民其人。到底问题出在哪里？还得考察表的内容。

《知湖州到任谢表》："臣某言：伏奉诰命，复臣宝文阁待制、知湖州，寻具辞免，奉圣旨不允，已于今月初三日到任讫。"[⑪]

按：此表提供了三个信息：①职为宝文阁待制。②曾具表辞免。③初三日上任。考李正民只有徽猷阁待制之职，从未任过"宝文阁待制"。《大隐集》中没有辞免表，更无上任日期。在绍兴时数十名湖州知州中，完全符合上述三条的，只有"李光"一人。

嘉泰《吴兴志》卷一四"郡守题名"："李光，绍兴五年闰二月初三日以左朝奉郎、充宝文阁待制到任，当年七月九日除显谟阁学士、提举江州太平观。"

---

① （宋）李心传《要录》卷一三五；（元）脱脱《宋史》卷二九。
② （宋）李心传《要录》卷一四五、《宋史》卷三〇作六月壬午，《金史》卷七九《王伦传》作五月。按五月当为金释放时间，六月为至杭州时间。
③ （元）徐硕（至元）《嘉禾志》卷二三。
④ （宋）李心传《要录》卷一五〇。
⑤ （元）徐硕（至元）《嘉禾志》卷二三。
⑥ （元）徐硕（至元）《嘉禾志》卷二三。
⑦ （元）徐硕（至元）《嘉禾志》卷二三，"郎"字当为衍文。
⑧ （宋）李心传《要录》卷一六二。
⑨ 婺州有北宋题名碑，见《八琼室金石补正》卷九四，惜不记南宋知州，与解决本题无关。
⑩ 《两浙金石志》卷九。
⑪ （宋）李正民《大隐集》卷四。

在李光的《庄简集》中有《辞免知湖州状》:"降授左奉议郎、新除宝文阁待制、知湖州,臣李某奏准尚书省札子三省枢密院同奉圣旨,李某复宝文阁待制知湖州,不候受告,不许辞免,限指挥到日下起发前去之任者。"①内容与《知湖州到任谢表》相呼应。《要录》中也有如下记载:绍兴五年(1135)二月丙子(二日),"降授左奉议郎、提举台州崇道观李光复宝文阁待制知湖州"②。

现在事实很清楚了,绍兴五年二月二日,朝廷任命李光以宝文阁待制、知湖州,李上表辞免,朝廷不允,于闰二月初三日上任,到任后上表。《庄简集》只收入《辞免知湖州状》,缺了《知湖州到任谢表》,现在查清作者不是李正民,而是李光,正可补《庄简集》之缺。

由此,我又比对《大隐集》中其他三表,发现其作者都应是李光。

《知婺州到任谢表》:"置散投闲,方窃宫祠之禄;承流宣化,复叨屏翰之除。"③

按:万历《金华府志》卷一一"官司·宋知婺州军事"条中无李正民,而有李光,其记载曰:"李光,字泰发,上虞人。绍兴元年九月由左朝奉郎、徽猷阁待制任。十月入为吏部侍郎。"④《宋史》卷三六三《李光传》:"绍兴元年(1131)正月除知洪州,固辞,提举临安府洞霄宫,除知婺州,甫至郡,擢吏部侍郎。"李光自提举临安府洞霄宫,除知婺州,与表中所云"置散投闲,方窃宫祠之禄"完全吻合。

《知温州到任谢表》:"臣某言:伏奉诰命,除臣端明殿学士知温州,已于八月十六日到任讫。入奉严宸,曾乏谋猷之助;出临雅俗,猥当师帅之荣。"

考李正民从未带端明殿学士之职,任是职者乃李光。万历《温州府志》卷七"秩官·知温州军州事":"李光,端明殿学士知。"⑤郑刚中《忠义堂记》:"永嘉州治之北有堂曰忠义,前太守程公之所建也。绍兴丙辰(六年,1136),端明殿学士、礼部尚书会稽李公来镇是邦⑥。"《要录》卷一○七:绍兴六年十有二月乙未,"初,(陈)最既为端明殿学士知温州李光所辟……"直到七年十一月改知洪州。

《知洪州到任谢表》:"臣某言:伏奉诰命,除臣江南西路安抚大使兼知洪州,寻具辞免,伏蒙诏书不允。臣已于今月初九日至抚州金溪县交割安抚司职事,于十七日至本州交割州事讫。……伏念臣奋自书生,冒居华贯,入陪禁闼,出总戎行。"

考李正民从未出任安抚大使,"出总戎行"。嘉靖《江西通志》卷五"南昌府·知(洪州)军州事"名单中没有李正民,而有李光,曰:"李光,由端明殿学士。"⑦

《要录》卷一一七:绍兴七年十有一月丁酉(九日),"端明殿学士知温州李光为江南西路安抚制置大使兼知洪州。"

---

① (宋)李光《庄简集》卷一二。
② (宋)李心传《要录》卷八五。
③ (宋)李正民《大隐集》卷四。
④ (明)万历《金华府志》,明王懋德纂修,明陆凤仪纂修,四库存目丛书史176册。
⑤ (明)万历《温州府志》,明王光蕴撰,四库存目丛书史210册。
⑥ (宋)郑刚中《北山集》卷一三。
⑦ (明)嘉靖《江西通志》,(明)林庭㭿、周广撰,四库存目丛书史182册。

以上考证说明，四表均为李光所作，应从李正民《大隐集》中剔除，改入李光《庄简集》中。馆臣未作考证，以为四表均是李正民所作，进而作各种推论，甚至据此高估其人品，"犹未至于失节"云云，实在是一误再误。

四、《大隐集》中其他的伪作

李正民《大隐集》中，除了表以外，其他文章亦有问题。如《中大夫起居舍人赵纶除右文殿修撰知庆元府兼沿海制置副使制》①。考明州改庆元府在绍熙五年（1194）②，上距李正民卒已43年，正民怎么可能作此制？又，赵纶（1164—1222）出生时③，正民早已去世。其知庆元府在淳祐四年（1244），宝庆《四明志》卷一："赵纶以中奉大夫、起居舍人兼国史院编修官、实录院检讨官除右文殿修撰、知庆元府兼沿海制置副使，于淳祐四年八月初七日交制司印，当月十二日交割府事，五年四月日准省札奉祠。"④此与制中的人名、职官、差遣完全吻合，此时上距正民卒已93年。可证上述之制决非李正民所作。

此制为谁所作？按：宝庆《四明志》所载淳祐四年八月初七日为赵纶到任时间，其下制的时间应在七月。考淳祐四年七月时为直学士院者有郑起潜、曾宏迪，为中书舍人有濮斗南⑤。赵纶之制既从《永乐大典》中辑得，则作者必有别集为《大典》所收，以上三人中唯郑起潜有《立庵外制》《立庵集》《立庵外集》为《大典》收入，今残本《永乐大典》尚存其佚制50多条⑥，则赵纶知庆元制的真正作者必为郑起潜。

在这里，尚需考证一下徐元杰任中书舍人的具体时间，李之亮《宋代京朝官通考》收录在淳祐四年条中⑦。考虑到徐元杰撰有《楳埜集》，馆臣自《永乐大典》辑得十二卷，其卷七收制69条，如果淳祐四年七月为中书舍人，则制的作者就有徐元杰的可能。考《宋史》卷四二四《徐元杰传》："拜将作监……召元杰亦兼右司郎官，拜太常少卿兼给事中、国子祭酒，权中书舍人。杜范入相，复延议军国事。"知其任中书舍人必在任将作监、太常少卿兼给事中、国子祭酒诸职之后，杜范入相之前。《宋史》卷四三第831页《理宗本纪》：淳祐四年九月己未，"将作监徐元杰上疏……十二月庚午，以……杜范为右丞相兼枢密使"。据此，其权中书舍人应在十一月，最早也在十月，因此，他不可能作此制。

《大隐集》中所收诗也有问题，如：

---

① （宋）李正民《大隐集》卷三，《全宋文》第163册，卷三五三八，第64页。
② （元）脱脱《宋史》卷八八、2175页《地理志》。
③ （宋）魏了翁《浙西安抚赵君纶墓志铭》，《鹤山大全集》卷七三。
④ （宋）宝庆《四明志》卷五"守臣题名"。
⑤ 《宋史全文》卷三三：淳祐四年正月丙寅，"以吏部尚书兼给事中金渊知贡举，吏部侍郎兼中书舍人濮斗南礼部侍郎兼直学士院郑起潜同知"。五月乙卯，"诏以……权兵部侍郎兼直学士院曾宏迪……为殿试详定官"。是年《宋季三朝政要》卷二：淳祐四年八月，"郑起潜除权兵部侍郎"。
⑥ 《全宋文》第323册，卷七四一一、卷七四一二。
⑦ 李之亮《宋代京朝官通考》第2册，巴蜀书社，2003年，第152页。

春日城东送韩玉汝赴两浙转运以池塘生春草园柳变鸣禽为韵分得生字

野岸涨流水，名园纷杂英。旭景冠盖集，清谈尊酒倾。重此台省秀，驾言江海行。已喜怀抱粹，况推材实精。众许极高远，时方藉经营。讵止富中廪，固将泽东氓。还当本朝用，不待芳岁更。功名自兹始，勿叹华发生①。

按：韩玉汝名缜（1019—1097），《宋史》卷三一五第10310页有传，论年龄，韩缜比李正民高两辈，比正民祖父李定还大9岁，治平二年（1065）为两浙转运使②，其时李正民尚未出生，如何去写诗送行呢？

此诗的真正作者是谁？是北宋大文学家曾巩，诗收入《元丰类稿》卷五中，题为《送韩玉汝》，题下有注，即"春日城东送韩玉汝赴两浙转运，以池塘生春草园柳变鸣禽为韵，分得生字"。《大隐集》中所收之诗，只是去掉了正题，把小注改成诗题而已，内容完全一样。此诗应从《大隐集》中删去。

五、余　　论

李正民《大隐集》篇幅不大，只有十卷，经我做的初步考证，就发现了六篇伪作，比例不算太小，不可忽视。在这里，要强调两点：其一，说"伪"，这是对《大隐集》而言的，放回到原作者李光、郑起潜的集子中，它们都是真作，都有价值。

其二，我相信这夹有伪作的现象，其他四库辑本中肯定也有。我在1977年曾花了一年时间，做了《永乐大典》书名索引，发现不少出处有错误，写过短文指出其中所收陈亮一文乃伪作③。1983年，我点校《青箱杂记》时，曾据《永乐大典》辑录数条佚文，内心非常高兴。在交稿前，又仔细考查了一番，那时没有电子检索，只能利用自作的一些书名和人名索引慢慢查，最后才弄清，这些都是《靖康缃素杂记》之文，是《永乐大典》所录出处有误，赶紧把它删去。暗想，好险啊！差点出了漏子，误导读者。

自从《四库全书》影印并推出了电子检索本以后，给学者研究带来极大的方便，但如果不注意其缺陷，也会带来消极的影响。我写这篇短文的目的，希望提请学者注意，在利用四库辑本时，特别是在碰到有疑问、或以为可补"史之阙文"而得意之时，不要忘了还有伪的可能，应作点考证，免得犯四库馆臣所作《大隐集》提要那样的失误。在遇到可能有缺文时，查一下会不会误收在他人书中，如李光之文误入于《大隐集》中。

2011年8月6日于西安

（原刊于《徽音永存：徐规教授纪念文集》，华东师范大学出版社，2012年，第234—239页）

---

① （宋）李正民《大隐集》卷七，《全宋诗》第27册，卷一五三八，第17458页。
② 《宋会要》职官二七之四七：治平二年（六月）二十六日，"初，两浙转运使、司封员外郎韩缜上言……"
③ 李裕民《陈沂墓表非陈亮所作》，《文学评论》1981年4期。

论《四库全书》本的缺陷
——以宋代文献为中心

自从台湾影印《四库全书》文渊阁本,上海古籍出版社加以缩印,以后又有电子检索版的广泛流传,《四库全书》已成为人们研究古代历史时经常引用的版本,它确实给研究带来许多方便。但还应该看到,《四库全书》本存在许多缺陷,不少人不分好坏,拿来就用,大大影响了论著的质量。为此,有必要对它的缺陷作一番论述,并且介绍可以弥补这些缺陷的本子和办法。

《四库全书》共收书3461种,存目6793种,这里讨论的是前者。从版本角度考虑,大致可分两类:新辑的本子和传世的本子。下面打算先说《四库全书》本的通病,再分别谈这两类本子的缺陷,最后揭示电子版的问题。

一、《四库全书》本的通病

《四库全书》是清朝乾隆时期编纂的特大型丛书,当时清朝统治者出于维护其专制统治的目的,将许多书列为禁书,排除在《四库全书》之外,还有许多被视为质量不高而列入存目,事实上,其中不少质量是比较高的。以上两项,这里姑且不论,单论已收入四库的书。馆臣对已经收入四库的书,又时时加以检查,削改。

(1)为避讳而改。以《中兴小纪》为例,改动了书名,原名为《中兴小历》,为避乾隆皇帝弘历的讳,改为今名,而同一部《四库全书》中,其《提要》引此书时仍作《中兴小历》,"历"字缺了末笔。

(2)改动对少数民族有贬义的词语。如虏、夷、狄等,连带删改有关的词句甚至部分内容。《避戎夜话》改作《避兵夜话》(《直斋书录解题》卷五)。

(3)大量改动与少数民族有关的人名、地名,清统治者认为宋人翻译水平不行,所以要重新翻译,如金代开国皇帝"阿骨打"改为"阿固达",大将"兀术"改为"乌珠","粘罕"改成"粘没喝"或"尼堪","娄宿"改成"罗索",不知道的还以为是不同的两个人。可参考汪辉祖《同姓名录》。

(4)删除部分内容,明陆深撰《俨山外集》三十四卷,"旧刻本四十卷,今简汰《南巡日录》《大驾北还录》《淮封日记》《南迁日记》《科场条贯》《平北录》六种,别存其目,故所存惟三十四卷。"(《四库全书总目》卷一二三,下引此书简称《总目》)事实上六种书中,只有四种存目,《大驾北还录》《平北录》则完全不见踪影。

如青词。乾隆四十年十一月十七日的上谕曰:"据四库全书馆总裁将所辑《永乐大典》散片各书进呈，朕详加披阅，内宋刘跂《学易集》十二卷拟请刊刻，其中有青词一体，乃道流祈祷之章，非斯文正轨，前因题《胡宿集》，见其有道院青词、教坊致语之类，命删去刊行，而抄本仍存其旧。今刘跂所作则因已身服药交年琐事用青词致告，尤为不经，虽抄本不妨姑存，刊刻必不可也。……再所进书内有拟请抄录之王质《雪山集》，内如论和战守疏及上宋孝宗书诸篇，词旨剀切，颇当事理，竟宜付之剞劂，但其中亦有青词一种，并当一律从删……如宋《穆修集》有曹操帐记，语多称颂，谬于是非，大义在所必删……该总裁等务须详慎决择，使群言悉归雅正，副朕鉴古斥邪之意。"（《总目》卷首一）

宋人朱表青词亦概从删削（《总目》卷首三凡例）。唯《翰苑新书别集》"皆录宋人劄状、致语、朱表、表文、青词、疏语、册文、祝文、祭文之属"，未删。

《华阳集》六十卷，附录十卷，宋王珪。永乐大典本。"其中有青词、密词、道场文、斋文、乐语之类，虽属当时沿用之体，而究非文章正轨，不可为训，今以原集所有，姑附存之，而刊本则概加删削焉。"（《总目》卷一五二）按：此类情况出现在卷一二、一三、一四、一五、三〇，凡五卷。

《学易集》八卷，宋刘跂撰。《永乐大典》本。"共录为十有二卷，今恭承圣训，于刊刻时削去青词，以归雅正，其同天节道场疏、管城县修狱道场疏、供给看经疏、北山塑像疏、灵泉修告疏、仁钦升坐疏、请崇宁长老疏以及为其父母舅氏修斋诸疏，皆迹涉异端，与青词相类，亦概为削除，重加编次，厘为八卷。"（《总目》卷一五五）按：此书，库本与刻本均删去四卷，占了三分之一。

《乐静集》三十卷，宋李昭玘撰。"此本凡诗四卷，徐州十事一卷，记一卷，传序一卷，杂文二卷，书二卷，表三卷，启状七卷，疏一卷，青词疏文一卷，僧疏一卷，进卷二卷，试馆职策一卷，碑志行状三卷。"（《总目》卷一五五）按此集之青词未删。

《刘左史集》四卷，宋刘安节撰。"其编次颇无法，首以奏议，次以表，次以疏状，是矣。而以功德疏入之疏状，则为失伦。又次以应酬诸启冠墓铭之前，又次以祭文、青词，冠经义、论策之前，则颠倒尤甚。"（《总目》卷一五五）

《忠肃集》三卷，宋傅察撰。"而请东封、颂西封以及青词、疏文、祝文，尤宣政间道教盛行，随俗所作，皆不足为典要。"（《总目》卷一五五）

《丹阳集》二十四卷，宋葛胜仲撰。"惟青词、功德疏、教坊致语之类，沿宋人陋例，一概滥载于集中，殊乖文体，流传既久，姑仍其旧，付诸无讥之列可矣。"（《总目》卷一五六）按：卷前提要作："惟青词、功德疏、教坊致语之类，沿宋人陋例，一概滥载于集中，殊乖文体，今凛遵圣训，庶益为全美云。"则前一提要修时"姑仍其旧"，尚属手下留情，后来，干脆将青词"并从删削"，并修改提要。

《芦川归来集》五卷，附录一卷，宋张元干撰。《永乐大典》本。"其集今有抄本……及考《永乐大典》所载，则所佚诸篇厘然具在，今裒集成帙，与钞本互相勘校，删其重复，补其残缺，定为五卷。元干诗格颇遒，杂文多禅家疏文、道家青词，今从芟削。"（《总目》卷一五八）按：卷前提要又将后四句改为："定为十卷。元干诗格颇遒，杂文题跋诸篇具有苏、黄遗意，盖耳目渐染之故也。"此本十卷与上述五卷不同，卷数虽然增多，但依然无杂文青词，显然为馆臣所删，而不提"芟削"，不知何故要掩盖其芟削之事。《四库全书考证》卷八一此条有："卷十一茶榜：大目溪边谁论去来之相，小华峰下聿新围绕之仪。原本目讹因，案《一统志》侯官县大穆溪，一名大目溪，今据改。"据此，则青词当在卷十一中，起初未删，故作校勘时，做了考证，写出校记，其后删去，而忘了改动校记，露出了"芟削"的痕迹。今《四库全书》所据的抄本原件已无由得见，可见者尚有残抄本杂文三卷，其中便保存着被馆臣"芟削"之青词疏文多篇（见祝尚书《宋人别集叙录》，第843页）。

《雪山集》十六卷，宋王质撰。"至集中青词一体，本非文章之正轨，谨钦遵谕旨于缮录之本，姑仍其旧，于刊刻之本，则概予芟除。又如会庆节功德疏、福地缘化疏、真如修御书阁疏、天申节开启疏、满散疏、水陆修斋忏经诸疏及化缘修造榜文诸篇，亦皆语涉异教，刊本并为削去，以示别裁焉。"（《总目》卷一五九）

《网山集》八卷，宋林亦之撰。"青词募疏之类，不轨于正者，又居一卷，殊不类克庄之所称。其编次尤为猥杂，疑原集散佚，无识者掇拾丛残，重编此本，故遗其菁华，而存其糟粕也。宋人撰著，传者日稀，既未睹其全帙，姑以此本著录，备插架之一种云尔。"（《总目》卷一五九）

《攻媿集》一百一十二卷，宋楼钥撰。两淮盐政采进本。"至第四十八卷、第八十卷、第八十一卷、第八十二卷有青词、朱表、斋文、疏文之谨禀承圣训，概从删削，重编为一百一十二卷，用聚珍版摹印以广其传。"（《总目》卷一五九）以上所删之文，仅见于傅增湘校补本。

《叠山集》五卷，宋谢枋得撰。"惟原本有《蔡氏宗谱》一首，末署至元二十五年，其词气不类枋得，确为伪托。又有《贺上帝生辰表》《许旌阳飞升日贺表》，此类凡十余篇，皆似道流青词，非枋得所宜有，亦决非枋得所肯作，其为赝本误收，亦无疑义。今并加刊削，不使其乱真焉。类凡一百六十七篇，均非文章之正轨（《总目》卷一六四）。

《水云村稿》十五卷，元刘埙撰。"其文集旧有二本，一曰水云村泯稿，乃明洪武间其孙瑛所手抄，篇目无多，而多杂采《隐居通议》中语缀辑成帙，不为完本。一即此本，乃其裔孙凝收拾遗佚别加排次搜采，较为赅备，惟原目二十卷，而所存止十五卷，自十六卷以下有录无书，当由传写者失之。然此五卷所载皆青词、祝文，无关体要之作，其存佚无足为轻重，则虽缺犹不缺矣。"（《总目》卷一六六）

《榘庵集》十五卷，元同恕撰。"惟祈禳青词，本非文章正体，恕素以明道兴教自任，更不宜稍涉异端，乃率尔操觚，殊为失检，今以其原集所有，姑附录之，而并纠其失于此焉。"（《总目》卷一六七）

《梦观集》五卷，元释大圭撰。"其集本二十四卷，首为梦法一卷，梦偈一卷，梦事一卷，次为诗六卷，次为文十五卷。所谓梦法、梦偈、梦事者皆宗门语录，不当列之集中，杂文亦多青词、疏引，不出释氏之本色，皆无可取……今删除其梦法等卷，并删除其杂文，惟录古今体诗编为五卷。沙砾既捐，精华斯露，取长弃短，期于不失雅音，其三乘宗旨，听释氏之徒自传之，固不必为彼法计也。"（《总目》卷一六七）

其实青词也有一定的用处，提要某些考证即曾使用。如：考证韩元吉的《南涧甲乙稿》取名的来由时说："归老于南涧，因自号南涧翁，并以名集。南涧者，一在建安城南，为郑氏别业，见本集诗序。一在广信溪南，见《书录解题》。详其《南涧新居成建醮青词》，似乎非建安之南涧，当以广信为是也。"（《总目》卷一六〇）今《南涧甲乙稿》系馆臣辑自《永乐大典》者，提要既引其《南涧新居成建醮青词》，则当时辑有其文，提要明知此文有一定用处，但库本仍然删去，且未提"删去"二字。

（5）删除序跋。序跋是了解作者及著作意图、内容、时间的极重要的资料，然而四库本经常失收，仅以《四库全书》子部小说家类杂事之属的宋人著作为例，自《贾氏谈录》至《四朝闻见录》，共收书52种，其中有序跋者27种，四库本缺13种（序10、跋3），所缺比例近50%，具体书名如下：宋钱易《南部新书》，王辟之《渑水燕谈录》，欧阳修《归田录》，范镇《东斋记事》，吴处厚《青箱杂记》，钱世昭《钱氏私志》，苏辙《龙川别志》，赵德麟《侯鲭录》，魏泰《东轩笔录》，方勺《泊宅编》缺序，王明清《挥麈三录》《挥麈余话》缺跋，中华书局点校本均据他本补。王明清《玉照新志》缺序，《道山清话》缺跋，上海古籍出版社点校本据他本补。

明李贤《大明一统志》省去《目录》和《大明一统志图叙》。

《翰苑新书》，库本提要引到的明陈文烛序，也被削除，致读者想了解全文，无从得见。幸而今书目文献出版社影印明本，保存此序，由其落款，知系明万历辛卯（十九年，1591）所撰，另有崇祯十三年岳凌霄序。

《毛诗集解》二十五卷，提要云："宋段昌武撰。昌武字子武，庐陵人。焦竑《国史经籍志》作段文昌，盖因唐段文昌而误。朱睦㮮《授经图》作段武昌，则传写倒其文也。其始末无考。惟书首载其从子维清请给据状，称先叔朝奉昌武以诗经而两魁秋贡，以累举而擢第春官而已。"（《总目》卷一五）此"给据状"提供了有关段昌武生平的资料，可惜今库本不收，更多的情况就无从知道了。

陈造《江湖长翁集》首原有元申屠駉作《陈公（造）墓志铭》，提要提及，而库本不收。

（6）删除附录中的重要材料。如宋叶时《礼经会元》四卷，书前原有宋人撰的《竹埜先生传》（见《总目》卷一九），这是了解叶时生平唯一完整的资料，收入《四库全书》时却将它删去了。

二、《四库全书》馆臣辑佚本之缺陷

馆臣从《永乐大典》中辑出了385种书，置于存目的125种（经部8种，史部37种，子部71种，集部9种）不在本文讨论之内。收入四库全书的260种书中，有36种是当时并未采访到，实际并没有散佚，其他则确实散佚了。

四库辑本的通病是失辑率比较高，栾贵明利用现存《永乐大典》残本与四库别集辑本作对比，发现遗漏甚多，便补作了《四库辑本别集拾遗》，书中作了统计，说其失辑率极高。在这里，我要为四库馆臣说句好话，事实上，他们总的失辑率远没有那样高，

《永乐大典》各韵下所引的书都用红笔书写，一眼可以看清，馆臣的辑佚做法是，先由馆臣逐卷查要辑的书，一般只查红笔书写的书名，签出后，由书手抄录，再交馆臣编纂成书。栾贵明辑的"别集"遗文有个特殊情况，即其中不少诗文是从《永乐大典》所引地方志等书中间接辑出的。而经史子类之书，在地方志中引用比较少，所以失辑的情况不会那么多。如《续资治通鉴长编》《建炎以来系年要录》《中兴小纪》《永乐大典》中是整本收入的，只要照抄就行，如果抄写无误，就没有失辑率。

一，世无传本的辑佚本。如《续资治通鉴长编》《建炎以来系年要录》《中兴小纪》《旧五代史》等。这是《四库全书》中最有价值的部分，是无可替代的。但它仍有缺点，主要是

（1）薛居正《旧五代史》，是失传已久的书，馆臣的辑录为今人的利用带来很大的好处，现在中华书局点校的本子即以此为底本。此书经许多学者研究，发现它存在不少缺点，一是现在尚有不少佚文能见到，而它失收了；二是误收，有些采自《册府元龟》的材料，本是五代实录中的内容。三是体例上没有完全按原样恢复。故有重辑的必要，近年来，陈智超和陈尚君各自作了辑佚，后者辑本已经问世，书中大量引用《册府元龟》的材料，但无足够的证据证明必为《旧五代史》之文，其中多数当出自实录，只可视为五代史料汇编，不能断定必为《旧五代史》之佚文。

（2）李焘《续资治通鉴长编》五百二十卷，这是研究北宋史必不可少的史书。馆臣自《永乐大典》辑出，收入四库全书时又作了删改，初辑本今已发现，可纠正库本之误。初辑本与库本均缺了徽、钦二朝，神、哲二朝也有部分残缺。晚清有人根据《长编纪事本末》作了《长编拾补》六十卷，中华书局有点校本。但《拾补》所辑尚有许多遗漏，我又新辑得5万余字。

（3）李心传《建炎以来系年要录》二百卷，此书是研究宋高宗一朝最详备的编年史。

（4）熊克《中兴小纪》四十卷，此书与《建炎以来系年要录》《舆地纪胜》等书所引的内容相校，有不少遗漏。此书实际上是作者所作高宗一朝编年史的简本。今有其所作另一部《皇朝中兴纪事本末》，则是繁本，现存七十六卷，载建炎元年至绍兴二十年事，比《小纪》同时期的记载多了近十万字，可惜是书缺失了绍兴二十一年至三十二年事，两书可以比较使用。

（5）王谠《唐语林》八卷，周勋初校证本增辑佚文，并作注释，是最精善之本。1987年中华书局出版。

二，世上仍有传本者。

第一，传世之本已残者：有其他版本可与四库本互相补充者，如

（1）程俱《麟台故事》，有宋刊残本，可互相补充，现有2000年中华书局点校本，同时收入这两种本子，并作校勘，另辑佚文2条。此外，予从《永乐大典》中辑得一条、《宋会要稿》中辑得两条。

（2）李心传《旧闻证误》，是宋代考据学的代表作，有宋刊残本，可互相补充，现有中华书局点校本，即以库本为底本，将宋本有而库本无的30条作为补遗，置于书末。

《宋会要辑稿》中尚有此书佚文三条，予已载入《四库提要订误（增订本）》第 177、178 页中，可以参看。

（3）邓名世《古今姓氏书辩证》，现存有宋刊残本。已收入丛书集成本中。从宋本可以看到四库所恢复的体例与原本并不相同。

（4）洪迈《夷坚志》是宋代著名的笔记小说，是研究宋代文史、社会风俗的宝库，库本所收仅支甲至支戊五十卷，且缺五集的序。现存有影宋抄本甲、乙、丙、丁志八十卷，支甲至支戊有明抄本，各集前均有序，中华书局点校本即将两者收入，并补以后人辑录的《夷坚志补》二十五卷，再补、三补各一卷，是目前最好的本子。但仍有遗漏及失误，不少人又做了补正，今后再版时如能据此补订，那就是最足的本子了。

（5）陈振孙《直斋书录解题》二十二卷，有元刊残本及旧抄本，1987 年上海古籍出版社以聚珍本为底本，校以元本及卢氏稿本，是目前最好的本子。库本略有遗漏。如缺马永易《元和朋党录》一卷及《实宾录》（见《文献通考》卷一九六、卷二二八）。

（6）《宝刻类编》，有宋抄残本。

（7）曾丰《缘督集》二十卷，有明抄本四十卷，缺卷二十七至卷三〇。

第二，传世有全本，卷数或条目比库本多者，如：

（1）元辛文房《唐才子传》八卷，日本存原本十卷。现有今人的校注本。

（2）张氏《可书》，库本收 51 则，明穴砚斋抄本收 114 则。中华书局点校本以后者为底本，校以库本等版本，是目前最佳的本子。

（3）吴淑《江淮异人录》，明正统道藏所收为足本。

（4）陈元靓《岁时广记》，库本仅四卷，丛书集成本为四十一卷。

（5）高似孙《纬略》影宋本，比四库本多自序一篇，文七条。见杨守敬《日本访书志》卷七第 114—118 页。

（6）陈杰《自堂存稿》四卷，存清抄足本十三卷，藏湖南省图书馆。

（7）元刘敏中《中庵集》二十卷，元刊本二十五卷。

（8）明谢肃《密庵集》八卷，四部丛刊本影印洪武本十卷。

（9）明钱宰《临安集》六卷，有旧抄本十卷。

第三，传世有全本质量较高讹误较少者，如：

（1）题司马光《切韵指掌图》，有影宋本、旧抄本。

（2）邵伯温《易学辨惑》，明陈继儒《邵康节外纪》内附载。

（3）程大昌《禹贡山川地理图》，有影宋本。

（4）《急救仙方》，有道藏本。

（5）《珞琭子》，续古逸丛书影宋本。

（6）晏天章《元元棋经》，高昌秘籍甲集重印元刊本。

（7）元李冶《敬斋古今注》，藕香零拾重刊明万历本。

以上各本均有影印本，便于查找利用。

（8）萧楚《春秋辨疑》，有元刊本。

（9）《帝范》，日本藏原本。

（10）胡宏《知言》，有明刊本。

（11）苏轼、沈括《苏沈良方》，有明抄本。近杨渭生作整理，收入新编《沈括全集》中。

（12）严用和《济生方》，有宋本。

（13）《夏侯阳算经》，有影宋抄本。

（14）秦九韶《数学九章》，有明抄本。

（15）金张行简《人伦大统赋》，有元抄本。

（16）李光《庄简集》，有明抄本。

（17）苏泂《泠然斋集》，存。

（18）明蓝仁《蓝山集》，有明正统刻本。

（19）明蓝智《蓝涧集》，有洪武刻本。

第四，今《永乐大典》尚存者，如：

（1）《易纬乾坤凿度》，见《永乐大典》卷一四〇八。

（2）陈规《守城录》，见《永乐大典》卷八三三九。

（3）《燕丹子》，见《永乐大典》卷四九〇八。

以上所举第二至第四类的各书，均优于四库本，读者应注意，在使用时最好选用上述各本。

三、《四库全书》所采传世本之缺陷

《四库全书》采用的本子，有完整的和不全的两类。后者比前者更需要利用足本，故作重点讨论。

（一）库本并非足本者，最好应利用足本

（1）陶宗仪《说郛》，这是人们常用的丛书，它收入了许多罕见的著作。现在流传的有两种本子，一是顺治时宛委山堂本，一是商务印书馆据明本印的百卷本，两种所收书种类与内容均有很大不同，各有价值。四库本采用的是前者。提要声称一仍其旧，其实不然。顺治本所录应为1248种，除原缺以外，四库馆臣并未"仍其旧"，以山西祁县图书馆藏顺治四年本校之，发现四库本删去了42种。有王键《刑书释名》（卷一二），《西林日记》（卷一九），《壶中赘录》（卷二二），刘禹锡《因论》，柳宗元《晋问》（卷二五），陈宾《桃源手听》（卷二八），《然藜余笔》（卷三一），张读《宣室志》，刘㻀《传载》（卷三二），《避戎嘉话》（卷三七），王明清《避乱录》（卷三八），《朝野遗记》，《朝野佥言》，袁申儒《蜀道征讨比事》（卷四九），武珪《燕北杂记》（卷五〇），《晋史乘》，《楚史梼杌》（卷五三），宇文懋昭《金志》，叶隆礼《辽志》，洪皓《松漠记闻》，文惟简《虏廷事实》，方凤《夷俗考》，陈准《北风扬沙录》（卷五五），孟珙《蒙鞑备录》，程大昌《北边备对》，王易《燕北录》，胡峤《陷虏记》（卷五六），戚辅之《辽东志略》（卷六二），陆

游《绪训》，苏洵《苏氏族谱》（卷七一），吕大忠《吕氏乡约》，范仲淹《义庄规矩》，袁采《世范》，郑太和《郑氏家范》（卷七一），蒲处贯《保生要录》（卷七五），张彦远《名画记》《名画猎精》，马朗《采画录》，释仁显《广画录》（卷九〇），段成式《诺皋记》，陆勋《集异志》（卷一一六），干宝《搜神记》（卷一一七）。以上多数与少数民族有关，为避清讳而删，有些如家训、族谱、绘画之类的书，并不犯讳，不知为什么也被删去。

读者在利用此书时应注意，一，最好找未删的顺治版宛委山堂本。二，充分利用明本或称商务印书馆本。张宗祥称商务本至少有三大优点："《事始》《续事始》，世无传本，一善也；《云谷杂记》虽非全本，然较武英殿本已多二十余条，《意林》世所传皆五卷，此书所收为六卷本，二善也；《老学庵续笔记》有目无书久矣，四库各阁皆无，此独有之，三善也。"

（2）《宋史全文》是完整的宋代编年史，此书有元刊本，文海出版社影印本，与库本相比，库本卷一七缺建炎三年九月丙午至十二月底、卷一八绍兴二年八月末至十二月末。元本则是完整的。李之亮据库本作整理，大概不知有元刊本，竟未发现库本有缺，而称"库本这个抄本本来就很好"（黑龙江人民出版社，2004年），致其标点本纯用库本，失收以上两部分。

（3）王辟之《渑水燕谈录》，库本为十卷，涵芬楼本也为十卷，表面上看起来卷数相同，一作对比，就可以知道库本实际上只有九卷，它是将第四卷一分为二，凑成十卷的。还缺了两篇序。内容也有许多讹误。如卷六页七九："元祐四年夏，予初至河东……时蒲资政方到府未逾月，落职知虢州……未几，王震待制自同复镇蒲，七日，丁母夫人忧去。至九月……寻报满中行龙图自襄移蒲，十月到官，明年春病卒。""七日"误作"俱"，如果作"俱"，就得理解为王震与蒲宗孟都是因为母亲去世而离开，然而文中已明白地告诉我们：蒲是在王之前因为被御史弹劾而"落职知虢州"，与母忧无关。又"满中行"误作"蒲中行"，连人的姓也搞错了。中华书局点校本以涵芬楼本为底本，又以明抄本等作校勘，是比较好的本子，但后面附的佚文17条中，第3—10条及第12条都辑错了，只有1、2、11、13—17条等9条确是佚文。

（4）江少虞《事实类苑》，库本仅63卷22门，不全。日本藏有全本，凡78卷28门，有上海古籍出版社标点本。

（5）沈括《梦溪笔谈》，现存有元大德本，已有影印本问世。又，沈括尚有《补笔谈》三卷，《续笔谈》一卷，库本所无，胡道静《新校注梦溪笔谈》本均予收入，并作校注，是目前最佳本子。此外，予据《文献通考》卷五八所引《梦溪笔谈》补一条（见《宋史新探》页306）。

（6）陆游作有《老学庵笔记》和《续笔记》，四库提到这两种书，但后者失收。中华书局点校本两者皆收，并作了校勘、辑佚，补充了二条材料，是目前最全的本子。

（7）黄震《黄氏日抄》97卷，库本缺三卷，其他数卷颇有缺页。而上海图书馆有足本（元刻并配以二卷明本）。

（8）李心传《建炎以来朝野杂记》甲集，其中卷一"上德"，四库本所收并非李文，而是杂取叶绍翁的《四朝闻见录》中的甲集（1条）、乙集（2条）、丙集（5条）共8条，汇为一卷，并改"上德"为"君德"。今天，若查四库光盘，《朝野杂记》中卷一原文如"庆元育宗子"等条，是找不见的。

（9）刘克庄《后村集》，库本仅五十卷，四部丛刊本《后村居士大全集》为一百九十六卷，库本少了一百四十六卷。

（10）朱熹《五朝名臣言行录》和《三朝名臣言行录》，原书所收各名臣言行录之前均有较详细的小传（见四部丛刊本），库本则大大节略了。赵普传190字，库本为22字，吕端传73字，库本仅13字，向敏中传120字，库本仅13字。毕士安传125字，库本12字。更重要的缺陷是内容的节略，如《范纯仁言行录》，原书三卷（《宋史》卷二〇三），今已佚，《三朝名臣言行录》（四部丛刊本）收有佚文22条，是研究这位名臣的珍贵资料，而库本仅收9条，缺收半数以上。

（11）罗大经《鹤林玉露》，库本为16卷，今存之18卷本，分甲乙丙三编，比库本多40条。中华书局点校本即以18卷本为底本。

（12）罗泌《路史》，库本缺罗泌自序，《余论》前的宋费辉序，《发挥》后的宋曾大鼎序（《钦定天禄琳琅书目》卷八）。罗、曾二序，《全宋文》均失收。

（13）惠洪《冷斋夜话》十卷，日本元刊本比库本多2条：卷三"一字未易工"，卷九"开井法禁蛇方"。其他条文内容颇有比库本多者，如卷一"采石渡鬼"条多48字（参《稀见本宋人诗话四种》）。2006年"全宋笔记"第二编（大象出版社）此书之点校本以明稗海本为底本，而不知库本上述问题，稗海本同样存在。

（14）陈舜俞《庐山记》，库本三卷，不全。大正藏有足本五卷。

（二）有些书版本颇多，库本所取不是最好的

（1）司马光编的《涑水记闻》，是他为了写现代史而做调查的原始记录，每条材料都注明是谁提供的，同一件事，有不同的说法的，他都如实记载下来，是为了将来与正史作对比考证用的，具有很高的史料价值。但它只是稿本，司马光死后流传有多种本子，有两卷本、十六卷本、八卷本之别，馆臣不知司马光编此书的意图，对所谓重复的内容差不多的加以删并，实际效果恰巧相反，使库本成为"传世各本中最不好的一种版本"（邓广铭师语），中华书局点校本以明抄2卷本为底本，与各家本子校勘而成，并作了辑佚，是目前最好的本子。但也存在一些缺陷，宋人小说本中有二条（卷八页10、卷一〇页9）失收，此外《永乐大典》卷19866第2页有1条，也应补入。

（2）陈景沂《全芳备祖》前集二十七卷，后集三十一卷，是研究植物以及有关诗词的专著，日本藏有宋元之际刻本，残存前集十四卷，后集二十七卷，颇可正库本之失。现有农业出版社影印本（配以抄本）可以利用。库本缺陈景沂自序。我以此书前集卷19，与库本对校，发现库本缺梅圣俞《楝花》诗一首、杨诚斋《含笑花》诗一首（共三首缺其一）、陈景沂《含笑花》一首。诗人"萧大山"误作"萧大川"，"陈止斋"误作"陈山有"。桐花五言古诗散联梅圣俞诗，万年枝花条七言散句卢多逊诗，山茶花七言散

句王梅溪诗,均失收诗人名。万年枝花条任参政诗失收诗题注"任鼓院时作"。当然,也有库本胜刻本处,如刻本失收楝花条碎录和纪要条,唐诗人"裴迪"误作"崔进"。比较而言,刻本明显胜过库本。

(3)张耒的文集,有七十六卷本、六十五卷本、六十卷本、五十卷本、十三卷本之别,四库提要著录鲍士恭家藏本七十六卷,不知为什么,实际所收却是五十卷本,所缺甚多。今中华书局1990年点校本《张耒集》,集各家之长,是目前最好的本子。有关宋人文集各本之优劣,《宋人别集叙录》所论甚详,这里只举《张耒集》一例,其他可以概见。

(4)李昉《太平御览》,今有宋本传世,有四部丛刊本及中华书局的影印本。另有经过精校的清代鲍氏刻本。我曾对宋本和鲍刻本做过比较,二者各有优劣,总的说来,都比库本好。

(三)传世有两种以上本子,且各有优劣者

(1)晁公武《郡斋读书志》有衢州二十卷本和袁州六卷本。四库所收为袁州本。四部丛刊则据衢州本影印。两本各有其价值,今人孙猛作合校,取衢本为底本,合校以袁本,成为目前所见最善之本。

(2)司马光集传世有三种本子:《文集》八十卷本、《增广司马温公全集》一百十六卷本、《传家集》八十卷本,三本篇数不同、内容互有出入,各有优劣。前二者均为南宋刻本,以《文集》为早,《文集》有四部丛刊本。四库所收为《传家集》本,不是最好的,其中不少题注有误,但文集中也有脱误者,可据此本补正。《增广司马温公全集》中保存着世所罕见的司马光日记(《日录》和《手录》),我在日本发现后曾作校注出版(1994年中国社会科学出版社),此全集现有日本汲古书院影印本。

(3)方勺《泊宅编》,方勺先后写过两种本子:三卷本和十卷本,各有不同,库本所收为三卷,此本收110条,十卷本收191条,其中107条不见于三卷本,但三卷本中也有26条为十卷本所无,中华书局点校本将两者同时收入,成为现在最好的本子。

(4)孙觌《鸿庆居士集》有三种版本:四十二卷、五十七卷、七十卷本,《四库全书》所收为四十二卷本,所缺甚多,如为名将韩世忠所作墓志铭,就失收了。七十卷本有而库本无者文九百多篇、诗八十五首。库本有而七十卷本无者文五十一篇、诗十一首。缪荃孙以七十卷本所溢出的诗文辑为《补遗》二十卷,刻入《常州先哲遗书后编》。

四、电子版《四库全书》的新缺陷

电子版《四库全书》的缺陷,除了上举《四库全书》的缺陷以外,又有新的缺陷。

其一,各书中表格中的内容一概不收,如《新唐书》的《宰相世系表》《宋史》的《宰辅表》《宗室世系表》,景定《建康志》的《建康表》,咸淳《临安志》的《秩官表》等,有些书以表为主,如《宝祐四年登科录》,大量信息量是在表中,电子版全部缺收。

其二,有失误率,打错字的地方很不少,如"彰"字误打作"彭",如《长编》卷

四八咸平四年三月甲申，"并代州都部署步军都指挥使、彰信节度使高琼"，如果检索"彰信"，这一条肯定会遗漏。成于众手，错误本来就难免，加之，许多人并不熟悉古文，更容易出错，这是可以理解的。有的就错得莫名其妙，如洪迈《夷坚支丁》卷六记参知政事施钜"生于元祐壬申"（参中华书局点校本页1018）。电子本却将"生"误打成"卒"，使这位南宋时才当上参知政事的施钜竟然早在北宋时就死了。

其三，有些字，《四库全书》的抄写者爱使用异体字，常见的有为、会、微、边、候、传、龟、扬、郎、瓜、宝等字。传与傅常相混，如《宋史》有钟传的传，然而打"钟传"二字，找不到此传，因为它误作"傅"字。制电子版的年轻人不认识这些异体字，只好空格，这类字或与此相联系的词组，你就无法检索。

其四，避讳字，如玄、烨、晔、禛、弘、历。

还有些字应该很容易查到，却无从检索。如库本中的《负暄野录》，无论打"负暄野录"四个字，或"负暄野"、或"暄野录"，都说"没有查到符合条件的匹配"。

现在有了各种可供检索的光盘，对辑佚工作带来极大的方便，尤其是检查是否复出，特别管用。但需要注意，可供检索的光盘有其局限性，一是许多书还没有收进去，二是已收入的有不少错误，三是检索不能取代考证。检索之后，发现分歧，必须认真细致地加以鉴别，才能求得真解。

过分依赖光盘，其缺陷也会随之而来，因为检索可以帮助发现问题，但解决问题还得作认真细致的考证，需要查找《四库全书》以外的珍贵资料。

如《文学遗产》2003年5期，张如安、傅璇琮《求真务实严格律己——从关于〈全宋诗〉订补谈起》为了弥补《全宋诗订补》"粗疏的错失"，为沈迥作传时说："按《浙江通志》卷一一五知台州栏下云：沈迥，哲宗时任。《广东通志》卷二六知康州军州事栏下有沈迥，年代不详。"（137页）按：这两条显然都是在《四库全书》光盘中检索到的，但是他们不知，在《四库全书》以外还有更早更具体的材料，宋嘉定《赤城志》卷九知州条云："绍圣二年（1095）沈迥十二月二十八日以朝奉大夫兼，四年二月五日替。"知康州的材料最早见于明嘉靖《德庆州志》卷四。其实，这两本书不难找到，前者有中华书局出版的宋元方志丛书本，后者有天一阁续刊本。

还需要指出四库光盘所依据的是文渊阁本，而四库全书现存还有文津阁本、文溯阁本、文澜阁本，分别藏于国家图书馆、甘肃图书馆、浙江图书馆。文渊阁本是最早抄成的，以前人们以为其他几个阁本都是照抄文渊阁本的，现在有人拿了文津阁本与之对照，发现两者有很大不同，近年有人将文津阁本有而文渊阁缺的文集类内容全部影印出版，竟有好几大本。说明两者所抄的是不同的版本，现在文津阁本已影印出版，两本之间的其他文字差异肯定还有不少。当我们引用文渊阁本内容时，不要忘记再查一下文津阁本有没有差别。如果能将其他两阁与文渊阁本作一对比，将会有更多的发现。

2007年4月28日初改定，2012年12月18日第13次修订

（原刊于《安徽师范大学学报》2013年2期，第156—163页，今略作修改）

如何运用史料解决疑难问题

著名史学家傅斯年有句名言：史学就是史料学。有人以为他是把史学等同于文献学了，这是误解。傅的本意当指史学是研究史料的学问，试问，假如没有甲骨文、金文和《史记》等文献，我们能知道商朝的历史吗？历史的进程是丰富多彩的，好比汪洋大海，而存留下来的史料不过沧海一粟而已，史学工作者的任务则是认真研究这一粟，并通过它去窥测那汪洋大海。这就是我们常说的微观和宏观的研究。研究什么？研究史料中的一切问题，不论是大的或小的。有些看似小问题，可能是解决大问题的关键，譬如一把钥匙，看起来很小，却是入门的途径。

如何从史料中发现问题？发现问题以后，又是如何去解决问题？我的体会是：

史料极多，从哪些史料下手？我以为，应当找最重要的，以研究宋朝历史而言，可经常阅读《宋史》、李焘《续资治通鉴长编》、李心传《建炎以来系年要录》、马端临《文献通考》。它们资料丰富、全面、系统，可信度高。至于发现问题后，要解决问题时，就不能局限于这些书，而是应当广泛搜集材料了。

如何研读史料？要用心读，多思考，特别要注意那些有分歧的材料。如读了邵博的《闻见后录》，总想了解其生卒年。我查了《建炎以来系年要录》，发现一条材料：卷一五七：绍兴十八年（1148）五月辛丑（十四日），"徽猷阁待制邵博卒于犍为县"。这似乎可以定其卒于1148年了，接着，又发现同书卷一七九记载：绍兴二十八（1158）年四月乙巳（十六日），"降授左朝散郎邵博卒于犍为县"。二说相差十年，到底哪一种说法对呢？我想，只要有其绍兴十八年以后活动的记录，则十八年卒之说即可推翻，果然我在同书中找到了这类材料，这样可以肯定后者才是邵博真正的卒年。我把这一发现写进了《建炎以来系年要录订误26例》（《晋阳学刊》2002年2期）中。按理说，问题到这里就可以了结了。然而再思索一下，还有一个问题，为什么大史学家李心传会犯这样低级的错误？最近，我注意到上述两条材料中的官衔并不相同，显然两者不是同一个人，再查邵博并没有当过徽猷阁待制，任徽猷阁待制者乃是其兄邵溥，至此，可以知道绍兴十八年卒的是其兄邵溥，今本《要录》将邵溥误写成邵博了。换言之，心传原书并不错，是手民抄写或刊刻中出的错。我把书中"邵溥"与"邵博"的各条都一一查对，发现互相混淆例子还有几个。

应注意于无问题处找问题。如陈桥兵变是人们耳熟能详的事，然而深入思考一下，就有疑问了，既然赵匡胤是部队总司令，衙门又在宫廷跟前，面对的是几岁的小皇帝和二十多岁的寡母，一举手就能把皇帝拉下马来，为什么还要一帮智囊，费上半年心血，编造谣言，带兵出城，又半夜杀回，搞得那么复杂？其中必有隐情。我费了几个月时间，一一排比史料，才闹清源委，后周的军队是二元制，有两支互不统属的军队，赵匡胤只是其中一支军队的领导，另一支则在对立面手中，这样，要使政变成功，必须扫除障碍，排挤对立面，千方百计把另外一支部队抓到手。要达到这样一个目的，每走一步又不能让对方觉察，这必须有非常高超的谋略，半年时间全忙于这些阴谋了，我写的《赵匡胤是怎样夺取政权和巩固政权的》，揭示了这一过程①。

对今人视为定论的说法，不可盲从，应当搜集原始材料去检验。如秦始皇统一文字的作用，被捧得非常高，一走进历史博物馆参观，经常能看到"说明书"上画着一个马字，七国的写法是如何的不同，使人感到，要不是秦始皇统一文字，汉字还不知道会分裂成几种古怪的文字呢！这一印象也深深了印入到我的脑海中。后来，我读《战国策》《史记》等书，发现战国时，外交活动非常频繁，纵横家们到处上书，谋求君主信用，却没有出现任何文字障碍的例子，更不需要有第三者作文字的翻译，我怀疑原先的结论有问题，于是广泛搜集七国文字，做系统研究，发现只要认识其中一国文字，再去读其他国家的文字，基本上没有问题，90%以上是一样的，有些字稍有差异，也不难认，真正像马字那样七国完全不同的例子，只能勉强找见两三个。"说明书"的做法纯属以偏概全，误导观众。秦始皇的所谓统一文字的工作，只是下一纸命令，"罢其不与秦文合者"（《说文解字》），即废除一切与秦文不同者。事实上，秦只是一个军事强国，经济、文化是比较落后的，他的一纸命令，把六国先进的东西统统打掉了。如楚国丝织业很发达，出现了许多丝织品的专用字，这些字被罢废后，现在楚国竹简中屡屡出现，然而我们已无法辨认，也难与出土的实物相对照。更令人遗憾的是，六国出现了多种标点符号和许多简化字，这些有利于文字交流的先进事物，也一并被废了，直到近代引进西方的标点符号，才有改观。上述事实说明，所谓秦始皇统一文字，只是强制性的一句话，不是一次科学的文字改革，它的负面作用大于正面作用②。

又如说宋代积贫积弱，自钱穆提出后，风靡全国，简直成了宋朝的代名词。此说的提出，恐有借古讽今之意，近百年来，中国又贫又弱，老受帝国主义列强的欺负，故借宋来骂当时的政权。几十年来研究宋史的人越来越多，无数事实证明宋朝经济很发达，至少"积贫"二字是谈不上的，但国人先入为主的观念甚强，一般来说，如果不是铁证如山，一种新说，往往会陷入旧说的重围中。我考虑，做学问，就是求真知，不怕处境窘迫，因此，大胆端出了商榷意见③。

上面说的几个例子，都是需要自己去发现的问题。下面再谈一下，别人已经发现、但未能解决的热点问题，我们也可以参与。这虽然省去了寻找问题的麻烦，但解决问题的难度显然要大了许多。这方面的论文著作多得令人眼花缭乱，要写好这类文章，摆脱人云亦云的怪圈，必须有新的角度或发现新的材料。如王安石变法，以往多

---

① 见李裕民《宋史新探》，陕西师范大学出版社，1999年。
② 李裕民《重评秦始皇统一文字》，《晋阳学刊》2001年4期。
③ 李裕民《宋代积贫积弱说质疑》，《陕西师大学报》2004年3期。

在具体的变法上争论，这从宋代争论到现在，谁也不能说服谁。显然，再这样走下去，只是数量上增加一篇而已，不会有实质性的突破。因此，我换了一个角度，从变法实施的途径去看王安石新法，王安石是通过加强皇权，实际上是加强皇帝独裁的权力、削弱士大夫的监察权、发言权去实施变法的，这样势必带来严重的负面影响，它使中国古代最具进步意义的皇帝与士大夫共治天下的政治体制遭到了破坏，北宋的灭亡，在很大程度上与此有关[①]。

上面说的道理并不复杂，但真正要解决好问题却并不容易，可以说解决问题水平的高低，取决于鉴别材料的能力，取决于是否善于考据。现在有了电脑检索，搜集材料比过去方便多了，但鉴别材料还得靠人脑。一旦出错，前功尽弃。这错误主要表现在不辨真伪上，不去认真鉴别材料的年代上。

譬如要研究宝卷史，劈头就会碰到最早的宝卷是哪个，作于何时？查《汉语大词典》，告诉我们说：中国最早宝卷是香山宝卷。它的根据就是该书的序："宋普明禅师于崇宁二年八月十五日……编成此卷。"崇宁是宋徽宗的年号，自然就是那时的作品了。看起来很有理，但是，这序能轻易相信吗？如果我们仔细看一下内容，书中说到当今皇帝"四十五载，天下和平，与民同乐。"即已露出马脚，它绝对不是宋代作品，宋代哪有在位45年的皇帝？在位时间最长的仁宗才41年。再结合书中所说的其他内容，可以确定它应是明晚期的作品，那序的年代是明人伪造的[②]。

又如要研究宋徽宗这个人物，难免会涉及李师师，现在存世的有《李师师外传》一书，好几位专家以为是宋人作的，于是今人编写《宋徽宗传》时悉数采入，情节自然分外生动，平添了许多可读性。但仔细分析其内容，根本不是宋代作品，传中说李师师住在"汴京东二厢永庆坊"，按东二厢只有一坊，名含耀坊，哪里有永庆坊之名呢？又说她"鼓《平沙落雁》之曲"，此曲是明代晚期作品，宋代如何去弹明人的曲呢？诸如此类的马脚有14处之多，总之，这本书应是清朝初年的作品，反映的是明代遗民的心态，我们怎么能舍去宋人的记载，用几百年后新编的小说去复原真实的历史呢[③]？

如果材料不是伪造的，也还有可靠性大小的区别，必须鉴别其写作年代。如吕洞宾到底是什么时代人？众说纷纭，有武周说、盛唐说、中唐说、晚唐说、五代说、宋说……？莫衷一是。如果把这些材料，逐个鉴定其写作年代。然后按年代早晚排比，根据比较早的材料分析，他应是五代、宋初人。晚出的材料，将他的年代往前推，越晚出的材料往前推得越早。《全唐诗》中所收吕洞宾的作品，应全部删除，它们都不是唐代作品，其绝大多数诗也不是吕洞宾作的[④]。

又如以状元、榜眼、探花去称呼进士第一、二、三名的问题，有人说这样的叫法始

---

① 李裕民《从王安石变法实施途径看变法的消极影响》，《陕西师大学报》2006年6期。
② 李裕民《宋人著作辨伪》，《宋史研究论文集》，巴蜀书社，2006年。
③ 参本书《〈李师师外传〉创作年代考辨》。
④ 《吕洞宾考辨》，《宋史新探》，第121—135页。

于唐，有人说始于宋，有人说是南宋才逐步形成的。我把有关的材料都作了年代的鉴别，然后按时代先后排比，其复杂的演变过程就显示出来了，最后得出如下结论：①唐代开始，以状头称呼进士第一名，五代、宋，多以状元称进士第一名。以状元作为进士第一名的代称，正式列入方志的进士题名栏中，则始于绍熙三年（1192）范成大的《吴郡志》，但在非正式场合，对其他进士（特别是第二、三名）也可僭称状元。②榜眼之称，始于宋初，最早指进士第三名。宋徽宗以后，改指进士第二名，南宋时已成习惯，但直至嘉定时，仍可僭称状元。③探花，最早称作探花郎、探花使，唐代已出现，原本指同榜进士中最年轻的人。元祐九年探花郎省称为探花。以探花称进士第三名，始于乾道二年（1166），但直至嘉定时，仍可僭称状元。到开禧元年（1205），以探花称进士第三名已成共识。在同一本书中，以状元、榜眼、探花，称呼进士第一、二、三名，始见于开禧元年（1205）的《云麓漫抄》，其次为嘉定七年（1214）李俊甫《莆阳比事》。可以说，到开禧元年，状元、榜眼、探花，已完成演变过程，成为进士第一、二、三名的代称①。

对于关键性的史料，一定要注意版本间的差异。有时候，一字之差可以决定一篇论文的成败。历史地理学界有好几位学者想复原唐代北都太原城图。已有文献资料提供了几个数据，北都由东、西、中三城组成，东城在汾河东，西城在河西，中城则横跨汾河，西城周长二十七里，三城总周长四十二里，而中城和东城无具体数据。中华书局点校本《元和郡县志》卷一三东城"在州（按指西城）东二百六十步"，换言之，中城南北两边之长均为"二百六十步"，好几篇论文的复原图都是按此复原的，中城画得很小，东城则相当大。他们不曾注意到点校本的校勘记中说到：官本"二"下有"里"字。四库全书本《元和郡县志》，此条正作"二里百六十步"。两种说法差别甚大，到底哪一种对呢？我以为是后一种。点校本《元和郡县志》所依据的底本是光绪本，时代太晚，我查了宋代著名学者王应麟《诗地理考》和北宋初乐史编的《太平寰宇记》，他们引用《元和郡县志》，此条均有"里"字，也可证明原文确有"里"字，是通行本误脱了。以后我又找到一条重要的旁证，北齐隆化元年（576）十二月十六日，周武帝攻入晋阳城（即唐的西城）的东门，后又被齐军赶出，而"城东道扼曲"，靠着齐国的降人皮子信等作向导，才得以逃脱。《元和郡县志》说"汾桥长七十五步"，假如东、西两城与河等距离，则西城的东门，至河边才九十二步，这么窄小的地盘上，周武帝怎么能摆开兵力发动进攻？如果真是九十二步，一眼就能望到边，怎么还要向导带路才能走出去？显然，官本的"二里百六十步"之说，是正确的。估计当时的汾河偏向东城，也就是说，可能西城距河将近二里，所以才出现周武帝找路难的问题。讨论至此，足证各家的复原方案都不能成立②。

---

① 参《状元榜眼探花考》一文有详考，载《宋史考论》。
② 《论太原的城防设施及战略地位》，《古都研究》15辑，山西人民出版社，2004年；《晋阳古都研究》，山西古籍出版社，2002年，第279—283页附有8种唐太原城复原方案。

在处理问题与史料的关系时，必须杜绝错误的做法：先树个观点，再拼凑几条材料，不够用时，随意曲解。这种做法曾经流行过，"文革"时达到顶峰，改革开放以后，已被大多数学者所抛弃，但其遗风犹在，余秋雨的《东坡突围》便是一个典型。这是解读苏轼乌台诗案的文章，其大意是，苏轼因为才高、受妒忌，因妒忌而被诬陷入狱，他写的诗本来与政治无关，偏要用严刑拷打逼他承认是反新法甚至是反皇上的。最后在太后、皇帝干预下，才从轻发落，走出重围。此文，时间、地点、人物、情节，一应俱全，看起来似乎很有说服力，其实全是胡说。因才高而受妒忌，这是社会上常见的现象，但因此而被诬陷入狱，而且是钦定的大狱，那已经不是"才高妒忌"所能解释得了的。事实上，攻击苏轼的几个台谏官都没有妒忌其才高的记载，而有妒忌记录的吕惠卿却没有参与此事，这本身已足以推倒他的说法了。至于苏轼的供词，并没有胡说，他写的诗，确有讽刺新法之意，他不仅在狱中承认，在平反后、重新掌权时仍然承认"作为诗文，寓物托讽"，至今仍是理解其诗的第一手材料。在狱中，他也没有被严刑拷打过，在他审讯室隔壁住过的苏颂，写诗记述此事，听见的是大声讯问甚至怒骂，但没有拷打声，就是明证。然而余秋雨却可以编造说："怎么审？打！"而且还是"轮番扑打"。如果深入解剖这些原始材料，就会得出另一结论：这是有深刻政治背景的案件，主谋是宋神宗。在王安石变法时，苏持反对意见，因为是针对王的，神宗只是将他贬官而已。在王下台后，变法事宜已全由神宗掌控，此时，反对派的头面人物，有的去世了，有的如司马光忙于编写《资治通鉴》，剩下有影响的人物就数苏轼了，而苏仍继续讽刺新法，无疑触犯了皇帝的权威，所以要对他整治一番，但神宗还是爱才的，没有往死里整，几年之后，苏轼自己说："先帝遣使就狱有所约敕，故狱吏不敢别加非横。"审判官虽有往死里整治之意，却不敢随便用刑①。

2008年7月9日于西安

（原刊于《史学月刊》2009年1期，《当代中国史研究》2009年3期转载）

---

① 参予《乌台诗案新探》，《宋史考论》，科学出版社，2009年。

宋代武将研究的杰作
——《攀龙附凤：北宋潞州上党李氏外戚将门研究》

何冠环先生多年来一直致力于宋朝武将研究，出版过《北宋武将研究》的论文集。最近，又推出一部专著：《攀龙附凤：北宋潞州上党李氏外戚将门研究》（香港中华书局，2013年），全书分五章，以李处耘（920—966）、李继隆（950—1005）、李继和（963—1008）、李昭亮（993—1063）一家三代四人为中心展开。李处耘是潞州上党（今山西长治市）人、宋朝的开国元勋，女儿为宋太宗皇后，其家世代将门，故称北宋潞州上党李氏外戚将门。拜读以后，我认为，此书堪称当前最高水平的宋代武将研究的杰作。

一、它可以唤起史学界对宋代武将研究的重视

武将，是宋史研究领域中最为冷僻的园地，除了岳飞之外，其他武将只有星星点点的成果，引不起众人的关注。至于武将家族、外戚将门，更乏人研究。

为什么武将园地那么冷冷清清？原因主要有三。

一，资料相当少，又散见于各个角落，收集不易，武将一般都没有著作，很难写成像样的论著。

二，宋朝虽称一统天下，但其疆域前不及秦、汉、隋、唐，后不如元、明、清。中国近百年来一直受外国侵略者的欺负，人们怀念武功极盛的汉、唐时代，研究者众多，赞美之声不绝于耳，而武功不竞的宋则被无情贬斥。

三，现在学者多提倡问题史学，觉得人物不算问题，因而不想染指。

由于上述原因，研究宋代武将者少而又少，而研究者又往往跟着谴责宋朝"重文轻武"，视之为国弱之根源。宋代真是那么"重文轻武"吗？以《宋史》而论，自卷二四八至卷三五七北宋的列传中，属文臣者79卷，属武将者30卷，武将占总数近28%。而宋史研究的成果中，武将的比例可能还不到1%。就这一点而言，当前的研究者远比宋代更"重文轻武"。如果说宋朝"重文轻武"不对，我们更加过分地"重文轻武"，难道不该纠正吗？

关于资料少的问题，就得靠"上穷碧落下黄泉"的精神去解决，潞州李氏四名武将在《宋史》中仅有7000余字的记载，何先生在收集资料上，可谓下足了工夫，除大部头的《四库全书》《全宋文》《宋会要》而外，旁及各种古籍、石刻、图录等，还专程赴洛阳寻访李昭亮神道碑，又从台北故宫博物院藏宋人画"北寨宴射"中找出李继隆图像，今人的论著，包括未出版的研究生论文都在参考之列，最终推出了四十来万字的煌

煌巨著，实在令人惊叹。

关于第二个问题，由于近百年来，中国饱受列强欺负，过去学者们借着谴责宋朝，讽刺政府的无能，这种心情完全可以理解。而现在国力已经强大，不再受列强欺负，完全可以客观地研究宋朝历史了。但是，百年来谴责、贬低宋朝的影响依然存在，以致未能客观给予评价。人们常常以能否开拓、扩张这一杆秤去衡量宋代的武将。有人认为李继隆是"庸碌之徒"（陈峰《论宋初三朝的禁军三衙将帅》，《河北学刊》2002年2期），但未作具体的论证。何先生用了十多万字的篇幅，作了非常细致的研究，肯定他是当之无愧的名将。应该说，这一结论是恰当的。宋辽之战，在客观条件上，宋就差一些，在冷兵器时代，战争胜负的决定因素是骑兵，宋代只拥有农耕区，缺乏马匹，尤其是好马，在实力上比辽差一头。加之宋太宗缺乏实战经验，却自以为是，好为人师，每次战前，都要画好战阵图，让将领照办，因此常吃败仗。李继隆则不然，他敢于多次违令，依据战场的实际情况，灵活运用战略战术，取得了满城之战、唐河之战的胜利。当然，他也有过失，尤其君子馆一役，只顾保存自己实力，没有赴援，而使刘廷让全军覆没。但他在决定国家命运的关键时刻，表现出色，真宗时，辽军大举南下，他应战有方，使得辽不得不与宋签定澶渊之盟，使辽宋之间保持了一百年的和平局面。

说到澶渊之盟，过去多着眼于寇准力主真宗亲征上。然而，战争从来是双方实力的较量，皇帝出场对宋方士气是个鼓舞，对辽而言，并不构成什么新的威胁，或者说它不会增加胜利的砝码。如果宋方应敌无方而打输了，寇准再能干，结局可能是另一个样子了。何著对李继隆在澶渊之战中的作用，做了十分有力的论证。指出"李继隆高明的地方，就是因时、因地制宜，布置了一套独特的车营防御系统，将精锐的守军集结澶州北城外的北寨，背城结营防守，并伺机反击"。"他却以守为攻，巧妙地结成步骑居中，环以车垒的车阵，建立守城第一度（似当作'道'）可反守为攻的防线，另配备射程远的伏弩，随时给敌军致命的突击。"（第227页）经过何的总结，这位名将的形象就突现出来了，使读者对澶渊之盟有了全方位的了解。这是何文的贡献。至于何书中称李继隆"功比卫霍"，我觉得有点偏高了。汉朝客观条件比宋为优，因而卫、霍能够主动出击，开疆拓土，无往不胜，使敌人难以招架，更无还手之力。宋朝基本上只有防守之力，不可能再现卫、霍的赫赫战功，能够守住国土就是很不错的成绩了。宋廷诏书中的过奖之词，似难视为定论。

总之，宋朝军力固然不如汉、唐强大，但在经济、科学、文化上的贡献远高于汉、唐，整体国民素质高于汉、唐，而这一切，必须有一个前提，那就是有一个和平安定的环境，没有武将守住国土，能有这样的环境吗？武将的主要功能应该是保卫国土，面对实力比自己强大的对手，能够有效地守住国土，就应该充分肯定。

二、它有助于解决宋朝历史上一些重大问题

在注重研究历史问题的学者看来，人物与问题是两回事，因而不予重视。我觉得需分清人物传与人物研究的区别。前者是描述性的，后者是研究性的。何著属于后者，作

者带着问题去研究，时时在解决各种大大小小的问题。如果我们从问题角度去读它，就会有许多新的收获和启发。我读本书的最大收获，就是对若干重大问题有了新的认识。下面举四事为例。

第一，谁是陈桥兵变的策划人？陈桥兵变、赵匡胤黄袍加身之事，众所熟知，然而从周世宗死到兵变，长达半年，这期间，赵等到底是如何策划，如何操作的，其内幕究竟如何，从来没有明确的记载。我曾对此做了探讨，发表《赵匡胤是怎样夺取政权和巩固政权的》(《山西大学学报》1991年1期)，重点在回答上述问题，对幕后谋划人到底是谁，只笼统归之于赵普等谋士，没有深究。我注意到了《长编》所开列的两份加封开国功臣名单：一份是石守信等六将领，一份是赵普等五幕府谋士。中间并没有李处耘，因而对他的作用忽略了。何先生在本书第一章"从龙功臣李处耘"中，揭示了下列四份记载，使我认识到策划陈桥兵变的关键人物是李处耘，而非赵普等人。

《宋史》卷二五七《李处耘传》："会太祖出征，驻军陈桥，处耘见军中谋欲推戴，遽白太宗，与王彦升谋。召马仁瑀、李汉超等定议，始入白太祖，太祖拒之。俄而诸军大噪，入驿门，太祖不能却，处耘临机决事，谋无不中，太祖嘉之，授客省使、兼枢密承旨、右卫将军。"

《李继隆墓志铭》："考讳处耘，国初佐命功居第一。"

《李昭亮墓志》："太祖以征伐定天下，（处耘）为建陇元功之首。"

胡旦建议为"功臣李处耘等三人"立传，将他列为功臣之首。

不可否认，赵普确实老谋深算，在鼓动赵匡胤发动政变，建立新王朝，并筹划新班子，适度利用旧班子，实施收买人心、军心的政策以及建国后如何防弊等等方面，出了大力，应予充分肯定。然而其中关键的一幕：策划陈桥兵变，是一场极其冒险的军事政变，必须有百分之百的把握，需要团结最可靠的将领，制定最周密的计划，根据他们各自的特点，分工合作，对其他将领，分别根据具体情况进行拉拢、分化瓦解、孤立打击等等，政变的时间，谁带哪支部队，走何路线，城内由谁接应等。这必须熟悉诸将、平时和他们经常接触沟通、身体力行的武人，方能完成。在赵匡胤的幕府中，智囊不少，但能够胜任这一任务的只有李处耘一人。他精于射箭，有战斗经验，又曾在赵匡胤义社十兄弟中的老大李继勋（916—977）幕下干过几年。后到赵匡胤手下任都押衙。他年龄比赵匡胤大七岁，陈桥兵变时四十一岁，正年富力强，经验丰富。由于他的出色表现，使陈桥兵变圆满收场。

第二，赵匡胤有一个非常高级的智囊团，以往人们都注意到是他们帮助赵发动政变、取得天下，又是他们帮助赵治理天下，却很少注意到建国后集团内部存在复杂而隐蔽的矛盾。

何先生注意到第一助手赵普和第二助手李处耘之间的矛盾。李处耘在宋建国不久，就当上了枢密副使，但不到一年就突然失势？这究竟是为什么？史书上说，他与大将慕容延钊有矛盾，太祖袒护延钊，将他贬官。何著提出了新的看法，认为另有一个重要原因，是时任枢密使的赵普在背后捣鬼，史称赵普"多忌克"，"李处耘文武双全，又得太祖宠信，若再立大功，谁能保证他有一天不会取赵普而代之？故此赵普要尽早撵走李处耘，改荐他可以驾驭的人做他的副手，这是他专权固宠的必要手段"。有的学者对赵普"多忌克"的说法有保留，何另举排挤窦仪为例，证明史书之说正确。

我仔细看了有关材料，何的结论完全站得住脚。李与慕容矛盾之事，是非曲直很清楚，李是对的，那么为什么太祖要偏袒慕容而贬李呢？慕容是宿将，太祖曾兄事之，关系不错，但慕容并非义社十兄弟中人，陈桥兵变前，太祖命他作先锋，带兵北上，并没有让他参与兵变，可见对他是保持一点距离的，事后虽然进封他为都点检，但第二年很快就免去这一头衔，解除其军职。而李则不然，他是太祖的心腹，兵变的主要策划者，建立新王朝的大功臣。在太祖的天平上，李这一头应该略重一点，至少两者一样重，没有别的更重要的因素起作用，是不可能将李轻易割舍掉的。太祖周围，最具影响力的只有赵普，最想排挤李的也只有赵普。从赵普后来的表现看，他是一个权欲熏心的人，一切影响他长期独揽大权的因素，他都会毫不留情地排除。如果不把李排挤走，赵普一旦升为宰相，李就会升任枢密使，赵长于文而短于武，李则文武兼长，随时有可能取代赵普为相，这对梦想长期执掌大权的赵普来说是最大的威胁。将李排挤走，为亲家吴廷祚接班腾出位子，对赵普而言这是最佳选择。《宋史》既称赵普"多忌克"，则他所排挤的人绝对不止窦、李二例。我的初步观察，还可能包括刘熙古与楚昭辅。建国初加封幕府中人，排在第一位的刘熙古（903—976）为左谏议大夫，第二位的赵普为右谏议大夫。按次序升格，刘熙古是最可能第一个升宰相的，然而刘却不断被派到京城以外的黄州、晋州、凤翔等地作官，他被很自然地错过升迁机会，直到70岁年老体衰时才升为参知政事，第二年便退休了（《宋史》卷二六三《刘熙古传》、《长编》卷五）。楚昭辅（911—979），"事太祖，隶麾下，以才干称，甚信任之"。陈桥兵变时，太祖怕母亲担忧，特派他去安慰。这样备受信任的人，在赵普作相时，一直未能进入高层，直到建国十三年后即开宝六年（973）八月赵普被免相，九月，赵普的对头卢多逊升为参知政事，与此同时，楚昭辅才升为枢密副使（《宋史》卷二五七《楚昭辅传》、《宰辅表》卷二一〇、《长编》卷一四），这恐怕并非偶然。

大概到罢去赵普相位之后，太祖才意识到在处理李处耘的问题上，上了赵普的当了。只是作为皇帝，碍于面子，不可能轻易认错，但他可以改错，因而在开宝八年（975），特意将李处耘次女许配给太宗。

第三，"祖宗之法"是宋史研究中的难题，宋人经常强调，但没有人给它下定义，现在的研究者也难以下一个定义。这是一时难以弄清却又绕不开的问题。我的初步看法是，它由立国的基本精神和具体做法两部分组成，基本精神就是"防弊"，历史上一切影响政权稳定的不利因素都要排除，如唐代的武则天改朝换代、外戚、宦官专权，唐末五代的武将专权、军阀割据，五代皇族的内斗、抢班夺权，为此制订一系列防弊措施，限制后妃、外戚、宦官、武将专权，不许皇族作官，加强监督机制等。就其效果而言，确实没有重蹈上述几类人专权误国的覆辙。这样，很容易给人印象，既然是祖宗之法，每个皇帝都会按一个模式去做。如果细心读何先生大作，就会发现这一认识并不正确，每个皇帝都会根据自己的需要去调整的,正因为如此,才使祖宗之法变得扑朔迷离,不易把握。

就任用外戚武将而言,太祖没有特别重用外戚将领,而太宗就不同。他上台后,面临着如何驾驭两类武将的任务:一是"太祖手下一大批宿将",二是"北汉及各地招来的劲兵猛将"。要一统天下以及收复幽云十六州,离不开他们,而他们的年龄、资历、能力往往强过太宗,太宗为了驾驭他们,只能选择重用外戚的手段,由于需要量太大,把"他的母族、妻族、姐妹的夫族和其女儿的夫族"(第99页)统统用上了,至少有数十名。"用他的外戚带兵出征,戍守地方及监察将领。"(第98页)这种任人唯亲的做法,对李继隆而言是大好事,使他有了充分施展才能的机会,成为青史留名的大将。但副作用极大,因为大部分外戚将领的素质不高,"为此,太宗后来付出沉重的代价"。许多败仗,包括名将杨业之死,均与此举有关。

真宗对外戚的态度与其父不同,这是因为太宗李皇后反对他继位,所以真宗一上台就把李继隆等人甩在一边。只是到了辽兵南下国家处于危急的关键时刻,才起用这位名将。

仁宗亲政后,重用外戚,表面看似乎又返回到太宗时期,甚至有过之而无不及,有一段时间,马帅、步帅、殿虞和同知枢密院事都由外戚出任(第320页),几乎把军权都交给了外戚,李家的李昭亮成了这一做法的获益者。但何先生注意到,这不是简单的重复,仁宗与太宗的处境与目的都有所不同,仁宗面临西夏的武力威胁,而此时文臣集团几乎完全掌控朝廷大权,武功不竞会影响国境安定,因而大力提拔外戚武将,使文武之间保持一定的平衡。这反映仁宗掌握了高明的平衡术,对这一点,有些研究仁宗的学者是不曾注意到的。

应该指出,尽管各位皇帝在如何对待外戚武将上做法很不相同,但都没有出现如唐五代时的外戚武将专权的局面,这与祖宗之法中建立的强大监督体制有关,虽然过分重用外戚,有其弊病,但并没有影响政权的稳定。大概也因为这一点,人们不太留意皇帝们对外戚武将上的诸多不同。

这就是说:祖宗之法不能理解为内容凝固不变的成文法典。为防弊而不重用外戚武将,是为了政权的稳定;适度重用外戚武将,也是为了政权的稳定,其目的是一样的。

第四,宋代的家族,是近年来的热门话题,发表论著不少,但炒陈饭者多,有新意者少,空泛浮浅者多,细致深入者少,文人家族多,武将家族甚少,外戚家族更罕见。本书,在家族的研究中,可谓异军特起,既有深度,又多新意。

在宋代,旧的门阀世族已退出历史舞台,进入了激烈竞争的时代,今天是权贵,明天可能沦落为平民,反之,今天是平民,明天也可能成为权贵。新的家族应该采取什么模式?如何延续,如何走向辉煌,如何保持长久繁荣等都是值得研究的问题。同样是外戚,同样是武将,有的像流星,闪亮一下就完了,有的就能相对长久。但辉煌的时间很难超过三代。

上党李氏家族给予非常清晰的回答,许多因素可以走向繁荣,又有许多因素让你衰退,但哪一种因素都只能起短暂的作用,要想长久必须有足够的耐心和智慧,才能越过各种障碍。李处耘通过多年的努力，为开国立下大功，取得高位，应该说，够令人羡慕的了，但转眼间，可以因为一件事，一点内部矛盾，化为乌有。后来出现转机，其女成为太宗皇后，其子李继隆成为被皇帝信赖的禁军首长，立下赫赫战功，但随着真宗的即位，因为皇后卷入到立谁为太子的漩涡，李继隆只能赋闲在家。此时，他坚持一个"忍"字，没有怨言，还叮嘱其弟"行事小心谨慎"（第184页）。他终于熬过这段无聊日子，在国家危难时刻，在庸将挑不起大梁时，他站出来了，力挽狂澜，稳定了政局，李家重新走向辉煌。他死后配享真宗庙堂，获得了武将所能享有的最高荣誉。其弟继和不靠父兄的老本，以不断在西疆立新功而升为管军，何先生称其为"克绍箕裘"，甚为确切。

最值得关注的是第三代李昭亮，论才能、论战功、论知名度，他都比不上乃祖乃父，似乎不值得做专题研究，但从外戚和家族史的角度而言，又是最值得研究的。任何一个名将的后代，不可能保证都具有超人之才，如果不能超越前代，他们应该怎样才能不坠家声呢？我觉得这一篇最难写，而何先生写得却特别精彩，值得读者细细品尝。

一个人幼年生活往往影响一辈子，而有关名人幼年的记载都非常稀少，如果不仔细发掘，仅仅按一般情况推论，那就写不出特点来。按常理，他应该受其父亲影响很深，其实不然，何先生排比材料，发现他与父亲之间很少接触，其父李继隆长期在外地就职，影响他最多的是姑姑李太后和叔叔李继和。太后没有儿子，把他视同己出，4岁就出入宫中，每十天才回家一次。"习知宫中法规，这对他形成后来的谨慎和易的性格有一定的影响。"（第287页）太后病重时，希望见兄长继隆一面，而继隆为释真宗疑忌，只在宫外送去一张名笺，是昭亮代父入宫侍候。太后死后，继隆才参加葬礼。随后上澶州前线应敌。真宗北征时，命12岁的昭亮去军中了解继隆的御敌方略和军阵状况，他"还奏称旨"，真宗说："此儿异日属重任。"相信他的汇报都是其父一字一句教的，这一番阅历对他后来的军旅生涯肯定甚有裨益。真宗死后，仁宗继位，刘太后垂帘听政，太后重用外戚，昭亮开始脱颖而出。太后在后期越来越专权，自然会引起已成人的仁宗等人的不满。昭亮明知可以获得太后更大的宠幸时，却选择离开朝廷，到外地为将，虽然辛苦一些，但一来可以取得作边将的经验，二来可以躲开矛盾。果然，过了几年太后去世，仁宗亲政，清洗太后近臣，昭亮不仅躲过一劫，还获得仁宗重用。以后，政治风云多变，他都能安然度过，而且节节上升，直至军阶最高的殿帅。这些经历，详见何著，此不赘述。同是外戚，结果大不相同，有辉煌一阵即败落者，也有延续上百年者，这需要深入研究每个外戚所处客观条件与主观条件，才能得到确解。

三、对研究山西地方史有其独特的意义

宋代皇帝在对待山西的武将和百姓方面颇多不良记录。宋太祖一建国，便率先剿灭忠于后周的泽潞武将李筠集团。太宗灭北汉，一口气将随同刘继元降宋的数百名武将处死。降将杨业为保卫宋边境作出巨大的贡献，却被奸臣陷害而战死。另一名降将陈廷山被谗言所害，被逼反抗，终被处死。汾州人狄青屡立战功，升任枢密使，不久，即被外放，含恨而死。宋在灭北汉过程中，多次将百姓强制迁到千里之外，又以火烧、水淹晋

阳城，还不许百姓回乡居住、开垦。这一切在山西人心目中留下了恶劣的印象，代代相传。有一次，我观看一部传统的晋剧，眼前突然出现一个非常奇特的场景：宋代皇帝居然对臣民下跪、承认犯了错误。我真的惊呆了，全国有数不清的剧种，有哪一个剧敢让皇帝下跪呢？恐怕连想象力最丰富的剧作家也想不到吧！晋剧中的场面是历史原因造成的。但是，值得注意的是，上述的例子远非历史的全貌，事实上，宋朝皇帝并没有对河东武将有特殊的偏见。何先生的大作，为我们展示了另一种场景：潞州上党李氏家族就受到宋帝的宠信，在历史舞台上风光过百年。也为山西地方史的全面深入研究，提供了一个优秀的范例。

最后，按照我写评论的习惯，找一下瑕疵。世上没有完美无缺的事物，本书也不可能没有缺点，但要挑本书的毛病，实在不容易，何先生在史料上下的工夫很深，收集资料丰富，想找一条他未曾使用的材料，很难找见。他不发空论，言必有据，对资料进均做细致的考证，所有跟论点有关的考证，都站得住脚。目前只能找见两点无关大局的小毛病。

一，本书凡提及的人物，都尽可能注明其生卒年，给读者带来极大的方便，但个别地方有点问题，如钱惟演的生卒年，第293页为977—1034年，第397页则为962—1034年，两者相差15年。当以前说为是。

二，李昭亮碑的书写人王瓘，本书第285页注5："王瓘，洛阳人，咸平初为画院待诏。"按：其署名为"群牧判官、文德郎、守尚书门下员外郎、充集贤校理、上骑都尉、赐非（按当作绯）鱼袋臣王瓘奉敕书"。

考北宋有三位同姓名的王瓘。其一，北宋初人，字国器，河南洛阳人，"乾德、开宝之间"的著名画师。画家武宗元（？—1050）感叹"恨不同时，亲受其法"（刘道醇《宋朝名画评》卷一）。可见乃武宗元以前人。而宗元之父与王随（973—1039）为布衣交，宗元娶王随外甥女为妻，王随已比王瓘晚一辈，宗元更晚。这位字国器的洛阳人王瓘，不可能为晚于自己八九十年的李昭亮（993—1063）写碑文。

其二，王瓘字符圭，鄞县人，该之子。元丰五年（1082）进士。（宝庆《四明志》卷一〇）其年辈太晚，与碑文不符。

其三，王瓘字文玉，华阳人，宰相王珪（1019—1085）之兄（米芾《书史》：《陆柬之十八学士赞》，西京留台王瓘云：在舍弟珪处。）景祐五年（1038）与司马光同榜进士（司马光《送王瓘同年河南府司录》注：字文玉，先君尝为此官。《传家集》卷一三）。熙宁二年前已任集贤校理（苏颂《三司度支判官、尚书刑部郎中、充集贤校理王瓘可尚书兵部郎中、依前集贤校理、充三司度支判官》制，《苏魏公文集》卷三三）。其年龄、官职均与碑文相符，应即此人。

总之，本书是何冠环先生数十年来研究宋史的结晶，是献给读者的一道丰盛的大餐，读者自可根据不同的口味去品尝，相信必有可喜的收益。

［原刊于《学术论丛》（山西）2013年6期］

《忧乐为天下：范仲淹与庆历新政》序

半年前，我老伴张平生上网，跟我说：网上传一个中学生研究历史，很火。我不以为然地说：哪有这事，历史是积累型的。过了不久，7月22日，北京师范大学研究生张闶等来访，一位小年轻跟随其后，他自我介绍：林嘉文，高二学生，西安人。送我两本书。我接过来，看了一眼，着实吃了一惊，那不是儿童读物，而是有学术含量的著作。一本是已经出版的《当道家统治中国：道家思想的政治实践与汉帝国的迅速崛起》，写的是汉朝建国与道家的关系。一本待出的书稿《救斯文之薄：北宋庆历年间的新政、党议和新儒学运动》，写的是范仲淹领导的北宋第一次改革运动。两本书均有30多万字。我很纳闷，现在中学生应付作业和考试，都忙不过来，哪有时间看书写作？还写的那么厚重。我在五六十年前上中学时，看一些课外书，读《纲鉴易知录》，知道一些课外的历史，写点心得笔记，就算不错了，那写书的事压根儿不曾想过，更不必说付诸实践了，真不可思议。临别，小林拿出予在2009年出版的《宋史考论》，请我题词，我写了一句："考据是治学的基本功。"

10月17日，嘉文来电话，说山西人民出版社将出版他的书，书名改为《忧乐为天下：范仲淹与庆历新政》，请我写个序。我说：写序可以，只是现在忙于准备下月去武汉讲学、赴杭州参加国际宋史学术讨论会，11月20日后才有时间。小林与编辑商量，可以。

11月11日自杭返西安，用了几天时间对即将发表的论文做些修改寄出，这才有时间坐下来，读一读林的书。给我印象最深的是，完全符合学术规范，言必有据，注文长达6万多字，占全书五分之一以上。博览群书，引证古籍127种，今人论著311种，其中外国著作40余种。充分吸收了国内外有关范仲淹庆历新政的成果，对于有争议的问题，做了认真的分析，提出取舍意见。其治学态度是严肃认真的，其水平放诸当今有关范仲淹庆历新政较为优秀的论著之列，也是当之无愧的。

说实在的，我对当今史学界存在的粗制滥造成风、学术垃圾成堆的现象十分担忧，颇有一代不如一代之感。当我看到年轻中学生林嘉文的新作，令我确信，不可小看年轻一代，他们中间是有好苗苗的，衷心希望好苗苗茁壮成长，成为学术界的新星。我一向不愿为年轻人的书作序，我的研究生、博士生修改论文后出书，请我写序，都拒绝了，而今自破其例，为了鼓励这位年轻人，我欣然答应作序。此书的优点，读者自会鉴别，我就不多说了。我只想说，现在仅是良好的开端，千万不可以此为满足，从研究角度说，还没有真正上路，要更上一层楼，必须知道自己的缺陷，只有不断克服缺陷，才能不断前进，前进的过程就是克服缺陷的过程。

治史大致可分写史和研史两类。写史是描述历史，如人物传、历史事件等。历史转瞬即逝，又不断翻新，它不可能重复出现，纷繁复杂的历史过后，只留下一些残片碎末，后人只能根据有限的材料去复原历史，这就需要一定的想象去拼接，所以胡适认为这是文学家的任务。研史是研究历史问题，材料有真有伪，需要辨别，许多疑难问题，需要解决，表象背后隐藏的奥秘，需要去探索。胡适认为，这一切才是历史学家的任务。当然两者之间，并没有鸿沟，现在搞历史的往往二者兼顾。

写史可分三个层次，第一个层次，是搜集有关材料，连缀成文，不看他人有关的研究成果，不做考证。这类论著比较浅薄，缺乏学术含量。第二个层次，是尽量吸收他人成果，这类论著能反映当前已达到的学术水平，但缺乏新的突破。第三个层次，则是在作者自己做过深入研究的基础上写成的，能表现最新最高的水平。本书属第二个层次。这一层次的局限性在于，对有分歧的见解，可以有自己的分析和判断，对尚无不同看法的见解往往会照单全收，如有人说宋代是"文不换武"，本书就说"文臣们铁了心'文不换武'"（第42页）。事实上，宋代武换文、文换武两种现象一直同时并存。王应麟（1223—1296）《玉海》卷一二七："宋朝文武无轻重之偏，有武臣以文学授文资者，若兴国三年王操，淳化二年和岘，咸平三年钱惟演（977—1034）。有文臣以智略易右职当边寄者，若雍熙四年柳开（947—1000），祥符九年高志宁，天圣元年刘平，四年刘牧，庆历七年杨畋（1007—1062），皇祐四年苏缄（？—1076），治平二年种诊、谔（1027—1083），三年种古及张亢（999—1061）、刘几（1008—1088）、李丕谅之属，熙宁五年三月戊戌立文武换官法。"除上举各例外，文官主动要求换武者尚有景泰（《长编》卷一二八康定元年九月己未）、吕渭（《长编》卷一六七皇祐元年冬十月壬戌）、李时亮（《长编》卷二七五熙宁九年五月己卯）、苏子元（《长编》卷三七八元祐元年五月壬午）、赵叔盎（《长编》卷四九二绍圣四年冬十月壬辰）等，后者还是宋皇室成员。

摆在林嘉文面前的任务是如何提高至第三个层次，这绝不是作一些修改所能达到的，必须从写史走进研史之路，向历史学家迈进。即不能满足于看他人的论著，而必须从阅读原始资料着手，切记一定要有问题意识，带着问题去读，才能发现新问题，然后设法解决新问题，写出有独到见解的论文来。

对于一些热门话题，要想走出自己的路，一定不要轻易相信已有的结论，要多问几个为什么？就范仲淹庆历新政而言，论著多得不胜枚举，似乎已无文章可做，但是，如果深入思考一下，需要研究的问题还很多，如范仲淹凭借什么取得仁宗和大臣信任，支持他实行变法？为什么后来仁宗又改变主意，不再支持？为什么范仲淹静观变法终止，没有采取任何挽救措施？为什么新政的积极支持者，才过二十来年，到王安石变法时统统成为反对派？他们为什么那么一致地变成保守派？为什么王安石从来没有正面赞扬范仲淹的新政？……

下面，就多数人视为定论并被林书所接受的一些问题，如认为祖宗之法是保守的，范仲淹新政的矛头指向祖宗之法等，谈一下我的不同看法，供作者参考。

我认为，祖宗之法是先进的，而不是保守的。它的宗旨是"防弊"，防止一切可能危害政权的弊端,为此,创造了皇帝与士大夫共治天下的体制,完善了用以限制皇权和相权的台谏制度。应该说,这是中国几千年历史中最好的体制和制度。它的实施,使唐末五代军阀专政的混乱局面得以终止,历史上曾经发生过的皇室内乱(如八王之乱)、太后篡权(如武则天建大周)、宰相篡权(如曹操)、外戚(如王莽)、宦官篡权乱政,不再重演。它使宋文化达到了中国数千年来文化的顶峰。

任何改革都需要寻找一个权威力量作支撑,在古代,权威力量有两种,一是祖宗之法,二是儒家经典。范仲淹依托的是前者,王安石依托的是后者。当社会出现种种问题,但尚未达到政权覆亡的程度,一些有远见的政治家会站出来变法,对一些直接背离祖宗之法的,可以变回去,对新产生的问题,则用祖宗之法的精神去解决。在研究庆历新政时,不可局限于范仲淹(989—1052)个人,这是一批精英共同的行动,特别不应忽视新政的第二号人物富弼(1004—1083)的作用。

2011年,我在第二届岭南宋史会上提交了《"祖宗之法"是实施庆历新政的武器——富弼〈三朝政要〉研究》的论文,并做主题发言,指出新政是范仲淹与富弼共同策划的,在范实施变法的同时,富弼组织欧阳修(1007—1072)等人编写《三朝政要》二十卷,此书虽佚,但仍散见于宋代各书中,我辑得佚文近80条,从佚文中可以看出,富弼等人把太祖、太宗、真宗三皇帝言行分门别类汇编成书,所选事例,全是为纠正时弊、实行庆历新政提供史实依据,其内容多与范仲淹的变法主张相对应(除了军事之外)。富弼在《政要序》中明确地说出编写此书目的,要用盛美的祖宗之法,去扭转近来法制不立的现状。书中所采用的史料,主要是反映祖宗之法的《圣政》和《宝训》。

正因为扛着祖宗之法的大旗,才得到皇帝和大臣的支持,使变法得以实施。然而当变法触及到太多官员利益时,必然遭到强烈的反对,在失去多数士大夫支持后,按照皇帝与士大夫共治天下的体制,仁宗只能下令终止新政,而范仲淹从维护共治天下体制的大局出发,也只能接受这一事实。新政虽然失败,但并不妨碍仍然出现庆历之治、嘉祐之治的繁荣局面。

王安石(1021—1086)变法动作非常大,他扛着儒家经典的大旗,对经典作出有利于变法的新解释,以此否定祖宗之法中的重要内容,这当然要遭到维护祖宗之法的庆历新政派的强烈反对。王为了推动变法的进行,一再鼓动神宗加强君主独断,使台谏官沦为宰相的附庸,破坏了皇帝与士大夫共治天下的体制。新法推行几十年,其后遗症非常严重,北宋之亡,他是难辞其咎的。

2015年11月22日夜于西安

(原刊于《忧乐为天下:范仲淹与庆历新政》,山西人民出版社,2016年)

后 记

本书收入的论文，大多已经发表，收入本书时均予注明。个别文章则属首次公布。文章十几年间陆续写成，体例不一，收入本集时，为统一体例，略作修改。

本书的出版，得到陕西师范大学及历史文化学院领导的大力支持，给予经费资助，在此表示感谢。同时得到科学出版社领导闫向东编审的热情支持，责任编辑郝莎莎付出了辛勤的劳动，在此一并表示感谢。

李裕民

2021 年 10 月 26 日